Studien zum ausländischen und internationalen Privatrecht

550

Christoph Schoppe

Die Ausgleichung lebzeitiger Zuwendungen im Erbrecht

Rechtsgeschichte,
Rechtsvergleichung,
Rechtsdogmatik

Mohr Siebeck

Christoph Schoppe, geboren 1989; Studium der Rechtswissenschaft an der Bucerius Law School und an der University of Cambridge; Wissenschaftlicher Assistent am Max-Planck-Institut für ausländisches und internationales Privatrecht, Hamburg; Forschungsaufenthalt an der University of Oxford; LL.M.-Studium an der University of Chicago Law School; 2025 Promotion (Bucerius Law School); Rechtsanwalt in Hamburg und Frankfurt am Main.

Die Open-Access-Finanzierung wurde durch die Max-Planck-Gesellschaft (MPDL) ermöglicht.

ISBN 978-3-16-200607-3 / eISBN 978-3-16-200608-0
DOI 10.1628/978-3-16-200608-0

ISSN 0720-1141 / eISSN 2568-7441
(Studien zum ausländischen und internationalen Privatrecht)

Die Deutsche Nationalbibliothek verzeichnet diese Publikation in der Deutschen Nationalbibliographie; detaillierte bibliographische Daten sind im Internet über *http://dnb.dnb.de* abrufbar.

Publiziert von Mohr Siebeck Tübingen 2026. www.mohrsiebeck.com

Gedruckt auf alterungsbeständiges Papier.

Mohr Siebeck GmbH & Co. KG, Wilhelmstraße 18, 72074 Tübingen, Deutschland
www.mohrsiebeck.com, info@mohrsiebeck.com

Meinen Großeltern

Vorwort

Diese Arbeit ist während meiner Zeit als wissenschaftlicher Assistent am Hamburger Max-Planck-Institut für ausländisches und internationales Privatrecht entstanden und von der Bucerius Law School als Dissertation angenommen worden. Die mündliche Prüfung fand am 8. Oktober 2025 statt. Die Arbeit befindet sich im Wesentlichen auf dem Stand ihrer Einreichung im September 2023; danach erschienene Literatur und Rechtsprechung sind – wo erforderlich – bis August 2025 berücksichtigt.

Sehr herzlich danke ich Herrn Professor Reinhard Zimmermann für die Betreuung dieser Arbeit, für die Zeit am Max-Planck-Institut und für seine vielfältige, zugewandte und umfassende Unterstützung. Mehr hätte ich mir nicht wünschen können. Mein Dank gilt darüber hinaus Frau Professorin Anne Röthel für ihr wohlwollendes Zweitgutachten. In ihrer Vorlesung habe ich zum ersten Mal von der Ausgleichung gehört. Herzlich danken möchte ich schließlich Herrn Professor Florian Faust für seine Zugewandtheit und seinen Rat, auch lange nachdem ich nicht mehr als Hilfskraft an seinem Lehrstuhl gearbeitet habe.

Herzlicher Dank gebührt darüber hinaus Frau Professorin Birke Häcker, die mir trotz zahlreicher pandemiebedingter Umstände einen Forschungsaufenthalt am Institute of European and Comparative Law der Universität Oxford ermöglicht hat. Für die finanzielle und ideelle Förderung während der Promotionszeit danke ich der Studienstiftung des deutschen Volkes.

Für die gemeinsame Zeit am Max-Planck-Institut gilt mein besonderer Dank Franz Bauer, Florian Bode, Philipp Ceesay, Yannick Chatard, Walter Doralt, Konrad Duden, Jonathan Friedrichs, Samuel Fulli-Lemaire, Jakob Gleim, Eike Hosemann, Andreas Humm, Lisa Klapdor, Ben Köhler, Stefan Korch, Dominik Krell, Johannes Liebrecht, Dorothée Perrouin-Verbe, Valentin Pinel le Dret, Alexander Ruckteschler, Jan Peter Schmidt, Wiaan Visser, Denise Wiedemann und Nadjma Yassari. Sie alle haben mich und diese Arbeit mit ihrem Rat und ihrer Kritik unterstützt; viele sind gute Freunde geworden. Christoph Fuchs, Jonathan Friedrichs, Finn Hoffmann, Linda Kukuk und Dorothee Strubel haben das Manuskript durchgesehen. Auch ihnen gebührt herzlicher Dank.

Vor allem aber danke ich meinen Eltern, die diese Arbeit und den Weg dorthin erst ermöglicht haben. Ohne sie wäre alles nichts. Ihre unverbrüchliche Unterstützung sucht ihresgleichen.

Hamburg, November 2025 *Christoph Schoppe*

Inhaltsübersicht

Inhaltsverzeichnis

Abkürzungsverzeichnis

a. A.	andere Ansicht
ABGB	Allgemeines Bürgerliches Gesetzbuch (Österreich)
ABGB-ON	Allgemeines bürgerliches Gesetzbuch – Online-Kommentar
Abhandlungen	Abhandlungen zum Privatrecht und zum Civilprozeß des Deutschen Reiches in zwanglosen Heften
Abs.	Absatz
AcP	Archiv für die civilistische Praxis
a. E.	am Ende
a. F.	alte Fassung
AG	Amtsgericht
ALR	Allgemeines Landrecht für die Preußischen Staaten
Am. J. Legal Hist.	The Journal of American Legal History
AnfG	Anfechtungsgesetz (Gesetz über die Anfechtung von Rechtshandlungen eines Schuldners außerhalb des Insolvenzverfahrens)
Ann. OAppG (zweite Folge)	Annalen des Königlich Sächsischen Oberappellationsgerichts zu Dresden (Zweite Folge)
Ann. OLG	Annalen des Königlich Sächsischen Ober-Landes-Gerichts zu Dresden
ArchBürgR	Archiv für bürgerliches Recht
Archiv	Archiv für civilrechtliche Entscheidungen der Sächsischen Justizbehörden (Neue Folge)
Art.	Artikel
Atk.	Atkyns' Reports
Aufl.	Auflage
BayLSG	Bayerisches Landessozialgericht
BayObLG	Bayerisches Oberstes Landesgericht
BB	Betriebs-Berater
BBl.	Bundesblatt (Schweiz)
Bd.	Band
Beav.	Beavan's Reports
BeckOGK	beck-online.Großkommentar
BeckOK	Beck'scher Online-Kommentar
BeckRS	Beck-Rechtsprechung
Begr.	Begründer
Beilage JW	Beilage zur Juristischen Wochenschrift
BFH	Bundesfinanzhof
BGB	Bürgerliches Gesetzbuch (Deutschland)
BGBl.	Bundesgesetzblatt (Deutschland)

BGE	Entscheidungen des Schweizerischen Bundesgerichts
BGH	Bundesgerichtshof
BGHZ	Entscheidungen des Bundesgerichtshofes in Zivilsachen
BJM	Basler juristische Mitteilungen
BK	Berner Kommentar
BSK	Basler Kommentar
BT-Drucks.	Bundestagsdrucksache
BVerfG	Bundesverfassungsgericht
BWNotZ	Zeitschrift für das Notariat in Baden-Württemberg
c	caput | chapter
Cambridge L.J.	Cambridge Law Journal
Cap.	Caput | Kapitel
Car 2	Act of Parliament (England), erlassen während der Regentschaft Charles II von England
Cart.	Carter's Reports
Cc	Code civil (Frankreich) | Zivilgesetzbuch (Schweiz)
Ch.	Law Reports, Chancery Division | Chapter
Ch. App.	Law Reports, Chancery Appeals (1865–1875)
Ch. D.	Chancery Division Law Reports
CHK	Handkommentar zum Schweizer Privatrecht
C.L.W.R.	Common Law World Review
CMBC	Codex Maximilianeus Bavaricus Civilis
Conv.	The Conveyancer and Property Lawyer
C.Q.	The Classical Quarterly
DAVorm	Der Amtsvormund
De G. F. & J.	De Gex, Fisher and Jones' Chancery Reports
De G. J. & S.	De Gex, Jones and Smith's Chancery Reports
d.h.	das heißt
DJT	Deutscher Juristentag
DNotZ	Deutsche Notar-Zeitschrift
DRiZ	Deutsche Richterzeitung
DStR	Deutsches Steuerrecht
ebd.	ebenda
Econ. Hist. Rev.	The Economic History Review
Edinburgh Review	The Edinburgh Review or Critical Journal
EF-Z	Zeitschrift für Familien- und Erbrecht
Eq.	Law Reports, Equity Cases
ErbR	Zeitschrift für die gesamt erbrechtliche Praxis
Estates & Trusts J.	Estates & Trusts Journal
EStG	Einkommenssteuergesetz
EWHC (Ch.)	High Court of England and Wales Decisions (Chancery Division) [Neutral Citation]
f. / ff.	folgende
FamRZ	Zeitschrift für das gesamte Familienrecht
FK	Frankfurter Kommentar zur Insolvenzordnung

FS	Festschrift
gem.	gemäß
GG	Grundgesetz
HansGZ	Hanseatische Gerichtszeitung
HdB	Handbuch
HdB Beweislast	Handbuch der Beweislast
HdB GesellschaftsR	Münchener Handbuch des Gesellschaftsrechts
HdB RPR	Handbuch des Römischen Privatrechts
HK	Hamburger Kommentar zum Insolvenzrecht
HKK	Historisch-kritischer Kommentar zum BGB
Hrsg. / hrsg.	Herausgeber / herausgegeben
Hzgl. Nass. OAG	Herzoglich Nassauisches Oberappellationsgericht zu Wiesbaden (Entscheidungen über wichtige Streitfragen des Civilrechts – Erster Theil – herausgegeben von Christoph Flach)
insb.	insbesondere
InsO	Insolvenzordnung
JBl	Juristische Blätter
JdT	Journal des Tribunaux
JherJb	Jherings Jahrbücher für die Dogmatik des bürgerlichen Rechts
JR	Juristische Rundschau
JURA	Juristische Ausbildung
Juris-PK	Juris Praxis-Kommentar
JuS	Juristische Schulung
JW	Juristische Wochenschrift
JZ	Juristenzeitung
KG	Kammergericht
Kgl.	Königlich
LG	Landgericht
LZ	Leipziger Zeitschrift für deutsches Recht
L.Q.R.	Law Quarterly Review
L.R. H.L.	Law Reports, House of Lords
Michigan L.R.	Michigan Law Review
MittBayNot	Mitteilungen des Bayerischen Notarvereins, der Notarkasse und der Landesnotarkammer Bayern
MittRhNotK	Mitteilungen der Rheinischen Notarkammer
MüKoBGB	Münchener Kommentar zum Bürgerlichen Gesetzbuch
m.w.N.	mit weiteren Nachweisen
My. & Cr.	Mylne and Craig's Chancery Reports
n.F.	neue Fassung
NJOZ	Neue Juristische Online-Zeitschrift
NJW	Neue juristische Wochenschrift
NJW-RR	NJW Rechtsprechungs-Report Zivilrecht
notar	„notar" – Monatsschrift für die gesamte notarielle Praxis

NotBZ	Zeitschrift für die notarielle Beratungs- und Beurkundungspraxis
NZ	Österreichische Notariatszeitung
NZFam	Neue Zeitschrift für Familienrecht
o. Az.	ohne Aktenzeichen
OAG	Oberappellationsgericht
OGH	Der Oberste Gerichtshof der Republik Österreich
ÖJZ	Österreichische Juristen-Zeitung
OLG	Oberlandesgericht
OLGR	OLG-Report
o.O.	ohne Ort
P. Wms.	Peere Williams' Chancery Reports
PosMSchr	Juristische Monatsschrift für Posen, West- und. Ostpreußen
PraxKomm	Praxiskommentar
Preuß. JW	Juristische Wochenschrift für die Preussischen Staaten
RabelsZ	Rabels Zeitschrift für ausländisches und internationales Privatrecht
Recht (Beil.)	Das Recht – Deutschlands obergerichtliche Rechtsprechung, Beilage zur Rundschau für den deutschen Juristenstand
Recueils de la Société Jean Bodin	Recueils de la Société Jean Bodin pour l'Histoire Comparative des Institutions
RGRK	Das Bürgerliche Gesetzbuch mit besonderer Berücksichtigung der Rechtsprechung des Reichsgerichts und des Bundesgerichtshofs (Reichsgerichtsrätekommentar)
RGZ	Entscheidungen des Reichsgerichts in Zivilsachen
RH	Revue historique de droit français et étranger
RIDA	Revue Internationale des Droits de l´Antiquité
Rn.	Randnummer
RNotZ	Rheinische Notar-Zeitschrift
Rpfleger	Der Deutsche Rechtspfleger
S.	Satz / Seite
s.	section
SächsArch	Sächsisches Archiv für bürgerliches Recht und Prozeß
SächsBGB	Bürgerliches Gesetzbuch für das Königreich Sachsen
Seuffert's Archiv	J. A. Seuffert's Archiv für Entscheidungen der obersten Gerichte in den deutschen Staaten (durchgehende Bandnummerierung)
SG	Sozialgericht
Singapur J.L.S.	Singapore Journal of Legal Studies
Sir T. Raym.	Sir T. Raymond's King's Bench Reports
Striethorsts Archiv	Archiv für Rechtsfälle aus der Praxis der Rechts-Anwälte des Königlichen Ober-Tribunals, herausgegeben von den Ober-Tribunals-Rechts-Anwälten und redigiert von Theodor Striethorst
Striethorsts Rechtsgrundsätze	Rechtsgrundsätze der neuesten Entscheidungen des Königlichen Ober-Tribunals, geordnet nach dem Systeme der Gesetzbücher und herausgegeben von Theodor Striethorst
successio	„successio" – Zeitschrift für Erbrecht/Revue de droit des successions

TE II	Zweiter Teilentwurf zum ZGB (Schweiz)
TR	Tijdschrift voor Rechtsgeschiedenis
Tulane L.R.	Tulane Law Review
UNSW L.J.	The University of New South Wales Law Journal
v.a.	vor allem
Var.	Variante
VE	Vorentwurf zum BGB | Vorentwurf zum ZGB
Ves. Jun.	Vesey Junior's Chancery Reports
vgl.	vergleiche
WarnR	Warneyers Rechtsprechung: Die Rechtsprechung des Reichsgerichts auf dem Gebiete des Zivilrechts; ab 1942: Sammlung zivilrechtlicher Entscheidungen des Reichsgerichts (Hrsg. von Buchwald)
W.L.R.	The Weekly Law Reports
WM	Wertpapier-Mitteilungen: Wirtschafts-, Wertpapier und Bankrecht
Wochenblatt	Wochenblatt für merkwürdige Rechtsfälle in actenmäßigen Darstellungen aus dem Gebiete der Justizpflege und Verwaltung zunächst für das Königreich Sachsen
z.B.	zum Beispiel
ZBGR	Schweizerische Zeitschrift für Beurkundungs- und Grundbuchrecht
ZBJV	Zeitschrift des Bernischen Juristenvereins
ZErb	Zeitschrift für die Steuer- und Erbrechtspraxis
ZEuP	Zeitschrift für Europäisches Privatrecht
ZEV	Zeitschrift für Erbrecht und Vermögensnachfolge
ZGB	Zivilgesetzbuch (Schweiz)
ZHR	Zeitschrift für das gesamte Handels- und Wirtschaftsrecht
ZInsO	Zeitschrift für das gesamte Insolvenzrecht
ZIP	Zeitschrift für Wirtschaftsrecht
ZK	Zürcher Kommentar
ZNR	Zeitschrift für neuere Rechtsgeschichte
ZRG	Zeitschrift der Savigny-Stiftung für Rechtsgeschichte: Romanistische Abteilung
ZRG GA	Zeitschrift der Savigny-Stiftung für Rechtsgeschichte: Germanistische Abteilung
ZRP	Zeitschrift für Rechtspolitik
ZSR	Zeitschrift für schweizerisches Recht

Einleitung

Ob Vermögen in der Familie vererbt oder verschenkt wird, muss für die Beteiligten keinen großen Unterschied machen. Im Gegenteil, Erben und Schenken sind in weitem Umfang funktional austauschbar. Das Erbrecht des BGB reagiert auf diese Äquivalenz mit einer Reihe von Regeln, nicht zuletzt mit der Ausgleichung nach § 2050 Abs. 1 BGB, deren Wertungen sich über § 2316 Abs. 1 BGB im Pflichtteilsrecht fortsetzen. Bestimmte lebzeitige Zuwendungen – Ausstattungen – werden auf diesem Weg letztlich doch erbrechtlichen Gleichbehandlungsvorstellungen unterworfen. Diese Normen betreffen damit nicht nur erhebliche Vermögenswerte,[1] sondern auch ebenso grundlegende wie streitträchtige Annahmen des bürgerlichen Rechts über innerfamiliäre Gleichheitserwartungen, lebzeitige Freiheiten und deren erbrechtliche Grenzen.

In *Ludwig Raisers* Göttinger Antrittsvorlesung (1946) zum „Gleichheitsgrundsatz im Privatrecht" heißt es hierzu nicht ohne Pathos:

> „Die Regel des § 1924 Abs. 4 BGB, wonach vorbehaltlich abweichender Verfügungen des Erblassers Kinder zu gleichen Teilen erben, ist ebenso wie diese ihrer Sicherung dienende Pflicht zur Ausgleichung […] fest im Rechtsbewusstsein unseres Volkes verwurzelt, das weder Erstgeburts- noch Männervorrechte anerkennt […]."

Nur will die moderne Realität nicht ganz zu diesen affirmativen Beschreibungen der Ausgleichung passen. Es finden sich heute genug Stimmen, die behaupten, die Ausgleichung in ihrer derzeitigen Ausgestaltung sei zu komplex,[2] vor allem in ihrer pflichtteilsrechtlichen Spielart kritikwürdig[3] und sie verfehle

---

[1] Vgl. beispielsweise die Werte bei *Leopold/Schneider*, in: Berger/Hank/Tölke, 66. Dennoch geht der größere Vermögensteil immer noch von Todes wegen über (68); hierzu ausführlich *Dutta*, Warum Erbrecht?, 265 (dort Fn. 1042 und 1043), insb. auch zum internationalen Forschungsstand.

[2] *Müller*, ZEV 2015, 322, 325.

[3] *Pilz-Hönig*, ZErb 2008, 30, 30 („sehr formalistisch und wenig praxisnah"); *Henrich*, in: Henrich/Schwab, 383 („Schwachstelle des deutschen Rechts"); *Tanck*, Ausgleichung und Anrechnung, 98; MüKoBGB-*Lange*, § 2316 BGB, Rn. 39 (in Bezug auf § 2316 Abs. 4 BGB: „systemwidrig"); jurisPK-*Birkenheier*, § 2315 BGB, Rn. 10 („kompliziert"); vgl. für die meisten dieser Fundstellen bereits *Kroppenberg*, JZ 2010, 741, 742.

ihre hehren, selbst gesteckten Ziele allzu oft.[4] Alles in allem lässt sich eine gewisse Unsicherheit im Umgang mit den §§ 2050 ff. BGB feststellen, deren Reform zuletzt auf dem 68. Deutschen Juristentag (2010) gefordert wurde.[5]

Diese Unsicherheiten möchte diese Untersuchung aus historisch vergleichender Perspektive rekonstruieren und kontextualisieren. Es geht ihr um eine Konzeptionalisierung des Instituts, das sich heute in § 2050 Abs. 1 und 3 BGB findet. Die Untersuchung stellt dazu aus drei Perspektiven – aus Sicht der Rechtsgeschichte, aus Sicht der Rechtsvergleichung und aus Sicht der heutigen Rechtsdogmatik – die immer wieder gleichen Frage: Was sind Gegenstand, Ratio und Geltungsgrund der Ausgleichung? Es geht dabei vor allem um die gedanklichen Grundlagen der zentralen Differenzierung zwischen § 2050 Abs. 1 und 3 BGB: die Unterscheidung zwischen Ausstattungen (§ 1624 Abs. 1 BGB) und anderen Zuwendungen.

Der erste Teil dieser Untersuchung beschreibt die Dogmengeschichte der Ausgleichung und ihrer rechtshistorischen Vorläufer. Die Darstellung beginnt im antiken Rom, durchmisst viele Jahrhunderte, beschreibt eine komplexe Rezeptionsgeschichte und mündet in dem heutigen § 2050 Abs. 1 BGB. Der historische Anspruch dieser Untersuchung ist dabei beschränkt. Es geht ihr lediglich darum, die Entwicklung des juristischen Denkens nachzuzeichnen, nicht darum, Aussagen über die tatsächliche Praxis lebzeitiger Zuwendungen zu treffen. Es sind schließlich die Texte der Juristen, die immer weiter fortgeschrieben werden und die Rechtsentwicklung prägen. Dies dient dazu, das geltende Recht historisch zu kontextualisieren, um seine gegenwärtigen Herausforderungen besser beschreiben zu können.

Der Fokus dieser Untersuchung kann sich dabei von Rechtsordnung zu Rechtsordnung unterscheiden. Im deutschen Recht bleiben beispielsweise Fideikommisse und landwirtschaftsrechtliche Sondererbfolgen außen vor. Diese Institute mögen praktisch bedeutsam gewesen sein. Aber sie sind nicht Teil der langen Referenzkette, die Generationen von Juristen fortgeschrieben haben, mithilfe derer sich die heutigen §§ 2050 ff. BGB auf ihre dogmengeschichtlichen Ursprünge zurückführen lassen. Das ist im englischen Recht anders. Hier sind es nicht zuletzt die so genannten *strict (family) settlements*,

---

[4] So jedenfalls der Befund bei *Mayer*, ZErb 2007, 130, 131; *Kroppenberg*, NJW 2010, 2609, 2611; *Müller*, ZEV 2015, 322, 325; jurisPK-*Schermann*, § 2050 BGB, Rn. 15; *Kössinger/Najdecki*, in: Nieder/Kössinger, 175; Staudinger-*Löhnig*, § 2050 BGB, Rn. 2; *Lange*, Erbrecht, 607; BeckOGK-*Rißmann*, § 2050 BGB, Rn. 105, 108; das meint wohl auch *Everts*, notar 2013, 219, 228.

[5] *Röthel*, Ist unser Erbrecht noch zeitgemäß?, A 57; zustimmend die Referate von *Lange* und *Frieser*, Verh. d. 68. DJT, Bd. II/1, L 41 f., L 58 f. (nicht aber die endgültige Abstimmung (L 152)); so auch *Werbik*, Lebzeitige Zuwendungen des Erblassers, 119; *Lange*, DNotZ 2009, 732, 743; *Kroppenberg*, NJW 2010, 2609, 2611; Staudinger-*Löhnig*, § 2050 BGB, 2; *Lange*, Erbrecht, 607; anders *Leipold*, JZ 2010, 802, 806 f.; *Odersky*, MittBayNot 2008, 2, 5 f.

anhand derer sich die Pendants zur deutschen Ausgleichung entwickeln. Wenn es also darum geht, die Geschichte des Common Law zu rekonstruieren, steht das funktionale Äquivalent eines Fideikommisses letztlich doch im Mittelpunkt.

Das führt zum zweiten Teil dieser Untersuchung. Die Ausgleichung reagiert schließlich auf ein Problem, das sich nicht nur zu jeder Zeit, sondern auch in jeder Rechtsordnung stellt. Der Regelungsansatz der §§ 2050 ff. BGB wird in einem zweiten Schritt rechtsvergleichend eingeordnet: Wie gehen andere Erbrechtsordnungen mit der Regelungsherausforderung „lebzeitige Zuwendungen" um? Ist der Ansatz des deutschen Rechts typisch oder unüblich? Welche Lösungen haben sich anderswo bewährt? Welche Entwicklungsperspektiven zeigt das Ausland auf? Das hauptsächliche Augenmerk des rechtsvergleichenden Teils liegt auf dem englischen und Schweizer Recht. Ersteres lässt sich einfach begründen: Während beispielsweise das französische Recht und damit der romanische Rechtskreis bereits anderswo beschrieben sind,[6] ist das Common Law noch vollends unerforscht. Dabei bietet das englische Recht mit seiner ausgeprägten, verschriftlichten Tradition lebzeitiger Vermögenstransfers besonders reichhaltiges Anschauungsmaterial für die hier interessierenden Fragen. Dieser Umstand erlaubt es, einmal mehr, bezogen auf das Recht der Ausgleichung, die These von der kulturellen Prägung des Erbrechts und einer prinzipiellen Andersartigkeit des Common Law zu verwerfen.[7]

Die Entscheidung, das schweizerische Recht als weiteres Beispiel der deutschrechtlichen Tradition zu untersuchen, ist demgegenüber begründungsbedürftiger. Alternativ hätte die Wahl auf das österreichische Recht fallen können, zumal letzteres im Jahr 2015 reformiert wurde und besonders zeitgemäß erscheint. Hier ist die Quellenlage aber auch zehn Jahre nach der Reform noch recht dünn. Das schweizerische Recht zeichnet sich demgegenüber beinahe durch einen Überfluss an Quellen aus, den sich diese Untersuchung zunutze machen möchte. Sie möchte die gedanklichen Grundlagen der modernen Ausgleichung besser verstehen. Und in der Schweiz wurde über diese Grundlagen mehr geschrieben, als in wahrscheinlich jedem anderen Land.[8] Die Entwicklungen in Österreich sollen jedoch nicht gänzlich außer Acht

---

[6] *Werbik*, Lebzeitige Zuwendungen des Erblassers, *passim*; *Krausler*, Die Schenkungsanrechnung, 281–308; vgl. darüber hinaus, auch wenn dessen Untersuchung nicht dezidiert rechtsvergleichend angelegt ist, *Eitel*, Die Berücksichtigung lebzeitiger Zuwendungen im Erbrecht, 49–71.

[7] Zu dieser These *Zimmermann*, JZ 2016, 321, 322, und seine Gegenrede ebd., *passim*; kritisch ebenfalls *Kroppenberg*, in: Basedow/Hopt/Zimmermann, Stichwort: Erbfolge; vgl. auch jüngst, ebenfalls bezogen auf das englische Recht, *Zimmermann*, ZEuP 2023, 290, 324 f.

[8] Die Rede ist in diesem Zusammenhang von einem „Eldorado für Kontroversen im Erbrecht", vgl. *Schnyder*, ZBJV 135 (1999), 348, 374.

bleiben. Um die Entwicklung des „deutschen" Rechtskreises vollständig zu beschreiben, schließt die Untersuchung des schweizerischen Rechts mit einem Exkurs zum österreichischen Recht.

Der dritte Teil dieser Untersuchung führt zurück zum geltenden Recht, zur heutigen Dogmatik und zu den oben beschriebenen Unsicherheiten bei der Handhabung von § 2050 Abs. 1 und 3 BGB. Um die Beantwortung konkreter Rechtsfragen soll es dabei weniger gehen. Stattdessen geht es darum, die moderne Dogmatik zu rekonstruieren und kritisch zu hinterfragen. Das zentrale Unterscheidungskriterium im Recht der Ausgleichung ist das Tatbestandsmerkmal „Ausstattung" (§ 2050 Abs. 1 BGB), das wiederum in § 1624 Abs. 1 BGB legaldefiniert wird. Eine zentrale Herausforderung dieser eigentlich erbrechtlichen Untersuchung ist also die Klärung einer familienrechtlichen Vorfrage. Im Familienrecht wird § 1624 Abs. 1 BGB mithilfe einiger weniger, tradierter, scheinbar weithin geteilter Sätze beschrieben. Wertet man Rechtsprechung und Schrifttum umfassend aus, zeigt sich aber, dass die Orthodoxien der modernen Dogmatik nur scheinbare Sicherheiten bieten. Im Gegenteil, ihr Regelungsansatz überzeugt unter den gegenwärtigen sozialen, familiären und wirtschaftlichen Gegebenheiten nicht mehr. Diese Kritik setzt sich im Erbrecht, dem eigentlichen Gegenstand dieser Untersuchung, fort: Die Unterscheidung zwischen § 2050 Abs. 1 und 3 BGB stellt sich bei genauerem Hinsehen als nicht praktikabel und als kaum begründbar dar. Dies gilt umso mehr, wenn man einen Seitenblick auf das Pflichtteilsrecht wirft, wo die zentrale Unterscheidung zwischen Ausstattungen und anderen Zuwendungen über § 2316 Abs. 1 und 3 BGB fortwirkt.

Die Untersuchung schließt mit einigen Gedanken, wie sich die Tradition, in der § 2050 Abs. 1 BGB steht, *de lege ferenda* fortschreiben lässt. Auch hier wird ergänzend – und um die oben begonnen Gedankengänge abzuschließen – auf das Familien- und Pflichtteilsrecht eingegangen.

Dieser Untersuchung geht es um die gedanklichen Grundlagen der Ausgleichung und um die zentrale Unterscheidung zwischen § 2050 Abs. 1 und 3 BGB. Dies bedeutet, dass eine Reihe weiterer Fragen außer Acht bleiben, obwohl sie historisch vielleicht kontroverser waren als die Grundregel in § 2050 Abs. 1 BGB, die dem heutigen Recht fremd geworden ist. Es sind vor allem drei Themenfelder, die nicht Gegenstand dieser Untersuchung sind: Dies sind die Frage, ob eine Ausgleichung auch im Rahmen der gewillkürten Erbfolge stattfinden sollte, die Frage, ob auch der überlebende Ehegatte an der Ausgleichung beteiligt sein sollte, und die Frage, ob die Sonderregel in § 2050 Abs. 2 BGB interessengerecht ist. Von dieser Begrenzung des Untersuchungsgegenstandes ist nur eine Ausnahme zu machen: Das englische Recht der lässt sich nicht vollständig beschreiben, ohne auf die testamentarische Erbfolge und die so genannte *presumption against double portions* einzugehen.

Erster Teil

Rechtsgeschichte

Die Ausgleichung soll einen zentralen Gleichheitssatz verwirklichen. Blickt man jedoch heute in einen Kommentar oder in ein Lehrbuch, findet sich oft der Hinweis, das geltende Recht werde gerade diesem zentralen Anspruch nicht gerecht.[1] Nicht zuletzt heißt es, berechtigte Gleichheitserwartungen würden frustriert, weil der sachliche Anwendungsbereich der Ausgleichung qua Gesetzes nach § 2050 Abs. 1 BGB begrenzt sei. Dieser Kritik nachzugehen setzt zwei Dinge voraus: Zum einen muss feststehen, was überhaupt Gegenstand der Ausgleichung *ist*. Zum anderen bedarf es einer klaren Vorstellung dessen, was Sinn und Zweck der Ausgleichung ist, wie weit ihre Gleichbehandlungsvorstellungen reichen *sollen*. Beide Fragen haben zumindest auch eine historische Komponente. Die Entwicklungsgeschichte der heutigen §§ 2050 ff. BGB ist eine wichtige, wahrscheinlich die wichtigste Folie, vor deren Hintergrund sich das geltende Recht besser verstehen lässt – und möglicherweise auch, warum es heute derart kritisiert wird.

Zunächst möchte diese Untersuchung also den folgenden Fragen nachgehen: Welche Zwecke verfolgen die dogmengeschichtlichen Vorläufer der heutigen Ausgleichung, wie werden sie rationalisiert und welchen Gleichbehandlungserwartungen dienen diese historischen Vorgänger der §§ 2050 ff. BGB? Und vor allem: Helfen diese Traditionen, das geltende Recht besser zu verstehen? Das gilt in besonderer Weise für den Gegenstand der Ausgleichung und damit mittelbar für die Gleichheitserwartungen, die das Institut umsetzt. War die erbrechtliche Berücksichtigung lebzeitiger Zuwendungen in der Geschichte die Regel oder die Ausnahme? Welche Gleichheitserwartungen verwirklichte das Recht über die Jahrhunderte und Jahrtausende – und was folgt daraus für das Verständnis des § 2050 Abs. 1 BGB?

---

[1] *Mayer*, ZErb 2007, 130, 131; *Kroppenberg*, NJW 2010, 2609, 2611; *Müller*, ZEV 2015, 322, 325; jurisPK-*Schermann*, § 2050 BGB, Rn. 15; *Kössinger/Najdecki*, in: Nieder/Kössinger, 175; Staudinger-*Löhnig*, § 2050 BGB, Rn. 2; *Lange*, Erbrecht, 607; BeckOGK-*Rißmann*, § 2050 BGB, Rn. 105, 108; das meint wohl auch *Everts*, notar 2013, 219, 228.

A. Die frühen Wurzeln der Ausgleichung

Ihre moderne Form findet die Ausgleichung ab etwa dem 17. Jahrhundert. Um diese Entwicklung nachzuvollziehen, muss man jedoch noch früher ansetzen. Der Ausgleichung geht es schließlich um eine Frage, die sich jedes Erbrechtsregime stellen muss. Vergleichbare Institute finden sich dementsprechend bereits im klassischen römischen Recht, im nachklassischen Recht und, wenngleich in anderer Form, im frühen sächsischen Recht. All diese Epochen sind nicht hauptsächlicher Gegenstand dieser Untersuchung. Aber bereits in diesen ganz frühen Regeln finden sich erste Gedanken und Grundstrukturen, die in den kommenden Jahrhunderten immer wieder aufgegriffen werden und die es deswegen zu untersuchen lohnt.

I. Wurzeln der modernen Ausgleichung im römischen Recht: die collatio bonorum, die collatio dotis und das nachklassische Recht

Das klassische römische Recht kennt zwei Institute, mithilfe derer sich lebzeitige Zuwendungen im Erbrecht berücksichtigen lassen: die *collatio bonorum* und die *collatio dotis*. Beiden Instituten ist gemein, dass sie in gewisser Weise lebzeitige Bevorzugungen einzelner Abkömmlinge ausgleichen sollen. Die *collatio bonorum*, mit der diese Untersuchung beginnt, hat mit der heutigen Ausgleichung nach § 2050 BGB im Ergebnis nur wenig gemein. Für die weitere Entwicklung ist sie dennoch von besonderer Bedeutung. Zum einen bildet die *collatio bonorum* des klassischen römischen Rechts den Ursprung allen Denkens über die erbrechtliche Ausgleichung. Zum anderen gibt sie vergleichbaren Instituten für viele Jahrhunderte ihren Namen.[2]

1. Die collatio bonorum des klassischen Rechts: Konkurrenz und Ausgleichung zwischen emanzipierten Kindern und nicht-emanzipierten Hauskindern

Hic titulus manifestam habet aequitatem, so beginnt der römische Jurist Ulpian seine Erläuterung der *collatio bonorum:* die Billigkeit dieses Abschnitts sei offenkundig. So oder so ähnlich werden erbrechtliche Ausgleichungsmechanismen immer wieder begründet. Aber worin genau die offenkundige Gerechtigkeit der *collatio bonorum* liegt, erschließt sich klassischen römischen Juristen eher als heutigen. Sie folgt nämlich aus einem spezifischen Problem, das wiederum aus der spezifischen Struktur des klassischen römischen Erbrechts folgt, in dem zwei Rechtsmassen nebeneinander gelten: das ältere, zivile Recht (*ius civile*) und das Amtsrecht der Prätoren, der höchsten

---

[2] Zur Entwicklung des Begriffs vgl. *Papakonstantinou*, Die Collatio Dotis, 4 f.; vgl. auch die Nachweise bei *Babusiaux*, in: HdB RPR, Bd. I, 90.

Justizbeamten Roms (*ius praetorium*).[3] Zwischen diesen Rechtsmassen können Spannungen entstehen, denen wiederum die *collatio bonorum* begegnet.[4] Um ihre Wirkweise nachvollziehen zu können, bedarf es also zunächst eines zumindest kursorischen Überblicks über das *ius civile* und das prätorische Erbrecht.

a) Ius civile: agnatische Familienstruktur und agnatisches Intestaterbrecht

Das zivile Erbrecht ist die ältere der beiden Rechtsmassen, deren Ausgleich die *collatio bonorum* dient. Seine Intestaterbfolge orientiert sich an der frühen römischen Gesellschafts- und Wirtschaftsstruktur, dem bäuerlichen Hausverband der vorchristlichen Zeit. An der Spitze jeder Hausgemeinschaft steht in der frühen wie klassischen Zeit des römischen Rechts der *pater familias*.[5] Allein er ist vermögensfähig. Die übrigen Mitglieder seines Haushalts sind seiner Gewalt unterworfen. Gewaltunterworfene Hausgenossen sind wiederum nicht selbst vermögensfähig, sondern wirtschaften für das Vermögen des Hausvaters. Hiermit einher geht die Vorstellung eines Hausvermögens, das durch den *pater familias* verwaltet wird und das zu Lebzeiten allein ihm rechtlich zugeordnet ist.[6]

Eheliche Kinder und auch deren Kinder werden zwar in die Gewalt des *pater familias* geboren. Sie können aber aus dem Hausverbund entlassen werden. Durch diesen als *emancipatio* bezeichneten Vorgang werden sie selbst vermögensfähig, sie sind nicht mehr Hausgenossen ihres *pater familias* und können einen eigenen Hausstand gründen.[7] Umgekehrt können auch Nicht-Blutsverwandte Hausgenossen sein. Adoptiert der *pater familias* beispielsweise ein Kind, wird es Teil seiner Hausgemeinschaft. Die Gewalt des alten Vaters endet.[8] Hausgenossenschaft kann auch durch Ehe begründet werden.

---

[3] Für das Erbrecht vgl. *Johnston*, in: ders., 200: „The law of succession is an area of Roman law which demonstrates particularly clearly what may be called the dualism of the Roman legal system." Vgl. auch *Babusiaux*, Wege zur Rechtsgeschichte: Römisches Erbrecht, 39 f., und allgemein z.B. *Kaser/Knütel/Lohsse*, Römisches Privatrecht, 26–28.

[4] *Papakonstantinou*, Die Collatio Dotis, 58, spricht von einer „Brücke" zwischen zivilem und paetorischem Recht.

[5] Vgl. *Schulz*, Classical Roman Law, 153–155; *Kaser*, Römisches Privatrecht, Bd. I, 341–345; *Honsell/Mayer-Maly/Selb*, Römisches Recht, 410–413 (zu den Ursprüngen vgl. auch (63 f.)); *Babusiaux*, Wege zur Rechtsgeschichte: Römisches Erbrecht, 48–51.

[6] Hierzu ausführlich *Wieacker*, in: FS Siber, 11–14.

[7] Vgl. (auch zum Verfahren) *Kaser*, Römisches Privatrecht, Bd. I, 349 f., mit Verweis auf die fortdauernden altrömischen Traditionen (68–71); *Honsell/Mayer-Maly/Selb*, Römisches Recht, 418 f.; *Babusiaux*, Wege zur Rechtsgeschichte: Römisches Erbrecht, 54–56. Eine umfassende Erörterung jüngeren Datums bietet *Gardner*, Family and Familia in Roman Law and Life, 6–113.

[8] *Schulz*, Classical Roman Law, 148; *Kaser*, Römisches Privatrecht, Bd. I, 347–349; *Honsell/Mayer-Maly/Selb*, Römisches Recht, 416–418. Eine umfassende Erörterung mit

Dies ist der Fall, wenn sich die Ehefrau in einer so genannten *manus*-Ehe der Gewalt ihres Ehemannes unterwirft. Derartige Ehen werden jedoch seit dem letzten vorchristlichen Jahrhundert zunehmend unüblich.[9]

Das auf die zwölf Tafeln zurückgehende Intestaterbrecht des *ius civile* greift diese an der väterlichen Gewalt orientierten Familienstrukturen auf.[10] Seine Regeln orientieren sich am Hausverband und nicht an Blutsverwandtschaften.[11] Erben erster Ordnung sind in diesem System die *sui heredes*,[12] sprich diejenigen gewaltunterworfenen Hausgenossen (*sui*), die durch den Tod des *pater familias* gewaltfrei werden (*sui iuris*).[13] Es erben also in erster Linie die Hauskinder und die Ehefrau, wenn sie eine *manus*-Ehe geführt hat. Diese Erben bilden Stämme zu gleichen Teilen. Nach der Vorstellung des zivilen Erbrechts erstarkt so eine bereits lebzeitig latent vorhandene Mitberechtigung am Hausvermögen,[14] zu dessen Mehrung schließlich alle Hausgenossen beigetragen haben. So jedenfalls erklärt einer der wichtigsten römischen Lehrbuchautoren, der Jurist Gaius, die Lösung des *ius civile*.[15]

Umgekehrt erben nach den agnatischen Vorstellungen des zivilen Intestaterbrechts weder die überlebende Ehefrau einer gewaltfreien Ehe noch die emanzipierten Kinder des Erblassers. Sie befinden sich gerade nicht (mehr) in der Gewalt des *pater familias*. In der frühen Republik mag die *emancipatio* deswegen geholfen haben, den väterlichen Nachlass zu gestalten und so zu verhindern, dass der bäuerliche Besitz mit jedem Erbgang immer weiter zersplittert.[16] Hauptsächlich scheinen aber Testamente diese Funktion

---

besonderem Blick auf die Nachlassgestaltung bietet *Saller*, Patriarchy, Property and Death in the Roman Family, 181–203; vgl. aber auch wieder *Gardner*, Family and Familia in Roman Law and Life, 114–208.

[9] *Schulz*, Classical Roman Law, 115; *Kaser*, Römisches Privatrecht, Bd. I, 323–325 (mit Verweis auf die altrömischen Traditionen (76–81); *Honsell/Mayer-Maly/Selb*, Römisches Recht, 396–398.

[10] Vgl. *Saller*, Patriarchy, Property and Death in the Roman Family, 165: „At a general level, emphasis on agnatic relationships in property transmission and guardianship corresponded with Roman elite thinking about dignity and honor which were transmitted through the *familia* marked by *nomen*."

[11] Besonders deutlich *Schulz*, Classical Roman Law, 221, 225; *Kaser*, Römisches Privatrecht, Bd. I, 695; *Honsell/Mayer-Maly/Selb*, Römisches Recht, 442.

[12] Zum Begriff vgl. *Johnston*, in: ders., 200.

[13] Vgl. *Schulz*, Classical Roman Law, 221 f.; *Kaser*, Römisches Privatrecht, Bd. I, 695; *Watson*, The Law of Succession in the Later Roman Republic, 176 f.; *Honsell/Mayer-Maly/Selb*, Römisches Recht, 442; *Babusiaux*, Wege zur Rechtsgeschichte: Römisches Erbrecht, 51–54; *Johnston*, in: ders., 200.

[14] So *Johnston*, in: ders., 200. Vgl. auch, jeweils ausführlich, *Wieacker*, in: FS Siber, 9–15 und *Babusiaux*, Wege zur Rechtsgeschichte: Römisches Erbrecht, 51 f. (durch den Tod wechsele nur die Befugnis, das Familienvermögen zu verwalten).

[15] Gaius 2, 157, vgl. auch Paul. D. 28, 2, 11.

[16] Vgl. beispielsweise *Kaser*, Römisches Privatrecht, Bd. I, 69; *Gardner*, Family and Familia in Roman Law and Life, 112. Diese Ausgangslage beschreiben auch *Wieacker*, in:

übernommen zu haben.[17] Überhaupt ist das heutige Wissen begrenzt, wie häufig und aus welchen Gründen Kinder emanzipiert wurden. Ein Makel im Sinne einer Verstoßung scheint hiermit aber nicht verbunden gewesen zu sein.[18] Emanzipationen scheinen eher dazu gedient zu haben, den Familienverbund planvoll zu gestalten und, wo nötig, die Beschränkungen des auf den *pater familias* konzentrierten Vermögensrechts zu umgehen.[19]

b) Ius praetorium: umfassende Beteiligung Blutsverwandter und der Ehefrau

Hier setzt nun das prätorische Recht an, das die Regeln des *ius civile* ergänzt.[20] Aufgrund seiner Amtsgewalt weist der Prätor bestimmten Verwandten den Besitz am Nachlass zu (*possessio bonorum*). Die so Berufenen sind die prätorischen Erben. Ihre Rechtsposition setzt sich in den hier interessierenden Fällen[21] auch gegenüber den Erben des zivilen Rechts durch (*cum re*).[22] Wollen die zivilen Erben ebenfalls am Nachlass partizipieren, müssen sie die *possessio bonorum* beantragen, um in den Nachlassbesitz eingewiesen zu werden. Die Intervention des Prätors lässt das zivile Recht mithin formal unangetastet, entleert jedoch seinen materiellen Gehalt.

Doch wer ist prätorischer Erbe? Der Prätor beendet die klare Trennung zwischen den gewaltunterworfenen Hausgenossen und anderen Verwandten,

---

FS Siber, 19–29, der auf die *emancipatio* jedoch nur kurz eingeht (19), und *Saller*, Patriarchy, Property and Death in the Roman Family, 161.

[17] Das ist die zentrale These von *Wieacker*, in: FS Siber, 5, der alle Einzelheiten des frühen römischen Testaments auf einen Grund zurückführen möchte. Es diene „der unbeschränkten Sicherung und Konzentrierung der Stellung des Testamentserben mit dem Ziel ungeteilter Vererbung"; vgl. auch *Johnston*, in: ders., 211.

[18] *Kaser*, Römisches Privatrecht, Bd. I, 350; *Gardner*, Family and Familia in Roman Law and Life, 112. Im Gegenteil, oft werden die Kinder anlässlich der Emanzipation Zuwendungen erhalten haben, um sich in Zukunft zu unterhalten.

[19] So ließen sich vermögensfähige Erben schaffen, die von Dritten, möglicherweise entfernteren Verwandten, bedacht werden konnten, ohne dass diese letztwillige Zuwendung in das Vermögen des *pater familias* fällt. In den (wenigen) Quellen überwiegt diese Motivation, vgl. *Gardner*, Family and Familia in Roman Law and Life, 104–111.

[20] Vgl. wieder *Johnston*, in: ders., 200; *Babusiaux*, Wege zur Rechtsgeschichte: Römisches Erbrecht, 39 f.; vgl. allgemein z. B. *Kaser/Knütel/Lohsse*, Römisches Privatrecht, 26–28.

[21] Das gilt nicht für die Erteilung des Nachlassbesitzes aufgrund eines von sieben Zeugen gesiegelten Testaments, das tatsächlich gegen die Formvorschriften des *ius civile* verstößt (*bonorum possessio secundum tabulas*), vgl. hierzu z. B. *Honsell/Mayer-Maly/Selb*, Römisches Recht, 450 f.; *Kaser/Knütel/Lohsse*, Römisches Privatrecht, 400. *Rüfner*, in: Reid/De Waal/Zimmermann, Testamentary Formalities, 7, hält das siebenfach gesiegelte Testament bereits in klassischer Zeit für den Normalfall.

[22] *Schulz*, Classical Roman Law, 229; *Kaser*, Römisches Privatrecht, Bd. I, 699. Zum Erwerb *sine re* vgl. *Babusiaux*, Wege zur Rechtsgeschichte: Römisches Erbrecht, 69–71.

die sich nicht (mehr) in der Gewalt des Erblassers befinden. Dieser Bruch mit dem agnatischen Grundgedanken des zivilen Rechts ist die zentrale Neuerung des prätorischen Erbrechts. Man orientiert sich stattdessen mehr an Blutsverwandtschaften und beteiligt auch überlebende Ehefrauen am Nachlass, die keine *manus*-Ehe geführt haben. Erben in der ersten Kategorie des prätorischen Rechts (*unde liberi*)[23] sind dementsprechend die emanzipierten Kinder und die nicht-gewaltunterworfene Ehefrau des *pater familias.*[24] Auch wer nach den Regeln des zivilen Rechts *suus heres* gewesen wäre, fällt in die erste Ordnung des prätorischen Intestaterbrechts. Nur so können die zivilen Hauserben überhaupt am Nachlass teilhaben. Das *ius civile* verleiht ihnen nach der Intervention des Prätors schließlich nur eine formale, materiell letztlich wertlose Rechtsposition.

Die prätorische Intestaterbfolge kommt zunächst in zwei Konstellationen zur Anwendung: Der erste und einfachere Fall ist der Erblasser, der gar kein Testament hinterlässt (*bonorum possessio intestati*). Ob dies häufig geschieht, ist in der modernen Romanistik umstritten. Teils wird den Römern ein „horror of intestacy“ unterstellt, der sie motiviert habe, stets zu testieren.[25] Aber selbst wenn der Erblasser ein Testament errichtet, kann es letztlich doch zur Anwendung des prätorischen Intestaterbrechts kommen. Grund hierfür sind nicht zuletzt die strengen Formvorschriften des römischen Testamentsrechts.[26] Der Erblasser muss bestimmte enge Familienangehörige entweder explizit als Erben einsetzen oder explizit enterben.[27] Unterlässt er dies und

[23] Zum Begriff vgl. *Kaser*, Römisches Privatrecht, Bd. I, 698.

[24] *Schulz*, Classical Roman Law, 227–229; *Kaser*, Römisches Privatrecht, Bd. I, 697–699; *Watson*, The Law of Succession in the Later Roman Republic, 182–185; *Honsell/Mayer-Maly/Selb*, Römisches Recht, 443 f.; *Babusiaux*, Wege zur Rechtsgeschichte: Römisches Erbrecht, 62 f.; *Johnston*, in: ders., 200 f.

[25] Zurückgehend auf *Maine*, Ancient Law, 243 f. So auch *Crook*, Proceedings of the Cambridge Philological Society 199 (1973), 38 und tendenziell *Champlin*, Final Judgments, 41–62, der sozio-ökonomisch weiter differenziert. Dagegen vor allem *Daube*, Tulane L.R. 39 (1965), 253 und, sich ihm anschließend, *Watson*, The Law of Succession in the Later Roman Republic, 175 f. Die Bedeutung des Intestaterbrechts allgemein betont *Saller*, Patriarchy, Property and Death in the Roman Family, 164.

[26] Gleiches gilt, wenn der Erblasser sein Testament zerstört hatte oder sich sonst deutlich vom Testament distanziert hatte (durchschnittene Verschlussschnur, gelöste Siegel oder Durchstreichungen). Nach dem zivilen Recht blieb das Testament bestehen, die Prätoren gewährten jedoch die *bonorum posessio intestati*, vgl. *Kaser*, Römisches Privatrecht, Bd. I, 692; *Rüfner*, in: Reid/De Waal/Zimmermann, 17.

[27] *Rüfner*, in: Reid/De Waal/Zimmermann, Testamentary Formalities, 9–11, sieht in diesen Regeln zwei der drei grundlegenden Charakteristika der römischen Testamentsförmlichkeiten, welche das römische Recht durchgängig geprägt haben (25). Ihr Hintergrund ist umstritten, vgl. *Schulz*, Classical Roman Law, 265–270; *Kaser*, Römisches Privatrecht, Bd. I, 705–707; *Watson*, The Law of Succession in the Later Roman Republic, 41–43; *Babusiaux*, Wege zur Rechtsgeschichte: Römisches Erbrecht, 196–201; *Zimmermann*, in: Röthel, 100–102.

übergeht einen Haussohn stillschweigend, ist das gesamte Testament hinfällig und die Intestaterbfolge greift ein.[28] Übergeht der Erblasser zwar keinen Haussohn, aber einen emanzipierten Sohn, entfallen nur die Erbeinsetzungen des Testaments, das im Übrigen bestehen bleibt. Die Erbfolge richtet sich jedoch auch in diesem Fall nach den prätorischen Regeln. Der übergangene *emancipatus* kann nunmehr beantragen, Nachlassbesitz „gegen das Testament" (*bonorum possessio contra tabulas*) zu erhalten, und so vom Nachlass profitieren.[29] Die *bonorum possessio contra tabulas* ist ein rein formell verstandenes Noterbenrecht, das noch keinen materiellen Gehalt hat.[30] Allerdings steigert es die Bedeutung der Intestaterbfolge insgesamt, deren Anwendungsbereich erweitert wird.[31]

Es ist also keine – und das ist die für die Zwecke dieser Untersuchung wichtigste Feststellung – nur theoretische Möglichkeit, dass es zur prätorischen Intestaterbfolge kommt und dass deswegen Hauskinder mit bereits emanzipierten Kindern um den Nachlass ihres Vaters konkurrieren; ganz unabhängig von der Frage, ob zumindest einige Römer von einem „horror of intestacy" ergriffen waren.

c) Wechselspiel zwischen zivilem und prätorischem Recht: der beschränkte und spezifische Zweck der collatio bonorum

Das Nebeneinander von zivilem und prätorischem Recht führt dann zur *collatio bonorum*,[32] einem wichtigen dogmengeschichtlichen Bezugspunkt aller späteren erbrechtlichen Ausgleichsregeln. Weil der Prätor das zivile Recht ergänzt und modifiziert, können nun Hausgenossen und emanzipierte Kinder

---

[28] Andere *sui heredes* konnten pauschal ohne Namensnennung enterbt werden. Wurden sie übergangen, wurde das Testament nicht unwirksam, sie erbten zur Hälfte neben den eingesetzten Erben, vgl. *Schulz*, Classical Roman Law, 267; *Kaser*, Römisches Privatrecht, Bd. I, 706; *Watson*, The Law of Succession in the Later Roman Republic, 41–43; *Babusiaux*, Wege zur Rechtsgeschichte: Römisches Erbrecht, 203–208.

[29] *Schulz*, Classical Roman Law, 270–273; *Kaser*, Römisches Privatrecht, Bd. I, 707–709; *Babusiaux*, Wege zur Rechtsgeschichte: Römisches Erbrecht, 209–212.

[30] Zum Begriff „formelles Noterbrecht" vgl. *Zimmermann*, in: Röthel, 101; kritisch zu diesem Begriff *Schulz*, Classical Roman Law, 269 f.; *Kaser*, Römisches Privatrecht, Bd. I, 705.

[31] *Rüfner*, in: Reid/De Waal/Zimmermann, Intestate Succession, 2; *Champlin*, Final Judgments, 58 („how did the average citizen […] stand a chance of leaving a valid will?"); *Saller*, Patriarchy, Property and Death in the Roman Family, 164.

[32] Zwar behandelt der entsprechende Digestentitel D. 37, 6 (*de collatio bonorum*) nur Fälle der Erbfolge gegen das Testament (*conta tabulas*); für die *possessio bonorum intestati* gilt aber nichts anderes. Das ergibt sich zumindest indirekt aus Tryph. D. 37, 4, 20, 1 (vgl. dazu *Papakonstantinou*, Die Collatio Dotis, 47) und, nachklassisch, aus C. 6, 20, 9. Vgl. sonst *Kaser*, Römisches Privatrecht, Bd. I, 731 (insb. auch Fn. 20).

um den väterlichen Nachlass konkurrieren.[33] Nach dem prätorischen Erbrecht erben sie zu gleichen Teilen. Das führt jedoch zu Friktionen und droht, emanzipierte Kinder zu bevorzugen. Sie erwerben zu Lebzeiten schließlich eigenes Vermögen. Ihre Geschwister, die in der Gewalt des Vaters verblieben sind, arbeiten während dieser Zeit jedoch für das Hausvermögen ohne die Möglichkeit eines eigenen Erwerbs. Hier setzt die *collatio bonorum* an. Um emanzipierte Kinder nicht zu bevorzugen, zwingt der Prätor sie, ihr Eigenvermögen zugunsten der Hauserben einzubringen, um diesen ergänzten Nachlass dann gleichmäßig zu teilen. Ausnahmen von dieser Pflicht lässt das klassische Recht wohl nur vereinzelt zu. Sie sind weniger gut erforscht und die entsprechenden Quellen teilweise nachträglich manipuliert.[34] Auch wie genau die *collatio bonorum* technisch umgesetzt wird, ist noch heute umstritten.[35] Für die Zwecke dieser Untersuchung sind diese beiden Fragen jedoch nicht von Bedeutung.

Zentral ist hingegen die Beobachtung, dass die *collatio bonorum* einen spezifischen und beschränkten Zweck hat: Sie möchte nur verhindern, dass emanzipierte Kinder doppelt profitieren. Sie sollen nicht die Früchte ihrer vermögensrechtlichen Selbstständigkeit ernten und gleichzeitig am Nachlass ihres Vaters partizipieren.[36] Weitergehende Gleichbehandlungsvorstellungen

---

[33] Das war freilich nicht die einzige Herausforderung, die das Nebeneinander von zivilem und prätorischem Recht barg; vgl. zu Enkeln, die in der Hausgewalt des Erblassers verblieben sind, als ihr Vater emanzipiert wurde, *Kaser/Knütel/Lohsse*, Römisches Privatrecht, 393 f.

[34] Vgl. beispielsweise zu Interpolationen hinsichtlich des *peculium castrense Kaser*, Römisches Privatrecht, Bd. II, 216 (Fn. 9); so auch, ohne Begründung, *Guarino*, ZRG 59 (1939), 509, 539: Auffällig ist, dass schon Ulpian gesagt haben soll, für das *peculium quasi castrense* gelte nichts anderes. Diese Erweiterung des *peculiums castrense* wird erst Kaiser Constantin zugeschrieben (C. 3, 28, 27, vgl. dazu *Kaser*, Römisches Privatrecht, Bd. II, 216 und *Honsell/Mayer-Maly/Selb*, Römisches Recht, 414) und datiert damit weit später (521) als die Werke Ulpians. Ob die Quelle in Gänze oder nur hinsichtlich des *peculium quasi castrense* interpoliert ist, behandeln weder *Guarino* noch *Kaser*. Für eine nur teilweise Veränderung spricht die o.g. Plausibilität. So wohl auch *Szlechter*, RH 31 (1954), 167, 174 f.

[35] Eine Stipulation war wohl der übliche Weg, *Kaser*, ZRG 90 (1973), 184, 202. Der genaue Inhalt der Stipulation ist nicht überliefert, lässt sich aber rekonstruieren, vgl. *Lenel*, Das Edictum Perpetuum, 536; *Schulz*, Classical Roman Law, 230; *Kaser*, Römisches Privatrecht, Bd. I, 731; *Honsell/Mayer-Maly/Selb*, Römisches Recht, 479. Umstritten ist, ob die Stipulation eine Bedingung war, die es zu erfüllen galt, bevor dem emanzipierten Sohn die *possessio bonorum* erteilt wurde, so die These von *Beseler*, ZRG 44 (1924), 359, 395; *Guarino*, ZRG 59 (1939), 509, 519. Zumindest *Otto Lenels* Rekonstruktion des prätorischen Edikts hält dies für nicht erforderlich, vgl. *Lenel*, Das Edictum Perpetuum, 345. Das entspricht der heute überwiegenden Auffassung: *Papakonstantinou*, Die Collatio Dotis, 115–117; *Babusiaux*, in: HdB RPR, Bd. I, 108.

[36] *Schulz*, Classical Roman Law, 229–231; *Kaser*, Römisches Privatrecht, Bd. I, 731 f.; *Honsell/Mayer-Maly/Selb*, Römisches Recht, 479; *Babusiaux*, Wege zur Rechtsgeschichte: Römisches Erbrecht, 214–217; *dies.*, in: HdB RPR, Bd. I, 91.

sind der *collatio bonorum* fremd. Entscheidend ist allein, ob den Hauserben ein Nachteil in ihrem zivilen Erbrecht entsteht, weil die emanzipierten Nachkommen am Nachlass beteiligt werden. Diese allgemeine Regel illustriert Ulpian mit einem Beispiel:[37] Ein Vater setzt einen Haussohn und einen familienfremden Dritten hälftig zu Erben ein, einen emanzipierten Sohn übergeht er. Der übergangene Sohn beantragt die *possessio bonorum contra tabulas*, und die Erbeinsetzung des Dritten entfällt. Wenn sich der Haussohn diesem Antrag anschließt, um überhaupt am Nachlass zu partizipieren, erhalten beide Brüder die Hälfte des Nachlasses. Es konkurriert ein emanzipierter Sohn mit einem Haussohn aufgrund des prätorischen Erbrechts. Und trotzdem findet die *collatio bonorum* nicht statt, erklärt Ulpian. Der Haussohn erleidet schließlich keinen Nachteil, weil der Prätor seinen Bruder am Nachlass beteiligt. Dem Haussohn steht in jedem Fall nur die Hälfte des Nachlasses zu, ganz gleich, ob die andere Hälfte nach dem prätorischen Recht an seinen emanzipierten Bruder fällt oder aufgrund der ursprünglichen Erbeinsetzung an einen Dritten.[38]

Dass es der *collatio bonorum* nur um diesen spezifischen und beschränkten Zweck geht, zeigt sich auch, wenn die römischen Juristen fragen, in welchen Fällen die *collatio bonorum* ihrem Zweck nach entsprechend anzuwenden sei. Hierzu schildert Tryphonin einen weiteren, recht komplexen Sachverhalt.[39] Dieser zeichnet sich, vereinfacht gesagt, dadurch aus, dass zwei Brüder ausnahmsweise aufgrund der beiden unterschiedlichen Rechtsmassen erben: Ein emanzipierter Sohn wurde übergangen und ist deswegen nach dem prätorischen Recht *contra tabulas* berufen. Sein gewaltunterworfener Bruder wurde an sich wirksam enterbt. Weil ein Dritter die Erbschaft ausgeschlagen hat, erbt er letztlich doch – nach dem zivilen Intestaterbrecht.[40] Die *collatio bono-*

---

[37] D. 37, 6, 1, 4.

[38] D. 37, 6, 1, 6 und 7 ergänzen diese Regel für den umgekehrten Fall, in dem der emanzipierte Sohn in dem unwirksamen Testament bedacht wurde (Ulpian bespricht ja Fälle der *bonorom possesio contra tabulas*). Auch wenn der emanzipierte Sohn durch die *collatio bonorum* nicht mehr erhält, als er durch das Testament erhalten hätte, muss er sein Vermögen nicht einbringen. Schließlich profitiert er auch dann nicht zulasten der Hauserben, deren zivile Erbschaft mit den Verfügungen zugunsten des emanzipierten Sohnes belastet gewesen wäre. Die verwandten Stellen Ulp. D. 37, 6, 1, 8 und Scaev. D. 37, 6, 10 behandelt exegetisch *Papakonstantinou*, Die Collatio Dotis, 59–65.

[39] Tryph. D. 37, 4, 20 pr. und 1, vgl. exegetisch hierzu *dies.*, Die Collatio Dotis, 47–59.

[40] Hierzu kann es kommen, weil der Haussohn den eingesetzten Erben bezahlt, die Erbschaft auszuschlagen. Der eingesetzte Erbe wird in dieser Konstellation nie selbst erben, denn der übergangene Sohn kann jederzeit die *possessio bonorum contra tabulas* beantragen und so Alleinerbe werden. Denn die Enterbung bleibt in diesem Fall bestehen, weil nur die Erbeinsetzungen entfallen. Der Dritte hat es also in der Hand, ob der Haussohn zumindest teilweise oder gar nicht am Nachlass beteiligt wird. Denn nur wenn er die Erbschaft ausschlägt, wird auch die Enterbung hinfällig und der Haussohn nach dem zivilen Recht *suus heres* und so zumindest hälftig am Nachlass beteiligt (weil auch hier der Prätor dem

rum geht jedoch eigentlich davon aus, dass alle beteiligten Erben aufgrund des prätorischen Rechts berufen sind. Ist sie also entsprechend anzuwenden, wenn ein Erbe nach prätorischem Rechts erbt und ein anderer nach zivilem Recht? Nein, löst Tryphonin auf: Der Haussohn wurde schließlich wirksam enterbt. Die Beteiligung seines Bruders am Nachlass kann ihm schon deswegen nicht zum Nachteil gereichen.[41] Durch die Ausschlagung des Dritten erhält der eigentlich Enterbte mehr, als ihm nach dem zivilen Recht zustünde. Die Beteiligung seines Bruders beschränkt sein Erbrecht nicht.

Die *collatio bonorum* ist mithin eine spezifische Antwort auf das spezifische Wechselspiel zwischen zivilem und prätorischem Recht. Über diese technische Rechtfertigung geht das römische Recht der klassischen Zeit nicht hinaus. Dementsprechend – und das ist entscheidend – ist nichts einzubringen, wenn zwei emanzipierte Kinder aufeinandertreffen.[42] In nachklassischer Zeit, Ende des dritten Jahrhunderts, bedarf diese Position keiner weiteren Erläuterung: *Si emancipati utrique fuistis a patre, collatio cessat.* – „Waret ihr Beide von eurem Vater der väterlichen Gewalt entlassen worden, so fällt alle Einwerfung fort."[43] Beide Brüder sind vermögensfähig, keiner wird auf Kosten des anderen am Hausvermögen beteiligt. Auch kann das emanzipierte Kind die *collatio bonorum* jederzeit vermeiden, wenn es ihm nicht wirtschaftlich erscheint, sein eigenes Vermögen zu verlieren und stattdessen am Nachlass beteiligt zu werden. Es gibt keine Pflicht, die *possessio bonorum* zu beantragen. Das emanzipierte Kind kann sich jederzeit mit seinem eigenen Vermögen begnügen. Umgekehrt riskiert der Emanzipierte, aufgrund der *collatio bonorum* einen Nachlassteil zu erhalten, der weniger wert ist, als das eigene einzubringende Vermögen.[44]

d) Die Kehrseite des spezifischen Charakters der collatio bonorum: das Fehlen von Gleichheitsvorstellungen und hingenommene Ungleichheiten

Die *collatio bonorum* dient allein dazu, die Friktionen zwischen zivilem und prätorischem Erbrecht zu glätten, die entstehen, wenn emanzipierte Kinder

---

emanzipierten Sohn hälftigen Nachlassbesitz einräumt). Der eingesetzte Erbe hat es also in der Hand, ob der enterbte Haussohn anteilig oder gar nicht partizipiert. Diese Position kann er versuchen, zu versilbern.

[41] *Papakonstantinou*, Die Collatio Dotis, 58 f. betont dies besonders; vgl. hierzu auch *Babusiaux*, in: HdB RPR, Bd. I, 97.

[42] *Schulz*, Classical Roman Law, 230; *Kaser*, Römisches Privatrecht, Bd. I, 731 f.; *Babusiaux*, Wege zur Rechtsgeschichte: Römisches Erbrecht, 214; vgl. aber auch *dies.*, in: HdB RPR, Bd. I, 93.

[43] C. 6, 20, 9. Übersetzung nach *Otto/Schilling/Sintenis*, Das Corpus Juris Civilis, Bd. V, 928.

[44] *Schulz*, Classical Roman Law, 231 (mit einem Rechenbeispiel); *Kaser*, Römisches Privatrecht, Bd. I, 732; *Babusiaux*, Wege zur Rechtsgeschichte: Römisches Erbrecht, 216 f. (ebenfalls mit Rechenbeispielen).

und Haussöhne um den Nachlass konkurrieren. Weiter reicht ihr Anspruch nicht. Es geht ihr vor allem nicht darum, die Kinder des Erblassers gleichzubehandeln; es geht ihr nicht darum, lebzeitige Ungleichbehandlungen durch das Erbrecht auszugleichen. Im Gegenteil, ihr beschränkter Ausgleichsanspruch toleriert lebzeitige Bevorzugungen einzelner Kinder. Das gilt, wie gesehen, für emanzipierte Kinder untereinander genauso wie zwischen emanzipierten Kindern und Hauskindern, wenn die *collatio bonorum* nicht stattfindet: entweder weil die prätorische Beteiligung des Emanzipierten den zivilen Erbteil des Hauserben nicht beeinträchtigt oder weil der Emanzipierte auf das prätorische Erbrecht verzichtet; möglicherweise gerade, weil er reich beschenkt wurde und durch die *collatio bonorum* mehr einbringen müsste, als er aus dem Nachlass erhielte.

Lebzeitige Bevorzugungen und Zurücksetzungen einzelner Abkömmlinge werden im klassischen römischen Erbrecht also nur ausgeglichen, wenn der Erblasser dies entweder lebzeitig oder letztwillig anordnet.[45] Der Gedanke, bestimmte Zuwendung nähmen den Erbteil vorweg und unterfielen deswegen intestaterbrechtlichen Gleichbehandlungsvorstellungen, ist dem klassischen römischen Recht fremd. Ulpian ist eine der wenigen Quellen, die sich explizit mit einer zumindest verwandten Frage beschäftigt:[46] Die Gerechtigkeit dulde nicht, dass das, was ein Vater seinem Sohn, der sich studienhalber auswärts aufhielt, an Unterstützung hat zukommen lassen, bei der Berechnung des Anteils berücksichtigt werde, der demselben Sohn aus dem Vermögen des Verstorbenen gebührt.[47] Unterhalt und Studienkosten nehmen zwar im geltenden Recht eine Sonderstellung ein.[48] Aber was Ulpian hier schreibt, ist im klassischen Recht die Regel. Bei *Fritz Schulz* heißt es in aller Deutlichkeit:[49] „The idea that a child has to contribute what he or she had received from the father inter vivos remained entirely foreign to classical law."

Die Gleichgültigkeit des römischen Intestaterbrechts gegenüber lebzeitigen Ungleichbehandlungen lässt sich nicht damit erklären, dass lebzeitige Zuwendungen (oder wenigstens wirtschaftlich bedeutsame Zuwendungen) im klassischen römischen Recht keine nennenswerte Rolle gespielt hätten. Im Gegenteil, in nachklassischer Zeit bezeichnet Kaiser Leo es beispielsweise als

---

45 *Schulz*, Classical Roman Law, 232 f.

46 D. 10, 2, 50.

47 Übersetzung nach *Behrends/Knütel/Kupisch/Seiler*, Corpus iuris civilis I, 831 Vgl. hierzu auch *Gardner*, Family and Familia in Roman Law and Life, 82 f.

48 Vgl. § 2050 Abs. 2 BGB, der Unterhalt nicht erfasst, vgl. Soergel-*Lettmaier*, § 2050 BGB, Rn. 19 f.; Erman-*Bayer*, § 2050 BGB, Rn. 9; Staudinger-*Löhnig*, § 2050 BGB, Rn. 20, 27, 32; MüKoBGB-*Fest*, § 2050 BGB, Rn. 28; Grüneberg-*Weidlich*, § 2050 BGB, Rn. 8; BeckOGK-*Rißmann*, § 2050 BGB, Rn. 53; a.A. jurisPK-*Schermann*, § 2050 BGB, Rn. 58; *Lange*, Erbrecht, 605 f.

49 *Schulz*, Classical Roman Law, 232 f.

„gewöhnlich“, den emanzipierten Kindern etwas zuzuwenden.[50] Auch in den vorangegangenen Jahrhunderten wird es, zumindest in einigen Fällen, derartige Zuwendungen gegeben haben.[51] Denkbar war vor allem, dem Sohn sein (einfaches)[52] *peculium* zu lassen. Hierbei handelt es sich um ein Sondervermögen, das der Vater einem Haussohn zur selbstständigen Bewirtschaftung und Fruchtziehung überlässt,[53] das rechtlich aber weiterhin Teil des väterlichen Vermögens ist. Der Vater kann die Zuwendung theoretisch frei widerrufen, ist in diesem Recht aber durch die Sitte eingeschränkt. Im klassischen Recht gilt das *peculium* sogar als geschenkt, wenn der Hausvater es nicht vor der Emanzipation seines Sohnes zurückfordert.[54] Das ist für die Zwecke dieser Untersuchung besonders beachtenswert: Mit Zuwendungen aus Anlass der Emanzipation, sei es das *peculium* oder seien es andere Zuwendungen, kennt das römische Recht durchaus beachtliche lebzeitige Zuwendungen jenseits des Erbrechts. Erbrechtlichen Gleichbehandlungsvorstellungen sind sie jedoch nicht unterworfen.

2. Ein erster Schritt in Richtung des modernen Rechts: die collatio dotis

Die *collatio bonorum* ist jedoch nicht die einzige Ausgleichspflicht des klassischen römischen Rechts. Hinzu kommt bald die *collatio dotis*. Sie ist das erste Beispiel für einen Regelungsansatz, der sich als „typenbezogen“ beschreiben lässt: Das Erbrecht greift eine besondere Form der Zuwendung heraus, die rechtlich wie sozial herausgehoben ist und aus diesem Grund – oft im Familienrecht – rechtlich vertypt wird. Im geltenden deutschen Recht gilt dies beispielsweise für die Ausstattung, die in § 1624 Abs. 1 BGB legaldefiniert ist und an die das Erbrecht in § 2050 Abs. 1 BGB anknüpft. Im römischen Recht gilt dies für die *dos*, die Mitgift des klassischen römischen Rechts. Sie ist rechtlich vertypt, und an sie knüpft die *collatio dotis* an.

Leider ist die Quellenlage hinsichtlich der *collatio dotis* deutlich schlechter als im Hinblick auf die *collatio bonorum*. Aber eines ist klar: Strukturell ist,

---

[50] C. 6, 20, 17.

[51] *Kaser*, Römisches Privatrecht, Bd. I, 69 (zum altrömischen Recht: der Emanzipierte „kann“ ausgestattet werden); *Gardner*, Family and Familia in Roman Law and Life, 78 (es gebe zumindest einige Anzeichen, das ausscheidende Kind zu versorgen, wenn sich die Eltern dies leisten konnten).

[52] Zum kaiserrechtlichen *peculium castrense*, dem Erwerb eines Soldaten, ausführlich *Fleckner*, in: Carlà/Gori, 227–232. Vgl. auch *Schulz*, Classical Roman Law, 154 f.; *Kaser*, Römisches Privatrecht, Bd. I, 344 f.; *Honsell/Mayer-Maly/Selb*, Römisches Recht, 413 f.

[53] Vgl. den Überblick bei *Fleckner*, in: Carlà/Gori, insb. auch zur finanziellen Unabhängigkeit der Haussöhne (225–227). Vgl. auch *Schulz*, Classical Roman Law, 154; *Kaser*, Römisches Privatrecht, Bd. I, 344 (mit Verweis auf das *peculium* eines Sklaven (287–288)); *Honsell/Mayer-Maly/Selb*, Römisches Recht, 64.

[54] *Kaser*, Römisches Privatrecht, Bd. I, 350; *Gardner*, Family and Familia in Roman Law and Life, 79.

verglichen mit der *collatio bonorum*, ein entscheidender Schritt in Richtung des modernen Rechts ist gemacht: Mit der *collatio dotis* greift das römische Recht erstmals eine bestimmte, rechtlich vertypte Kategorie lebzeitiger Zuwendungen heraus und misst gerade diesen Zuwendungen eine besondere erbrechtliche Bedeutung zu. Um sich all dem zu nähern, bedarf es jedoch eines Schritts zurück und zumindest eines kurzen Überblicks über das Dotalrecht.

a) Hintergrund der collatio dotis: das Dotalrecht und die dos als sittliche Pflicht und versorgende, lebzeitige Zuwendung

Für die vermögensrechtliche Stellung der römischen Frau spielt die *dos* eine herausgehobene Rolle. „Immer und überall" sei sie von Bedeutung, heißt es in Pomponius' Lehrbuch.[55] Jedenfalls in besseren Kreisen ist eine Ehe ohne eine solche Mitgift nicht vorstellbar. Es besteht die sittliche Pflicht, die eigene Tochter zu dotieren.[56] Auch wenn genaue Zahlen fehlen, so weiß man doch von erheblichen Summen, in senatorischen Familien wohl durchaus eine Million Sesterzen, die als Mitgift gegeben werden; gleichzeitig sind Fälle deutlich moderaterer *dotes* überliefert.[57] Die *dos* ist Ausweis der sozialen Stellung der beteiligten Familien,[58] sie verteuert Scheidungen, mag so Ehen stabilisiert haben,[59] und sie gestaltet, zumindest in gewissen Maßen, den Vermögensübergang auf die nächste Generation. Letztere Funktion kommt jedoch Mitgiften zu, die Teil möglicherweise komplexer Nachlassgestaltungen sind. Hier treten sie als lebzeitiger Vermögenstransfer neben letztwillige Fideikommisse, Erbeinsetzungen und Legate.[60] Denkbar ist auch eine nach-

---

[55] Übersetzung nach *Kaser/Knütel/Lohsse*, Römisches Privatrecht, 359.

[56] Möglicherweise wurde diese sittliche Pflicht bereits im Prinzipat des Augustus verrechtlicht. So jedenfalls exegetisch, *Stagl*, Favor Dotis, 37–58 (vgl. dort auch (37) für Nachweise zur Behauptung, die entsprechenden Textstellen seien interpoliert), und schon früher die englischsprachige Romanistik, vgl. *Gardner*, Women in Roman Law and Society, 74; *Saller*, Patriarchy, Property and Death in the Roman Family, 204. Von einer nur sittlichen Pflicht gehen aus *Kaser*, Römisches Privatrecht, Bd. I, 335; *Honsell/Mayer-Maly/Selb*, Römisches Recht, 404.

[57] Ausführlich *Saller*, C.Q. 34 (1984), 195, 200–202 und *ders.*, Patriarchy, Property and Death in the Roman Family, 211–217 (der jedoch gleichzeitig betont, römische Mitgiften seien im Vergleich zu anderen frühen Gesellschaften klein gewesen). Vgl. auch *Gardner*, Women in Roman Law and Society, 77; *Kaser/Knütel/Lohsse*, Römisches Privatrecht, 358. Zur Frage ob nur in den höheren Schichten *dotes* üblich waren, vgl. *Stagl*, Favor Dotis, 11 m.w.N.

[58] *Gardner*, Women in Roman Law and Society, 74; *Stagl*, Favor Dotis, 22–25 (auch zu den weiteren Zwecken der *dos*).

[59] Hierauf weist *Söllner*, Zur Vorgeschichte und Funktion der actio rei uxoriae, 114–121 in besonderem Maße hin, zurückhaltender *Wacke*, TR 43 (1975), 241, 241–247; *Saller*, C.Q. 34 (1984), 195, 204; *Honsell/Mayer-Maly/Selb*, Römisches Recht, 403 f. (Fn. 10).

[60] Vgl. *Saller*, Patriarchy, Property and Death in the Roman Family, 217–223.

lasslenkende Enterbung, weil die Tochter mit der *dos* bereits abgefunden ist.[61] Im Intestaterbrecht spielen derartige natürlich Gestaltungen keine Rolle. Ansatzpunkt dieser Untersuchung ist deswegen die Hauptfunktion der *dos:* Sie soll die Ehefrau und später deren Kinder versorgen, und sie soll dem Ehemann die Tragung der ehelichen Lasten erleichtern.[62]

Die römischen Juristen gehen davon aus, dass die *dos* im Regelfall vom Vater für seine Tochter gestellt wird (*dos profecticia*), unabhängig davon, ob diese noch in seiner Gewalt steht oder emanzipiert wurde.[63] Eine emanzipierte Frau kann aber auch selbst für ihre Mitgift aufkommen, oder die Mitgift wird von Dritten gestellt, etwa von Freunden oder anderen Verwandten der Tochter (jeweils eine so genannte *dos adventicia*).[64] Beide Wege dürften nicht unüblich gewesen sein. Viele Ehen, zumindest viele zweite Ehen, wurden schließlich geschlossen, wenn der Brautvater mit einer gewissen Wahrscheinlichkeit bereits verstorben war. Die Details der Dotierung lassen sich vertraglich ausgestalten, und die Römer machen von dieser Möglichkeit regen Gebrauch.[65]

Grundsätzlich gelten für die *dos* die oben beschriebenen Regeln über das Hausvermögen. Die *dos* gehört nach der Heirat zum Vermögen des Ehemanns, wenn dieser emanzipiert und damit selbst vermögensfähig ist. Steht er noch in der Gewalt seines *pater familias*, fällt sie in dessen Vermögen.[66] In beiden Fällen ist die Ehefrau aus diesem Hausvermögen zu unterhalten. Eines komplexen Dotalrechts bedarf es nicht, solange sich die Frau der Hausgewalt ihres Mannes unterwirft und Scheidungen selten sind. Die Versorgung der Frau durch das Hausvermögen in der Familie ihres Ehemanns ist gesichert. Beides ändert sich

---

[61] Ein solcher Fall liegt D. 28, 5, 62 zugrunde, vgl. hierzu Saller *ders.*, Patriarchy, Property and Death in the Roman Family, 217 f., zurückhaltender noch Saller *ders.*, C.Q. 34 (1984), 195 (die Mitgiften seien stets zu gering gewesen, um den Erbteil vorwegzunehmen). Darauf weist auch *Stagl*, Favor Dotis, 22 f. (Fn. 9) hin.

[62] Das ist die entscheidende These von *Saller*, C.Q. 34 (1984), 195, 199–205. Vgl. auch *Kaser*, Römisches Privatrecht, Bd. I, 333; *Saller*, Patriarchy, Property and Death in the Roman Family, 210 f.; *Papakonstantinou*, Die Collatio Dotis, 15 f.

[63] *Schulz*, Classical Roman Law, 123; *Kaser*, Römisches Privatrecht, Bd. I, 334 f.; *Gardner*, C.Q. 35 (1985), 449, 450; *Honsell/Mayer-Maly/Selb*, Römisches Recht, 403 (die *dos profectica* bei *manus*-Ehen als „Urfall" bezeichnend); *Stagl*, Favor Dotis, 12 f.

[64] *Schulz*, Classical Roman Law, 123 (der sich dagegen wendet, auch die von der Ehefrau herrührende *dos* als *adventicia* zu bezeichnen); *Kaser*, Römisches Privatrecht, Bd. I, 334 f.; *Gardner*, C.Q. 35 (1985), 449, 450; *Honsell/Mayer-Maly/Selb*, Römisches Recht, 403 f.; *Stagl*, Favor Dotis, 12 f.

[65] Vgl. *Kaser*, Römisches Privatrecht, Bd. I, 341; *Saller*, C.Q. 34 (1984), 195, 197 f.; *ders.*, Patriarchy, Property and Death in the Roman Family, 209; *Stagl*, Favor Dotis, 16.

[66] *Schulz*, Classical Roman Law, 123–125; *Kaser*, Römisches Privatrecht, Bd. I, 333; *Honsell/Mayer-Maly/Selb*, Römisches Recht, 404. Einige eng umrissene Ausnahmen von diesem Grundsatz betreffen die Veräußerung italienischer Grundstücke und die Freilassung von Sklaven, die Teil der *dos* sind, vgl. hierzu *Schulz*, Classical Roman Law, 124; *Kaser*, Römisches Privatrecht, Bd. I, 334; *Honsell/Mayer-Maly/Selb*, Römisches Recht, 404 f.

jedoch noch zu Zeiten der Republik. Weil gewaltunterworfene *manus*-Ehen zunehmend unüblich werden und zugleich Scheidungen ohne Weiteres möglich werden, entwickelt sich das Dotalrecht als eigenes, komplexes Rechtsgebiet.[67]

Nun steht das Ziel, die Ehefrau durch die *dos* zu versorgen, noch deutlicher im Vordergrund. Sie muss sich nach einer Scheidung selbst unterhalten, oder sie ist wieder im Haus ihres Vaters zu versorgen. Gleichzeitig benötigen entweder die überlebende Ehefrau oder ihr Vater die *dos*, um eine neue Heirat zu ermöglichen. Während der Ehe fällt die Mitgift also weiterhin in das Vermögen des Ehemanns oder dessen *pater familias*. Es rückt aber zusehends die Pflicht in den Vordergrund, die *dos* zurückzugewähren, falls die Ehe geschieden wird oder der Ehemann stirbt. Der Mann kann die Früchte der *dos* ziehen, um seine Frau und etwaige gemeinsame Kinder zu versorgen, muss die Substanz der Mitgift jedoch bewahren. Nur in begrenztem Umfang stehen ihm Verwendungsersatzansprüche zu, und für den schuldhaften Untergang der Mitgift haftet er.[68] Bei Tryphonin heißt es über diese vermögensrechtliche Situation, die sich in heutigen Kategorien nur schwer beschreiben lässt,[69] die *dos* stehe gleichzeitig im Vermögen des Manns und der Ehefrau.[70]

Ob und wem die Mitgift zurückzugeben ist, hängt davon ab, wer die *dos* bestellt hat, ob die Tochter frei oder gewaltunterworfen ist und welcher Ehegatte zuerst stirbt. Strukturieren lässt sich die Vielzahl der denkbaren Fallkonstellationen anhand des Versorgungszwecks der *dos:*[71] Die Tochter soll weiterhin unterhalten werden und die *dos* für eine zweite Heirat zur Verfügung stehen. Stirbt die Tochter vor ihrem Vater, bedarf sie keines Unterhalts mehr und die vom Vater gestellte *dos profecticia* fällt an den Vater zurück. Wurde die Ehe jedoch geschieden oder stirbt der Ehemann, ist die Tochter zu versorgen. Bei Haustöchtern fällt diese Aufgabe ihrem *pater familias* zu, der in diesem Fall die Mitgift herausverlangen kann. Eine nicht-gewaltunterworfene Tochter hingegen unterhält sich selbst und kann deswegen selbst verlangen, die *dos* zu erhalten.[72] Neben emanzipierten Töchtern gilt dies vor allem für Töchter, die gewaltfrei geworden sind, weil der Vater vorverstorben

---

[67] *Saller*, C.Q. 34 (1984), 195, 196 f.; *Gardner*, Women in Roman Law and Society, 74; *Saller*, Patriarchy, Property and Death in the Roman Family, 207 f.; *Stagl*, Favor Dotis, 8 f.

[68] Zu alldem *Schulz*, Classical Roman Law, 124; *Kaser*, Römisches Privatrecht, Bd. I, 333 f.; *Honsell/Mayer-Maly/Selb*, Römisches Recht, 404 f.

[69] *Wacke*, TR 43 (1975), 241, 247 f.: „Die schwierigen Eigentumsverhältnisse an der klassischen Mitgift sind mit modernrechtlichen Kategorien bekanntlich schwer zu beschreiben."

[70] Vgl. hierzu auch *Ankum*, in: FS Wacke, 4 f. und *Gardner*, Women in Roman Law and Society, 77–79 mit weiteren Verweisen auf die römischen Quellen.

[71] So auch der Ansatz bei *Papakonstantinou*, Die Collatio Dotis, 15–18.

[72] Vgl. zu alldem *Schulz*, Classical Roman Law, 126 f.; *Gardner*, C.Q. 35 (1985), 449, 450; *dies.*, Women in Roman Law and Society, 79–81; *Honsell/Mayer-Maly/Selb*, Römisches Recht, 407 f.; *Papakonstantinou*, Die Collatio Dotis, 17–19.

ist.[73] Die ursprünglich vom Vater gestellte *dos profecticia* fällt in diesem Fall an die Frau, nicht an dessen Erben. Für die sogleich zu behandelnde *collatio dotis* ist dieser Umstand entscheidend.[74] Die Mitgift verbleibt also, anders gewendet, nur bei dem Ehemann der dotierten Frau, wenn die Ehegattin zuerst stirbt und es sich um eine *dos adventicia* handelt, die *dos* also von der Ehefrau selbst oder von einem Dritten gestellt wurde.[75]

Die zahlreichen weiteren Details des Dotalrechts interessieren für die Zwecke dieser Untersuchung weniger.[76] Entscheidend ist jedoch das Folgende: Durch die Mitgift erhält die Tochter lebzeitig einen Teil des väterlichen Vermögens, der – möglicherweise erst nach dem Tod des Vaters – an sie zurückfallen kann. Hierauf reagiert das römische Recht mit der *collatio dotis.*

b) Die collatio dotis: die erbrechtliche Berücksichtigung bestimmter lebzeitiger Zuwendungen aller Kinder untereinander, in allen Nachlassfällen

Am besten lässt sich die *collatio dotis* anhand der *dos profecticia* beschreiben, der vom Vater gestellten *dos.* Stirbt der Vater, bevor die Ehe der dotierten Tochter endet,[77] fällt der latente Anspruch des Vaters, die *dos profectica* herauszuverlangen, nicht in den Nachlass. Er steht allein der dotierten Tochter zu, nicht seinen Erben insgesamt. Ohne ein Korrektiv würde das väterliche Vermögen zwar bei der Auseinandersetzung des Nachlasses gleichmäßig auf seine Erben verteilt. Mit der *dos profecticia* stünde einer Erbin jedoch zu einem späteren Zeitpunkt ein vielleicht nicht unerheblicher Teil des väterlichen Vermögens allein zu.[78] An dieser Stelle greift die *collatio dotis* korrigierend ein.

---

[73] Das betonen besonders *Gardner*, Women in Roman Law and Society, 80 und *Honsell/Mayer-Maly/Selb*, Römisches Recht, 479 f.

[74] Besonders betont von *Honsell/Mayer-Maly/Selb*, Römisches Recht, 480.

[75] *Schulz*, Classical Roman Law, 126; *Kaser*, Römisches Privatrecht, Bd. I, 339; *Gardner*, C.Q. 35 (1985), 449, 450; *dies.*, Women in Roman Law and Society, 79–81 *Honsell/Mayer-Maly/Selb*, Römisches Recht, 407; *Papakonstantinou*, Die Collatio Dotis, 17–19. Der Dritte konnte sich aber auch in diesem Fall vertraglich versprechen lassen, die Mitgift zurückverlangen zu können (*dos recepticia*).

[76] Wichtig ist vor allem, dass dem überlebenden oder geschiedenen Ehemann gewisse Abzugsrechte zustehen können, wenn die Mitgift an die geschiedene Ehefrau oder deren Vater fällt. In Betracht kommen Fälle, in denen gemeinsame Kinder in der Gewalt des Vaters verbleiben oder die Scheidung auf einer Verfehlung der Ehefrau beruht, vgl. hierzu *Schulz*, Classical Roman Law, 128; *Kaser*, Römisches Privatrecht, Bd. I, 339–341; *Honsell/Mayer-Maly/Selb*, Römisches Recht, 407.

[77] Endet die Ehe vor dem Tod des Vaters, bedarf es der *collatio dotis* nicht: War die dotierte Tochter gewaltunterworfen, fällt die *dos* ohnehin an den Vater und wird nach dem zivilen Erbrecht gleichmäßig an die Hauserben verteilt. War die dotierte Tochter emanzipiert, erhält sie die *dos* zwar auch vor dem Tod des Vaters als eigenes Vermögen, beteiligt sie sich über die prätorische *possessio bonorum* am Nachlass, ist sie schon zur *collatio bonorum* verpflichtet. Die *dos* ist dann Teil des Vermögens, das hier einzubringen ist, vgl. *Papakonstantinou*, Die Collatio Dotis, 92 f.; *Ankum*, in: FS Wacke, 5 f.

Vieles über die *collatio dotis* ist unbekannt. Aber zumindest im Ausgangspunkt orientiert sich das Institut an der *collatio bonorum:* Das prätorische Recht zwingt die dotierte Tochter zu einer Stipulation mit der sie verspricht,[79] die *dos* quotal an ihre Miterben herauszugeben, sollte sie die Mitgift in Zukunft erhalten, weil ihre Ehe endet.[80] Ihr selbst steht dabei von der *dos* nur so viel zu, wie ihrer Erbquote entspricht. Eine Bevorzugung der dotierten Tochter wird vermieden, und alle Erben werden letztlich gleichbehandelt.

Damit ist ein erster Schritt in Richtung des modernen Rechts gemacht – auch wenn es angesichts der scheinbar engen Verwandtschaft zwischen *collatio bonorum* und *collatio dotis* auf den ersten Blick anders scheint. Die Digesten behandeln die beiden Institute schließlich in zwei unmittelbar aufeinander folgenden Kapiteln, in D. 36, 6 und 7. Auch die moderne Romanistik beschreibt die *collatio dotis* und die *collatio bonorum* als zumindest im Ausgangspunkt eng verwandt. Teils heißt es,[81] sie dienten einem ähnlichen Ausgleichsbedürfnis. Der erste Blick täuscht jedoch. Sieht man im Folgenden genauer hin, unterscheidet sich die *collatio dotis* grundlegend von der *collatio bonorum*. Allzu eng ist die bis heute behauptete Verwandtschaft der Institute im Ergebnis nicht. Die *collatio dotis* ist vielmehr der erste „echte" Ausgleichsmechanismus, der bestimmte lebzeitige Zuwendungen letztlich doch erbrechtlichen Regeln unterwirft.

Im Ausgangspunkt ist die *collatio dotis* – ebenso wie die *collatio bonorum* – ein Geschöpf des prätorischen Rechts.[82] Sie trifft zunächst diejenigen Töchter, die einen Antrag auf den Nachlassbesitz (*possessio bonorum*) des prätorischen Rechts stellen oder sich sonst in den Nachlass einmischen.[83] Der Prätor

---

78 Zu den Werten vgl. wieder *Saller*, C.Q. 34 (1984), 195, 200–202, und *ders.*, Patriarchy, Property and Death in the Roman Family, 211–217, der jedoch gleichzeitig betont, römische Mitgiften seien im Vergleich zu anderen frühen Gesellschaften klein gewesen. Vgl. auch *Kaser/Knütel/Lohsse*, Römisches Privatrecht, 358. Zur Frage ob nur in den höheren Schichten *dotes* üblich waren, vgl. wieder *Stagl*, Favor Dotis, 11 m.w.N.

79 Zur Rekonstruktion des Edikts vgl. wieder *Lenel*, Das Edictum Perpetuum, 536 f.; vgl. zur Durchführung auch *Babusiaux*, in: HdB RPR, Bd. I, 127.

80 *Schulz*, Classical Roman Law, 232; *Kaser*, Römisches Privatrecht, Bd. I, 732; *Honsell/Mayer-Maly/Selb*, Römisches Recht, 480 (s. aber Fn. 12).

81 So die Formulierung von *Kaser*, Römisches Privatrecht, Bd. I, 732. Vgl. auch *Schulz*, Classical Roman Law, 231 (*same idea*); *Szlechter*, RH 31 (1954), 167, 167 (*fondée sur un principe analogue*); vgl. auch *Babusiaux*, in: HdB RPR, Bd. I, 119.

82 Vgl. zur Entwicklung D. 37, 7, 1. *Szlechter*, RH 31 (1954), 167, 171–176 *Gardner*, C.Q. 35 (1985), 449, 451 f.; *dies.*, Women in Roman Law and Society, 83; *Honsell/Mayer-Maly/Selb*, Römisches Recht, 480; *Papakonstantinou*, Die Collatio Dotis, 69–71; *Ankum*, in: FS Wacke, 6 f.

83 V.a. im älteren Schrifttum scheint man davon auszugehen, die *collatio dotis* treffe nur die Haustöchter, vgl. *Fein*, Das Recht der Collation, 182–184; *Buckland*, A Text-Book of Roman Law, 325 f. (plausibel gegen diese Annahme *Szlechter*, RH 31 (1954), 167, 177 f.; *Papakonstantinou*, Die Collatio Dotis, 92 f.). Oft scheint diese Auffassung jedoch

zwingt diese Töchter, zu stipulieren, ihre *dos* mit den Miterben zu teilen. Bei seiner Erläuterung des prätorischen Rechts spricht Ulpian freilich nur von „der Tochter", die ihre Mitgift einbringen müsse, ohne zu präzisieren, ob diese Tochter gewaltfrei oder gewaltunterworfen ist. Das prätorische Recht scheint insoweit aber keinen Unterschied gemacht zu haben.[84] Im zweiten nachchristlichen Jahrhundert erweitert Kaiser Pius die *collatio dotis* auf das zivile Erbrecht.[85] Jedenfalls insoweit ist nun klar, dass auch Haustöchter zur *collatio dotis* verpflichtet sein können. Es spricht also viel dafür, dass spätestens mit dem Reskript Kaiser Pius' alle miterbenden Töchter gezwungen sind, ihre *dos* einzubringen, und zwar unabhängig davon, ob sie gewaltfrei oder gewaltunterworfen sind – und unabhängig davon, ob sie aufgrund des zivilen oder prätorischen Rechts erben. Damit hat sich die *collatio dotis* in zweierlei Hinsicht von den Beschränkungen der *collatio bonorum* emanzipiert: Die Mitgift ist von allen Töchtern auszugleichen, gleich ob gewaltfrei oder gewaltunterworfen, gleich ob sie nach zivilem oder prätorischem Recht erben.

Die Pflicht aller Töchter, ihre Mitgift einzubringen, ist jedoch nur eine Seite der Ausgleichungspflicht. Die *collatio bonorum* findet schließlich – so viel ist gesichert – nicht zwischen Emanzipierten statt. Ob dies auch für die *collatio dotis* gilt, ist unklar. Explizit behandelt wird diese Frage nur in einem Reskript Kaiser Gordians im Jahr 239, dessen Inhalt möglicherweise Rückschlüsse auf das klassische Recht zulässt:[86]

„[...] nec dubium est profecticiam seu adventiciam dotem a patre datam vel constitutam fratribus qui in potestate fuerunt conferendam esse. His etenim, qui in familia defuncti non sunt, profecticiam tantummodo dotem post varias prudentium opiniones conferri placuit."

„[...] Zweifellos ist eine profektizische oder adventizische, vom Vater gegebene oder versprochene Mitgift den in seiner Gewalt gebliebenen Brüdern gegenüber auszugleichen. Den nicht zur Familie des Verstorbenen gehörigen Kindern gegenüber muss allein eine profektizische Mitgift zur Ausgleichung gebracht werden, wie nach (Überwindung) unterschiedlicher Ansichten von Fachkundigen (letztlich) angenommen wurde."[87]

---

mit dem Gedanken verbunden, die *dos* falle stets unter die *collatio bonorum*, vgl. *Gardner*, C.Q. 35 (1985), 449, 451; *dies.*, Women in Roman Law and Society, 83; *Honsell/Mayer-Maly/Selb*, Römisches Recht, 479 f. Über das Ergebnis, emanzipierte Töchter seien stets verpflichtet, ihre Mitgift einzubringen, dürfte deswegen weitgehend Einigkeit herrschen; vgl. hierzu auch *Babusiaux*, in: HdB RPR, Bd. I, 119, 121.

[84] So *Kaser*, Römisches Privatrecht, Bd. I, 732 (Fn. 33); *Papakonstantinou*, Die Collatio Dotis, 92 f.; *Ankum*, in: FS Wacke, 6. Anders, nur emanzipierte Töchter seien verpflichtet gewesen, *Schulz*, Classical Roman Law, 232; so auch für das klassische Recht bis zum Jahr 472 *Babusiaux*, in: HdB RPR, Bd. I, 122.

[85] D. 37, 7, 1, pr.

[86] C. 6, 20, 4.

[87] Übersetzung nach *Papakonstantinou*, Die Collatio Dotis, 134. Den problematischen Satzteil *adventiciam dotem a patre datam* (eine *dos adventicia* kann schließlich nicht vom

Auf den ersten Blick scheint es also Fälle zu geben, in denen die *dos* auch gegenüber Emanzipierten auszugleichen ist. Das Reskript Gordians ist jedoch nicht über jeden Zweifel erhaben. Eine „vom Vater gegebene oder versprochene" *dos adventicia* gibt es nicht. Diese *dos* stellt per Definition ein Dritter, nicht der Vater. Hält man diesen Widerspruch jedoch für vernachlässigbar und die Quelle zumindest im Grundsatz für authentisch,[88] ergibt sich aus der Antwort Gordians ein wesentlicher Gedanke: Zumindest im Jahr 239 ist die vom Vater stammende *dos profecticia* ist auch gegenüber emanzipierten Geschwistern auszugleichen. Hieran schließt sich die weitere Streitfrage an, ob dies schon die Auffassung der klassischen Juristen ist oder eine Innovation Gordians.[89] Aber spätestens seit C. 6, 20, 4 spricht viel dafür, dass die *collatio dotis* nochmals, in einem dritten Aspekt, über die Beschränkungen der *collatio bonorum* hinausgeht. Ihr liegt nicht mehr der Gedanke zugrunde, emanzipierte Kinder seien untereinander nie zur *collatio* verpflichtet.

Damit zeigt sich in der *collatio dotis* eines der zentralen Charakteristika aller späteren Ausgleichungsvorschriften: Es gibt bestimmte lebzeitige Zuwendungen aus dem elterlichen Vermögen, die im Intestaterbfall von dem bedachten Kind mit seinen Geschwistern zu teilen sind. Es liegt nahe, hier eine Gleichheitsidee am Werk zu sehen. Von einer bestimmten Zuwendung – der *dos* – soll nicht ein Kind allein profitieren, sondern alle Kinder gleichermaßen. Das ist jedenfalls das wirtschaftliche Ergebnis der *collatio dotis*. Nur fehlt diese naheliegende Begründung in den wenigen und teils zweifelhaften Quellen. Explizit ist nicht von Gleichbehandlungs- und Gerechtigkeitserwägungen die Rede.[90]

3. Die Deszendentenkollation bei Kaiser Leo und Justinian: Ausweitung typenbezogener Ausgleichspflichten in „billiger und gerechter Weise"

Mit der *collatio dotis* ist ein zentraler Gedanke in das römische Recht gezogen, der sich noch im heutigen Recht findet: Ausgleichspflichten sind „ty-

---

Vater gegeben sein, dazu gleich) übersetzen *Otto/Schilling/Sintenis*, Das Corpus Juris Civilis, Bd. V, 927 ohne Komma.

[88] *Papakonstantinou*, Die Collatio Dotis, 135, hält *a patre datam* für ein verständnisloses Glossem, über das hinweggesehen werden kann (vgl. dort auch zu weiteren Interpolationsvorwürfen). Ohne weitere Begründung stützen sich auf C. 6, 20, 4: *Kaser*, Römisches Privatrecht, Bd. I, 732 (vgl. dort aber Fn. 35); *Gardner*, C.Q. 35 (1985), 449, 452; *dies.*, Women in Roman Law and Society, 83 f.; vgl. zu diesen Fragen auch *Babusiaux*, in: HdB RPR, Bd. I, 129.

[89] Schon für die klassische Zeit bejahend: *Papakonstantinou*, Die Collatio Dotis, 102 f., 136–138; *Ankum*, in: FS Wacke, 7 f. Verneinend u.a. *Szlechter*, RH 31 (1954), 167, 179–186 und *Honsell/Mayer-Maly/Selb*, Römisches Recht, 480, sowie v.a. die ältere Literatur, vgl. insoweit die Nachweise bei *Papakonstantinou*, Die Collatio Dotis, 136 (dort Fn. 305).

[90] *Ankum*, in: FS Wacke, 8, geht davon aus, „es verstehe sich von selbst", dass die Gleichbehandlung aller Kinder angestrebt werde, weil die *dos profecticia* aus dem Vermögen des Vaters stamme.

penbezogen".[91] Tatbestandlich knüpfen sie an Zuwendungen an, die rechtlich auf eine spezifische Art und Weise kategorisiert werden und sich so von anderen lebzeitigen Zuwendungen unterscheiden. Dieser Gedanke, der zunächst auf die *dos* beschränkt ist, wird im Jahr 467 von Kaiser Leo aufgegriffen. Er erweitert ihn zur so genannten Deszendentenkollation des nachklassischen Rechts.[92] Nach wie vor sind dotierte Töchter verpflichtet, ihre Mitgift einzubringen. Die sachliche Erweiterung Kaiser Leos betrifft die Söhne des Erblassers.[93] Sie müssen nunmehr auch ihre Eheschenkung (*donatio propter* oder *ante nuptias*) einbringen. Auch diese Erweiterung, die so genannte Deszendentenkollation, betreffen Zuwendungen, die einer bestimmten, rechtlich herausgehobenen Weise vertypt sind. Die Umsetzung des neuen Rechts unterscheidet sich nicht wesentlich vom klassischen Recht.[94]

Aus heutiger Sicht erscheint es folgerichtig, Mitgift und Eheschenkung in nachklassischer Zeit gleichzustellen. Denn Dotalrecht entspricht in seinen Grundzügen nach wie vor dem klassischen Recht, wenn auch die Stellung der Frau zulasten ihres Vaters und Ehemanns deutlich verbessert wurde.[95] Neu ist jedoch die Entwicklung der Eheschenkung als feste rechtliche Kategorie, die erst etwa ab dem vierten Jahrhundert ausgeformt wird und neben die *dos* tritt.[96] Die *donatio ante* oder *propter nuptias*[97] wird von der Seite des Bräutigams an die Braut gegeben und dient ebenfalls dazu, die Frau und zunehmend auch die gemeinsamen Kinder zu versorgen, wenn die Ehe durch Tod oder Scheidung endet. Es bestehen damit zahlreiche Parallelen zur *dos*. Beide Institute kommen im nachklassischen Recht beispielsweise zunehmend den gemeinsamen Kindern der Ehegatten zugute. Letztlich verwischen die Grenzen. Es tritt in den Hintergrund, dass die *dos* klassischerweise von der Familie der Braut und die Eheschenkung klassischerweise aus der Familie des Bräutigams stammt.[98] Angesichts dessen und angesichts des vergleichbaren Zwecks beider Institute erscheint es konsequent, eine einheitliche Ausgleichungspflicht anzuerkennen. Damit ist aber der Gedanke gefestigt, der schon der späten klassischen *collatio*

---

[91] Vgl. zum Begriff bereits oben Erster Teil – A.I.2 (16).

[92] C. 6, 20, 17. Die folgenden Übersetzungen sind angelehnt an *Otto/Schilling/Sintenis*, Das Corpus Juris Civilis, Bd. V, 930 f.

[93] Vgl. wieder C. 6, 20, 17.

[94] *Kaser*, Römisches Privatrecht, Bd. II, 541; *Honsell/Mayer-Maly/Selb*, Römisches Recht, 481.

[95] *Kaser*, Römisches Privatrecht, Bd. II, 185–193.

[96] *Ders.*, Römisches Privatrecht, Bd. II, 195; *Evans-Grubbs*, in: Strömberg/Larsson Lovén, 86 f.

[97] Aufgrund des Schenkungsverbots zwischen Ehegatten im klassischen Recht waren Eheschenkungen nur vor der Ehe (*ante nuptias*) möglich, erst Justinian schuf eine Ausnahme von diesem Grundsatz und ermöglicht so Schenkungen nach der Heirat (*propter nuptias*), vgl. *Kaser*, Römisches Privatrecht, Bd. II, 193 f.; *Evans-Grubbs*, in: Strömberg/Larsson Lovén, 86 f.

[98] *Kaser*, Römisches Privatrecht, Bd. II, 197.

dotis zugrunde liegt: Bestimmte Zuwendungen, die aus dem elterlichen Vermögen stammen, hier: Mitgift und Eheschenkung, sollen einzelne Kinder nicht bevorzugen oder benachteiligen. Sie sind deswegen auszugleichen.

Die Deszendentenkollation ist jedoch mehr als die bloße Fortschreibung der *collatio dotis* als „typenbezogener" Ausgleichungspflicht im Angesicht der *donatio ante* und *propter nuptias*. Bei Kaiser Leo findet sich erstmals das zweite entscheidende Charakteristikum des modernen Rechts: Die erbrechtliche Berücksichtigung lebzeitiger Zuwendungen wird nun erstmals explizit mithilfe von Gerechtigkeits- und Gleichheitsvorstellungen begründet. Der nachklassischen Deszentenkollation liegt damit eine andere, eine neuere Gerechtigkeitsvorstellung zugrunde als jedenfalls der *collatio bonorum*.[99] Kaiser Leo möchte, so ein Reskript, für alle Kinder sorgen, gleich ob männlich oder weiblich, emanzipiert oder gewaltunterworfen, aufgrund des prätorischen oder des zivilen Rechts erbend. Geschehen soll dies in *aequa lance parique modo*, in billiger und gleicher Weise.[100] Mit der Gleichheit ist der zentrale Anspruch der Deszendentenkollation ausgesprochen. Latent lag er bereits der *collatio dotis* zumindest seit dem Reskript Kaiser Gordians zugrunde,[101] Kaiser Leo macht ihn explizit.

Hier setzt, im Osten des römischen Reiches, Kaiser Justinian an. Er erweitert die Deszendentenkollation im Jahr 529 in zwei Schritten. Die entsprechende Kodexstelle C. 6, 20, 20 ist für die weitere Rezeption von entscheidender Bedeutung.

Zunächst erweitert Justinian nochmals den Kreis der einzubringenden Zuwendungen. Die *collatio* nun alles, was in den Pflichtteil einzurechnen wäre. Damit treten Schenkungen, die es dem Sohn ermöglichen, ein käufliches Amt zu erwerben, neben die Mitgift und die Eheschenkung.[102] Das allein dehnt die Ausgleichungspflicht noch nicht stark aus. Entscheidend – und für die Rezeption im gemeinen Recht zentral – ist eine weitere Regel über einfache Schenkungen: *Prima facie* sind sie nach wie vor nicht auszugleichen, es sei denn der Erblasser ordnet dies explizit an. Hinzu kommt jedoch ein weiterer Fall: ein einfach beschenkter Abkömmling konkurriert mit anderen Abkömmlingen, die ihrerseits qua Gesetz ausgleichspflichtige Zuwendungen erhalten haben, also eine *dos* oder eine *donatio ante* oder *propter nuptias*.[103] In diesem Fall ist ausnahmsweise auch die einfache Schenkung auszugleichen.

---

[99] *Ders.*, Römisches Privatrecht, Bd. II, 540; *Honsell/Mayer-Maly/Selb*, Römisches Recht, 480.

[100] C. 6, 20, 17.

[101] *Honsell/Mayer-Maly/Selb*, Römisches Recht, 480, betonen dies besonders; vgl. auch *Kaser*, Römisches Privatrecht, Bd. II, 540.

[102] C. 6, 20, 20, 3. Vgl. hierzu *Kaser*, Römisches Privatrecht, Bd. II, 540.

[103] C. 6, 20, 20, 3 erwähnt nur diese Zuwendungen, nicht aber die zum Erwerb eines käuflichen Amtes. *ders.*, Römisches Privatrecht, Bd. II, 540 (Fn. 32) meint, diese müsste sinngemäß erfasst sein.

Nicht minder wichtig ist die Begründung dieser Entscheidung durch Justinian. Die Ausgleichspflicht wird erweitert, um „jede Ungleichheit zu heben“,[104] die sonst zwischen den Kindern entstanden wäre. Damit ist das zweite zentrale Charakteristikum auch moderner Ausgleichungsvorschriften nochmals deutlicher angesprochen. Es geht Justinian um die Gleichbehandlung der Abkömmlinge, um die Hebung „jeder Ungleichheit“. Das ist, jedenfalls in der Rhetorik, dogmengeschichtlich ein großer Sprung, kommend von der *collatio bonorum* des klassischen Rechts, der ein allgemeiner Gleichbehandlungsanspruch fremd war. Ihren scheinbaren Gipfel erreichen diese Gleichbehandlungsvorstellungen mit der Novelle 18, 6. Justinian erweitert die Deszendentenkollation nochmals: Auch testamentarisch eingesetzte Erben sind nun verpflichtet, lebzeitige Zuwendungen nach den bisher allein intestaterbrechtlichen Maßstäben einzubringen, wenn der Erblasser nicht ausdrücklich das Gegenteil anordnet. Justinian begründet dies mit der theoretischen Möglichkeit, der Erblasser habe eine lebzeitige Zuwendung bei Abfassung des Testaments vergessen oder aus Todesangst nicht erwähnt.[105] Der erbrechtliche (Gleichbehandlungs-)Anspruch, auch lebzeitige Zuwendungen zu erfassen, hat ein Höchstmaß erreicht. Man mag dies als Ausdruck der fortschreitenden Christianisierung zu lesen. Belegen lässt sich diese Vermutung nicht.

Abschließend sei auf eine zweite Entwicklung hingewiesen: Als er die Deszendentenkollation einführt, schafft Kaiser Leo die *collatio bonorum* nicht ab. Ihre Bedeutung schwindet jedoch immer weiter. Erklärt wird dies heute zumeist mit Änderungen im spätrömischen Vermögensrecht.[106] Bestimmte Sondervermögen des Emanzipierten unterfallen seit jeher nicht der *collatio bonorum*. Über die Jahrhunderte wurden diese Sondervermögen jedoch immer zahlreicher. All das führt dazu, dass es bereits bei Kaiser Leo heißt, die fortgeltende *collatio bonorum* erfasse letztlich nur dasjenige, was die Kinder – „wie es gewöhnlich geschieht“ – bei der Entlassung aus der

---

[104] C. 6, 20, 20, 3 (ne ex eo iniustum aliquid oriatur). Deutsche Übersetzung nach *Otto/Schilling/Sintenis*, Das Corpus Juris Civilis, Bd. V, 933; weniger umständlich übersetzt bei *Frier* (Hrsg.), The Codex of Justinian, 3, 1483: *lest some injustice arise from this*.

[105] Teilweise wird deswegen heute vermutet, diese Ergänzung sei zu verstehen wie der heutige § 2051 Abs. 1 BGB: Die collatio fände nur statt, falls die Abkömmlinge testamentarisch auf ihren gesetzlichen Erbteil (so *Honsell/Mayer-Maly/Selb*, Römisches Recht, 481) oder zumindest zu gleichen Teilen eingesetzt sind (so *Kaser*, Römisches Privatrecht, Bd. II, 541 (Fn. 37)).

[106] *Kaser*, Römisches Privatrecht, Bd. II, 539; *Honsell/Mayer-Maly/Selb*, Römisches Recht, 479 Ausgenommen von der *collatio bonorum* sind damit nicht nur der Erwerb im Militärdienst, sondern auch der Erwerb im Staatsdienst, bei Hofe, als Anwalt sowie alle Schenkungen seitens der Kaiserin und des Kaisers. Ebenfalls ausgenommen sind die sog. *bona materna*, vgl. hierzu *dies.*, Römisches Recht, 414 f.; ausführlich: *Bauer-Gerland*, Das Erbrecht der Lex Romana Burgundionum, 125–135.

Vatergewalt oder nach derselben von ihren Eltern erhalten haben.[107] Mit anderen Worten: Die *collatio bonorum* beschränkt sich jetzt auf lebzeitige Zuwendungen anlässlich der Emanzipation.[108] Damit ist die Brücke geschlagen zu der sogleich zu beschreibenden Tradition, die vor allem im Westen des Reichs neben die römischen Gedanken tritt und diese überlebt. Wann genau die *collatio bonorum* im Osten in der nachklassischen Deszendentenkollation aufgeht, ist unklar.[109]

4. Zwischenfazit zum römischen Recht: Gleichheitserwartungen und „typenbezogene" Ausgleichsinstitute

Sucht man nach den dogmengeschichtlichen Vorläufern der heutigen §§ 2050 ff. BGB, führt die Spur zunächst zur *collatio bonorum* des klassischen römischen Rechts. Sie ist der erste erbrechtliche Mechanismus, um nachlassfremde Vermögenswerte eines Erben bei der Erbteilung zugunsten der anderen Erben zu berücksichtigen. Sie gibt derartigen Instituten für viele Jahrhunderte ihren Namen, ähnelt dem späteren Recht jedoch kaum. Die klassische *collatio bonorum* möchte nur diejenigen Friktionen glätten, die sich auftun, wenn aufgrund des prätorischen Erbrechts emanzipierte, vermögensfähige Kinder mit Hauskindern des Erblassers um dessen Nachlass konkurrieren.[110] Erst mit der *collatio dotis* beginnt sich ein „typenbezogenes" Institut zu entwickeln.[111] Erstmals werden bestimmte lebzeitige Zuwendungen herausgegriffen und erbrechtlichen Regeln unterworfen. Aus diesem Gedanken wiederum entwickelt Kaiser Leo die nachklassische Deszendentenkollation. Dabei, spätestens aber bei Justinian, zeigt sich ein zentrales Argument, das bis heute herangezogen wird, um erbrechtliche Ausgleichsregeln zu erklären:[112] Es gehe um die Gleichheit der Kinder; „jede Ungleichheit" sei zu heben. Je weiter die Entwicklung des römischen Rechts voranschreitet, desto deutlicher und desto raumgreifender wird dieser Gedanke. Immer mehr lebzeitige Zuwendungen werden von der *collatio* erfasst und letztlich erbrechtlichen Gleichbehandlungsideen unterworfen.

---

[107] C. 6, 20, 17, Übersetzung nach *Otto/Schilling/Sintenis*, Das Corpus Juris Civilis, Bd. V, 930.

[108] C. 6, 20, 17 spricht insoweit von Zuwendungen seitens der Eltern, rezipiert wird dies jedoch, wenn überhaupt, als Zuwendung aus dem väterlichen Vermögen, vgl. *Glück/Leist*, Ausführliche Erläuterung der Pandecten nach Hellfeld, Serie 37/38 III, 367; *Kaser*, Römisches Privatrecht, Bd. II, 539.

[109] Vgl. dazu die Nachweise bei *Kaser*, Römisches Privatrecht, Bd. II, 540 (dort Fn. 34) sowie *Honsell/Mayer-Maly/Selb*, Römisches Recht, 479 (erst mit den Novellen 115 und 118 sei die *collatio bonorum* gegenstandslos geworden).

[110] Vgl. dazu oben Erster Teil – A.I.1 (6).

[111] Vgl. dazu oben Erster Teil – A.I.2 (16).

[112] Vgl. dazu soeben Erster Teil – A.I.3 (23).

II. Wurzeln der modernen Ausgleichung jenseits des römischen Rechts

In § 2050 Abs. 1 BGB lebt der Gedanke fort, Kinder erhielten aus Anlass ihrer Verselbstständigung eine Zuwendung, die wiederum Gegenstand der Ausgleichung ist. Im nachklassischen römischen Recht ist diese Vorstellung eine bloße Fußnote.[113] Jenseits des römischen Rechts ist die Idee dafür umso zentraler. Zwar sind auch hier die Quellen rar gesäht, aber in groben Linien lässt sich die frühe deutschrechtliche Tradition skizzieren, die sich nach dem Fall des römischen Reichs entwickelt und deren Bedeutung für die weitere Entwicklung zentral ist.

1. Abschichtung und Auseinandersetzung

Nach den Vorstellungen der frühen deutschrechtlichen Tradition ist die väterliche Gewalt zeitlich begrenzt.[114] Die Kinder sind nicht notwendigerweise bis zu seinem Tod gewaltunterworfen, sondern nur so lange, bis sie alt genug sind, um in die rechtliche und wirtschaftliche Selbstständigkeit entlassen zu werden. Diese entscheidende Praxis ist die „Abschichtung“[115] der Söhne.[116]

Der häufigste Fall der Abschichtung ist die faktische Begründung einer eigenen Wirtschaft, einer *oeconomia separata*, durch den Sohn. Die Abschichtung unterscheidet sich von der *emancipatio* des römischen Rechts, vor allem eines Formalakts bedarf es in aller Regel nicht.[117] Ausreichend ist, dass der Sohn einen eigenen Hausstand gründet, entweder weil er oder sein Vater den

---

[113] Vgl. wieder C. 6, 20, 17, Übersetzung nach *Otto/Schilling/Sintenis*, Das Corpus Juris Civilis, Bd. V, 930.

[114] *Ogris*, Recueils de la Société Jean Bodin XXXVI (1976), 417, 417–420.

[115] Synonyme sind Absonderung, Sonderung, Schichtung, Scheidung, Trennung, Teilung, *partitio* oder *separatio*, vgl. *ders.*, Recueils de la Société Jean Bodin XXXVI (1976), 417, 423; *Olechowski*, in: Cordes/Lück/Werkmüller, 24.

[116] Ob auch Töchter abgeschichtet werden konnten oder ob sie in aller Regel allein durch Heirat aus der Gewalt des Vaters ausschieden, ist unklar, vgl. *Olechowski*, in: Cordes/Lück/Werkmüller, 24; für letztere Ansicht *Stobbe*, Beiträge zur Geschichte des deutschen Rechts, 19; *Heusler*, Institutionen des Deutschen Privatrechts, Bd. II, 438, 441; wohl auch *Conrad*, Deutsche Rechtsgeschichte, Bd. I, 158; *Ogris*, Recueils de la Société Jean Bodin XXXVI (1976), 417, 421 f.; dagegen *Meuten*, Die Erbfolgeordnung des Sachsenspiegels und des Magdeburger Rechts, 165 (dort Fn. 571).

[117] Möglich war die Emanzipation durch Formalakt jedoch auch, möglicherweise wenn die Trennung der Hausstände andernfalls nicht offenbar würde, weil der Sohn weiter im väterlichen Geschäft tätig ist, vgl. *Ogris*, Recueils de la Société Jean Bodin XXXVI (1976), 417, 443–446; allgemeiner *Stobbe*, Beiträge zur Geschichte des deutschen Rechts, 14; *ders.*, Handbuch des Deutschen Privatrechts, Bd. IV, 392 f. Anders *Eitel*, Die Berücksichtigung lebzeitiger Zuwendungen im Erbrecht, 43, der den Formalakt für den Regelfall hält.

bisherigen, gemeinsamen Haushalt verlassen.[118] Die dauerhafte, nach außen sichtbare Trennung der Hausstände ist das zentrale Element der Abschichtung. Denkbar sind neben der Begründung einer *oeconomia separata* weitere Umstände, aufgrund derer die väterliche Gewalt endet.[119] Einer tatsächlichen Trennung der Hausstände bedarf es beispielsweise nicht, wenn aus anderen Gründen offenbar wird, dass der Sohn nicht mehr in der Gewalt des Vaters steht, möglicherweise weil er in den Dienst des Königs tritt, in ein Kloster geht oder sich als Geselle verdingt.[120] Damit sind auch einige Gründe für die Abschichtung benannt. Aus Sicht des Sohns ist sie erforderlich, wenn er den väterlichen Hausstand verlassen möchte, um einen Dienst anzutreten oder, in den meisten Fällen, um zu heiraten.

Begleitet wird die Abschichtung in aller Regel von einer lebzeitigen Zuwendung seitens des Vaters. Denn mit der räumlichen Trennung geht auch die vermögensrechtliche Auseinandersetzung des väterlichen Haushalts einher.[121] So lange das Familiengut als eine Gesamtberechtigung von Vater und Sohn konzipiert wird, muss das Ausscheiden des Sohns mit einer Teilung dieses Guts einhergehen.[122] Die Teilungsquoten unterscheiden sich dabei in den unterschiedlichen Rechten. So heißt es beispielsweise im Schwabenspiegel (Ldr. 186):[123]

„Der vater sol seinen sün von im sündern als er fünf und zwaintzig iar alt wird mit als vil gütes als gelaisten mag also im der merer tail beleib. [...] und hat der vater newr des ainen kindes, er geit mit recht nicht wann das funftail seines gütes. und hat er mer kint so tailt der mit recht das im dew drew tail werdent vnd den kinden dew zway tail."

---

118 *Stobbe*, Beiträge zur Geschichte des deutschen Rechts, 19; *Heusler*, Institutionen des Deutschen Privatrechts, Bd. II, 438; *Conrad*, Deutsche Rechtsgeschichte, Bd. I, 158; *Ogris*, Recueils de la Société Jean Bodin XXXVI (1976), 417, 424 f.; ggf. einschränkender *Stobbe*, Handbuch des Deutschen Privatrechts, Bd. IV, 396 f.

119 *Stobbe*, Handbuch des Deutschen Privatrechts, Bd. IV, 395 f.; *Heusler*, Institutionen des Deutschen Privatrechts, Bd. II, 439; *Ogris*, Recueils de la Société Jean Bodin XXXVI (1976), 417, 425 f.

120 Vgl. zu den folgenden Gründen *Stobbe*, Handbuch des Deutschen Privatrechts, Bd. V, 99; *Ogris*, Recueils de la Société Jean Bodin XXXVI (1976), 417, 429 f.; *Olechowski*, in: Cordes/Lück/Werkmüller, 25 f.

121 *Stobbe*, Handbuch des Deutschen Privatrechts, Bd. IV, 401 f. (möglicherweise nur für den Fall der Vermögenslosigkeit); *Heusler*, Institutionen des Deutschen Privatrechts, Bd. II, 439; *Ogris*, Recueils de la Société Jean Bodin XXXVI (1976), 417, 426; *Olechowski*, in: Cordes/Lück/Werkmüller, 25.

122 Vgl. hierzu und zum Folgenden, v.a. auch zum Schwabenspiegel, *Ogris*, Recueils de la Société Jean Bodin XXXVI (1976), 417, 427; vgl. zum Zusammenhang von Familiengut und Abschichtung auch *Heusler*, Institutionen des Deutschen Privatrechts, Bd. I, 241 f.

123 Zitat in der Fassung einer Handschrift in der Münchener Staatsbibliothek [Ia (Km)] nach *Eckhardt* (Hrsg.), Schwabenspiegel, 267.

Das Rechtsbuch rät also dem Vater, einen fünfundzwanzigjährigen Sohn abzuschichten und ihm so viel mitzugeben, wie er leisten kann, dass dem Vater der größere Teil verbleibt. Einem einzigen Sohn ist jedoch mindestens ein Fünftel des väterlichen Vermögens zu geben, mehrere Söhne erhalten gemeinsam zwei Fünftel. Teilweise wird die Ausstattung wie hier im Schwabenspiegel zur Pflicht erhoben,[124] eine zwingende Voraussetzung der Abschichtung ist sie ansonsten nicht.[125]

2. *Erbrechtliche Konsequenzen: von der Erbabfindung zur Ausstattung*

Die mit der Abschichtung einhergehende Vermögensauseinandersetzung wirft die Frage nach deren erbrechtlichen Konsequenzen auf. Denkbar ist dabei zweierlei: Entweder hat die Zuwendung erbabfindenden Charakter oder sie lässt das Erbrecht des Abgeschichteten zunächst unberührt. Wahrscheinlich stand zunächst der erstere Gedanke, der einer Abfindung, im Vordergrund. Die Auseinandersetzung nimmt den Erbteil nach dieser Konzeption abschließend vorweg.[126] Der abgeschichtete Sohn scheidet endgültig aus dem Kreis der Erben aus. Er kann auch nicht freiwillig auf die lebzeitige Zuwendung verzichten, sie zur Erbmasse zurückführen und so am väterlichen Nachlass partizipieren.

Das ändert sich im Spätmittelalter.[127] Die lebzeitige Zuwendung aus Anlass der Abschichtung verliert ihren erbabfindenden Charakter. Im Vordergrund steht nun der Gedanke einer Ausstattung mit dem zur Begründung einer eigenen Wirtschaft Notwendigen, die im Rahmen der Erbteilung einzubringen ist. Das Erbrecht des abgeschichteten Sohnes erlischt nicht mehr vollends. Vom Erbrecht ausgeschlossen ist der Sohn nur, wenn er explizit auf das Erbe verzichtet.[128] Die „Einwerfung" der Ausstattung wird so zum Regelfall. Ein beredtes Beispiel einer solchen Regel aus den Rechtsbüchern bietet,[129] wenn auch nur für das Verhältnis der Brüder untereinander und der Schwestern untereinander,[130] der Sachsenspiegel (Ldr. I 13 § 1):[131]

---

[124] Vgl. hierzu *Stobbe*, Handbuch des Deutschen Privatrechts, Bd. IV, 400 f.

[125] *Ogris*, Recueils de la Société Jean Bodin XXXVI (1976), 417, 428; *Olechowski*, in: Cordes/Lück/Werkmüller, Stichwort: Abschichtung, Sp. 25.

[126] *Brunner*, Grundzüge der deutschen Rechtsgeschichte, 203; *Ogris*, Recueils de la Société Jean Bodin XXXVI (1976), 417, 427; *Olechowski*, in: Cordes/Lück/Werkmüller, 25. Insb. im Magdeburger Recht war die Abfindung, anders als im Landrecht, lange die Regel, vgl. *Meuten*, Die Erbfolgeordnung des Sachsenspiegels und des Magdeburger Rechts, 165–181.

[127] *Stobbe*, Handbuch des Deutschen Privatrechts, Bd. V, 101; *Ogris*, Recueils de la Société Jean Bodin XXXVI (1976), 417, 427 f.; *Olechowski*, in: Cordes/Lück/Werkmüller, 25.

[128] Das setzt im Sachsenspiegel beispielsweise Ldr. I 13 § 2 voraus.

[129] Eine vergleichbare Regel findet sich auch im Schwabenspiegel (148a) und in einigen Volksrechten, u.a. in der der Lex Wisigothorum (IV, 5, 3), vgl. für entsprechende

„Sundert vader unde muder enen eren sone oder ene ere dochter van en mit erme gude [...]; se motem in de dele brengen mit erme ede al dat gut, dar se mede af gesundert waren, of it is varende gut sunder rade. Is it aver andere gut, dat men bewisen nach, de ne mogen se nicht vore sweren."

Die zentrale Regel betrifft also das bei der Abschichtung (*sundert vader unde muder*) empfangene Gut, das bei der Erbteilung einzubringen ist (*in de dele brengen*). Die übrige Regel behandelt die Feststellung, welche Zuwendungen einzuwerfen sind. Während der Pflichtige bei beweglichem Gut einen Eid schwören kann, ist der Beweis bezüglich anderer Güter auf andere Weise zu führen.

Ergänzt wird die allgemeine Regel, dass die Zuwendungen anlässlich der Abschichtung einzuwerfen sind, auch schon im frühen Recht durch einige Ausnahmen. So sind kleine Zuwendungen und bestimmte Zuwendungen zur Deckung der Lebensbedürfnisse in der Regel nicht auszugleichen.[132] Explizit nennt beispielsweise der Sachsenspiegel für den Sohn Kleider, Waffen und Pferde (Ldr. I 10).[133] Auch die Aussteuer, die „Gerade",[134] muss eine ausgestattete Schwester nicht mit ihren nicht-ausgestatteten Schwestern teilen.[135] Darüber hinaus steht es dem Erblasser bereits nach dem frühen Recht offen,

---

Nachweise *Stobbe*, Handbuch des Deutschen Privatrechts, Bd. V, 45 (dort Fn. 12); *Ogris*, in: Erler/Stammler/Cordes, 912–913.

[130] Hintergrund ist das privilegierte Erbrecht des Sohnes gegenüber der Tochter. Auch der ausgestattete Sohn erbt nach dem Sachsenspiegel noch vor seiner Schwester (Ldr. I 17 § 1), vgl. *Meuten*, Die Erbfolgeordnung des Sachsenspiegels und des Magdeburger Rechts, 174. Er beschränkt den Anwendungsbereich von Ldr. I 13 § 1 darüber hinaus auf ausgestattete Kinder, die mit nicht ausgestatteten Geschwistern konkurrieren (172 f.).

[131] Vgl. für eine dem Folgenden entsprechende Auswertung von Ldr. I 13 § 1 auch *Wolfer*, Die Ausgleichung der Erben nach dem schweizer. Zivilgesetzbuch, 12–16.

[132] *Ogris*, Recueils de la Société Jean Bodin XXXVI (1976), 417, 428; *Stobbe*, Handbuch des Deutschen Privatrechts, Bd. V, 45; *Ogris*, in: Erler/Stammler/Cordes, 913 So scheint auch *Heusler*, Institutionen des Deutschen Privatrechts, Bd. II, 570, die Vorschrift einzuordnen, wenn er betont, dass diese Gegenstände ein standesgemäßes Auftreten ermöglichen sollen.

[133] Möglicherweise ist dieser Gedanke auf das Heergerät (u.a. Waffen, Harnisch, Pferd, aber auch Kochgeschirr und Bettzeug) entsprechend anzuwenden, vgl. *Meuten*, Die Erbfolgeordnung des Sachsenspiegels und des Magdeburger Rechts, 174 Vgl. zu der Streitfrage, ob hier auch ebenbürtige Söhne erfasst sind, *Stobbe*, Beiträge zur Geschichte des deutschen Rechts, 20 f.

[134] Vgl. zu Begriff und Gegenstand *Gottschalk*, in: Cordes/Lück/Werkmüller, 113 f.: Verallgemeinernd geht es um den persönlichen Besitz, textilen Hausrat, die damit in Zusammenhang stehende Geräte und die zugehörigen Verwahrmöbel. Der Sachsenspiegel (Ldr. I 24 § 3) kennt eine nicht abschließende Aufzählung der zur Gerade gehörenden Gegenstände.

[135] Hintergrund dessen ist wohl, dass die unausgestattete Tochter die Gerade nach dem Sachsenspiegel (Ldr. I 5 § 2) nie teilen muss, vgl. *Meuten*, Die Erbfolgeordnung des Sachsenspiegels und des Magdeburger Rechts, 174.

weitere Gegenstände als Voraus zu geben, die dann nicht der Einwerfungspflicht unterliegen; für Immobilien ist dies teilweise ausgeschlossen.[136]

Begründet werden die Regeln zur Einwerfung in den zeitgenössischen Quellen kaum. Eine Ausnahme stellt eine Handschrift mit Rechtsregeln aus dem 16. Jahrhundert dar, die sich bei bereits starkem Einfluss des römischen und kanonischen Rechts auf eine Magdeburger Rechtssammlung, den Sachsenspiegel und das kulmische Recht stützt. Hier heißt es:[137]

> „So abgesunderte kinder wollen mit denn anderenn czur teilung gehenn so sollen sie bey yren eiden widder einbrengen alls was vor empfangenn habenn, wenn es ist ein offenbar recht, der will mit genissen, der sol och mitte gelden vnnd den halb vnnd halb mit denn anderenn die nochgelassene gutter teylen von R."

Explizit wird die Ausstattung aus Anlass der Heirat hier als erbrechtlicher Vorempfang qualifiziert (*alls was vor emfpangenn habenn*). Der ursprüngliche Gedanke einer Erbabfindung wirkt sichtbar fort. Das abgeschichtete Kind wird vor die Wahl gestellt, entweder seinen Vorempfang zu behalten oder am elterlichen Nachlass zu partizipieren. Beides ist nicht möglich. „Naturgemäß" gehöre die Einwerfungspflicht aus diesem Grund dem „deutschen" Recht an, heißt es in *Otto Stobbes* Handbuch.[138] Gleichheitsgedanken, der Gedanke gleichmäßiger Elternliebe oder Gerechtigkeitsvorstellungen werden in der frühen deutschrechtlichen Tradition jedenfalls weniger prononciert artikuliert als im späten römischen Recht.[139] Im Vordergrund steht der Gedanke eines Vorempfangs. Dieser ist zwar nicht mehr erbabfindend, aber er ist als Vorempfang einzubringen.

Bisher war in erster Linie von der Abschichtung des Sohnes die Rede. Es lässt sich nicht rekonstruieren, ob auch die Abschichtung von Töchtern möglich oder üblich war.[140] In jedem Fall endet die Gewalt des Vaters über seine

---

[136] *Stobbe*, Handbuch des Deutschen Privatrechts, Bd. V, 45. Beispielsweise sind Lehen nach dem Landrecht des Sachsenspiegels stets einzubringen (Ldr. I 14 § 2), ein Magdeburger Schöffenspruch belässt sie jedoch dem bedachten Sohn (vgl. *Wasserschleben*, Sammlung deutscher Rechtsquellen, Bd. I, 357 f.).

[137] Tit. III Art. 24 der Erbrechtsregeln aus einer Handschrift des Geheimen Rath Biener [= Anhang B bei *Wasserschleben*, Das Prinzip der Successionsordnung nach deutschem insbesondere sächsischem Rechte, 141]. Zu deren Hintergrund vgl. *Meuten*, Die Erbfolgeordnung des Sachsenspiegels und des Magdeburger Rechts, 157 f.

[138] *Stobbe*, Handbuch des Deutschen Privatrechts, Bd. V, 42.

[139] Solche finden sich nur bei der Erörterung des deutschen Rechts bei *Glück/Leist*, Ausführliche Erläuterung der Pandecten nach Hellfeld, Serie 37/38 III. hinsichtlich des lübischen Rechts (309 f.) und hinsichtlich der Erfurter Statuten (316).

[140] Vgl. wieder *Olechowski*, in: Cordes/Lück/Werkmüller, 24; verneinend *Stobbe*, Beiträge zur Geschichte des deutschen Rechts, 19; *Heusler*, Institutionen des Deutschen Privatrechts, Bd. II, 438, 441; wohl auch *Conrad*, Deutsche Rechtsgeschichte, Bd. I, 158; *Ogris*, Recueils de la Société Jean Bodin XXXVI (1976), 417, 421 f.; bejahend aber *Meuten*, Die Erbfolgeordnung des Sachsenspiegels und des Magdeburger Rechts, 165 (dort Fn. 571).

Töchter durch deren Heirat.[141] Dabei findet sich ein strukturell ähnliches Bild wie hinsichtlich abgeschichteter Söhne: Zwar steht eine Tochter erbrechtlich oft schlechter als ihre Brüder.[142] Aber auch sie hat einen Anspruch auf eine gewisse Mitgabe bei ihrer Heirat; und sei dies nur die Aussteuer. Gerade diese Zuwendung hat besonders häufig erbabfindenden Charakter.[143] Im Übrigen gilt, wie gesehen, zumindest nach dem Recht des Sachsenspiegels (Ldr. I 13 § 1) für Töchter nichts anderes als für Söhne: Haben sie bei dem Verlassen des väterlichen Haushalts mehr erhalten als nur ihre Aussteuer, müssen sie diese Zuwendung zugunsten ihrer miterbenden Schwestern einwerfen.

III. Zwischenfazit: römische Gleichheitsgedanken und der deutschrechtliche Gedanke eines Vorempfangs

Historisch kann sich die Ausgleichung auf zwei Denktraditionen und Begründungsmuster berufen: die römische *collatio* und die deutschrechtliche Idee der Einwerfung von Zuwendungen aus Anlass der Abschichtung.

Im deutschen Rechtsdenken entwickelt sich ein Muster, das über § 1624 Abs. 1 BGB im modernen Recht fortlebt: Erbrechtlich relevant sind lebzeitige Zuwendungen, wenn sie in der einen oder anderen Form dazu dienen, die wirtschaftliche Selbständigkeit des Bedachten zu begründen.[144] Sie werden aus diesem Grund als Vorempfang auf den Erbteil konzipiert. Damit unterscheidet sich die deutschrechtliche Begründung konzeptionell von derjenigen Leos und Justinians:[145] Das nachklassische römische Recht beruft sich in erster Linie auf Gleichheitsgedanken und nicht darauf, bestimmte Zuwendungen seien ein Erbvorempfang.

Geht man in der römischen Entwicklung jedoch einen Schritt zurück und betrachtet nur die Reskripte Leos, bleiben die tatbestandlichen Unterschiede zwischen römischem Recht und deutschrechtlicher Tradition zwar bestehen, aber sie zeigen sich weniger prononciert. Gegenstand der *collatio* sind zu dieser Zeit vor allem die *dos* und die *donatio propter* und *ante nuptias*.[146] Es geht im nachklassischen Recht dieser Zeit also in erster Linie um Zuwendungen aus Anlass der Heirat. Auch in der deutschrechtlichen Tradition ist die

---

[141] *Stobbe*, Handbuch des Deutschen Privatrechts, Bd. IV, 397; *Heusler*, Institutionen des Deutschen Privatrechts, Bd. II, 441; *Conrad*, Deutsche Rechtsgeschichte, Bd. I, 158; *Ogris*, Recueils de la Société Jean Bodin XXXVI (1976), 417, 439.

[142] *Heusler*, Institutionen des Deutschen Privatrechts, Bd. II, 569; *Conrad*, Deutsche Rechtsgeschichte, Bd. I, 161. Vgl. beispielsweise den grundsätzlichen Vorrang der Söhne vor ihren Schwestern nach dem Recht des Sachsenspiegels (Ldr. I 17 § 1), dazu *Stobbe*, Handbuch des Deutschen Privatrechts, Bd. IV, 102 f.

[143] *Brunner*, Grundzüge der deutschen Rechtsgeschichte, 206; *Stobbe*, Handbuch des Deutschen Privatrechts, Bd. IV, 401, Bd. V, 100 f.

[144] Vgl. oben Erster Teil – A.II.1 (28).

[145] Vgl. oben Erster Teil – A.I.3 (23).

[146] Vgl. wieder oben Erster Teil – A.I.3 (23).

Heirat des aus dem Hausverbund ausscheidenden Sohnes ein wichtiger Grund für die Abschichtung, wenn auch nicht der einzige.[147] Und auch die von Justinian eingeführte Ausgleichspflicht von Schenkungen zum Kauf eines Amtes ist eine Ausgleichspflicht für ausstattende Zuwendungen.

Deutlicher als die tatbestandlichen Unterschiede scheint der konzeptionelle Unterschied zwischen römischem und deutschrechtlichem Denken zu sein. Ersteres ist von Gleichheitsgedanken getragen, letzteres von der Idee eines Erbvorempfangs. Aber selbst in diesem Zusammenhang finden sich Quellen, die dazu geeignet sind, den konzeptionellen Gegensatz zwischen beiden Traditionen abzuschwächen. Dass Zuwendungen aus Anlass der Emanzipation auszugleichen sind, findet sich auch bei Leo, wird hier aber nicht weiter vertieft.[148] Zentral ist und bleibt der Gleichheitsgedanke, den Justinian noch stärker in den Vordergrund rücken wird. Aber lässt man dies außer Acht,[149] zeigen sich auch auf einer abstrakteren, konzeptionellen Ebene durchaus verbindende Charakteristika zwischen der *collatio* und deutschrechtlicher Einwerfung. Beide knüpfen an eine bestimmte, tradierte soziale Praxis an: Das gilt für die *dos,* die *donatio propter* oder *ante nuptias* ebenso wie für die Tradition von Einwerfung und Abschichtung. In all diesen Fällen – sowohl im römischen als auch im deutschrechtlichen Denken – geht es um die Erfüllung mindestens einer sittlichen Elternpflicht. Und wirtschaftlich gesehen eint ihr Versorgungscharakter all diese Zuwendungen. Ob und inwieweit diese Rationalisierungen auch das Denken der zeitgenössischen Juristen geprägt haben, lässt sich nicht rekonstruieren. Aber diese Gemeinsamkeiten sind sicherlich ein Grund für die weitere Rezeptionsgeschichte der *collatio*, in der recht freihändig auf römische und deutschrechtliche Traditionen zurückgegriffen wird.

B. Die gemeinrechtliche Tradition und die Zivilrechtskodifikationen des späten 18. und des 19. Jahrhunderts

In der weiteren Rezeptionsgeschichte wird noch mehr oder minder deutlich zwischen den römischen und deutschrechtlichen Wurzeln der Ausgleichung getrennt, sie vermischen sich jedoch zusehends.[150] Die nachklassische, vor

---

[147] Vgl. wieder oben Erster Teil – A.II.1 (28).

[148] C. 6, 20, 17 a.E. Es geht hier um die Fortgeltung der *collatio bonorum*, die aber historisch gerade nicht an einen Vorempfang anknüpft, sondern an die ungleichen Erwerbsmöglichkeiten emanzipierter Kinder im Vergleich zu Haussöhnen, vgl. dazu oben Erster Teil – A.I.1 (6) und *Glück/Leist*, Ausführliche Erläuterung der Pandecten nach Hellfeld, Serie 37/38 III, 367; *Kaser*, Römisches Privatrecht, Bd. II, 539.

[149] Vgl. oben Erster Teil – A.I.3 (23).

[150] Besonders das preußische Schrifttum des 19. Jahrhunderts betont diese Entwicklung, vgl. die Beschreibungen bei *Witte*, Das Preußische Intestaterbrecht, 223–227; *Bornemann*, Systematische Darstellung des Preußischen Civilrechts, Bd. VI, 168 f.; *Gruchot*,

allem die justinianische Denktradition setzt sich dabei tatbestandlich allenfalls zeitweise durch. Sie prägt aber in entscheidender Weise, wie die Juristen des *usus modernus* und des späteren gemeinen Rechts die Vorläufer der heutigen Ausgleichung rhetorisch konzipieren und rationalisieren. In diesem Wechselspiel zwischen römischer und deutschrechtlicher Tradition entsteht eine komplexe, nicht immer widerspruchsfreie Rechtsmasse, auf der wiederum das moderne Recht aufbaut. Wer also fragt, welchen Leitprinzipien die Ausgleichung historisch verpflichtet ist, beginnt die Suche nach Antworten am besten hier, mit dem Zusammenwachsen der beiden Traditionen ab dem 17. Jahrhundert. Auf den *usus modernus* folgen das gemeine Recht des 19. Jahrhunderts und die Zivilrechtskodifikationen des 18. und 19. Jahrhunderts. Das wiederum sind diejenigen Quellen, die den Vätern des BGB als Vorbild für die §§ 2050 ff. BGB dienen.

I. Der Weg zum gemeinen Recht des 19. Jahrhunderts: drei Schritte zu einem schwer handhabbaren Institut mit wenig klaren Grenzen

Die Entwicklung des gemeinen Rechts erfolgt in drei Schritten: Zunächst ist das Nebeneinander von römischer und deutschrechtlicher Tradition noch deutlich erkennbar, verschwindet dann aber zusehends. Es ist letztlich Verdienst der historischen Schule und der Pandektistik, die beiden Rechtsmassen wieder klar getrennt zu haben und das römische Recht auf seine nachklassischen und vor allem justianischen Ursprünge zurückgeführt zu haben. Was das aber für die gemeinrechtliche Praxis heißt, ist weniger klar.

Mit dieser Entwicklung gehen ganz unterschiedliche Gleichheits- und Gleichbehandlungsvorstellungen einher, die im Zentrum der folgenden Abschnitte stehen. Jenseits dessen ändern sich die wesentlichen Charakteristika der historischen Ausgleichung kaum. Die prägnante Erläuterung, die sich 1766 bei *August von Hellfeld* findet, umreißt die Konturen des Instituts durchgängig gut:[151]

„Collatio bonorum est actus, quo liberi adscendentibus succedentes res ab ipsis vivis acceptas, quatenus exinde locupletoris facti, in communem hereditatem inferunt. Collatio igitur fit 1) a liberis, 2) in casu, quo parentibus succedunt, et 3) in eo consitit, ut accepta a vivis parentibus inferant in communem hereditatem, quatenus existunt locupletiores.“

Die *collatio* ist derjenige Akt, durch den die Kinder, die ihre Eltern beerben, diejenigen Zuwendungen in die Erbschaft einbringen, die sie zu deren Lebzeiten erhalten haben. Sie betrifft also, erstens, diejenigen Kinder, die, zwei-

---

Preußisches Erbrecht, Bd. III, 11 f. (dort Fn. 1). Eine naheliegende Erklärung hierfür ist, dass sich gerade das ALR in besonderer Weise als bewusste Abkehr vom römischen und eine bewusste Hinwendung zum „deutschen“ Recht versteht, vgl. dazu unten B.II.1 (52).

[151] *Hellfeld*, Iurisprudentia Forensis Secundum Pandectarum Ordinem In Usum Auditorii Proposita, Bd. II, § 1607.

tens ihre Eltern beerben. Und sie wird, drittens, bewirkt, indem sie dasjenige, was sie zu deren Lebzeiten erhalten haben, in die Erbschaft einbringen.

Die *collatio* weiterhin als in erster Linie intestaterbrechtlich konzipiert.[152] Die justinianische Erstreckung der *collatio* auf die testamentarische Erbfolge durch die Novelle 18, 6 bleibt aber bis zu den Kodifikationen des 18. und 19. Jahrhunderts geltendes Recht,[153] auch wenn sie mitunter harscher Kritik ausgesetzt ist:[154] Die Erweiterung führe zu unnötigen Prozessen, heißt es. Vor allem aber drohe sie den tatsächlichen Willen des Erblassers zu frustrieren. Dementsprechend finden sich bereits unter den Autoren des *usus modernus* einige, die den Anwendungsbereich der *collatio* im Recht der testamentarischen Erbfolge beschneiden möchten.[155] Aber um all dies soll es hier nur am Rande gehen.

1. Die collatio bei Benedict Carpzov: ein Prototyp hinsichtlich Form, Gegenstand und Begründung

Wie der Gegenstand der *collatio* beschrieben wird, ist ein besonders plastisches Beispiel für das Rechtsdenken des *usus modernus*, für das Ineinanderfließen römischer und deutschrechtlicher Gedanken. Besonders deutlich wird das bei *Benedict Carpzov*,[156] einem der frühen Autoren des *usus modernus*,[157] dessen umfassende Abhandlung zum römisch-sächsischen Recht eine wesentliche Grundlage vor allem der Arbeiten *Samuel Stryks* sein sollte.[158]

Auch wählt *Carpzov* bereits die Form, die alle späteren Erörterungen der *collatio* im *usus modernus* prägen wird: zentral sind kasuistische Aufzählungen verschiedenster Zuwendungen, die dann als entweder ausgleichspflichtig oder nicht-ausgleichspflichtig eingeordnet werden. Ein klares, systematisches Regel-Ausnahme-Verhältnis lässt sich auf den ersten Blick nicht ausmachen. Es

---

[152] Der Titel von *Stryk*, Tractatus de successione ab intestato, ist ein beredtes Beispiel hierfür, vgl. in diesem Sinne auch *Fein*, Das Recht der Collation, 392; *Glück/Leist*, Ausführliche Erläuterung der Pandecten nach Hellfeld, Serie 37/38 III, 478 f. (die testamentarische *collatio* als „Nebenlehre" bezeichnend).

[153] Vgl. hierzu und zu den sich anschließenden Folgefragen v.a. *Fein*, Das Recht der Collation, 371–339 (mit weiteren Nachweisen zu den Autoren des *usus modernus*).

[154] *Gundling*, Discourse über die sämtlichen Pandecten, Bd. II, Ad Lib. 37 Tit. 6 & 7 § 2; vgl. zur entscheidenden Kritik im 19. Jahrhundert unten B.I.3.a) (44).

[155] Vgl. für diesen Fall den Nachweis *Francke*, Civilistische Abhandlungen, 246 (dort Fn. 85), und in einem ähnlichen Sinne die Nachweise bei *Fein*, Das Recht der Collation, 379 (dort Fn. 13).

[156] Vgl. zu weiteren frühen Autoren (*Johannes Schilter*, *Ulrich Huber* und *Johann Schneidewein*) die Erörterungen bei *Glück/Leist*, Ausführliche Erläuterung der Pandecten nach Hellfeld, Serie 37/38 III, 408 f.

[157] Vgl. zu Person und Wirken *Wieacker*, Privatrechtsgeschichte der Neuzeit, 217.

[158] Vgl. zu diesem Zusammenhang *Glück/Leist*, Ausführliche Erläuterung der Pandecten nach Hellfeld, Serie 37/38 III, 412.

finden sich jedoch einige Indizien, dass die *collatio* eher die Regel als die Ausnahme war. Zwar sind einige Zuwendungen, vor allem die Studienkosten,[159] ausgenommen, und es steht dem Erblasser jederzeit frei, die Kollation auszuschließen. Aber dennoch heißt es in diesem Zusammenhang bei *Carpzov:*[160]

„Certi juris est, quod hodie in collationem veniat, quidquid non est prohibitum, ne veniat."

Es sei sicher geltendes Recht, dass heute alles zur Kollation komme, wo dies nicht ausgeschlossen sei. Ob dieser Satz so absolut gemeint war, wie er auf den ersten Blick formuliert ist, lässt sich nicht mit letzter Sicherheit sagen.[161] Aber es gibt keinerlei Anzeichen, die nahelegen, die Gleichbehandlungsvorstellungen des frühen *usus modernus* seien jenseits der angesprochenen Ausnahmen deutlich beschränkt gewesen.[162]

Verfolgt man die kasuistische Aufzählung ausgleichspflichtiger und nichtausgleichspflichtiger Zuwendungen weiter, zeigt sich, wie *Carpzov* sowohl auf das Landrecht als auch auf römische Quellen zurückgreift. Er diskutiert beispielsweise die Gerade, die Aussteuer der deutschrechtlichen Tradition, unter Bezugnahme auf römische Quellen, den Gedanken einer *donatio propter nuptias* aber mit Verweis auf den Sachsenspiegel.[163] Diese letzte Stelle zeigt zum einen, dass *Carpzov* die deutschrechtlichen Ursprünge seines Denkens noch deutlich markiert. Zum anderen zeigt sie, dass die Ausgleichung von Zuwendungen aus Anlass der Heirat nach wie vor ein zentraler Anwendungsfall der *collatio* ist. Unter Berufung auf den Sachsenspiegel (Ldr. I 13 § 1) ist auch einzuwerfen, was *loco dotis vel donationis propter nuptias* gegeben wurde. Insoweit lehnt sich *Carpzov* an das römische Recht an, sowohl was den Gegenstand der *collatio* betrifft, als auch in der Terminologie.

---

[159] *Carpzov*, Iurisprudentia forensis Romano Saxonica, Part. III Const. XI Def. XVII. Grund hierfür ist, wie sich aus einem mitgeteilten Schöffenspruch aus dem Jahr 1620 ergibt, dass diese Kosten aus „*jure pietatis* und mütterlicher Freygiebigkeit" gegeben werden. Ebenfalls ausgenommen waren wohl sonstige Gelegenheitsgeschenke, vgl. *Glück/Leist*, Ausführliche Erläuterung der Pandecten nach Hellfeld, Serie 37/38 III, 437 f. (dort Fn. 39).

[160] *Carpzov*, Iurisprudentia forensis Romano Saxonica, Part. III Const. XI Def. XXIV Nr. 1. Eine ähnliche Formulierung findet sich in Bezug auf die Gerade (dort auch unter Berufung auf den Sachsenspiegel (Ldr. I 13 § 1) bei Def. X Nr. 8).

[161] Zweifelnd *Glück/Leist*, Ausführliche Erläuterung der Pandecten nach Hellfeld, Serie 37/38 III, 413.

[162] Hierfür spricht nicht zuletzt, dass aus den Quellen des 19. Jahrhunderts bekannt ist, dass die Ausgleichung zu einem früheren Zeitpunkt der Rezeptionsgeschichte als die Regel angesehen wurde, vgl. beispielsweise Preuß. Obertribunal, 8.1.1878, Seuffert's Archiv XXXIII, 437 (437 f.) oder OAG Oldenburg, 19.1.1865, Seuffert's Archiv XIX, 271 (271 f.). Ob damit die Zeit *Carpzovs* oder erst die späteren Arbeiten nach *Stryk* gemeint sind, bleibt jedoch unklar.

[163] Vgl. zur Gerade *Carpzov*, Iurisprudentia forensis Romano Saxonica, Part. III Const. XI Def. X und zur *donatio propter nuptias* Def. XIV.

Die *collatio* erfasst bei *Carpzov* aber auch Zuwendungen, die nicht in unmittelbarem Zusammenhang mit der Heirat stehen. Auszugleichen ist das *subsidium paternum*, also alles was zur „väterlichen Hülffe" gegeben wird.[164] Dies ergebe sich aus der Gesamtheit der Texte, in denen alle „profectizischen Güter" zum Gegenstand der Einbringung gemacht würden.[165] Andernfalls drohe eine große Ungleichheit zwischen den Kindern. Hiermit sind zwei entscheidende Gedanken angesprochen, die teils auf eine extensive Auslegung der Codexstelle C. 6, 20, 17 zurückgehen: Zum einen rückt der nachklassische Gedanke der Gleichheit als normative Grundlage der *collatio* in den Vordergrund. Zum anderen wird mit dem Hinweis auf „profectizische Güter"[166] ein entscheidender, scheinbar spätrömischer Gedanke eingeführt, der für die weitere Rezeptionsgeschichte entscheidend sein sollte. Tatsächlich hat all dies, trotz all der Latinisierungen mit dem „typenbezogenen" römischen Recht wenig zu tun. Es geht nicht um spezifische, rechtlich abgrenzbare, vertypte Zuwendungen, die dann der Ausgleichung unterworfen werden. Es geht vielmehr, wie die folgenden Quellen zeigen, um alle versorgenden Zuwendungen, die den Erbteil vorwegnehmen. Die „Väterliche Hülffe" ist der zentrale Gedanke der deutschrechtlichen Einwerfung. Dass dieser Begründungsstrang der zeitgenössischen Praxis auch klar vor Augen stand, zeigt ein von *Carpzov* mitgeteiltes Schöffenurteil aus dem Jahr 1576:[167]

„Hat euch euer Vater mit ettlichen Geldern geholffen und ist unlängsten mit Tode abgegangen etc. So seyd ihr solche Vätterliche Hülffe der Vätterlichen Erbschaft zu conferieren und einzubringen schuldig."

Carpzov begründet diese Regel unter anderem mit dem Umstand, dass der Vater das *subsidium paternum* jederzeit zurückfordern könne.[168] Diesen Gedanken verbindet er dann mit dem Willen des Erblassers und mit der Gleichheit aller Kinder. Einmal mehr verschwimmt also die Trennung zwischen römischen und deutschrechtlichen Gedanken: Neben den Gleichheitsaspekt

---

[164] Dabei fällt auf, dass die Texte hinsichtlich der „väterlichen Hülffe" stets vom Lateinischen ins Deutsche fallen, so hier *ders.*, Iurisprudentia forensis Romano Saxonica, Part. III Const. XI Def. XV: „In collationem quoque veniunt ea, qua pater liberis dedit in subsidium paternum, zur Väterlichen Hülffe." Zur Gleichsetzung von *subsidium paternum* und „väterliche Hülffe" vgl. dort Nr. 1.

[165] *Ders.*, Iurisprudentia forensis Romano Saxonica, Part. III Const. XI Def. XV Nr. 3 f. Einen vergleichbaren Gedanken kennt freilich bereits die Glosse, vgl. Glossa ad Nov. 16 Cap. 6. (Auth. Coll. 3 tit. 5, De triente & semisse) zu „omnino".

[166] Vgl. zur *dos profecticia* beispielsweise bereits oben Erster Teil – A.I.2.a) (17) und zum *peculium* oben Erster Teil – A.I.1.d) (14), zur erweiterten Verwendung des Begriffs *profecticium* in diesem Zusammenhang vgl. *Kaser*, Römisches Privatrecht, Bd. I, 344 (dort Fn. 26).

[167] *Ders.*, Iurisprudentia forensis Romano Saxonica, Part. III Const. XI Def. XV a.E.

[168] *Ders.*, Iurisprudentia forensis Romano Saxonica, Part. III Const. XI Def. XV Nr. 5.

treten Versorgungsgedanken und jedenfalls implizit die Vorstellung, bestimmte Zuwendungen nähmen den Erbteil vorweg.

Von all diesen Ansätzen spielt der Gleichheitsgedanke jedoch eine herausgehobene Rolle. Bei *Carpzov* zeigt sich das besonders deutlich und an prominenter Stelle. Seine Behandlung der *collatio* beginnt mit dem programmatischen Satz, der schweigende und vermutete Wille, die Gleichheit zu wahren, sei Grundlage der Einbringungspflicht.[169]

Ein aus dem mutmaßlichen Erblasserwillen abgeleitetes Gleichheitsverständnis ist auch für das justinanische Recht zentral. Dass der *usus modernus* in der Sache vor allem die deutschrechtliche Tradition der Einwerfung fortschreibt, klingt bei *Carpzov* noch an, verblasst aber bereits. Damit ist das Recht jedenfalls aus historischer Sicht inkongruent geworden: Deutschrechtliche Regeln sollen mithilfe römischer Begründungsansätze rationalisiert werden.

2. Samuel Stryk und ein deutscher Rechtssatz im römischem Gewande: die weitere Rezeption im usus modernus

Eine allgemeine Gleichbehandlungserwartung, die in erster Linie ganz allgemein an „väterliche Hülffe" anknüpft, passt natürlich nicht in Gänze zu den römischen Quellen, die – „typenbezogen" – nach bestimmten, für ausgleichspflichtig gehaltenen Zuwendungskategorien fragen. Hier knüpft nun die weitere Rezeption an, die von zwei gegenläufigen Entwicklungen geprägt ist: Einerseits beginnt man sich auf das römische Regel-Ausnahme-Verhältnis zu besinnen, dementsprechend die Ausgleichspflicht der *collatio* nur bestimmte Zuwendungen erfasst. Andererseits schreibt man die umfassenden Einbringungspflichten der deutschrechtlichen Tradition unter neuer Bezeichnung fort und treibt die Vermischung römischer und nicht-römischer Gedanken letztlich doch immer weiter voran.

a) Die weitere Rezeption von C. 6, 20, 20: einfache Schenkungen sind nur im Ausnahmefall auszugleichen

Eine besondere Rolle für die Rezeption und den Umfang erbrechtlicher Gleichbehandlungserwartungen spielt die einfache Schenkung. Sie ist nach moderner Lesart von C. 6, 20, 20, 3 nur in zwei Fällen auszugleichen:[170] Der

[169] *Ders.*, Iurisprudentia forensis Romano Saxonica, Part. III Const. XI Def. XXIV Nr. 1: „Silicet, quia tacita & praesumpta voluntas conservandae aequalitatis, est ratio ac fundamentum collationis." Hierzu verweist er auf C. 6, 20, 20, 3, also auf die Kodexstelle, in der Justinian die Einbringung auch der einfachen Schenkung anordnet, „um jede Ungleichheit zu vermeiden", wenn ein Kind die collatio verlangt, das seinerseits eine einfache Schenkung erhalten hat, seine Geschwister aber Zuwendungen, die der spätrömischen Deszendentenkollation unterfallen, vgl. dazu oben Erster Teil – A.I.3 (23).

[170] Vgl. dazu bereits oben Erster Teil – A.I.3 (23).

Erblasser kann die Ausgleichung anordnen. Andernfalls findet sie nur statt, wenn ein Kind eine einfache Schenkung erhalten hat und mit Geschwistern konkurriert, die qua Gesetz ausgleichspflichtige Zuwendungen erhalten haben (also vor allem eine *dos* oder eine *donatio ante nuptias*). Verlangt das beschenkte Kind jetzt die *collatio*, ist es – „um jede Ungleichheit zu vermeiden" – verpflichtet, auch die einfache Schenkung zur Ausgleichung zu bringen.[171] In den anderen Fällen verbleibt die *donatio* dem Bedachten.

In der weiteren Rezeption wird das insoweit eher restriktive römische Recht zunächst immer weiter ausgedehnt; eine Tendenz, die in der Folge oft mit *Samuel Stryk* in Verbindung gebracht wird. Sie beginnt mit einzelnen Glossatoren, die davon ausgehen, seit der Novelle 18, 6 unterliege auch die einfache Schenkung der *collatio*.[172] Es versteht sich von selbst, dass der Gleichbehandlungsanspruch des Erbrechts in Bezug auf lebzeitige Zuwendungen damit weitestmöglich ausgedehnt wird (obwohl man mit guten Gründen fragen kann, ob dies in der Sache nicht bereits der Vorstellung *Carpzovs* entspricht). Diese weitreichende Auslegung wird prominent rezipiert und in das Recht des beginnenden 18. Jahrhunderts getragen. Sie findet sich nicht zuletzt in *Samuel Stryks* umfassender Untersuchung der *collatio*.[173] Auch er versteht den Anwendungsbereich des Instituts denkbar weit. *Stryk* unterwirft ihr – wiederum mit einzelnen Ausnahmen – alle elterlichen Zuwendungen, vor allem auch die einfache Schenkung. Zur Begründung isoliert er den letzten Satzteil von C. 6, 20, 20, 3 wonach der Beschenkte die *collatio* nicht mit Verweis darauf verweigern dürfe, dass die einfache Schenkung nicht einzubringen sei.[174]

Dass diese Auslegung kaum den Inhalt des römischen Rechts trifft, erkennen die späteren Autoren des *usus modernus* bald.[175] Sie verstehen C. 6, 20,

---

[171] C. 6, 20, 20, 3.

[172] Glossa ad Nov. 16 Cap. 6. (Auth. Coll. 3 tit. 5, De triente & semisse) zu „omnino": „Qui neque sui, neque emancipati sunt, novo iure, […] confernunt profecticiam donationem simplicem, uno casu, quotiens, s. emergit inaequalitas." Vgl. im Übrigen *Francke*, Civilistische Abhandlungen, 244; *Fein*, Das Recht der Collation, 250 f., insb. zur restriktiveren Glossa ad Codicis Liber sextus (De collationibus) Tit. XX zu „imponsuerit".

[173] *Stryk*, Tractatus de successione ab intestato, Diss. 11 Cap. 4 § XV. Ebenso z.B. *Hellfeld*, Iurisprudentia Forensis Secundum Pandectarum Ordinem In Usum Auditorii Proposita, Bd. II, § 1611 Nr. 3. Mit deutlichen Worten kritisiert das bereits *Gundling*, Discourse über die sämtlichen Pandecten, Bd. II, Ad Lib. 37 Tit. 6 & 7 § 2 a.E., der aber auf eine *Stryks* Auslegung entsprechende Praxis verweist (§ 8). Vgl. im Übrigen zu dieser weitgehenden Auffassung die Nachweise bei *Fein*, Das Recht der Collation, 215, 252 (dort Fn. 56 und 127).

[174] *Stryk*, Tractatus de successione ab intestato, Diss. 11 Cap. 4 § XV, vgl. hierzu *Fein*, Das Recht der Collation, 214 (dort insb. Fn. 53).

[175] Vgl. hierzu. hierzu *Francke*, Civilistische Abhandlungen, 217–221 (zur *Stryk:* 221) und sogleich das in Fn. 176 zur „profektizischen Zuwendung" Gesagte. Dieses – zutreffende – Verständnis von C. 6, 20, 20, 3 lag freilich bereits der Glosse zugrunde, vgl. Glossa ad Codicis Liber sextus (De collationibus) Tit. XX zu „imponsuerit".

20, 3 nun dem modernen Verständnis entsprechend: Einfache Schenkungen sind nur in den beiden soeben beschriebenen Fällen auszugleichen. Entweder der Erblasser ordnet dies an oder der Beschenkte konkurriert mit Miterben, die ihrerseits verpflichtet sind, eine ausgleichspflichtige Zuwendung einzubringen. Diese Abkehr von der extensiven Lesart *Stryks* hinsichtlich der einfachen Schenkung führt jedoch nicht dazu, dass die Autoren des *usus modernus* das bisherige Verhältnis von Regel und Ausnahme diskursiv umkehren. Die Ausgleichspflicht bleibt wohl der Normalfall, nur die Darstellung der Materie wird an die neue Lesart von C. 6, 20, 20, 3 angepasst.

b) Ein deutscher Rechtssatz im römischem Gewande: weitgehende Gleichbehandlungsvorstellungen und die donatio ob causam

Wie schon *Carpzov* erörtern auch die späteren Autoren des *usus modernus* das Recht als kasuistische Gegenüberstellung ausgleichspflichtiger und nichtausgleichspflichtiger Zuwendungen. Was den Gegenstand der *collatio* angeht, rücken nun, mit Verweis auf C. 6, 20, 17 die „profektizischen Zuwendungen" in den Vordergrund.[176] Hier fügt sich dann auch die Erkenntnis ein, dass einfache Schenkungen nur unter den Voraussetzungen von C. 6, 20, 20, 3 auszugleichen sind. Diese Kodexstelle wird jedoch, anders als im späteren gemeinen Recht nicht als Ausdruck der Regel, sondern als eine Ausnahme unter vielen konzipiert. Obwohl die Juristen des *usus modernus* die Lesart *Stryks* überwinden, nach der alle Schenkungen auszugleichen sind, stellen sie dennoch nicht den Grundsatz auf, die *collatio* sei die Ausnahme, die Freiheit von der Ausgleichung die Regel.[177]

Der Grundgedanke einer weitreichenden Ausgleichungspflicht prägt auch die weitere Rezeption. Hierzu wird eine neue Kategorie eingeführt: Ein Unterfall des „profektizischen Guts" soll die so genannte *donatio ob causam* sein. Sie ist keine einfache, also gerade keine nach C. 6, 20, 20, 3 ausgleichsfreie Schenkung. Im Gegenteil, die *donatio ob causam* wird zu einem wichtigen Anwendungsfall der *collatio.*[178] Damit lässt sich der Gedanke weitreichender Ausgleichspflichten mit dem zeitgenössischen Quellenverständnis

---

[176] Dieser Begriff findet sich beispielsweise bei *Lauterbach,* Collegium theoretico-practicum, Bd. II, Lib. 37 Tit. 6 § XI; *Stryk*, Tractatus de successione ab intestato, Diss. XI Cap. IV § V; *Struve,* Syntagma jurisprudentiae, Bd. II, Exerc. 37 § XXVIII; *Voet*, Commentarius ad pandectas, Bd. III, Lib. 37 Tit. 6 § XI. Angelegt ist das Konzept bereits in der Glosse, vgl. hierzu *Francke*, Civilistische Abhandlungen, 217–220.

[177] Vgl. die Aufzählung bei *Fein*, Das Recht der Collation, 257 f., die teils dem klassischen und teils dem spätrömischen Recht entnommen ist.

[178] *Brunnemann,* Commentarius in Codicem, Nr. 4 zu C 6, 20, 17; *Müller* zu *Struve,* Syntagma jurisprudentiae, Bd. II, Exerc. 37 § XXXIX, Anm. β (zur *collatio dotis*); *Beck*, Tractatus novus de collatione bonorum, Cap. III § 39 Nr. 1; *Höpfner*, Theoretisch-praktischer Commentar über die Heineccischen Institutionen, 713 (§ 710); *Voet*, Commentarius ad pandectas, Bd. III, Lib. 37 Tit. 6 § XIII.

versöhnen. Die *donatio ob causam* soll alle Zuwendungen erfassen, die zu einem bestimmten Zweck gegeben werden. Teils lässt sich so an bekannte Kategorien des römischen Rechts anknüpfen. Die *dos* und die *donatio ante nuptias* sind plastische Beispiele hierfür. Sie werden nun als Fälle der *donatio ob causam* beschrieben.[179] Gleichzeitig werden diese ausgleichspflichtigen Zuwendungen charakterisiert als *in anticipationem mortis*, also „auf künftige Erbschaft" gemacht. Damit ist wieder die Einwerfung angesprochen, der zentrale Gedanke der deutschrechtlichen Tradition.

Nach wie vor unterliegt das *subsidium paternum* der Einbringung.[180] Damit erfasst das Institut weiterhin alle ausstattenden Zuwendungen, die aus Anlass der Abschichtung üblich waren. *Stryk* beispielsweise spricht, teils auf Latein, teils mit einzelnen deutschen Einschüben, von Zuwendungen *ad sublevandam Oeconomiam*, von „väterlicher Hülffe" und vom „Zuschub zur Haushaltung".[181] All das erinnert stark an die Einwerfung, an deutschrechtliche Kategorien. Dabei werden einzelne Punkte ausbuchstabiert, in denen die spätere Entwicklung bereits durchscheint: Das *subsidium paternum* erfasst nicht nur die Zuwendungen elterlicherseits zur Haushaltung und zur Einrichtung des Hauswesens, sondern auch spätere Zuwendungen zu deren Wiederherstellung.[182] Der Kreis potenziell ausgleichspflichtiger Zuwendungen ist wiederum denkbar weit gefasst. Mögliche Gegenstände der *collatio* seien „Geld, Getreide, Wein, Vieh, Ländereien oder andere Sachen".[183]

Das soll nicht heißen, der Einbringung seien in der weiteren Rezeption im *usus modernus* gar keine Grenzen gesetzt. Im Gegenteil, die bekannten Ausnahmen des Instituts sind weiterhin anerkannt. Ausgenommen sind die Studienkosten und die Kosten zum Erwerb eines Amtes und kleine Gelegenheitsgeschenke.[184] Hintergrund dieser Ausnahmen scheint zu sein, dass man

[179] Vgl. zu ersterem *Lauterbach,* Collegium theoretico-practicum, Bd. II, Lib. 37 Tit. 6 § XVIII, vgl. zum Gedanken des Vorempfangs die Ausführungen zu Beginn des § XVII, wann eine Zuwendung nicht „ob causam" sondern „ex mera libertate" gemacht ist; ebenso *Höpfner*, Theoretisch-praktischer Commentar über die Heineccischen Institutionen, 713 (§ 710).

[180] *Stryk*, Tractatus de successione ab intestato, Diss. XI Cap. IV § XII; *Lauterbach,* Collegium theoretico-practicum, Bd. II, Lib. 36 Tit. 7 § XI (zur *collatio dotis*); *Müller* zu *Struve,* Syntagma jurisprudentiae, Bd. II, Exerc. 37 § XLIII, Anm. γ (zur *collatio dotis*); *Beck*, Tractatus novus de collatione bonorum, Cap. III § 41 Nr. 1; *Voet*, Commentarius ad pandectas, Bd. III, Lib. 6 Tit 20 § XIV.

[181] *Stryk*, Tractatus de successione ab intestato, Diss. XI Cap. IV § XII.

[182] *Beck*, Tractatus novus de collatione bonorum, Cap. III § 41 Nr. 1. Nichts anderes gilt heute nach § 1624 Abs. 1 BGB, wobei gerade diese Erweiterung im modernen Recht zu zahlreichen Problemen führt; vgl. dazu unten Dritter Teil – A.II.2 (194).

[183] *Ders.*, Tractatus novus de collatione bonorum, Cap. III § 41 Nr. 1.

[184] Vgl. zu den Studienkosten *Stryk*, Tractatus de successione ab intestato, Diss. XI Cap. III § XII–XXIII ; *Lauterbach,* Collegium theoretico-practicum, Bd. II, Lib. 37 Tit. 6 § XV; *Müller* zu *Struve,* Syntagma jurisprudentiae, Bd. II, Exerc. 37 § XXX, Anm. ε; *Beck,*

vor allem erste Zuwendungen dem elterlichen Unterhalt zuschlägt, der nicht auszugleichen ist.[185] Unklar bleibt nur die Behandlung einiger Zuwendungen, so beispielsweise die Zahlung von Schulden durch den Erblasser, die Zahlung von Lösegeldern und die verschwenderische Verwendung von Studienkosten.[186] Am bisherigen Gesamtbild einer tendenziell umfassenden Einbeziehung lebzeitiger Zuwendungen in den elterlichen Nachlass ändert all das nichts. Im Gegenteil, wenn Alimentation und Unterhalt die einzigen Gegenbegriffe zu ausstattenden Zuwendungen bilden – und damit zum Gegenstand der *collatio* –, wird das entsprechende Regel-Ausnahme-Verhältnis sehr deutlich.[187] Noch im Jahr 1847, kurz bevor sich eine deutlich restriktivere Lesart durchsetzt, urteilt das Oberappellationsgericht Dresden:[188]

„Als Regel ist es anzusehen, daß die in die väterliche Verlassenschaft succedierenden Descendenten Alles, was sie vom Vater bei Lebzeiten erhalten haben, conferieren müssen."

In der Tat ist es kaum zu bestreiten, dass die erbrechtliche Ausgleichung lebzeitiger Zuwendungen zumindest zeitweise der Regelfall im Rechtsdenken des *usus modernus* war.

Ermöglicht wird dies durch die Fortschreibung der deutschrechtlichen Tradition auch im Angesicht einer weiter fortschreitenden, klareren Rezeption des nachklassischen römischen Rechts. Dessen Regel-Ausnahme-Verhältnis lässt sich umkehren, indem man die *donatio ob causam* und das *subsidium paternum* anerkennt. Römische und deutschrechtliche Gedanken verschwimmen noch einmal mehr als in der früheren Abhandlung *Carpzovs*. Alles in allem zeigt sich die *collatio* am Ende des Rezeptionsprozesses, so eine zeitgenössische Beschreibung, als „einen deutschen Rechtssatz im römischem Gewande".[189] Ihr Gegenstand ist deutlich der deutschrechtlichen Tradition entnommen, beschrieben und rationalisiert wird die *collatio* jedoch zuneh-

---

Tractatus novus de collatione bonorum, Cap. IV § 9 ff.; *Hellfeld*, Iurisprudentia Forensis Secundum Pandectarum Ordinem In Usum Auditorii Proposita, Bd. II, § 1612; *Voet*, Commentarius ad pandectas, Bd. III, Lib. 37 Tit. 6 § XXI. Vgl. zu Gelegenheitszuwendungen und kleinen Zuwendungen (v.a. aus Anlass der Heirat) *Glück/Leist*, Ausführliche Erläuterung der Pandecten nach Hellfeld, Serie 37/38 III, 437 f. (dort Fn. 39), 441.

[185] Vgl. z.B. *Voet*, Commentarius ad pandectas, Bd. III, Lib. 37 Tit. 6 § XXI. Allgemeiner *Glück/Leist*, Ausführliche Erläuterung der Pandecten nach Hellfeld, Serie 37/38 III, 434–438.

[186] Vgl. dazu die Übersicht bei *Glück/Leist*, Ausführliche Erläuterung der Pandecten nach Hellfeld, Serie 37/38 III, 443 f.

[187] So *dies.*, Ausführliche Erläuterung der Pandecten nach Hellfeld, Serie 37/38 III, 437.

[188] Kgl. OAG Dresden, Seuffert's Archiv I, 390 (390 f.); ähnlich OAG Jena, 7.8.1823, Seuffert's Archiv VIII, 382 (383).

[189] So über das gemeine Recht *Glück/Leist*, Ausführliche Erläuterung der Pandecten nach Hellfeld, Serie 37/38 III, 418, vgl. dort auch allgemein zu diesem Gedanken (416–420); so auch *Bornemann*, Systematische Darstellung des Preußischen Civilrechts, Bd. VI, 168.

mend anhand römischer Kategorien. Beides verwundert nicht, gilt dies für die „Rezeption" im Erb- und Familienrecht doch oft.[190] Damit einher geht eine Vielzahl sich überlagernder Begründungsansätze: Nicht gänzlich verschwunden ist die Rationalisierung ausgleichspflichtiger Zuwendungen als Erbvorempfang. Weil das Recht in der Sache die ursprüngliche, deutschrechtliche Einwerfung fortschreibt, ist das auch nur konsequent. Im Vordergrund steht jetzt aber die Gleichbehandlung der Kinder, teils mit explizitem Verweis auf das spätrömische Recht, teils begründet mit dem vermuteten Elternwillen.[191] Die oben beobachtete historische Inkongruenz zwischen Regelungsgegenstand und -begründung wird auf diese Weise fortgeschrieben.

3. Das gemeine Recht des 19. Jahrhunderts: die weitere Entwicklung der collatio zwischen restriktiver Pandektistik und großzügiger Praxis

Die Rezeption der *collatio* im *usus modernus* ist angesichts der Vermengung römischer und deutschrechtlicher Muster typisch für die frühe Entwicklungsgeschichte des Familien- und Erbrechts.[192] Für die weitere Entwicklung im gemeinen Recht des 19. Jahrhunderts gilt zumindest im ersten Schritt nichts anderes, jedenfalls nicht für die Frage, welche Zuwendungen qua Gesetz auszugleichen sind. Auch insoweit stellt sich die Einbringung als typisch dar. Die Pandektistik und die historische Schule versuchen, die *collatio*, getreu den Quellen, auf ihre römischen Wurzeln zurückzuführen. Damit geht einher, den Gleichbehandlungsanspruch des Instituts jedenfalls rhetorisch stark einzuschränken. Inwieweit damit praktische Unterschiede einhergehen, steht auf einem anderen Blatt. Denn die gemeinrechtliche Praxis hält durchgängig daran fest, das *subsidium paternum* der Ausgleichung zu unterwerfen.

a) Die moderne Rezeption des römischen Rechts: der Gedanke begrenzter, „typbezogener" Gleichbehandlungserwartungen

Bis hier hat sich gezeigt, wie die Juristen des *usus modernus* die Begründungs- und Argumentationslinien zu Ratio und Gegenstand der *collatio* immer weiter fortschreiben. Auch neue Erkenntnisse über die römischen Quellen ändern daran wenig. Erst zu Beginn des 19. Jahrhunderts beginnen immer

---

[190] *Wieacker*, Privatrechtsgeschichte der Neuzeit, 229, 233 f. Das entspricht auch der Beobachtung im 19. und 20. Jahrhundert, vgl. z.B. *Glück/Leist*, Ausführliche Erläuterung der Pandecten nach Hellfeld, Serie 37/38 III, 319; *Binder*, Die Rechtsstellung des Erben nach dem deutschen bürgerlichen Gesetzbuch, Bd. III/1, 139.

[191] Vgl. z.B. *Lauterbach,* Collegium theoretico-practicum, Bd. II, Lib. 37 Tit. 6 § IV oder *Struve,* Syntagma jurisprudentiae, Bd. II, Ecerc. 37 § XXVI. Besonders deutlich zum vermuteten Elternwillen z.B. *Hellfeld*, Iurisprudentia Forensis Secundum Pandectarum Ordinem In Usum Auditorii Proposita, Bd. II, § 1608 oder *Höpfner*, Theoretisch-praktischer Commentar über die Heineccischen Institutionen, 712 (§ 710).

[192] Vgl. wieder *Wieacker*, Privatrechtsgeschichte der Neuzeit, 229, 233 f.

mehr Autoren, diese stetige Fortschreibung zu kritisieren.[193] Beschreibungen der *collatio* seien zu einer bloß nummerierten Aufzählung einzelner Zuwendungen verkommen; ergänzt nur um eine weitere Aufzählung von Zuwendungen, die nicht einzubringen sind. Es mangele dem Recht an einem klaren inneren Prinzip. Der Kommentar von *Johann August von Hellfeld* bietet ein plastisches Beispiel für diese Beobachtung.[194] Die Stoßrichtung der nun einsetzenden Kritik entspricht dem zentralen Impetus der historischen Rechtsschule, das Recht auf seine „Wurzel" im kaiserlichen Recht zurückzuführen.[195]

In der Sache wendet sich die Kritik gegen eine der zentralen, oben beschriebenen Annahmen des *usus modernus*, gegen die regelhafte Ausgleichung „profektizischer Zuwendungen". Sie ergebe sich nicht aus den Quellen. Die *collatio* sei vielmehr im Sinne des Kaiserrechts zu begrenzen: Gegenstand der Ausgleichung sind demnach in erster Linie die *dos* und die *donatio ante nuptias*, beziehungsweise in deutscher Terminologie die Eheschenkung und vergleichbare Zuwendungen.[196] Auch darüber hinaus wird der Tatbestand und damit der Gleichbehandlungsanspruch der *collatio* deutlich beschnitten. Vor allem infolge einer Abhandlung *Wilhelm Gottfried Franckes*[197] wird die Konstruktion der *donatio ob causam* als aus den römischen Quellen nicht begründbar verworfen.[198] *Heinrich Dernburg* spricht in seinem Pandektenlehrbuch insofern von einem „längst verlassenen Irrtum".[199] Konsequenzen hat all dies vor allem für die Behandlung einfacher Schenkungen. Sie verbleiben

---

[193] Vereinzelte Kritik findet sich bereits früher, beispielsweise bei *Gundling,* Discourse über die sämtlichen Pandecten, Bd. II, Lib. 37 Tit. VI & VII § 2: „Darum thäte man viel besser, wenn der ganze Titel, *de Collatione*, abgeschafft, dargegen aber dem Vater freygelassen, würde, einem jeden seiner Kinder zugeben, was er wolle und, nach Belieben, zu disponieren; Wenn er nur nicht die *Legitimam* verkürzet. Es könnte demnach Einer eine artige Dissertation, *de Collatione*, schreiben und darinnen zeigen; Daß dieselbe Nichts tauge."

[194] *Hellfeld*, Iurisprudentia Forensis Secundum Pandectarum Ordinem In Usum Auditorii Proposita, Bd. II, § 1611 f. Vgl. dazu *Glück/Leist*, Ausführliche Erläuterung der Pandecten nach Hellfeld, Serie 37/38 III, 422 f.

[195] Programmatisch für dieses Denken *Savigny*, Vom Beruf unserer Zeit für Gesetzgebung und Rechtswissenschaft, 119–121, vgl. dazu *Wieacker*, Privatrechtsgeschichte der Neuzeit, 393–395; *Coing*, Europäisches Privatrecht, Bd. II, 45 f., der dieses Bestreben auf das Credo „Zurück zu den Quellen" herunterbricht.

[196] *Arndts*, in: Weiske, 838; *Puchta*, Pandecten, 736 (dort Fn. c); *Brinz,* Lehrbuch der Pandekten, Bd. III.1, 296; *Dernburg*, Pandekten, Bd. III, 283.

[197] Zur Person vgl. den Nachruf in AcP 56 (1873), 155. Dessen Bedeutung würdigen z.B. *Arndts*, in: Weiske, 809 (dort Fn. 1); *Fein*, Das Recht der Collation, 261; *Brinz,* Lehrbuch der Pandekten (1. Aufl.), Bd. II.1, 723; *Glück/Leist*, Ausführliche Erläuterung der Pandecten nach Hellfeld, Serie 37/38 III, 403, 429; *Windscheid/Kipp*, Lehrbuch des Pandektenrechts, Bd. III, 521.

[198] *Francke*, Civilistische Abhandlungen, 241 f.; *Arndts*, in: Weiske, 837.

[199] *Dernburg*, Pandekten, Bd. III, 283.

jetzt, wie schon im römischen Recht, dem Bedachten, es sei denn, einer der beiden bekannten Ausnahmetatbestände liegt vor (Anordnung durch den Erblasser oder Konkurrenz von dotierten und beschenkten Abkömmlingen). Diese Behandlung der einfachen Schenkung wird allgemeine Meinung in der Pandektistik[200] und teils in der Praxis des gemeinen Rechts,[201] wobei die praktischen Folgen dessen – angesichts der fortdauernden Bedeutung des *subsidium paternum*[202] – überschaubar geblieben sein dürften

Aber jedenfalls aus Sicht der gelehrten Pandektenrechtswissenschaft verschiebt sich das systematische Regel-Ausnahme-Verhältnis. Waren lebzeitige Zuwendungen während des *usus modernus* wohl in aller Regel auszugleichen, gilt nunmehr aus Sicht der Pandektistik das Gegenteil, teils mit Zustimmung der Praxis.[203] So resümiert das Preußische Obertribunal 1878 die Entwicklung der vergangenen Epoche:[204]

> „Es ist eine zwar früher mitunter aufgestellte jetzt aber sowohl durch Theorie und Praxis verworfene Ansicht, daß Descendeten Alles zu conferieren hätten, was sie von dem Erblasser voraus empfangen haben. [...]"

Das Oberappellationsgericht Oldenburg stellt schon 1865 fest,[205] es werde nunmehr „allgemein angenommen", dass „im Gegentheil Freiheit von der Collation die Regel" bilde, dass die Collationsverbindlichkeit sich auf gewisse Vermögensgegenstände beschränke.

Das wirft, wahrscheinlich erstmals seit dem nachklassischen Recht, die Frage auf, wie sich eine so verstandene, beschränkte Ausgleichspflicht normativ begründen lässt. Der Gedanke gleicher Elternliebe deutet ja nun, zumindest auf den ersten Blick, in Richtung des bisherigen, weitergehenden

---

[200] Vgl. neben *Francke*, Civilistische Abhandlungen, 241 f., ausführlich auch *Fein*, Das Recht der Collation, 210–217; vgl. daneben *Arndts*, in: Weiske, 838 f.; *Puchta*, Vorlesungen über das heutige römische Recht, Bd. II, 444; *ders.*, Pandecten, 736 (dort Fn. c); *Sintenis*, Das practische gemeine Civilrecht, Bd. III, 526; *Brinz*, Lehrbuch der Pandekten, Bd. III.1, 296; *Dernburg*, Pandekten, Bd. III, 283; *Windscheid/Kipp*, Lehrbuch des Pandektenrechts, Bd. III, 521 f.

[201] Preuß. Obertribunal, 8.1.1878, Seuffert's Archiv XXXIII, 437 (438); anders noch OAG Jena, 7.8.1823, Seuffert's Archiv VIII, 382 (383); Kgl. OAG Dresden, Seuffert's Archiv I, 390 (390 f.).

[202] Dazu sogleich unten Erster Teil – B.I.3.b) (48).

[203] Vgl. beispielsweise für den Hinweis, die Auffassung *Stryks* sei überkommen OAG Wiesbaden, 6.2.1838, Entscheidungen d. Hzgl. Nass. OAG, Theil I, 155 (156).

[204] Preuß. Obertribunal, 8.1.1878, Seuffert's Archiv XXXIII, 437 (437 f.); vgl. auch OAG Oldenburg, 19.1.1865, Seuffert's Archiv XIX, 271 (271 f.): Hier heißt es, die früher herrschende Lehre, nach der in der Regel alle Zuwendungen conferiert werden mussten, sei längst als unrichtig erkannt. Interessanterweise beruft sich das Gericht auf *Arndts*, Lehrbuch der Pandecten, 795 f. (dort Anm. 2), der an dieser Stelle jedoch nur das römische Recht behandelt. Der Hinweis, dass die Praxis des *subsiduum paternum* fortbesteht, findet sich in anderer Stelle seines Lehrbuchs.

[205] Vgl. wieder OAG Oldenburg, 19.1.1865, Seuffert's Archiv XIX, 271 (271 f.).

Verständnisses. Bisher ist die – gleichheitsfördernde – *collatio* schließlich Regel, nicht Ausnahme. Dem Reformimpetus der Gemeinrechtslehre geht es jedoch auch um genau diesen Punkt. Sie hinterfragt den materiellen Gerechtigkeitsgehalt allzu umfassender Gleichheitsvorstellungen.[206] Derart weitgehende Ausgleichspflichten beruhten auf „legislatorischem Gutdünken"; „mangels eines durchgreifenden Princips" sei die erstrebte faktische Gleichstellung ohnehin undurchführbar. Dem richtig verstandenen römischen Recht sei es zwar um die Gleichbehandlung der Kinder gegangen, aber nicht um deren vollkommene Gleichstellung.[207] Einmal mehr zeigt sich hier die enge Verbindung zwischen Gleichheitskonzeptionen und dem mutmaßlichen Erblasserwillen.[208] Die Grundlage der Collationsverbindlichkeit liege, so das Oberappellationsgericht Dresden, in der „Präsumption gleicher Zuneigung der Eltern zu allen ihren Kindern".[209] Aber auch diese Gleichheitsvermutung hat Grenzen. *Georg Friedrich Puchta* dazu:[210]

„Bei der Collation ist es nie auf eine vollständige, genau berechnete Gleichmachung abgesehen worden, es sollten nur die hauptsächlichen Ungleichheiten ausgeglichen werden."

Damit ist einerseits die Grundannahme des gemeinen Rechts über die Ratio der *collatio* ausgesprochen. Überraschend ist aber der letzte Halbsatz in *Puchtas* Erläuterung. Nur die „hauptsächlichen Ungleichheiten" sollen ausgeglichen werden. Kann man ihm also im Gegenschluss unterstellen, er halte doch alle wesentlichen, „hauptsächlichen" Zuwendungen für ausgleichspflichtig? In diesem Fall würden die Gleichheitserwartungen auch des gemeinen Rechts deutlich weiterreichen, als es die Regel-Ausnahme-Rhetorik der Pandektistik zunächst Glauben lässt. Es ließe sich beispielsweise vermuten, dass C. 6, 20, 20, 3 nach wie vor ein wichtiges Einfallstor war, um letztlich doch die Ausgleichung eigentlich ausgleichsfreier Schenkungen zu begründen. Außer den hier und im Folgenden genannten Indizien fehlen hierzu aber alle Anhaltspunkte.

---

[206] *Sintenis*, Das practische gemeine Civilrecht, Bd. III, 517–519 (dort Fn. 1 f.); *Windscheid/Kipp*, Lehrbuch des Pandektenrechts, Bd. III, 521 f. (dort Fn. 12).

[207] OAG Oldenburg, Seuffert's Archiv XXV, 380 (381 f.); Preuß. Obertribunal, 8.1.1878, Seuffert's Archiv XXXIII, 437 (438); *Sintenis*, Das practische gemeine Civilrecht, Bd. III, 519 (dort Fn. 2); vgl. auch *Windscheid/Kipp*, Lehrbuch des Pandektenrechts, Bd. III, 521 f. (dort Fn. 12).

[208] Vgl. hierzu aus der gemeinrechtlichen Praxis: OAG Wiesbaden, 6.2.1838, Entscheidungen d. Hzgl. Nass. OAG, Theil I, 155 (158); Kgl. OAG Dresden, Wochenblatt 1852, 17 (20): Es gehe der *collatio* um Gleichheit, soweit der Vater dies wollte.

[209] Kgl. OAG Dresden, Wochenblatt 1852, 17 (20); weiter ggf. noch OAG Jena, 7.8.1823, Seuffert's Archiv VIII, 382 (383).

[210] *Puchta*, Vorlesungen über das heutige römische Recht, Bd. II, 443. Auch in seinem Pandektenlehrbuch versteht er die Gleichheit wohl tendenziell als Normalfall, wenn auch durch den Erblasserwillen eingeschränkt, vgl. *ders.*, Pandecten, 734 f.

b) Das Fortleben des subsidium paternum und weitere Unklarheiten des gemeinen Rechts

Aus Sicht der Pandektistik ist es sicher konsequent, die *collatio* auf ihren „typenbezogenen",[211] römischen Gehalt zu beschränken. Nähme man diese Autoren beim Wort, wären mit Abschluss der Rezeption im 19. Jahrhundert deutlich weniger Zuwendungen auszugleichen gewesen als zuvor. Die Gleichbehandlungserwartungen des gemeinen Rechts wären binnen weniger Jahre drastisch eingeschränkt worden. Dass dem nicht so ist, deuten die gemeinrechtlichen Abhandlungen dann aber auch mehr oder minder bereitwillig selbst an.[212] Die gerichtliche Praxis hält trotz aller Quellenkritik daran fest, das *subsidium paternum* zur Ausgleichung zu bringen.[213] Aus Sicht der Pandektistik mag dies zwar nicht haltbar sein,[214] aber rein praktisch kommt es zu keinem Bruch mit einer nunmehr Jahrhunderte währenden Tradition. Noch kurz vor Inkrafttreten des BGB spricht das Oberappellationsgericht München vom Bestehen eines obergerichtlich anerkannten, „durch herrschenden Gerichtsgebrauch ausgedrückten Gewohnheitsrechts". Hiernach müsse „was einem Descendenten von dem Ascendenten zur Begründung einer selbstständigen Wirthschaft" Gegebene konferiert werden.[215]

Die gemeinrechtliche Praxis sagt damit nicht, jede lebzeitige Zuwendung oder zumindest jede größere Zuwendung sei erbrechtlich auszugleichen. Die aus dem *usus modernus* bekannten Ausnahmen prägen auch das Recht des 19. Jahrhunderts,[216] nicht zuletzt diejenigen für Gelegenheitsgeschenke und Studienkosten.[217] Aber das oben Gesagte gilt weiterhin: Die Ausnahmen

---

211 Zum Begriff vgl. oben Erster Teil – A.I.2 (16).

212 *Arndts*, in: Weiske, 839 f.; *Puchta*, Pandecten, 736 (dort Fn. b); *Sintenis*, Das practische gemeine Civilrecht, Bd. III, 526 (dort Fn. 24); *Dernburg*, Pandekten, Bd. III, 283.

213 OAG Jena, Seuffert's Archiv IV, 217 (218); OAG Kiel, 28.2.1844, Seuffert's Archiv VII, 240 (241); OAG Oldenburg, Seuffert's Archiv XXV, 380 (*passim*); OAG München, 30.7.1877, Seuffert's Archiv XXXIII, 318 (318).

214 *Windscheid/Kipp*, Lehrbuch des Pandektenrechts, Bd. III, 522 f. Anders *Brinz*, Lehrbuch der Pandekten, Bd. III.1, 292 f., der diesen Gedanken bereits im Kaiserrecht (C. 6, 20, 17) angelegt sieht und möglicherweise *Arndts*, in: Weiske, 839 f., der hierin ein Substitut für die *donatio ante nuptias* sieht.

215 OAG München, 30.7.1877, Seuffert's Archiv XXXIII, 318 (318).

216 Vgl. beispielsweise für die Zahlung von laufendem Unterhalt, selbst wenn er über das Nötige hinausgeht, OAG Kiel, 28.2.1844, Seuffert's Archiv VII, 240 (241); auch Stellvertretergelder für den Militärdienst wurden für nicht ausgleichspflichtig gehalten, OAG Jena, 14.12.1837, Seuffert's Archiv III, 100 (*passim*).

217 *Arndts*, in: Weiske, 842; *Dernburg*, Pandekten, Bd. III, 283 (dort Fn. 6); *Windscheid/Kipp*, Lehrbuch des Pandektenrechts, Bd. III, 522 (dort Fn. 16). Das Preuß. Obertribunal, 8.1.1878, Seuffert's Archiv XXXIII, 437 (438), hält beispielsweise verschiedene Kosten in Zusammenhang mit Reisen und der Ausbildung zwischen den USA und Deutschland für nicht ausgleichspflichtig.

bestätigen die Regel als sie infrage zu stellen. Es gibt keine Anhaltspunkte dafür, dass die konzeptionelle und rhetorische Umkehrung des Regel-Ausnahme-Verhältnisses durch die Pandektistik dazu führte, dass wertmäßig bedeutsame Zuwendungen oft oder regelmäßig der Ausgleichung entgehen. Mit dem *subsidium paternum* lebt die zentrale Großkategorie des bisherigen Rechts fort.

Wie diese weitergehende Praxis normativ begründet wird, ist weniger klar. Natürlich geht es um die Fortschreibung einer langen Tradition, in den Worten des Münchner Oberappellationsgerichts sogar um Gewohnheitsrecht. Das Oberappellationsgericht in Oldenburg spricht von der „lebendigen Rechtsüberzeugung der Gegenwart“, wenn es die Ausgleichung des *subsidium paternum* erörtert.[218] Teils schwingen dabei die von der Abschichtung bekannten Gedanken mit, namentlich die Vorwegnahme des Erbteils und die Versorgungsfunktion bestimmter Zuwendungen. Später heißt es in der Oldenburger Entscheidung:[219]

> „Der Satz von der Einwerfung des *subsidium paternum* bekräftigt die deutsche Sitte. Er geht davon aus, dass der, welcher seinem Descendenten solche Versorgung gewährt, dieses nur mit Rücksicht auf den Erbfall will, und daß der Descendent sie auch so annimmt. Er statuiert also einen präsumptiven Willen und stellt sich damit ganz unter den Gesichtspunkt welchen das röm[ische] Recht für den im Einzelfall erklärten Willen einnimmt.“

Seltener findet sich der Versorgungsgedanke auch im zeitgenössischen Schrifttum.[220] Darüber hinaus wird die Ausgleichung des *subsidium paternum* kaum begründet. Vor allem die zeitgenössischen Gleichheitsdiskurse beziehen sich in aller Regel auf das römische Recht.[221] Nur ein Gedanke, der für die Entstehung des BGB wichtig sein wird,[222] lässt sich vielleicht übertragen. *Dernburg* erklärt,[223] Gegenstand der *collatio* seien Zuwendungen, die in der Regel alle Abkömmlinge erhalten, beispielsweise zur Heirat. Nun kann es sein, dass der Erblasser verstirbt, bevor alle Abkömmlinge eine derartige Zuwendung benötigt und erhalten haben. Diese Ungleichheit wiederum solle nun die *collatio* ausgleichen.

---

[218] OAG Oldenburg, Seuffert's Archiv XXV, 380 (381). Das OAG Jena, Seuffert's Archiv IV, 217 (218), meint, jedenfalls unter Geltung des Sachsenspiegels könne diese Praxis keinerlei Zweifeln unterliegen.

[219] OAG Oldenburg, Seuffert's Archiv XXV, 380 (383).

[220] *Sintenis*, Das practische gemeine Civilrecht, Bd. III, 526 (dort Fn. 24).

[221] Vgl. z.B. *ders.*, Das practische gemeine Civilrecht, Bd. III, 526 (dort Fn. 25), der die „Beschränkung der Kollationsobjekte“ allein auf *Franckes* Arbeit und C. 6, 20, 20, 3 zurückführt.

[222] Dieser Gedanke spielt für die Entwürfe sowohl *Gottfried von Schmitts* als auch *Friedrich Mommsens* eine zentrale Rolle, vgl. dazu sogleich Erster Teil – C.I.2.b)bb) (79).

[223] *Dernburg*, Pandekten, Bd. III, 279 f.

Viele Fragen rund um die *collatio* sind ungeklärt, das Recht ist von Kontroversen geprägt. Teils sind diese Fragen akademischer Natur,[224] teils geht es aber auch um praktisch bedeutsame Aspekte des Rechtsinstituts. Umstritten war beispielsweise, ob der Wert des ausgleichspflichtigen Gegenstands im Zeitpunkt der Zuwendung oder im Zeitpunkt des Erbfalls entscheidend war.[225] Einigkeit herrschte wohl über die Frage, dass unerheblich sei, ob sich die Sache zwischenzeitlich verschlechtert habe, untergegangen oder im Wert gestiegen sei.[226] Besonders lebhaft umstritten war, ob und unter welchen Voraussetzungen entferntere Abkömmlinge des Erblassers zur Ausgleichung verpflichtet waren.[227] Auch die Erstreckung der *collatio* auf die testamentarische Erbfolge blieb ein Streitpunkt im gemeinen Recht.[228] Letztlich setzte sich wohl die Auffassung durch, die sich noch heute in § 2052 BGB findet. Jedenfalls wenn der Erblasser seine Abkömmlinge auf ungleiche Teile einsetzt, ist die Ausgleichung ausgeschlossen.[229]

Alles in allem erscheint die *collatio* am Ende des Rezeptionsprozesses als ein wenig konturiertes, jedenfalls in Detailfragen reformbedürftiges Rechtsinstitut. Besonders deutlich ist die Kritik in Preußen.[230] Aber auch in einem

---

[224] Umstritten war beispielsweise die Frage, wann die klassische *collatio bonorum* in die spätere Deszendentenkollation überging, vgl. die ausführliche Schilderung bei *Fein*, Das Recht der Collation, 138–145, und z.B. die Darstellungen von *Brinz,* Lehrbuch der Pandekten (1. Aufl.), Bd. II.1, 723; *Sintenis*, Das practische gemeine Civilrecht, Bd. III, 518 (Fn. 1 zu § 189 a.E.); *Windscheid/Kipp*, Lehrbuch des Pandektenrechts, Bd. III, 518–159 (dort Fn. 10).

[225] *Brinz,* Lehrbuch der Pandekten, Bd. III.1, 296 f.; *Dernburg*, Pandekten, Bd. III, 283 f. Anders aber noch *Sintenis*, Das practische gemeine Civilrecht, Bd. III, 527.

[226] *Brinz,* Lehrbuch der Pandekten, Bd. III.1, 298 f. Anders aber noch z.B. *Arndts*, in: Weiske, 840; *Sintenis*, Das practische gemeine Civilrecht, Bd. III, 527.

[227] Vgl. für einen Überblick über die verschiedenen Streitfragen v.a. *Windscheid/Kipp*, Lehrbuch des Pandektenrechts, Bd. III, 523 f. (dort Fn. 20), und sonst *Sintenis*, Das practische gemeine Civilrecht, Bd. III, 524 f.; *Brinz,* Lehrbuch der Pandekten, Bd. III.1, 299 f.; *Dernburg*, Pandekten, Bd. III, 284 f.

[228] Vgl. die grundlegende Kritik bei *Fein*, Das Recht der Collation, 373: gegen das Fundamentalprinzip jeder guten Gesetzgebung verstoßend.

[229] So *Puchta*, Vorlesungen über das heutige römische Recht, Bd. II, 441 (weniger deutlich hingegen *ders.*, Pandecten, 735); *Dernburg*, Pandekten, Bd. III, 286; *Windscheid/Kipp*, Lehrbuch des Pandektenrechts, Bd. III, 520 (dort Fn. 5 a.E.); anders aber noch *Francke*, Civilistische Abhandlungen, 246; *Fein*, Das Recht der Collation, 378–380; *Arndts*, in: Weiske, 832; *Sintenis*, Das practische gemeine Civilrecht, Bd. III, 521 (dort Fn. 9).

[230] *Witte*, Das Preußische Intestaterbrecht, 227; *Bornemann*, Systematische Darstellung des Preußischen Civilrechts, Bd. VI, 169; *Koch*, Das Preußische Erbrecht, 1007; *Dernburg*, Lehrbuch des Preußischen Privatrechts, Bd. III, 677; *Förster/Eccius*, Preußisches Privatrecht, Bd. IV, 594.

recht frühen Kommentar zum Württembergischen Landrecht heißt es über die Probleme, die *collatio* handhabbar zu machen, sie sei:[231]

> „gleichsam wie ein harthäutiger und starrsinniger Esel anzusehen, der auf sich zuschlagen lässt, so lange man immer will und sich doch aller Schläge ungeachtet, nicht abzwingen und seinen Starrkopf nehmen lässt."

Dieser Befund setzt sich bei der Ausgangsfrage dieser Untersuchung fort. Auf den ersten Blick scheint die *collatio* nun sorgsam auf ihre römischen Grundlagen zurückgeführt. Sie scheint, was den Tatbestand betrifft, „typenbezogen" beschränkt zu sein und durch Gleichheitserwartungen sowie den mutmaßlichen Erblasserwillen rationalisiert zu werden. Dem widerspricht jedoch, dass die Praxis das Institut, ohne diese wirklich zu begründen, auch auf das *subsidium paternum* erstreckt. Auch konkrete Handhabung von C. 6, 20, 20, 3 bleibt unklar. Es spricht angesichts dessen viel dafür, zu unterstellen, die Ausgleichung lebzeitiger Zuwendungen sei trotz der restriktiven Rhetorik eher der Regel- als der Ausnahmefall gewesen. Dieser Vermutung widersprechen jedoch zumindest vereinzelte Entscheidungen, beispielsweise des Dresdener Oberappellationsgerichts,[232] in denen teils beträchtliche Summen nicht zur Ausgleichung kommen.

Festhalten lässt sich angesichts dieser Unsicherheiten zweierlei: Zum einen ändert sich im 19. Jahrhundert die Art und Weise, wie über Gleichheit gesprochen wird, auch wenn unklar ist, ob dies praktische Konsequenzen hatte: Die Ausgleichung wird nunmehr jedenfalls rhetorisch als Ausnahme konzipiert. Zum anderen beginnen sich langsam diejenigen Herausforderungen zu zeigen, vor denen auch die heutige Dogmatik steht: Die Fortschreibung tradierter, teils jahrhundertealter Begriffe beginnt, in einer zunehmend industrialisierten Gesellschaft an ihre Grenzen zu stoßen. Der soeben erwähnte Dresdener Fall,[233] der selbst wertvolle Zuwendungen unausgeglichen lassen will, betrifft beispielsweise einen Sachverhalt, der auch dem modernen Familienrecht hätte entstammen können: Grund des Streits war die Zurücksetzung einer Tochter aus erster Ehe. Ihr Vater hatte vor seinem Tod all sein Vermögen auf die Kinder aus seiner zweiten Ehe übertragen.

---

[231] Zitiert nach *Gruchot*, Preußisches Erbrecht, Bd. III, 10 (dort Fn. 1).

[232] Das Argument ist jeweils, der Erblasser habe das bedachte Kind bevorzugen wollen, vgl. Kgl. OAG Dresden, Wochenblatt 1852, 17 (20) mit Verweis auf entsprechende Entscheidungen des Oberhofgerichts Mannheim und des OAG München. Dass der Erblasser einzelne Kinder habe bevorzugen wollen, ergibt sich aus dem Umstand, dass er ihnen sein gesamtes Vermögen weit unter Wert verkauft habe. Das Gericht behandelt diesen Sachverhalt allein unter dem Gesichtspunkt der *collatio* und fragt nicht grundsätzlicher, ob entgeltliche Verträge der *collatio* schlechterdings entzogen sind. Beachtenswert ist, dass derartige Zuwendungen nach dem sächsBGB ausgleichspflichtig waren, vgl. Kgl. OLG Dresden, 23.10.1884, Ann. OLG Bd. VI, 363 (367–369); *Hoffmann*, Das Bürgerliche Gesetzbuch für das Königreich Sachsen, Bd. II, 199 (Nr. 3 zu § 2354).

[233] OAG Dresden, Wochenblatt 1852, 17, vgl. dazu soeben Fn. 232.

II. Die Kodifikationen des späten 18. und des 19. Jahrhunderts: preußisches ALR, österreichisches ABGB und sächsisches BGB

Vor dem Hintergrund des als reformbedürftig empfundenen gemeinen Rechts entstehen die ersten Kodifikationen der frühen Neuzeit. Teils weichen sie voneinander und vom rezipierten Recht ab. Das betrifft jedoch eher diejenigen technischen Aspekte der Ausgleichung, die hier weniger im Fokus stehen. Was Gegenstand und Ratio der Ausgleichung angeht, schreiben die frühen Zivilgesetzbücher das gemeine Recht konsequent fort: Rhetorisch konzeptionalisieren sie die Ausgleichung als Ausnahme. In der Sache kodifizieren sie die Tradition, die auf Abschichtung und Einwerfung zurückgeht.

Die Untersuchung beschränkt sich auf das preußische ALR, das österreichische ABGB und das sächsische BGB. Ausgelassen wurde der Codex Maximilianeus Bavaricus Civilis von 1756. Er kennt zwar eine erbrechtliche Ausgleichspflicht, interessanterweise aller Noterben, nicht nur der Abkömmlinge.[234] Insoweit gilt aber *Wieackers* Beschreibung des CMBC als „erster Vorläufer" der großen europäischen Kodifikationen nicht.[235] Die Ausgleichung ist noch stark der oben beschriebenen Phase eklektischer Einzelaufzählungen verhaftet und geht keinen weiteren Schritt in Richtung des modernen Rechts. Der französische Code civil von 1804 als zentrale Vernunftrechtskodifikation bleibt außer Acht,[236] weil er für hier interessierende Entwicklung der deutschen Ausgleichung keine impulsgebende Rolle gespielt hat. Gleichzeitig eint das ALR, das ABGB und das sächsische BGB, dass die zeitgenössischen Quellen sie allesamt als eine Rückbesinnung auf nicht römische, in damaliger Terminologie „deutsche" Gedanken rationalisieren.[237] Das ist ein zentraler Gedanke für die Zwecke dieser Untersuchung.

1. Das preußische ALR: Rückbesinnung auf den Gedanken eines Vorempfangs, Ausgleichung von Großzuwendungen und die Idee einer Totalrevision

Die interessanteste der drei Kodifikationen des späten 18. und des 19. Jahrhunderts ist vielleicht das preußische Landrecht. Nicht nur weil es der späteren Ausgleichung des BGB ihren Namen gibt.[238] Auch die Abweichung vom römischen Rechtsdenken und vom gemeinen Recht wird hier besonders deut-

---

[234] Teil III Kapitel 3 § 14 Nr. 1 CMBC; vgl. hierzu und zur naturrechtlichen Herleitung der Ausgleichung *Kreittmayr*, Anmerkungen über den Codicem Maximilianeum Bavaricum Civilem, 100.

[235] *Wieacker*, Privatrechtsgeschichte der Neuzeit, 326.

[236] Vgl. aber die kurze Darstellung im Rahmen des schweizerischen Rechts unten Zweiter Teil – A.I (98).

[237] OAG Oldenburg, Seuffert's Archiv XXV, 380 (383); für das ABGB anders *Rabl*, NZ 1998, 7, 9.

[238] *Schmitt*, Teilentwurf Erbrecht, 1091 f. [= *Schubert* (Hrsg.), Vorlagen der Redaktoren, Bd. V/2, 347 f.].

lich. Aus Sicht dieser Untersuchung sticht dabei zweierlei hervor: Zum einen erweitert das preußische ALR die Gegenstände der Ausgleichung in innovativer Weise, zum anderen wird hier, im Rahmen einer geplanten, aber letztlich nicht umgesetzten Gesetzesreform, die Berechtigung des Instituts ganz grundsätzlich infrage gestellt. Ansonsten folgt auch die landrechtliche Ausgleichung dem bekannten Muster: Sie ist auf die Abkömmlinge des Erblassers beschränkt; die Frage, ob auch die testamentarische Erbfolge erfasst ist, wird teils verneint,[239] mehrheitlich jedoch bejaht.[240] Aus dem Gesetz ergibt sich dies überraschenderweise nicht.

a) Die Ausgleichung von ausstattenden Zuwendungen im ALR: Rückbesinnung auf den Gedanken eines Erbvorempfangs sittlich geschuldeter Zuwendungen

Was den Gegenstand der Ausgleichung betrifft, setzt sich im ALR die Unterscheidung zwischen ausstattenden Zuwendungen und anderen Zuwendungen fort. Erstere sind stets qua Gesetz auszugleichen.[241] In der Form bleibt das Landrecht auch hier seinem Ruf treu, ein Gesetzbuch des Volkes zu sein, das zwar mit dem Anspruch allgemeiner Verständlichkeit, aber tendenziell ausufernd formuliert.[242] Unter Ausstattung soll fallen, was Kinder bei ihrer Verheiratung, bei Errichtung einer besonderen Wirtschaft oder bei der Übernahme eines öffentlichen Amtes von ihren Eltern erhalten haben.[243] Einige Zuwendungen werden dann, in einem weiteren Paragraphen, explizit herausgegriffen, sie sind in aller Regel Ausstattung.[244] Letztlich entscheidet jedoch das

[239] Verneinend *Witte*, Das Preußische Intestaterbrecht, 232 f.; *Koch*, Das Preußische Erbrecht, 1010.

[240] *Bornemann*, Systematische Darstellung des Preußischen Civilrechts, Bd. VI, 184 f.; *Dernburg*, Lehrbuch des Preußischen Privatrechts, Bd. III, 676; *Gruchot*, Preußisches Erbrecht, Bd. III, 25; *Förster/Eccius*, Preußisches Privatrecht, Bd. IV, 603 f. Preuß. Obertribunal, 11.6.1855, Striethorsts Archiv 17 1856, 270 (No. 54) begründet dieses Ergebnis mit Th. II 2 § 378 ALR, wonach der Erblasser durch Testament von den Regeln über die Ausgleichung abweichen darf. Im Gegenschluss heiße dies, dass die Ausgleichung andernfalls eintreten müsse.

[241] Th. II 2 § 303 ALR.

[242] *Hattenhauer*, in: ders., 20–22 macht hierfür drei Gründe aus: Das Gesetzbuch ist älter, als die Bemühungen der Pandektistik um eine klare, abstrakte Sprache; es handelt sich um die erste umfassende Übersetzung der römischen Rechtsprache in ein deutsches Gesetzbuch und man hoffte, durch ein verständliches Gesetz der überquellenden juristischen Sekundärliteratur Herr zu werden.

[243] Th. II 2 §§ 304 ALR.

[244] Th. II 2 §§ 305 ALR: „Die Mitgabe der Töchter; ein für sie oder die Söhne aus dem Vermögen der Aeltern bestellter Erbschatz; Ehevermächtniß; Gegenvermächtnis oder Witthum; die Kosten einer dem Kinde zu seiner Versorgung gekauften Präbende, oder andern Rente; die Brautgeschenke; und überhaupt alles, was von den Eltern gegeben wurde, damit das Kind in den Stand gesetzt wird, seine Heirath zu vollziehen, oder die abge-

richterliche Ermessen, ob eine konkrete Zuwendung als Ausstattung eingeordnet wird oder nicht.[245] Wahrscheinlich ist das Landrecht in zeitlicher Hinsicht recht streng. Dass nur Zuwendungen „bei“ den genannten Anlässen auszugleichen waren,[246] wird dahingehend verstanden, dass frühere und spätere Zuwendungen nicht ausgleichspflichtig sind, auch wenn sie letztlich mehr oder minder ausstattenden Zwecken dienen.[247]

Auffallend ist die Begründung der landrechtlichen Ausgleichung bei *Carl Gottlieb Svarez*, einem der wesentlichen Gesetzesväter des Landrechts. Dort heißt es:[248]

> „Inzwischen beruhet die Collation an sich auf der Billigkeit, und der dieser gemäß unter den Kindern möglichst zu beachtenden Äqualität.“

Man könnte angesichts dieses Zitats meinen, Gleichheitsideen stünden im Mittelpunkt auch des preußischen Rechtsdenkens.[249] Sie spielen bei der Begründung des ALR jedoch, gerade im Vergleich zum gemeinen Recht, eine untergeordnete Rolle.[250] Gleiches gilt für den mutmaßlichen Erblasserwillen.[251] Auch dieser Begründungsstrang steht weniger deutlich im Vordergrund, als in den bisher ausgewerteten Quellen. Zentral ist stattdessen ein anderer Gedanke, der erneut auf *Svarez* zurückgeht: Prinzip des Gesetzes sei, so *Svarez*, dass ein Vater das, was er einem Kinde *in vivis* gebe, demselben als Abschlag seines künftigen Erbteils gebe.[252]

Die landrechtliche Ausgleichung greift also ganz bewusst zurück auf denjenigen Gedanken, der die Ausgleichung seit jeher prägt: die Idee einer vor-

---

sonderte Wirthschaft, das Gewerbe oder Amt anzutreten, gehören in diesem Sinne zur Ausstattung.“ *Witte*, Das Preußische Intestaterbrecht, 237, bemerkt hierzu, dass der wichtigste Fall der Ausstattung hier gerade nicht genannt sei: die häusliche Einrichtung einer abgesonderten Wirtschaft.

[245] Vgl. *Förster/Eccius*, Preußisches Privatrecht, Bd. IV, 599.

[246] So das Argument bei *Koch*, Das Preußische Erbrecht, 1010; *Förster/Eccius*, Preußisches Privatrecht, Bd. IV, 599.

[247] Vgl. v.a. die Nachweise bei *Förster/Eccius*, Preußisches Privatrecht, Bd. IV, 599; tendenziell zurückhaltend *Witte*, Das Preußische Intestaterbrecht, 234–236; *Bornemann*, Systematische Darstellung des Preußischen Civilrechts, Bd. VI, 169 f.; *Koch*, Das Preußische Erbrecht, 1010.

[248] *Svarez*, Amtliche Vorträge bei der Schluß-Revision des Allgemeinen Landrechts, 140.

[249] Auch Th. II 2 § 327 weißt in diese Richtung. Hier heißt es, die Ausgleichung von Ausstattungen der Kinder sei im Hinblick auf die „unter ihnen zu treffende Gleichheit“ angeordnet.

[250] Vgl. Entscheidung des Kgl. Obertribunals vom 19.6.1843 referiert bei *Scholz*, Preuß. JW 1843, 763, 767; *Förster/Eccius*, Preußisches Privatrecht, Bd. IV, 601.

[251] So wohl nur *Dernburg*, Lehrbuch des Preußischen Privatrechts, Bd. III, 670, 673 f.

[252] *Svarez*, Amtliche Vorträge bei der Schluß-Revision des Allgemeinen Landrechts, 141.

weggenommenen Erbfolge.[253] Das entspricht einer grundsätzlicheren, jedenfalls hier deutlicher artikulierten Entscheidung des preußischen Rechts: Man schreibt ganz explizit deutsche Traditionen fort.[254] Dementsprechend zentral ist der Gedanke eines Erbvorempfangs. Er hilft nicht nur, den Gegenstand der Ausgleichung zu rationalisieren. Er soll auch erklären, warum es für die Zwecke der Ausgleichung nicht darauf ankommen kann, ob der zugewendete Gegenstand beschädigt wurde oder untergegangen ist, bevor der Erbfall eingetreten ist.[255] Die Vorstellung einer vorweggenommenen Erbfolge begründet schließlich auch, wer zur Ausgleichung verpflichtet ist. Wie im heutigen Recht nach § 2053 BGB sind dies nur diejenigen Abkömmlinge, die im Zeitpunkt der Zuwendung gesetzliche Erben geworden wären, sprich die Kinder des Erblassers und weitere Abkömmlinge in gerader Linie, wenn die sie ausschließenden Verwandten vorverstorben sind.[256] Nur in diesem Fall lasse sich von einer Vorwegnahme des Erbteils sprechen.[257]

Neben die Konzeption ausgleichspflichtiger Zuwendungen als Erbvorempfang tritt eine Begründung, die den zugrunde liegenden Gerechtigkeitsgedanken klarer ausspricht und der durchaus eine (eingeschränkte) Gleichheitskomponente innewohnt. Oft heißt es bezüglich der landrechtlichen Ausgleichung, sie solle verhindern, dass einzelne zu Lebzeiten des Erblassers ausgestatte Kinder gegenüber ihren Geschwistern bevorzugt werden, die entweder gar nicht – möglicherweise, weil sie noch nicht alt genug waren – oder nur notdürftig ausgestattet wurden.[258] Neu ist dieser Gedanke nicht. *Dernburg* erklärt

---

[253] *Witte*, Das Preußische Intestaterbrecht, 233 f.; *Bornemann*, Systematische Darstellung des Preußischen Civilrechts, Bd. VI, 169; *Koch*, Das Preußische Erbrecht, 1004 f.; *Gruchot*, Preußisches Erbrecht, Bd. III, 13, 42; implizit auch *Kleine*, Zeitschrift für Gesetzgebung und Rechtspflege in Preußen 2 (1868), 144, 145.

[254] OAG Oldenburg, Seuffert's Archiv XXV, 380 (383); *Witte*, Das Preußische Intestaterbrecht, 228; *Bornemann*, Systematische Darstellung des Preußischen Civilrechts, Bd. VI, 169; *Gruchot*, Preußisches Erbrecht, Bd. III, 13, 19; *Förster/Eccius*, Preußisches Privatrecht, Bd. IV, 596; *Koch*, Das Preußische Erbrecht, 1004 f.; anders *Dernburg*, Lehrbuch des Preußischen Privatrechts, Bd. III, 672, der das preußische Recht als Umbildung römischer Gedanken rationalisieren will.

[255] So auch *Bornemann*, Systematische Darstellung des Preußischen Civilrechts, Bd. VI, 177–181.

[256] Th. II 2 §§ 363 f. ALR.

[257] *Witte*, Das Preußische Intestaterbrecht, 228, 230; *Bornemann*, Systematische Darstellung des Preußischen Civilrechts, Bd. VI, 182; *Koch*, Das Preußische Erbrecht, 1008; so wohl auch *Dernburg*, Lehrbuch des Preußischen Privatrechts, Bd. III, 674 f.; *Witte*, Das Preußische Intestaterbrecht, 231, geht sogar noch weiter und begründet so auch die § 2051 Abs. 1 BGB entsprechende Regel (Th. II 2 §§ 360–362 ALR), dass die Ausgleichspflicht auf die Abkömmlinge eines vorversterbenden Abkömmlings übergeht.

[258] *Svarez*, Amtliche Vorträge bei der Schluß-Revision des Allgemeinen Landrechts, 140; *Gruchot*, Preußisches Erbrecht, Bd. III, 19; *Daniels*, Lehrbuch des gemeinen preußischen Privatrechtes, Bd. III, 102; *Förster/Eccius*, Preußisches Privatrecht, Bd. IV, 601.

so das gemeine Recht.[259] Das preußische Schrifttum artikuliert diese vom mutmaßlichen Erblasserwillen gelöste Vorstellung aber besonders deutlich:[260]

„Es kommen hier nur immer solche Zuwendungen in Betracht, welche darauf berechnet sind, den Kindern bei ihrem Austritte aus der häuslichen Gemeinschaft eine gesicherte Lebensstellung – Versorgung – zu gewähren, und somit eine den Eltern gegen alle ihre Kinder unter gleichen Verhältnissen obliegende Pflicht zu erfüllen, welche gewissermaßen auf dem elterlichen Vermögen (Familiengut) haftet und daher bei dem Tode der Eltern rücksichtlich der in diesem Zeitpunkte noch unversorgten Kinder auf der Erbschaft lastend gedacht wird."

Es geht, jedenfalls wenn man die Quelle beim Wort nimmt, um gleichmäßige Versorgung, aber nicht um unbedingte Gleichheit. Es geht um die gleichmäßige Erfüllung einer sittlichen Pflicht, nicht unbedingt um die endgültige Gleichstellung der Abkömmlinge.

Wie wichtig der Versorgungsgedanke dem preußischen Landrecht ist, zeigt sich in einer besonderen Regel, die sich in anderen Gesetzbüchern kaum findet. Es geht um Fälle sehr großer Ausstattungen, deren Wert denjenigen des Erbteils übersteigt. Typisch ist die Lösung, die sich noch heute in § 2056 S. 1 BGB findet. Umfangreich bedachte Abkömmlinge sind nicht verpflichtet, Teile der ihnen gemachten Zuwendung real oder zumindest wertmäßig herauszugeben, selbst wenn dies den Bedachten letztlich doch bevorzugt.[261] Von dieser Regel macht das ALR eine Ausnahme, wenn der Erblasser nur einzelne Abkömmlinge üppig ausstattet, andere aber gänzlich vernachlässigt. Reicht der Nachlass nicht aus, um den unausgestatteten Abkömmlingen mindestens eine notdürftige Ausstattung zukommen zu lassen, müssen die üppig ausgestatteten Abkömmlinge zumindest hierfür sorgen.[262]

Diese Sonderregel des preußischen Landrechts zeigt in besonders deutlicher Weise, worum es der Ausgleichung also auch geht, wenn sie Ausstattungen im weiteren Sinne für ausgleichspflichtig erklärt. Sie knüpft an sittlich-

---

259 *Dernburg*, Pandekten, Bd. III, 279 f.

260 *Gruchot*, Preußisches Erbrecht, Bd. III, 19.

261 *Svarez*, Amtliche Vorträge bei der Schluß-Revision des Allgemeinen Landrechts, 140 f., begründet diese Regel, die sich ja im Grundsatz auch im ALR findet, mit der Gefahr, dass die Familie des ausgestatteten Kindes in finanzielle Not geraten könnte, wenn der Erblasser nach der Ausstattung verarmt, kein nennenswerter Nachlass vorhanden ist und die ausgestatteten Abkömmlinge nun herausgeben mussten, was ursprünglich als angemessene Ausstattung erschien.

262 Th. II 2 §§ 313 f. ALR, mehr als ein Drittel seiner Ausstattung muss der bedachte Erbe jedoch nicht herausgeben (Th. II 2 §§ 315 ALR). Bis den Zeitpunkt hierfür gekommen ist, sind die älteren, ausgestatten Miterben zu Unterhalt und Erziehung ihrer jüngeren Geschwister verpflichtet (Th. II 2 §§ 321 ALR). Vgl. zu diesen Regeln; *Witte*, Das Preußische Intestaterbrecht, 247–249; *Bornemann*, Systematische Darstellung des Preußischen Civilrechts, Bd. VI, 175–177; *Dernburg*, Lehrbuch des Preußischen Privatrechts, Bd. III, 681; *Gruchot*, Preußisches Erbrecht, Bd. III, 32 f.; *Daniels*, Lehrbuch des gemeinen preußischen Privatrechtes, Bd. III, 103 f.; *Förster/Eccius*, Preußisches Privatrecht, Bd. IV, 596 f.

familienrechtliche Vorstellungen an.[263] Das ALR kennt dementsprechend eine (beschränkte) rechtliche Pflicht der Eltern, ihre Kinder auszustatten.[264] Diese beschränkte rechtliche Pflicht zur Ausstattung tritt natürlich neben die Unterhaltspflicht gegenüber Verwandten in gerader Linie, die das Landrecht ebenfalls kennt.[265] Ähnliche Gedanken haben sicher auch das frühere Recht geprägt. Im preußischen Landrecht treten sie jedoch besonders klar zutage. Dies vervollständigt ein Bild, das sich in vielerlei Hinsicht vom bisher Untersuchten abhebt: Im Vordergrund steht die „deutsche" Idee eines Voraus, ausgleichspflichtige Zuwendungen seien solche, die von den Eltern ohnehin geschuldet werden und die allen Abkömmlingen gleichermaßen zustehen. Der mutmaßliche Erblasserwille und generellere Gleichheitsgedanken spielen eine Rolle, wenn auch eine untergeordnete.

b) Grundstücke, Gerechtigkeiten und ausstehende Capitalien: die Ausgleichung weiterer (Groß-)zuwendungen?

Das preußische Landrecht geht in vielerlei Hinsicht einen eigenen Weg. Dieser Befund allein beantwortet aber nicht die Frage, ob die erbrechtliche Berücksichtigung lebzeitiger Zuwendungen der Regel- oder Ausnahmefall ist. Auf den ersten Blick mag man letzteres vermuten.[266] Im Zweifel, so heißt es im zeitgenössischen Schrifttum, sei nicht anzunehmen, dass eine Zuwendung Ausstattung sei, da eine solche „immer als Ausnahme zu betrachten" sei.[267] Die Absicht einer Abschlagszahlung auf den künftigen Erbteil sei „nicht zu präsumieren". Ergänzt und infrage gestellt wird dieses Bild jedoch durch eine weitere Besonderheit des preußischen Landrechts.

Auszugleichen sind nicht nur die soeben besprochenen ausstattenden Zuwendungen. Das ALR geht weiter: Auch „solche Schenkungen, „die in Grundstücken, Gerechtigkeiten und ausstehenden Capitalien bestanden haben" sind Gegenstand der Ausgleichung.[268] Klare Definitionen dieser Begriffe kennt das ALR trotz seines Wortreichtums nicht.[269] Zentral ist jedoch eine

[263] Hierfür spricht nicht die Gleichsetzung von ausgleichspflichtigen Zuwendungen mit dem Familiengut bei *Gruchot*, Preußisches Erbrecht, Bd. III, 19. Dies ist schließlich der Topos, der üblicherweise das Pflichtteilsrecht rechtfertigen soll.

[264] Sie ist beschränkt, weil sie nur eingeschränkt einklagbar ist, Th. II 2 §§ 238–241 ALR; vgl. hierzu HKK-*Schlinker*, §§ 1601–1615o BGB, Rn. 40.

[265] Th. II 2 §§ 64 f.; §§ 109–115; II 3 § 14 ALR vgl. hierzu HKK-*ders.*, §§ 1601–1615o BGB, Rn. 30–35.

[266] *Witte*, Das Preußische Intestaterbrecht, 237; *Bornemann*, Systematische Darstellung des Preußischen Civilrechts, Bd. VI, 170.

[267] *Bornemann*, Systematische Darstellung des Preußischen Civilrechts, Bd. VI, 170.

[268] Th. II 2 § 328 ALR.

[269] Vgl. zur Auslegung aber Preuß. Obertribunal, Entscheidungen des Kgl. Obertribunals Bd. 44 1861, 182 (186 f.). Hier wird betont, wie viele Probleme der Begriff „ausste-

negative Abgrenzung: Andere Schenkungen als die soeben genannten sind nicht auszugleichen.[270] Diese Regel ist eine auffällige Abweichung, nicht nur vom gemeinen Recht,[271] sondern auch vom sächsischen BGB, vom ABGB und letztlich auch vom Regelungsansatz des BGB. Ausführlich begründet wird diese Sonderregel nur selten. Im zeitgenössischen Schrifttum findet sich zwar der Hinweis, der Problemkreis sei von „praktischer Wichtigkeit".[272] Darüber hinaus lassen sich aber nur zwei vereinzelte Gedanken ausmachen: Teils heißt es, dass es sich bei den genannten Zuwendungen um wertbildende und damit auch versorgende Zuwendungen handele.[273] Möglicherweise geht es dem Landrecht aber doch um ein sehr weitgehendes Gleichheitsverständnis, das sich gerade auch darin niederschlägt, die Gegenstände der Ausgleichung zu erweitern. Schließlich heißt es in einem Entscheid des Preußischen Obertribunals ganz allgemein:[274]

> „Das Institut der Kollation beruhe auf dem Prinzipe einer möglichsten Gleichstellung der Kinder, und der Voraussetzung, daß alle gleichen Anspruch auf die Liberalität ihrer Eltern hätten, da vermuthet werden müsse, daß die Eltern keins vor dem anderen würden haben begünstigen wollen."

Bezüglich der hier interessierenden Gegenstände – Grundstücke, Gerechtigkeiten und ausstehende Capitalien – muss *Svarez* sich während der Gesetzesberatung sogar für eine noch deutlich weitergehende Ausgleichspflicht ausgesprochen haben. Er habe nicht eingesehen,[275]

---

hende Capitalien" bereitet habe; *Scholz*, Preuß. JW 1843, 763, 764 f., zweifelt die Berechtigung der Unterscheidung zu Bargeld ganz grundsätzlich an.

[270] Th. II 2 §§ 329 ALR.

[271] Diese Abweichung vom gemeinen Recht führte zu einigem kollisionsrechtlichen Streit, ob die Regeln des ALR insoweit in der Mark Brandenburg suspendiert sind. Dies war nach dem Publikationspatent vom 5. Februar nur der Fall, wenn das ALR *klaren und unstreitigen* Regeln des gemeinen Rechts widersprach. Angesichts der oben diskutierten Entwicklung der Rezeption von C. 6, 20, 20, nicht zuletzt bei *Stryk* und *Hellfelds* hat man dies letztlich verneint, vgl. hierzu ausführlich *Scholz*, Preuß. JW 1843, 717, 722–730; *ders.*, Preuß. JW 1843, 737, 737–748; Preuß. Obertribunal, 24.6.1850 – I. 68., Striethorsts Rechtsgrundsätze 1 1855, 223 (Rechtsgrundsätze 674, 678); zustimmend *Bornemann*, Systematische Darstellung des Preußischen Civilrechts, Bd. VI, 172; *Daniels*, Lehrbuch des gemeinen preußischen Privatrechtes, Bd. III, 103 (dort Fn. 1); *Dernburg*, Lehrbuch des Preußischen Privatrechts, Bd. III, 670 (dort Fn. 2).

[272] *Scholz*, Preuß. JW 1843, 717, 721.

[273] *Gruchot*, Preußisches Erbrecht, Bd. III, 36; *Witte*, Das Preußische Intestaterbrecht, 237, stellt darüber hinaus den Bezug zum mutmaßlichen Erblasserwillen her.

[274] Entscheidung des Kgl. Obertribunals vom 19.6.1843 referiert bei *Scholz*, Preuß. JW 1843, 763, 767; *Förster/Eccius*, Preußisches Privatrecht, Bd. IV, 601, spricht ganz allgemein davon, die gesetzlichen Erbteile „möglichst gleich" zu machen.

[275] Zitiert nach *Bornemann*, Systematische Darstellung des Preußischen Civilrechts, Bd. VI, 171; vgl. hierzu auch *Gruchot*, Preußisches Erbrecht, Bd. III, 36 (dort Fn. 3).

„warum die Kinder sich bloß die Ausstattung, und nicht auch die *donationes simplices* anrechnen lassen sollen. Der Grund bei beiden ist derselbe. Ein Kind soll nicht zu sehr vor dem anderen avantagirt werden. [...] Wenn ein Vater einem noch unausgestatteten Kinde liegende Gründe, Kapitalien und ansehnliche Geldsummen schenkt, so ist es eben so billig, daß dasselbe sich solche bei der Erbsonderung anrechnen lasse, als eine vielleicht nicht so beträchtliche Ausstattung."

Die von *Svarez* angesprochenen „ansehnlichen Geldsummen" werden letztlich nicht Gegenstand des Gesetzestexts. Begründet wird dies nicht weiter.[276] Aber in der späteren Praxis steht außer Zweifel, dass Barzuwendungen nicht ausgleichspflichtig sind.[277] Gestritten wird stattdessen, welche Zuwendungen „ausstehende Capitalien" darstellen. Fallen beispielsweise bindend gewordene, vor Gericht abgegebene Schenkungsversprechen unter diesen Begriff?[278] Gerichtlich entschieden wird beispielsweise, dass Staatsanleihen „ausstehende Capitalien" seien.[279] Dies war aufgrund der weitgehenden Gleichstellung dieser Papiere mit Bargeld bezweifelt worden. Anderes gilt wiederum für Bankanweisungen,[280] die Barzuwendungen gleichstehen sollen. Auch den Erlass einer Schuld hält das Preußische Obertribunal für nicht ausgleichspflichtig,[281] entgegen teils deutlicher Kritik im Schrifttum.[282]

All diese Abgrenzungsfragen weisen auf ein allgemeineres Problem hin. Teils wird in den Quellen recht deutlich, dass die preußischen Juristen die Unterscheidung zwischen barem Geld und „ausstehenden Capitalien" als unglücklich empfinden.[283] Und in der Tat kann man fragen, welchem Gerech-

---

[276] *Kleine*, Zeitschrift für Gesetzgebung und Rechtspflege in Preußen 2 (1868), 144, 145–147, vermutet, dass die Schenkung von Mobilien und Barmitteln in der Regel zum sofortigen Verbrauch und damit nicht als Voraus auf den Erbteil gegeben würden.

[277] Preuß. Obertribunal, 24.6.1850 – I. 68., Striethorsts Rechtsgrundsätze 1 1855, 223 (Rechtsgrundsatz 676).

[278] Bejahend *Witte*, Das Preußische Intestaterbrecht, 239; differenzierend *Koch*, Das Preußische Erbrecht, 1018; verneinend *Scholz*, Preuß. JW 1843, 737, 749 f.; *ders.*, Preuß. JW 1843, 763, 763–765; *Bornemann*, Systematische Darstellung des Preußischen Civilrechts, Bd. VI, 173; *Förster/Eccius*, Preußisches Privatrecht, Bd. IV, 600.

[279] Vgl. die von *Scholz*, Preuß. JW 1843, 737, 748–750, referierte Entscheidung des Kgl. Obertribunals vom 19.6.1843, bestätigt durch Preuß. Obertribunal, Entscheidungen des Kgl. Obertribunals Bd. 34 1857, 245 (253 f.); gleiches galt wohl für alle anderen Wertpapiere und Aktien, vgl. *Dernburg*, Lehrbuch des Preußischen Privatrechts, Bd. III, 678 (dort Fn. 10).

[280] Preuß. Obertribunal, Entscheidungen des Kgl. Obertribunals Bd. 34 1857, 245 (252–254); *Förster/Eccius*, Preußisches Privatrecht, Bd. IV, 600; kritisch hierzu *Koch*, Das Preußische Erbrecht, 1015–1017.

[281] Preuß. Obertribunal, Entscheidungen des Kgl. Obertribunals Bd. 44 1861, 182 (184–189); *Förster/Eccius*, Preußisches Privatrecht, Bd. IV, 600.

[282] Anders als das Obertribunal, die Ausgleichspflicht bejahend beispielsweise *Kleine*, Zeitschrift für Gesetzgebung und Rechtspflege in Preußen 2 (1868), 144, 147–152; anders *Gruchot*, Preußisches Erbrecht, Bd. III, 39 f. (dort Fn. 3).

[283] Vgl. wieder Preuß. Obertribunal, Entscheidungen des Kgl. Obertribunals Bd. 44 1861, 182 (186 f.) betont, wie viele Probleme der Begriff „ausstehende Capitalien" bereitet

tigkeits- oder Ausgleichsgedanken gedient ist, wenn jedes noch so kleine Grundstück auszugleichen ist, die Schenkung eines einträglichen Schiffs durch einen Reeder jedoch nicht.[284]

Das ALR ließ sich dementsprechend einfach kritisieren, sein Regelungsansatz einfach verwerfen.[285] Weder die Unterscheidung zwischen barem Geld und ausstehenden Kapitalien noch die hierauf beruhende Kasuistik luden zur Nachahmung ein. Das ist jedoch zu bedauern. Die Aufmerksamkeit der zeitgenössischen Rechtswissenschaft fokussierte sich damit letztlich auf eine Einzelentscheidung, die im Gesetzgebungsprozess nicht weiter begründet wurde. Das verstellt die Möglichkeit, grundsätzlicher zu diskutieren, warum das preußische Landrecht die Ausgleichung gerade auf Schenkungen ausdehnt, die in Grundstücken, Gerechtigkeiten und ausstehenden Capitalien bestanden haben. Hintergrund dieser Entscheidung könnte schließlich eine durchaus innovative Idee sein, die es lohnt, zu durchdenken und auszubuchstabieren: die Ausgleichung aller Großzuwendungen. Mehr als Indizien finden sich für diese Vermutung allerdings nicht.[286]

c) *Versuch einer Reform: die Ausgleichung und das „natürliche Verhältnis" zwischen Eltern und Kindern*

Das preußische Landrecht hatte bei seinen Zeitgenossen bekanntermaßen einen schwierigen Stand. Die historische Rechtsschule griff das Gesetz an, und der napoleonische Code civil erschien im Allgemeinen ungleich moderner.[287] Eine aus dem französischen Recht begründete Kritik an der Ausgleichung ist jedoch nicht überliefert. Ein 1826 befohlenes Projekt, das Landrecht zu reformieren, scheitert schließlich. Für die Zwecke dieser Untersuchung lohnt ein genauerer Blick auf diese letztlich gescheiterte Reform. Denn zum Erbrecht lag bereits ein Gesetzesentwurf nebst Motiven vor, der zwar nie

---

habe; *Scholz*, Preuß. JW 1843, 763, 764 f., zweifelt die Berechtigung der Unterscheidung zu Bargeld ganz grundsätzlich an.

[284] So das Beispiel von *Koch*, Das Preußische Erbrecht, 1014.

[285] Besonders deutlich wird dies bei den Vorarbeiten zum BGB, vgl. *Schmitt*, Teilentwurf Erbrecht, 1106 [= *Schubert* (Hrsg.), Vorlagen der Redaktoren, Bd. V/2, 362]; vgl. dazu unten Erster Teil – C.I.3 (81).

[286] Dieser Gedanke klingt zumindest bei *Gruchot*, Preußisches Erbrecht, Bd. III, 36, an: Er geht davon aus, dass diese Zuwendungen einen bleibenden Wert haben und deswegen als Versorgungsmittel der Kollation unterliegen; vgl. auch *Witte*, Das Preußische Intestaterbrecht, 239, der bemängelt, die „bedeutendsten Gaben in baarem Gelde" seien unbilliger Weise der Kollation entzogen; die Kritik an dieser Auffassung von *Bornemann*, Systematische Darstellung des Preußischen Civilrechts, Bd. VI, 173, scheint auch nur die Kollation von Kleinzuwendungen betreffen.

[287] *Thieme*, ZRG GA 57 (1937), 355, 412 f. Vgl. auch, mit weniger kritischem Unterton, *Hattenhauer*, in: ders., 23–25 *Eckert*, in: Cordes/Lück/Werkmüller, Stichwort: Allgemeines Landrecht (Preußen), Sp. 162.

geltendes preußisches Recht wurde, wohl aber zu einer der Quellen des BGB, vor allem der Vorarbeiten *Gottfried von Schmitts*.[288]

Die Motive zur letztlich gescheiterten Reform des Landrechts beginnen mit einer Frage, die ebenso neu ist,[289] wie die Erweiterung der Ausgleichung auf Schenkungen, die in Grundstücken, Gerechtigkeiten und ausstehenden Capitalien bestanden haben. Nur geht sie in die genau entgegengesetzte Richtung. Die Gesetzesrevision fragt ganz grundsätzlich, ob und wie sich die Ausgleichung rechtfertigen lässt. Sie beginnt dabei mit dem „natürlichen Verhältniß" der Kinder zu ihren Eltern:[290] Letztere seien verpflichtet, ihre Kinder zu verpflegen und sie in den Stand zu setzen, selbstständig für ihren Unterhalt zu sorgen, sie also zu erziehen und auszustatten. Zu mehr seien Eltern aber nicht verpflichtet. Dieser Ansatz entspricht dem allgemeineren Denken des 17. und 18. Jahrhunderts über das Erb- und vor allem Pflichtteilsrecht der Kinder,[291] wie ihn nicht zuletzt *Montesquieu* als generelle Maxime formuliert: Das Naturrecht verlange nur, für Kinder zu sorgen, weitere erbrechtliche Fragen determiniere es nicht. Sie seien durch das nationale Zivilrecht zu beantworten.[292] Diese Annahme stelle die erbrechtliche Ausgleichung, so die Sicht der Landrechtsreform, ganz grundsätzlich infrage. Aus dem „natürlichen Verhältnis" der Eltern und Kinder folge zwar die Pflicht, die Kinder überhaupt zu erziehen und auszustatten, nicht aber die Pflicht, sie hierbei gleich zu behandeln, wenn nicht zu Lebzeiten, so doch spätestens durch das Intestaterbrecht und die Ausgleichung.[293]

---

[288] Vgl. zum Folgenden *Schmitt,* Teilentwurf Erbrecht, 1090 f. [= *Schubert* (Hrsg.), Vorlagen der Redaktoren, Bd. V/2, 346 f.].

[289] Vereinzelte Kritik findet sich bereits früher, beispielsweise bei *Gundling,* Discourse über die sämtlichen Pandecten, Bd. II, Lib. 37 Tit. VI & VII § 3.

[290] Gesetz-Revision, Pensum XVI, Motive zu dem vom Revisor vorgelegten Entwurf der das Erbrecht betreffenden Gesetze, 292.

[291] Vgl. z.B. *Grotius*, De iure belli ac pacis, Buch 2 Kap. VII, IV § 1 (zur grundsätzlichen Pflicht der Eltern, ihre Kinder zu unterhalten) und VII (zur Pflicht auch einem enterbten Kind zumindest den Unterhalt zukommen zu lassen) und *Pufendorf*, Acht Bücher vom Natur- und Völkerrecht, Buch IV Kap. XI, § IV (zur Unterhaltspflicht) und § VI a.E. (dieser Unterhalt kann ihnen auch durch den Willen der Eltern nicht genommen werden).

[292] *Montesquieu*, De l'Esprit des Lois, Buch XXVI, Kap. IX a.E.: „Maxime générale: nourrir ses enfants est une obligation du droit naturel; leur donner sa succession est une obligation du droit civil ou politique"; vgl. ebd. auch Kap. VI. Die allgemeine Zurückhaltung der Naturrechtslehre im Erbrecht beschreibt, wenn auch mit anderem Interesse, *Klippel*, ZRG GA 101 (1984), 117 v.a. 122–126, 144–146, zu *Montesquieu* 143–145.

[293] Gesetz-Revision, Pensum XVI, Motive zu dem vom Revisor vorgelegten Entwurf der das Erbrecht betreffenden Gesetze, 292.

All diese Gedanken wenden sich gegen den Gleichheitsanspruch, der mit der Ausgleichung verbunden ist. Und dennoch folgert der Reformentwurf des preußischen Landrechts nicht, die Ausgleichung aufzugeben:[294]

„Allein es giebet gewiß wenig positive Rechtsgrundsätze, mit denen die Deutschen so vertraut sind, und nach denen sie ihre Handlungen so sehr ordnen, als die, daß den Kindern eben dasjenige bei der Erbtheilung angerechnet wird, was sie bei Lebzeiten von den Eltern empfangen haben [...]. Daher kann es nicht rathsam sein, diese auch in das A.L.R. übernommenen Grundsätze aufzuheben [...].“

Die Ausgleichung wird beibehalten, weil sie üblich ist. Dasselbe Argument findet sich später bei *Gottfried von Schmitt*, dem Redaktor des Vorentwurfs zum Erbrecht des BGB.[295] Aufgrund der „positiven Rechtsgrundsätze, mit denen die Deutschen so vertraut sind“, stellt die Landrechts-Reform die Ausgleichung und deren Berechtigung trotz der obigen Gedankenschleife letztlich nicht grundlegend infrage. Mehr noch, auf den ersten Blick scheint der Gegenstand der Ausgleichung denkbar weit formuliert („was sie bei Lebzeiten von den Eltern empfangen haben“). Später erfährt man jedoch, dass es auch den ALR-Reformern allein um ausstattende Zuwendungen im weiteren Sinne geht.[296]

2. *Das ABGB und das sächsische BGB: Wechselspiel zwischen Familien- und Erbrecht, Wechselspiel zwischen Elternpflicht und Ausgleichung*

Die Ausgleichung des preußischen Landrechts knüpft teilweise an die familienrechtliche Pflicht der Eltern an, ihre Kinder auszustatten. Ähnliche Beobachtungen lassen sich im ABGB und im sächsischen BGB machen. Vergleichbare Zusammenhänge zwischen Elternpflicht und Ausgleichung kannte wahrscheinlich auch das frühere Recht. Aber es sind die hier behandelten Kodifikationen des späten 18. und 19. Jahrhunderts, die den Rechtsstoff konsequent systematisieren und so das zentrale Wechselspiel zwischen Erb- und Familienrecht herausarbeiten.

a) Das österreichische ABGB: Anrechnung im Pflichtteilsrecht und der Versorgungsgedanke

Der Regelungsansatz des ABGB unterscheidet sich von allen anderen hier betrachteten Rechtsordnungen. Üblicherweise wird die Ausgleichung als intestaterbrechtliches Institut verstanden, das sich im Pflichtteilsrecht fortsetzen kann. Die heutigen §§ 2050 Abs. 1, 2316 Abs. 1 BGB sind das beste Beispiel

[294] Gesetz-Revision, Pensum XVI, Motive zu dem vom Revisor vorgelegten Entwurf der das Erbrecht betreffenden Gesetze, 292.

[295] Mot. V, 698 [= *Mugdan,* Materialien, Bd. V, 357]: „Daß das Institut aufgenommen ist [...], rechtfertigt schon der Umstand, daß es überall in Deutschland gilt.“

[296] Ebd., 292–294.

für diesen Ansatz.[297] Das österreichische ABGB wählt genau den umgekehrten Weg. Es denkt vom Pflichtteilsrecht her und erstreckt die pflichtteilsrechtlichen Regeln dann auf die gesetzliche Erbfolge. Nach § 790 S. 2 ABGB a.F. muss sich ein Kind dasjenige auf seinen Intestaterbteil anrechnen lassen, was nach § 788 ABGB a.F. in den Pflichtteil einzurechnen ist; sprich ausstattende Zuwendungen in einem weiteren Sinne (dazu sogleich) und bestimmte Schenkungen. Der Gegenstand der intestaterbrechtlichen Anrechnung wird aufgrund des österreichischen Regelungsansatzes im Pflichtteilsrecht determiniert. Im Übrigen folgt das Institut aber demjenigen Muster, das sich bei allen Abweichungen und Unsicherheiten im Detail häufig findet: Die Anrechnung betrifft allein die gesetzliche Erbfolge, nicht die testamentarische (und natürlich das Pflichtteilsrecht),[298] sie betrifft allein die Kinder, nicht den Ehegatten.[299]

Gegenstand der Anrechnung sind auch im österreichischen Recht ausstattende Zuwendungen in einem weiteren Sinne: das Heiratsgut der Tochter, ebenso wie die Ausstattung des Sohnes, oder was ihm unmittelbar zum Antritte eines Amtes oder Gewerbes gegeben wird.[300] Nur eine Besonderheit findet sich in § 788 ABGB a.F.: Auch die Bezahlung von Schulden eines großjährigen Kindes wird in den Pflichtteil eingerechnet. Die Anrechnung im ursprünglichen ABGB erfasst einmal mehr auch Zuwendungen zur Fortsetzung eines Gewerbes,[301] vor allem die Anrechnung von elterlicherseits gezahlten Schulden wird so begründet.[302] Wie im deutschen Recht steht die Anrechnung auf den Pflichtteil nicht allein; ergänzt wird sie durch Vorschriften zum Schutz des Pflichtteils vor aushöhlenden Schenkungen.[303]

Um sich der Frage zu nähern, wie die Anrechnung des früheren österreichischen Rechts begründet wird, lohnt es, einen Schritt zurückzugehen, zum

---

[297] Vgl. dazu unten Dritter Teil – B.III (237).

[298] Anders nur *Zeiller*, Commentar über das allgemeine bürgerliche Gesetzbuch, Bd. II/2, 814; für die überwiegende Auffassung *Nippel*, Erläuterung des allgemeinen bürgerlichen Gesetzbuches, Bd. V, 135; *Unger*, Das österreichische Erbrecht, 202; *Stubenrauch*, Commentar zum österreichischen allgemeinen bürgerlichen Gesetzbuche, Bd. I, 954.

[299] *Nippel*, Erläuterung des allgemeinen bürgerlichen Gesetzbuches, Bd. V, 136; *Winiwarter*, Das österreichische bürgerliche Recht, Bd. III, 396 f.; *Unger*, Das österreichische Erbrecht, 202; *Stubenrauch*, Commentar zum österreichischen allgemeinen bürgerlichen Gesetzbuche, Bd. I, 954 (dort Fn. 3).

[300] Über den Gesetzeswortlaut hinaus galt wohl nichts anderes, wenn ausnahmsweise Töchter derartige Zuwendungen erhalten, vgl. *Unger*, Das österreichische Erbrecht, 206; *Stubenrauch*, Commentar zum österreichischen allgemeinen bürgerlichen Gesetzbuche, Bd. I, 945; dagegen *Prockner*, Zeitschrift für österreichische Rechtsgelehrsamkeit und politische Gesetzeskunde 1825, Bd. II, 257, 298 f.

[301] *Unger*, Das österreichische Erbrecht, 206 f.

[302] *Ofner* (Hrsg.), Der Ur-Entwurf und die Berathungs-Protokolle des Österreichischen Allgemeinen bürgerlichen Gesetzbuches, Bd. I, 486.

[303] Vgl. zu deren Geschichte *Jud*, NZ 1998, 16, *passim*; *Krausler*, Die Schenkungsanrechnung, 126–133.

so genannten Ur-Entwurf des ABGB.[304] Der regelte die Anrechnung lebzeitiger Zuwendungen noch in zwei Paragraphen. Nach § 573 des Ur-Entwurfs war nicht anzurechnen, was der Erblasser „bloß aus desselben Freyzügigkeit oder als jährlichen Beitrag, oder auf eine andere Art" gegeben hat. § 574 des Ur-Entwurfs betraf ausschließlich Zuwendungen an ein bereits versorgtes Kind. Bezahlen die Eltern dessen Schulden, geben sie ihm ein Heiratsgut oder eine andere Unterstützung, sind diese Zuwendungen anrechenbar. Viel Gegenliebe erfährt der ursprüngliche Regelungsvorschlag in der weiteren Beratung nicht.[305] Es sei unklar, was „auf eine andere Art" (§ 573 des Ur-Entwurfs) gegeben sei und was demgegenüber eine „andere Unterstützung" (§ 574 des Ur-Entwurfs) sei. Auch die Unterscheidung zwischen versorgten und unversorgten Kindern wird kritisiert, teils ganz grundsätzlich und teils in ihrer konkreten Umsetzung.

All dies veranlasst nun *Franz von Zeiller*,[306] einen der wesentlichen geistigen Väter des ABGB, das Wort zu ergreifen.[307] Er beginnt ganz grundsätzlich. Das Gesetz, so *von Zeiller*, sehe einen Pflichtteil vor, damit das Kind eine anständige Versorgung bekomme. Weiter verzeichnet das Protokoll:[308]

> „Sei nun ein Kind durch Unterstützung der Aeltern bereits versorgt oder durch Bezahlung von Schulden [...] in dem Stande einer Versorgung erhalten worden, so sei es der Billigkeit und dem vermutheteten Willen der Aeltern, ihre Kinder gleich zu halten, gemäß, daß ihm diese nothwendige Unterstützung vom Pflichttheile abgerechnet werde.
>
> Was Aeltern außer der Pflicht für ein Kind gethan haben, wird, wenn sich die Aeltern nicht ausdrücklich die Erstattung ausbedingen, für eine besondere Begünstigung, für ein Geschenk gehalten, so nicht wieder zurückgefordert werden kann."

Der Einwurf *von Zeillers*, in dessen Folge der spätere § 788 ABGB a.F. beschlossen wird,[309] ist eine der klarsten Begründungen, warum bestimmte Zuwendungen nach dem ABGB anrechenbar sind. Es geht um versorgende Zuwendungen, die zu leisten Eltern in gewissem Maße verpflichtet sind.

---

[304] Vgl. zur früheren Entwicklung *Rabl*, NZ 1998, 7, 8 f.; *Krausler*, Die Schenkungsanrechnung, 133 f. Im deutschen Recht übernimmt § 2325 BGB diese Aufgabe.

[305] *Ofner* (Hrsg.), Der Ur-Entwurf und die Berathungs-Protokolle des Österreichischen Allgemeinen bürgerlichen Gesetzbuches, Bd. I, 486; vgl. dazu auch *Rabl*, NZ 1998, 7, 9 f.; *Krausler*, Die Schenkungsanrechnung, 135.

[306] Zu Person und Bedeutung vgl. *Doralt*, in: Basedow/Hopt/Zimmermann, 41 f.

[307] *Ofner* (Hrsg.), Der Ur-Entwurf und die Berathungs-Protokolle des Österreichischen Allgemeinen bürgerlichen Gesetzbuches, Bd. I, 486.

[308] *Ders.*, Der Ur-Entwurf und die Berathungs-Protokolle des Österreichischen Allgemeinen bürgerlichen Gesetzbuches, Bd. I, 486.

[309] Nur ein Mitglied der Kommission, Vizepräsident *Matthias Wilhelm von Haan*, widersprach. Man könne den Vater nicht zwingen, seine Kinder gleich zu lieben; zumal lebzeitige Zuwendungen oft nur bestehende Ungleichheiten ausglichen, *ders.*, Der Ur-Entwurf und die Berathungs-Protokolle des Österreichischen Allgemeinen bürgerlichen Gesetzbuches, Bd. I, 487; vgl. dazu auch *Rabl*, NZ 1998, 7, 10 (dort Fn. 39).

Damit knüpft die erbrechtliche Ausgleichspflicht deutlich an beschränkte[310] familienrechtliche Pflichten an.[311] Insoweit gilt im österreichischen Recht nämlich das Folgende: Hat die Braut kein hinreichendes eigenes Vermögen, so sind ihre Eltern verpflichtet, ihr ein angemessenes Heiratsgut zu geben (§ 1220 ABGB a.F.). Unter denselben Voraussetzungen ist die Ausstattung eines Sohnes geschuldet (§ 1231 ABGB a.F.).

Auch im ABGB-Commentar *von Zeillers* spielt der Versorgungsgedanke eine prägende Rolle.[312] *von Zeiller* setzt anrechenbare (ausgleichspflichtige) Zuwendungen mit solchen gleich, die „nicht aus bloßer Freygiebigkeit", sondern „pflichtmäßig im Voraus" gegeben werden.[313] In gewisser Weise ergibt sich die deutliche Betonung dieses Gedankens aus der Systematik des ABGB: Wenn die intestaterbrechtliche Ausgleichung nur auf das Pflichtteilsrecht verweist, spricht viel dafür, dass auch die hier gegebenen Begründungen pflichtteilsrechtlicher Natur sind. Dann verwundert es kaum, wenn zur Beschreibung der ausgleichspflichtigen Zuwendungen weitere Gedanken herangezogen werden, die üblicherweise das Pflichtteilsrecht als solches rechtfertigen sollen: Teils ist, wieder im Kielwasser von *von Zeiller*,[314] von der Zugehörigkeit dieser Zuwendungen zum Familienvermögen die Rede,[315] teils wird der Pflichtteil als sittlich geschuldet rationalisiert und die ausgleichspflichtige Zuwendung als Leistung auf diese sittliche Schuld.[316]

Die letztlich pflichtteilsrechtliche Verankerung der Anrechnung ist zwar ein zentraler Anknüpfungspunkt des österreichischen Rechts. Das Schrifttum greift jedoch gleichberechtigt auf andere, bekannt klingende Topoi zurück, mithilfe derer es sich rechtfertigen lässt, erbrechtliche Gleichbehandlungsvor-

---

310 Die Pflicht ist in ähnlicher Weise beschränkt wie die Ausgleichspflichten des ALR: Wenn sich die Eltern oder Großeltern darauf berufen, kein Heiratsgut stellen zu können, soll das Gericht „ohne strenge Erforschung" des Vermögens entscheiden (§ 1221 ABGB a.F.).

311 Vgl. hierzu *Prockner*, Zeitschrift für österreichische Rechtsgelehrsamkeit und politische Gesetzeskunde 1825, Bd. II, 257, 287, 295.

312 *Zeiller*, Commentar über das allgemeine bürgerliche Gesetzbuch, Bd. II/2, 810; vgl. zum einheitlichen Versorgungsgedanken aller in § 788 ABGB a.F. genannten Zuwendungen *Prockner*, Zeitschrift für österreichische Rechtsgelehrsamkeit und politische Gesetzeskunde 1825, Bd. II, 257, 277, 298.

313 *Zeiller*, Commentar über das allgemeine bürgerliche Gesetzbuch, Bd. II/2, 815.

314 Vgl. das obige Zitat aus den Gesetzesberatungen, *Ofner* (Hrsg.), Der Ur-Entwurf und die Berathungs-Protokolle des Österreichischen Allgemeinen bürgerlichen Gesetzbuches, Bd. I, 486.

315 *Nippel*, Erläuterung des allgemeinen bürgerlichen Gesetzbuches, Bd. V, 129 f.

316 *Zeiller*, Commentar über das allgemeine bürgerliche Gesetzbuch, Bd. II/2, 809; *Winiwarter*, Das österreichische bürgerliche Recht, Bd. III, 379; *Stubenrauch*, Commentar zum österreichischen allgemeinen bürgerlichen Gesetzbuche, Bd. I, 945; *Prockner*, Zeitschrift für österreichische Rechtsgelehrsamkeit und politische Gesetzeskunde 1825, Bd. II, 257, 277, rationalisiert so die Ausgleichspflicht der Bezahlung von Schulden eines großjährigen Kindes.

stellungen auf lebzeitige Zuwendungen zu übertragen. Vor allem der Gedanke eines Voraus, einer vorweggenommenen Erbfolge, klingt bereits bei *von Zeiller* an,[317] findet sich aber auch bei *Joseph Unger*,[318] dem zweiten großen Namen des österreichischen Rechts:[319]

„Die Auffassung und Behandlung gewisser Gaben als eines Voraus aus dem und auf den künftigen Erbtheil, somit als eines Voraus nur der Zeit nicht dem Betrage nach, findet in Übereinstimmung mit dem wahrscheinlichen Willen des Erblassers und im Interesse der übrigen Kinder zum Zweck der Herstellung materieller Gleichheit unter ihnen bei der Beerbung des gemeinsamen Parens statt."

Damit rückt nun auch die „präsumierte gleiche Liebe" der Eltern gegenüber ihren Kindern in den Vordergrund.[320] In gewissem Maße wird sich die Ausgleichung immer durch Gleichheitserwartungen rationalisieren lassen. Aber im Fall des ABGB ist dieser Ansatz durchaus mit einem normativen Anspruch verbunden, der teils noch naturrechtlich grundiert ist.[321] An anderer Stelle ist beispielsweise von einem „Anspruch" der Kinder auf gleiche Behandlung die Rede.[322]

Die Beobachtungen zum preußischen Landrecht und zum ABGB lassen sich auf zwei Gemeinsamkeiten herunterbrechen. Es zeigt sich ein gemeinsamer Kern, der dem Denken aller drei hier behandelten Kodifikationen gemein ist. Eine dieser Gemeinsamkeiten ist die explizite Rückbesinnung auf eine nicht-römische, auf die „deutsche" Tradition. Das ABGB stellt dies zwar nicht derart in den Vordergrund wie das Landrecht. In der Sache ist die Stoßrichtung jedoch dieselbe. Deutlicher betont das ABGB die zweite Gemeinsamkeit mit dem preußischen Recht, nicht zuletzt aufgrund seines pflichtteilsrechtlichen Regelungsansatzes. Zwischen Anrechnung (Ausgleichung) und innerfamiliä-

---

[317] *Zeiller*, Commentar über das allgemeine bürgerliche Gesetzbuch, Bd. II/2, 815; vgl. auch *Nippel*, Erläuterung des allgemeinen bürgerlichen Gesetzbuches, Bd. V, 135.

[318] Vgl. zu Person und Bedeutung *Doralt*, in: Basedow/Hopt/Zimmermann, 42 f.

[319] *Unger*, Das österreichische Erbrecht, 200.

[320] *Ders.*, Das österreichische Erbrecht, 201; ähnlich *Prockner*, Zeitschrift für österreichische Rechtsgelehrsamkeit und politische Gesetzeskunde 1825, Bd. II, 257, 268 f., 331; *Nippel*, Erläuterung des allgemeinen bürgerlichen Gesetzbuches, Bd. V, 135 *Winiwarter*, Das österreichische bürgerliche Recht, Bd. III, 396.

[321] *Zeiller*, Commentar über das allgemeine bürgerliche Gesetzbuch, Bd. II/2, 815, und *Nippel*, Erläuterung des allgemeinen bürgerlichen Gesetzbuches, Bd. V, 135, sprechen von einer „natürlichen und gesetzlichen Vermutung"; bei *Prockner*, Zeitschrift für österreichische Rechtsgelehrsamkeit und politische Gesetzeskunde 1825, Bd. II, 257, 329 heißt es, die gesetzliche Erbfolge beruhe auf dem aus „psychologischen und moralischen Gründen vermuteten Willen des Erblassers".

[322] So begründet *Nippel*, Erläuterung des allgemeinen bürgerlichen Gesetzbuches, Bd. V, 142, die Regel des § 793 ABGB a.F., die dem heutigen § 2056 S. 1 BGB entspricht, nach der ein übermäßig bedachter Abkömmling nicht verpflichtet ist, zum Zwecke der Ausgleichung in die Verlassenschaft einzuzahlen.

ren Pflichten besteht ein expliziter Konnex. Anrechenbar und auszugleichen ist nur, was familiär-sittlich, teils sogar rechtlich geschuldet wird.

b) Das sächsische BGB: Schlusspunkt der Kodifikationen des 19. Jahrhunderts

Den Schlusspunkt der Untersuchung bestimmter Kodifikationen des späten 18. und 19. Jahrhunderts bildet das sächsische BGB. Die Ausgleichung heißt hier „Einwerfung", ansonsten wiederholt sich Vieles, das sich bereits im preußischen oder österreichischen Recht gezeigt hat. Nicht zuletzt ist die Ausgleichung auch nach dem sächsischen Recht ein allein intestaterbrechtliches Institut, das nur die Abkömmlinge, nicht den überlebenden Ehegatten und nicht die testamentarische Erbfolge betrifft.[323]

Gegenstand der Einwerfung sind auch im sächsischen Recht in erster Linie ausstattende Zuwendungen im weiteren Sinne: Die Abkömmlinge sind nach § 2354 sächsBGB verpflichtet dasjenige einzuwerfen, was sie von dem Erblasser bei dessen Lebzeiten zur Ausstattung, zur Gründung oder weiteren Einrichtung einer besonderen Haushaltung, zur Gründung oder Fortsetzung eines eigenen Gewerbes, zur Uebernahme eines Amtes, zur Erwerbung eines Ranges oder Titels, zu Reisen zum Behufe ihrer Ausbildung, zur Erlangung der Befreiung von der Militärpflicht erhalten haben. Explizit nicht erfasst sind Zuwendungen für den Besuch von Universitäten, Akademien und höheren Bildungsanstalten.[324] Die zeitgenössische Praxis nimmt darüber hinaus die Tilgung von Schulden aus.[325] Damit grenzt man sich vom ABGB ab. Aber nichtsdestotrotz zeigt auch das sächsische Recht, wie erb- und familienrechtliche Gedanken ineinandergreifen, wie die Einwerfungspflicht letztlich von familienrechtlichen Pflichten und bestimmten Versorgungsgedanken abhängt.

Insoweit die Ausstattung nach § 2354 sächsBGB einzuwerfen ist, verweist das Erbrecht des sächsBGB auf einen familienrechtlichen Begriff aus dem ehelichen Güterrecht.[326] Ausstattungen sind definiert als Zuwendungen, die Dritte für die Ehefrau als Beitrag zur Bestreitung der ehelichen Lasten geben

---

[323] Vgl. die Motive zu § 2354 sächsBGB bei *Siebenhaar,* Commentar zu dem bürgerlichen Gesetzbuche für das Königreich Sachsen, Bd. III, 364.

[324] *Ders.*, Commentar zu dem bürgerlichen Gesetzbuche für das Königreich Sachsen, Bd. III, 365.

[325] Kgl. OLG Dresden, 20.5.1885, Archiv 1885, 724 (728); *Siebenhaar,* Commentar zu dem bürgerlichen Gesetzbuche für das Königreich Sachsen, Bd. III, 365; *Schmidt*, Vorlesungen über das in dem Königreiche Sachsen geltende Privatrecht, Bd. II, 220; *Hoffmann*, Das Bürgerliche Gesetzbuch für das Königreich Sachsen, Bd. II, 199 (Nr. 3 zu § 2354).

[326] Kgl. OAG Dresden, 17.10.1873, Ann. OAppG (zweite Folge) Bd. III, 46 (46 f.); *Francke,* Das Bürgerliche Gesetzbuch für das Königreich Sachsen, 300 (Nr. 4 zu § 1659). *Siebenhaar,* Commentar zu dem bürgerlichen Gesetzbuche für das Königreich Sachsen, Bd. III, 365 betont gesondert, dass auch die gesetzlich geschuldete *dos* (*dos necessaria*) der Ausgleichung unterliegt.

oder versprechen.[327] In der Regel sind dies natürlich die Eltern. Hier besteht, zunächst im Vater-Tochter-Verhältnis, subsidiär die Mutter treffend, eine begrenzte Rechtspflicht zur Ausstattung.[328] Begrenzt, weil sich diese Pflicht nur auf Austattungen zur Einrichtung eines Hausstandes bezieht, nicht aber auf jede Ausstattung in dem oben genannten weiteren Sinne eines Beitrags zu den ehelichen Lasten.[329] Der Gegenstand der gesetzlichen Einwerfungspflicht des sächsischen BGB deckt sich also nur in Teilen mit einer rechtlichen Elternpflicht. Eine darüberhinausgehende natürliche oder moralische Pflicht, Töchter (oder gar Söhne) auszustatten, wird jedenfalls nicht in demselben Maße thematisiert wie anderswo.[330] Aber auch im sächsischen Recht gilt, dass die Ausstattung keine Schenkung ist und dass die (begrenzte) rechtliche Ausstattungspflicht von der gesetzlichen Unterhaltspflicht zu unterscheiden ist.[331]

Zuwendungen an Söhne sind im sächsBGB nicht in gleiche Maße verrechtlicht wie diejenigen an Töchter. Die weitere Aufzählung einzuwerfender Gegenstände in § 2354 sächsBGB folgt jedoch einem ebenso einheitlichen wie bekannten Impetus. Es geht in erster Linie um bestimmte innerfamiliäre, durch Versorgungsgedanken motivierte Zuwendungen. Das ergibt sich schon aus der Diskussion der Frage, ob die Aufzählung einwerfungspflichtiger Zuwendungen abschließend sei. Grundsätzlich wird diese Frage bejaht.[332] Allenfalls, so heißt es dann, lassen sich noch Zuwendungen unter § 2354 sächsBGB fassen, die ebenfalls dem gemeinsamen Zweck der explizit genannten Gegenstände dienen. Sie alle dienten schließlich, so die Begründung der sächsischen Juristen, der elterliche Beihilfe zur Begründung einer selbstständigen Existenz ihrer Kinder oder dazu, deren Lebensstellung dauerhaft zu

---

[327] § 1659 sächsBGB: „Ausstattung oder Aussteuer, Brautschatz, Heiratsguth, Ehegeld, Mitgift ist der Inbegriff Desjenigen, was Dritte für die Ehefrau als Beitrag zur Bestreitung der ehelichen Lasten geben oder versprechen."

[328] Anders als nach dem früheren sächsischen Recht, das sich insoweit vom gemeinen Recht abgewandt hatte und nur die Klage aus einem vorherigen Ausstattungsversprechen zuließ, vgl. *Schmidt*, Vorlesungen über das in dem Königreiche Sachsen geltende Privatrecht, Bd. II, 87 f.

[329] *Hoffmann*, Das Bürgerliche Gesetzbuch für das Königreich Sachsen, Bd. II, 40 (Nr. 3 zu § 1661).

[330] Vgl. *Siebenhaar*, Commentar zu dem bürgerlichen Gesetzbuche für das Königreich Sachsen, Bd. III, 65 in Auseinandersetzung mit dem früheren römischen Recht. Im Kontext der deutschrechtlichen Einwerfung ist dieses Argument jedoch entscheidend.

[331] Vgl. zum Unterschied von Ausstattung und Unterhalt *ders.*, Commentar zu dem bürgerlichen Gesetzbuche für das Königreich Sachsen, Bd. III, 66 f., und zur Schenkung *Hoffmann*, Das Bürgerliche Gesetzbuch für das Königreich Sachsen, Bd. II, 40 (Nr. 3 zu § 1559).

[332] Kgl. OAG Dresden, 17.10.1873, Ann. OAppG (zweite Folge) Bd. III, 46 (46 f.); *Schmidt*, Vorlesungen über das in dem Königreiche Sachsen geltende Privatrecht, Bd. II, 220; *Hoffmann*, Das Bürgerliche Gesetzbuch für das Königreich Sachsen, Bd. II, 198 f. (Nr. 3 zu § 2354).

verbessern.[333] Darüber hinaus rationalisiert die sächsische Rechtsprechung die Aufzählung des § 2354 sächsBGB in bekannter gemeinrechtlicher Terminologie als „väterliche Mithilfe“[334] im Hinblick auf den „speziellen Zweck, das Fortkommen des [Sohnes] zu erleichtern“.[335]

Auf den ersten Blick spricht also vieles dafür, das sächsische BGB in eine Linie zu stellen mit dem preußischen ALR und dem österreichischen ABGB. Und in der Tat schreibt das Oberappellationsgericht Oldenburg allen drei Kodifikationen zu, das Recht der Ausgleichung in „deutscher“ Tradition fortentwickelt zu haben.[336] Das ist in der Sache auch zutreffend. Gleichzeitig ist das sächsische BGB nicht nur in der Selbstbeschreibung[337] deutlicher vom gemeinen Recht geprägt als das ALR und das ABGB. Die bisher genannten Fälle ausstattender Zuwendungen werden als „unbedingte Einwerfung“ bezeichnet. Sie sind in § 2354 sächsBGB geregelt.[338] Neben die unbedingte Einwerfung tritt nach § 2356 sächsBGB aber die „bedingte Einwerfung“. Hier wird ganz deutlich die Kodexstelle C. 6, 20, 20, 3 fortgeschrieben.[339] Einzuwerfen sind auch einfache Schenkungen, wenn der beschenkte Abkömmling mit anderen Abkömmlingen konkurriert, die ihrerseits nach § 2354 sächsBGB einzuwerfende Zuwendungen, aber selbst keine Schenkung erhalten haben. Begründet wird dies teils mit Praktikabilitätserwägungen, aber auch mit dem zentralen Gedanken, der das sächsischen Einwerfungsrecht ganz grundsätzlich trägt und seinerseits an das spätrömische und gemeine Recht erinnert: Es geht um die Vermeidung von Ungleichheiten.[340]

Zwar spielt auch der Gedanke eines erbrechtlichen Vorempfangs eine Rolle, wenn sächsische Juristen die einwerfungspflichtigen Zuwendungen beschreiben,[341] im Vordergrund steht jedoch der Gleichheitsaspekt. Zentrale

---

[333] Kgl. OLG Dresden, 20.5.1885, Archiv 1885, 724 (728); *Schmidt*, Vorlesungen über das in dem Königreiche Sachsen geltende Privatrecht, Bd. II, 220; *Hoffmann*, Das Bürgerliche Gesetzbuch für das Königreich Sachsen, Bd. II, 198 f. (Nr. 3 zu § 2354). Vgl. zur Möglichkeit einer analogen Anwendung bereits Kgl. OAG Dresden, 17.10.1873, Ann. OAppG (zweite Folge) Bd. III, 46 (46 f.).

[334] Kgl. OAG Dresden, 2.2.1876, Ann. OAppG (zweite Folge) Bd. IV, 537 (541 f.); Kgl. OLG Dresden, 23.10.1884, Ann. OLG Bd. VI, 363 (367).

[335] Kgl. OAG Dresden, 2.2.1876, Ann. OAppG (zweite Folge) Bd. IV, 537 (541 f.).

[336] OAG Oldenburg, Seuffert’s Archiv XXV, 380 (383).

[337] So *Schmidt*, Vorlesungen über das in dem Königreiche Sachsen geltende Privatrecht, Bd. II, 221.

[338] Kgl. OLG Dresden, 20.5.1885, Archiv 1885, 724 (727); *Schmidt*, Vorlesungen über das in dem Königreiche Sachsen geltende Privatrecht, Bd. II, 219–221.

[339] Vgl. dazu oben Erster Teil – A.I.3 (23) und zum Rezeptionsprozess im gemeinen Recht soeben Erster Teil – B.I.3 (44).

[340] *Siebenhaar,* Commentar zu dem bürgerlichen Gesetzbuche für das Königreich Sachsen, Bd. III, 366.

[341] Vgl. *Schmidt*, Vorlesungen über das in dem Königreiche Sachsen geltende Privatrecht, Bd. II, 218.

Argumente sind hier die „gleiche Liebe der Eltern zu ihren Kindern", die „natürlichen Pflichten gegen die ihnen von Gott anvertrauten Kinder" und, nicht zuletzt, der mutmaßliche Erblasserwille.[342] Wie eng diese Kategorien verbunden sind, zeigt sich, wenn es in *Eduard Siebenhaars* Kommentar heißt, es lehre das Leben, dass selbst Eltern, die ein Kind mehr lieben als das andere, die auf „ethischer Basis gegründete gleiche Behandlung der Kinder sich selbst zum Gesetze machen" – jedenfalls insoweit ausstattende Zuwendungen in einem weiteren Sinne betroffen sind.[343] Hier klingt also einmal mehr – trotz aller Verweise auf den mutmaßlichen Erblasserwillen – ein gewisser normativer Anspruch des Rechts durch, den die Einwerfung dann umsetzt.

Das führt zu der Frage, wie weit die Gleichbehandlungsvorstellungen des sächsischen BGB tatsächlich reichen. Ist die Gleichbehandlung der Kinder der Regelfall oder sind verbleibende Ungleichheiten durchaus üblich? Wie in den zuvor untersuchten Rechten lässt sich diese Frage auch hier nicht mit letzter Sicherheit beantworten. Jedenfalls mit der Übernahme von Schulden[344] und übermäßigen Erziehungskosten[345] finden sich zwei Kategorien, die sich erbrechtlichen Gleichbehandlungsvorstellungen entziehen, weil insoweit keine Ausgleichung stattfindet. Zahlreiche andere Indizien legen jedoch nahe, dass die Ausgleichung im sächsischen Recht trotz des anders lautenden Regel-Ausnahme-Verhältnisses der faktische Normalfall war. Hierfür spricht zunächst die Existenz des § 2356 sächsBGB, der ein besonderes Einfallstor für die Ausgleichung eigentlich ausgleichsfreier Schenkungen darstellt. Stellenweise wird die Einwerfung im Schrifttum dahingehend paraphrasiert, dass Abkömmlinge hinsichtlich aller „aussergewöhlichen Vermögenszuwendungen"[346] gleichzustellen seien. Dem entspricht es, dass nach der Rechtsprechung des Kgl. Oberappellationsgerichts auch ein Schulderlass in nicht unerheblicher Höhe auszugleichen ist, der in keinem ersichtlichen Bezug zur Verselbständigung des Sohnes steht, sondern ihn allein versorgen soll.[347]

---

[342] Vgl. jeweils *Siebenhaar,* Commentar zu dem bürgerlichen Gesetzbuche für das Königreich Sachsen, Bd. III, 364 f. Das Argument gleicher Liebe findet sich auch bei *Schmidt*, Vorlesungen über das in dem Königreiche Sachsen geltende Privatrecht, Bd. II, 218.

[343] *Siebenhaar,* Commentar zu dem bürgerlichen Gesetzbuche für das Königreich Sachsen, Bd. III, 365.

[344] Kgl. OLG Dresden, 20.5.1885, Archiv 1885, 724 (728); *Siebenhaar,* Commentar zu dem bürgerlichen Gesetzbuche für das Königreich Sachsen, Bd. III, 365; *Schmidt*, Vorlesungen über das in dem Königreiche Sachsen geltende Privatrecht, Bd. II, 220; *Hoffmann*, Das Bürgerliche Gesetzbuch für das Königreich Sachsen, Bd. II, 199 (Nr. 3 zu § 2354).

[345] Vgl. *Siebenhaar,* Commentar zu dem bürgerlichen Gesetzbuche für das Königreich Sachsen, Bd. III, 365 f.; *Schmidt*, Vorlesungen über das in dem Königreiche Sachsen geltende Privatrecht, Bd. II, 220.

[346] *Schmidt*, Vorlesungen über das in dem Königreiche Sachsen geltende Privatrecht, Bd. II, 218.

[347] Kgl. OAG Dresden, 2.2.1876, Ann. OAppG (zweite Folge) Bd. IV, 537 (541 f.), wobei die entsprechende Absicht hier besonders deutlich geäußert wurde.

III. Zwischenfazit: das Verhältnis zwischen rhetorischem und tatsächlichem Gleichheitsanspruch und das Ergebnis der Rezeption

Versucht man drei Jahrhunderte Rechtsentwicklung in wenigen Sätzen zusammenzufassen, lassen sich vier grundsätzliche Beobachtungen machen. Sie betreffen das Verhältnis zwischen rhetorischem und tatsächlichem Gleichheitsanspruch der Ausgleichung, die deutschrechtlichen Wurzeln des „rezipierten" Rechts, die tatsächliche Bedeutung des nunmehr geklärten Regel-Ausnahme-Verhältnisses und letztlich die Rechtfertigung der Ausgleichung am Ende des 19. Jahrhunderts.

Zunächst lässt sich festhalten, dass die Beziehung zwischen dem artikulierten Gleichheitsanspruch des Rechts und dessen tatsächlicher Reichweite wechselhaft, kontingent und letztlich widersprüchlich ist: Justinian und Leo haben die Idee der Gleichbehandlung und gleicher Elternliebe in das Recht der Ausgleichung getragen. Die frühe Rezeption ist dann gekennzeichnet durch eine stetige Ausweitung erbrechtlicher Gleichbehandlungsvorstellungen auf immer mehr, letztlich beinahe alle lebzeitigen Zuwendungen einschließlich aller Schenkungen.[348] Allmählich und in aller Klarheit erst im 19. Jahrhundert, kehrt die Rechtswissenschaft dieses Verhältnis um. Von nun an sind die Gleichbehandlungserwartungen jedenfalls in ihrer rechtlichen Konzeption tatbestandlich beschränkt, werden aber weiterhin mit scheinbar umfassendem Gleichheitspathos beschrieben. Vergleicht man die einzelnen Autoren und Rechtsordnungen, wird der Gleichheitsgedanke zwar mehr oder minder stark akzentuiert, aber in der einen oder anderen Form taucht er stets auf. Wenn das moderne Recht nun an diese scheinbar umfassenden Gleichheitsdiskurse anknüpft und sie fortschreibt, schreibt es schon aus diesem Grund eine Tradition fort, deren eigentlicher Gehalt schwer zu fassen ist. Denn die mit scheinbar unbegrenzten Gleichheitserwartungen konzipierte Ausgleichspflicht bleibt bis heute „typenbezogen". Sie erfasst nur bestimmte, anderswo, oft im Familienrecht, vertypte Rechtsgeschäfte, nicht alle Zuwendungen per se.

Deutlicher ist ein zweiter Befund, der dem Schrifttum des 19. Jahrhunderts noch klar vor Augen steht, der heute aber weitestgehend in Vergessenheit geraten ist: Er betrifft die dogmengeschichtliche Tradition, in der die Ausgleichung am Vorabend des BGB und bis heute steht. Im Gegenüber von römischer und deutschrechtlicher Tradition steht unzweifelhaft fest, dass sich letztere durchgesetzt hat. Tatbestandlich wird die Tradition der Einwerfung des aus Anlass der Abschichtung Empfangenen fortgeschrieben, unabhängig davon, wie sehr die Ausgleichung mit römischen Kategorien und in römischer Terminologie beschrieben wird. Das hat sich bereits im *usus modernus*

[348] Vgl. für dieses Denken bei *Stryk* einerseits oben Erster Teil – B.I.2 (39), aber andererseits auch oben Erster Teil – B.I.3.a) (44) für die zahlreichen Zeugnisse über das Weiterleben dieses Denkens bis in das 19. Jahrhundert.

gezeigt und im gemeinen Recht des 19. Jahrhunderts fortgesetzt. Besonders deutlich wird dies in den hier behandelten zivilrechtlichen Kodifikationen.

Dies führt zu einer Inkongruenz zwischen einerseits dem Tatbestand der Ausgleichung (deutschrechtlich) und ihrer Begründung (römisch). Scheinbar umfassende Gleichheitsvorstellungen treffen auf einen Ausgleichsmechanismus, der tatbestandlich beschränkt ist und dementsprechend zu verbleibenden Ungleichheiten führen sollte. Es gibt jedoch eine naheliegende Deutung für diesen scheinbar überraschenden Befund: Gerade im gemeinen Recht des 19. Jahrhunderts hat sich gezeigt, dass die Rekonstruktion der Ausgleichung als „typenbezogenes", auf bestimmte Zuwendungen beschränktes Rechtsinstitut in erster Linie ein Anliegen der zeitgenössischen Romanistik war, dessen Bedeutung für die gemeinrechtliche Praxis fraglich ist.[349] Das nunmehr dogmatisch geklärte Regel-Ausnahme-Verhältnis mag also trügen. Die Ausgleichung lebzeitiger Zuwendungen mag, obwohl das Recht sie nunmehr zweifelsohne als Ausnahme behandelt, faktisch die Norm gewesen sein. Träfe dies zu, wären wirtschaftlich bedeutsame Zuwendungen in der Regel ausgleichspflichtig gewesen. Auf jeden Fall kann diese Vermutung erklären, warum ein „typenbezogener", im sachlichen Anwendungsbereich begrenzter Ausgleichsmechanismus mit weitreichenden Gleichheitsvorstellungen konzipiert werden konnte. Mit letzter Sicherheit lässt sich diese Frage nicht beantworten. Aber in allen hier untersuchten Rechten und Rechtsordnungen finden sich Indizien, dass die Ausgleichung viel eher die Regel war als die Ausnahme, als die sie jedenfalls im 19. Jahrhundert konzipiert wird.

Eine vierte zentrale Beobachtung betrifft den Geltungsgrund der so konzipierten Ausgleichung, wobei vier Topoi immer wieder auftauchen: Zentral ist der Gleichbehandlungsgedanke, der aber nie allein steht. Stets finden sich weitere Begründungen für den jeweiligen Ausgleichsmechanismus. Neben die Gleichheitserwägungen treten – unterschiedlich stark akzentuiert – der mutmaßliche Erblasserwille, der Versorgungscharakter einzelner Zuwendungen und der Gedanke eines Voraus. Vor allem die letzten beiden Argumente leiten sich konsequent aus der Ausgleichung als Fortschreibung der deutschrechtlichen Einwerfung ab: Ihr Gegenstand sind versorgende Zuwendungen. Das Institut ist Ausdruck und Folge einer innerfamiliär-normativ grundierten und teils verrechtlichten Elternpflicht. Damit ist natürlich vorgezeichnet, vor welcher Herausforderung die Ausgleichung in der weiteren Entwicklung stehen wird: Wie lässt sich dieser Gedanke, wie lässt sich die Ausgleichung sinnvoll fortentwickeln, sollten derartige Elternpflichten rechtlich oder gesellschaftlich nicht mehr oder in geringerem Maße anerkannt werden?

---

[349] Vgl. dazu oben Erster Teil – B.I.3 (44).

C. Die Genese der Vorschriften des BGB

Am Vorabend des BGB treffen die Väter des BGB auf die soeben beschriebene Rechtsmasse mit all ihren Kontinuitäten, Widersprüchen und Unklarheiten. Hierauf aufbauend schaffen sie das Regelungskonzept der §§ 2050 ff. BGB. Welche Wertungen und Denkmuster tragen sie in das geltende Recht, welche Traditionen schneiden sie ab? Und was lässt sich daraus für das heutige Recht lernen?

I. Die Entwürfe Gottfried von Schmitts und Mommsens: Fortschreibung des gemeinen Rechts

Wie so oft im fünften Buch des BGB spielt der Vorentwurf *Gottfried von Schmitts* eine für die spätere Form der Ausgleichung entscheidende Rolle.[350] Ihm, dem bayerischen Vertreter in der Ersten Kommission, war die Aufgabe übertragen worden, einen Vorentwurf des Erbrechts auszuarbeiten. Der orientiert sich, was die Ausgleichung betrifft,[351] im Wesentlichen an gemeinrechtlichen Regelungsmodellen, oft in der modernen Form, die sie im Erbrechtsentwurf *Friedrich Mommsens* gefunden hatten.

Nicht zuletzt gibt *Gottfried von Schmitt* der Ausgleichung ihren modernen, aus dem Preußischen ALR übernommenen Namen,[352] wobei der Vorentwurf noch gleichberechtigt von „Anrechnung des Vorempfangenen" spricht. So soll ausgedrückt werden, dass Vorempfänge rein rechnerisch berücksichtigt werden.[353]

1. Drei Charakteristika des von Schmitt'schen Entwurfs: fehlendes Gleichheitsheitspathos, historisierende Begründung und der mutmaßliche Erblasserwille

Die Begründung des *von Schmitt*'schen Vorentwurfs, im Anschluss an die Reformüberlegungen zum ALR[354] die grundsätzliche Berechtigung der Aus-

[350] Vgl. zur Person und zu seinem Einfluss auf das fünfte Buch *Mertens*, Die Entstehung der Vorschriften des BGB über die gesetzliche Erbfolge und das Pflichtteilsrecht, 7 f., 150.

[351] Ähnliches lässt sich natürlich über das fünfte Buch als Ganzes sagen, vgl. *ders.*, Die Entstehung der Vorschriften des BGB über die gesetzliche Erbfolge und das Pflichtteilsrecht, 149–151.

[352] *Schmitt,* Teilentwurf Erbrecht, 1091 f. [= *Schubert* (Hrsg.), Vorlagen der Redaktoren, Bd. V/2, 347 f.].

[353] Das ist die Terminologie von *Mommsen*, Entwurf eines Deutschen Reichsgesetzes über das Erbrecht nebst Motiven, 319 f.; vgl. hierzu auch *Windscheid/Kipp*, Lehrbuch des Pandektenrechts, Bd. III, 515 (dort Fn. 1).

[354] Gesetz-Revision, Pensum XVI, Motive zu dem vom Revisor vorgelegten Entwurf der das Erbrecht betreffenden Gesetze, 292.; vgl. dazu oben Erster Teil – B.II.1.c) (60).

gleichung zu erörtern, lautet wie folgt:[355] Eine Pflicht der Eltern, ihre Kinder in Beziehung auf das Vermögen gleich zu halten, bestehe von einem sittlichen Standpunkt aus nicht. Kinder hätten nur einen gleichmäßigen Anspruch auf standesgemäße Erziehung und Ausstattung. Was im Übrigen auf die Kinder verwendet werde, bestimme sich meist nach zufälligen Umständen, der wechselnden Lage der Eltern, dem individuellen Bedarf und Verhalten der Kinder. Der Vermutung, Eltern wollten trotz verschieden üppiger Zuwendungen all ihre Kinder gleichbehandeln, fehle die Grundlage. Und doch, trotz all dessen, so schließt *von Schmitt*, habe man sich bei der Reform des ALR entschieden, die Ausgleichung beizubehalten. Das Gesetz solle nicht festgewurzelten Rechtsanschauungen widersprechen.[356]

Diese Einleitung illustriert das *von Schmitt*'sche Denken über die Ausgleichung: Gleichheitspathos ist ihm fremd. Im Gegenteil, er betont immer wieder die Risiken, die allzu weitreichende Gleichheitssätze bergen.[357] Wie schon die ALR-Reformer, deren Bedenken er zitiert, denkt *von Schmitt* an Fälle, in denen die lebzeitige Ungleichbehandlung der Kinder eine bewusste war, die möglicherweise von guten Gründen getragen war. Wie kaum eine andere hier ausgewertete Quelle betont *von Schmitt*, dass der Gedanke, Eltern wollten ihre Kinder gleichbehandeln, auf bestimmte Ausnahmefälle begrenzt bleiben müsse. Es liegt also nahe, ihm gewisse Sympathien für die Idee zu unterstellen, die Ausgleichung ganz grundsätzlich infrage zu stellen, wie es die ALR-Reform tat.

Dennoch erkennt *von Schmitt* im Ergebnis die Notwendigkeit an, erbrechtliche Gleichbehandlungserwartungen auf lebzeitige Zuwendungen zu erstrecken. Daraus spricht das zweite wesentliche Charakteristikum seines Entwurfs, auch insoweit der ALR-Reform folgend. Ihm geht es mehr darum, Bestehendes behutsam fortzuschreiben, als um eine grundlegende Rechtsreform.[358] Angesichts des Arbeitsprogramms der Redaktoren erscheint dieser Ansatz kaum verwunderlich. Die Redaktoren sollten, so der Auftrag der Bundesratskommission, „das den Gesammtzuständen des deutschen Rechts entsprechende bürgerliche Recht in einer den Anforderungen der heutigen Wissenschaft gemäßen Form kodifizirend zusammenfassen".[359] Diesem Anspruch

---

[355] Vgl. zum Folgenden *Schmitt,* Teilentwurf Erbrecht, 1090 f. [= *Schubert* (Hrsg.), Vorlagen der Redaktoren, Bd. V/2, 346 f.].

[356] *Schmitt,* Teilentwurf Erbrecht, 1091 [= *Schubert* (Hrsg.), Vorlagen der Redaktoren, Bd. V/2, 346 f.].

[357] *Schmitt,* Teilentwurf Erbrecht, 1098 [= *Schubert* (Hrsg.), Vorlagen der Redaktoren, Bd. V/2, 354] – dazu gleich ausführlich Erster Teil – C.I.2.a) (76).

[358] Auch das gilt natürlich für das gesamte fünfte Buch, vgl. hierzu das Resümee bei *Mertens*, Die Entstehung der Vorschriften des BGB über die gesetzliche Erbfolge und das Pflichtteilsrecht, 149–151.

[359] Zitiert nach *Schmitt,* Teilentwurf Erbrecht, 1 [= *Schubert* (Hrsg.), Vorlagen der Redaktoren, Bd. V/1, 117]. Vgl. hierzu auch *Mertens*, Die Entstehung der Vorschriften des

wird *von Schmitt* gerecht.[360] Er beugt sich der langen und, so sagt er, im Volk tief verwurzelten Tradition, bestimmte lebzeitige Zuwendungen im Erbfall auszugleichen. Kein in Deutschland geltendes Recht komme ohne ein solches Institut aus. Dann heißt es:[361]

„Was so volksthümlich geworden, daß es im Sprüchworte wieder erscheint, kann nicht wohl anders als aus dem Leben der Nation gegriffen sein („gleiche Brüder, gleiche Kappen"). Daß aber ein der Gesammtheit geläufiger Gedanke gerade dem Denken derjenigen fremd sei, welche er betrifft, ist unglaublich."

Gottfried von Schmitt verknüpft zwei Begründungsstränge: Aus der geteilten Volksüberzeugung schließt er, dass die anerkannten Traditionen auch dem Willen des einzelnen Erblassers entsprechen würden. Das ist das dritte und vielleicht wichtigste Charakteristikum des Vorentwurfs: Der mutmaßliche Erblasserwille ist der argumentative Fixpunkt der Ausgleichung, wie des ganzen Erbrechts, das *von Schmitt* ausgehend vom Willen des Individuums konzipiert. „Alles Privatrecht beruht auf der Herrschaft des Individuums" heißt es prominent an anderer Stelle.[362] Das wiederum erklärt, warum der Vorentwurf auf allzu viel Gleichheitspathos verzichtet. Wenn die Ausgleichung droht, dem Erblasserwillen zu widersprechen, lässt sie sich vom Standpunkt eines so verstandenen liberalen Privat- und Erbrechts aus nur schwer rechtfertigen.

2. Ausgleichspflichtige Zuwendungen im Entwurf Gottfried von Schmitts: die Ausgleichung als begründungsbedürftige Ausnahme

Wenn es hier heißt, *Gottfried von Schmitts* Vorentwurf bringe das Recht der Ausgleichung in seine moderne Form, ist damit vor allen Dingen eine zentrale Weichenstellung gemeint: die Entscheidung, dass lebzeitige Zuwendungen in der Regel nicht auszugleichen sind, dass die Ausgleichung eine begründungsbedürftige Ausnahme ist.

BGB über die gesetzliche Erbfolge und das Pflichtteilsrecht, 11.; *Haferkamp*, in: Basedow/Hopt/Zimmermann, 229.

360 Eine besondere Orientierung am bayerischen Recht, wie *Haferkamp*, in: Basedow/Hopt/Zimmermann, 229, sie vermutet, lässt sich jedenfalls hier nicht ausmachen.

361 *Schmitt,* Teilentwurf Erbrecht, 1091 [= *Schubert* (Hrsg.), Vorlagen der Redaktoren, Bd. V/2, 347].

362 *Schmitt,* Teilentwurf Erbrecht, 52–54 [= *Schubert* (Hrsg.), Vorlagen der Redaktoren, Bd. V/1, 168–170].

a) „Darauf, daß der Erblasser keine Ausgleichung wolle, dürfe im Allgemeinen wohl geschlossen werden": der mutmaßliche Erblasserwille bei von Schmitt

Der Vorentwurf des Erbrechts bildet den gedanklichen Schlusspunkt einer Entwicklung, die Jahrhunderte zuvor begonnen hat. Die frühe Rezeptionsgeschichte der *collatio* war geprägt von mehr oder minder eklektischen Aufzählungen, welche Zuwendungen auszugleichen waren und welche nicht.[363] Damit ging jedenfalls zeitweise ein sehr weitgehendes Gleichheitsverständnis einher, das wohl die meisten lebzeitigen Zuwendungen erfasste. Hiergegen wandte sich die Rechtswissenschaft des 19. Jahrhunderts, vor allem ihr romanistisch geprägter Teil.[364] Sie bemühte sich, den überlieferten Rechtsstoff zu systematisieren, konnte das *subsidium paternum* jedoch nie vollends in ihre Konzeption des geltenden römischen Rechts integrieren, so dass unklar ist, ob das theoretisch konzipierte Regel-Ausnahme-Verhältnis der gelebten Rechtwirklichkeit entsprach. Der Vorentwurf des BGB beendet diese Entwicklung nun, indem er sich weitgehend von den bisherigen Kategorien löst. Er formuliert in voller Klarheit die Grundannahme auch des heutigen Rechts (vgl. § 2050 Abs. 3 BGB):[365]

> „Darauf, daß der Erblasser keine Ausgleichung wollte, weil und insoweit er gegebenen Falles bezügliche Bestimmungen unterließ, darf im Allgemeinen wohl geschlossen werden."

Einmal mehr zeigt sich, dass allgemeine Erwägungen über gleichgerechte Eltern, die ihre Kinder gleichmäßig bedenken wollen, *von Schmitt* fernliegen. Im Gegenteil, absolute Gleichheit sei unmöglich, heißt es auch ganz explizit.[366] Formale Gleichheit könne, so *von Schmitt* weiter, je nach den Umständen die größte Ungleichheit schaffen. Vernünftigen Erblassern könne man aber nicht unterstellen Unmögliches oder Unbilliges zu wollen. Wenn der Erblasser nichts anderes anordnet, wird ihm durch den Vorentwurf zum BGB nicht unterstellt, er habe seine Kinder letztlich doch gleich behandeln wollen.

Nur in einem Fall widerspreche diese Annahme der „Erfahrung des Lebens", so *von Schmitt* weiter. Sie sei nicht gerechtfertigt, wenn „der Erblasser zu seiner Liberalität einen bestimmten, positiven Anlaß hatte, und der allgemeinen Sitte folgend, nur im Hinblicke auf die seinerzeitige Erbfolge schon jetzt gab".[367] In diesem kurzen Halbsatz finden sich gleich drei Gedanken, die

---

363 Vgl. für diesen Befund im *usus modernus* Erster Teil – B.I.1 (36) und im späteren gemeinen Recht Erster Teil – B.I.3.a) (44).

364 Vgl. dazu wieder oben Erster Teil – B.I.3.a) (44).

365 *Schmitt,* Teilentwurf Erbrecht, 1098 [= *Schubert* (Hrsg.), Vorlagen der Redaktoren, Bd. V/2, 354].

366 *Schmitt,* Teilentwurf Erbrecht, 1098 [= *Schubert* (Hrsg.), Vorlagen der Redaktoren, Bd. V/2, 354].

367 *Schmitt,* Teilentwurf Erbrecht, 1098 [= *Schubert* (Hrsg.), Vorlagen der Redaktoren, Bd. V/2, 354].

es ausnahmsweise rechtfertigen sollen, lebzeitige Zuwendungen in bestimmten Fällen doch auszugleichen. Sie entsprechen genau der Begründungstrias, mithilfe derer die Ausgleichung in der Vergangenheit immer wieder rationalisiert wurde: Der mutmaßlicher Erblasserwille, sittliche Erwartungen und die Vorstellung eines Voraus fallen zusammen.

Zwei Fälle seien demnach denkbar, in denen eine Ausgleichung in Betracht komme.[368] Zum einen, wenn der Erblasser die Ausgleichung anordnet. Das versteht und verstand sich von selbst. Zum anderen, wenn der „Anlaß und der Zweck schon aus der Natur der Gabe hervortritt". Diese Zuwendungen wiederum zeichnet aus, dass sie in einem weiteren Sinne ausstattend sind;[369] in § 404 Abs. 1 VE heißt es:

„Die Anrechnung erstreckt sich kraft Gesetzes auf das dem Abkömmlinge zur Ausstattung oder Aussteuer, zur Gründung, Fortsetzung oder weiteren Einrichtung eines besonderen Haushalts, eines eigenen Geschäfts oder Gewerbes, zur Übernahme oder Fortführung eines Amtes, überhaupt zum Eintritte in eine das Fortkommen unmittelbar begründende Lebensstellung Gewährte."

Der Vorentwurf zählt hier zunächst die hinlänglich bekannten, ausstattenden, üblicherweise auszugleichenden Zuwendungen auf. Einen einheitlichen Begriff der Ausstattung kennen weder der Vorentwurf *von Schmitts* noch derjenige *Gottlieb Plancks* zum Familienrecht. Eine derartige Legaldefinition deutet sich jedoch durch den Auffangtatbestand in § 404 VE a.E. an: Ausgleichspflichtig ist alles „überhaupt zum Eintritte in eine das Fortkommen unmittelbar begründende Lebensstellung Gewährte".

b) Zuwendungen deren „Anlaß und Zweck schon aus der Natur der Gabe hervortreten": drei Möglichkeiten, den von Schmitt'schen Erblasserwillen zu rationalisieren

Gottfried von Schmitt und seinen Zeitgenossen mag ohne Weiteres eingeleuchtet haben, warum die Ausgleichung gerade diese in § 404 VE genannten Zuwendungen erfasst. Ihnen mag klar gewesen sein, warum sich die Ausgleichungspflicht auf Zuwendungen erstreckt, deren „Anlaß und Zweck schon aus der Natur der Gabe hervortreten" – und warum es sich hierbei um ausstattende Zuwendungen im weiteren Sinne handelt. Hier wird gemeinrechtliches Denken fortgeschrieben. Aus Sicht des 21. Jahrhunderts erscheinen diese Annahmen fremder, zumindest weniger naheliegend. In der weiteren Begründung des Vorentwurfs lassen sich aber drei Ansatzpunkte ausmachen, mithilfe derer sich

[368] *Schmitt,* Teilentwurf Erbrecht, 1098 [= *Schubert* (Hrsg.), Vorlagen der Redaktoren, Bd. V/2, 354].

[369] „Ausstattung im weiteren Sinne" ist der Begriff, den *Mommsen*, Entwurf eines Deutschen Reichsgesetzes über das Erbrecht nebst Motiven, 322, für eine ähnliche Aufzählung in § 288 seines Entwurfs wählt.

die zentrale Unterscheidung zwischen ausgleichspflichtigen und nicht-ausgleichspflichtigen Zuwendungen erhellen lässt, die ja auch die zentrale Unterscheidung des geltenden Rechts zwischen § 2050 Abs. 1 und 3 BGB ist.

aa) Mutmaßlicher Erblasserwille und historische Kontinuitäten

Zunächst kann man die zentrale Weichenstellung des Vorentwurfs als bloße Fortschreibung des geltenden Rechts sehen, als Ausdruck einer Pfadabhängigkeit, die historische Gleichheitserwartungen perpetuiert. Fernliegend ist dieser Gedanke nicht. *Gottfried von Schmitt* rechtfertigt den Gegenstand der Ausgleichung zwar nicht derart explizit mit historischen Traditionen wie seine Entscheidung, das Institut überhaupt beizubehalten. Seine Erörterung der Frage, welche Zuwendungen ausgleichspflichtig sein sollen, atmet denselben Geist. Über die Ausstattung (im engeren Sinne) und über die Aussteuer heißt es beispielsweise, der Vorentwurf befinde sich „wesentlich im Einklange mit der großen Mehrzahl der Gesetzgebungen“;[370] die Erweiterung der Ausgleichung auf das zur Gründung, Fortsetzung oder weiteren Einrichtung eines besonderen Hausstandes Gewährte sei außerhalb des österreichischen Rechts „meist anerkannt“.[371] Einmal mehr zeigt sich das wesentliche Charakteristikum des Vorentwurfs: Bestehendes wird fortgeschrieben, explizite Reformen vermeidet der Entwurf wo irgend möglich.

Gottfried von Schmitt hat hier, bezüglich des Gegenstands der Ausgleichung, wie sonst auch, zahlreiche Rechte akribisch ausgewertet.[372] Deren Lösungsansätze schreibt er konsequent fort. Im Ergebnis sind genau diejenigen Zuwendungen auszugleichen, die seit jeher erbrechtlichen Gleichbehandlungserwartungen unterliegen. Gleichzeitig ist, wie ausgeführt, der mutmaßliche Erblasserwille die allgemein zentrale normative Rechtfertigung des *von Schmitt*'schen Erb- und Ausgleichungsrechts. Damit kommt es zu einer interessanten Verschiebung. Der Vorentwurf schreibt die bisherige Tradition in der Sache fort, tauscht jedoch das zentrale Begründungsmuster aus. Welche Gegenstände ausgleichspflichtig sein sollen, wurde bisher mit Verweis auf ihren Versorgungscharakter, mit Elternpflichten (seien sie sittlich oder verrechtlicht) und mit dem Gedanken eines Voraus begründet. Diese Begründung wieder freizulegen, war schließlich eine der wesentlichen Leistungen der vernunftrechtlichen Kodifikationen in Preußen und Österreich. All diese Gedanken schwingen auch im Vorentwurf mit, sie treten jedoch deutlich in den Hintergrund. Auch *von Schmitt* verweist auf die „allgemeine Sitte“ und

---

[370] *Schmitt,* Teilentwurf Erbrecht, 1098 [= *Schubert* (Hrsg.), Vorlagen der Redaktoren, Bd. V/2, 354].

[371] *Schmitt,* Teilentwurf Erbrecht, 1099 [= *Schubert* (Hrsg.), Vorlagen der Redaktoren, Bd. V/2, 355].

[372] *Schmitt,* Teilentwurf Erbrecht, 1098–1101 [= *Schubert* (Hrsg.), Vorlagen der Redaktoren, Bd. V/2, 354–357.

den Gedanken der vorweggenommenen Erbfolge, um seinen Entwurf zu begründen.[373] Jedenfalls wenn man genau hinsieht, prägt der enge Konnex zwischen sittlich (oder rechtlichen) Elternpflichten das Recht der Ausgleichung also weiterhin. Verglichen mit dem mutmaßlichen Erblasserwillen treten diese Topoi jedoch in den Hintergrund.

bb) Mutmaßlicher Erblasserwille und die Erfüllung sittlicher Pflichten

Ausgleichspflichtige Zuwendungen sind für *von Schmitt* zwar Liberalitäten.[374] Er hält sie aber dennoch nicht für im eigentlichen Sinne freiwillig. Weiter erläutert wird dieser Gedanke nur *en passant*, wenn der Vorentwurf begründet, warum die Ausgleichung auf die Abkömmlinge des Erblassers beschränkt ist.[375] Aber hier zeigt sich, was gemeint ist, wenn der Vorentwurf ausgleichspflichtige Zuwendungen als der „allgemeinen Sitte" entsprechend beschreibt. Es gebe, so *von Schmitt*, einen strukturellen Unterschied zwischen lebzeitig bedachten Abkömmlingen und anderen gesetzlichen Erben, die ebenfalls eine lebzeitige Zuwendung erhalten:[376] Nur Zuwendungen an Abkömmlinge würden „auf eine mehr oder minder zwingende Veranlassung hin" gemacht. Das unterscheide sie von Zuwendungen an andere Angehörige, die „in voller Freiheit verabreicht" werden. In diesem Kontext verweist *von Schmitt* dann explizit auf den Entwurf *Mommsens*. Auch er räumt Zuwendungen an Abkömmlinge eine besondere Stellung ein. Das verwandtschaftliche Verhältnis bringe, so *Mommsen*, die Verpflichtung mit sich, für diese Abkömmlinge zu sorgen.[377] Für Seitenverwandte gelte das nicht. Deswegen seien Kinder zur Ausgleichung verpflichtet, andere gesetzliche Erben nicht. Damit ist, wenn auch an anderer Stelle und im Nebensatz, ausgesprochen, was die in § 404 VE genannten Zuwendungen von anderen Zuwendungen unterscheidet, die nicht ausgleichspflichtig sind.

Beide Entwürfe, sowohl der von *Mommsen* als auch der *von Schmitt*'sche stellen sich so in die Tradition vor allem des preußischen und österreichischen Rechts. Versetzt man sich für einen Moment in diese Position, ist die Begründung der Ausgleichung mithilfe des mutmaßlichen Erblasserwillens in

---

[373] Vgl. das obige Zitat, es gehe um Fälle, „der Erblasser zu seiner Liberalität einen bestimmten, positiven Anlaß hatte, und der allgemeinen Sitte folgend, nur im Hinblicke auf die seinerzeitige Erbfolge schon jetzt gab", *Schmitt,* Teilentwurf Erbrecht, 1098 [= *Schubert* (Hrsg.), Vorlagen der Redaktoren, Bd. V/2, 354].

[374] *Schmitt,* Teilentwurf Erbrecht, 1098 [= *Schubert* (Hrsg.), Vorlagen der Redaktoren, Bd. V/2, 354].

[375] *Schmitt,* Teilentwurf Erbrecht, 1092 [= *Schubert* (Hrsg.), Vorlagen der Redaktoren, Bd. V/2, 348].

[376] *Schmitt,* Teilentwurf Erbrecht, 1092 [= *Schubert* (Hrsg.), Vorlagen der Redaktoren, Bd. V/2, 348].

[377] *Mommsen*, Entwurf eines Deutschen Reichsgesetzes über das Erbrecht nebst Motiven, 320.

gewisser Weise konsequent: Wenn der Erblasser lediglich eine sittliche Pflicht erfüllt, kann man ihm nicht allein aus diesem Grund unterstellen, er habe den bedachten Abkömmling anderen Abkömmlingen vorziehen wollen. In erster Linie ging es ihm um Pflichterfüllung. Damit ist aber noch nicht zwingend gesagt, dass dem Erblasser umgekehrt unterstellt werden kann, er wolle seine Abkömmlinge gleichbehandeln.

Der Gedanke familiär geschuldeter, versorgender Zuwendungen soll dann aber auch eine dezidierte Gleichheitsdimension haben, die auch *von Schmitt* vor Augen steht. Plastischer zeigt sich dieser Gedanke aber bei *Mommsen*:[378] Das Ziel elterlicher Verantwortung und Erziehung, heißt es hier, sei die Selbstständigkeit der Kinder. Hierzu bedürften sie in aller Regel der Hilfe der Eltern; gemeint ist hier die gleichmäßige Hilfe der Eltern: „Daß die Kinder selbstständig werden und zu diesem Behuf auszustatten sind, trifft voraussichtlich auf alle gleichmäßig zu".[379] Umgekehrt lasse sich über andere Zuwendungen nicht sagen, dass sie im Hinblick auf alle Bedachten gleichmäßig eintreten werden.

Besonders eine Konstellation scheint beiden Entwürfen vorgeschwebt zu haben, die auch dem preußischen Schrifttum[380] und *Dernburg*[381] als wichtiger, vielleicht Normalfall der Ausgleichung vor Augen stand:[382] Ein Kind wird noch zu Lebzeiten des Erblassers ausgestattet, der Erblasser verstirbt jedoch bevor er seine übrigen Kinder ausstatten kann. Dann aber drängt sich jedoch eine Folgefrage auf, deren Beantwortung möglicherweise auf den tatsächlichen Grund der Ausgleichung schließen lässt: Wie ist zu entscheiden, wenn alle Kinder ausgestattet sind und der Erblasser sie in unterschiedlichem Maße bedacht hat? Man könnte schließlich sagen, es bedürfe einer am mutmaßlichen Erblasserwillen orientieren Regel gerade nun nicht mehr, weil sich der tatsächliche Wille manifestiert habe.[383] Vor allem ist fraglich, wie sich ein solches Institut mit dem mutmaßlichen Erblasserwillen begründen lässt. Die Eltern scheinen den Willen zur Ungleichbehandlung geäußert zu haben.

---

[378] *Ders.*, Entwurf eines Deutschen Reichsgesetzes über das Erbrecht nebst Motiven, 322; implizit steht er aber auch hinter den Ausführungen bei *Schmitt,* Teilentwurf Erbrecht, 1101 [= *Schubert* (Hrsg.), Vorlagen der Redaktoren, Bd. V/2, 276].

[379] *Mommsen*, Entwurf eines Deutschen Reichsgesetzes über das Erbrecht nebst Motiven, 322.

[380] *Svarez*, Amtliche Vorträge bei der Schluß-Revision des Allgemeinen Landrechts, 140; *Gruchot*, Preußisches Erbrecht, Bd. III, 19; *Daniels*, Lehrbuch des gemeinen preußischen Privatrechtes, Bd. III, 102; *Förster/Eccius*, Preußisches Privatrecht, Bd. IV, 601.

[381] *Dernburg*, Pandekten, Bd. III, 279 f.

[382] *Ders.*, Entwurf eines Deutschen Reichsgesetzes über das Erbrecht nebst Motiven, 322.

[383] So *Mommsen*, Entwurf eines Deutschen Reichsgesetzes über das Erbrecht nebst Motiven, 323; hinter derselben Frage im *von Schmitt*'schen Erbrechtsentwurf dürfte kein anderer Gedanke stehen, vgl. hierzu *Schmitt,* Teilentwurf Erbrecht, 1101 [= *Schubert* (Hrsg.), Vorlagen der Redaktoren, Bd. V/2, 276].

Um zu begründen, warum die Ausgleichung auch stattfinden soll, wenn alle Kinder lebzeitig ungleich ausgestattet wurden, fallen beide Entwürfe auf die Argumentation zurück, die immer hilft, wenn die Rationalisierung mithilfe des mutmaßlichen Erblasserwillens an ihre Grenzen zu stoßen scheint. Ein anderer Regelungsansatz würde „zu weit von dem Bekannten und dem allgemein Anerkannten" abweichen, so *Mommsen*.[384] Außerdem könne man aus der lebzeitig ungleichen Ausstattung nicht zwingend schließen, der Erblasser habe seine Kinder tatsächlich endgültig ungleich behandeln wollen. Vielleicht habe sich einfach sein Vermögen verändert, so dass er ein Kind besser ausstatten konnte, als ein anderes.[385] Auch der Vorentwurf *Gottfried von Schmitts* verwirft – trotz seiner grundsätzlichen Orientierung am mutmaßlichen Erblasserwillen – das Argument, die lebzeitige Ungleichbehandlung von Abkömmlingen lasse das Bedürfnis für die Ausgleichung gänzlich entfallen.[386] Er verweist darauf, dass kaum ein geltendes Recht diesen Schritt gehe und dass er praktische Probleme bereite. Ganz widerspruchsfrei ist diese Konzeption des mutmaßlichen Erblasserwillens nicht. Deutlich näher liegt ein anderer Gedanke: Die Ausgleichung ist eben doch, auch wenn *Gottfried von Schmitt* dies nicht ausspricht, Ausdruck gewisser normativer Vorstellungen. Diese Begründung verblasst aber zusehends, je deutlicher der mutmaßliche Erblasserwille als Ratio der Ausgleichung in den Vordergrund rückt.

3. Die Entscheidung gegen weitergehende Ausgleichspflichten: einfache Schenkungen, Grundstücke, Gerechtigkeiten und Capitalien

Gegenstand der Ausgleichung sind auch im Vorentwurf des BGB ausstattende Zuwendungen in einem weiteren Sinne. Hintergrund dessen ist die Vorstellung, bestimmte, versorgende Zuwendungen seien aus letztlich familiären Gründen geschuldet[387] und deswegen ausgleichspflichtig. Das ist sicherlich die wichtigste Beobachtung, um das *von Schmitt*'sche Denken zu verstehen, der für sich Anspruch nimmt, die bewährten Tatbestände des gemeinen Rechts fortzuschreiben. Mit der Grundentscheidung für die deutschrechtliche Tradition ist jedoch nicht vorgezeichnet, wie mit denjenigen Einzel- und Grenzfällen umzugehen ist, die ebenfalls seit frühester Zeit diskutiert werden.

---

[384] *Mommsen*, Entwurf eines Deutschen Reichsgesetzes über das Erbrecht nebst Motiven, 323.

[385] *Ders.*, Entwurf eines Deutschen Reichsgesetzes über das Erbrecht nebst Motiven, 323.

[386] *Schmitt*, Teilentwurf Erbrecht, 1101 [= *Schubert* (Hrsg.), Vorlagen der Redaktoren, Bd. V/2, 357].

[387] Unklar ist, ob *Gottfried von Schmitt* insoweit von einer rechtlichen oder nur einer sittlichen zur Ausstattung ausging. Jedenfalls der für das Familienrecht zuständige Redaktor verfolgte letzten Ansatz, vgl. *Planck*, Entwurf eines Familienrechts für das deutsche Reich, 1338–1341 [= *Schubert* (Hrsg.), Vorlagen der Redaktoren, Bd. IV/2, 352–359]; vgl. zur weiteren Entwicklung dieses Gedankens unten Erster Teil – C.II.2 (87).

Der einfachen Schenkung kommt dabei nicht nur dogmengeschichtlich eine besondere Rolle zu, sie ist auch die wichtigste Kategorie unentgeltlicher Zuwendungen des geltenden Rechts. Zurückgehend auf C. 6, 20, 20, 3 ist die einfache Schenkung im gemeinen Recht unter bestimmten Voraussetzungen ausgleichspflichtig.[388] Der beschenkte Abkömmling muss mit anderen Abkömmlingen konkurrieren, die ihrerseits (ausstattende) qua Gesetzes ausgleichspflichtige Zuwendungen erhalten haben. Eine modernisierte, an die willenszentrierte Konzeption der modernen Entwürfe angepasste Version dieser Vorschrift findet sich dann auch noch in *Mommsens* Entwurf. Nach dessen § 289 sind Schenkungen auszugleichen, die ein Ersatz für eine Ausstattung sind. Dies kann sich aus dem ausdrücklich erklärten oder aus dem den Umständen zu entnehmendem Willen ergeben. *Mommsen* hält diese Regel für kaum weiter begründungsbedürftig. Was für die Ausstattung gelte, müsste auch konsequenterweise für dasjenige gelten, was ein Kind als Ersatz erhalten habe.[389] Auf den ersten Blick scheint es, als wolle *von Schmitt* diesen Gedanken übernehmen. Der Vorentwurf folge bei dieser Frage dem gemeinen Recht, „sich in der Fassung *Mommsen* anschließend", schreibt er.[390] Wie genau *von Schmitt* die Idee *Mommsens* umgesetzt haben will, lässt sich jedoch nur mutmaßen. Eine explizite, dem Entwurf *Mommsens* entsprechende Norm nimmt *von Schmitt* schließlich nicht auf. Am naheliegendsten erscheint es, der Vorentwurf wolle diese Fälle der einfachen Schenkung im Auffangtatbestand des § 404 VE a.E. erfassen. Ausgleichspflichtig ist alles „zum Eintritte in eine das eigene Fortkommen unmittelbar begründende Lebensstellung Gewährte". Damit geht eine der zentralen, aber auch eine in Rezeptionsgeschichte streitträchtigsten Vorschriften endgültig in einer allgemeineren Definition ausstattender Zuwendungen auf.

Eine andere Regelung, die für den Gleichheitsanspruch der Ausgleichung zentral ist, kanzelt *von Schmitt* in nur einem Satz ab. Das preußische ALR erweitert die Ausgleichung schließlich auf „Grundstücke, Gerechtigkeiten und ausstehende Capitalien".[391] Dieser Gedanke sei, so heißt es in der Begründung des Vorentwurfs, „jedenfalls für die heutigen Wertverhältnisse unzutreffend gefasst, und präzis überhaupt nicht zu fassen".[392] Das ist aus heutiger Sicht bedauerlich. Gern hätte man erfahren, was *von Schmitt* hier meint, vor allem warum der Gedanke für die Wertverhältnisse des späten 19. Jahrhunderts unzutreffend gefasst sei. Geht er davon aus, dass derartige große

[388] Vgl. dazu oben Erster Teil – B.I.3.a) (44).

[389] *Mommsen*, Entwurf eines Deutschen Reichsgesetzes über das Erbrecht nebst Motiven, 323.

[390] *Schmitt*, Teilentwurf Erbrecht, 1106 [= *Schubert* (Hrsg.), Vorlagen der Redaktoren, Bd. V/2, 362].

[391] Vgl. dazu oben Erster Teil – B.II.1 (52).

[392] *Schmitt*, Teilentwurf Erbrecht, 1106 [= *Schubert* (Hrsg.), Vorlagen der Redaktoren, Bd. V/2, 362].

Zuwendungen in aller Regel nicht auszugleichen seien? Unterstellt er, dass die Ausstattung nicht mehr die einzige oder einzig wertvolle Zuwendung von Eltern an ihre Kinder ist? Oder weiß er einfach um die unglückliche Formulierung und die zahlreichen Streitpunkte des preußischen Rechts?[393] Über all diese Fragen schweigt sich der Entwurf aus. Auch *Mommsen* verwirft die Erweiterung der Ausgleichung auf Grundstücke, Gerechtigkeiten und ausstehende Capitalien durch das preußische Recht. Seine Begründung ist jedoch expliziter: Derartige Zuwendungen seien in aller Regel ohnehin Ausstattungen oder Ersatz für eine solche.[394] In diesen Fällen sei eine Sonderregel nicht nötig. In allen anderen Fällen sei nicht zu vermuten, dass die Ausgleichung dem mutmaßlichen Erblasserwillen entspreche.

Hier schimmert die zentrale Herausforderung auch des heutigen Rechts durch: Im 19. Jahrhundert entscheidet man sich explizit gegen einen Regelungsansatz, der die Ausgleichung von der Frage abhängig macht, ob eine bestimmte Zuwendung besonders wertvoll ist oder nicht.[395] Dieser Befund legt aber auch nahe, eine zentrale Selbstbeschreibung *von Schmitts* zu hinterfragen. Er nimmt schließlich für sich in Anspruch, das geltende Recht fortzuschreiben und einige Streitfragen des gemeinen Rechts in die eine oder andere Richtung zu entscheiden. Und was die Tatbestände der Ausgleichung angeht, ist diese Beschreibung sicher nicht unzutreffend. Aufgrund der früheren Rezeptionsgeschichte lässt sich aber mit guten Gründen an der praktischen Bedeutung des rechtlich konstruierten Regel-Ausnahme-Verhältnisses zweifeln. Oft liegt die Vermutung nahe, dass die scheinbare Ausnahme, die Ausgleichung, aufgrund der tatsächlichen Zuwendungspraxis letztlich doch alle wirtschaftlich bedeutsamen Zuwendungen erfasste. Wäre dies zutreffend, stünden die Regelungsentscheidungen *von Schmitts*, die sich im BGB fortsetzen, in einem anderen Licht: Es träfe zwar weiterhin zu, dass der Vorentwurf die Tatbestände des gemeinen Rechts maßvoll fortschreibt. Aber jedenfalls mit dem Wissen von heute hätte sich der faktische Gleichbehandlungs- und Gerechtigkeitsanspruch der Ausgleichung ganz erheblich verschoben, weil *von Schmitt* gerade keine Ausgleichspflicht bestimmter wertmäßig bedeutsamer Zuwendungen vorsah, die historisch aber durchaus (faktisch) üblich war.

II. Gegenstand und Ratio der Ausgleichung im weiteren Gesetzgebungsverfahren

Die grundsätzliche Entscheidung für eine Ausgleichspflicht steht in den weiteren Beratungen des BGB außer Frage: „Daß das Institut aufgenommen ist",

[393] Vgl. dazu oben Erster Teil – B.II.1 (52).

[394] *Mommsen*, Entwurf eines Deutschen Reichsgesetzes über das Erbrecht nebst Motiven, 323.

[395] Vgl. hierzu betreffs § 1624 Abs. 1 BGB unten Dritter Teil – A.II.1 (191) und für die erbrechtlichen Konsequenzen dessen unten Dritter Teil – B.II (229).

heißt es einleitend in den Motiven, „rechtfertigt schon der Umstand, daß es überall in Deutschland gilt".[396] Der Entwurf der Ersten Kommission weicht auch sonst kaum vom Vorentwurf ab, wird aber teils harsch kritisiert.[397] In der zweiten Kommission findet die Ausgleichung dann endgültig ihre moderne, bis heute geltende Gestalt, deren Konzeption jedenfalls rhetorisch an die Pandektistik und das gemeine Recht erinnert.

1. Die Ausgleichung im Ersten Entwurf des BGB: Fortschreibung des Vorentwurfs und Kritik an der technischen Umsetzung

Im Ersten Entwurf des BGB ist den Vorschriften über die Ausgleichung noch der programmatische § 2157 E I vorangestellt,[398] der zwei Legaldefinitionen enthält: Die „Ausgleichspflicht", so heißt es, ist die Pflicht der Abkömmlinge des Erblassers bei der gesetzlichen Erbfolge bestimmte lebzeitige Zuwendungen zur Ausgleichung zu bringen. Diese Zuwendungen sind, so die zweite Legaldefinition, „Vorempfänge". Im Ersten Entwurf knüpft der Wortlaut des Gesetzes noch ganz explizit an die deutschrechtliche Tradition an.

Auch der Gegenstand der Ausgleichung steht in der Tradition der bisherigen, materiell von der deutschrechtlichen Einwerfung inspirierten Rechte. Nach § 2158 E I ist auszugleichen, was der Erblasser einem Abkömmling wegen dessen Verheiratung, Errichtung eines eigenen Hausstandes, Übernahme eines Amtes oder wegen Begründung eines Erwerbsgeschäfts oder einer sonstigen selbstständigen Lebensstellung zugewendet hat. Zur Begründung heißt es, der Entwurf halte sich so „an den anzunehmenden Willen des Erblassers oder an den Zweck der Gabe".[399] Besonders aussagekräftig ist dieser kurze Hinweis nicht. Der Verweis auf den „Zweck der Gabe" entspricht wahrscheinlich dem obigen Denken *von Schmitts*.[400] Die Motive spie-

---

396 Prot. V, 698 [= *Mugdan,* Materialien, Bd. V, 375].

397 Dies betrifft vor allem die damalige rechtliche Konstruktion der Ausgleichung als Vorausvermächtnis, vgl. *Strützki*, in: Ständige Deputation des Deutschen Juristentages, 182; *Bähr*, ArchBürgR 3 (1890), 143, 218 f.; *Gierke*, Der Entwurf eines bürgerlichen Gesetzbuchs und das deutsche Recht, 565 f.; *Binder*, Die Rechtsstellung des Erben nach dem deutschen bürgerlichen Gesetzbuch, Bd. III/1, 135–137.

398 § 2157 E I: „Wird der Erblasser von mehreren als gesetzliche Erben zur Erbfolge berufenen Abkömmlingen beerbt, so ist jeder derselben, welcher von dem Erblasser durch Rechtsgeschäfte unter Lebenden eine der in den §§ 2158, 2159 bezeichneten Zuwendungen erhalten hat, verpflichtet, wegen einer solchen Zuwendung (Vorempfange) einem jeden anderen jener Abkömmlinge eine Ausgleichung zu gewähren (Ausgleichungspflicht)."

399 Mot. V, 702 [= *ders.*, Materialien, Bd. V, 377]. Man ging – ohne dies weiter zu begründen – davon aus, der Begriff der Ausstattung in § 1500 E I sei insoweit ungeeignet. Das überrascht, schließlich sind die Unterschiede zwischen § 1500 E I und § 1624 Abs. 1 BGB nur marginal.

400 *Schmitt,* Teilentwurf Erbrecht, 1098 [= *Schubert* (Hrsg.), Vorlagen der Redaktoren, Bd. V/2, 354]; vgl. dazu oben Erster Teil – C.I.2.b) (77).

len also auf den Versorgungscharakter bestimmter sittlich-familiär geschuldeter Gaben an, der wiederum in der Tradition von Abschichtung und Einwerfung steht. Neben diese Begründung tritt nun, wiederum wenig überraschend, der mutmaßliche Erblasserwille. In welchem Verhältnis diese beiden Rationalisierungsansätze zueinanderstehen, lassen die Motive aber völlig offen. Welche Zuwendungen ausgleichspflichtig sind, soll sich, so heißt es schließlich lapidar, aus dem einen „oder" aus dem anderen Gedanken ergeben. Es bleibt dabei unklar, ob die Tradition der Einwerfung und der mutmaßliche Erblasserwille austauschbare Begründungen sind, ob sie (nur) zusammengenommen die Ausgleichung rechtfertigen können oder ob sich einige Zuwendungen auf die eine Art rationalisieren lassen, während andere Zuwendungen auf den anderen Gedanken verweisen.

Was den mutmaßlichen Erblasserwillen angeht, gilt ähnliches wie für das Denken *Gottfried von Schmitts:* In der Sache schreibt man die Tradition der Einwerfung fort, die auf innerfamiliären Versorgungsgedanken und -pflichten beruht, rationalisiert wird das Recht jedoch mehr oder minder voluntaristisch. Auch an einer weiteren Stelle spielt dieser Gedanke eine prominente Rolle: Die Entscheidung des Ersten Entwurfs, die Ausgleichung bei der testamentarischen Erbfolge vollständig auszuschließen, wird so begründet.[401] In diesen Fällen sei davon auszugehen, der Erblasser habe endgültig verfügen wollen, ohne dass sein Wille durch das Gesetz ergänzt werden müsse. Das gelte selbst, wenn die Abkömmlinge zu gleichen Teilen oder auf ihren gesetzlichen Erbteil eingesetzt werden.

Der so gefasste und begründete Tatbestand der Ausgleichung stößt nach Veröffentlichung des Entwurfs auf wenig grundsätzliche Kritik.[402] Die meisten Äußerungen der Bundesregierungen zum Recht der Ausgleichung betreffen andere Fragen.[403] Auch die Kritik aus der Wissenschaft konzentriert sich eher auf die technische Umsetzung der Ausgleichung, die der erste Entwurf – durchaus ungeschickt formuliert – als Vorausvermächtnis zugunsten der Ausgleichsberechtigten konzipieren will.[404] Besonders harsch fällt diese Kritik

[401] Mot. V, 699 [= *Mugdan,* Materialien, Bd. V, 375]; kritisch dazu die Äußerung der preußischen Regierung, *Reichs-Justizamt*, Zusammenfassung der Äußerungen der Bundesregierungen zu dem Entwurf eines bürgerlichen Gesetzbuchs, 202 f., und *Bähr*, ArchBürgR 3 (1890), 143, 224; *Jacubezky*, Bemerkungen zu dem Entwurfe eines Bürgerlichen Gesetzbuches für das Deutsche Reich, 338 f.; *Gierke*, Der Entwurf eines bürgerlichen Gesetzbuchs und das deutsche Recht, 565.

[402] Was möglicherweise damit zusammenhängt, dass das fünfte Buch ohnehin nicht so intensiv diskutiert wird, wie andere Teile des BGB, vgl. *Mertens*, Die Entstehung der Vorschriften des BGB über die gesetzliche Erbfolge und das Pflichtteilsrecht, 18.

[403] *Reichs-Justizamt*, Zusammenfassung der Äußerungen der Bundesregierungen zu dem Entwurf eines bürgerlichen Gesetzbuchs, 202–204.

[404] § 2164 E I, vgl. zur Begründung Mot. V, 709 f. [= *Mugdan,* Materialien, Bd. V, 381 f.]; *Binder*, Die Rechtsstellung des Erben nach dem deutschen bürgerlichen Gesetz-

bei denjenigen Stimmen aus, die in anderem Zusammenhang für die Erbengemeinschaft und damit für eine „deutsche" Lösung streiten.[405] Dieser Ansatz, vor allem *Otto von Gierkes*,[406] hat dann auch Konsequenzen für die Frage nach Gegenstand und Begründung der Ausgleichung und betont die Ursprünge des Instituts in der familiären Gemeinschaft.[407] Auch eine allzu einseitige Fokussierung auf den mutmaßlichen Erblasserwillen, letztlich ja auf eine pandektistische Tradition ruft Widerspruch hervor: „Höchst unbillig" sei der Satz, allein aufgrund des vermuteten Elternwillens die Ausgleichung bei der testamentarischen Erbfolge ausschließen zu wollen.[408] Beide Kritikpunkte wird die Zweite Kommission aufgreifen.

Nur ein Änderungsvorschlag adressiert unmittelbar die Gegenstände der Ausgleichung. Er möchte, an das preußische Recht angelehnt, bestimmte, bedeutsame Zuwendungen einbeziehen: Sinnvollerweise erfasse die Ausgleichung auch Schenkungen, deren Gegenstand in Grundstücken, Gerechtigkeiten, ausstehenden Forderungen oder Wertpapieren besteht.[409] Dies bleibt jedoch ein vereinzelter Vorschlag. Den Gedanken hatte bereits die Erste Kommission verworfen, wie zuvor *Gottfried von Schmitt.*[410] Ein derartiger Gedanke, heißt es in den Motiven, lasse sich nicht klar fassen und entbehre einer inneren Begründung.[411] Damit hat es sein Bewenden. Die Frage taucht in den weiteren Beratungen nicht mehr auf. Eine naheliegende Lesart ist natürlich diejenige *Mommsens:* Insoweit diese Zuwendungen familiär geschul-

---

buch, Bd. III/1, 135–137; dagegen *Strützki*, in: Ständige Deputation des Deutschen Juristentages, 182; *Bähr*, ArchBürgR 3 (1890), 143, 218 f.; *Gierke*, Der Entwurf eines bürgerlichen Gesetzbuchs und das deutsche Recht, 565 f. Dieses Problem adressiert die Zweite Kommission und gibt dem Recht seine heutige Form, vgl. Prot. V, 8160 [= *Mugdan,* Materialien, Bd. V, 512]; zustimmend *Strohal*, Das deutsche Erbrecht, Bd. I, 77 f.

[405] Vgl. zu dieser allgemeineren Tendenz *Mertens*, Die Entstehung der Vorschriften des BGB über die gesetzliche Erbfolge und das Pflichtteilsrecht, 17 f.; *Schwab*, ZNR 2000, 325, 328–330.

[406] Programmatisch *Gierke*, Der Entwurf eines bürgerlichen Gesetzbuchs und das deutsche Recht, 1–15, v.a. 14: „Mann sinnt uns ein Gesetzbuch an, mehr römisch als deutsch, dem eigenen Volke ein mit sieben Siegeln verschlossenes Buch, dem Auslande ein warnendes Beispiel!"

[407] *Ders.*, Der Entwurf eines bürgerlichen Gesetzbuchs und das deutsche Recht, 564.

[408] *Ders.*, Der Entwurf eines bürgerlichen Gesetzbuchs und das deutsche Recht, 565.; insoweit stimmt seine Kritik im Ergebnis mit derjenigen der preußischen Regierung überein, vgl. *Reichs-Justizamt*, Zusammenfassung der Äußerungen der Bundesregierungen zu dem Entwurf eines bürgerlichen Gesetzbuchs, 202 f.

[409] *Strützki*, in: Ständige Deputation des Deutschen Juristentages, 182 f.

[410] *Schmitt,* Teilentwurf Erbrecht, 1106 [= *Schubert* (Hrsg.), Vorlagen der Redaktoren, Bd. V/2, 362].

[411] Mot. V, 704 [= *Mugdan,* Materialien, Bd. V, 378]; tendenziell zustimmend wahrscheinlich *Schiffner*, Abhandlungen 1 (1897), 285, 390 f.

det und versorgend sind, bedarf es keiner weiteren Regel.[412] In allen anderen Fällen ist die Ausgleichung nicht zu rechtfertigen. Dass sich der Gleichbehandlungsanspruch damit – faktisch – verschoben haben mag, wurde bereits im Kontext des Vorentwurfs beschrieben.[413]

2. Die Zweite Kommission und die Ausgleichung: Erweiterung des Gegenstands und Antworten auf Detailfragen

Vergleicht man den heutigen § 2050 Abs. 1 BGB mit allen bisher behandelten Ausgleichungsvorschriften, fällt ein Unterschied auf, so ähnlich sich die Vorschriften in der Sache auch sein mögen: Das geltende Erbrecht regelt den Gegenstand der Ausgleichung nicht selbst, sondern verweist insoweit auf das Familienrecht, auf § 1624 Abs. 1 BGB. Diese Systematik geht auf die Zweite Kommission zurück.[414] Sie findet, so verzeichnen die Protokolle,[415] allgemeinen Beifall. Weiter begründet wird diese Entscheidung hingegen nicht, man wendet sich dann allein der scheinbar besonders kontroversen Frage zu, wie die Fälle des heutigen § 2050 Abs. 2 BGB im Einzelnen zu regeln sind.[416]

Die Erste Kommission ging noch davon aus, dass sich der Gegenstand der Ausgleichung nicht beschreiben lasse, indem man schlicht auf das Familienrecht verweist.[417] Dessen Definition einer Ausstattung war deutlich restriktiver als die übliche Aufzählung auszugleichender Zuwendungen, die das Erbrecht seit langem prägen.

Gottlieb Plancks Teilentwurf bezeichnet nur die Mitgabe an eine Tochter als Ausstattung, also das Institut, das später als Aussteuer seinen Weg in das BGB finden wird.[418] Die Mitgabe war bei *Planck* elterliche Rechtspflicht.[419] Beide Punkte ändern sich mit jedoch dem Ersten Entwurf.[420] Den Gedanken einer rechtlichen Pflicht der Eltern, ihre Kinder auszustatten, verwirft die

---

412 *Mommsen*, Entwurf eines Deutschen Reichsgesetzes über das Erbrecht nebst Motiven, 323. Wobei dessen Entwurf natürlich weiter ging, insoweit er Schenkungen berücksichtigte, die anstelle ausstattender Zuwendungen traten, vgl. dazu oben Erster Teil – C.I.3 (81).

413 Vgl. dazu oben Erster Teil – C.I.3 (81).

414 § 1923 Abs. 1 E II entspricht bereits § 2050 Abs. 1 BGB.

415 Prot. V, 8155 [= *Mugdan,* Materialien, Bd. V, 510].

416 Prot. V, 8155 [= *ders.,* Materialien, Bd. V, 510].

417 Mot. V, 702 [= *ders.,* Materialien, Bd. V, 378].

418 §§ 309 ff. des Vorentwurfs Familienrecht, *Planck*, Entwurf eines Familienrechts für das deutsche Reich, 1335–1338 [= *Schubert* (Hrsg.), Vorlagen der Redaktoren, Bd. IV/2, 349–352]; vgl. dazu auch *Torp*, Das Rechtsverhältnis zwischen den Eltern und ihren Kindern, 151.

419 *Planck*, Entwurf eines Familienrechts für das deutsche Reich, 1338–1341 [= *Schubert* (Hrsg.), Vorlagen der Redaktoren, Bd. IV/2, 352–359].

420 § 1500 E I: „Wird einem Kinde wegen dessen Verheiratung oder Einrichtung eines eigenen Hausstandes von dem Vater oder der Mutter eine Ausstattung durch Vertrag zugesichert oder gewährt, so gilt dies nicht als Schenkung."

Erste Kommission als nicht praktikabel und als den Eltern nicht zumutbar.[421] Im Anschluss an das französische Recht ist die Pflicht zur Ausstattung nunmehr eine bloß sittliche. Damit ändert sich die Funktion des Instituts. Es geht nicht mehr um einen Anspruch der Tochter gegen die Eltern, sondern um eine Privilegierung: „Im Hinblicke auf das bestehende Recht, auf die bestehende Sitte und den Charakter der Ausstattungsgewährung als einer sittlichen Pflicht" sei es angemessen, die Ausstattung gegenüber den Vorschriften über die Leistung auf eine Nichtschuld, über das abstrakte Schuldversprechen und über die Schenkung zu begünstigen. Dieser Gedanke, die Ausstattung als Ausdruck sittlicher Ideen, prägt das Institut bis heute.[422]

Gleichzeitig erweitert die Erste Kommission die Ausstattung auf Zuwendungen an Söhne. *Planck* war es ja nur um Töchter gegangen. Ausstattung ist nunmehr alles, was einem Kinde (gleich welchen Geschlechts) wegen dessen Verheiratung oder Einrichtung eines eigenen Hausstandes von dem Vater oder der Mutter gewährt wird. Mit dem heutigen § 1624 Abs. 1 BGB oder den bisher behandelten ausstattenden Zuwendungen im weiteren Sinne, die seit jeher der Ausgleichung zugrunde liegen, hat diese Definition jedoch wenig gemein. Die Erste Kommission bleibt einem deutlich restriktiveren Verständnis verpflichtet:[423] Eine Ausstattung sind nur Zuwendungen, die hauptsächlich der Einrichtung des Hauswesens und persönlichen Bedürfnissen zu dienen bestimmt sind.[424] Aufgrund dieses Ansatzes kann der erste Entwurf für die Zwecke der Ausgleichung nicht auf das Familienrecht verweisen. Diese Möglichkeit ergibt sich erst mit dem Zweiten Entwurf.

Die Zweite Kommission fasst die Vorschrift über die Ausstattung neu und erweitert sie:[425]

---

[421] Mot. 717 f. [= *Mugdan,* Materialien, Bd. IV, 380 f.]; vgl. hierzu auch *Torp*, Das Rechtsverhältnis zwischen den Eltern und ihren Kindern, 99.

[422] Diese Beschreibung lässt freilich eine Schleife der Rechtsentwicklung aus. Die Zweite Kommission kehrt für die Aussteuer (also die Gegenstände, die bei *Planck* Ausstattung waren) zu einer Rechtspflicht zurück. Eine derartige Pflicht sei nicht so schwierig umzusetzen, wie die Erste Kommission meinte, sie sei „deutsche Sitte" und diese Sitte erhalte sich nur dauernd, wenn sie zu einer Rechtspflicht erhoben werde, s. Prot. IV, 5508 f. [= *Mugdan,* Materialien, Bd. IV, 966]; vgl. hierzu auch *Torp*, Das Rechtsverhältnis zwischen den Eltern und ihren Kindern, 96–102. Weil die Aussteuerpflicht 1958 als gleichheitswidrig abgeschafft wurde, bleibt sie hier außer Acht, vgl. dazu RGRK-*Wenz*, §§ 1621 bis 1623 BGB a.F.; HKK-*Koch*, §§ 1616–1625 BGB, Rn. 40.

[423] Das zeigt wiederum die Diskussion in der zweiten Kommission, vgl. Prot IV, 5958 [= *Mugdan,* Materialien, Bd. IV, 969], vgl. hierzu auch RG, 3.5.1906 - IV 508/05, JW 1906, 426 (427); *Torp*, Das Rechtsverhältnis zwischen den Eltern und ihren Kindern, 152.

[424] Mot IV, 719 [= *Mugdan,* Materialien, Bd. IV, 968 f.].

[425] Die Veränderungen zum heute geltenden Wortlaut des § 1624 Abs. 1 BGB sind nur stilistischer Natur und marginal. *Torp*, Das Rechtsverhältnis zwischen den Eltern und ihren Kindern, 99, sieht bereits im Ersten Entwurf den entscheidenden Vorläufer des heutigen § 1624 Abs. 1 BGB.

„Was einem Kinde mit Rücksicht auf seine Verheirathung oder auf die Erlangung einer selbständigen Lebensstellung zur Begründung oder zur Erhaltung der Wirthschaft oder der Lebensstellung (Ausstattung) von dem Vater oder der Mutter versprochen oder gegeben wird, gilt auch insoweit, als eine Verpflichtung nicht besteht, nicht als Schenkung, es sei denn, daß die Ausstattung das den Umständen, insbes. den Vermögensverhältnissen des Vaters oder der Mutter entsprechende Maß übersteigt.“

Die Zweite Kommission geht hier ganz bewusst in sachlicher wie zeitlicher Hinsicht über den Ersten Entwurf hinaus.[426] Zum einen entfällt die eben beschriebene Vorstellung dessen, was Gegenstand der Ausstattung ist. Das Institut ist nicht mehr auf Zuwendungen begrenzt, die hauptsächlich der Einrichtung des Hauswesens und persönlichen Bedürfnissen dienen. Erfasst und damit aus dem Schenkungsrecht ausgenommen ist jede Zuwendung, die den aufgezählten, ausstattenden Zwecken dient. Begründet wird dies nicht weiter.[427] Die familienrechtliche Definition entspricht nun erstmals den Aufzählungen ausstattender Zuwendungen, die seit jeher Gegenstand der erbrechtlichen Ausgleichung sind.[428] Auf den ersten Blick muss es also nicht verwundern, dass das Erbrecht nun auf die allgemeine, familienrechtliche Definition verweist.

Die Ausstattung wird jedoch nicht nur in sachlicher Hinsicht erweitert, sondern auch in zeitlicher: Sie erfasst ist nicht mehr nur dasjenige, was anlässlich der Verheiratung oder der Einrichtung eines Hausstandes gegeben wird, sondern – zeitlich offener – auch dasjenige was zur Erhaltung der Wirtschaft oder Lebensstellung zugewandt wird. Auch diese Erweiterung wird nicht begründet. Es ist aber gerade diese Entscheidung, die große Unsicherheiten in das geltende Recht tragen wird.[429] Ob und inwieweit es eine bewusste Entscheidung war, die Definition der Ausstattung auf später gegebene Zuwendungen zu erstrecken, lässt sich nicht rekonstruieren; weder für das Familienrecht noch für die erbrechtliche Ausgleichung. Beachtlich ist dieser Umstand allemal. Der Gedanke auch Zuwendungen auszugleichen, die dazu dienen, die Wirtschaft oder Lebensstellung zu erhalten, ist von den historischen Vorläufern der Ausgleichung wohlbekannt. Auch *Mommsen* und *von Schmitt* formulierten ihre Entwürfe entsprechend.[430] Von der Ersten Kommission war dieser Gedanke jedoch noch harsch zurückgewiesen worden:[431] Spätere Zuwendungen hätten in der Regel einen „wesentlich anderen Charak-

---

426 Prot. IV, 5514 f. [= *Mugdan,* Materialien, Bd. IV, 968 f.]; dies betonen später auch RG, 3.5.1906 – IV 508/05, JW 1906, 426 (427); *Rüger*, SächsArch 9 (1899), 401, 488.

427 Prot. IV, 5514 f. [= *Mugdan,* Materialien, Bd. IV, 381].

428 Diesen Zusammenhang vermutet auch *Binder*, Die Rechtsstellung des Erben nach dem deutschen bürgerlichen Gesetzbuch, Bd. III/1, 161.

429 Vgl. dazu unten Dritter Teil – A.II.2 (194).

430 *Mommsen*, Entwurf eines Deutschen Reichsgesetzes über das Erbrecht nebst Motiven, 322; *Schmitt,* Teilentwurf Erbrecht, 1101 [= *Schubert* (Hrsg.), Vorlagen der Redaktoren, Bd. V/1, 357].

431 Mot. V, 703 [= *Mugdan,* Materialien, Bd. V, 378].

ter"; sie seien, soweit sie auf Freigiebigkeit beruhten, zumeist als gewöhnliche Schenkung zu beurteilen, heißt es dort. Warum diese Annahme nicht mehr gilt, wird nicht begründet.

So findet der heutige § 2050 Abs. 1 BGB, die zentrale Vorschrift des Rechts der Ausgleichung, ihre heutige Form. Die zentrale Frage nach dem Gegenstand der Ausgleichung beantwortet nunmehr das Familienrecht: Ihm steht – bis heute, wie dem früheren Recht der Ausgleichung – deutlich vor Augen, wie sich ausgleichspflichtige Zuwendungen von anderen Zuwendungen unterscheiden: Sie sind sittlich geschuldet. Aus dem Familienrecht stammt auch eine zweite wesentliche Entscheidung, die freilich an einige Vorläufer der Ausgleichung anknüpft: Auszugleichen sind nicht nur erstmalig versorgende Zuwendungen, sondern auch solche die später im Leben des Bedachten dazu dienen, dessen Lebensstellung oder Wirtschaft zu erhalten.

3. Die Denkschrift zum BGB, das geltende Recht und der „Zwiespalt in der Grundidee" der Ausgleichung

Alles in allem knüpft die endgültige Fassung des § 2050 Abs. 1 BGB nahtlos an die Konzeption *Gottfried von Schmitts* an, der jedenfalls tatbestandlich das bisherige Recht fortschreibt. Damit ist auch die historische Inkongruenz, die das Recht der Ausgleichung seit seiner Rezeption prägt, in das heute geltende Recht getragen.[432] Teils macht die zeitgenössische Rezeption des BGB diesen Befund explizit:[433] Einerseits lasse sich die Ausgleichung des BGB auf die „legislative Idee" der römischen Deszendentenkollation zurückführen. Gleichzeitig ist vom „deutschrechtlichen Zuschnitt" des Instituts die Rede. Letztlich, so heißt es, sei mit einem „Zwiespalt in der Grundidee" umzugehen.[434] Treffender wurde der Regelungsansatz der §§ 2050 ff. BGB selten beschrieben.

Gegenstand der Ausgleichung sind gemäß § 2050 Abs. 1 BGB nach wie vor ausstattende Zuwendungen in einem weiteren Sinne, nunmehr im Sinne der entsprechend gefassten Legaldefinition in § 1624 Abs. 1 BGB. Die Tradi-

---

[432] Tendenziell „deutsche" Gedanken sehen bei der Rezeption des BGB beispielsweise *Schiffner*, Abhandlungen 1 (1897), 285, 373; *Strohal*, Das deutsche Erbrecht, Bd. I, 62, im Vordergrund, römische hingen *Binder*, Die Rechtsstellung des Erben nach dem deutschen bürgerlichen Gesetzbuch, Bd. III/1, 137 f.

[433] *Binder*, Die Rechtsstellung des Erben nach dem deutschen bürgerlichen Gesetzbuch, Bd. III/1, 138.

[434] *Ders.*, Die Rechtsstellung des Erben nach dem deutschen bürgerlichen Gesetzbuch, Bd. III/1, 139. Die Probleme dieses Ansatzes sind *Binder* durchaus bewusst. An anderer Stelle (140, dort Fn. 41) heißt es, die Aufgabe, die „objektive *aequitas*", auf der unbestrittenermaßen das ganze Institut der Kollation beruht, mit der Dispositivnatur des Gesetzes in Einklang zu bringen, sei freilich keine leichte. Immer dränge sich die Frage wieder auf, worauf die Präsumption des Parteiwillens gegründet sein kann, da doch der Erblasser es in der Hand hatte, die durch die Zuwendung *inter vivos* geschaffene Ungleichheit durch Testament zu korrigieren und seine Testierfreiheit nur durch das Pflichtteilsrecht begrenzt sei.

tion der Einwerfung des aus Anlass der Abschichtung Erhaltenen wird fortgeschrieben. In der Form, die sie im 19. Jahrhundert gefunden hat, knüpft sie nach wie vor an zwei Gedanken an: einerseits an den Versorgungscharakter bestimmter Zuwendungen, andererseits an die Vorstellung, bestimmte Zuwendungen seien familiär-sittlich, möglicherweise sogar rechtlich geschuldet. Begründet wird dies jedoch zusehends mit dem mutmaßlichen Erblasserwillen und Gleichheitserwägungen. Dieses Nebeneinander verschiedener Begründungsstränge prägt das BGB genauso wie alle anderen Konzeptionen, die bisher versucht haben, römische und deutschrechtliche Gedanken zu versöhnen: vor allem also den *usus modernus*,[435] das gemeine Recht des 19. Jahrhunderts[436] und den Vorentwurf *Gottfried von Schmitts*.[437]

Besonders deutlich zeigt sich diese fast pandektistische Begründung in der Denkschrift zum BGB: Sie erklärt die grundlegende Struktur der §§ 2050 ff. BGB mit Gleichheitserwartungen, die wiederum durch den mutmaßlichen Erblasserwillen vermittelt werden: „Mit Rücksicht auf das nahe Verhältnis zwischen Eltern und Kindern" dürfe angenommen werden, dass der Erblasser durch bestimmte Zuwendungen, welche er bei Lebzeiten gemacht hat, kein Kind vor dem anderen bevorzugen wolle.[438] Im Verhältnis zu seinen sonstigen Erben entbehre eine solche Vermutung jedoch jeder sicheren Grundlage. Die Denkschrift geht jedoch noch deutlich weiter. Der mutmaßliche Erblasserwille begründet nicht nur die grundsätzliche Konzeption der Ausgleichung. Er soll jede einzelne Norm in den §§ 2050 ff. BGB rechtfertigen, beginnend mit der Regel in § 2052 BGB über die Ausgleichung bei der gewillkürten Erbfolge.[439] Über § 2051 Abs. 1 BGB (Wegfall eines Abkömmlings) heißt es: „Auch diese Vorschrift findet ihre Begründung im mutmaßlichen Willen des Erblassers."[440] Gleiches gilt für die Regelungen über den Ersatzerben und den Umstand, dass entferntere Abkömmlinge nur zur Ausgleichung verpflichtet sind, wenn sie im Zeitpunkt der Zuwendung gesetzlicher Erbe gewesen wären (§§ 2051 Abs. 2, 2053 BGB).[441] Die Denkschrift führt auch sie auf Erblasservorstellungen zurück. Dieser Ansatz setzt sich bei den eher technischen Aspekten der Ausgleichung fort: Ein voluntaristisches Element prägt beispiels-

---

435 Vgl. dazu oben Erster Teil – B.I.1 (36) und B.I.2 (39).

436 Vgl. dazu oben Erster Teil – B.I.3 (44).

437 Vgl. dazu oben Erster Teil – C.I.2 (75).

438 Denkschrift, 264 [= *Mugdan,* Materialien, Bd. V, 861]; vgl. auch *Binder*, Die Rechtsstellung des Erben nach dem deutschen bürgerlichen Gesetzbuch, Bd. III/1, 161 f.

439 Denkschrift, 264 [= *Mugdan,* Materialien, Bd. V, 861].

440 Denkschrift, 265 [= *ders.,* Materialien, Bd. V, 861].

441 Denkschrift, 265 [= *ders.,* Materialien, Bd. V, 861]. Nichts anderes gilt für die Regel, dass für die Ausgleichung der Wert zugrunde gelegt wird, den der betreffende Gegenstand im Zeitpunkt der Zuwendung hatte, und die Regel, dass ein übermäßig bedachter Abkömmling nicht verpflichtet ist, etwas in den Nachlass zurückzuzahlen, vgl. hierzu Denkschrift, 265 [= *ders.,* Materialien, Bd. V, 861].

weise die Erläuterung des § 2056 S. 1 BGB, der Regel, dass auch übermäßig bedachte Abkömmlinge nie verpflichtets sind, einen Teil ihrer Zuwendung in den Nachlass einzuzahlen.[442] Ebenso werden die Vorschriften über die Wertbestimmung der auszugleichenden Gegenstände mithilfe des mutmaßlichen Erblasserwillens erklärt.[443]

Damit soll nicht behauptet werden, der Denkschrift sei die Tradition nicht bewusst gewesen, in der die §§ 2050 ff. BGB stehen:[444] „Da die Ausgleichspflicht auf dem vermuthlichen Willen des Erblassers beruht", heißt es dort, „muß sie auf solche Zuwendungen beschränkt bleiben, die der Erblasser nach der Sitte des Lebens unter gleichen Verhältnissen voraussichtlich auch den anderen Abkömmlingen gemacht haben würde." Diese Begründung des § 2050 Abs. 1 BGB führt direkt zurück zu den Erläuterungen *Mommsens* und *von Schmitts*,[445] sowie zu dem Gedanken sittlicher Elternpflichten und der Tradition von Einwerfung und Abschichtung. Das ist unbestritten. Und dennoch klingen all diese Gedanken nur im Nebensatz an. Der mutmaßliche Erblasserwille ist der dominante Topos, auf den die Denkschrift zurückgreift, um die Ausgleichung zu rationalisieren.

Für das juristische Schrifttum um die Jahrhundertwende gilt Ähnliches wie für die Denkschrift. Tendenziell ist der deutschrechtliche Gedanke, bestimmte Zuwendungen nähmen in der Tradition von Einwerfung und Abschichtung den Erbteil vorweg, hier noch deutlich sichtbar. So wird beispielsweise die Formel von Zuwendungen, die Erblasser „nach der Sitte des Lebens unter gleichen Verhältnissen allen Abkömmlingen gemacht haben würde", prominent rezipiert.[446] Kein Abkömmling solle mehr oder weniger als seinen „Stammteil" am Familienvermögen erhalten, heißt es dort.[447] Diese Gleichheit durch lebzeitige Zuwendungen zu stören sei in der Regel nicht Absicht des Erblassers.[448]

Dass die Ausstattung letztlich an Abschichtung und Einwerfung anknüpft, prägt nicht nur den erbrechtlichen Diskurs. Auch dem familienrechtlichen Schrifttum ist kurz nach Inkrafttreten des BGB (und übrigens bis heute[449])

---

[442] Denkschrift, 266 [= *Mugdan,* Materialien, Bd. V, 862].

[443] Denkschrift, 266 [= *ders.,* Materialien, Bd. V, 862].

[444] Denkschrift, 265 [= *ders.,* Materialien, Bd. V, 862].

[445] Vgl. dazu oben Erster Teil – C.I.2 (75).

[446] *Rüger*, SächsArch 9 (1899), 401, 488.

[447] *Crome*, System des Deutschen Bürgerlichen Rechts, Bd. V, 319; ähnlich wahrscheinlich RG, 30.6.1902 – IV 131/02, JW 1902 (Beilage 11, Nr. 198), wenn das Reichsgericht davon spricht, es gehe der Ausgleichung um die Gleichstellung der „Erbstämme".

[448] *Crome*, System des Deutschen Bürgerlichen Rechts, Bd. V, 319.

[449] Vgl. mit unterschiedlichen Schattierungen beispielsweise *Dölle*, Familienrecht, Bd. II, 130; *Jakob*, AcP 207 (2007), 198, 205 f.; *Rauscher*, Familienrecht, 824; Erman-*Döll*, § 1624 BGB, Rn. 12; *Gernhuber/Coester-Waltjen*, Familienrecht, 627; Staudinger-*Lugani*, § 1624 BGB, Rn. 4.

bewusst, warum das Recht in § 1624 Abs. 1 BGB bestimmte Zuwendungen herausgreift. Es geht um die Erfüllung sittlicher Pflichten.[450] Im Erbrecht, so schreibt *Josef Kohler*, trete der Grundgedanke, dass die Ausstattung einen Erbschaftsvorempfang darstelle, besonders deutlich hervor:[451]

„Das Hingegebene ist als antizipierter Erbteil hingegeben und muß daher, wenn das bereicherte Kind zur Erbschaft gelangte, ebenso eingerechnet werden, wie wenn ihm in regelmäßiger Weise ein Teil der Erbschaft zugekommen wäre. Sollte aber die zugebilligte Ausstattung seinen Erbteil überschreiten, so kommt das Plus bei der Pflichtteilsberechnung in Betracht."

So deutlich wie hier, in einem familienrechtlichen Lehrbuch, wird der tragende Gedanke der Ausgleichung kaum je mehr formuliert. Möglicherweise rächt sich nun, dass die Zweite Kommission den zentralen Gegenstand der Ausgleichung im Familienrecht definiert. Denn im Erbrecht gerät zusehends in Vergessenheit, dass die Ausgleichung historisch an sittlich geschuldete, versorgende Zuwendungen anknüpft.[452] Der mutmaßliche Erblasserwille wird zum zentralen Ansatz, um die §§ 2050 ff. BGB zu rechtfertigen:[453] Das Gesetz gehe davon aus, dass der Erblasser seine Abkömmlinge bezüglich seines Nachlasses materiell gleich halten will.[454] Teils wird dies pauschal behauptet,[455] teils wird noch hinzugefügt, dieser Gleichheitsgedanke erstrecke sich nur auf bestimmte Zuwendungen.[456] Dann wiederum schwingt der Gedanke eines Vorempfangs mit.[457]

---

[450] RG, 23.5.1906 – IV 569/05, RGZ 63, 323 (323); implizit wohl auch RG, 3.5.1906 – IV 508/05, JW 1906, 426 (426 f.); vgl. beispielsweise *Kohler*, Lehrbuch des Bürgerlichen Rechts, Bd. III/1, 393; *Warneyer/Buchwald*, Kommentar zum Bürgerlichen Gesetzbuch für das Deutsche Reich, Bd. II, 828.

[451] *Kohler*, Lehrbuch des Bürgerlichen Rechts, Bd. III/1, 394.

[452] Ausnahmen im zeitgenössischen Schrifttum bildet insoweit *Binder*, Die Rechtsstellung des Erben nach dem deutschen bürgerlichen Gesetzbuch, Bd. III/1, 161 f.; *Flad*, in: Planck's Kommentar, Bd. V, 330 (Rn. 2 zu § 2050 BGB), denen dieser Gedanke noch deutlich vor Augen; jedenfalls den Versorgungsgedanken betont auch *Schiffner*, Abhandlungen 1 (1897), 285, 388 f.

[453] Dies gilt vor allem für die Beschränkung der Ausgleichung auf die Abkömmlinge untereinander, vgl. *Binder*, Die Rechtsstellung des Erben nach dem deutschen bürgerlichen Gesetzbuch, Bd. III/1, 139 f., und die Regel des § 2053 BGB über die Ausgleichspflicht entfernterer Abkömmlinge, vgl. *Kreß*, Abhandlungen 10 (1903), 1, 213; *Strohal*, Das deutsche Erbrecht, Bd. I, 67 f.; *Kipp*, Lehrbuch des Bürgerlichen Rechts, Bd. II/3, 284; *Flad*, in: Planck's Kommentar, Bd. V, 333 (Rn. 1 zu § 2053 BGB).

[454] RG, 30.6.1902 – IV 131/02, JW 1902 (1201); *Schiffner*, Abhandlungen 1 (1897), 285, 374 f.; *Kreß*, Abhandlungen 10 (1903), 1, 207; *Endemann*, Erbrecht des Bürgerlichen Gesetzbuches, 119; *Herzfelder*, J. von Staudingers Kommentar zum Bürgerlichen Gesetzbuche und dem Einführungsgesetze, Bd. V, 406.

[455] *Kreß*, Abhandlungen 10 (1903), 1, 207.

[456] RG, 30.6.1902 – IV 131/02, JW 1902 (Beilage 11, Nr. 198); *Bähr*, ArchBürgR 3 (1890), 143, 218; *Schiffner*, Abhandlungen 1 (1897), 285, 387 f.; *Binder*, Die Rechtsstel-

Dem Schrifttum nach Inkrafttreten des BGB ist dabei durchaus bewusst, dass es dem normativen Anliegen der Ausgleichung nicht gerecht wird, sie nur auf den mutmaßlichen Erblasserwillen zurückzuführen. Es gehe dem Gesetz um „objektive *Äquitas*", „so dass hier im wahrsten Sinne ausgleichende Gerechtigkeit geübt werden soll".[458] Es sei „Aufgabe der Gerechtigkeit", „erhebliche Ungleichheiten in der Beteiligung der Kinder am Vermögen des Vaters oder der Mutter zu beseitigen", sofern es sich nicht annehmen lässt, dass die Ungleichheit von dem Zuwendenden beabsichtigt war.[459] Historisch war die Ausgleichung also stets Ausdruck eines normativen Gleichheitsanspruchs, sie war Ausdruck jedenfalls sittlicher Elternpflichten und sie war Ausdruck der Tradition von Einwerfung und Abschichtung.

D. Fazit zum ersten Teil: Rechtsgeschichte

Welche Zwecke verfolgen die historischen Vorläufer der Ausgleichung, wie werden sie rationalisiert und welchen Gleichbehandlungserwartungen dienen ihre dogmengeschichtlichen Vorbilder? Und vor allem: Helfen diese Traditionen, das geltende Recht besser zu verstehen? Mit diesen Fragen hat diese Untersuchung begonnen. Sie zu beantworten fällt nun vergleichsweise leicht: Die §§ 2050 ff. BGB sind Ergebnis eines Wechselspiels zwischen römischen und deutschrechtlichen Mustern, wobei sich letztere in der Sache durchsetzen. Dieses Wechselspiel prägt den *usus modernus* und das gemeine Recht bis ins 19. Jahrhundert.[460] Gegenstand der Ausgleichung sind stets ausstattende, versorgende, sittlich geschuldete Zuwendungen, die den Erbteil vorwegnehmen. All diese Gedanken setzen sich in den heutigen §§ 2050 ff. BGB fort. Begründet wird die Ausgleichung jedoch immer auch – unter dem Einfluss des römischen Rechts und dann der Pandektistik – mithilfe des mutmaßlichen Erblasserwillens. Ein Widerspruch muss sich daraus nicht ergeben. Im Ge-

---

lung des Erben nach dem deutschen bürgerlichen Gesetzbuch, Bd. III/1, 139; *Strohal*, Das deutsche Erbrecht, Bd. I, 63; *Herzfelder*, J. von Staudingers Kommentar zum Bürgerlichen Gesetzbuche und dem Einführungsgesetze, Bd. V, 406; *Endemann*, Erbrecht des Bürgerlichen Gesetzbuches, 119.

[457] Vgl. nur das obige Zitat von *Kohler*, Lehrbuch des Bürgerlichen Rechts, Bd. III/1, 394.

[458] *Schiffner*, Abhandlungen 1 (1897), 285, 375; *Binder*, Die Rechtsstellung des Erben nach dem deutschen bürgerlichen Gesetzbuch, Bd. III/1, 139 f. (dort Fn. 37, 41). Ähnlich sicherlich der Gedanke bei *Crome*, System des Deutschen Bürgerlichen Rechts, Bd. V, 322, wenn es heißt, die Ausgleichung wolle eine unbillige Teilung des Nachlasses verhindern.

[459] *Binder*, Die Rechtsstellung des Erben nach dem deutschen bürgerlichen Gesetzbuch, Bd. III/1, 137.

[460] Vgl. dazu oben Erster Teil – B.I.1 (36) und B.I.2 (39).

genteil, es liegt ja gerade nahe, dem Erblasser zu unterstellen, er wolle der anerkannten Sitte folgen.

Damit liegt aber auch die Herausforderung der Ausgleichung im modernen Recht offen zutage: Der „Zwiespalt in der Grundidee“[461] der Ausgleichung ist den Juristen des 19. und des beginnenden 20. Jahrhunderts durchaus bewusst. Sie können ihn überbrücken, weil sie die sittlichen Vorstellungen kennen und möglicherweise teilen, auf die letztlich auch die §§ 2050 ff. BGB rekurrieren. Vor diesem Hintergrund können sie scheinbar weitreichende Gleichheitsvorstellungen und ein tatbestandlich begrenztes Institut in Einklang bringen. Dieser Nexus ist zentral. Nur wer sich dieses Zusammenhangs bewusst ist, wird den Regelungsansatz der § 2050 Abs. 1 und 3 BGB für nachvollziehbar halten. Erkennt das Recht, erkennt die Gesellschaft jedoch nicht mehr eine sittliche Pflicht an, Kinder auszustatten, entfällt auch die zentrale historische Rechtfertigung der Ausgleichung. Der „Zwiespalt in ihrer Grundidee“ bricht dann vollends auf. Die Ausgleichung verliert ihre innere Rechtfertigung und ist praktisch kaum mehr handhabbar. All dies zu zeigen ist Gegenstand des dritten Abschnitts. Aber die Rechtsgeschichte zeigt den Weg in das moderne Recht, sie zeigt, welche Inkongruenz die Ausgleichung seit jeher geprägt hat.

Lässt sich aber feststellen, ob die Ausgleichung historisch eher die Regel oder die Ausnahme ist? Das ist schließlich die zweite Frage, mit der diese Untersuchung begonnen hat. Sie lässt sich auf zweierlei Wegen beantworten. Man kann allein das geschriebene Recht und dessen Regelungsansatz berücksichtigen. Oder man befragt die Quellen, ob sich ihnen etwas über die faktischen Gleichbehandlungsvorstellungen der jeweiligen Zeit entnehmen lässt, unabhängig davon, ob das Recht die Ausgleichung als gesetzliche Regel oder Ausnahme konzipiert. Eine rein legalistische Antwort auf diese Frage fällt leicht: Allenfalls für einen kurzen historischen Moment nimmt man, zurückgehend auf *Samuel Stryk*, an, es gebe einen Rechtssatz, nach dem die Ausgleichung die Regel, nicht die Ausnahme sei.[462] Jedenfalls seit dem frühen 19. Jahrhundert ist aber völlig unzweifelhaft, dass lebzeitige Zuwendungen nur auszugleichen sind, wenn dies ausnahmsweise gesetzlich angeordnet ist. Es gibt keinen Rechtssatz, nach dem lebzeitige Zuwendungen stets erbrechtlich berücksichtigt werden. Die Ausgleichung ist Ausnahme, nicht Regel. § 2050 Abs. 1 und 3 BGB sind der Endpunkt und das beste Beispiel für diese Systematik.

Die Frage nach den faktischen Ergebnissen der Ausgleichung ist deutlich schwieriger zu beantworten. Es sprechen aber einige Indizien dafür, dass die Gleichbehandlung der Abkömmliche üblicher war, als es das geschriebene Regel-Ausnahme-Verhältnis impliziert. Es hat sich im Lauf dieser Untersu-

---

[461] *Binder*, Die Rechtsstellung des Erben nach dem deutschen bürgerlichen Gesetzbuch, Bd. III/1, 139, vgl. dazu oben Erster Teil – C.II.3 (90).

[462] Vgl. dazu oben Erster Teil – B.I.2 (39).

chung immer wieder gezeigt, dass die zeitgenössischen Juristen mit teils sehr pauschalen Gleichbehandlungsvorstellungen argumentieren, die kaum den Verdacht nahelegen, es gebe bedeutsame Ausnahmen von der Ausgleichung.[463] Vereinzelt finden sich sogar explizite Hinweise, die nahelegen, dass jedenfalls alle bedeutsamen lebzeitigen Zuwendungen der Ausgleichung unterliegen. Das gilt sogar für die Rezeption des BGB kurz nach dessen Inkrafttreten. Auch hier finden sich Entscheidungen des Reichsgerichts, die durchaus beachtliche Zuwendungen für ausgleichspflichtig erklären.[464] Im Schrifttum ist noch um die Wende zum 20. Jahrhundert die Rede von der Ausgleichung „gewisser beträchtlicher Zuwendungen“; die Ausstattung sei „als Kapitalzuwendung von solcher Bedeutung“, dass sie, „der Rechtsanschauung und dem Herkommen entsprechend“, im Zweifel als Vorempfang auf den künftigen Erbteil angesehen werden müsse.“[465] Ganz klar beantwortet wird diese Frage übrigens im Dritten Reich. Der Erbrechtsausschuss der Akademie für deutsches Recht empfiehlt zwar die Ausgleichungsvorschriften des BGB weitestgehend[466] beizubehalten, er geht aber ganz deutlich davon aus, dass größere Zuwendungen stets Ausstattung sind.[467]

---

[463] Vgl. dazu oben zusammenfassend Erster Teil – B.III (71).

[464] RG, 30.6.1902 – IV 131/02, JW 1902 (2971) betrifft beispielsweise die Einräumung einer stillen Beteiligung an einem Geschäft.

[465] *Binder*, Die Rechtsstellung des Erben nach dem deutschen bürgerlichen Gesetzbuch, Bd. III/1, 139.

[466] Die einzige vorgeschlagene Änderung betrifft eine Sonderkonstellation bei § 2050 Abs. 2 BGB, wenn ein Kind angemessen ausgebildet wird, seine Geschwister aber keine angemessene Ausbildung genießen, vgl. dazu *Lange*, Die Ordnung der gesetzlichen Erbfolge, 101 f.

[467] *Ders.*, Die Ordnung der gesetzlichen Erbfolge, 96 f.

Zweiter Teil

Rechtsvergleichung

Die moderne Ausgleichung schreibt, wie sich gezeigt hat, die Tradition von Einwerfung und Abschichtung fort, rationalisiert diese aber neu. Dieser dogmengeschichtliche Befund lädt dazu ein, ihn in einem zweiten Schritt rechtsvergleichend zu kontextualisieren. Die §§ 2050 ff. BGB adressieren schließlich ein Problem, das sich nicht nur zu allen Zeiten, sondern auch in jedem modernen Erbrechtssystem stellt.

Zwei Rechtsordnungen erscheinen für einen derartigen Rechtsvergleich besonders geeignet, sowohl in der Rück- als auch Vorausschau: Das schweizerische ZGB komplettiert als letzte Kodifikation eines auch insofern langen 19. Jahrhunderts das Bild des „deutschen" Rechtskreises.[1] Dessen Entwicklung lässt sich dann wiederum mit derjenigen in England kontrastieren. Das Common Law ist insoweit weitgehend unerforscht. Vor allem führt die Gegenüberstellung von „deutscher" und englischer Tradition aber zu den Ausgangsfragen dieser Untersuchung nach Gegenstand und Ratio der erbrechtlichen Ausgleichung: Ist die bisher beschriebene Erfahrung des deutschen Rechts typisch? Ist das Erbrecht insofern kulturell geprägt oder lassen sich historische Übereinstimmungen zwischen den einzelnen Rechtsordnungen beschreiben? Und wenn es derartige historische Übereinstimmungen gibt, wie schreiben das englische und das schweizerische Recht diese geteilte Tradition jeweils fort?

A. Das schweizerische Recht

Für die schweizerische Ausgleichung gilt in besonderer Weise, was für das ZGB im Allgemeinen gilt:[2] Die Schweiz liegt nicht nur geografisch, sondern auch rechtlich zwischen den deutschen und französischen Einflussbereichen.[3] Ihr Recht ist, im Wechselspiel mit genuin schweizerischen Ansätzen und

---

[1] So jedenfalls die Einordnung durch *Zweigert/Kötz*, Einführung in die Rechtsvergleichung auf dem Gebiete des Privatrechts, 68, 165 ff., mit Verweis auf die Besonderheiten des deutschen Sprachraums, der Bedeutung der Pandektistik und des Fehlens einer Rezeption des französischen Code civil. Dass gerade letzterer Aspekt für die Ausgleichung kaum gilt, ist der wesentliche Gegenstand dieses Kapitels.

[2] So auch *Druey*, in: FS Piotet, 25 f.

Traditionen, von beiden Rechtsordnungen inspiriert. Gerade das macht den rechtsvergleichenden Reiz des schweizerischen Rechts aus und schreibt interessanten Rezeptionsgeschichten.[4] Um diesen Prozess im Hinblick auf die Ausgleichung darzustellen, bedarf es freilich eines gewissen Überblicks nicht nur über die bereits behandelte deutschrechtliche Tradition und das gemeine Recht, sondern auch eines kurzen Überblicks über das französische Recht.[5]

I. Zum Hintergrund: der rapport des französischen Rechts

Das französische Recht zeichnet sich seit jeher durch besonders weitreichende Ausgleichspflichten aus. Das entsprechende Rechtsinstitut wird als *rapport* bezeichnet, und wird im heutigen[6] Art. 843 Abs. 1 Cc wie folgt geregelt:

> „Tout héritier, même ayant accepté à concurrence de l'actif, venant à une succession, doit rapporter à ses cohéritiers tout ce qu'il a reçu du défunt, par donations entre vifs, directement ou indirectement; il ne peut retenir les dons à lui faits par le défunt, à moins qu'ils ne lui aient été faits expressément hors part successorale."

Hier zeigt sich der in persönlicher wie sachlicher Hinsicht umfassende Anspruch des französischen Erbrechts, auch lebzeitige Zuwendungen einzubeziehen: Alle gesetzlichen Erben (nicht nur Abkömmlinge) müssen im Ausgangspunkt alle lebzeitigen Zuwendungen, die sie vom Erblasser erhalten haben (nicht nur ausstattende Zuwendungen) zur Ausgleichung bringen. Historisch hatte der überlebende Ehegatte kein gesetzliches Erbrecht, ihm stand lediglich ein Nießbrauch am Nachlass zu. Im geltenden Recht kann dies unter Umständen anders sein,[7] die genaue Beteiligung des überlebenden Ehegatten am *rapport* war und bleibt umstritten.[8]

Ausgleichspflichtige Zuwendungen werden im französischen Recht als Voraus auf den Erbteil bezeichnet und konzipiert, als *avancement de part*

---

[3] *Ders.*, in: FS Piotet, 26, spricht insoweit plastisch von „Patenschaften" des französischen und deutschen Rechts.

[4] *Zweigert/Kötz*, Einführung in die Rechtsvergleichung auf dem Gebiete des Privatrechts, 102; vgl. auch *Pahud de Mortanges*, Schweizerische Rechtsgeschichte, 266.

[5] Eine umfassende Darstellung des französischen Rechts findet sich bei *Werbik*, Lebzeitige Zuwendungen des Erblassers, *passim*; *Krausler*, Die Schenkungsanrechnung, 281–308; vgl. darüber hinaus, auch wenn dessen Untersuchung nicht dezidiert rechtsvergleichend angelegt ist, *Eitel*, Die Berücksichtigung lebzeitiger Zuwendungen im Erbrecht, 49–71.

[6] Die im folgenden beschriebenen Artikel des Cc entsprechen im Wesentlichen der napoleonischen Ursprungsfassung von 1803. Erbrechtsreformen in den Jahren 1898 und 2006 nahmen teils redaktionelle Änderungen vor, teils inhaltliche, auf diese Anpassungen wird im Folgenden hingewiesen. Für die Regelungsvielfalt vor Inkrafttreten des vgl. Code civil vgl. *Terré/Lequette/Gaudemet*, Les successions, les libéralités, Rn. 1076.

[7] Vgl. zur heutigen Situation *Pérès*, in: Reid/De Waal/Zimmermann (2015), 48.

[8] *Dies.*, in: Reid/De Waal/Zimmermann, 49 (dort Fn. 134); vgl. auch *Eitel*, Die Berücksichtigung lebzeitiger Zuwendungen im Erbrecht, 68; *Grimaldi*, Droit des successions, 730, 733; *Malaurie/Brenner*, Droit des successions et des libéralités, Rn. 680.

successorale oder, bis zur Erbrechtsreform von 2006, als *en avancement d'hoirie*.[9] Die umfassende Grundregel des Art. 843 Abs. 1 Cc wird hinsichtlich bestimmter Zuwendungen durch klarstellende Regelung, weil sich andernfalls, so jedenfalls die Begründung des heutigen Schrifttums, an der Freigebigkeit des Erblassers und damit am Eingreifen des *rapport* zweifeln ließe:[10] Diese klarstellend erwähnten Zuwendungen erinnern an die deutschrechtliche Tradition: Nach Art. 851 Abs. 1 Cc erfasst der *rapport* auch ausstattende Zuwendungen zugunsten eines Miterben (*ce qui a été employé pour l'établissement d'un des cohéritiers*) und die Zahlung von dessen Schulden. Eine entsprechende Klarstellung für Früchte und Einkünfte findet sich seit der Erbrechtsreform von 2006 in Art. 851 Abs. 2 Cc.[11]

Der weite sachliche Anwendungsbereich des *rapport* kennt nur wenige Ausnahmen: Zum einen nimmt Art. 852 Abs. 1 Cc Gelegenheitsgeschenke aus, sowie Aufwendungen, die dem Unterhalt, der Ausbildung oder der Hochzeit des Bedachten dienen.[12] Zum anderen ist der *rapport* nach Art. 843 Abs. 1 Cc a.E. und Art. 852 Abs. 1 Cc a.E.[13] nicht geschuldet, soweit Zuwendungen explizit „außerhalb des Erbrechts gegeben wurden". Aber selbst diese eigentlich ausgenommenen Zuwendungen entgehen dem Regelungszugriff des französischen Erbrechts nicht vollends. Lebzeitige Zuwendungen, die qua Anordnung ausgleichsfrei sind, werden nach Art. 844 Cc auf die sogenannte *quotité disponible* angerechnet,[14] also auf denjenigen Teil des Vermögens über den ein französischer Erblasser erbrechtlich frei verfügen kann. Im Übrigen unterfallen sie der *reserve*, der vom Code civil gesetzlich verbürgten Mindestteilhabe der Erben am Nachlass.[15]

In gewisser Weise erscheint der Regelungsansatz des *rapport* in der Systematik des französischen Rechts stimmig. Denn konzeptionell stehen sich lebzeitige und letztwillige Zuwendungen im Code civil deutlich näher, als beispielsweise im BGB. Das französische Recht kennt die *libéralité* als ein-

---

9 *Grimaldi*, Droit des successions, 583.

10 *Malaurie/Brenner*, Droit des successions et des libéralités, Rn. 667–668; *Terré/Lequette/Gaudemet*, Les successions, les libéralités, Rn. 1089.

11 Durch diese Klarstellung wollte der Gesetzgeber die mäandernde Handhabung dieser Fälle durch die Rechtsprechung beenden. Hierzu und zu verbleibenden Unsicherheiten vgl. *Malaurie/Brenner*, Droit des successions et des libéralités, Rn. 669.

12 Diese im Vergleich zu ausstattenden Zuwendungen abweichende Behandlung oft wertvollerer Zuwendungen kritisiert beispielsweise *Carbonnier*, in: ders., 90.

13 In Art. 852 Abs. 1 Cc a.E. wurde diese Ausnahme klarstellend durch die Erbrechtsreform von 2006 entschieden. Damit hat der Gesetzeber verdeutlicht, dass es auch diese Norm (auch) in erster Linie Ausdruck des Erblasserwillens ist, vgl. hierzu *Malaurie/Brenner*, Droit des successions et des libéralités, Rn. 671; für weitere Begründungen vgl. auch *Eitel*, Die Berücksichtigung lebzeitiger Zuwendungen im Erbrecht, 65 f.; *Grimaldi*, Droit des successions, Rn. 740.

14 Vgl. hierzu *Pérès*, in: Reid/De Waal/Zimmermann (2020), 86–88.

15 Vgl. hierzu *dies.*, in: Reid/De Waal/Zimmermann (2020), 97–102.

heitlichen Oberbegriff, der nach Art. 893 Abs. 1 Cc lebzeitige und letztwillige Zuwendungen gleichermaßen erfasst: „Il ne peut être fait de libéralité que par donation entre vifs ou par testament." Hiervon ausgehend ist es dann nur konsequent, lebzeitige Zuwendungen auch im Rahmen der Erbauseinandersetzung unter der Zwischenüberschrift *Du rapport des liberálités* nicht anders zu behandeln als letztwillige, und beide umfassend den erbrechtlichen Regeln zu unterwerfen. Genau dies sieht Art. 843 Cc vor.[16]

Vor allem der historische Code civil war in besonders rigider Weise an der Gleichbehandlung der Erben interessiert.[17] Hinsichtlich des *rapports* zeigt sich dieses Denken wenn die napoleonische Fassung des Instituts eine Rückgabe der lebzeitigen Zuwendung an den Nachlass in Natur erzwingt,[18] gerade um diese Zuwendung dann in Natur gleichmäßig zu teilen. Aber die Idee besonders weitgehender Gleichbehandlungsansprüche lebt im geltenden Recht fort, auch wenn heute ein voluntaristischer Begründungsansatz hinzukommt: Denn einerseits soll sich auch der *rapport* des französischen Rechts auf den mutmaßlichen Willen des Erblassers zurückführen lassen.[19] Andererseits, so heißt es dann, gehe es diesem Erblasser um *l'égalité maximale* zwischen seinen Erben.[20] Dem Erblasser wird unterstellt, alle seine Erben (nicht nur die Abkömmlinge) hinsichtlich im Wesentlichen aller Zuwendungen (nicht nur im Hinblick auf ausstattende Zuwendungen) erbrechtlich gleich behandeln zu wollen, auch wenn er sie lebzeitig ungleich bedacht hat.

Dieser in persönlicher wie in sachlicher Hinsicht umfassende Gleichheitsanspruch des französischen Rechts ist neben der deutschrechtlichen Tradition die zweite Folie, vor deren Hintergrund sich das schweizerische Recht entwickelt hat, um das es dieser Untersuchung im Folgenden hauptsächlich geht.

---

[16] Wobei Vermächtnisse nach Art. 843 Abs. 2 Cc behandelt werden wie ausgleichsfreie Zuwendungen, solange sie in die quotité *disponible fallen*. Hintergrund dessen ist der Umstand, dass sich über ein Vermächtnis gerade nicht sagen lässt, es sei als Voraus auf den Erbfall gegeben. Der Erbfall ist schließlich bereits eingetreten, vgl. *Grimaldi*, Droit des successions, Rn. 724. Bis 1898 gab es diese Unterscheidung nicht, vgl. *ders.*, Droit des successions, Rn. 737; *Terré/Lequette/Gaudemet*, Les successions, les libéralités, Rn. 1088.

[17] Vgl. zum Gleichheitsanspruch des Erbrecht des Code civil allgemein *Portalis*, Discours préliminaire du premier projet de Code civil, 23; vgl. darüber hinaus *Zweigert/Kötz*, Einführung in die Rechtsvergleichung auf dem Gebiete des Privatrechts, 85; *Rehm*, in: Basedow/Hopt/Zimmermann, Stichwort: Code civil; *Pérès*, in: Reid/de Waal/Zimmermann (2015), 37.

[18] Vgl. hierzu *Malaurie/Brenner*, Droit des successions et des libéralités, Rn. 684.

[19] *Grimaldi*, Droit des successions, 724, 738; *Malaurie/Brenner*, Droit des successions et des libéralités, Rn. 666; *Terré/Lequette/Gaudemet*, Les successions, les libéralités, Rn. 1089.

[20] *Malaurie/Brenner*, Droit des successions et des libéralités, Rn. 666; weniger deutlich aber im Grundgedanken ebenso *Eitel*, Die Berücksichtigung lebzeitiger Zuwendungen im Erbrecht, 63; *Pérès*, in: Reid/de Waal/Zimmermann (2015), 49; *Grimaldi*, Droit des successions, Rn. 724.

II. Die Genese der Ausgleichung in Art. 626 ff. ZGB: la partie moins heureuse du Code civil

Seine Stellung zwischen „deutschem" und französischen Denken macht den rechtsvergleichenden Reiz des schweizerischen Rechts aus. Diese Zwischenstellung ist jedoch gleichzeitig seine größte Herausforderung, gerade auch im Hinblick auf die Ausgleichung. Denn zwischen deutschen, französischen und schweizerischen Traditionen ist ein Gesetzestext entstanden, der als *la partie moins heureuse du Code civil* bezeichnet wird,[21] als der am wenigsten geglückte Teil des ZGB. Um diese Kritik am geltenden Recht nachvollziehen zu können, hilft ein Blick in die Entwicklungs- und Rezeptionsgeschichte der schweizerischen Ausgleichung.

Die Entwicklung der intestaterbrechtlichen Ausgleichung ist eng mit der Person *Eugen Hubers* verbunden, der in vielerlei Hinsicht als der geistige Vater der schweizerischen Nationalkodifikation erscheint:[22] Zunächst streitet er mit dem Schweizerischen Juristenverein für die Rechtseinheit in weiteren Teilen des Privatrechts,[23] er verfasst die wissenschaftlichen Vorarbeiten für ein nationales Zivilgesetzbuch, und er ist schließlich Autor der ersten Entwürfe des ZGB, die er durch das parlamentarische Verfahren manövriert. Aber schon in diesen Entwürfen ist die grundlegende Herausforderung angelegt, die Rechtswissenschaft und -praxis in der Schweiz bis heute vor Herausforderungen stellt. In der schweizerischen Ausgleichung finden sich gleichermaßen deutsche und französische Einflüsse, ohne dass sich das Institut eindeutig der einen oder anderen Tradition zuschlagen lässt.

1. Deutsche Spuren in der Gesetzgebungsgeschichte

Zunächst legt *Eugen Huber* so genannte „Teilentwürfe" für ein Schweizerisches Civilgesetz vor, wobei der zweite Teilentwurf das Erbrecht behandelt. Hier wird die Ausgleichung in den Vorschriften über die Erbteilung verortet. *Huber* begründet seinen Regelungsvorschlag mithilfe der beiden Kategorien, die aus der deutschrechtlichen Tradition bekannt sind: Mit der Erbteilung verbinde sich, so heißt es, „aus dem Prinzip der Gleichstellung der Erben" die Einwerfung „des vorempfangenen Gutes".[24] Mit anderen Worten, auch *Huber* und dem schweizerischen Recht geht es um Gleichheitsgedanken und die Vorstellung, bestimmte Zuwendungen nähmen den Erbteil vorweg. Der mut-

---

[21] *Thorens*, Journée Juridique XIIIeme (1974), 29.

[22] So *Zweigert/Kötz*, Einführung in die Rechtsvergleichung auf dem Gebiete des Privatrechts, 167–177.

[23] *Pahud de Mortanges*, Schweizerische Rechtsgeschichte, 262–266; in anderen Bereichen des Zivilrechts war man diesen Schritt bereits gegangen, nicht zuletzt durch das OR von 1883 (257–262).

[24] *Huber,* Erläuterungen zu dem Teilentwurf, 194; *ders.,* Erläuterungen zum Vorentwurf, 437 f.

maßliche Erblasserwille spielt keine so prominente Rolle, wird aber im Nebensatz erwähnt.[25]

Der zweite Teilentwurf *Hubers* bringt die wesentliche Unterscheidung im Recht der schweizerischen Ausgleichung jedoch nur unvollständig zum Ausdruck.[26] Erst die nächste Textstufe, der so genannte „Vorentwurf", trennt deutlich zwischen zwei verschiedenen Fällen der Ausgleichung,[27] für die sich später die Bezeichnungen „gewillkürte" und „gesetzliche" Ausgleichung einbürgern.[28]

„Art. 633 Abs. 1 VE (Ausgleichungspflicht der Erben):
Die Erben sind einander verpflichtet, Alles zur Ausgleichung zu bringen, was sie bei Lebzeiten des Empfängers auf Anrechnung an ihrem Erbteil empfangen haben."

„Art. 634 Abs. 1 VE (Ausgleichung unter Nachkommen):
Zuwendungen, die auf Anrechnung an den Erbteil gemacht zu werden pflegen, als Heiratsgüter, Ausstattungen und Vermögensabtretungen, müssen von den Nachkommen, sofern dies der Erblasser nicht ausdrücklich ausgeschlossen hat, bei der Teilung eingeworfen oder mit dem Erbteil verrechnet werden."

Hier zeigt sich erstmals, warum es nicht unplausibel erscheint, die schweizerische Ausgleichung in die deutschrechtliche Tradition zu stellen. Die „gewillkürte" Ausgleichung – hier in Art. 633 Abs. 1 des Vorentwurfs geregelt – trifft potentiell alle Erben. Sie bedarf jedoch einer Anordnung des Erblassers. Die „gesetzliche" Ausgleichung hingegen scheint der bekannten Regel zu entsprechen, nach der Abkömmlinge qua Gesetz zur Ausgleichung bestimmter Zuwendungen verpflichtet sind, auch wenn der Erblasser dies nicht explizit anordnet. Dass Art. 634 Abs. 1 VE auf Abkömmlinge beschränkt ist, ergibt sich nicht aus dem Gesetzestext, wohl aber aus der Marginalie des Entwurfs (hier in Klammern abgedruckt).

---

[25] Er rechtfertigt nur die Behandlung von Ausbildungskosten und Gelegenheitsgeschenken, vgl. *Huber,* Erläuterungen zu dem Teilentwurf, 194; weniger deutlich hingegen (aber in der Sache wohl ohne Unterschied) *ders.,* Erläuterungen zum Vorentwurf, 438 f.

[26] In Art. 611 Abs. 1 des zweiten Teilentwurfs stehen sie noch gleichberechtigt nebeneinander: „Alle Zuwendungen auf Anrechnung auf den Erbteil, als Heiratsgüter, Ausstattungen und Abtretungen müssen von den Erben, sofern der Erblasser dies nicht ausdrücklich ausgeschlossen hat, bei der Teilung eingeworfen oder mit ihrem Erbteil verrechnet werden." Dem korrespondierend stehen nach Art. 614 des zweiten Teilentwurfs „Geschenke, die der Erblasser seinen Kindern bei Lebzeiten ohne Vorbehalt gemacht hat", nicht unter der Ausgleichungspflicht.

[27] Gesondert herausgegriffen und an anderer Stelle der Ausgleichungspflicht entzogen werden sodann Ausbildungskosten und einfache Gelegenheitsgeschenke, vgl. Art. 613 Abs. 1, 614 TE II; Art. 636 f. VE.

[28] Vgl. zu diesen Begrifflichkeiten, wenn auch aus jüngerer Zeit, Bundesgericht, 2.3.1998, BGE 124 III, 102 (104): „Ce rapport [Art. 626 Abs. 2 ZGB] est dit légal, par opposition au rapport volontaire de l'art. 626 al. 1 CC". Vgl. auch Bundesgericht, 29.6.1951, BGE 77 II, 228 (229 f.).

Begründet werden diese Regeln wie schon diejenigen des zweiten Teilentwurfs: Die Ausgleichung folge aus dem „Prinzip der Gleichstellung der Erben".[29] Das ist sehr pauschal und etwas kryptisch formuliert. Es ist schließlich nicht klar, welche der Normen so beschrieben ist, wahrscheinlich der die Ausstattung adressierende Art. 634 Abs. 1 VE (später: die gesetzliche Ausgleichung).

Diese Norm erfasse, so die Erläuterung weiter, die „Hauptfälle" der Ausgleichung. Auch diese Formulierung ist denkbar offen. Soll damit lediglich gesagt werden, die empirisch meisten Ausgleichungen werden Heiratsgüter, Ausstattungen und Vermögensabtretungen betreffen? Anders gefragt, gibt es weitere, in Art. 634 Abs. 1 VE nicht explizit genannte Zuwendungen, die auch Gegenstand der gesetzlichen Ausgleichung sein können, wenn auch nicht deren Hauptfall? Auch wird nie der Versuch unternommen, die in Art. 634 Abs. 1 VE angesprochenen Zuwendungen genauer zu beschreiben; zumal sie bereits Ende des 19. Jahrhunderts aus der Zeit gefallen erscheinen.[30] Eine § 1624 Abs. 1 BGB entsprechende Regel entwickelt das schweizerische Erbrecht nie, ohne dass sich der Grund hierfür rekonstruieren lässt.

Die Trennung zwischen „gewillkürter" und „gesetzlicher" Ausgleichung erklärt, warum zumindest auf den ersten Blick der Gedanke naheliegt, das schweizerische Recht stehe seit dem Vorentwurf in der deutschrechtlichen Tradition:[31] Einerseits wird die Gleichheitsidee betont, andererseits fehlt eine umfassende Pflicht, alle Zuwendungen zur Ausgleichung zu bringen, wie sie aus dem französischen Recht bekannt ist. Stattdessen scheint in Art. 634 Abs. 1 VE die doppelte Beschränkung angelegt zu sein, die auch das BGB und alle bisher behandelten Rechte charakterisiert: In sachlicher Hinsicht scheint die Ausgleichung auf ausstattende Zuwendungen in einem weiteren Sinn beschränkt zu sein. Nur die „Vermögensabtretungen" als weiterer Gegenstand der gesetzlichen Ausgleichung sind eine Besonderheit des Vorentwurfs, die andernorts nicht so explizit Teil der Ausgleichung ist.

Auch in persönlicher Hinsicht mag – glaubt man den jeweiligen Marginalien im Entwurf – die schweizerische Ausgleichung in der Tradition deutscher Gedanken sehen. Hier wird, wie auch in den bisher behandelten Rechtsord-

---

[29] *Huber,* Erläuterungen zu dem Teilentwurf, 194; *ders.,* Erläuterungen zum Vorentwurf, 437 f.

[30] So jedenfalls BK-*Eitel*, vor Art. 626 ZGB, Rn. 20.

[31] *Boente*, in: FS Breitschmid, 247–249, weist dann auch zu Recht darauf hin, dass die endgültige, auf Ausstattungen rekurrierende Fassung des BGB noch nicht vorliegt, als *Eugen Huber* die Entwürfe des ZGB verfasst (dort Fn. 48). Der Vergleich mit „deutschem" Denken erscheint aber dennoch zulässig. Denn wie diese Untersuchung gezeigt hat, war Gegenstand der erbrechtlichen Ausgleichung stets ein weiterer Kreis ausstattender Zuwendungen. Die Neuerung des BGB besteht nur darin, diese Regel im Familienrecht zu verankern, wo bisher ein engeres Begriffsverständnis herrschte, vgl. dazu oben Erster Teil – C.II.2 (87).

nungen, unterschieden zwischen der (gewillkürten) Ausgleichung „der Erben" und der (gesetzlichen) Ausgleichung „der Nachkommen".[32] Auf den ersten Blick scheint mit dem Vorentwurf von 1900 also ein deutlicher Schritt in Richtung deutschrechtlicher Denkweisen getan.[33]

Für diese Lesart des Vorentwurfs spricht auch ein Blick in das frühere, kantonale schweizerische Recht, das *Eugen Huber* aufarbeitet und vor dessen Hintergrund seine Entwürfe zu lesen sind. Hier wiederholt sich die gemeinrechtliche Entwicklung,[34] die letztlich auch das BGB geprägt hat. Auch die Ausgleichung im Vorentwurf des ZGB (und mit ihr das geltende Recht) kann sich auf historische Vorläufer berufen, die sich im ausgehenden Mittelalter entwickelt haben,[35] wenn auch die Entwicklung in den Schweizer Kantonen langsamer gewesen sein mag als anderswo.[36] Ausgangspunkt dieser kantonalen Rechte, in deren Tradition man den Vorentwurf und später das ZGB sehen kann, ist einmal mehr die Pflicht, Töchtern ein Heiratsgut mitzugeben, das in seiner Höhe in etwa dem zu erwartenden Erbteil entspricht.[37] Ähnliches gilt für die Söhne spätmittelalterlicher Erblasser und in der frühen Neuzeit: Sie können entweder abgeschichtet werden und ihren Erbteil vollends verlieren oder sie erhalten lediglich eine Ausstattung, die bei der Erbteilung einzubringen ist.[38] Je weiter sich der Gedanke einer gleichmäßigen Beteiligung der Abkömmlinge am Nachlass durchsetzt, umso weniger überzeugend erscheint die Vorstellung, der Nachkomme werde mit Ausscheiden aus dem Familienverband endgültig abgefunden und vom Nachlass ausgeschlossen. Verblasst die Tradition einer erbausschließenden Abfindung und möchte man alle Abkömmlinge gleich behandeln, bedarf es der Ausgleichung. *Eugen Huber* spricht in seiner Dissertation insoweit von einer „nothwendigen Consequenz".[39]

---

[32] Darauf weist *Eitel*, Die Berücksichtigung lebzeitiger Zuwendungen im Erbrecht, 237 f. hin.

[33] Das betont im Folgenden dann auch *Piotet*, Schweizerisches Privatrecht, Bd. IV/1, 295.

[34] Vgl. zur frühen Entwicklung oben Erster Teil – B.I.1 (36) und B.I.2 (39) sowie zur Entwicklung im 19. Jahrhundert oben Erster Teil – B.I.3 (44) und B.II (52).

[35] *Huber*, System und Geschichte des schweizerischen Privatrechts, Bd. IV, 555 („nähere Ordnung des Verhältnisses zwischen Vorempfang und Erbrecht"). Vgl. aber auch *Olechowski*, in: Cordes/Lück/Werkmüller, Stichwort: Abschichtung, Sp. 25.

[36] So weist *Blumer*, Staats- und Rechtsgeschichte, Bd. I, 509, auf bestehende Unterschiede zwischen Sachsen- und Schwabenspiegel einerseits und den schweizerischen Rechten andererseits hin.

[37] *Huber*, System und Geschichte des schweizerischen Privatrechts, Bd. IV, 387, wobei dies die Tochter in einigen Rechten von der Erbfolge ausschließt; in anderen Rechten war das Heiratsgut lediglich im Erbgang einzubringen (556 f.).

[38] *Ders.*, System und Geschichte des schweizerischen Privatrechts, Bd. IV, 463–465; dazu ausführlich oben Erster Teil – A.II.1 (28).

[39] *Ders.*, Die schweizerischen Erbrechte, 25 (bezogen auf das Berner Stadtrecht), 79 f. (bezogen auf die Entwicklung andernorts). Vgl. auch *ders.*, System und Geschichte

Mit Ausnahme des bereits erwähnten Verweises auf das „Prinzip der Gleichstellung der Erben“,[40] schweigt der Vorentwurf, wie genau sein Regelungsansatz zu rationalisieren ist. Rückschlüsse lassen sich aber einmal mehr aus dem kantonalen, namentlich aus dem Zürcher Recht[41] ziehen. Denn das Zürcher PG und sein Redaktor *Johann Caspar Bluntschli* gelten als wichtige Vorbilder für die kantonale Rechtsentwicklung und das ZGB.[42] Hier, im Zürcher Recht, werden die Ausstattung eines Sohnes, der ein Hauswesen begründet, und die Aussteuer einer Tochter bei ihrer Verheiratung als ein „auf Familienrücksichten beruhendes Geschäft unter Lebenden“ bezeichnet.[43] Jene Familienausstattung und das Erbrecht der Kinder beruhten auf demselben inneren Grunde des Familienzusammenhangs, heißt es weiter. Ohne eine Anrechnung würde die „natürliche Gleichheit der Kinder in ihrer Familienstellung verletzt“. Dass derartige Zuwendungen auch später im Leben des Bedachten gemacht werden können, wird nicht explizit erwähnt, aber implizit vorausgesetzt.[44] Damit rückt das Zürcher Recht einen zweiten Begründungstrang in den Vordergrund: Entscheidend soll sein, ob es sich bei der Zuwendung um eine „Kapitalverwendung“ handelt.[45] Auch das ist ein Gedanke, der dem gemeinen Recht und vor allem dem preußischen Landrecht nicht fremd ist.[46]

---

des schweizerischen Privatrechts, Bd. IV, 564. *Druey*, in: FS Piotet, 29 (dort Fn. 23) rationalisiert dies als Rezeption des römischen Rechts und die Ausgleichung nach der Vorstellung *Eugen Hubers* als politisches Instrument, das sich gegen die überkommenen Strukturen der Abschichtung stellt.

[40] *Huber,* Erläuterungen zu dem Teilentwurf, 194; *ders.,* Erläuterungen zum Vorentwurf, 437 f.

[41] *Pahud de Mortanges*, Schweizerische Rechtsgeschichte, 246 f. und, mit weiteren Nachweisen, *Wyss*, Wie viel Bluntschli steckt in Huber?, 1–4 (insb. Fn. 7). Letzterer zieht diese klassische Sichtweise in Zweifel.

[42] § 1908 Zürcher PG lautet: „Wenn ausgestattete Kinder (Sohn oder Tochter) neben anderen Kindern ihr Erbrecht geltend machen wollen, so müssen Sie den Kapitalwerth der vom Vater empfangenen Aussteuer und des erhaltenen Heirathsgutes oder der sonstigen vom Vater her erlangten Ausstattung in die Verlassenschaft einwerfen.“ Für den Nachlass der Mutter findet sich eine entsprechende Regel in § 1910 Zürcher PG. Andere erbberechtigte Verwandte müssen sich nach § 2024 Zürcher PG lebzeitige Zuwendungen nur anrechnen lassen, wenn diese mit Rücksicht auf den Erbteil gemacht worden sind.

[43] *Bluntschli*, Privatrechtliches Gesetzbuch für den Kanton Zürich, Bd. IV, 23. Schon die Kommission zur Schaffung des Zürcher PG hat mit ähnlichen Gedanken (die Ausstattung von Kindern als „eigenthümliches“ Geschäft mit Rücksicht auf Familiensitten) eine Ausgleichungspflicht der Seitenlinien abgelehnt, vgl. *ders.*, Privatrechtliches Gesetzbuch für den Kanton Zürich, Bd. IV, 22 f.

[44] *Bluntschli*, Privatrechtliches Gesetzbuch für den Kanton Zürich, Bd. IV, 24 f.

[45] *Ders.*, Privatrechtliches Gesetzbuch für den Kanton Zürich, Bd. IV, 24 f. (im Hinblick auf erlassene Schulden und periodische Unterstützungen), 28 (im Hinblick auf Erziehungskosten).

[46] Vgl. dazu oben Erster Teil – B.II.1 (52).

Alles in allem scheint sich also eine frühe schweizerische Tradition gebildet zu haben, die auf den ersten Blick wesentlichen Strukturmerkmalen des deutschen Rechts entspricht und die später im ZGB fortlebt. Besonders deutlich gilt dies natürlich für die Entwicklung in der deutschsprachigen Schweiz. Selbst in der frankophonen Schweiz finden sich Indizien, die nahelegen, die kantonale Rechtsentwicklung in die deutschrechtliche Tradition zu stellen. Auch dort begrenzt man die Ausgleichung, anders als im Code civil, auf die Abkömmlinge des Erblassers.[47]

2. Französische Spuren in der schweizerischen Gesetzgebungsgeschichte

Ein zweiter Blick auf die Genese des ZGB stellt jedoch den Befund infrage, das schweizerische Recht greife im Wesentlichen deutsche Kategorien auf. Möglicherweise ist die Ähnlichkeit zu den weit reichenden Gleichbehandlungsvorstellungen des französischen Rechts größer, als es zunächst scheint. In diese Richtung deutet vor allem die weitere Behandlung der *Huberschen* Entwürfe im weiteren Gesetzgebungsverfahren. Hier finden sich durchaus einige Anzeichen, dass die schweizerische Ausgleichung weiter reicht, als es die Formulierungen im Gesetzestext (jedenfalls durch die deutschrechtliche Brille) vermuten lassen.

Ein erstes derartiges Indiz bieten die Protokolle der so genannten „großen Expertenkommission“: Hier will der frankophone Abgeordnete *Mentha* die Aufzählung ausgleichspflichtiger Zuwendungen um „den Erlass von Schulden und andere vergleichbare Fälle der Ausgleichung“ ergänzt wissen (*les remises de dettes, et autres cas analogues de rapport*).[48] Vor allem in der Öffnungsklausel für „andere vergleichbare Fälle“ könnte man eine tatbestandliche Erweiterung des ZGB gegenüber der deutschrechtlichen Tradition sehen. *Eugen Huber* behandelt diesen Änderungsantrag aber als rein redaktionell und setzt ihn in der nächsten Textstufe um.[49] Gegenstand der Ausgleichung ist nun auch der „Schulderlaß und dergleichen“. Teile des schweizerischen Schrifttums folgern aus diesem Umstand, dass bereits *Eugen Huber* ein weitgehender Gleichheitsanspruch vor Augen stand, als der Text seiner Entwürfe unmittelbar nahelegt.[50] Zwingend ist diese Folgerung nicht.[51] *Metha* selbst

---

[47] *Rossel*, Manuel du droit civil de la Suisse romande, 245 (mit Ausnahme des französischen und Genfer Code civil); *Huber*, System und Geschichte des schweizerischen Privatrechts, Bd. IV, 449 f.; dies betonen auch *Dufour*, in: GS Jäggi, 92; *Druey*, in: FS Piotet, 29; vgl. hierzu auch *Eitel*, Die Berücksichtigung lebzeitiger Zuwendungen im Erbrecht, 235 f.

[48] Protokolle der Expertenkommission, 3.–22. März 1902, 281 (Sitzung vom 22. März 1902).

[49] Das betont auch *Eitel*, Die Berücksichtigung lebzeitiger Zuwendungen im Erbrecht, 243 f.

[50] So tendenziell *Vollery*, Les relations entre rapports et réunions en droit successoral, 25–27; *Eitel*, Die Berücksichtigung lebzeitiger Zuwendungen im Erbrecht, 242–245.

geht aber davon aus, jedenfalls durch seine Ergänzung sei klargestellt, dass letztlich alle Zuwendungen auszugleichen seien. Er schreibt später, nach Inkrafttreten des ZGB, in seinem Lehrbuch:[52]

„L'énumération des libéralités entre vifs que les descendants sont tenus de rapporter en l'absence d'une dispense expresse n'a rien de limitatif: notre code se borne à citer quelques exemples. [...] Mais, en principe, toutes les libéralités entre vifs adressées à des descendants et que la loi n'exonère pas de cette obligation [...] sont rapportables."

Die Aufzählung der lebzeitigen Zuwendungen, welche die Abkömmlinge auszugleichen haben, sei nicht abschließend. Das Gesetz nenne nur einzelne Beispiele, aber im Prinzip sei jede Zuwendung an Abkömmlinge auszugleichen, sofern nichts anderes angeordnet sei. Der Gesetzestext lautet nun, in der Bundesratsfassung des ZGB und nach der Intervention *Menthas:*

„Art. 620 (Ausgleichungspflicht der Erben)
Die gesetzlichen Erben sind untereinander verpflichtet, alles zur Ausgleichung zu bringen, was ihnen der Erblasser bei Lebzeiten auf Anrechnung an ihren Erbteil zugewendet hat.

Was der Erblasser seinen nach Nachkommen mit Heiratsgütern, Ausstattungen, Vermögensabtretungen oder Schulderlaß und dergleichen zugewendet hat, steht, sofern der Erblasser nicht ausdrücklich das Gegenteil verfügt, unter Ausgleichspflicht."

Aus der soeben geschilderten Episode der Gesetzgebungsgeschichte ergeben sich drei Indizien, die an einer allzu engen Verwandtschaft der schweizerischen Ausgleichung mit der deutschrechtlichen Tradition zweifeln lassen: Zunächst stechen die im engeren Sinne ausstattenden Zuwendungen (Ausstattung und Heiratsgut) weniger heraus, wenn sie nunmehr gleichberechtigt neben anderen Zuwendungen stehen, deren Ausstattungscharakter weniger klar auf der Hand liegt (Schulderlass und die Vermögensabtretung). Hinzu kommt das zumindest plausible Argument, eine derartige, weitergehende Lesart müsse *Eugen Huber* aus den soeben beschriebenen Gründen ohnehin vorgeschwebt haben.[53] Hierfür spricht zum einen *Menthas* Lehrbuch. Zum anderen erläutert der frankophone Berichterstatter, *Vincent Gottofrey*, die Ausgleichung im Nationalrat wie folgt:[54] „Les descendants sont obligés en principe de rapporter toutes les libéralités qu'ils ont reçues de défunt." Im Prinzip seien alle Zuwendungen seitens des Erblassers auszugleichen.

---

[51] *Piotet*, Schweizerisches Privatrecht, Bd. IV/1, 295, versteht die Einfügungen hingegen als Bestätigung des vorherigen Ausstattungsgedankens.

[52] *Rossel/Mentha*, Manuel de droit civil suisse, Bd. II, 262 f.; zustimmend *Tuor*, ZBJV 61 (1925), 51–65, 53 f.

[53] So wieder *Vollery*, Les relations entre rapports et réunions en droit successoral, 25–27; *Eitel*, Die Berücksichtigung lebzeitiger Zuwendungen im Erbrecht, 242–245; dagegen wieder *Piotet*, Schweizerisches Privatrecht, Bd. IV/1, 295.

[54] Stenografisches Bulletin XVI (1906), Bd. I, 383. Auch *Thorens*, Journée Juridique XIIIeme (1974), 35 weist darauf hin, dass die Ausstattung in den Räten keine herausgehobene Rolle gespielt hat.

Schließlich hat sich mit der Zusammenfassung von Art. 633 und 634 des Vorentwurfs in einer Norm deren Titel geändert: Es ist nunmehr von der Ausgleichspflicht „der Erben“ die Rede, eine Beschränkung auf Nachkommen findet sich erst in Art. 620 Abs. 2 des Bundesratsentwurfs (und aus dem Wortlaut ergibt sich nicht, ob Art. 620 Abs. 2 des Bundesratsentwurfs lediglich die Ausgleichspflicht auf Nachkommen beschränkt[55] oder auch die Ausgleichsberechtigung[56]).

Es gibt mithin eine zweite Lesart des ZGB, die sich ebenfalls auf die Gesetzeshistorie berufen kann und die sich an weitreichenden, französischen Gleichheitsvorstellungen orientiert. Die Ausstattung als ausgleichspflichtige Zuwendung wäre dann nicht derart systemprägend, wie sie es für die deutschrechtliche Tradition war. Gestützt wird diese Lesart durch frühe Äußerungen des Bundesgerichts und im rechtswissenschaftlichen Schrifttum.[57]
Sicher ist damit wohl nur, dass die Vorschriften des ZGB in der Tat redaktionell nicht besonders gut geglückt sind. Die Antwort auf eine ebenso zentrale wie naheliegende Frage – die nach dem Gegenstand der Ausgleichung – lässt sich dem Gesetz kaum entnehmen.[58] Denn bei allem französisch inspiriertem Denken, das man den Vätern des ZGB unterstellen mag: Es finden sich auch

---

[55] Noch weitergehend *Rossel/Mentha*, Manuel de droit civil suisse, Bd. II, 264, nach deren Ansicht auch der überlebende Ehegatte verpflichtet ist, Zuwendungen im Sinne des Art. 626 Abs. 2 ZGB einzubringen, wenn er solche erhalten hat.

[56] Hier liegt einer der wesentlichen Streitpunkte des geltenden Rechts. Vgl. einerseits, die Ausgleichsberechtigung bejahend, Bundesgericht, 29.6.1951, BGE 77 II, 228 (230–233); *Piotet*, ZSR 83 I (1964), 15, *passim*; *Thorens*, Journée Juridique XIIIeme (1974), 33 f.; *Piotet*, Schweizerisches Privatrecht, Bd. IV/1, 313–315; *Druey*, in: FS Piotet, 33–36 (jedenfalls in der Tendenz); *ders.*, Grundriss des Erbrechts, 77 f.; *Seeberger*, Die richterliche Erbteilung, 257–297; *Vollery*, Les relations entre rapports et réunions en droit successoral, 105 f.; *Weimar*, in: FS Schnyder, 853–856; *Breitschmid*, in: Druey/Breitschmid, 77; *Piotet*, ZSR 119 I (2000), 491, 492–496; *Winistörfer,* Die unentgeltliche Zuwendung im Privatrecht, 194; *Steinauer*, in: FS Sandoz, 425–428; wohl auch *Aebi-Müller*, Die optimale Begünstigung des überlebenden Ehegatten, 208; *Steinauer*, Le droit des successions, 149; *Wolf/Genna*, Schweizerisches Privatrecht, Bd. IV/2, 333 f.; vgl. für die Gegenauffassung ZK-*Escher*, Art. 626 ZGB, Rn. 6–12; *Schwendener,* Ausgleichungspflicht der Nachkommen, 101–103 (dem nicht zuletzt die Blutsverwandtschaft als Rechtfertigung des Erbrechts (100) besonders wichtig ist); *Eitel*, Die Berücksichtigung lebzeitiger Zuwendungen im Erbrecht, 327–333; *ders.*, ZSR 118 I (1999), 69, 83–91; *Brückner*, successio 2008, 194, 199; *Wüst*, successio 2009, 231, 231 f.; wahrscheinlich auch *Tuor/Schnyder/Schmid/Jungo*, Das Schweizerische Zivilgesetzbuch, 981 f.; PraxKomm Erbrecht-*Bertossa*, Art. 626 ZGB, Rn. 17–20; BSK ZGB II-*Forni/Piatti*, Art. 626, Rn. 6.

[57] Vgl. neben *Rossel/Mentha*, Manuel de droit civil suisse, Bd. II, 262 f. und *Tuor*, ZBJV 61 (1925), 51–65, 53 f., insb. *Wolfer*, Die Ausgleichung der Erben nach dem schweizer. Zivilgesetzbuch, 76 f., der davon ausgeht, dass sich die Auslegung des ZGB in diese Richtung entwickeln wird.

[58] Diese Beobachtung teilt *Druey*, in: FS Piotet, 30 („nicht sehr erleuchtendes Ergebnis“).

Privatgutachten aus *Eugen Hubers* Feder, die wiederum nahelegen, es gebe – bedeutende – Zuwendungen, die nicht auszugleichen sind.[59]

3. Spezifisch schweizerische Spuren in der Gesetzgebungsgeschichte

Historisch lässt sich nicht letzter Sicherheit rekonstruieren, inwieweit die Väter des ZGB der französischen oder der deutschrechtlichen Tradition folgen wollen. Es ist nicht ausgeschlossen, dass es sich hierbei um eine bewusste Entscheidung handelt, obwohl das schweizerische Schrifttum mit viel Mühe versucht, diese Frage zu beantworten. Es könnte sich bei der schweizerischen Ausgleichung um ein spezifisch schweizerisches Institut handeln. Ein Beispiel für einen solchen Regelungsansatz findet sich ja der frankophonen Schweiz vor Inkrafttreten des ZGB. Hier gibt es, wie beschrieben, eine genuin schweizerische Tradition. Die Ausgleichung ist, dem deutschen Recht entsprechend, auf Abkömmlinge beschränkt,[60] obwohl das kantonale Recht in der frankophonen Schweiz im Übrigen teils deutlich vom Code civil beeinfluss ist.[61]

Ferner mag man die beschriebenen Unsicherheiten als Ausdruck eines für das ZGB typischen Formelkompromisses lesen, der sich – bewusst oder unbewusst – sowohl der deutschen als auch der französischen Lesart öffnet.[62] In diese Logik passt die Aussage *Eugen Hubers*, die gesetzliche Ausgleichung erfasse die „Hauptfälle“ auszugleichender Zuwendungen.[63] In der zweiten, nach Inkrafttreten des ZGB erschienenen Auflage der „Erläuterungen“ findet sich nämlich folgende Hinweis *Eugen Hubers* zur Gesetzgebungsgeschichte und zu der Frage, was Gegenstand der Ausgleichung sei:[64]

---

[59] Vgl. *Boente*, in: FS Breitschmid, 250–252. Das sieht auch *Eitel*, Die Berücksichtigung lebzeitiger Zuwendungen im Erbrecht, 253, der jedoch meint, hier ginge es nicht um eine abstrakte, allgemeingültige Lösung, sondern um den Einzelfall. Andererseits meint *Druey*, in: FS Piotet, 39, aus den Schriften *Eugen Hubers* eine Tendenz zugunsten französischer Konzepte herauslesen zu können.

[60] *Rossel*, Manuel du droit civil de la Suisse romande, 245 (mit Ausnahme des französischen und Genfer Code civil). Vgl. hierzu auch *Eitel*, Die Berücksichtigung lebzeitiger Zuwendungen im Erbrecht, 235 f.

[61] So jedenfalls erklärt *Dufour*, in: GS Jäggi, 91 f., die Herausforderungen des modernen Rechts.

[62] Vgl. zur Offenheit des ZGB als dessen Stärke *Zweigert/Kötz*, Einführung in die Rechtsvergleichung auf dem Gebiete des Privatrechts, 171 f.

[63] *Huber*, Erläuterungen zu dem Teilentwurf, 194; *ders.*, Erläuterungen zum Vorentwurf, 437 f. *Thorens*, Journée Juridique XIIIeme (1974), 29 bemerkt dazu: „S’il est si difficile de parler des rapports, c’est sans doute parce que les idées de l’auteur du Code civil n’étaient pas claires lorsqu’il a rédigé son projet primitif.“

[64] *Huber*, Erläuterungen zum Vorentwurf (1914), 470 [= *Reber/Hurni* (Hrsg.), Materialien zum Zivilgesetzbuch, Bd. II, Rn. 1203]. *Dufour*, in: GS Jäggi, 92 f. sieht hierin eine Anlehnung an die Gebräuche des Nidwalder Rechts und an Ulpian, was ihn wiederum zu einer extensiven Auslegung von Art. 626 Abs. 2 ZGB neigen lässt.

„Bei den späteren Beratungen wurde befunden, dass diese Verhältnisse besser der Beurteilung nach dem einzelnen Falle überlassen bleiben. Der Entwurf bestimmt daher hierüber nichts weiter […].“

Ob damit auf den Antrag *Menthas* angespielt wird oder auf weitere, nicht veröffentlichte Beratungen, ist nicht klar. Das ZGB ist also möglicherweise auch im Hinblick auf den Gegenstand Ausgleichung bewusst unvollständig und ausfüllungsbedürftig. Einige sehen hierin – gerade im Vergleich zum BGB – eine Stärke der schweizerischen Kodifikation.[65] Wie weit dieser Gedanke hinsichtlich der Ausgleichung trägt, ist jedoch fraglich.[66] *Paul Eitel* merkt hierzu in seiner Habilitationsschrift über die Ausgleichung an, man könne dem ZGB nur unterstellen, charakterbedingt *Neben*fragen offen zu lassen, nicht aber *Haupt*fragen.[67]

Was die Genese des ZGB und den Gegenstand der schweizerischen Ausgleichung betrifft, muss man tatsächlich einer zeitgenössischen Polemik Recht geben.[68] Der schweizerische Gesetzgeber habe hier, so wird bemängelt, „Augen und Ohren“ verschlossen vor den wirklich fordernden Fragen der Ausgleichung. Sie zu beantworten habe er der „mystischen Hellsichtigkeit der Gerichte überlassen“ und einen Text geschaffen, der endlosen Diskussionen Tür und Tor öffne. Insbesondere der Zusatz „und dergleichen“ erlaube jedem zu verstehen was er wolle. Jedenfalls diese Vorhersage hat sich als wahr erwiesen. Der Gegenstand der schweizerischen Ausgleichung bietet seit jeher Stoff für nicht enden wollende juristische Kontroversen.

III. Das geltende schweizerische Recht: ein Eldorado für Kontroversen im Erbrecht

Der Versuch, die Entwicklungslinien des schweizerischen Rechts nachzuzeichnen, führt auf den ersten Blick zu einem ernüchternden Ergebnis. Ganz wesentliche Fragen lassen sich historisch kaum zufriedenstellend beantworten. Selbst Gegenstand und Ratio der Ausgleichung verlieren sich im Nebel einer diffusen Rezeptionsgeschichte. Sucht man nach rechtsvergleichenden Mustern, wie sich die deutschrechtliche Tradition weiterentwickeln kann, wird diese Schwäche jedoch zur Stärke. Gerade weil die Regeln des schweizerischen Rechts so unklar sind, haben die Diskussionen um die Ausgleichung hier nie

---

[65] Vgl. wieder *Zweigert/Kötz*, Einführung in die Rechtsvergleichung auf dem Gebiete des Privatrechts, 171 f.

[66] Möglicherweise spielt zumindest die Botschaft des Bundesrates auf diesen Gedanken an, wenn sie über die Ausgleichung sagt (BBl. 1904 IV, 59 f.): „Es sind innere Verhältnisse unter meist ganz nahen Miterben, Geschwistern, die hier infrage kommen, und für deren Regelung in bestem Sinne auf Treue und Glauben verwiesen werden darf […]“, vgl. hierzu, zurückhaltend, *Eitel*, Die Berücksichtigung lebzeitiger Zuwendungen im Erbrecht, 245 f.

[67] *Ders.*, Die Berücksichtigung lebzeitiger Zuwendungen im Erbrecht, 246.

[68] *Roguin*, Traité de droit civil comparé, Bd. V, 537.

nachgelassen. Rechtswissenschaft und -praxis in der Schweiz können es nicht dabei belassen, Tradiertes bloß fortzuschreiben. Sie müssen sich immer wieder der *ratio legis* und der Reichweite der Ausgleichung vergewissern.

1. Die Ausgleichung im modernen schweizerischen Recht: Eldorado für Kontroversen im Erbrecht

Die zentrale Norm des modernen schweizerischen Ausgleichungsrecht entspricht bis auf wenige redaktionelle Änderungen der oben abgedruckten Bundesratsfassung:

„Art. 626 ZGB: Ausgleichungspflicht der Erben
1. Die gesetzlichen Erben sind gegenseitig verpflichtet, alles zur Ausgleichung zu bringen, was ihnen der Erblasser bei Lebzeiten auf Anrechnung an ihren Erbanteil zugewendet hat.
2. Was der Erblasser seinen Nachkommen als Heiratsgut, Ausstattung oder durch Vermögensabtretung, Schulderlass u. dgl. zugewendet hat, steht, sofern der Erblasser nicht ausdrücklich das Gegenteil verfügt, unter der Ausgleichungspflicht."

Im Wesentlichen entspricht dies der aufgrund des Antrags von *Mentha* erweiterten Formulierung der Ausgleichungspflicht.[69] Nunmehr behandelt Art. 626 Abs. 1 ZGB die „gewillkürte" und Art. 626 Abs. 2 ZGB die „gesetzliche Ausgleichung.[70] Ergänzt werden die Regeln durch Art. 631 Abs. 1 ZGB, wonach Erziehungs- und Ausbildungskosten vorbehaltlich eines abweichenden Erblasserwillens nur auszugleichen sind, soweit sie das übliche Maß übersteigen. Übliche Gelegenheitsgeschenke sind nach Art. 633 ZGB nicht auszugleichen.

Rationalisiert werden diese Ausgleichstatbestände mit Gleichheitsvorstellungen,[71] vor allem aber mit dem vermuteten Erblasserwillen.[72] Letzteres ist verglichen mit den Materialien neu. Hier spielte der mutmaßliche Erblasserwille eine deutlich untergeordnete Rolle.[73] Im Verweis auf Gleichheitsideen klingt noch die Aussage *Eugen Hubers* an, mit der Erbteilung verbinde sich

---

[69] Vgl. dazu oben Zweiter Teil – A.II.2 (106).

[70] Vgl. statt aller Bundesgericht, 2.3.1998, BGE 124 III, 102 (104): „Ce rapport [Art. 626 Abs. 2 ZGB] est dit légal, par opposition au rapport volontaire de l'art. 626 al. 1 CC". Vgl. Auch Bundesgericht, 29.6.1951, BGE 77 II, 228 (229 f.).

[71] Bundesgericht, 15.12.2022 – 5A_425/2020 (Rn. 4.3.3.); BK-*Eitel*, vor Art. 626 ZGB, Rn. 10–14; *Wolf/Genna*, Schweizerisches Privatrecht, Bd. IV/2, 317; CHK-*Frankhauser*, Art. 626 ZGB, Rn. 1; *Eitel/Bieri*, in: FS Studer, 15; BSK ZGB II-*Forni/Piatti*, Art. 626, Rn. 1; PraxKomm Erbrecht-*Bertossa*, vor Art. 626 ZGB, Rn. 2–5.

[72] BK-*Eitel*, vor Art. 626 ZGB, Rn. 7 f.; *Steinauer*, Le droit des successions, 118–120; *Wolf/Genna*, Schweizerisches Privatrecht, Bd. IV/2, 318; CHK-*Frankhauser*, Art. 626 ZGB, Rn. 1; BSK ZGB II-*Forni/Piatti*, Art. 626, Rn. 1.

[73] Er rechtfertigt im Gesetzgebungsprozess nur die Behandlung von Ausbildungskosten und Gelegenheitsgeschenken, vgl. *Huber*, Erläuterungen zu dem Teilentwurf, 194; weniger deutlich hingegen (aber in der Sache wohl ohne Unterschied) *ders.*, Erläuterungen zum Vorentwurf, 438 f.

nach dem Prinzip „der Gleichstellung der Erben die Einwerfung des vorempfangenen Gutes".[74] Gleichzeitig zeigt sich schon hier, dass mit dem Schlagwort „Gleichbehandlung" unterschiedliche Vorstellungen verbunden sein können, je nachdem, ob man die Gleichbehandlung der Nachkommen untereinander in den Vordergrund stellt oder die Gleichbehandlung aller gesetzlicher Erben betont.[75] Die Gleichbehandlung aller Nachkommen stünde in der Tradition des BGB, die Gleichbehandlung aller gesetzlichen Erben in derjenigen des Code civil. Auch das Bundesgericht scheint sich erst jüngst festgelegt zu haben:[76]

> „Hier, bei der Anwendung von Art. 626 Abs. 2 ZGB, geht es um das Interesse eines jeden Kindes, am väterlichen oder mütterlichen Nachlass zu einem gleichen Teil wie alle anderen Kinder zu partizipieren. Die Legitimität dieses Interesses beruht auf dem Willen des Gesetzgebers, mit der Gleichheits- oder Gerechtigkeitsidee im familiären Kontext dem besonderen Stellenwert Rechnung zu tragen, durch den sich die (naturgemäss) enge Beziehung der Kinder sowohl zu ihren Eltern als auch untereinander vom weiteren Familienkreis (und von ausserfamiliären Verhältnissen) abhebt."

Dass es mit dem Willen des Gesetzgebers nicht ganz so einfach ist, wie das Bundesgericht hier insinuiert, sollte nach dem bisher Gesagten feststehen.[77]

Bisher war stets von der „gesetzlichen" Ausgleichung nach Art. 626 Abs. 2 ZGB die Rede. Die gewillkürte Ausgleichung nach Art. 626 Abs. 1 ZGB spielt demgegenüber eine untergeordnete Rolle. Das entspricht der Binnenwahrnehmung des schweizerischen Rechts. Zwar bezeichnet das Bundesgericht die gewillkürte Ausgleichung als „Grundregel".[78] Was damit gemeint sein soll, ist jedoch weniger klar. Im zeitgenössischen Schrifttum spricht man angesichts dessen von einer „frei drehenden" Regel.[79] Häufig und streitträchtig sind schließlich die Fälle des Art. 626 Abs. 2 ZGB. Sie sind der Grund,

---

[74] *Huber,* Erläuterungen zu dem Teilentwurf, 194; *ders.,* Erläuterungen zum Vorentwurf, 437 f.

[75] Die Gleichheit der Nachkommen betont tendenziell wer den Gegenstand der Ausgleichung weit versteht, die Gleichheit der gesetzlichen Erben eher, wer den erfassten Personenkreis weit versteht, vgl. dazu die oben in Fn. 56 genannten Stimmen.

[76] Bundesgericht, 15.12.2022 – 5A_425/2020 (Rn. 4.3.3.); zurückgehend auf *Eitel/ Bieri,* in: FS Studer, 15.

[77] Vgl. zu den Argumenten für einen weiteren Tatbestand oben Zweiter Teil – A.II.2 (106). Auch was die hier nicht behandelten Fragen angeht, trägt die schweizerische Ausgleichung deutliche französische Züge: Beispielsweise kann der ausgleichspflichtige Erbe nach Art. 628 Abs. 1 ZGB wählen, ob er die ausgleichspflichtige Zuwendung in Natur oder dem Werte nach einbringt (letzteres ist üblich, vgl. *Druey,* in: FS Piotet, 27 f.). Nach Art. 629 Abs. 1 ZGB ist eine Zuwendung in der Regel auch dann einzubringen, wenn sie sich als werthaltiger erweist als der Erbteil des Bedachten.

[78] Bundesgericht, 29.6.1951, BGE 77 II, 228 (233).

[79] *Druey,* in: FS Piotet, 29.

warum die Ausgleichung als „Eldorado für Kontroversen im Erbrecht“[80] gilt und warum das ZGB rechtsvergleichend so interessant ist.

2. Der Gegenstand der Ausgleichung im modernen schweizerischen Recht: der Streit zwischen der „Ausstattungs“- und der „Schenkungskollation“

Einige Aspekte der gesetzlichen Ausgleichung sind freilich unumstritten:[81] Art. 626 Abs. 2 ZGB erfasst Zuwendungen unter Lebenden, die zumindest teilweise unentgeltlich sind.[82] Das zentrale Problem der gesetzlichen Ausgleichung betrifft ihre Reichweite in sachlicher Hinsicht, es geht dem schweizerischen Schrifttum, ebenso wie dieser Untersuchung, hauptsächlich um den Gegenstand der Ausgleichung.

Art. 626 Abs. 2 ZGB erfasst seinem Wortlaut nach Heiratsgüter, Ausstattungen, Zuwendungen durch Vermögensabtretungen oder Schulderlass und dergleichen. Schon im Gesetzgebungsverfahren spielte jedoch wie gesehen keine Rolle, was genau unter diesen Begriffen zu verstehen ist und was sie unterscheidet. Und auch die modernen Kommentare versuchen gar nicht erst, die einzelnen Zuwendungen so zu definieren, dass man sie voneinander abgrenzen kann.[83] Letztlich ist die Aufzählung des Art. 626 Abs. 2 ZGB offen, wie schon der Zusatz „und dergleichen“ deutlich macht. Entscheidend ist ganz allgemein der Ausstattungscharakter einer Zuwendung. Das Bundesgericht fragt klassischerweise,[84] ob es um die „Existenzbegründung, -sicherung oder -verbesserung“ geht.[85] Ist das der Fall, ist die Zuwendung auszugleichen.

---

[80] *Schnyder*, ZBJV 135 (1999), 348, 374.

[81] *Steinauer*, Le droit des successions, 126–128; *Wolf/Genna*, Schweizerisches Privatrecht, Bd. IV/2, 324–328; PraxKomm Erbrecht-*Bertossa*, Art. 626 ZGB, Rn. 27–47a; BSK ZGB II-*Forni/Piatti*, Art. 626, Rn. 9; *Wolf/Hrubesch-Millauer*, Schweizerisches Erbrecht, 529–534.

[82] Probleme im Zusammenhang mit gemischten Schenkungen sollen hier nicht interessieren, vgl. dazu BK-*Eitel*, Art. 626 ZGB, Rn. 112–123; *Wolf/Genna*, Schweizerisches Privatrecht, Bd. IV/2, 328; CHK-*Frankhauser*, Art. 626 ZGB, Rn. 4; PraxKomm Erbrecht-*Bertossa*, Art. 626 ZGB, Rn. 36–41; BSK ZGB II-*Forni/Piatti*, Art. 626, Rn. 9; *Wolf/Hrubesch-Millauer*, Schweizerisches Erbrecht, 532–534.

[83] Vgl. wieder CHK-*Frankhauser*, Art. 626 ZGB, Rn. 6; PraxKomm Erbrecht-*Bertossa*, Art. 626 ZGB, 49; BSK ZGB II-*Forni/Piatti*, Art. 626, Rn. 14. Annäherungen an den Begriff finden sich noch bei ZK-*Escher*, Art. 626 ZGB, Rn. 34–39; *Eitel*, Die Berücksichtigung lebzeitiger Zuwendungen im Erbrecht, 222–224; BK-*ders.*, Art. 626 ZGB, 71–75.

[84] Später wird das Bundesgericht die „Familienfürsorge“ als weiteren zentralen Begriff einführen, um die unter Art. 626 Abs. 2 ZGB fallenden Zuwendungen zu umschreiben; zurückgehend auf ZK-*Escher*, Art. 527 ZGB, Rn. 14, explizit so aufgegriffen durch Bundesgericht, 26.2.1981, BGE 107 II, 119 (131) und Bundesgericht, 8.11.1990, BGE 116 II, 667 (673).

[85] Bundesgericht, 23.6.1950, BGE 76 II, 188 (196, 199); vgl. seitdem allein aus der offiziellen Sammlung Bundesgericht, 1.2.1951, BGE 77 II, 36 (38); Bundesgericht,

Der Ansatz des Bundesgerichts entspricht damit jedenfalls im Grundsatz demjenigen des deutschen Rechts. Diese Lesart wird im schweizerischen Schrifttum als „Ausstattungskollation" bezeichnet. Damit verbunden ist die Absage an eine erweiternde Auslegung, die dem Ansatz des französischen Rechts nähersteht und unter dem Schlagwort „Schenkungskollation" diskutiert wird. Der ältlich anmutende Begriff „Kollation" lebt im Rahmen dieser Diskussion fort, und die Stellungnahmen in diesem Streit können Bibliotheken füllen. Weil sich die Idee der „Ausstattungskollation" und das deutsche Recht so sehr ähneln, erscheint es aber gerechtfertigt, den wesentlichen Argumenten dieser Diskussion nachzugehen.

a) Art. 626 Abs. 2 ZGB als Ausstattungskollation

Es erscheint in der Frühphase des ZGB keineswegs ausgemacht, dass die Rechtsprechung die gesetzliche Ausgleichung nach Art. 626 Abs. 2 ZGB letztlich auf ausstattende Zuwendungen begrenzen wird. Eine weitergehende, am französischen Recht orientierte, Auslegung schließen, wie sich gezeigt hat, weder der offene Wortlaut noch die Entstehungsgeschichte der Norm per se aus. Gegenstand der gesetzlichen Ausgleichung sind schließlich nur zwei Zuwendungen, die im engeren Sinne ausstattend sind (Heiratsgüter und Ausstattungen). Neben ihnen stehen, scheinbar gleichberechtigt, zwei *prima facie* zweckneutrale Zuwendungen (Vermögensabtretung und der Schulderlaß). Hinzu kommt die Öffnungsklausel „und dergleichen". Angesichts dessen wirkt es nicht allzu stoßend, wenn das Bundesgericht 1918 urteilt.[86]

„D'apres l'art. 626 al. 2 CCS, les libéralités faites à des descendants sont assujetties au rapport, à moins que le donateur n'ait « expressement disposé le contraire »."

Alle freigiebigen Zuwendungen, die Kindern gemacht werden, heißt es hier, unterliegen der gesetzlichen Ausgleichung nach Art. 626 Abs. 2 ZGB, wenn der Erblasser nicht explizit das Gegenteil angeordnet hat. Diese extensive Lesart prägt das schweizerische Recht jedoch nur für kurze Zeit. Das Bundesgericht gibt sie bald ohne weitere Begründung auf. Möglicherweise handelt sich ohnehin nur um eine unvorsichtige Formulierung, über deren Tragweite sich das Gericht kurz nach Inkrafttreten des ZGB nicht bewusst ist.[87]

13.7.1972, BGE 98 II, 352 (356 f.); Bundesgericht, 26.2.1981, BGE 107 II, 119 (130 f.); Bundesgericht, 8.11.1990, BGE 116 II, 667 (673); Bundesgericht, 2.3.1998, BGE 124 III, 102 (104); Bundesgericht, 28.5.2002 – 1E.25/2001, BGE 128 II, 231 (236); Bundesgericht, 19.11.2004 – 5C.67/2004, BGE 131 III, 49 (55).

[86] Bundesgericht, 30.10.1918, BGE 44 II, 356 (360). Vgl. zu dieser Entscheidung *Eitel*, Die Berücksichtigung lebzeitiger Zuwendungen im Erbrecht, 193 f.

[87] *Vollery*, Les relations entre rapports et réunions en droit successoral, 22 (dort Fn. 87) hält dies für ein Versehen. *Eitel*, Die Berücksichtigung lebzeitiger Zuwendungen im Erbrecht, 226, vermutet, dass die Unterscheidung zwischen Schenkungs- und Ausstat-

Die Leitentscheidung des Bundesgerichts zum Gegenstand der Ausgleichung stammt aus dem Jahr 1951.[88] Als so genannter „Motorboot-Fall“ ist sie der Bezugspunkt aller weiteren Diskussionen von Art. 626 Abs. 2 ZGB. Nicht zuletzt, weil sie die wesentliche Unterscheidung des schweizerischen Rechts in scheinbar lehrbuchhafter Weise verdeutlicht. Es geht in der Entscheidung vor allem um zwei lebzeitige Zuwendungen. Ein Vater verschafft seinem Sohn ein Zigarrengeschäft – und er schenkt ihm ein Sportboot. Dieser Sachverhalt veranlasst das Bundesgericht, sich erstmals ausführlicher mit dem Gegenstand der gesetzlichen Ausgleichung zu befassen und deren Tatbestand zu konturieren: Hier rationalisiert es die in Art. 626 Abs. 2 BGB genannten Zuwendungen erstmals im Hinblick auf ihren gemeinsamen Zweck der Existenzbegründung-, -sicherung oder -verbesserung.[89] Die scheinbare Öffnungsklausel „und dergleichen“ ändere daran nichts. Sie eröffne zwar einen gewissen richterlichen Spielraum, um weitere Zuwendungen zu erfassen,[90] sei aber durch die Analogie zu den genannten – im weiteren Sinne ausstattenden – Zuwendungen beschränkt. Die Verschaffung des Zigarrengeschäfts ist demnach ausgleichspflichtig, die Schenkung des Motorboots nicht. Später wird das Bundesgericht die „Familienfürsorge“ als weiteren zentralen Begriff einführen, um die unter Art. 626 Abs. 2 ZGB fallenden Zuwendungen zu umschreiben.[91]

Darüber hinaus erklärt und rechtfertigt das Bundesgericht seine Rechtsprechung nicht. Diese Aufgabe übernehmen seine Verteidiger im Schrifttum.[92] Sie bilden zunächst ein restriktiveres Wortlautargument: Art. 626 Abs. 2

---

tungskollation noch nicht ausgebildet war; tendenziell so auch *Zeiter*, in: Jungo/Breitschmid/Schmid, 67.

[88] Bundesgericht, 23.6.1950, BGE 76 II, 188. Der Entscheid betrifft in der Sache die Herabsetzung des Pflichtteils nach Art. 527 ZGB, gilt aber schon seinem zweiten Leitsatz nach für die intestaterbrechtliche Ausgleichung gleichermaßen. Dass auch um nicht minder interessante Fragen betreffs kostenfreien Wohnenlassens gestritten wurde (195–198), wurde weniger stark rezipiert.

[89] *Boente*, in: FS Breitschmid, 249.

[90] Bundesgericht, 23.6.1950, BGE 76 II, 188 (196); Bundesgericht, 26.2.1981, BGE 107 II, 119 (130 f.); Bundesgericht, 8.11.1990, BGE 116 II, 667 (673).

[91] Zurückgehend auf ZK-*Escher*, Art. 527 ZGB, Rn. 14, explizit so aufgegriffen durch Bundesgericht, 26.2.1981, BGE 107 II, 119 (131) und Bundesgericht, 8.11.1990, BGE 116 II, 667 (673).

[92] Noch zurückhaltend *Piotet*, JdT 107 (1959), 139, 142 (v.a. aus Mangel an Alternativen und aus Gründen der Rechtssicherheit); dann aber *Stoudmann*, L'avancement d'hoirie et sa réduction, 48 (jedoch mit Modifikationen, 48–58); *Piotet*, Schweizerisches Privatrecht, Bd. IV/1, 306–309; *Schwarz*, Die Herabsetzung gemäss Art. 527 Ziff. 1 ZGB, 24–28; *Seeberger*, Die richterliche Erbteilung, 256 f.; *Vollery*, Les relations entre rapports et réunions en droit successoral, 21–42; *Weimar*, in: FS Schnyder, 845–848 (jedoch nur im Ergebnis, mit anderer Begründung); *Steinauer*, Le droit des successions, 129–131 (jedoch möglicherweise sehr weit); BSK ZGB II-*Forni/Piatti*, Art. 626, Rn. 14–16 Vgl. für weitere Nachweise zum dem Bundesgericht folgenden Schrifttum, *Eitel*, Die Berücksichtigung lebzeitiger Zuwendungen im Erbrecht, 197–207.

ZGB lege nahe, die gesetzliche Ausgleichung auf Zuwendungen zu beschränken, deren gemeinsamer Zweck die Existenzbegründung-, -sicherung oder -verbesserung sei.[93] Eine Enumeration einzelner, explizit genannter Zuwendungen ergäbe wenig Sinn, würde die Norm über die scheinbare Öffnungsklausel letztlich doch alle oder zumindest alle bedeutenden Zuwendungen erfassen wollen. Und gemein sei den genannten Zuwendungen eben der Ausstattungsgedanke. Hinzu kommen diejenigen Argumente aus der Entstehungsgeschichte der Norm, die eine derartige Beschränkung im Sinne deutscher Grundgedanken nahelegen.[94]

Darüber hinaus passe sich die Ausstattungskollation in die Systematik des schweizerischen Ausgleichungsrechts ein, die sich am mutmaßlichen Erblasserwillen orientiere. Es gebe, so diese Auffassung, ein Regel-Ausnahme-Verhältnis zwischen den beiden Absätzen von Art. 626 ZGB:[95] Aus Art. 626 Abs. 1 ZGB ergebe sich, dass Zuwendungen in der Regel nur qua Anordnung ausgleichspflichtig seien, Art. 626 Abs. 2 ZGB sei die Ausnahme. Eine Sonderrolle der Ausstattung sei gerechtfertigt, weil sie gegenüber den Kindern erfolge, um Sitten und Gebräuchen zu folgen und nicht um die Nachkommen gegenüber den anderen Intestaterben zu bevorzugen.[96] Aus diesem Grund entspreche die Ausgleichung dem mutmaßlichen Erblasserwillen.[97] Im rein schweizerischen Kontext erinnert dieses Argument an die Väter des Zürcher PG, die von der Ausstattung als „eigenthümlichem" Geschäft mit Rücksicht auf Familiensitten sprechen.[98] Damit ist aber – im heutigen schweizerischen Schrifttum – genau die Erklärung benannt, die implizit auch dem BGB zugrunde liegt.

---

[93] *Piotet*, ZBJV 108 (1972), 265, 291; *ders.*, Schweizerisches Privatrecht, Bd. IV/1, 295; *Seeberger*, Die richterliche Erbteilung, 256. Diesen Widerspruch sieht auch *Widmer*, Grundfragen der erbrechtlichen Ausgleichung, 86. Die Vertreter einer weitergehenden Auslegung fühlen sich freilich durch die Nennung weiterer Zuwendungen neben Heiratsgütern und Ausstattungen bestärkt, vgl. *Rösli*, Herabsetzungsklage und Ausgleichung im schweizerischen Zivilgesetzbuch, 81–84; *Widmer*, Grundfragen der erbrechtlichen Ausgleichung, 91; *Eitel*, Die Berücksichtigung lebzeitiger Zuwendungen im Erbrecht, 227–230.

[94] *Piotet*, ZBJV 108 (1972), 265, 294; *ders.*, Schweizerisches Privatrecht, Bd. IV/1, 295. Keine historischen Schlüsse ziehen will hingegen *Vollery*, Les relations entre rapports et réunions en droit successoral, 25–27; vgl. dazu oben Zweiter Teil – A.II.1 (101).

[95] So *Piotet*, JdT 107 (1959), 139, 140; *ders.*, ZBJV 108 (1972), 265, 298; *ders.*, Schweizerisches Privatrecht, Bd. IV/1, 297; *Vollery*, Les relations entre rapports et réunions en droit successoral, 34.

[96] *Piotet*, JdT 107 (1959), 139, 140; *Stoudmann*, L'avancement d'hoirie et sa réduction, 50 f.; *Piotet*, ZBJV 108 (1972), 265, 298 f.; *ders.*, Schweizerisches Privatrecht, Bd. IV/1, 298, 314; *Vollery*, Les relations entre rapports et réunions en droit successoral, 34–36; *Winistörfer*, Die unentgeltliche Zuwendung im Privatrecht, 177 f. Dagegen wendet sich besonders deutlich *Thorens*, Journée Juridique XIIIeme (1974), 36–39.

[97] *Steinauer*, Le droit des successions, Rn. 160.

[98] *Bluntschli*, Privatrechtliches Gesetzbuch für den Kanton Zürich, Bd. IV, 22 f. Vgl. dazu bereits oben A.II.1 (101).

Eine solche Lesart muss dann auch keinen Widerspruch darin sehen, dass Zuwendungen an andere Angehörige nicht der gesetzlichen Ausgleichung nach Art. 626 Abs. 2 ZGB unterliegen. Werden ausnahmsweise der Ehegatte oder Neffen und Nichten „ausgestattet", bleibt es bei dem allgemeinen Gedanken: Die lebzeitige Bevorzugung wird durch das Intestaterbrecht nicht berührt.[99] Dabei fällt auf, dass gerade derjenige Teil des Schrifttums, der die Rechtsprechung des Bundesgerichts unterstützt, in der Ausstattung noch mehr oder minder deutlich die Erfüllung sittlicher Pflichten sieht: „on peut parler à cet ègard d'ùn véritable devoir moral."[100] Gleichbehandlungsvorstellungen spielen hingegen eine untergeordnete Rolle.[101] Das ist ein auffallender Unterschied zum deutschen Recht, das dieselbe Entwicklung durchgemacht hat, wo dieser Begründungsstrang im Erbrecht jedoch vollends verschwunden ist.[102]

Das schweizerische Recht muss sich damit einigen Herausforderungen stellen:[103] Zunächst ist unklar, wie subjektiv die Rechtsprechung des Bundesgerichts tatsächlich zu verstehen ist. Die ihm folgende Lehre betont zumindest, es gehe darum, ob eine Zuwendung objektiv geeignet sei, der „Existenzbegründung, -sicherung oder -verbesserung zu dienen.[104] Damit ist ein deutlich verobjektivierender Schritt getan. Darüber hinaus fragt sich, ob Art. 626 Abs. 2 ZGB in dieser Lesart auf Zuwendungen zu einem bestimmten Anlass oder zumindest früh im Leben beschränkt ist.[105] Die Begriffe „Heiratsgut" und „Ausstattung" legen das zwar nahe. Aber die Formel des Bundesgerichts erfasst auch die „Existenzsicherung", und auch das später eingeführte Kriterium der „Familien-

---

[99] *Winistörfer,* Die unentgeltliche Zuwendung im Privatrecht, 177 f.; *Steinauer*, Le droit des successions, Rn. 161.

[100] *Vollery*, Les relations entre rapports et réunions en droit successoral, 35; ähnlich *Stoudmann*, L'avancement d'hoirie et sa réduction, 50 f.; *Piotet*, ZBGR 70 (1989), 201, 201 f. Vgl. auch ZK (2. Aufl.)-*Escher*, Art. 527 ZGB, Rn. 11 („Erfüllung einer sittlichen Pflicht") und *Widmer*, Grundfragen der erbrechtlichen Ausgleichung, 89 („unter Einfluss von Sitte und gesellschaftlichem Brauch"); wiederum ähnlich *Stoudmann*, L'avancement d'hoirie et sa réduction, 50 f.

[101] Das mag sich mit den deutlichen Worten in Bundesgericht, 15.12.2022 – 5A_425/2020 (Rn. 4.3.3.) ändern (vgl. für das entsprechende wörtliche Zitat soeben bei Fn. 76).

[102] Vgl. dazu unten Dritter Teil – B.I.2 (224), im Familienrecht lebt dieser Gedanke aber fort, vgl. dazu unten Dritter Teil – A.I.1 (184).

[103] Vgl. zu vergleichbaren Fragen im deutschen Recht der Ausstattung Dritter Teil – A.II (191).

[104] *Stoudmann*, L'avancement d'hoirie et sa réduction, 43 f.; *Schwarz*, Die Herabsetzung gemäss Art. 527 Ziff. 1 ZGB, 27; *Piotet*, Schweizerisches Privatrecht, Bd. IV/1, 308 f.; *Winistörfer,* Die unentgeltliche Zuwendung im Privatrecht, 178. So bereits *Rösli*, Herabsetzungsklage und Ausgleichung im schweizerischen Zivilgesetzbuch, 81. Erst Recht nicht entscheidend ist die tatsächliche Verwendung durch den Erben, vgl. *Tuor/ Schnyder/Schmid/Jungo*, Das Schweizerische Zivilgesetzbuch, 985.

[105] Explizit verneinend *Steinauer*, Le droit des successions, 130.

fürsorge" lässt keine derartige Beschränkung erkennen.[106] Zum Problem wird all dies – und das sieht das schweizerische Schrifttum durchaus deutlicher als das deutsche[107] – bei besonders großen Zuwendungen spät im Leben des Bedachten, deren Zweck nicht ohne Weiteres erkennbar ist. Man denke wieder nur an Geldzuwendungen, Wertpapiere oder Immobilien, die bereits erwachsenen Kindern vermacht werden. Zieht man hier die Grenzen der gesetzlichen Ausgleichung zu eng, besteht stets die Gefahr, den tatsächlichen (Gleichbehandlungs-)Willen des Erblassers zu frustrieren. Gleichzeitig ist jede Zuwendung von einigem Gewicht potentiell existenzverbessernd.

b) Das Gegenmodell: Art. 626 Abs. 2 ZGB als Schenkungskollation

Eine an Ausstattungszwecken orientierte Auslegung ist nicht zwingend einfach, nicht zwingend widerspruchsfrei und vor allem nicht zwingend im Wortlaut des Art. 626 Abs. 2 ZGB angelegt. All das hat die schweizerische Rechtswissenschaft seit jeher nach einem anderen Weg suchen lassen, mithilfe dessen sich die gesetzliche Ausgleichung rationalisieren lässt. Man mag an die vollständige Gleichstellung aller Nachkömmlinge denken. Für diesen Gedanken steht in den 1920ern vor allem das Lehrbuch von *Rossel* und *Mentha.*[108] Auch die beiden frühen, großen Kommentare zum ZGB ziehen eine weitreichende Auslegung von Art. 626 Abs. 2 ZGB vor. Sie erreichen dieses Ziel jedoch, indem sie den Ausstattungsbegriff erweitern:[109] Entscheidend soll das Kriterium der „Kapitalzuwendung" oder der „Vermögensmehrung" sein, das wiederum von „Zuschüssen zum Verbrauch" abzugrenzen sei.[110] Zumindest, so heißt es, erzwinge es der Wortlaut, einige Zuwendungen zu erfassen, die keinen Ausstattungscharakter haben.[111] Vielleicht ist es also

---

[106] Vgl. Bundesgericht, 26.2.1981, BGE 107 II, 119 (131) und Bundesgericht, 8.11.1990, BGE 116 II, 667 (673); Formulierung zurückgehend auf ZK-*Escher*, Art. 527 ZGB, Rn. 14.

[107] Vgl. *Winistörfer,* Die unentgeltliche Zuwendung im Privatrecht, 179; *Zeiter*, in: Jungo/Breitschmid/Schmid, 68 f., 72.

[108] *Rossel/Mentha*, Manuel de droit civil suisse, Bd. II, 262 f.; zustimmend *Tuor*, ZBJV 61 (1925), 51–65, 53 f.; so auch *Guisan*, ZSR 71 (1952), 489, 501 f., der bereits explizit die Rechtsprechung des Bundesgerichts verwirft (502–504).

[109] Vgl. zum Folgenden und zu weiteren Auffassungen die Aufarbeitung von *Eitel*, Die Berücksichtigung lebzeitiger Zuwendungen im Erbrecht, 208–221.

[110] BK (1. Aufl)-*Tuor*, Art. 626 ZGB, Rn. 40; ähnlich *Schwendener,* Ausgleichungspflicht der Nachkommen, 36 f., 43–46. Dagegen *Piotet*, Schweizerisches Privatrecht, Bd. IV/1, 299 (die Frage nach der Ausgleichungspflicht könne nicht von einem derartig formalistischen Kriterium abhängen); der Kritik zustimmend *Schwarz*, Die Herabsetzung gemäss Art. 527 Ziff. 1 ZGB, 27; *Winistörfer,* Die unentgeltliche Zuwendung im Privatrecht, 176; BSK ZGB II-*Forni/Piatti*, Art. 626, Rn. 15.

[111] ZK-*Escher*, Art. 626 ZGB, Rn. 39 (die Entscheidung, die Ausgleichspflicht des Sportboots zu verneinen wird hier explizit für richtig gehalten); ähnlich *Wolfer*, Die Ausgleichung der Erben nach dem schweizer. Zivilgesetzbuch, 84.

kein Zufall, dass gerade eine frühe Entscheidung des Bundesgerichts nahelegt, es seien prinzipiell alle Zuwendungen an Kinder auszugleichen.[112]

Heute sind diese Versuche, den Gegenstand des Art. 626 Abs. 2 ZGB zu bestimmen, in den Hintergrund getreten. Die Gründe, die sie getragen haben, sind jedoch nicht vergessen. Nach wie vor erscheint der Gesetzestext offen, und nach wie vor bestehen Einwände gegen den Ansatz des Bundesgerichts. Hier setzt die heute so genannte „Schenkungskollation" an. Ihre moderne[113] Form ist getragen von der Idee, jedenfalls alle „bedeutsamen Zuwendungen" oder alle „Großzuwendungen" der Ausgleichung zu unterstellen. Der Gedanke ist eng mit dem Namen *Justin Thorens* verbunden,[114] ihr heute prominentester Vertreter ist jedoch *Paul Eitel*, der diesen Ansatz in seiner 1998 erschienen Berner Habilitationsschrift umfangreich entfaltet.[115]

Thorens historisch-teleologische Kritik[116] geht von zwei Beispielen aus:[117] Zum einen greift er den „Motorboot-Fall" auf, mit dem die Rechtsprechung des Bundesgerichts ihren Ausgangspunkt nahm. Er fragt, ob es wirklich richtig sein könne, dass der Sohn, der das Motorboot als Freizeitvergnügen erhalten hat, anders behandelt wird als sein hypothetischer Bruder, der Fischer ist und das Boot beruflich nutzt. Ein weiteres Beispiel betrifft drei Kinder, die jeweils 100.000 Schweizer Franken erhalten: das erste, ein Arzt, um eine Praxis zu eröffnen; das zweite, bereits vermögend, um ein Bild anzuschaffen oder eine Weltreise zu unternehmen; das dritte, noch minderjährig, um es auf ein Sparbuch einzuzahlen und später nach Belieben zu verwenden. Nach der Rechtsprechung des Bundesgerichts müsste der Arzt die 100.000 Franken ausgleichen, das vermögende Kind nicht und hinsichtlich des Minderjährigen würde sich die Sache – streng genommen – erst später entscheiden, wenn die Verwendung feststehe. Hinsichtlich des dritten Kindes scheint die Aussage

---

[112] Bundesgericht, 30.10.1918, BGE 44 II, 356 (360). Vgl. zu dieser Entscheidung wieder *Eitel*, Die Berücksichtigung lebzeitiger Zuwendungen im Erbrecht, 193 f.

[113] Möglicherweise ist das bereits der Gedanke, der schon BK (1. Aufl)-*Tuor*, Art. 626 ZGB, Rn. 40, zugrunde liegt. Vgl. auch *Rösli*, Herabsetzungsklage und Ausgleichung im schweizerischen Zivilgesetzbuch, 83 f., der über eine weite Auslegung des Art. 626 Abs. 2 ZGB schreibt, „Eine Einschränkung wäre […] nur in dem Sinne angebracht, daß allein größere Zuwendungen, die nach einem subjektiven Maßstab gemessen werden müßten, zur Ausgleichung herangezogen würden." Vgl. hierzu auch *Eitel*, Die Berücksichtigung lebzeitiger Zuwendungen im Erbrecht, 216.

[114] Nicht zuletzt waren seine Thesen dem Bundesgericht eine intensive Auseinandersetzung wert, vgl. Bundesgericht, 8.11.1990, BGE 116 II, 667 (673 f.). Seine Vorschläge seien aber nicht zuletzt mit dem klaren Wortlaut des Gesetzes unvereinbar.

[115] *Eitel*, Die Berücksichtigung lebzeitiger Zuwendungen im Erbrecht, 191–302.

[116] So die Selbstbeschreibung, vgl. *Thorens*, Journée Juridique XIIleme (1974), 38.

[117] Vgl. zu den Beispielen und zu der folgenden Argumentation, *ders.*, Journée Juridique XIIleme (1974), 36 f. Ähnlich bereits *Guisan*, ZSR 71 (1952), 489, 504, in dessen Beispiel eine hart arbeitende Tochter mit 50.000 Franken ausgestattet wird und ihre Schwester ebenfalls 50.000 Franken ohne konkrete Zweckbestimmung erhält.

überspitzt. Es gibt keine Anzeichen, dass sich die Einordnung als Ausstattung erst nachträglich ergeben kann. Aber die Stoßrichtung der Kritik ist klar: *Il y a lá une absurdité complète et insecurité juridique inadmissible.*[118]

Interessanterweise begründet *Thorens* seine These historisch: Im 19. Jahrhundert habe es schlicht keine wirtschaftlich bedeutsamen Zuwendungen gegeben, die nicht zum Zwecke der Existenzbegründung, -sicherung oder -verbesserung gegeben worden seien.[119] Genau die Zuwendungen, die heute Probleme bereiten, beispielsweise eine Barzuwendung von 100.000 Franken, hätten dem historischen Gesetzgeber nicht vor Augen gestanden. Die Unterscheidung zwischen ausstattenden und anderen Zuwendungen habe unter den damaligen Gegebenheiten nicht gestört, heute führe sie aber zu „schockierenden" Ungleichheiten.[120] Damit ist das zentrale Argument angesprochen, das die Forderung nach einer erweiterten Auslegung des Art. 626 Abs. 2 ZGB trägt: [121] Es geht ihr darum, vorbehaltlich einer abweichenden Erblasseranordnung, Gleichheit zwischen den Kindern herzustellen, jedenfalls im Hinblick auf größere Zuwendungen. Das gilt besonders in denjenigen Fällen, in denen ein Kind eine ausstattende Zuwendung erhalten hat und seine Geschwister nicht.[122] Damit steht letztlich eine Spielart des Gleichheitsarguments im Vordergrund.[123]

Hierbei ist eine schweizerische Besonderheit zu beachten: Die Ausgleichungspflicht nach Art. 626 Abs. 2 ZGB kann nur „ausdrücklich" erlassen werden. Der Spielraum für einzelfallgerechte Lösungen ist eingeschränkt, weil konkludente Ausgleichsanordnungen nicht möglich sind. Selbst wenn der Erblasser seine Kinder sichtlich gleichbehandeln wollte, kann das Gericht

---

[118] *Thorens*, Journée Juridique XIIIeme (1974), 37.

[119] *Ders.*, Journée Juridique XIIIeme (1974), 37 f.; *ders.*, in: FS 100 Jahre Bundesgericht, 358. Zustimmend *Winistörfer,* Die unentgeltliche Zuwendung im Privatrecht, 178 f.; vergleichbar argumentiert auch *Brückner*, successio 2008, 194, 198.

[120] *Thorens*, Journée Juridique XIIIeme (1974), 37; *ders.*, Journée Juridique XIIIeme (1974), 358. Er bezieht das v.a. auf den Umstand, dass das (nicht ausgleichspflichtige) Sportboot deutlich wertvoller war als das (ausgleichspflichtige) Tabakgeschäft.

[121] *Druey*, Grundriss des Erbrechts, 80; *Eitel*, Die Berücksichtigung lebzeitiger Zuwendungen im Erbrecht, 280–282, 284–290 *Winistörfer,* Die unentgeltliche Zuwendung im Privatrecht, 178–182; *Brückner*, successio 2008, 194, 196 f.; *Tuor/Schnyder/Schmid/Jungo*, Das Schweizerische Zivilgesetzbuch, 986; *Wolf/Genna*, Schweizerisches Privatrecht, Bd. IV/2, 330 f.; *Zeiter*, in: Jungo/Breitschmid/Schmid, 70–73.

[122] *Schnyder*, ZBJV 129 (1993), 167, 187f.; BK-*Eitel*, Art. 626 ZGB, Rn. 90. Ist der Ausstattungszweck schwer beweisbar, droht darüber hinaus der Erblasserwille frustriert zu werden, der für die Rechtsprechung des Bundesgerichts eine so zentrale Rolle spielt, *Zeiter*, in: Jungo/Breitschmid/Schmid, 72 Vgl. wieder die Beispiele bei *Guisan*, ZSR 71 (1952), 489, 504; *Thorens*, Journée Juridique XIIIeme (1974), 36 f.

[123] Vgl. wieder Bundesgericht, 30.10.1918, BGE 44 II, 356 (360); *Vollery*, Les relations entre rapports et réunions en droit successoral, 22 (dort Fn. 87); *Eitel*, Die Berücksichtigung lebzeitiger Zuwendungen im Erbrecht, 193 f.

keinen impliziten Ausgleichungsdispens unterstellen.[124] Das schränkt den Spielraum des schweizerischen Rechts weiter ein und mag ein weiterer Grund sein, den Tatbestand des Art. 626 Abs. 2 BGB grundsätzlich weiter zu fassen, um mehr Zuwendungen zu erfassen.

Mit dem Gedanken, alle Großzuwendungen seien auszugleichen, um die Nachkommen gleich zu behandeln, nähert sich der Regelungsansatz des Art. 626 Abs. 2 ZGB desjenigen des Art. 632 ZGB an.[125] Hiernach unterfallen übliche Gelegenheitsgeschenke nicht der Ausgleichung. *Thorens* beispielsweise schlägt vor, alle Zuwendungen von einer „gewissen Bedeutung" auszugleichen, wobei es ihm sowohl um Summen geht, die relativ zum Nachlass groß sind, als auch um objektiv hohe Summen.[126] Für die Verteidiger der bundesgerichtlichen Lösung widerspricht diese Herangehensweise freilich dem Gesetzeswortlaut und erscheint als wenig rechtssicher.[127]

c) *Ausweitung intestaterbrechtlicher Gleichheitsvorstellungen, unabhängig von der Frage nach Ausstattungs- und Schenkungskollation*

Das Für und Wider von Ausstattungs- und Schenkungskollation beschäftigt Rechtswissenschaft und -praxis in der Schweiz spätestens seit der Entscheidung des „Sportboot-Falls" durch das Bundesgericht. In dieser Diskussion stehen sich zwei scheinbar diametral widersprechende Auffassungen gegenüber. Sie streiten nicht zuletzt darüber, welche Vorstellung von Gleichheit Art. 626 Abs. 2 ZGB verwirklichen will: Geht es um Gleichheit unter den Abkömmlingen oder um die unbedingte Gleichstellung aller Erben? Es sind die Befürworter einer weiten Auslegung von Art. 626 Abs. 2 ZGB, die Befürworter der so genannten „Schenkungskollation", die sich in besonderer Weise auf Gleichheitsvorstellungen berufen. Für die Gegenauffassung, die Ausstattungskollation, gilt das jedenfalls in der Vergangenheit nicht gleichermaßen.[128]

---

[124] Vgl. *Winistörfer*, Die unentgeltliche Zuwendung im Privatrecht, 180 f. Gedacht ist dabei an Fälle wie den obigen, in dem der Erblasser jedem Kind genau den gleichen Betrag zuwendet. Zu Beweisschwierigkeiten vgl. auch *Brückner*, successio 2008, 194, 196 f.

[125] *Druey*, Grundriss des Erbrechts, 80; einen Raum zwischen Art. 626 Abs. 2 und 632 ZGB sieht *Thorens*, Journée Juridique XIIIeme (1974), 39.

[126] *Thorens*, Journée Juridique XIIIeme (1974), 38 f. Für praktikabel hält er fünf Prozent des Nachlasswerts, bei einer Untergrenze von 100 bis 200 Franken. Gleichzeitig sei eine Zuwendung von 100.000 Franken stets auszugleichen, gleich wie groß der Nachlass sei, *ders.*, in: FS 100 Jahre Bundesgericht, 360 (dort insb. Fn. 28–30); zustimmend insb. *Dufour*, in: GS Jäggi, 93. *Eitel*, Die Berücksichtigung lebzeitiger Zuwendungen im Erbrecht, 300 f. wählt leicht abweichende Summen; ihm zustimmend *Zeiter*, in: Jungo/Breitschmid/Schmid, 70. Einen noch anderen Weg (keine Großzuwendung ist, was aus den laufenden Einnahmen eines Jahres finanzierbar ist), wählt *Brückner*, successio 2008, 194, 197.

[127] Es finden sich deswegen auch Stimmen, die das Ergebnis der Schenkungskollation *de lege ferenda* begrüßen, hierfür aber eine Gesetzesänderung verlangen, vgl. *Steinauer*, in: FS Sandoz, 428–430; *Zeiter*, in: Jungo/Breitschmid/Schmid, 75 f.

Aus rechtsvergleichender Sicht ist dieser Befund bemerkenswert. In allen bisher untersuchten Rechtsordnungen war es schließlich stets die auf Ausstattungen beschränkte Konzeption der Ausgleichung, die mithilfe erbrechtlicher Gleichbehandlungsvorstellungen begründet wird. Möglicherweise erklärt sich diese Beobachtung jedoch schlicht aus dem Umstand, dass in der Schweiz immer noch die Vor- und Nachteile einer einschränkenden „deutschen" und eine weitergehenden „französischen" Lösung diskutiert werden. Dass unter diesen Bedingungen Gleichheitsgedanken eher mit der französischen Auffassung in Zusammenhang gebracht werden, verwundert dann weniger.

Für die Zwecke dieser Untersuchung ist jedoch ein anderer Aspekt wichtiger: Der Gegensatz zwischen Ausstattungs- und Schenkungskollation ist aber möglichweise gar nicht so groß, wie es zunächst den Anschein hat. Schon diejenigen Stimmen im Schrifttum, die mit der Lesart des Bundesgerichts übereinstimmen, bemühen sich, die Ausstattungskollation zu verobjektivieren und tendenziell weit zu fassen.[129] Das deckt sich mit der Rechtsprechung selbst: Schon früh greift das Bundesgericht einen Beitrag von *Peter Tuor* auf, der bereits kurz nach Inkrafttreten des ZGB betont, die Ausgleichungspflicht sei „weitherzig" auszulegen.[130]

Hinzu kommt ein weiterer Aspekt der bundesgerichtlichen Rechtsprechung, von dem bisher noch keine Rede war: Einerseits besteht das Gericht auf der einschränkenden Auslegung des Art. 626 Abs. 2 ZGB im Sinne der Ausstattungskollation. Andererseits urteilt es in nunmehr wohl gefestigter Rechtsprechung,[131] dass Immobilien stets auszugleichen sind. Begründet wird diese Rechtsprechungslinie kaum. Sie beginnt mit einem *obiter dictum* aus dem Jahr 1958, in dem es über eine wirtschaftlich bedeutende Immobilienzuwendung heißt, sie sei „zweifellos" auszugleichen.[132] Die „Vermögensabtretung", von der Art. 626 Abs. 2 ZGB spreche, so heißt es weiter, erfasse nicht nur die Abtretung des gesamten Vermögens, sondern auch diejenige einzelner bedeutender Vermögenswerte. Diese Formel wird in der Folge aufgegriffen, weiter erklärt oder ausgeführt wird sie jedoch nicht.[133]

---

[128] Vgl. aber wieder jüngst Bundesgericht, 15.12.2022 – 5A_425/2020 (Rn. 4.3.3.), wörtlich zitiert oben bei Fn. 76. Möglicherweise wird sich mit diesem Urteil verändern, wie über Gleichheit gesprochen wird.

[129] Vgl. dazu oben Zweiter Teil – A.III.2.a) (114).

[130] Vgl. *Tuor*, ZBJV 61 (1925), 51–65, 53. Wohl zustimmend aufgegriffen von Bundesgericht, 13.7.1972, BGE 98 II, 352 (357); vgl. für diese Lesart auch *Tuor/Schnyder*, Das Schweizerische Zivilgesetzbuch, 537.

[131] Das beobachtet auch BK-*Eitel*, Art. 626 ZGB, Rn. 80, der von „beiläufigen Ausführungen" spricht.

[132] Bundesgericht, 3.7.1958, BGE 84 II, 338 (349); Bundesgericht, 26.2.1981, BGE 107 II, 119 (131); Bundesgericht, 8.11.1990, BGE 116 II, 667 (675); Bundesgericht, 19.11.2004 – 5C.67/2004, BGE 131 III, 49 (55); Bundesgericht, 4.10.2010 – 5A_338/2010 (E.9.1.1.); Bundesgericht, 15.12.2022 – 5A_425/2020 (Rn. 4.3.1.).

Zumindest, wenn man das Bundesgericht beim Wort nimmt, ist damit aber in einem wichtigen Teilbereich der Schenkungskollation – zumindest der Sache nach – zum Durchbruch verholfen.[134] Explizit aufgegeben wird das Konzept einer am Ausstattungszweck orientierten Auslegung des Art. 626 Abs. 2 ZGB nicht. Die betroffenen Immobilienzuwendungen werden jedoch stets als ausstattend rationalisiert,[135] teilweise wird explizit auf das Konzept der Familienfürsorge verwiesen.[136] Möglicherweise tendiert das Bundesgericht dazu, die Bezahlung von Schulden eines Abkömmlings durch den Erblasser ähnlich großzügig zu behandeln wie Immobilienzuwendungen.[137]

Aber jedenfalls im Hinblick auf Immobilien ist der Ansatz der schweizerischen Rechtsprechung klar: Der von ihr geforderte Ausstattungszweck wird denkbar weit verstanden und vor allem denkbar objektiv gefasst. In keiner der bundesgerichtlichen Entscheidungen erfährt man genau, warum die streitgegenständliche Immobilie bereits zu Lebzeiten übertragen wurde. Die Motive des Erblassers werden nicht erforscht. Und doch bejaht das Bundesgericht immer wieder die Ausgleichspflicht. Allein der Umstand, dass ein wirtschaftlich bedeutsamer Gegenstand übertragen wird, rechtfertigt die Annahme, es handele sich hierbei um eine Zuwendung zur Existenzsicherung, -verschaffung oder -verbesserung. Hinzu kommt der Gedanke der Familienfürsorge, der den Tatbestand des Art. 626 Abs. 2 ZGB in der jüngeren Rechtsprechung ebenfalls umschreiben soll. Damit haben sich die Grenzen des ursprünglichen Dreiklangs von „Existenzbegründung-, -sicherung oder -verbesserung" nochmals verschoben und erweitert. Denn welche wirtschaftlich bedeutsame Zuwendung ist nicht letztlich auch innerfamiliäre Fürsorge?

Die Entwicklungslinie des schweizerischen Rechts ist damit klar: Einige wollen seit jeher weitestgehend alle lebzeitigen Schenkungen der Ausglei-

---

[133] Insbesondere Bundesgericht, 26.2.1981, BGE 107 II, 119 (131) erscheint zurückhaltender: Nicht jede Abtretung einer Immobilie sei auszugleichen; es könne sich hierbei „nun durchaus um eine Zuwendung zur Existenzsicherung" handeln. Ähnlich *Steinauer*, Le droit des successions, 129–130 (dort Fn. 42 a. E.).

[134] *Brückner*, successio 2008, 194, 198; *Wolf/Genna*, Schweizerisches Privatrecht, Bd. IV/2, 311; *Tuor/Schnyder/Schmid/Jungo*, Das Schweizerische Zivilgesetzbuch, 985; *Zeiter*, in: Jungo/Breitschmid/Schmid, 69. Zurückhaltender *Eitel*, Die Berücksichtigung lebzeitiger Zuwendungen im Erbrecht, 268.

[135] Bundesgericht, 26.2.1981, BGE 84 II, 338 (349); besonders deutlich Bundesgericht, 19.11.2004 – 5C.67/2004, BGE 131 III, 49 (55); Bundesgericht, 4.10.2010 – 5A_338/2010 (E.9.1.1.).

[136] Bundesgericht, 8.11.1990, BGE 116 II, 667 (673–675).

[137] Besonders Bundesgericht, 24.4.2020 – 5A_323/2019 (Rn. 5.4. f.), legt den Schluss nahe, dass die Zahlung von Schulden des Sohnes regelmäßig ausgleichspflichtig sei; aufgegriffen in Bundesgericht, 15.12.2022 – 5A_425/2020 (Rn. 4.3.1.) m. w. N. Es soll jedoch nicht verschwiegen werden, dass diese Rechtsprechungslinie auch so gelesen werden kann, dass hier nur klargestellt wird, dass die Zahlung einer Schuld eine Zuwendung im Sinne des Art. 626 Abs. 2 ZGB ist und deswegen ausgleichspflichtig sein „kann".

chung unterwerfen.[138] Aber auch die gegenteilige, scheinbar restriktive Lesart von Art. 626 Abs. 2 ZGB interpretiert die Ausgleichung mittlerweile denkbar großzügig. Um den historischen Gedanken der Ausstattungskollation im heutigen Wirtschafts-, Familien- und Sozialleben handhabbar zu machen, wird der Anwendungsbereich des Instituts deutlich erweitert. Je vielfältiger die tatsächlich gelebte Familienfürsorge wird und je weiter sie sich von den altertümlichen Formen „Heiratsgut" und „Ausstattung" entfernt, umso vielfältiger und weiter ist der Gegenstand der gesetzlichen Ausgleichungspflicht geworden. Wenn Familienfürsorge heute in Form von Immobilienzuwendungen erfolgt, unterliegen diese Zuwendungen der Ausgleichung. Wenig spricht dafür, dass für substantielle Geld- oder Wertpapierzuwendungen anderes gölte.[139]

Besonders mit dem Begriff der Familienfürsorge scheint Art. 626 Abs. 2 ZGB auf ein praktikables Fundament gestellt zu sein. Es spricht viel dafür, dass bereits die heutige Rechtsprechung der Forderung *Justin Thorens'* nachgekommen ist und „schockierende" Ungleichheiten zu vermeiden weiß, indem sie den Ausstattungsgedanken für die Zwecke des 21. Jahrhunderts konsequent fortgeschrieben hat. Ermöglicht wurde dies freilich nur – und hier schließt sich der Kreis zum rechtsvergleichenden Reiz des schweizerischen Rechts – durch den offenen Wortlaut des ZGB. Was oft als Manko beschrieben wird, mag der Ausbildung eines modernen Rechts durchaus dienlich gewesen sein. Es scheint wahr geworden zu sein, was *Hans Wolfer* schon 1910 vermutet: Der offene Wortlaut des Art. 626 Abs. 2 ZGB führt in der Tat dazu, immer mehr lebzeitige Zuwenden der Ausgleichung zu unterwerfen.[140]

Mit dieser Lesart geht einher, dass sich der tatsächlich verbleibende praktische Unterschied zwischen Ausstattungs- und Schenkungskollation klarer beschreiben lässt. Er betrifft – und hier schließt sich ein weiterer Kreis – nach wie vor den ursprünglichen „Hausboot-Fall" aus dem Jahre 1951: Wirklich umstritten ist im schweizerischen Recht nur der Umgang mit Zuwendungen, die weder Gelegenheitsgeschenke sind noch einem weit verstandenen Ausstattungszweck oder der Familienfürsorge dienen. Fraglich ist also allein der Umgang mit offensichtlichen Luxus- und Vergnügungsaufwendungen.[141] Entscheidend ist jedoch, dass die Kontroverse zwischen „deutschen" und „französischen" Lösungen in Art. 626 Abs. 2 ZGB einen deutlich enger um-

---

[138] Bestätigt wird sie nicht zuletzt durch diejenigen Autoren, die sich *de lege ferenda* für eine Schenkungskollation aussprechen, hierfür aber eine Gesetzesänderung verlangen, vgl. *Steinauer*, in: FS Sandoz, 428–430; *Zeiter*, in: Jungo/Breitschmid/Schmid, 75 f.

[139] Vgl. für die Übernahme von Schulden durch die Eltern wieder v.a. Bundesgericht, 24.4.2020 – 5A_323/2019 (Rn. 5.4. f.); Bundesgericht, 15.12.2022 – 5A_425/2020 (Rn. 4.3.1.) m.w.N.

[140] *Wolfer*, Die Ausgleichung der Erben nach dem schweizer. Zivilgesetzbuch, 76 f.

[141] So auch BK-*Eitel*, Art. 626 ZGB, Rn. 83; vgl. für eine derartige Gegensatzbildung auch *Brückner*, successio 2008, 194, 199; *Wolf/Genna*, Schweizerisches Privatrecht, Bd. IV/2, 331; *Zeiter*, in: Jungo/Breitschmid/Schmid, 69 f.

rissenen Korridor betrifft, innerhalb dessen man sich – aus Sicht des schweizerischen Rechts – mit guten Gründen in die eine oder die andere Richtung entscheiden kann.

IV. Fazit zum schweizerischen Recht: die deutsche Tradition in moderner Form?

Das schweizerische Recht muss mit einem unvollständigen, widersprüchlichen Gesetzestext umgehen, und das Ausgleichsrecht ist der „am wenigsten geglückten Teil des ZGB". Hintergrund dessen ist die Entstehungsgeschichte von Art. 626 ZGB, die zwischen der Rezeption deutscher, französischer und genuin schweizerischer Ansätze schwankt, ohne sich je wirklich festzulegen.[142] Für die Rechtsvergleichung ist diese Geschichte Fluch und Segen zugleich. Bis heute sind zentrale Fragen der Ausgleichung umstritten, vor die Frage nach der Ratio des Instituts, welche Gleichbehandlungsvorstellungen in Art. 626 Abs. 2 ZGB genau verwirklicht werden[143] und ob Luxuszuwendungen auszugleichen sind.[144] Gleichzeitig erlaubt der offene Wortlaut des ZGB, dass Rechtswissenschaft und -praxis offen über die Regelungsherausforderungen zeitgemäßer Ausgleichsmechanismen diskutieren können. Einige Argumente sind sicher kontingent und beziehen sich auf Spezifika des schweizerischen Rechts. Aber die Grundtendenz der schweizerischen Ausgleichung ist auch rechtsvergleichend interessant: In tatbestandlicher Hinsicht wird Art. 626 Abs. 2 BGB weit verstanden. Selbst nach der restriktiveren, auf ausstattende Zuwendungen fokussierten Auslegung des Bundesgerichts sind alle Zuwendungen der so genannten Familienfürsorge erfasst, in jedem Fall alle Immobilienzuwendungen, wahrscheinlich sogar alle bedeutsamen Zuwendungen, die nicht bloßer Luxus sind.[145] Bei allem konzeptionellen Streit und bei allen Unklarheiten betreffs zahlreicher Detailfragen steht nach über einem Jahrhundert Diskussion fest, dass die Ausgleichung von Großzuwendungen faktisch die Regel ist.

Das schweizerische Recht zeigt damit eine Möglichkeit auf, wie man – ausgehend von der Ausgleichung ausstattender Zuwendungen – ein modernes Ausgleichungsrecht in deutscher Tradition konzipieren könnte: tatbestandlich weitreichend, persönlich auf die Abkömmlinge beschränkt.[146] Und in der Tat, im Rahmen der jüngsten Reform des schweizerischen Erbrechts wurde vorgeschlagen, jedenfalls *de lege ferenda* konsequent zwischen Groß- und Klein-

---

[142] Vgl. dazu oben Zweiter Teil – A.II (101).

[143] Vgl. dazu oben Zweiter Teil – A.III.2 (113).

[144] Vgl. dazu oben Zweiter Teil – A.III.2.c) (121).

[145] Vgl. dazu wieder oben Zweiter Teil – A.III.2.c) (121).

[146] Letzteren Schritt geht das Bundesgericht gerade nicht, vgl. zu dieser intensiven Diskussion die oben in Fn. 56 genannten Stimmen.

zuwendungen zu unterscheiden.[147] Erstere wären auszugleichen gewesen, letztere nicht.

V. Exkurs: das österreichische Recht seit 2015

In Österreich wurde die Ausgleichung nie so intensiv diskutiert wie im schweizerischen Recht. Aber ein kurzer Seitenblick lohnt dennoch, um die Untersuchung des schweizerischen Rechts abzuschließen und so eine umfassende Entwicklungsgeschichte des „deutschen" Rechtskreises zu schreiben. Denn im österreichischen Recht bestätigt sich die Vermutung, wie ein zeitgemäßes Ausgleichungsrecht in „deutscher" Tradition aussehen könnte.

Die ursprüngliche Fassung des ABGB zeichnete sich durch zwei Charakteristika aus:[148] Im Vordergrund stand die Anrechnung auf den Pflichtteil, die das Intestaterbrecht dann übernahm (§ 790 S. 2 ABGB a.F.). Auszugleichen war, was in den Pflichtteil einzurechnen war. Und das waren ausstattende Zuwendungen in einem weiteren Sinne (§ 788 ABGB a.F.). Diese Struktur ändert sich mit der österreichischen Erbrechtsreform im Jahr 2015: Nunmehr findet sich in § 753 S. 1 ABGB n.F eine eigenständige, weitreichende[149] Vorschrift über die Anrechnung von „Schenkungen unter Lebenden" im Falle der gesetzlichen Erbfolge:[150] Bei der gesetzlichen Erbfolge der Kinder muss sich ein Kind auf Verlangen eines anderen Kindes eine Schenkung unter Lebenden anrechnen lassen, es sei denn, dass der Verstorbene die Schenkung aus Einkünften ohne Schmälerung des Stammvermögens gemacht hat oder den Erlass dieser Anrechnung letztwillig verfügt oder mit dem Geschenknehmer vereinbart hat. Dieser Vertrag und seine Aufhebung bedürfen der Schriftform. Der überlebende Ehegatte ist nach wie vor nicht an der Anrechnung beteiligt.[151]

---

[147] *Breitschmid*, Bericht zu den Konturen eines „zeitgemässen Erbrechts", Rn. 39 Dieser Vorschlag wurde letztlich nicht umgesetzt.

[148] Vgl. dazu oben Erster Teil – B.II.2.a) (62).

[149] Dass mit der Reform eine deutliche Ausweitung der intestaterbrechtlichen Anrechnung einher ging betonen auch OGH, 25.10.2022 – 2 Ob 100/22b, NZ 2023, 19 (20); Kodek/Schwimann-*Nemeth*, §§ 752–755 ABGB, Rn. 1; ABGB-ON-*Bittner/Hawel*, Art. 753 ABGB, Rn. 4.

[150] Nur die Definition des Begriffs „Schenkung unter Lebenden" stammt noch aus der Anrechnung auf den Pflichtteil in § 781 ABGB n.F. Er ist denkbar weit. Erfasst sind die Ausstattung eines Kindes, ein Vorschuss auf den Pflichtteil, die Abfindung für einen Erb- oder Pflichtteilsverzicht, die Vermögenswidmung an eine Privatstiftung, die Einräumung der Stellung als Begünstigter einer Privatstiftung […], sowie jede andere Leistung, die nach ihrem wirtschaftlichen Gehalt einem unentgeltlichen Rechtsgeschäft unter Lebenden gleichkommt; vgl. hierzu *Umlauft*, Die Hinzu- und Anrechnung von Schenkungen im Erb- und Pflichtteilsrecht, 255 ff.; *Welser*, Erbrecht, 204–206.

[151] *Umlauft*, Die Hinzu- und Anrechnung von Schenkungen im Erb- und Pflichtteilsrecht, 35 f.; *Welser*, Erbrecht, 75; ABGB-ON-*Bittner/Hawel*, Art. 753 ABGB, Rn. 1.

Mittlerweile hat auch der Oberste Gerichtshof konkretisiert, wie weit der Gleichbehandlungsanspruch des reformierten Rechts reicht:[152] Einkünfte, aus denen der Erblasser ausgleichsfreie Zuwendungen machen kann, gehören in der Regel nach einem Jahr zum Stammvermögen. Eine anrechnungsfreie Zuwendung ist also nur aus den laufenden Einkünften des letzten Jahres möglich. Dieses Tatbestandsmerkmal ist wiederum eng gefasst. „Einkünfte" meint den reinen (Netto-)Ertrag nach Abzug laufender Kosten.[153]

Leider begründet der österreichische Reformgesetzgeber nicht, warum er die Ausgleichung so weitreichend konzipiert. Die Literatur betont die nach der Reform von 2015 noch weitergehende Gleichstellung der Kinder.[154] Teils findet sich der Hinweis, die umfassende Anrechnung decke sich mit der Erwartungshaltung der Eltern.[155] Auch die Sorge vor Umgehungen mag ein Grund für die Ausweitung der Ausgleichung gewesen sein.[156] Der allgemeinere Hintergrund der Reform ist sicher, dass die Vorschriften über die Anrechnung auf den Pflichtteil harsch kritisiert wurden und als dringend reformbedürftig galten.[157] Aufgrund der Systematik der Urfassung des ABGB bedingt eine Reform im Pflichtteilsrecht immer eine Reform der intestaterbrechtlichen Ausgleichung. Und deren Stoßrichtung entspricht genau der jüngeren Tendenz in der schweizerischen Diskussion und der oben geäußerten Vermutung, wie ein zeitgemäßer Ausgleichsmechanismus aussehen kann: in persönlicher Hinsicht auf die Abkommen beschränkt und in sachlicher Hinsicht alle bedeutsamen Zuwendungen erfassend. Jedenfalls in Österreich findet dieser Reformansatz Zustimmung.[158]

---

[152] OGH, 28.5.2024 – 2 Ob 74/24g, NZ 2024, 429 (429).

[153] Einkünfte sind nach OGH, 28.5.2024 – 2 Ob 74/24g, NZ 2024, 429 (429), die (Netto-)Erträgnisse aus Arbeit oder Früchte und Nutzungen aus Vermögen, reduziert um die für den Lebensunterhalt, die laufenden Verbindlichkeiten und die erforderliche Vorsorge notwendigen Beträge.

[154] *Apathy*, ÖJZ 2016, 805, 806; *Umlauft*, Die Hinzu- und Anrechnung von Schenkungen im Erb- und Pflichtteilsrecht, 9; ähnlich wohl *Welser*, Erbrecht, 73 („Ausgleichgedanke").

[155] *Umlauft*, Die Hinzu- und Anrechnung von Schenkungen im Erb- und Pflichtteilsrecht, 9; ebenso, wenn auch im Kontext der pflichtteilsrechtlichen Anrechnung *Kletečka*, in: Rabl/Zöchling-Jud, 92.

[156] So im Bezug auf den Auffangtatbestand des § 781 Abs. 2 Nr. 6 ABGB n.F. jüngst OGH, 13.12.2022 – 2 Ob 205/22v, EF-Z 2023, 136 (138).

[157] Vgl. statt vieler die Übersicht bei *Welser*, Die Reform des österreichischen Erbrechts, 121–127.

[158] *Kletečka*, in: Rabl/Zöchling-Jud, 92 f.; *Umlauft*, Die Hinzu- und Anrechnung von Schenkungen im Erb- und Pflichtteilsrecht, 9 f.; Kodek/Schwimann-*Nemeth*, §§ 752–755 ABGB, Rn. 1 (dort Fn. 1); so wohl auch *Apathy*, ÖJZ 2016, 805, 805; für eine „Fundamentalkritik" der pflichtteilsrechtlichen Anrechnung vgl. aber *Rabl*, NZ 2019, 321, 335–337.

B. Das englische Recht

Die bisher behandelten Rechtsordnungen stehen alle in mehr oder minder intensivem Austausch. In Fortschreibung des gemeinen Rechts entwickelt sich in Deutschland, Österreich und der Schweiz die Ausstattung zum zentralen Gegenstand erbrechtlicher Gleichbehandlungserwartungen, wobei diese Entwicklung von wechselseitiger Rezeption und Abgrenzung geprägt ist. Eine weitere, ebenfalls europäische Rechtsordnung scheint an diesem Wechselspiel jedoch nicht teilzunehmen: das englische Recht. Es entwickelt sich jedenfalls auf den ersten Blick einmal mehr in *splendid isolation*. Das ist interessant. Schließlich kennt auch das Common Law erbrechtliche Gleichbehandlungsmechanismen, die an lebzeitige Zuwendungen anknüpfen.

Seit seinen frühesten Tagen gilt im englischen Intestaterbrecht die so genannte *hotchpot rule*. Es handelt sich der Sache nach um einen Ausgleichsmechanismus, der einmal mehr an ausstattende Zuwendungen anknüpft. Ein vergleichbarer Gedanke findet sich im Recht der testamentarischen Erbfolge. Dies unterscheidet das geltende englische Recht von allen anderen in dieser Untersuchung behandelten geltenden Rechten. Auch der so genannten *presumption against double portions* liegt die Vorstellung zugrunde, bestimmte lebzeitige Zuwendungen nähmen den (testamentarischen) Erbteil vorweg. Einmal mehr stellen sich die leitenden Fragen dieser Untersuchung: Wie und unter welchen Umständen entstehen die *hotchpot rule* und die *presumption against double portions*? Wie entwickeln sich diese Institute im modernen Recht, vor welchen Herausforderungen stehen sie und wie gehen sie mit diesen Herausforderungen um? Das englische Recht hat hierbei einen entscheidenden Vorteil: Seine Entwicklung ist besonders gut dokumentiert. Der Grund hierfür ist unter anderem seine Tradition lebzeitiger Verfügungen, die bereits früh verschriftlicht und standardisiert werden.[159] Hinzu kommen die umfangreichen und plastisch begründeten Gerichtsentscheidungen, die vor allem viel über das Rechtsdenken des 18. und 19. Jahrhunderts lehren.

I. Erbrecht und Versorgung der Kinder seit dem 17. Jahrhundert

Zum Verständnis der *hotchpot rule* und der *presumption against double portions* bedarf es jedoch zunächst eines Schritts zurück. Wie schon die Ausgleichsvorschriften des römischen Rechts und der deutschrechtlichen Tradition fügen sich auch ihre Äquivalente im englischen Recht in ein System ein, das sich heutigen, in der civilistischen Tradition ausgebildeten Juristen nicht ohne weiteres erschließt. Der insoweit vielleicht wichtigste Aspekt ist die

[159] Vgl. hierzu und zur besonderen Bedeutung vertragsgestaltender Juristen für die Entwicklung gerade des englischen Common Law *Pistor*, The Code of Capital, 169–176.

Unterscheidung zwischen *real property* (oder *realty*)[160] und *personal property* (oder *personalty*), vereinfacht gesagt die Unterscheidung zwischen unbeweglichem und beweglichem Vermögen.[161] Diese Differenzierung prägt das englische Recht, gerade das Erbrecht, für beinahe ein Jahrtausend.

Von der Eroberung der Insel im Jahr 1066 bis zur Begründung des modernen Rechts durch den Administrations of Estates Act (1925)[162] gelten in England durchgängig zwei unterschiedliche, voneinander unabhängige Erbrechtsregime: eines für *real* und eines für *personal property*. Diese Unterscheidung beginnt mit der Nomenklatur:[163] Die Rechtsnachfolge von Todes wegen in *real property* heißt *inheritance* und folgt den *rules of inheritance*, diejenige in *personal property* heißt *succession* und folgt den *rules of distribution*. Nach dem Tod des Erblassers sind traditionell unterschiedliche Gerichte zuständig, für *realty* die königlichen, für *personalty* die kirchlichen.[164] Den beiden Systemen liegen jedoch auch gänzlich andere Regelungsvorstellungen zugrunde: Nur hinsichtlich des *real estate* gilt eine strenge Primogenitur, also ein Vorrecht des erstgeborenen Sohnes. Über *real property* kann der Erblasser bis 1540 nicht letztwillig verfügen.[165]

1. Real property: die rules of inheritance und die Entwicklung der Primogenitur

Die Beobachtung, das englische Recht lasse sich am besten historisch erklären, gilt für das englische Intestaterbrecht in besonderer Weise.[166] Seine Ent-

---

[160] Das englische Recht spricht von *realty*, weil es sich um diejenigen Vermögenswerte handelt, die historisch durch die königlichen Gerichte durch real actions geschützt wurden. Klageziel war die Herausgabe der Sache (*res*) und nicht lediglich Schadensersatz, wie im Falle der Beeinträchtigung von personal property, vgl. dazu *Kerridge*, in: Reid/de Waal/Zimmermann, Intestate Succession, 324; *Baker*, Introduction to English Legal History, 404.

[161] Vgl. für die Details der Abgrenzung *Baker*, Introduction to English Legal History, 404 f.

[162] Dazu vgl. unten Zweiter Teil – B.IV (165).

[163] *Kerridge*, in: Reid/de Waal/Zimmermann, Intestate Succession, 326; *Sloan*, Borkowski's Law of Succession, 18 f.

[164] *Baker*, Introduction to English Legal History, 138 f., 411 f. Hinsichtlich der hier interessierenden Bereiche kommt es jedoch mit dem Statute of Distribution (1670), vgl. dazu unten Zweiter Teil – B.III (151), zu einer konkurrierenden Zuständigkeit der königlichen Gerichte, *Burn/Phillimore*, Ecclesiastical Law, Bd. IV, 528, die *de facto* zur einzig relevanten wurde, vgl. *Plucknett*, A Concise History of the Common Law, 731, so dass alle hier ausgewerteten Entscheidungen solche königlicher Gerichte sind.

[165] Vgl. zur Statute of Wills (1540) *Kerridge*, in: Reid/De Waal/Zimmermann, Testamentary Formalities, 307 f.; *Kerridge*, in: Reid/De Waal/Zimmermann, Intestate Succession, 325.

[166] Vgl. allgemein *Zweigert/Kötz*, Einführung in die Rechtsvergleichung auf dem Gebiete des Privatrechts, 177 f., und bezogen auf das Intestaterbrecht *Kerridge*, in: Reid/De Waal/Zimmermann, Intestate Succession, 323 f.

wicklung ist wiederum eng verbunden mit derjenigen des *land law*, des Immobiliarsachenrechts, das für kontinentaleuropäische Juristen besonders schwer nachzuvollziehen ist. Hier werden feudale, lehensrechtliche Denkmuster und Begrifflichkeiten teils bis heute fortgeschrieben.

Nach der Eroberung Englands durch William I im Jahr 1066 ist das gesamte Land von einem Netz lehensrechtlicher Beziehungen überzogen. Dingliche Interessen an einem Grundstück lassen sich in diesem System nur als zweipolige, beinahe quasi-vertragliche[167] Glieder einer Kette lehensrechtlicher Abhängigkeiten beschreiben.[168] Beteiligt sind jeweils der *tenant* als Lehensnehmer und der *lord* als Lehensgeber.[169] Dieser interpersonale Charakter der Zuordnung von Grund und Boden tritt zwar rasch in den Hintergrund. Seine Begrifflichkeiten und Denkmuster prägen das englische Immobiliarsachenrecht aber noch lange – und mit ihm das englische Intestaterbrecht. Denn was geschieht, wenn ein *tenant* verstirbt? Das lehensrechtliche Band wird aufgelöst und der *lord* bestimmt einen neuen *tenant*. Er ist in seiner Wahl jedoch nicht frei. Im Gegenteil, es bildet sich bald ein System, in dem ein Alleinerbe ohne Weiteres, das heißt unabhängig vom Willen des *lords*, in die lehensrechtliche Stellung seines verstorbenen Vorfahren einrückt.[170] Dieser Alleinerbe ist der so genannte *heir at law*. Sein Eintrittsrecht schützen schon früh die königlichen Gerichte und das Common Law. Die lehensrechtliche, interpersonale Zuordnung dinglicher Rechte tritt in den Hintergrund. *Real property* wird erblich und nähert sich bereits im 12. und 13. Jahrhundert heutigen Vorstellungen von Eigentum an. Eine dem kontinentalen, letztlich römischen Verständnis entsprechende Konzeption eines absoluten dinglichen Rechts entsteht jedoch nie.

Das aus dem Lehensrecht entstandene Intestaterbrecht ist in der Regel eine rigide Primogenitur:[171] Der *real estate* fällt allein an den *heir at law*. Grund hierfür sind wohl die Gebräuche, die bereits üblich waren, als das interpersonale, lehensrechtliche Band zwischen *lord* und *tenant* noch deutlicher im Vordergrund stand. Der Lord hat ein Interesse an einem einzelnen neuen

---

167 *Baker*, Introduction to English Legal History, 243.

168 *Simpson*, A History of the Land Law, 247. Konzeptionell geht man noch heute davon aus, dass alles Land zumindest mittelbar durch die Krone gehalten wird.

169 Eine besonders eingängige Darstellung findet sich bei *ders.*, A History of the Land Law, 1–6; vgl. auch *Watkin*, in: Katz, 381 f.; *Baker*, Introduction to English Legal History, 243–249.

170 Eine besonders anschauliche Beschreibung findet sich wieder bei *Simpson*, A History of the Land Law, 49–51; vgl. aber dessen Hinweis auf die leicht abweichende Rekonstruktion bei *Thorne*, Cambridge L.J. 17 (1959), 193; vgl. auch *Plucknett*, A Concise History of the Common Law, 722 f.; *Watkin*, in: Katz, 381 f.; *Baker*, Introduction to English Legal History, 285.

171 In zahlreichen Gemeinden blieb es jedoch bei der dort zuvor praktizierten Ultimogenitur, vgl. *Baker*, Introduction to English Legal History, 285.

tenant, der in die lehensrechtlichen Pflichten des Verstorbenen eintritt, die wiederum aus dem Grundbesitz fließen.[172] Ursprünglich wählt der *lord* hierzu einen engen Verwandten des Verstorbenen, meist seinen erstgeborenen Sohn aus. Diesen Ansatz übernehmen nun die königlichen Gerichte und erheben die Primogenitur und das Vorrecht des *heir at law* zu einer Rechtsregel:[173] Der älteste Sohn wird Alleinerbe und schließt seine Schwestern und jüngeren Brüder vollständig von der Erbfolge aus.[174] Ist der *heir at law* vorverstorben, wird er durch seine Nachfahren in gerader Linie repräsentiert. Diese Primogenitur entspricht letztlich bis weit ins 19. Jahrhundert der Vorstellung der landbesitzenden Schicht von der natürlichen und richtigen Ordnung der Dinge.[175] Der Familienbesitz ist in einer Hand fortzuführen und zu bewirtschaften.

Die Rechtsnachfolge anhand der Blutslinien ist dem Common Law dabei wichtiger als die Diskriminierung von Töchtern: Stirbt der Erblasser, ohne Söhne zu hinterlassen, erben seine Töchter. Sie sind jedoch, anders als der *heir at law*, zu gleichen Teilen am Nachlass beteiligt.[176] Auch diese Abweichung lässt sich wohl mit den lehensrechtlichen Ursprüngen des Intestaterbrechts und finanziellen Interessen des *lords* erklären.[177] Gibt es aber einen männlichen Alleinerben, einen *heir at law*, werden dessen Geschwister drastisch zurückgesetzt. Das ist ein erstes entscheidendes Charakteristikum der Abwicklung des *real estate:* Für Gleichbehandlungsvorstellungen ist in dieser Konzeption kein Raum. Die überlebende Ehefrau erhält zumindest theoretisch einen Anspruch auf Versorgung aus dem Nachlass (*dower*).[178] Die jün-

---

172 *Pollock/Maitland*, The History of English Law, Bd. I, 262 f.; *Holdsworth*, A History of English Law, 172–175; *Watkin*, in: Katz, 382.

173 Wo ausnahmsweise andere Gebräuche galten, wurde diese übernommen. So gab es beispielsweise bis 1926 einzelne *manors*, die nach den Regeln einer Ultimogenitur vererbt wurden, es erbte allein der Letztgeborene, vgl. *Baker*, Introduction to English Legal History, 285.

174 Vgl. zu alldem die Darstellungen bei *Pollock/Maitland*, The History of English Law, Bd. I, 260–308; *Holdsworth*, A History of English Law, 171–185; *Simpson*, A History of the Land Law, 57–62; *Watkin*, in: Katz, 381–383; *Kerridge*, in: Reid/De Waal/Zimmermann, Intestate Succession, 325 f.; *Baker*, Introduction to English Legal History, 286–288.

175 Vgl. explizit zur Verteidigung der Primogenitur gegen ihre liberalen Kritiker im 18. Jahrhundert *Spring*, Law, Land & Family, 87–89; *Simpson*, A History of the Land Law, 284.

176 *Pollock/Maitland*, The History of English Law, Bd. I, 274–278; *Simpson*, A History of the Land Law, 58; *Baker*, Introduction to English Legal History, 288; vgl. auch *Watkin*, in: Katz, 383.

177 Er konnte sie lukrativ verheiraten und während ihrer Minderjährigkeit das Land verwalten, vgl. *Pollock/Maitland*, The History of English Law, Bd. I, 278; *Simpson*, A History of the Land Law, 58 f.

178 Die Gestalt dieser Versorgung änderte sich über die Jahrhunderte, vgl. hierzu *Simpson*, A History of the Land Law, 68–70; vgl. im Übrigen *Holdsworth*, A History of English Law, 189–202; *Baker*, Introduction to English Legal History, 289 f.

geren Geschwister des Alleinerben gehen nach den *rules of inheritance* hinsichtlich des Grundbesitzes aber in jedem Fall leer aus. Am Immobiliarvermögen des Erblassers werden sie in keiner Weise beteiligt. Lange Zeit lässt sich diese Härte auch nicht mithilfe eines Testaments abmildern. Während der Erblasser über sein Mobiliarvermögen, den *personal estate*, seit jeher letztwillig verfügen kann, sind Testamente über *realty* erst seit 1540 zulässig.[179] Es erbt bis dahin zwingend der *heir at law*. Gerade in Kombination mit der strengen Primogenitur stellen diese Regeln den Erblasser vor erhebliche Herausforderungen. Er muss schließlich für seine Familie vorsorgen, die von den *rules of inheritance* vernachlässigt wird.

2. *Personal property: the Statute of Distribution (1670)*

Die *rules of inheritance* und damit das Intestaterbrecht hinsichtlich des *real estate* ergeben sich zumindest zunächst[180] ausschließlich aus dem Common Law, sprich aus dem Richterrecht der königlichen Gerichte. Im 17. Jahrhundert bedarf es jedoch einer gesetzlichen Regelung durch das Statute of Distribution (1670), weil sich zwischenzeitlich ein wenig befriedigender Zustand eingestellt hatte.[181]

Zuständig für die Abwicklung des *personal estate* war, wie gesagt, ursprünglich die Kirche. Hierin liegt ein weiterer, zentraler Unterschied zum *real estate*. Schon ab dem 14. Jahrhundert wird der Einfluss der Kirche jedoch zurückgedrängt.[182] Ihre Rolle beschränkt sich nun darauf, einen so genannten *administrator* auszuwählen.[183] Es obliegt dann dem *administrator*, den Nachlass abzuwickeln und den Überschuss nach den damaligen Gebräuchen gleichmäßig auszukehren.[184] Rivalitäten zwischen den kirchlichen und

---

[179] *Simpson*, A History of the Land Law, 62 f.; zu den Hintergründen vgl. *Kerridge*, in: Reid/De Waal/Zimmermann, Testamentary Formalities, 307 f. und *Kerridge*, in: Reid/De Waal/Zimmermann, Intestate Succession, 325.

[180] *Kerridge*, in: Reid/De Waal/Zimmermann, Intestate Succession, 325–327, gibt einen Überblick über die Eingriffe des Parlaments im 16. Jahrhundert (325) und 19. Jahrhundert (326 f.).

[181] Eine überblicksartige Darstellung jüngeren Datums findet sich bei *Baker*, Introduction to English Legal History, 411 f.

[182] Hintergrund sind wahrscheinlich Veruntreuungen seitens des Klerus, vgl. *Toller*, The Law of Executors and Administrators, 80–82; *Holdsworth/Vickers*, The Law of Succession, 132 (mit Verweis auf Quellen aus Stratford); *Watkin*, in: Katz, 384, anders *Carter v Crawley*, Sir T. Raym. 496, 497 f.: Es sei darum gegangen, die Haftung der Kirche für Nachlassverbindlichkeiten zu begrenzen.

[183] Vgl. hierzu *Toller*, The Law of Executors and Administrators, 80–82; *Pollock/Maitland*, The History of English Law, Bd. II, 356–360. Die Entwicklung wird auch beschrieben in *Carter v Crawley*, Sir T. Raym. 496, 497–500.

[184] Wen der Klerus zum *administrator* beruft, richtet sich in erster Linie nach Verwandtschaft und Ehe. Die Aufgabe fällt zunächst dem überlebenden Ehegatten zu, dann den jeweils nächsten Angehörigen des Verstorbenen, zuvörderst natürlich dessen Kindern,

königlichen Gerichten lassen jedoch auch dieses System letztlich vollends zusammenbrechen.[185] Die beiden Gerichtsbarkeiten blockieren sich wechselseitig, und infolgedessen kommt es zunehmend vor, dass einzelne Verwandte zu Unrecht bevorzugt werden[186] oder dass der Nachlass sogar an familienfremde Dritte fällt.[187] Dieser Zustand wird als untragbar empfunden, und das Statute of Distribution (1670) soll Abhilfe schaffen.[188] Stein des Anstoßes ist wohl *Hughes v Hughes*,[189] ein Fall einer vollständig leer ausgehenden Schwester, welcher die Ungerechtigkeiten des geltenden Rechts nur allzu offensichtlich werden lässt.[190]

Nach den Regeln des Statute of Distribution (1670) erhält die überlebende Ehefrau ein Drittel des *personal estate*.[191] Vor allem aber werden intestaterbrechtliche Gleichbehandlungsvorstellungen festgeschrieben: [192] Kinder des Erblassers teilen den auf sie entfallenden Teil des Nachlasses gleichmäßig,

---

vgl. *Carter v Crawley*, Sir T. Raym. 496, 498. Aber auch familienfremde Dritte können als *administrator* eingesetzt werden, wenn dies tunlich erscheint, beispielsweise ein Gläubiger als *administrator* eines hoch verschuldeten Nachlasses. Ein solches Beispiel wird beispielsweise in *Hughes v Hughes*, Cart. 125, 136 gebildet.

[185] Vgl. zum Ganzen *Holdsworth/Vickers*, The Law of Succession, 132 f.; *Williams/Mortimer*, Williams on Executors and Administrators, Bd. II, 1225 f.; *Holdsworth*, A History of English Law, 556–560; *Elbert*, Michigan L.R. 51 (1953), 665, 670 f.; *Plucknett*, A Concise History of the Common Law, 730 f.

[186] *Williams/Mortimer*, Williams on Executors and Administrators, Bd. II, 1225 f.

[187] Dieses hypothetische Beispiel wird in *Hughes v Hughes*, Cart. 125, 136 gebildet.

[188] *Petit v Smith*, [1695] 1 P. Wms. 7, 8; *Holdsworth/Vickers*, The Law of Succession, 133 f.; *Holdsworth*, A History of English Law, 559 f. Auch diese Entwicklung referiert leicht abweichend *Carter v Crawley*, Sir T. Raym. 496, 499: Weil sie die Nachlassteilung nicht hätten erzwingen können, seien die kirchlichen Gerichte dazu übergegangen, mit allen potentiell infrage kommenden *administrators* zu verhandeln. Es wurde geschätzt, welcher Überschuss zu erwarten sei und nur derjenige als *administrator* eingesetzt, der diesen erwarteten Überschuss an die übrigen nach kirchlichen Vorstellungen Berechtigten auszahlte, bevor er überhaupt worden ernannt sei. Die Nachteile, die dieses Vorgehen birgt, hätten das Statute of Distribution (1670) motiviert.

[189] *Hughes v Hughes*, Cart. 125.

[190] *Edwards v Freeman*, 2 P. Wms. 435, 447 f. (Lord Chancellor King anstelle des verhinderten Price J); *Williams/Mortimer*, Williams on Executors and Administrators, Bd. II, 1226; *Holdsworth*, A History of English Law, 558 f. Hierauf spielt wohl auch *Baker*, Introduction to English Legal History, 412, an.

[191] Vgl. zur Erbteilung nach dem Statute of Distribution (1670) allgemein *Lovelass/Barron*, Disposal of a Person's Estate, 137–164; *Toller*, The Law of Executors and Administrators, 370–374, 381–386; *Burn/Phillimore*, Ecclesiastical Law, Bd. IV, 543–563; *Williams/Mortimer*, Williams on Executors and Administrators, Bd. II, 1236–1254.

[192] Nur die gewachsenen Gebräuche in London und York, das soll der Vollständigkeit halber nicht unerwähnt bleiben, lässt das Statute of Distribution (1670) unberührt, vgl. 22 & 23 Car 2, c 10; sie wurden erst unter Queen Victoria mit Wirkung zum 1. Januar 1857 abgeschafft, vgl. hierzu *Williams/Mortimer*, Williams on Executors and Administrators, Bd. II, 1227.

vorverstorbene Kinder werden durch ihre Nachkommen repräsentiert. Auch der erstgeborene Sohn, der *heir at law*, ist „Kind“ im Sinne dieser Regeln und damit gleichmäßig am *personal estate* beteiligt obwohl er bereits den gesamten Grundbesitz erhält.[193] Ist der Erblasser verwitwet, steht seinen Kindern der gesamte Nachlass zu, wiederum zu gleichen Teilen. All das entspricht weitestgehend den funktionslos gewordenen Regeln, anhand derer zuvor die kirchlichen Gerichte bestimmt haben, welche Verwandten *administrator* werden sollten.[194] Das Statute of Distribution (1670) nimmt damit viele Charakteristika des modernen englischen Erbrechts vorweg, nicht zuletzt die zwingende Abwicklung des Nachlasses durch einen Dritten anstelle eines Vonselbsterwerbs.[195]

Der aus Sicht dieser Untersuchung entscheidende Punkt ist jedoch die bereits angesprochene Gleichbehandlung aller Abkömmlinge gleich welchen Geschlechts und gleich welchen Alters. Sie steht in starkem Kontrast zu den Vorstellungen des Common Law und erfordert eine Lösung für lebzeitige Zuwendungen des Erblassers, die drohen, das Gleichgewicht zwischen den Nachkommen zu verschieben. Hier setzen die *hotchpot rule* und die *presumption against double portions* an, um die es dieser Untersuchung letztlich geht. Zuvor bedarf es jedoch eines Blicks auf derartige Zuwendungen – *portions* –, die für das englische Recht eine entscheidende Rolle spielen.

3. *Vorsorge für Abkömmlinge durch lebzeitige und letztwillige Verfügungen*

Lebzeitige innerfamiliäre Zuwendungen sind in England eine tradierte Praxis, vor allem in der landbesitzenden Oberschicht. Diese Zuwendungen entziehen sich der Dichotomie von Primogenitur und Gleichbehandlung. Die dabei entstehenden, zunehmend standardisierten lebzeitigen Gestaltungen bilden einen dritten, wenn nicht den wesentlichen Aspekt der Rechtswirklichkeit, in die sich die erbrechtliche Ausgleichsmechanismen einfügen müssen.

a) *Vorsorge für Abkömmlinge: Settlements und Portions*

Die strenge Primogenitur der *rules of inheritance* im Hinblick auf den *real estate* macht es seit jeher nötig, auf anderem Wege für die jüngeren Brüder und alle Schwestern des *heir at law* vorzusorgen.[196] Dass eine derartige Versor-

---

[193] Das ergibt sich mittelbar aus den ihn betreffenden Sonderregeln der *hotchpot rule*, vgl. 22 & 23 Car 2, c 10. Dazu unten B.III.2 (154).

[194] *Holdsworth/Vickers*, The Law of Succession, 132.

[195] Der *real estate* fällt direkt dem *heir at law* zu; er erbt direkt, ohne Zwischenschritte. Aus deutscher Sicht mag dies kaum erwähnenswert erscheinen. Aus englischer Perspektive markiert es einen entscheidenden Unterschied im Vergleich zum *personal estate*, vgl. dazu *Kerridge*, in: Reid/De Waal/Zimmermann, Intestate Succession, 324.

[196] *Bonfield*, Marriage Settlements, 120; *Jones*, in: Katz, 366; *Baker*, Introduction to English Legal History, 288–289.

gung in tatsächlicher Hinsicht stattfand, ist für alle Zeiten des englischen Rechts gesichert.[197] Dieser Umstand ändert freilich nichts an der deutlichen Zurücksetzung der Geschwister des Alleinerben. Eine typische, frühe Gestaltung versorgt zunächst die jüngeren Brüder des *heir at law* durch Zuwendungen von Land, wenn auch mit einem deutlich kleineren Teil des Grundbesitzes.[198] Seit dem Statute of Wills (1540) ist dies durch Testament möglich,[199] zuvor kommen allein lebzeitige Gestaltungen in Betracht. Diese Verfügungen, gleich ob letztwillig oder lebzeitig, werden als *settlements* bezeichnet, sind aber von den sogleich behandelten *(strict) family* und *marriage settlements* zu unterscheiden, was die Begrifflichkeiten noch einmal verkompliziert. Ein „*settlement* im weiteren Sinne" ist also zunächst jede Verfügung über Land.[200]

Hinzu kommt eine zweite Möglichkeit, um für die Geschwister des *heir in law* zu sorgen: einmalige Geldzahlungen, so genannte *portions*.[201] Jedenfalls seit dem 18. Jahrhundert ist dies der bevorzugte Weg, über den die landbesitzende Schicht ihre Kinder beiden Geschlechts versorgt, jüngere Söhne und Töchter gleichermaßen.[202] Der sich entwickelnden Mittel- und Oberschicht (jenseits der traditionell landbesitzenden Klassen), deren Vermögen nicht in erster Linie auf Grundbesitz beruht, steht von vornherein nur dieser Weg offen. Die Versorgung der Kinder mit *portions,* die schon immer gelebt wurde, konzeptualisieren die Gerichte spätestens im 19. Jahrhundert als moralische[203] Pflicht der Eltern.[204] Besonders deutlich formuliert dies *Lord Chancellor Cottenham:*[205]

---

[197] *Spring*, Law, Land & Family, 144.

[198] *Bonfield*, Marriage Settlements, 103 f. (der insoweit *Habakkuk* Recht gibt); *Spring*, Law, Land & Family, 78; *Jones*, in: Katz, 366. Hierfür spricht auch das *settlement*, das *Bridgeman*, Conveyances, 269 vorstellt. Dazu sogleich.

[199] *Bonfield*, Marriage Settlements, 119, geht davon aus, dass dies zunächst der üblichere Weg war; vgl. auch *Spring*, Law, Land & Family, 129. Vgl. zur Statute of Wills (1540) *Kerridge*, in: Reid/De Waal/Zimmermann, Testamentary Formalities, 307 f.; *Kerridge*, in: Reid/De Waal/Zimmermann, Intestate Succession, 325.

[200] *Bridge/Cooke/Dixon*, Megarry & Wade: The Law of Real Property, 9-004. Später wird der Begriff noch weiter und meint jede Verfügung, die einen Trust begründet.

[201] *Dies.*, Megarry & Wade: The Law of Real Property, 9-005 (dort Fn. 8).

[202] Besonders ausführlich beschreibt diese Entwicklung *Bonfield*, Marriage Settlements, 104–118; vgl. darüber hinaus *Jones*, in: Katz, 366.

[203] Im Folgenden ist in Bezug auf das englische Recht von moralischen, nicht von sittlichen Pflichten die Rede. Hintergrund ist der Wunsch, den zentralen Begriff „*moral debt*" und vergleichbare Formulierungen möglichst idiomatisch zu übertragen. Ein Unterschied im Begriffsgehalt soll damit nicht markiert werden. Im Gegenteil, das englische Recht verhandelt, wie sich im Folgenden zeigen wird, genau dieselben Fallgruppen, die im deutschen Kontext als sittliche Elternpflichten beschrieben wurden.

[204] Neben *Pym v Lockyer*, 5 My. & Cr. 29, finden sich ähnliche Ansätze bei *Shudal v Jekyll*, [1742] 2 Atk. 517, 518; *Ex parte Pye*, 18 Ves. Jun. 140, 151; *Montefiore v Guedalla*, 1 De G. F. & J. 93, 103 (per Turner LJ); *Re Pollock*, [1885] 28 Ch. D. 552, 555; *Re Cameron*, [1999] Ch. 386, 407. In *Ex parte Pye* referiert Lord Chancellor Eldon diese

„The giving a portion to a child is said to be a moral debt, but of the amount of which the parent is the only judge.“

Wie und wann die Eltern dieser moralischen Pflicht nachkommen, ist ihnen überlassen. Sie können ihre Kinder entweder zu Lebzeiten, spätestens jedoch letztwillig bedenken. Entscheidend ist, dass überhaupt Vorsorge getroffen wird. Lebzeitige und letztwillige Verfügungen sind also insoweit funktional äquivalent, sie sind austauschbare Mittel, um dasselbe Ziel zu erreichen. All das erinnert bereits stark an vergleichbare Konzeptionen ausstattender Zuwendungen auf dem Kontinent, die sich zur gleichen Zeit entwickeln.

Im Hinblick auf lebzeitige Verfügungen sind vor allem so genannte *marriage settlements* entscheidend. Hinter diesem Begriff verbergen sich jedoch zwei ganz unterschiedliche Gestaltungen vor dem Hintergrund ganz unterschiedlicher sozialer Realitäten:[206] Er ist zum einen ein Synonym für die *strict* oder *family settlements* der landbesitzenden Schicht, die auf diesem Weg nicht zuletzt ihre „Great Estates“ bewahren möchte, indem sie die Verfügungsfreiheit (faktisch)[207] aller zukünftigen Erbengenerationen beschränkt. Weil derartige *settlements* oft aus Anlass der Heirat des Stammhalters begründet oder erneuert werden, hat sich die Bezeichnung *marriage settlement* eingebürgert. Ein *family settlement* kann jedoch auch zu jedem anderen Zeitpunkt begründet werden.[208] Neben die *family settlements* der landbesitzenden Oberschicht treten die „*marriage settlements* im engeren Sinne“. Sie kommen später auf und erfassen Gestaltungen, die es der Ober- und später der sich entwickelnden Mittelschicht erlauben, ihre Töchter vor den harschen vermögensrechtlichen Folgen der Ehe im Common Law zu schützen.

b) Die *family settlements* der landbesitzenden Oberschicht

Der erste Grund, Abkömmlinge bereits vor dem Tod des Erblassers zu versorgen, liegt in den dynastischen Vorstellungen der landbesitzenden Oberschicht. Lebzeitig errichtete *family settlements* erlauben es, zwei Ziele zu-

---

Begründung nicht ohne jede Polemik („artificial notion, that the father is paying a debt of nature“). Dies hat aber wohl andere Gründe, die mit *Pym v. Lockyer* entfallen sind. Diese Konzeption von *portions* findet sich auch im geschichtswissenschaftlichen Schrifttum, vgl. *Habakkuk*, Marriage, Debt and the Estates System, 15.

[205] *Pym v Lockyer*, 5 My. & Cr. 29, 47, an anderer Stelle (35) spricht er von „a duty which the relative situation between [parent and child] imposes upon the parent“.

[206] Auf diese wesentliche Unterscheidung weisen z.B. *Spring*, Am. J. Legal Hist. 8 (1964), 209, 214 f., und *English/Saville*, Econ. Hist. Rev. 33 (1980), 556, 557, hin.

[207] Zur Funktionsweise vgl. sogleich Fn. 210.

[208] *Habakkuk*, Marriage, Debt and the Estates System, 26–29, geht sogar davon aus, dass die Volljährigkeit des ältesten Sohns der üblichste Zeitpunkt für ein *settlement* war (27); anders *Spring*, Law, Land & Family, 126 f.; sich nicht festlegend *Jones*, in: Katz, 366.

gleich zu erreichen:[209] Einerseits erlauben sie es, Landbesitz über mehrere Generationen in einem „Great Estate“ zu binden, trotz aller Versuche des Rechts, genau dies zu verhindern. Andererseits ermöglichen *family settlements* die moralisch gebotene Versorgung der weichenden Geschwister des *heir at law*. Hierzu werden alle juristischen Gestaltungsmöglichkeiten kombiniert, die das englische Recht etwa ab dem 17. Jahrhundert aufbieten kann. Die Details sind kompliziert.[210] In letzter Konsequenz handelt es sich aber um wiederholte Übertragungen des Vermögens von einer Generation auf die nächste, die es den jeweils folgenden Generationen faktisch unmöglich macht, Teile des Grundbesitzes zu veräußern.

Die wirtschaftliche Bedeutung der Vermögensbindung durch *family settlements* ist in der Ökonomiegeschichte kontrovers.[211] Für die Zwecke dieser

---

[209] Die doppelte Natur der Instrumente betonen beispielsweise *Perkin*, Women and Marriage in Nineteenth-Century England, 66; *Habakkuk*, Marriage, Debt and the Estates System, 14; *Jones*, in: Katz, 366 f.; *Bridge/Cooke/Dixon*, Megarry & Wade: The Law of Real Property, 9-005. Bei *Habakkuk* heißt es (17): „Thus in the course of time settlement as means of determining the future of the estate and settlement as means of providing for the family – matters which are logically distinct and had often in the past been treated separately – were inextricably fused.“ Für ein Argument gegen die Überbetonung dynastischer Absichten vgl. *Spring*, Law, Land & Family, 144.

[210] Eine sehr eingängige Darstellung der rechtlichen Konstruktion findet sich noch heute bei *Spring*, Am. J. Legal Hist. 8 (1964), 209, 210–213: Am einfachsten erläutern lässt sie sich anhand eines erstmaligen *settlements* durch einen *settlor*, der seinerseits keinen letztwilligen oder lebzeitigen Beschränkungen seiner Vorfahren unterliegt. Er vermacht seinem ältesten Sohn ein dingliches *life interest*, das es erlaubt, die Früchte des Grundbesitzes zu ziehen, nicht aber den Grundbesitz zu belasten oder zu veräußern. Die Situation ähnelt, grob gesagt, derjenigen eines nicht befreiten Vorerben. Seinem ältesten oft noch ungeborenen Enkel hinterlässt der *settlor* einen *entailed* interest (dazu gleich mehr). Für alle weiteren Abkömmlinge wird anderweitig Vorsorge getroffen. Unversorgt bleibt also nur der älteste Enkel, der den *entailed interest* erhalten hat. Folge dieses *entailed interest* ist, dass der Enkel mit dem Tod seines Vaters, des ältesten Sohns des *settlors*, keinerlei Verfügungsbeschränkungen unterliegt. Damit ist dem Verbot, Vermögen ewig zu binden, Rechnung getragen. Bis zum Tod seines Vaters ist das *entailed interest* jedoch wirtschaftlich wertlos und der älteste Enkel des *settlors* unversorgt, möglicherweise für viele Jahre und vor allem, wenn er durch Heirat eine eigene Familie begründen möchte. In Kombination mit dem ohnehin prävalenten dynastischen Denken der Zeit war dies Anlass genug, das *settlement* zwischen Vater und Sohn zu erneuern (oft aus Anlasse der Heirat): Der Vater verzichtet gegen entsprechende Versorgung auf sein *life interest*, das nunmehr sein Sohn, also die nächste Generation erhält. Gleichzeitig wird seinem ältesten Enkel, also dem Urenkel des ursprünglichen *settlors*, ein neues *entailed interest* ausgesetzt. So verschiebt sich das *settlement* aufgrund einer Kette von Novationen von einer Generation auf die nächste, ohne dass die Regeln gegen die ewige Bindung von Vermögen je eingreifen; vgl. zur Struktur auch *Simpson*, A History of the Land Law, 235–237; *Jones*, in: Katz, 365 f.

[211] Eine konzise Zusammenfassung der Debatte findet sich bei *Staves*, Married Women's Separate Property in England, 199–202; vgl. darüber hinaus *Bonfield*, Marriage Settlements, 93–120; *Habakkuk*, Marriage, Debt and the Estates System, 36–49.

Untersuchung ist jedoch entscheidend, dass diese Instrumente immer auch Regeln über die Versorgung all der Abkömmlinge enthalten, die nicht der Stammhalter sind. Für Töchter gilt das schon immer, für Söhne erst ab etwa dem 18. Jahrhundert.[212] Diese Versorgungsfunktion ergänzt den dynastischen Zweck des *settlements*. Es ist unbestritten, dass eine derartige Versorgung der Geschwister des *heir at law* eine absolut übliche soziale Praxis ist.[213] Aus den Handbüchern der hierauf spezialisierten Anwälte, der *conveyancer*,[214] die heutigen Formularbüchern bereits sehr stark ähneln, lässt sich gut rekonstruieren, wie diese Versorgung strukturiert wird:[215] In der Urkunde wird eine bestimmte, klar als *portion* bezeichnete einmalige Geldsumme ausgesetzt. Gerade wenn das *settlement* aus Anlass einer Heirat aufgesetzt oder erneuert wird, ist noch unklar, wie viele Kinder aus der Ehe geboren werden. Es besteht mithin die Erwartung, die notwendigen Summen in Zukunft aus dem Grundbesitz zu finanzieren, der durch das *settlement* gebunden wird.[216] Auch wenn sich die Regelungen im Detail unterscheiden, folgen sie doch alle einem ähnlichen Muster.

Möglich ist beispielsweise, mit festen Summen zu arbeiten, wie ein exemplarisches Vertragsmuster aus dem 17. Jahrhundert zeigt:[217] Hätte die Ehe nur eine Tochter hervorgebracht, wäre diese Tochter mit 10.000 Pfund zu versorgen gewesen. Hätte die Ehe mehrere Töchter hervorgebracht, hätten diese insgesamt 12.000 Pfund erhalten, die sie gleichmäßig teilen. Jüngere Söhne erwähnt dieses Vertragsmuster nicht. Sie werden augenscheinlich in gesonderten Instrumenten versorgt.[218] Zahlbar sind die *portions* nach dem Tod der Mutter oder anlässlich des 16. Geburtstags, je nachdem welcher Zeitpunkt später liegt. Unterhalt und Ausbildung der Töchter sind bis dahin aus dem Grundbesitz zu finanzieren, der durch das *settlement* gebunden wird. Eine alternative

---

[212] *Bonfield*, Marriage Settlements, 104–118; *Spring*, Law, Land & Family, 77, 143; *Jones*, in: Katz, 366.

[213] Vgl. wieder die Auswertung zahlreicher *settlements* bei *Bonfield*, Marriage Settlements, 104–118.; vgl. auch *Simpson*, A History of the Land Law, 237; *Perkin*, Women and Marriage in Nineteenth-Century England, 66; *Habakkuk*, Marriage, Debt and the Estates System, 13–19; *Spring*, Law, Land & Family, 76.

[214] Vgl. für ihre Bedeutung wieder *Pistor*, The Code of Capital, 169–176.

[215] Insbesondere die Bedeutung von *Bridgeman*, Conveyances, für die Entwicklung des englischen Rechts ist nicht zu unterschätzen, vgl. *Simpson*, A History of the Land Law, 235; *Ward*, English Legal Histories, 185–191. Die folgende typische Struktur eines *settlements* beschreibt auch *Jones*, in: Katz, 366.

[216] *Simpson*, A History of the Land Law, 237 f.

[217] *Bridgeman*, Conveyances, 264 f. (dieselbe Regelung gilt für Töchter aus einer möglichen zweiten Ehe (266)). Eine umfassende historische Untersuchung zur Höhe der *portions* und ihrer Entwicklung im Laufe der Zeit bietet *Spring*, Law, Land & Family, 76–87.

[218] Das war zu dieser Zeit schließlich noch üblich, vgl. wieder *Spring*, Law, Land & Family, 77. Darüber hinaus enthält das *settlement* jedoch eine Klausel, die es erlaubt, gegebenenfalls weitere, noch ungeborene Söhne mit einer gewissen Menge Grundbesitz zu versorgen, vgl. *Bridgeman*, Conveyances, 269.

Gestaltungsmöglichkeit von *portions* findet sich in einem Muster etwas jüngeren Datums aus dem 18. Jahrhundert.[219] Hier werden die *portions* gestaffelt: Tritt nur ein Kind, gleich welchen Geschlechts, neben den ältesten Sohn, erhält dieses Kind 3000 Pfund. Die *portion* beträgt je 2000 Pfund bei zwei jüngeren Geschwistern, je 1500 Pfund bei drei Geschwistern und bei vier oder mehr Kindern je 1000 Pfund pro Kind. Zu zahlen sind die *portions* am 21. Geburtstag der Abkömmlinge oder, im Falle von Töchtern, bei deren Heirat. Wieder sind Unterhalt und Ausbildung der Kinder aus dem Grundbesitz zu finanzieren, der durch das *settlement* gebunden wird.[220]

Damit ist ein zumindest in der landbesitzenden Oberschicht einheitliches System rechtsgeschäftlicher Regelungen geschaffen, das mehr oder minder üblich ist und das die *rules of inheritance* (hinsichtlich *real property*) und *rules of distribution* (hinsichtlich *personal property*) in wichtigen Punkten ergänzt: Neben die rigide Primogenitur hinsichtlich *realty* tritt eine soziale Praxis rechtsgeschäftlicher Gestaltungen, die zwar den Grundgedanken des Common Law respektiert, aber die jüngeren Geschwister des Erstgeborenen versorgt. Hinsichtlich dieser Versorgung durch *portions* werden alle Kinder gleichbehandelt. Die Elterngeneration erfüllt so die moralische Pflicht, die der Lord Chancellor in *Pym v Lockyer* beschreibt.[221] Jedenfalls in den *(strict) family settlements* werden *portions* auch deutlich als solche bezeichnet.

c) Die marriage settlements der Ober- und sich entwickelnden Mittelschicht

Versorgende Zuwendungen durch lebzeitige Verfügungen kennt England aber nicht nur aufgrund der *(strict) family settlements* der landbesitzenden Oberschicht. In der weiteren Entwicklung des Rechts kommt *marriage settlements* im engeren Sinne eine entscheidende Bedeutung zu. Sie avancieren zum absoluten Standard aller vermögenden Familien. Bei dem großen englischen Verfassungsrechtler *A. V. Dicey* heißt es, „jeder englische Gentleman während der letzten Jahrhunderte" habe auf diese Weise das Vermögen seiner Töchter geschützt.[222]

Hintergrund dieser *marriage settlements* ist die harsche Diskriminierung und absolute Vermögenslosigkeit verheirateter Frauen in England. Das Com-

[219] *Horseman*, Precedents in Conveyancing, Bd. II, 529. Die Summen unterscheiden sich in den einzelnen Formularen leicht, in einem anderen Fall beginnt die absteigende Leiter beispielsweise mit 4000 Pfund für das erste Geschwisterkind neben dem Alleinerben (514). Zur Höhe der *portions* und ihrer Entwicklung im Laufe der Zeit vgl. wieder *Spring*, Law, Land & Family, 76–87.

[220] *Horseman*, Precedents in Conveyancing, Bd. II, 530.

[221] *Pym v Lockyer*, 5 My. & Cr. 29, 47.

[222] *Dicey*, Lectures on the Relation Between Law and Public Opinion in England During the Nineteenth Century, 389, an anderer Stelle (383) betont er gleich zweifach, dass beinahe jede Frau, die der wohlhabenden Schicht angehört, mit einem *marriage settlement* heirate.

mon Law geht bis ins ausklingende 19. Jahrhundert davon aus,[223] dass die Ehegatten durch die Ehe „eine Person“ werden. Die rechtliche Existenz der Ehefrau als eigenständiges Rechtssubjekt endet, und für die Zwecke des Rechts wird sie eins mit ihrem Ehemann, dem all ihr Vermögen zufällt, gleich ob bei der Heirat bereits vorhanden oder später erworben.[224] Die Ehefrau ist nach dieser Vorstellung nicht parteifähig, sie kann keine Verträge eingehen, nicht einmal für Delikte haften.[225] Der Ehemann hingegen kann mit dem beweglichen Vermögen seiner Frau nach Belieben verfahren. *Dicey* spricht insoweit vom „Barbarismus“ des Common Law, *John Stuart Mill* von einer besonderen „Ungerechtigkeit und Unterdrückung“ der verheirateten Frau.[226]

Equity, das Billigkeitsrecht, versucht seit jeher die harschen Regeln des Common Law abzumildern. Es erkennt auf einem Umweg *separate property* verheirateter Frauen an.[227] Hierbei handelt es sich jedoch nicht, anders als die Bezeichnung vermuten lässt, um „Eigentum“ der Frau im Sinne des Common Law. Dessen Regeln bleiben formal unangetastet. Nötig ist vielmehr ein Trust, den vor der Ehe die Frau selbst[228] oder ein Dritter, meist deren Eltern, zugunsten der Ehefrau errichten. Das Eigentum an Gegenständen, die der verheirateten Frau auch während ihrer Ehe zugutekommen sollen, wird auf einen Trustee übertragen. Die Verfügungsmacht eines Trustees ist durch die Bedingungen des Trusts begrenzt. Im einfachsten Fall legen diese Bedingungen ihm schlicht auf, mit dem gebundenen Vermögen nur nach den Wünschen der verheirateten Frau zu verfahren. Deren Bestimmungsrecht fließt aus dem Trust

[223] Erste Reformen begannen erst Ende des 19. Jahrhunderts mit dem Married Women’s Property Act (1870) und mündeten in den Married Women’s Property Act (1882), dessen technische Umsetzung jedoch zu zahlreichen Folgeproblemen führte, vgl. hierzu *Cretney*, Family Law in the Twentieth Century, 94–102. Die Konsequenzen des alten Denkens und die vollständige vermögensrechtliche Gleichstellung der Ehefrau zogen sich jedoch bis weit in das 20. Jahrhundert hinein (102–136); vgl. auch *Baker*, Introduction to English Legal History, 525 f., und, hinsichtlich der letzten Relikte, *Masson/Bailey-Harris/Probert*, Principles of Family Law, 3-002.

[224] Berühmt geworden ist die Beschreibung bei *Blackstone*, Commentaries on the Laws of England, Bd. I, 442: „The very being or legal existence“ der Ehefrau werde während der Ehe durch ihren Ehemann überlagert; vgl. hierzu *Holcombe*, Wives and Property, 18 f.; *Megarry/Baker*, Snell’s Principles of Equity, 513 f.; *Loengard*, in: Katz, 121; *Masson/Bailey-Harris/Probert*, Principles of Family Law, 3-002; *Baker*, Introduction to English Legal History, 522 f.

[225] *Holcombe*, Wives and Property, 23, 26–28; *Loengard*, in: Katz, 124; *Baker*, Introduction to English Legal History, 526–528.

[226] Vgl. *Dicey*, Lectures on the Relation Between Law and Public Opinion in England During the Nineteenth Century, 384, der an anderer Stelle von *severity and injustice* spricht (383), und *Mill*, Three Essays, 482.

[227] Vgl. zum Ganzen *Megarry/Baker*, Snell’s Principles of Equity, 514; *Loengard*, in: Katz, 122 f.; *Holcombe*, Wives and Property, 39–45.

[228] Diese Möglichkeit betont *Loengard*, in: Katz, 122.

selbst, und es handelt sich um Rechtsmacht, die allein aus Equity, dem Billigkeitsrecht, fließt. Damit bleibt das Bestimmungsrecht während der Ehe bestehen, und es fällt nicht nach den Regeln des Common Law dem Ehemann zu. Die verheiratete Frau behält so die Möglichkeit, „eigenes“ Vermögen zu haben, über das sie nach Maßgabe der Trust-Bedingungen verfügen kann. Ihre Rechtsstellung ist derjenigen von unverheirateten Frauen und Männern angenähert,[229] teilweise steht die verheiratete Frau sogar besser. Ein „*marriage settlement* im engeren Sinne“ meint nichts anderes, als einen derartigen Trust.

Diese Gestaltung avanciert zum absoluten Standard in vermögenden Schichten.[230] *Marriage settlements* werden zentrale lebzeitige Instrumente der Nachfolgeplanung,[231] gerade für diejenigen, deren Vermögen nicht oder nicht nur auf Grundbesitz beruht. Denn für die Erbschaft von *realty* gelten Ausnahmen von den harschen Regeln des Common Law.[232] Grundbesitz kann auch eine verheiratete Frau erben. Hinterlassen die Eltern einer verheirateten Tochter jedoch *personal property*, zeigt das Recht seine ganze Härte. Wollen die Eltern dies verhindern,[233] müssen sie ihrer Tochter *separate property* hinterlassen oder zumindest ihre Versorgung während der Ehe sicherstellen. Das *marriage settlement* ist der übliche Weg, um dieses Ziel zu erreichen.[234] Dabei soll nicht unterschlagen werden, dass die Instrumente komplex sind und dass auch (versorgende) Zuwendungen aus der Familie des Bräutigams Gegenstand des *settlements* sein können. Faktisch zwingend sind sie jedoch allein hinsichtlich der Braut und deren Eltern.

Alles in allem werden die erbrechtlichen Regeln des Common Law und des Statute of Distribution (1670) während der gesamten englischen Rechtsgeschichte in erheblichem Maße durch weitgehend standardisierte lebzeitige Verfügungen ergänzt. Teils werden ihre wesentlichen Merkmale abge-

---

[229] *Holcombe*, Wives and Property, 45 f.; *Perkin*, Women and Marriage in Nineteenth-Century England, 71 f. *Baker*, Introduction to English Legal History, 524.

[230] Vgl. wieder *Dicey*, Lectures on the Relation Between Law and Public Opinion in England During the Nineteenth Century, 383, 389. Der Schutz, den Equity gewährt, bleibt gleichzeitig auf Vermögende beschränkt. Schließlich bedarf das *settlement* Vermögen außerhalb der Ehe. Vermögen, das die verheiratete Frau selbst erarbeitet, entzieht erst der Married Women's Property Act (1882) dem Zugriff des Ehemanns, vgl. *Loengard*, in: Katz, 123; *Baker*, Introduction to English Legal History, 525 f.

[231] Denkbar, aber wohl nicht üblich waren auch letztwillige *settlements*, vgl. *Dicey*, Lectures on the Relation Between Law and Public Opinion in England During the Nineteenth Century, 377 (dort Fn. 1). Auch sie hatten freilich mittelalterliche Vorläufer, vgl. *Loengard*, in: Katz, 122; *Baker*, Introduction to English Legal History, 291–294.

[232] *Holcombe*, Wives and Property, 20–23; *Baker*, Introduction to English Legal History, 523 f.

[233] *Perkin*, Women and Marriage in Nineteenth-Century England, 72.

[234] Trustee ist im Zweifel der Ehemann, vgl. *Dicey*, Lectures on the Relation Between Law and Public Opinion in England During the Nineteenth Century, 377; *Holcombe*, Wives and Property, 40.

schwächt: *Portions* für die Geschwister des Alleinerben mildern die größten Härten der Primogenitur, die Anerkennung von *separate property* durch die Courts of Equity verkehrt die Vermögenslosigkeit der verheirateten Frau in ihr Gegenteil. Natürlich ist im Detail eine Vielzahl von Gestaltungen denkbar und sicher gibt es Zuwendungen, die nicht die Form eines *family* oder *marriage settlements* einnehmen. Aber aus drei Gründen spielen gerade diese Instrumente eine besondere Bedeutung im englischen Erbrecht: Sie nehmen sozial wie rechtlich Sonderrollen ein, sie sind weit verbreitet und sie dienen nicht zuletzt der Versorgung von Kindern. Hier knüpfen nun die *presumption against double portions* und die intestaterbrechtliche *hotchpot rule* an.

II. Die presumption against double portions: Berücksichtigung lebzeitiger Zuwendungen bei der testamentarischen Erbfolge

Angesichts der Bedeutung der verschiedenen *settlements* stellt sich die Frage nach der erbrechtlichen Behandlung dieser lebzeitigen Zuwendungen in besonderer Schärfe. Die erste Reaktion des Erbrechts ist die so genannte *presumption against double portions*. Sie betrifft das Recht der testamentarischen Erbfolge und unterscheidet sich so von den anderen in dieser Untersuchung behandelten Ausgleichsmechanismen. Für das Verständnis des englischen Intestaterbrechts ist die *presumption against double portions* jedoch von so entscheidender Bedeutung,[235] dass sie trotz des begrenzten Gegenstands dieser Untersuchung behandelt wird.

Streng genommen kennt das englische Recht der gewillkürten Erbfolge sogar mehrere Vermutungen, die sich alle auf den Gedanken doppelter *portions* zurückführen lassen. Sie unterscheiden sich durch die zeitliche Abfolge von lebzeitiger und letztwilliger Verfügung. Für diese Untersuchung ist aber nur die *presumption* relevant, die auch als *ademption* bezeichnet wird. Sie erfasst Fälle, in denen Eltern zunächst ein Testament errichten, dabei ein Kind bedenken, und diesem Kind nach der testamentarischen Einsetzung weitere lebzeitige Zuwendungen zuteilwerden lassen.[236] Denn hierbei geht es um die (mögliche) Vorwegnahme des testamentarischen Erbteils durch eine lebzeitige Zuwendung. Hinzu kommt, dass die anderen Vermutungen, die

---

[235] Vgl. dazu unten Zweiter Teil – B.III.2.c) (161).

[236] Geschehen die Zuwendungen in umgekehrter Reihenfolge, ist die *doctrine of satisfaction* einschlägig. Hier geht es also um die Erfüllung eines bindend gewordenen lebzeitigen Versprechens, eine *portion* zu leisten, das möglicherweise durch eine testamentarische Bestimmung erfüllt wurde. Dies werden die Gerichte deutlich zurückhaltender annehmen als die hier interessierende *ademption*, vgl. *Lord Chichester v Coventry*, [1867] 2 L.R. H.L. 71, 82. Vgl. zur *doctrine of satisfaction* im Übrigen *Barlow/Wallington/Meadway/MacDougland*, Williams on Wills, Bd. I, Rn. 44.15–44.17; *Ross/Evans-Gordon/Learmonth/Ford/Fletcher*, Theobald on Wills, Rn. 34-003–34-007; *Learmonth/Ford/Clark/John*, Williams, Mortimer and Sunnucks on Executors, Administrators and Probate, Rn. 66-28–66-32.

ebenfalls auf den Gedanken doppelter *portions* zurückgehen, heute keine Rolle mehr spielen.[237] Zunehmend werden *ademption* und *presumption against double portions* im modernen Recht synonym verwendet,[238] obwohl der letztere eigentlich ein Oberbegriff für verschiedene Institute ist.

1. *Equity leans against double portions*

Die *presumption against double portions* trägt ihre Grundaussage im Namen. Sie betrifft *portions*, versorgende Zuwendungen an Kinder also, die nicht zuletzt in den *family* und *marriage settlements* üblich sind. Das Recht vermutet, dass Eltern derartige *portions* nicht zweifach zuwenden wollen, dass Kinder also üblicherweise nicht doppelt versorgt werden. *Equity leans against double portions* ist die frühe Kurzformel für diesen Gedanken.[239] Später rationalisieren die Gerichte ihn im Hinblick auf die moralische Pflicht der Eltern, ihre Kinder mit einer *portion* zu versorgen.[240] Dieser moralischen Pflicht, so der Gedanke, können Eltern zwar entweder zu Lebzeiten oder letztwillig in ihrem Testament nachkommen. Es sei jedoch nicht davon auszugehen, dass sie ihre moralische Pflicht doppelt und damit übererfüllen wollen. Hat also ein Elternteil einem Kind bereits testamentarisch eine *portion* hinterlassen und wendet ihm im Anschluss auch lebzeitig eine *portion* zu, vermutet das englische Recht, dass die lebzeitige Zuwendung in Erfüllung (*ademption*) der letztwilligen geschehen ist:[241]

„[T]he court will not impute to a parent the intention twice to discharge the same obligation of providing for a child – a rule founded, as it seems to me, on very sufficient reasons; for there can be no doubt that, in the absence of it, the affairs of families would in many cases be involved in the utmost confusion."[242]

Die Vermutung ist wohl zunächst auf Zuwendungen väterlicherseits beschränkt; ihn trifft schließlich nach historischem Verständnis die moralische Pflicht, seine Kinder zu versorgen. Heute, im modernen Recht, erfasst die *presumption against double portions* Zuwendungen beider Elternteile gleich-

---

[237] *Kerridge/Parry*, The Law of Succession, Rn. 13-09.

[238] Vgl. z.B. *Race v Race*, [2002] EWHC (Ch) 1868, Rn. 22–24 oder *Re Frost*, [2013] EWHC (Ch.) 435, Rn. 6.

[239] Vgl. *Shundal v Jekyll*, 2 Atk. 516, 518; *Ex parte Pye*, 18 Ves. Jun. 140, 151 und *Lord Chichester v Coventry*, [1867] 2 L.R. H.L. 71, 83.

[240] Vgl. dazu wieder *Pym v Lockyer*, 5 My. & Cr. 29, 47.

[241] *Pym v Lockyer*, 5 My. & Cr. 29, 34–36; *Re Pollock*, [1885] 28 Ch. D. 552, 555 f.; *Re Vaux*, [1939] Ch. 465, 481; *Re Dawson*, [1919] 1 Ch. 102, 108; *Re George's Will Trusts*, [1949] Ch. 154, 159; *Re Cameron*, [1999] Ch. 386, 407 f.; *Re Clapham*, [2005] EWHC (Ch) 3387, Rn. 103; *Re Frost*, [2013] EWHC (Ch.) 435, Rn. 6. Die besondere Rolle des väterlichen Willens betonen *Montefiore v Guedalla*, 1 De G. F. & J. 93, 100; *Re Lacon (Court of Appeal)*, [1891] 2 Ch. 459, 498 (Bowen, LJ).

[242] *Montefiore v Guedalla*, 1 De G. F. & J. 93, 103.

ermaßen.[243] Schon seit jeher betrifft sie auch Zuwendungen durch solche Personen, die an die Stelle der Eltern getreten sind und *in loco parentis* die Versorgung des Kindes übernommen haben.[244] Im Übrigen bleibt *presumption against double portions* jedoch auf das Verhältnis zwischen Eltern und deren Kindern beschränkt. Weder sind Zuwendungen an den Ehegatten erfasst,[245] noch können Dritte von der *presumption against double portions* profitieren. Sie wirkt allein zulasten und zugunsten der Kinder.[246]

Der Grundgedanke *equity leans against double portions* ist kein Selbstzweck, ihm geht es um die Gleichbehandlung der Kinder des Erblassers. Dieser Zweck ist der *presumption against double portions* deutlich wichtiger, als es zunächst den Anschein hat. Es geht ihr nicht darum, per se die doppelte Versorgung von Kindern zu verhindern, sondern nur insoweit andernfalls Ungleichbehandlungen zwischen Geschwistern drohen.

Ist eine *portion* als solche bezeichnet, bereitet die Anwendung der Vermutung keine Probleme. Das gilt vor allem für die oben beschriebenen *family settlements*. Das gleiche gilt, wenn sich aus der Natur der lebzeitigen Zuwendung ergibt, dass mit ihr die Pflicht erfüllt wird, für ein Kind zu sorgen. Das klassische Beispiel hierfür ist das *marriage settlement.*[247] Auch ihm geht es schließlich um generationenübergreifende Vermögenstransfers in der Familie. Der Schluss, bei den Zuwendungen aus einem solchen *settlement* handele sich offensichtlich um *portions*, ist konsequent.[248] Die *presumption against double portions* ist also eng verbunden mit der Art und Weise, auf die in England bis in das ausklingende 19. Jahrhundert hinein für Kinder vorgesorgt

---

[243] Entschieden wird die Frage durch *Re Cameron*, [1999] Ch. 386, 405 f.; vgl. auch *Kerridge/Parry*, The Law of Succession, Rn. 13-11; *Ross/Evans-Gordon/Learmonth/Ford/Fletcher*, Theobald on Wills, 34-002 (dort Fn. 21).

[244] Vgl. hierzu *Barlow/Wallington/Meadway/MacDougland*, Williams on Wills, Bd. I, Rn. 44.8; *Learmonth/Ford/Clark/John*, Williams, Mortimer and Sunnucks on Executors, Administrators and Probate, Rn. 66-26.

[245] *Punkhurst v Howell*, 6 Ch. App. 136, 137 f.; *Meinertzagen v Walters*, 7 Ch. App. 670, 673 (James LJ); *Ross/Evans-Gordon/Learmonth/Ford/Fletcher*, Theobald on Wills, 34-018.

[246] *Meinertzagen v Walters*, 7 Ch. App. 670, 673 (James LJ), 674 (Mellish LJ); *Re Heather*, [1906] 2 Ch. 230, 233 f.; *Re Dawson*, [1919] 1 Ch. 102, 108 f. (hier wird jedoch weniger die Gleichheit der Kinder betont, als der Umstand, dass die zugrunde liegende Pflicht allein zwischen Eltern und ihren Kindern besteht). Vgl. auch *Kerridge/Parry*, The Law of Succession, Rn. 13-12; *Ross/Evans-Gordon/Learmonth/Ford/Fletcher*, Theobald on Wills, 34-18.

[247] Noch *Re Cameron*, [1999] Ch. 386, 409 beschreibt dies als das „typische, wenn auch altmodische Beispiel".

[248] Vgl. *Pym v Lockyer*, 5 My. & Cr. 29, 37 (Lord Chancellor Cottenham) über verschiedene *marriage settlements:* „That the sums so settled or agreed to be settled were portions, in every sense of the word, cannot be doubted". Die Frage hier war nur, ob die *presumption* auch Zuwendungen des Großvaters erfasst, ob dieser also *in loco parentis* handelte.

wurde.[249] Im Rahmen dieser tradierten Institute ist sie ohne größere praktische Probleme anzuwenden.

2. *Die presumption against double portions in der Anwendung: von den Settlements zur Anrechnung wertmäßig bedeutsamer Zuwendungen*

Spätestens mit Ende des 19. Jahrhunderts zeigt sich aber die zentrale Herausforderung auch des englischen Rechts: Zum einen ist die *presumption against double portions* nicht auf die historisch tradierten *settlements* beschränkt, aus denen sich der Charakter einer Zuwendung als *portion* ohne Weiteres ergibt. Ihr Wortlaut ist offen. Zum anderen verlieren diese Instrumente zunehmend an Bedeutung. Dementsprechend bemerkt *Lord Colonsay* im Jahr 1867, es sei nicht schwierig, die grundsätzliche Regel hinter der *presumption against double portions* zu verstehen – die Schwierigkeit liege darin, sie im Einzelfall anzuwenden.[250]

Die abstrakte Definition, auf die das englische Recht zurückgreift, um den Begriff *portion* jenseits der klaren *settlements* handhabbar zu machen, findet sich in ihrer modernen Form in *Re Cameron.* Auch sie ergibt sich aus der moralischen Pflicht der Eltern, ihre Kinder zu versorgen:[251]

> "[*Portion*] is not a term of art. But it seems to be something which given by the parent to establish the child in life or to make what is called a provision for them."

Ob eine lebzeitige Zuwendung eine *portion* darstellt und an die Stelle der testamentarischen Einsetzung tritt, ergibt sich damit in erster Linie aus dem Willen des Erblassers,[252] dem unterstellt wird, seine Kinder gleich behandeln zu wollen.[253] Diese Intention muss dem Bedachten nicht notwendigerweise

---

[249] Diese enge Verbindung betont (allgemein, nicht in Bezug auf England) *Lord Chichester v Coventry*, [1867] 2 L.R. H.L. 71, 97 f. (Lord Colonsay).

[250] *Lord Chichester v Coventry*, [1867] 2 L.R. H.L. 71, 98.

[251] *Re Cameron*, [1999] Ch. 386, 404. Aufgegriffen v.a. durch *Race v Race*, [2002] EWHC (Ch) 1868, Rn. 22 und *Re Frost*, [2013] EWHC (Ch.) 435, Rn. 6; *Ross/Evans-Gordon/Learmonth/Ford/Fletcher*, Theobald on Wills, Rn. 34-002; *Learmonth/Ford/Clark/John*, Williams, Mortimer and Sunnucks on Executors, Administrators and Probate, Rn. 66-23; aus unbekannten Gründen nicht behandelt in *Re Clapham*, [2005] EWHC (Ch) 3387, Rn. 103. Die Ähnlichkeit mit dem Gehalt der intestaterbrechtlichen *hotchpot rule* ist evident, vgl. *Taylor v Taylor*, [1875] L.R. 20 Eq. 155, 157 f.

[252] *Shundal v Jekyll*, 2 Atk. 516, 518; *Pym v Lockyer*, 5 My. & Cr. 29, 35; *Re Lacon (Court of Appeal)*, [1891] 2 Ch. 459, 597 f. (Bowen LJ), 500 f. (Kay LJ); *Re Vaux*, [1939] Ch. 465, 483–487; *Re George's Will Trusts*, [1949] Ch. 154, 160; *Re Cameron*, [1999] Ch. 386, 404, 409 f.; *Race v Race*, [2002] EWHC (Ch) 1868, Rn. 23; *Re Clapham*, [2005] EWHC (Ch) 3387, Rn. 103.

[253] *Meinertzagen v Walters*, 7 Ch. App. 670, 673 (James LJ); *Re Heather*, [1906] 2 Ch. 230, 233 f.; *Re Lacon (Court of Appeal)*, [1891] 2 Ch. 459, 498 (Bowen LJ); *Re Cameron*, [1999] Ch. 386, 409.

kommuniziert werden.[254] Es kommt allein darauf an, ob das zuwendende Elternteil das Kind versorgen oder dessen Start in das Leben ermöglichen wollte. Der Wille des Zuwendenden spielt damit eine zweifache Rolle:[255] Zum einen entscheidet er darüber, ob es sich bei einer Zuwendung überhaupt um eine *portion* handelt, ob die *presumption against double portions* also tatbestandlich einschlägig ist. Zum anderen wird der Wille des Erblassers relevant, wenn es darum geht, ob die Vermutung möglicherweise widerlegt ist: Ergibt sich aus den Umständen, dass ein Kind ausnahmsweise zwei versorgende Zuwendungen erhalten sollte?

Oft wird der Wille des Erblassers jedoch nicht feststehen. Dann ist aus den Umständen zu schließen, ob das Elternteil mit seiner Zuwendung bezweckt, ein Kind zu versorgen. Entscheidend sind dabei alle Umstände des Einzelfalls, wobei Zeitpunkt und Art der Zuwendung, insbesondere die Heirat, eine besondere Rolle spielen sollen.[256] Ein zweiter wichtiger Gedanke sind negative Abgrenzungen: Handelt es sich um ein Geschenk aus reiner Freigiebigkeit, ein *mere gift* oder eine *pure bounty*, greift die *presumption against double portions* nicht ein.[257] Im Hinblick auf den Grundgedanken der Vermutung ist das konsequent. Schließlich fällt eine Zuwendung aus reiner Freigiebigkeit nicht unter die moralische Pflicht, die der *presumption against double portions* zugrunde liegt.

Aus den Versuchen, negativ abzugrenzen, wann eine versorgende Zuwendung, vorliegt, wird auch der Gehalt der moralischen Pflicht deutlicher, die dem englischen Recht insoweit zugrunde liegt: Kleine Summen sind niemals *portions*.[258] Gleiches gilt für Zuwendungen, die dem laufenden Unterhalt (*maintainance*) eines Kindes dienen. Das Konzept der *portion* erlegt Eltern eine moralische Pflicht auf, die weiter geht, als die laufenden Kosten zu übernehmen.[259] *Portions* sind mehr als der alltägliche Bedarf, es geht um eine

---

[254] Dies entscheidet *Re Cameron*, [1999] Ch. 386, 410 f., vgl. hier auch für die frühere Rechtsprechung.

[255] *Re Lacon (Court of Appeal)*, [1891] 2 Ch. 459, 498 (Bowen LJ); *Learmonth/Ford/Clark/John*, Williams, Mortimer and Sunnucks on Executors, Administrators and Probate, Rn. 66-37.

[256] *Ravenscroft v Jones*, 4 De G. J. & S. 224, 228.

[257] *Pym v Lockyer*, 5 My. & Cr. 29, 35 f.; *Re Cameron*, [1999] Ch. 386, 404; *Re Clapham*, [2005] EWHC (Ch) 3387, Rn. 103; vgl auch *Punkhurst v Howell*, 6 Ch. App. 136, 137. und *Re Vaux*, [1939] Ch. 465, 481 f. Vgl. auch *Barlow/Wallington/Meadway/MacDougland*, Williams on Wills, Bd. I, Rn. 44.4.

[258] *Ravenscroft v Jones*, 33 Beav. 669, 672; *Watson v Watson*, 33 Beav. 574, 575; *Re Cameron*, [1999] Ch. 386, 404. Vgl. auch *Re Vaux*, [1939] Ch. 465, 481 (die Zuwendung müsse qualitativ erheblich sein). Vgl. auch *Barlow/Wallington/Meadway/MacDougland*, Williams on Wills, Bd. I, Rn. 44.4; *Ross/Evans-Gordon/Learmonth/Ford/Fletcher*, Theobald on Wills, 34-002.

[259] Vgl. *Barlow/Wallington/Meadway/MacDougland*, Williams on Wills, Bd. I, Rn. 44.4.

substantielle Versorgung der Kinder für die Zukunft. Dies entspricht wiederum den Gestaltungen in den oben beschriebenen *(strict) family* und *marriage settlements*.[260] Gerade hier wird der Unterschied zwischen Unterhalt (*maintenance*) und *portion* besonders deutlich. Ersterer ist bis zur Ehe oder Volljährigkeit zu zahlen, letztere ist die feste Geldsumme.

Die *presumption against double portions* verlangt im Ausgangspunkt, dass die testamentarische Einsetzung und die *portion* im lebzeitigen Instrument gleichartig sind.[261] Einmalzahlungen von Geld unter den *(strict) family* und *marriage settlements* sind erneut das klassische Beispiel für gleichartige *portions*. Unterscheiden sich die Zuwendungen nur marginal, kann die *presumption against double portions* trotzdem eingreifen, insbesondere können Unternehmensanteile unter bestimmten Umständen Geldzahlungen ersetzen.[262]

Wirklich eingegrenzt ist der Begriff *portion* für die Zwecke der *presumption against double portions* damit aber nicht. Wie sind beispielsweise Zuwendungen zu behandeln, die nicht in die tradierten Formen fallen, vor allem wenn *(strict) family* und *marriage settlements* mit Beginn des 20. Jahrhunderts unüblich werden? Die Gerichte handhaben die Vermutung zu dieser Zeit zunehmend freihändig. Nicht nur die typischen Einmalzahlungen von Geld können die *presumption against double portions* begründen, sondern auch die Übertragung von Unternehmensanteilen,[263] Vieh[264] oder Land.[265] Sie alle nehmen den testamentarischen Erbteil vorweg, selbst wenn dieser nicht zwangsläufig gleichartig ist. Damit wird die Vermutung zusehends außerhalb des Kontexts der klassischen lebzeitigen *settlements* angewandt. Größere Anwendungsprobleme gehen damit nicht einher. Zwar gibt es einige Entscheidungen, in denen die *presumption against double portions* widerlegt werden kann, weil die Zuwendungen sichtlich einem anderen Zweck dienen.[266] Grundsätzlich findet die Vermutung aber ihren Platz auch im modernen Recht.

---

[260] Auch *Kerridge/Parry*, The Law of Succession, Rn. 13-09, dort Fn. 35, betont (wenn auch im Hinblick auf eine andere, *portions* betreffende Vermutung) den engen Zusammenhang von *portion* und *marriage settlement*.

[261] Grundlegend *Lord Chichester v Coventry*, [1867] 2 L.R. H.L. 71; vgl. auch *Re George's Will Trusts*, [1949] Ch. 154, 160 f. (Vieh als Voraus für das Erbe des gesamten Hofs); *Barlow/Wallington/Meadway/MacDougland*, Williams on Wills, Bd. I, Rn. 44.10; *Learmonth/Ford/Clark/John*, Williams, Mortimer and Sunnucks on Executors, Administrators and Probate, Rn. 66-38 f.

[262] Vgl. *Barlow/Wallington/Meadway/MacDougland*, Williams on Wills, Bd. I, Rn. 44.11; *Ross/Evans-Gordon/Learmonth/Ford/Fletcher*, Theobald on Wills, 34-023.

[263] Vgl. zu Unternehmensanteilen die zahlreichen Nachweise bei *Ross/Evans-Gordon/Learmonth/Ford/Fletcher*, Theobald on Wills, 34-023, und die Rechtsprechungsanalyse in *Re Cameron*, [1999] Ch. 386, 411–415.

[264] Vgl. zu Vieh *Re Vaux*, [1939] Ch. 465, 482–487.

[265] *Race v Race*, [2002] EWHC (Ch) 1868, Rn. 25–37, zustimmend *Kerridge/Parry*, The Law of Succession, Rn. 13-10 (dort Fn. 36).

[266] *Re Lacon*, [1891] 1891 Ch. 482; *Re Clapham*, [2005] EWHC (Ch) 3387, Rn. 28.

Schon zu Beginn des 20. Jahrhunderts finden sich dabei Indizien, dass die Gerichte bereitwillig von der Größe der Zuwendung auf deren Charakter als *portion* schließen.[267] Die feinsinnigen Unterscheidungen des früheren Rechts, die an einen bestimmten Anlass oder bestimmten Zweck anknüpfen, treten in den Hintergrund. Es wird dann jedoch, für ein halbes Jahrhundert, ruhig um die *presumption against double portions*.[268] Erst mit der Jahrtausendwende folgen drei weitere Entscheidungen. Sie schließen recht nahtlos an das bisher Gesagte an und halten große, wirtschaftlich bedeutsame Zuwendungen ohne viel Argumentationsaufwand für *portions.* Auf die früheren Abgrenzungsversuche wird nicht mehr zurückgegriffen. *Re Cameron*, die moderne Leitentscheidung, ist zwar ausführlich begründet, lässt im Ergebnis jedoch keinen Zweifel erkennen, dass ein signifikanter Trust (mittelbar)[269] zugunsten eines Sohns unter die *presumption against double portions* fällt.[270] In der Folge werden weitere große Zuwendungen, seien es bebaute Grundstücke oder Geldschenkungen,[271] allein aufgrund ihres Wertes ohne größere Problematisierung für *portions* gehalten, die auf die testamentarische Erbeinsetzung anzurechnen sind.[272] Das ist ein durchaus beachtenswertes Ergebnis: Heute kann jede wirtschaftlich bedeutsame Zuwendung *portion* sein und wird dann, wenn sie einem Kind gemacht wird, das bereits testamentarisch bedacht ist, auf dessen Erbteil angerechnet.

3. Moralische Pflicht, Versorgung, Gleichbehandlung und Vorausempfang: Parallelen zur Rechtsentwicklung auf dem Kontinent

Hier, im englischen Recht der testamentarischen Erbfolge, spiegeln sich viele Gedanken, die auch die bisher behandelten Ausgleichsmechanismen des Intestaterbrechts deutschrechtlicher Tradition tragen. Dies beginnt mit der Gleichsetzung von moralischer Elternpflicht und dem mutmaßlichen Willen,

---

[267] In *Re Scott*, [1903] 1 Ch. 1, 13, bemerkt Sterling LJ, dass die erhebliche streitgegenständlichen 5000 Pfund unter anderen Bedingungen durchaus unter die *presumption against double portions* hätte fallen können. Freilich ist das auch die Entscheidung, die sich gegen ein zu weites Verständnis von *advancements* wendet (insb. Cozens-Hardy LJ (17).

[268] Das bemerkt auch *Re Cameron*, [1999] Ch. 386, 391.

[269] Der Entscheidung liegt die untypische Konstellation zugrunde, dass zum einen die Zuwendung nicht auf einem Entschluss der Erblasserin beruht, sondern auf deren Vorsorgebevollmächtigte zurückgeht. Ferner wird der Sohn der Erblasserin nur mittelbar bedacht, indem der Trust die Ausbildung seines Sohns unterstützt, so dass er sich allein Aufwendungen erspart.

[270] *Re Cameron*, [1999] Ch. 386, 418.

[271] Vgl. *Race v Race*, [2002] EWHC (Ch) 1868, Rn. 24 (Land); *Re Clapham*, [2005] EWHC (Ch) 3387, Rn. 105–112 (Schenkung von 20.000 Pfund); *Sheron v Sheron*, [2021] EWHC (Ch) 2526, Rn. 85–89 (Schenkung von 350.000 Pfund).

[272] Das sieht auch *Sloan*, Borkowski's Law of Succession, 272 f. wenn er meint, die Zukunft der *presumption against double portions* sei unklar.

die eigenen Kinder hinsichtlich bestimmter Zuwendungen gleich zu behandeln.[273] Ob diese Analogie tatsächlich zutrifft, wird zwar von Zeit zu Zeit bezweifelt,[274] aber auch anekdotisch-empathisch bejaht.[275] Zumindest soll diese Annahme erklären, warum den Eltern im Rahmen der *presumption against double portions* unterstellt werden kann, sie wünschten Gleichheit ihrer Kinder gerade hinsichtlich versorgender Zuwendungen. Das ist schließlich die praktische Konsequenz, wenn nur *portions* auf die testamentarische Erbeinsetzung angerechnet werden.[276]

Jenseits des Anwendungsbereichs der *presumption* kann es durchaus zu Ungleichbehandlungen der Kinder kommen. *Pure gifts, mere bounties* und alle weiteren Ausnahmen von der *presumption against double* bevorzugen das bedachte Geschwisterkind. Die Aussage, Equity, dem Billigkeitsrecht, liege an der Gleichheit der Kinder,[277] ist dementsprechend qualifiziert: Es geht allein um die gleichmäßige Versorgung der Kinder. Dieser Gedanke wiederum entspricht im Ergebnis der Praxis, die sich in den *family settlements* und im frühen Common Law findet. Selbst im Rahmen der Primogenitur wurde schließlich seit jeher sichergestellt, dass die weichenden Kinder gleichmäßig versorgt sind.

Ein weiterer Gedanke, der für das englische Recht besonders wichtig ist, ist derjenige des *advancements* – eines vorweggenommenen Erbteils. Diese Vorstellung taucht in diesem Zusammenhang erstmals auf. Einzelne Gerichtsentscheidungen versuchen, den Gehalt der *presumption against double portions* mithilfe dieses Gedankens zu erklären. Stellenweise wird dieser Ansatz sogar für vorzugswürdig gehalten, um den Charakter der Zuwendung zu beschreiben.[278] Er ist jedoch zweideutig, wie *Lord Justice Jenkins* be-

---

[273] Vgl. neben *Pym v Lockyer*, 5 My. & Cr. 29, *Shudal v Jekyll*, [1742] 2 Atk. 517, 518; *Ex parte Pye*, 18 Ves. Jun. 140, 151; *Montefiore v Guedalla*, 1 De G. F. & J. 93, 103 (per Turner LJ); *Re Pollock*, [1885] 28 Ch. D. 552, 555; *Re Cameron*, [1999] Ch. 386, 407.; *Re Clapham*, [2005] EWHC (Ch) 3387, Rn. 103; *Race v Race*, [2002] EWHC (Ch) 1868, Rn. 24; *Re Frost*, [2013] EWHC (Ch.) 435, Rn. 6.

[274] *Ex parte Pye*, 18 Ves. Jun. 140, 151 (diese Kritik erklärt sich aber in gewissem Maße durch die Rechtslage vor *Pym v Lockyer*, nach der selbst kleinste Zuwendungen deutlich substantiellere Erbeinsetzungen zum Erlöschen brachten); *Watson v Watson*, 33 Beav. 574, 575; *Re Lacon*, [1891] 1891 Ch. 482, 489 (die Entscheidung in der Sache wurde aufgehoben, vgl. *Re Lacon (Court of Appeal)*, [1891] 2 Ch. 459.

[275] *Pym v Lockyer*, 5 My. & Cr. 29, 38, wohl zustimmend und wohlwollend aufgegriffen bei *Re Cameron*, [1999] Ch. 386, 409; *Montefiore v Guedalla*, 1 De G. F. & J. 93, 103; *Lord Chichester v Coventry*, [1867] 2 L.R. H.L. 71, 86 (Lord Cranworth).

[276] Teilweise wird dieser Zusammenhang auch explizit ausgesprochen, vgl. *Meinertzagen v Walters*, 7 Ch. App. 670, 673 (James LJ); *Re Heather*, [1906] 2 Ch. 230, 233 f.; *Re Lacon (Court of Appeal)*, [1891] 2 Ch. 459, 498 (Bowen LJ); *Re Cameron*, [1999] Ch. 386, 409.

[277] *Ravenscroft v Jones*, 33 Beav. 669, 671.

[278] *Montefiore v Guedalla*, 1 De G. F. & J. 93, 102 (Lord Chancellor Campbell). Eine herausgehobene Rolle spielt der Gedanke von *advancements* auch in den Erörterungen der

merkt:[279] *Advancement* kann entweder im Sinne eines „Voraus“ auf den Erbteil gebraucht werden oder als eine Zuwendung verstanden werden, die das Kind im Leben „voranbringt“. In letzterer Lesart schwingt ein klassisches Charakteristikum ausstattender Zuwendungen mit. Diese Doppeldeutigkeit löst das englische Recht der *presumption against double portions* nie auf. Vielleicht weil beide Varianten sich gut in dessen Gesamtkonzeption einfügen: Im ersteren Fall, weil die *portion* eben derjenige Teil des Vermögens ist, der spätestens mit dem Tod des Erblassers dessen Kindern zufließen sollte. Die lebzeitige Zuwendung nimmt diese moralisch geschuldete Zuwendung vorweg. Die zweite Lesart deckt sich ohne Weiteres mit der Definition einer *portion* als versorgende Zuwendung.

Hier zeigt sich, wie vorteilhaft der Quellenreichtum des englischen Rechts ist. Die englischen Richter reflektieren die normativen Annahmen, die sie der *presumption against double portions* zuschreiben, viel ausführlicher, als ihre Kollegen auf dem Kontinent. Hinzu kommen die überlieferten Formularbücher, aus denen sich ergibt, wie die englischen Familien ihre Kinder in ganz verschiedenen *settlements* versorgt haben. Diese Zusammenhänge werden hier, im englischen Recht besonders deutlich. In der Sache unterscheiden sie sich freilich kaum von der Entwicklung im kontinentalen Intestaterbrecht: Auch die *presumption against double portion* beruft sich auf den engen Zusammenhang von sittlicher Elternpflicht, erbrechtlicher Gleichbehandlung und dem Gedanken eines Vorempfangs. Das englische und das kontinentale Recht entwickeln sich insoweit parallel; von einer national-kulturellen Prägung des Erbrechts kann keine Rede sein.[280]

Das reibungslose Funktionieren der *presumption against double portions* setzt jedoch zweierlei voraus; auch insofern entsprechen die Herausforderungen des englischen Rechts denjenigen kontinentaler, intestaterbrechtlicher Ausgleichsmechanismen: Auf einer theoretischen Ebene muss man eine entsprechende moralische Pflicht anerkennen, in praktischer Hinsicht bedarf es einer klaren Vorstellung, was eine *portion* ist. Vor dem Hintergrund der rechtlichen und sozialen Verhältnisse des frühmodernen englischen Rechts scheint beides, zumindest in groben Zügen, der Fall gewesen zu sein. Jedenfalls in den standardisierten lebzeitigen Instrumenten waren *portions* entweder klar als solche bezeichnet oder deren Natur ergab sich ohne Weiteres aus der Natur des *settlements*, insbesondere bei *marriage settlements*. Hinsichtlich versorgender Zuwendungen entsprach die Gleichbehandlung von Kindern der

---

Lord Justices Bowens (497, 500) und Kay (500 f.) in *Re Lacon (Court of Appeal)*, [1891] 2 Ch. 459.

[279] *Re Hayward (Court of Appeal)*, [1957] 1 Ch. 528, 540.

[280] Zu dieser These wieder *Zimmermann*, JZ 2016, 321, 322, und seine Gegenrede ebd., *passim*; kritisch ebenfalls *Kroppenberg*, in: Basedow/Hopt/Zimmermann, Stichwort: Erbfolge; vgl. auch jüngst, ebenfalls bezogen auf das englische Recht, *Zimmermann*, ZEuP 2023, 290, 324 f.

sozialen Übung auch in einem sonst diskriminierenden rechtlichen Umfeld. *Family* und *marriage settlements* versorgten standardisiert Kinder und trafen so, funktional austauschbar, die Vorsorge, die sonst in einem Testament erfolgt wäre. Vor diesem Hintergrund mag es verwundern, wie problemlos die Regel auch in jüngster Vergangenheit pauschal auf wertmäßig erhebliche Zuwendungen angewandt wurde.[281] Damit unterscheidet sich die *presumption against double portions* von ihrer intestaterbrechtlichen Verwandten. Hier lässt sich eine genau gegenteilige Entwicklung beobachten.

III. Die frühe hotchpot rule des Statute of Distribution (1670)

Die *hotchpot rule* ist der intestaterbrechtliche Ausgleichsmechanismus des englischen Rechts. Auch sie unterwirft bestimmte lebzeitige Zuwendungen den – zunächst auf den *personal estate* beschränkten – Gleichbehandlungsvorstellungen des Intestaterbrechts.[282] Erstmals schriftlich niedergelegt wird die *hotchpot rule* in dem Statute of Distribution (1670), ihre moderne Form findet sie im Adminstration of Estates Act (1925).

1. „And it seemeth that this word is in English a pudding": Begriff und Ursprung der hotchpot rule

Zunächst stellt sich hier eine begriffliche Vorfrage: Was ist überhaupt ein *hotchpot*, von dem die gleichnamige *rule* spricht? Englische Juristen nutzen hier schließlich einen Begriff, den das Gesetz selbst nicht verwendet. Weder das frühere Statute of Distribution (1670) noch später der Administration of Estates Act (1925) kennen eine entsprechende Definition. Nichtsdestotrotz hat sich diese Terminologie eingebürgert. Beispielsweise werden auch testamentarisch angeordnete Ausgleichspflichten als *hotchpot clauses* bezeichnet.[283] Zurückzuführen ist der Begriff *hotchpot* wohl auf das mittelalterliche Recht der so genannten *frank marriage*. Hier erhält eine Tochter anlässlich der Heirat Landbesitz des Vaters.[284] Möchte sie nach seinem Tod an seinem übrigen Besitz partizipieren, ist sie verpflichtet, das ihr zugewendete Land zugunsten ihrer miterbenden Schwestern einzubringen. Damit zeigen sich

---

[281] Vgl. *Race v Race*, [2002] EWHC (Ch) 1868, Rn. 24 (Land); *Re Clapham*, [2005] EWHC (Ch) 3387, Rn. 105–112 (Schenkung von 20.000 Pfund); *Sheron v Sheron*, [2021] EWHC (Ch) 2526, Rn. 85–89 (Schenkung von 350.000 Pfund).

[282] Vgl. dazu oben Zweiter Teil – B.I.2 (132).

[283] Ausführlich, mit Formulierungsbeispielen *Whitaker*, Estates & Trusts J. 12 (1992), 7; auch mit Vergleichen zur *hotchpot rule* des Intestaterbrechts. Allgemein vgl. *Barlow/Wallington/Meadway/MacDougland*, Williams on Wills, Bd. I, Rn. 100.1–100.7 oder *Ross/Evans-Gordon/Learmonth/Ford/Fletcher*, Theobald on Wills, 34-035.

[284] Es geht also um eine Tradition, die noch älter ist als die Versorgung der Töchter durch *settlements*, wie sie oben beschrieben wurde, vgl. hierzu oben Zweiter Teil – B.I.3 (134).

erstmals Parallelen zur Entwicklung der Tradition von Einwerfung und Abschichtung im deutschrechtlichen Denken.[285] Aus diesem Zusammenhang, der Diskussion der mittelalterlichen *frank marriage*, stammt die Definition in *Littelton's Tenures*, auf die zumeist zurückgegriffen wird,[286] um sich dem Begriff *hotchpot* anzunähern:[287]

„And it seemeth that this word (hotchpot) is in English a pudding; for in this pudding is commonly not put one thing alone, but one thing with others together."

Bezogen auf das Recht heißt es deswegen bei *Blackstone*, diese *housewifely metaphor* meine, dass das Vermögen *mixed and blended together* werde, um dann gleichmäßig geteilt zu werden.[288]

Eine derartig bildhafte Beschreibung lässt vermuten, zumindest die frühe englische *hotchpot rule* gehe davon aus, Erbmasse und lebzeitige Zuwendungen seien tatsächlich und nicht bloß rechnerisch zu vermischen und zu teilen. Das entspräche in römisch-rechtlicher Terminologie einer Realkollation.[289] Ob dem tatsächlich so ist, lässt sich nicht rekonstruieren.[290] Diese theoretische Frage nimmt im englischen Schrifttum weniger Raum ein als auf dem Kontinent. Rein praktisch betreffen jedenfalls die veröffentlichten Urteile zur *hotchpot rule* stets pekunäre Zuwendungen, so dass der Ausgleich ohnehin rein rechnerisch stattfindet.[291] Die Rechenweise scheint derjenigen zu entsprechen, die auch den modernen Rechten zugrunde liegt: Auszugleichende Zuwendungen werden dem Nachlass rechnerisch zugeschlagen und der so erhöhte Nachlass entsprechend der Erbquoten geteilt.[292]

---

[285] Vgl. dazu oben Erster Teil.

[286] Kritisch hierzu *Burn/Phillimore*, Ecclesiastical Law, Bd. IV, 532.

[287] *Eugene Wambaugh* (Hrsg.), Littleton's Tenures, 122 (§ 267). Im *Law French* des Originals heißt es: „Et il semble que cest parol (hotchpot) est en english a pudding", zitiert nach *Coke,* Coke on Littleton, 177 (§ 267), der auch auf das alt-sächsische *hutspot* oder *hotspot* hinweist, das französische *hotchpot* und das englische *hodgepot*, vgl. auch *Baker*, Manual of Law French, dort unter dem Stichwort *hochepot.*

[288] *Blackstone*, Commentaries on the Laws of England, Bd. II, 190.

[289] Römische Begrifflichkeiten klingen auch an, wenn von *cast in* gesprochen wird, vgl. *Lovelass/Barron,* Disposal of a Person's Estate, 139.

[290] Jedenfalls später scheint eine rechnerische Berücksichtigung üblich zu sein, vgl. *Holdsworth/Vickers*, The Law of Succession, 143.

[291] Dazu im Detail sogleich, insb. zu *Edwards v Freeman*, 2 P. Wms. 435, und *Kircudbright v Kircudbright*, 8 Ves. Jun. 51. Nur *Burn/Phillimore*, Ecclesiastical Law, Bd. IV, 536 verweist auf eine Entscheidung aus dem Jahr 1715, *Lloyd v Twitsham*, die Land betraf. In diesem Zusammenhang wird davon gesprochen, der Grundbesitz sei bei der *computation of the estate* zu berücksichtigen, was wiederum eine nur rechnerische Berücksichtigung nahelegt.

[292] So wird jedenfalls die Berechnung in *Kircudbright v Kircudbright*, 8 Ves. Jun. 51, 52, geschildert, an der das Gericht keinen Anstoß nimmt. Auch *Holdsworth/Vickers*, The Law of Succession, 143 übertragen die entsprechende Berechnung aus dem Recht der testamentarischen *hotchpot clauses*.

Ist einmal das römische Recht angesprochen, liegt die Frage nach dessen Rezeption in England nahe: Die *hotchpot rule* stammt schließlich aus der kirchlichen Gerichtsbarkeit,[293] ihre Struktur ähnelt den *collationes* des römischen Recht und zu Beginn des 18. Jahrhunderts sprechen Richter vereinzelt von *collate*, wenn sie die Durchführung der *hotchpot rule* behandeln.[294] Eine gewisse Verwandtschaft zwischen römischer *collatio bonorum* und *hotchpot rule* ist dementsprechend immer wieder beobachtet worden,[295] wobei mehr oder minder deutlich eine Rezeption des römischen durch das englische Recht behauptet wird.[296] Nachweisen lässt sich dies nicht. Demgegenüber betonen eine Reihe von Entscheidungen aus dem 18. Jahrhundert, die sich explizit mit der Entwicklungsgeschichte der damals noch jungen *hotchpot rule* auseinandersetzen, den Ursprung der *hotchpot rule* in den früheren Gebräuchen Londons.[297] Ob diese Gebräuche dann wiederum vom römischen Recht beeinflusst sind,[298] lässt sich ebenfalls nicht rekonstruieren.

Letztlich gilt für das englische Recht ähnliches wie für die Rezeptionsgeschichte der deutschen Ausgleichung in den §§ 2050 ff. BGB: Die klassische *collatio bonorum* hat mit den Gleichbehandlungsvorstellungen des modernen Rechts nur wenig gemein;[299] allenfalls die justinianische Deszendentenkollation und ihre Grundgedanken mögen ihren Weg nach England gefunden ha-

---

[293] *Blackstone*, Commentaries on the Laws of England, Bd. II, 516; *Elbert*, Michigan L.R. 51 (1953), 665, 670.

[294] *Edwards v Freeman*, 2 P. Wms. 435, 440 (Jekyll, MR), 442 (einer der Anwälte in einem Zwischenruf) und 449 (Lord Chancellor King anstelle des verhinderten Price J).

[295] *Coke,* Coke on Littleton, 176 (Anmerkungen zu § 267); *Blackstone*, Commentaries on the Laws of England, Bd. II, 517; *Bowyer*, Commentaries on the Modern Civil Law, 166; *Burn/Phillimore*, Ecclesiastical Law, Bd. IV, 532; *Scrutton*, The Influence of the Roman Law on the Law of England, 132 f.; *Thornton*, A Treatise on the Law Relating to Gifts and Advancements, 505 f.; *Williams/Mortimer*, Williams on Executors and Administrators, Bd. II, 1239; *Elbert*, Michigan L.R. 51 (1953), 665, 666–673.

[296] Besonders deutlich *Bowyer*, Commentaries on the Modern Civil Law, 166; *Scrutton*, The Influence of the Roman Law on the Law of England, 132 f. (wobei fraglich ist, ob sich *Coke,* Coke on Littleton, 176 (Anmerkungen zu § 267), für diese Aussage in Anspruch nehmen lässt); *Elbert*, Michigan L.R. 51 (1953), 665, 666–673; zweifelnd schon *Blackstone*, Commentaries on the Laws of England, Bd. II, 517, und sich ihm anschließend *Williams/Mortimer*, Williams on Executors and Administrators, Bd. II, 1239.

[297] Jedenfalls Lord Chancellor King führt das Statute of Distribution immer wieder auf diese Londoner Gebräuche zurück, vgl. *Holt v Frederick*, 2 P. Wms. 356, 358; *Edwards v Freeman*, 2 P. Wms. 435, 449. Übernommen wird dies von *Holdsworth/Vickers*, The Law of Succession, 129, 142; *Plucknett*, A Concise History of the Common Law, 731; vgl. auch *Blackstone*, Commentaries on the Laws of England, Bd. II, 517; dagegen *Elbert*, Michigan L.R. 51 (1953), 665, 666–673.

[298] So *Scrutton*, The Influence of the Roman Law on the Law of England, 132 f.

[299] Auf die spielt *ders.*, The Influence of the Roman Law on the Law of England, 132 f. aber explizit an. *Elbert*, Michigan L.R. 51 (1953), 665, 666–673, stellt auch eine Verbindung zum nachklassischen Recht her.

ben. Dort mögen sie auf vergleichbare Vorstellungen in den existierenden Gebräuchen getroffen sein, in denen sie aufgegangen sind und so letztlich die hier behandelte *hotchpot rule* beeinflusst haben. Hierüber ist jedoch zu wenig bekannt. Die Details und konkrete Ausgestaltung der englischen *hotchpot rule* erscheinen jedoch wie schon die *presumption against double portions* – das zeigt sich im Folgenden – als passgenaue Antworten auf Fragen, die durch die Gegebenheiten des englischen Rechts aufgeworfen werden. Im Mittelpunkt steht hier erneut das Wechselspiel zwischen Gesetzesrecht und lebzeitigen *settlements*, zwischen einer rigiden Primogenitur und dem Interesse an einer gleichmäßigen Versorgung der Abkömmlinge, sowie der Gedanke einer vorweggenommenen Erbfolge.

2. Die frühe hotchpot rule: das Statute of Distribution (1670), advancement by portion und die Bedeutung von settlements

Erstmals schriftlich niedergelegt wird die intestaterbrechtliche *hotchpot rule* in dem Statute of Distribution (1670). Damit ist auch schon die entscheidende Begrenzung des frühen englischen Rechts angesprochen: Es erfasst zunächst nur die Auseinandersetzung des *personal estate*. Der *real estate*, der zu dieser Zeit noch der wirtschaftlich bedeutsamere Teil des Vermögens ist, ist von ihren Ausgleichserwartungen ausgenommen. Das entspricht freilich dem Grundgedanken der Primogenitur und damit der Grundstruktur des frühen englischen Erbrechts.[300] Eine zweite Begrenzung ist weniger offensichtlich: Ihrem Wortlaut[301] und ihrer Entstehungsgeschichte nach erfasst die *hotchpot rule* zunächst nur Zuwendungen seitens des Vaters, nicht aber der Mutter. Auch dies wird mit dem Ursprung der Regel in den Gebräuchen Londons erklärt, für die seit jeher diese Einschränkung gegolten habe.[302]

a) Wortlaut und Regelungstechnik der ursprünglichen hotchpot rule

Bemerkenswert ist zunächst die Regelungstechnik der *hotchpot rule* in dem Statute of Distribution (1670). Alle anderen intestaterbrechtlichen Ausgleichsmechanismen, die Gegenstand dieser Untersuchung sind, werden

---

[300] Vgl. dazu oben Zweiter Teil – B.I.1 (129).

[301] Der Wortlaut setze voraus, dass der Erblasser Ehefrau und Töchter habe, was nur auf Väter zutreffe, vgl. *Holt v Frederick*, 2 P. Wms. 356, 358; aufgegriffen bei *Holdsworth/Vickers*, The Law of Succession, 142.

[302] *Holt v Frederick*, 2 P. Wms. 356, 358; *Bennet v Bennet*, [1879] 10 Ch. D. 474, 474, betrifft die *hotchpot rule* nur mittelbar, der Fall betrifft die so genannte *presumption of advancement* im Recht der *resulting trusts*, einen guten Überblick über dieses Institut gibt *Swadling*, in: GS Lord Roger of Earlsferry, 656–662, vgl. auch *ders.*, in: Burrows, Rn. 4.201 f.; *Lovelass/Barron,* Disposal of a Person's Estate, 143; *Burn/Phillimore*, Ecclesiastical Law, Bd. IV, 537; *Holdsworth/Vickers*, The Law of Succession, 142; *Williams/Mortimer*, Williams on Executors and Administrators, Bd. II, 1239 f.

schließlich als mehr oder minder eigenständige Rechtsinstitute konzipiert, die an anderer Stelle als die eigentlichen Intestaterbquoten geregelt werden. Das frühe englische Recht geht einen anderen Weg. Das Statute of Distribution (1670) formuliert die *hotchpot rule* als negatives Tatbestandsmerkmal der Erbquote, sie ist untrennbar mit der Berufung der Kinder als Intestaterben des *personal estate* verbunden.

Nachdem die Verbindlichkeiten beglichen sind, ist mit dem Nachlass nach dem Statute of Distribution (1670) wie folgt zu verfahren: Zunächst solle die Ehefrau ein Drittel des Nachlasses erhalten. Sie ist weder zur Ausgleichung verpflichtet noch profitiert sie von der *hotchpot rule*.[303] Für die Verteilung des verbleibenden Nachlasses an die Kinder gilt dann:[304]

„[…] all the residue by equall portions to and amongst the Children of such persons dyeing intestate […] other then such Childe or Children (not being Heire at Law) who shall have any Estate by the Setlement of the Intestate, or shall be advanced by the Intestate in his Life time by portion or portions equall to the share which shall by such distribucc[i]oon be allotted to the other Children, to whome such distribucc[i]oon is to be made.“

Alle Abkömmlinge des Erblassers sind gleichmäßig am Nachlass beteiligt, es sei denn, einer von ihnen hat bereits zu Lebzeiten erhalten, was seine Geschwister bei der Nachlassteilung erhalten, sei es durch ein *settlement* oder durch *advancements by portion*. Mit *settlement* meint das Statute of Distribution (1670) *settlements* in einem weiteren Sinne,[305] sprich jede lebzeitige Zuwendung von Grundbesitz,[306] unabhängig davon, ob sie im Wege eines *(strict) family settlements* erfolgt oder nicht. Nur der erstgeborene[307] Sohn,[308]

[303] Das betonen besonders *Toller*, The Law of Executors and Administrators, 378; *Holdsworth/Vickers*, The Law of Succession, 143; ohne weitere Begründung anders *Cunningham*, Estates & Trusts J. 9 (1988), 23, 27–29.

[304] 22 & 23 Car 2, c 10.

[305] Vgl. zu diesen Begrifflichkeiten oben Zweiter Teil – B.I.3 (134).

[306] *Toller*, The Law of Executors and Administrators, 376; *Holdsworth/Vickers*, The Law of Succession, 143; *Williams/Mortimer*, Williams on Executors and Administrators, Bd. II, 1241; unklar *Holdsworth*, A History of English Law, 562, der von *advancements in land* spricht und, aus zeitgenössischer Sicht, *Burn/Phillimore*, Ecclesiastical Law, Bd. IV, 536 („the word portion […] includes an estate in land as well as in money“).

[307] Entsprechendes gilt – nach einigen Unklarheiten in der Rechtsprechung – auch in denjenigen Landesteilen, in denen nach den dortigen Gebräuchen der jüngste Sohn Alleinerbe ist (dazu *Baker*, Introduction to English Legal History, 285), vgl. *Lovelass/Barron*, Disposal of a Person's Estate, 139 f.; *Toller*, The Law of Executors and Administrators, 381; *Holdsworth/Vickers*, The Law of Succession, 143 (dort Fn. 2); *Williams/Mortimer*, Williams on Executors and Administrators, Bd. II, 1241 f.

[308] Nichts anderes galt wohl, wenn mangels männlicher Nachkommen die Töchter des Erblassers gleichberechtigte Intestaterbinnen des *real estate* sind, vgl. *Lovelass/Barron*, Disposal of a Person's Estate, 139; *Toller*, The Law of Executors and Administrators, 379; *Burn/Phillimore*, Ecclesiastical Law, Bd. IV, 532; *Williams/Mortimer*, Williams on Executors and Administrators, Bd. II, 1242.

der *heir at law*, nimmt eine Sonderstellung ein. Was er an Grundbesitz durch *settlements* erlangt, schmälert seine Beteiligung am *personal estate* nicht.[309] Die grundsätzliche Struktur der Primogenitur wird also gewahrt,[310] vom *real estate* profitiert allein der erstgeborene Sohn.

Entsprechende Regeln gelten, wenn ein *settlement* oder ein *advancement by portion* nicht den gesamten Intestaterbteil eines Kindes deckt. In diesem Fall erhält der Bedachte, mit den Worten des Statute of Distribution (1670), noch so viel „as shall make the Estate of all said Children to be equal as neere as can be estimated.“[311] Ausgenommen sind wiederum alle *settlements* zugunsten des *heir at law*.[312] Wie genau die Nachlassteilung und -berechnung in beiden Fällen ursprünglich umgesetzt wird, lässt sich, wie gesagt, trotz der bildreichen Annäherungen an den Begriff *hotchpot* nicht rekonstruieren. Später scheint man dem Weg gefolgt zu sein, der auch dem modernen Recht zugrunde liegt.[313] In der Sache zeigt sich hier derselbe Gedanke, der auch der Tradition von Einwerfung und Abschichtung zugrunde liegt.[314] Die lebzeitige Zuwendung findet den Abkömmling entweder vollständig ab oder sie wird als Voraus auf den Erbteil angerechnet. Der Wortlaut *advancement* deutet diesen Gedanken deutlich an.[315]

Das Statute of Distribution (1670) macht das wesentliche Anliegen der *hotchpot rule* also sehr deutlich: Es geht um ein Voraus auf den Erbteil. Und

---

[309] Der Bezug des Klammerzusatzes („not being Heire at law“) ist nicht ganz klar. Die Norm wurde jedenfalls später dahingehend verstanden, dass er sich nur auf die erste Alternative, also auf *settlements* bezieht, nicht aber auf *advancements by portions*. Sie sind auch durch den *heir at law* auszugleichen, vgl. *Lovelass/Barron,* Disposal of a Person’s Estate, 139; *Toller*, The Law of Executors and Administrators, 379; *Burn/Phillimore*, Ecclesiastical Law, Bd. IV, 532; *Holdsworth/Vickers*, The Law of Succession, 143; *Williams/Mortimer*, Williams on Executors and Administrators, Bd. II, 1242. In *Kircudbright v Kircudbright*, 8 Ves. Jun. 51, 63 setzt Lord Chancellor Eldon dies implizit voraus (vgl. zum entsprechenden Vortrag des Klägervertreters (54 f.)).

[310] *Pollock/Maitland*, The History of English Law, Bd. I, 274.

[311] 22 & 23 Car 2, c 10.

[312] Darüber hinaus kennt bereits das frühe englische Recht eine § 2056 S. 1 BGB entsprechende Regel: Übersteigen die ausgleichspflichtigen Zuwendungen zugunsten eines Kindes seine Erbquote, ist dieses Kind nicht verpflichtet, den Überschuss zugunsten seiner Geschwister einzubringen. Es partizipiert zwar nicht am Nachlass, profitiert aber von der ungeschmälerten Zuwendung, vgl. *Edwards v Freeman*, 2 P. Wms. 435, 443 (Lord Raymonds), 449 (Lord Chancellor King anstelle des verhinderten Price J); *Toller*, The Law of Executors and Administrators, 376; *Holdsworth/Vickers*, The Law of Succession, 142; *Williams/Mortimer*, Williams on Executors and Administrators, Bd. II, 1240.

[313] *Holdsworth/Vickers*, The Law of Succession, 143, Grundlage der Berechnung ist auch hier nur der Nachlass insoweit er auf die Kinder entfällt.

[314] Vgl. dazu oben Erster Teil – A.II.1 (28).

[315] Vgl. zur Ambiguität des Begriffs in der Rechtsprechung zur *presumption against double portions* aber wieder *Re Hayward (Court of Appeal)*, [1957] 1 Ch. 528, 540 (Jenkins LJ).

es geht dem Statute darum, Kinder soweit wie möglich gleich zu behandeln, indem – bestimmte – lebzeitige Bevorzugungen bei der Erbteilung berücksichtigt werden.[316] In *Edwards v Freemann*, einer der frühen und wenigen Leitentscheidungen zur *hotchpot rule*, wird dies mit dem Bild eines gerechten und unparteiischen Vaters begründet, der Gleichheit zwischen seinen Kindern wünsche.[317] Unklar bleibt dabei jedoch, ob sich die Regel dem mutmaßlichen tatsächlichen Willen des Vaters annähern will oder eine normative Erwartung des Rechts beschreibt, die mangels explizit geäußertem Willen unterstellt wird. Überhaupt spielt der Erblasserwille, die Vorstellung eines gleichgerechten Erblassers, bei der Erklärung der *hotchpot rule* eine geringere Rolle als im Rahmen anderer hier behandelter Ausgleichsmechanismen.

Die erbrechtliche Gleichbehandlungsvorstellung der *hotchpot rule* erfasst jedoch nicht jede lebzeitige Zuwendung. Selbst wenn man von ihrer Beschränkung auf Zuwendungen seitens des Vaters, ihrer Beschränkung auf den *personal estate* und von dem Umstand absieht, dass die Vorrechte des *heir at law* unangetastet bleiben, erfasst die *hotchpot rule* nur lebzeitige[318] Bevorzugungen durch *settlements* und *advancement by portion*. Nur diese Zuwendungen möchte das frühe englische Rech vorbehaltlich der Vorrechte des *heir at law* im Intestaterbfall neutralisieren. Hieraus folgen zwei Fragen: Welche Zuwendungen fallen unter diese Tatbestandsmerkmale, wie weit reicht also die Gleichbehandlungserwartung der *hotchpot rule*? Und warum werden gerade diese Zuwendungen herausgegriffen?

b) Der sachliche Anwendungsbereich der frühen hotchpot rule

Insoweit die *hotchpot rule* zur Ausgleichung von *settlements* verpflichtet, ist die Subsumtion nicht schwierig. Es geht, wie gesagt, um *settlements* in einem

---

[316] *Holdsworth*, A History of English Law, 562; vgl. aus zeitgenössischer Sicht *Edwards v Freeman*, 2 P. Wms. 435, 439–442 (Jekyll MR), 443 (Lord Raymonds); *Pym v Lockyer*, 5 My. & Cr. 29, 48 f. (Lord Chancellor Cottenham); *Hatfield v Minet*, 8 Ch. D. 136, 145 (James LJ), 145 f. (Thesiger LJ); *Toller*, The Law of Executors and Administrators, 376; *Holdsworth/Vickers*, The Law of Succession, 142, 144; *Williams/Mortimer*, Williams on Executors and Administrators, Bd. II, 1239; *Elbert*, Michigan L.R. 51 (1953), 665, 672; *Plucknett*, A Concise History of the Common Law, 731.

[317] *Edwards v Freeman*, 2 P. Wms. 435, 440 (Jekyll MR). Aufgegriffen bei *Williams/Mortimer*, Williams on Executors and Administrators, Bd. II, 1242.

[318] Entscheidend ist für die Anwendung der *hotchpot rule* des Statute of Distribution (1670) nicht, dass die Zuwendung dem bedachten Kind bereits zu Lebzeiten des Vaters zugeflossen ist. Sie erfasst auch Zuwendungen, die lebzeitig gemacht werden, aber erst mit dem Tod des Vaters zu fließen beginnen, und sogar Zuwendungen, die von einer späteren Bedingung wie der Volljährigkeit des Bedachten abhängen, vgl. *Edwards v Freeman*, 2 P. Wms. 435; *Toller*, The Law of Executors and Administrators, 377 f.; *Williams/Mortimer*, Williams on Executors and Administrators, Bd. II, 1243.

weiteren Sinne,[319] um jede Zuwendung von Land.[320] Das andere Tatbestandsmerkmal, *advancements by portion*, ist voraussetzungsreicher. Eine abstrakte Definition kennt das englische Recht bis Ende des 19. Jahrhunderts nicht.[321] Bis dahin setzen die Gerichte ohne weitere Erläuterung voraus, bestimmte Zuwendungen seien *advancements by portion*. Grundsätzlich scheint der Tatbestand der *hotchpot rule* dabei weit gefasst zu sein. Instruktiv ist insoweit *Edwards v Freemann*, die erste Leitentscheidung zum noch jungen Statute of Distribution (1670) aus dem Jahr 1727. Hier erklärt *Sir Jospeh Jekyll*, der Master of the Rolls, dass ganz unterschiedliche Zuwendungen ausgleichspflichtig sein können.[322] Denkbar seien beispielsweise die Übertragung von Land aller Art, dessen Belastung, Geldzahlungen, oder die Zuwendung von Gütern oder Unternehmensanteilen.

Das Fehlen einer abstrakten Definition dessen, was es heißt, von *advancements*, bzw. *advancements by portion* zu sprechen, verwundert dennoch. Und trotzdem scheint die Anwendung der *hotchpot rule* kaum praktische Probleme breitet zu haben. Eine naheliegende Erklärung hierfür sind wieder die tradierten Gestaltungen lebzeitiger und letztwilliger Nachlassplanung durch *(strict) family* und *marriage settlements*. Nicht zuletzt *Edwards v Freemann* selbst betrifft die Versorgung durch ein *marriage settlement*.[323] Der Lord Chancellor stellt den engen Zusammenhang zwischen diesem Instrument und der *hotchpot rule* explizit heraus:[324]

> „It is material, that at the time of making the Statute of Distribution, it was usual to provide for children by settlements, and therefore with great reason such a provision may be taken to be an advancement *pro tanto*.“

Als das Statute of Distribution geschaffen worden sei, so der Lord Chancellor, seien Kinder üblicherweise durch *settlements* versorgt worden, und dement-

---

[319] Vgl. zum Begriff oben Zweiter Teil – B.I.3 (134).

[320] *Toller*, The Law of Executors and Administrators, 376; *Holdsworth/Vickers*, The Law of Succession, 143; *Williams/Mortimer*, Williams on Executors and Administrators, Bd. II, 1241. Unklar *Holdsworth*, A History of English Law, 562, der von *advancements in land* spricht und, aus zeitgenössischer Sicht, *Burn/Phillimore*, Ecclesiastical Law, Bd. IV, 536 („the word portion […] includes an estate in land as well as in money“).

[321] *Taylor v Taylor*, [1875] L.R. 20 Eq. 155, 157 (Jessel MR). Vgl. dazu unten Zweiter Teil – B.IV.b) (169).

[322] *Edwards v Freeman*, 2 P. Wms. 435, 439–441.

[323] Besonders deutlich wird der Zusammenhang auch in *Hatfield v Minet*, 8 Ch. D. 136, 144 f. (James LJ), hinsichtlich der dort streitgegenständlichen 5000 Pfund, die aus dem *marriage settlement* einer Tochter stammen.

[324] *Edwards v Freeman*, 2 P. Wms. 435, 448 (Lord Chancellor King anstelle des verhinderten Price J). Ungeachtet des Umstands, dass es sich streng genommen nicht um eine unentgeltliche Zuwendung handelt; zurückgehend wohl auf *Phyney v Phyney*, vgl. *Toller*, The Law of Executors and Administrators, 141 f., 377; *Burn/Phillimore*, Ecclesiastical Law, Bd. IV, 534.

sprechend sprächen gute Gründe dafür, eine derartige Versorgung als *advancement* zu verstehen, als ein Voraus auf den Erbteil. An anderer Stelle heißt es,[325] die *hotchpot rule* hätte kaum einen Anwendungsbereich, wäre sie nicht auf die Zuwendungen in einem *marriage settlement* anzuwenden. Gerade hier diene sie dazu, die Kinder des Erblassers tatsächlich gleich zu behandeln, wenn die Zuwendung bei der Heirat zwar angemessen war, aber letztlich zu gering ausfällt, weil der Vater zwischenzeitlich zu Reichtum gekommen ist.[326] Die Beobachtung, dass Zuwendungen in *family* und *marriage settlements* in aller Regel *portions* seien, ähnelt derjenigen im Rahmen der *presumption against double portions*.[327]

Damit wird aber besonders deutlich, warum sich die *hotchpot rule* so lange ohne größere Schwierigkeiten anwenden ließ, ganz ohne eine abstrakte Definition des Tatbestandsmerkmals *advancement by portion*. In den entsprechenden lebzeitigen Instrumenten sind *portions* entweder klar als solche bezeichnet oder es ergibt sich aus der Natur des Instruments, meist des *marriage settlements*, dass die darin enthaltenen lebzeitigen Verfügungen *portions* sind, also der Versorgung dienen und damit den Erbteil vorwegnehmen. Auch die frühe *hotchpot rule* fügt sich also konsequent ein in die Grundstruktur des englischen Rechts und seiner Ergänzungen durch tradierte lebzeitige Verfügungen: Sie lässt die Vorrechte des *heir at law* hinsichtlich des *real estate* unangetastet,[328] stellt aber im Übrigen die gleichmäßige Versorgung aller Abkömmlinge durch den *personal estate* sicher, unabhängig davon, ob die weichenden Kinder letztwillig oder lebzeitig versorgt werden. In diesem System erscheint sie problemlos handhabbar. Eine versorgende Geldrente, eine *annuity*, sei,[329] so *Lord Chancellor Eldon* in *Kircudbright v Kircudbright*, dementsprechend „ohne Zweifel" auszugleichen.[330] Derartige versorgende Renten seien abzugrenzen von bloßen Unterhaltszahlungen und vor allem den Kosten der Berufsausbildung.[331] Auch kleine Summen, Gelegenheitsgeschen-

---

325 *Edwards v Freeman*, 2 P. Wms. 435, 440 (Jekyll MR).

326 *Edwards v Freeman*, 2 P. Wms. 435, 444 f. (Jekyll MR).

327 Vgl. *Pym v Lockyer*, 5 My. & Cr. 29, 37 (Lord Chancellor Cottenham) über verschiedene *marriage settlements:* „That the sums so settled or agreed to be settled were portions, in every sense of the word, cannot be doubted".

328 Vgl. oben Zweiter Teil – B.I.1 (129).

329 Wiederum handelt es sich um eine Zuwendung, die tradierterweise aus *settlements* stammt, vgl. beispielsweise *Bonfield*, Marriage Settlements, 105, 111.

330 *Kircudbright v Kircudbright*, 8 Ves. Jun. 51, 63 (Lord Chancellor Eldon). *Hatfield v Minet*, 8 Ch. D. 136 unterscheidet zwischen nicht-ausgleichspflichtigen Zahlungen zu Lebzeiten des Erblassers und ausgleichspflichtigen Zahlungen nach seinem Tod. Vgl. hierzu auch (im Kontext der *presumption against double portions*) *Ross/Evans-Gordon/Learmonth/Ford/Fletcher*, Theobald on Wills, 34-002.

331 *Edwards v Freeman*, 2 P. Wms. 435, 449; (wohl zustimmend aufgegriffen in *Kircudbright v Kircudbright*, 8 Ves. Jun. 51, 55 f.); *Hatfield v Minet*, 8 Ch. D. 136, 144 (James LJ). Zurückgehend möglicherweise auf *Hender v Rose* (1718), vgl. *Pusey v*

ke, sind nicht auszugleichen.[332] Die Einordnung einzelner Zuwendungen in die eine oder andere Kategorie sollte jedoch im 17. und 18. Jahrhundert nicht schwerfallen. Vor allem die *family settlements* unterscheiden genau, welche Zuwendungen als *portion* und welche als *maintainance* bezeichnet werden.[333]

Damit stellt sich erneut die Frage nach der faktischen Reichweite der *hotchpot rule*. Natürlich lässt sie die Primogenitur unangetastet. Aber ist die erbrechtliche Ausgleichung lebzeitiger Zuwendungen jenseits dessen die Regel oder die Ausnahme? Sind alle wirtschaftlich bedeutsamen Zuwendungen entweder *settlements* im weiteren Sinne (also Zuwendungen von Land) oder *advancements by portion*?

Allein mit Rückgriff auf die juristischen Erörterungen in Urteilen und im zeitgenössischen Schrifttum ist diese Frage kaum zu beantworten. Man kann jedoch mutmaßen. Hierzu lohnt zunächst ein Blick auf diejenigen Gaben, die explizit nicht der *hotchpot rule* unterfallen. Das Statute of Distribution (1670) nimmt schließlich nur kleine, unbedeutende Summen sowie die Kosten für Unterhalt und Berufsausbildung von der Ausgleichung aus.[334] Auch diese Posten dürften im Vergleich zu den *portions* wertmäßig gering ausfallen. Das legen jedenfalls die hier untersuchten zeitgenössischen Vertragsmuster für *family settlements* nahe.[335]

All das lässt vermuten, wirtschaftlich bedeutsame Zuwendungen unterfielen in aller Regel der *hotchpot rule*. Man müsste sonst unterstellen, es gebe regelmäßig wirtschaftlich bedeutsame Zuwendungen, die von den Gerichten und vom Schrifttum aber vollends ignoriert werden. Das erscheint kaum plausibel. Schon die frühen Formularbücher füllen mehrere hundert Seiten und behandeln, so scheint es, jede nur denkbare Eventualität. Und andere

---

Desbouvrie, 3 P. Wms. 315, 317 (dort Fn. 1). *Burn/Phillimore*, Ecclesiastical Law, Bd. IV, 536, wollen dies mit der Annahme erklären, die Eltern könnten die Höhe derartiger Zuwendungen am besten einschätzen. Möglicherweise liegt auch dieser Gedanke der Unterscheidung in *Hatfield v Minet*, 8 Ch. D. 136, 145 f. (Baggallay LJ), zugrunde.

332 *Lovelass/Barron,* Disposal of a Person's Estate, 140; *Toller*, The Law of Executors and Administrators, 380; *Burn/Phillimore*, Ecclesiastical Law, Bd. IV, 533; *Williams/Mortimer*, Williams on Executors and Administrators, Bd. II, 1245.

333 Vgl. oben Zweiter Teil – B.I.3 (134) und die *settlements* bei *Bridgeman*, Conveyances, 264 f.; *Horseman*, Precedents in Conveyancing, Bd. II, 529. *Kircudbright v Kircudbright*, 8 Ves. Jun. 51, selbst betrifft jedoch keins der tradierten *settlements*, sondern eine Abrede zwischen Vater und Sohn mit anderem Hintergrund.

334 *Edwards v Freeman*, 2 P. Wms. 435, 449; (wohl zustimmend aufgegriffen in *Kircudbright v Kircudbright*, 8 Ves. Jun. 51, 55 f.).; *Lovelass/Barron,* Disposal of a Person's Estate, 140; *Toller*, The Law of Executors and Administrators, 380; *Burn/Phillimore*, Ecclesiastical Law, Bd. IV, 533; *Williams/Mortimer*, Williams on Executors and Administrators, Bd. II, 1245.

335 Vgl. oben Zweiter Teil – B.I.3 (134) und die *settlements* bei *Bridgeman*, Conveyances, 264 f.; *Horseman*, Precedents in Conveyancing, Bd. II, 529.

Gleichheitsaspekte problematisiert das Schrifttum durchaus.[336] Auch das bestärkt die Vermutung, dass die Anwendung der *hotchpot rule* des Statute of Distribution (1670) – also die erbrechtliche Neutralisierung lebzeitiger Bevorzugungen – eher die Regel als die Ausnahme ist.[337] Dieser Befund entspricht auch einigen wenigen Stellungnahmen gegen Ende des 19. Jahrhunderts.[338] Hier heißt es vereinzelt, die *hotchpot rule* erfasse alle wirtschaftlich bedeutsamen Zuwendungen.

c) Der Zweck der frühen hotchpot rule

Der *hotchpot rule* geht es um die erbrechtliche Gleichbehandlung der Kinder auch im Angesicht bestimmter – wahrscheinlich aller bedeutsamen – lebzeitiger Zuwendungen. Das macht das Statute of Distribution (1670) besonders deutlich, wenn ein *settlement* oder ein *advancement by portion* nicht den gesamten Intestaterbteil eines Kindes deckt. In diesem Fall erhält der Bedachte, noch so viel *as shall make the Estate of all said Children to be equal as neere as can be estimated.*[339] Gleichbehandlungserwartungen stehen also einmal mehr im Zentrum eines erbrechtlichen Ausgleichsmechanismus. Aber sie allein können die *hotchpot rule* nicht rationalisieren. Wie in allen anderen bisher behandelten Rechtsordnungen ist der Gleichbehandlungsanspruch der *hotchpot rule* konzeptionell beschränkt. Auch im englischen Recht stellt sich die Frage, warum sich die Gleichbehandlungsvorstellungen des Erbrechts nur auf *settlements* und *advancements by portion* erstrecken. Die Mutmaßung, dass hiermit alle wirtschaftlich bedeutsamen Zuwendungen erfasst sind, lässt diese Frage vielleicht praktisch weniger bedeutsam erscheinen. Auf der theoretischen Ebene bedarf es jedoch einer weiteren Erklärung. Der mutmaßliche Erblasserwille übernimmt diese Rolle schließlich nicht in dieser Deutlichkeit.[340]

---

[336] Vgl. für den Fall übergroßer *portions* (Fall des heutigen § 2065 S. 1 BGB) wieder *Edwards v Freeman*, 2 P. Wms. 435, 443 (Lord Raymonds), 449, (Lord Chancellor King anstelle des verhinderten Price J); *Toller*, The Law of Executors and Administrators, 376; *Holdsworth/Vickers*, The Law of Succession, 142; *Williams/Mortimer*, Williams on Executors and Administrators, Bd. II, 1240.

[337] Gleiches scheint auch im Recht der testamentarischen Erbfolge hinsichtlich der *presumption against double portions* zu gelten. Sie kennt schließlich eine weitere Ausnahme für so genannte *pure gifts*. Aber auch damit scheinen allenfalls kleinere Gelegenheitsgeschenke gemeint, vgl. *Pym v Lockyer*, 5 My. & Cr. 29, 35 f.; *Re Cameron*, [1999] Ch. 386, 404; *Re Clapham*, [2005] EWHC (Ch) 3387, Rn. 103; vgl. auch *Punkhurst v Howell*, 6 Ch. App. 136, 137; *Re Vaux*, [1939] Ch. 465, 481 f.; *Barlow/Wallington/Meadway/MacDougland*, Williams on Wills, Bd. I, Rn. 44.4.

[338] *Boyd v Boyd*, [1867] L.R. 4 Eq. 305, 308; *Holdsworth/Vickers*, The Law of Succession, 144 f.; *Williams/Mortimer*, Williams on Executors and Administrators, Bd. II, 1244 f. Hier ist bereits die Herausforderung des modernen Rechts angelegt. Dazu sogleich Zweiter Teil – B.IV.a) (166).

[339] 22 & 23 Car 2, c 10.

Der plausibelste Schlüssel zum Verständnis auch des englischen Rechts liegt einmal mehr in der spezifischen Zwecksetzung von *settlements* und *advancements by portion*. Es geht ihnen um die Versorgung der weichenden Kinder des Erblassers im Kontext der Primogenitur. Für *settlements* in einem weiteren Sinne, also alle Zuwendungen von Land, liegt dieser Gedanke nahe, weil dies bei Inkrafttreten des Statute of Distribution (1670) der übliche Weg war, um die weichenden Söhne abzufinden.[341] Was *advancements by portion* angeht, ist die Versorgungsfunktion noch deutlicher. Versorgung ist schließlich der wesentliche Zweck einer *portion*, gerade in den hier interessierenden *(strict) family* und *marriage settlements*. Dieser Zusammenhang ergibt sich, wie gesehen, deutlich aus den Reden des Lord Chancellor und des Master of the Rolls in *Edwards v Freemann*.[342] Letzterer geht sogar so weit, dass er die eigentlichen Tatbestandsmerkmale des Statute of Distribution (1670) gar nicht nennt, sondern stets nur von versorgenden Zuwendungen – *provisions* – spricht, wenn der den Gegenstand der *hotchpot rule* beschreibt.[343]

Für das Intestaterbrecht und das Statute of Distribution (1670) scheint also nichts anderes zu gelten als für die *presumption against double portions*. Gegenstand erbrechtlicher Gleichbehandlungserwartungen sind versorgende Zuwendungen. Gerade aus heutiger Sicht liegt der Vergleich mit der *presumption against double portions* nahe, um den ansonsten arkan anmutenden Begriff *portion* im Rahmen der *hotchpot rule* zu erklären. Hier, im Recht der testamentarischen Erbfolge taucht er schließlich erstmals auf, ebenfalls im Kontext eines erbrechtlichen Ausgleichsmechanismus. Und hier, im Rahmen der *presumption*, wird der Begriff *portion* umfassend erklärt.

Bemerkenswert ist, dass die englischen Juristen des 18. und 19. Jahrhunderts diese Parallele zwischen der *hotchpot rule* und der *presumption against double portions* allenfalls ganz am Rande und im Nebensatz ziehen.[344] Dabei legt ein Vergleich dieser beiden Institute eine interessante Frage nahe: Ein zentraler

---

340 Vgl. aber wieder *Edwards v Freeman*, 2 P. Wms. 435, 440 (Jekyll MR), das Argument ist jedoch vereinzelt geblieben, aufgegriffen nur bei *Williams/Mortimer*, Williams on Executors and Administrators, Bd. II, 1242.

341 *Bonfield*, Marriage Settlements, 103 f. (der insoweit *Habakkuk* Recht gibt); *Spring*, Law, Land & Family, 78; *Jones*, in: Katz, 366. Vgl. dazu auch oben Zweiter Teil – B.I.3 (134).

342 Vgl. wieder *Edwards v Freeman*, 2 P. Wms. 435, 448 (Lord Chancellor King anstelle des verhinderten Price J).

343 *Edwards v Freeman*, 2 P. Wms. 435, 440 f. (Jekyll MR).

344 Vgl. *Pym v Lockyer*, 5 My. & Cr. 29, 48 f. (freilich nur im Hinblick auf die entsprechenden Regeln der Customs von York und London) und später *Re Lacon (Court of Appeal)*, [1891] 2 Ch. 459, 503 sowie *Re Scott*, [1903] 1 Ch. 1, 11 f. (Vaughan Williams LJ), 15 (Sterling LJ), 17 (Cozens-Hardy LJ). Es handelt sich hierbei stets um Entscheidungen zur *presumption against double portions*, die auf solche zur *hotchpot rule* verweisen. Im modernen Schrifttum sind zwei Untersuchungen parallel angelegt: einerseits *Farrand*, Conv. 25 (1961), 468; andererseits, *Miller*, The Machinery of Succession, 275–285.

Begründungsansatz der *presumption against double portions* ist schließlich die moralische Pflicht der Eltern, ihre Kinder entweder lebzeitig oder letztwillig zu versorgen. *Portions* in lebzeitigen Instrumenten und testamentarische *portions* erfüllen dabei dieselbe moralische Pflicht und es könne nicht unterstellt werden, die Eltern hätten dieselbe Pflicht zweifach erfüllen wollen.[345]

Die moralische Elternpflicht, dieser entscheidende Bezugspunkt der *presumption against double portions*, spielt in den zeitgenössischen Behandlungen der *hotchpot rule* keine Rolle:[346] Dabei bietet gerade dieser Gedanke eine naheliegende Möglichkeit, auch die frühe *hotchpot rule* zu rationalisieren. Denn auch sie muss erklären, warum ihre Gleichbehandlungsvorstellung auf versorgende Zuwendungen begrenzt ist. Zwingend ist dieser Ansatz schließlich nicht. Im Intestaterbrecht lässt sich aber ohne Weiteres ein analoges Argument bilden wie hinsichtlich der *presumption against double portions*. Bisher unversorgte Kinder erhalten auch durch den Intestaterbteil eine Versorgung, die wiederum sittlich geschuldet ist. Um sie mit ihren bereits lebzeitig versorgten Kindern gleichzustellen, bedarf es eines Ausgleichs- oder Anrechnungsmechanismus. Das ist die *hotchpot rule*. Umgekehrt herum lässt sich auch sagen, die lebzeitige Versorgung nehme diejenige durch den Intestaterbteil vorweg. Es handelt sich deswegen um ein *advancement by portion*.

Diese Vermutung wird durch einen Seitenblick auf einige Rechtsgebiete bestärkt, die nicht Gegenstand dieser Arbeit sind: Wenn das englische Recht an anderer Stelle, im Recht der *resulting trusts* den Gedanken eines *advancements* bemüht,[347] wird auch das mit einer entsprechenden moralischen Pflicht der Eltern begründet.[348] Es würde verwundern, wenn sich die Sonderstellung von *advancements by portion* ausgerechnet im Rahmen der *hotchpot rule* nicht mit der besonderen moralischen Pflicht der Eltern erklären ließe, ihre Kinder zu versorgen.

---

[345] Vgl. dazu wieder *Pym v Lockyer*, 5 My. & Cr. 29, 34–36; *Re Pollock*, [1885] 28 Ch. D. 552, 555 f.; *Re Vaux*, [1939] Ch. 465, 481; *Re Dawson*, [1919] 1 Ch. 102, 108; *Re George's Will Trusts*, [1949] Ch. 154, 159; *Re Cameron*, [1999] Ch. 386, 407 f.; *Re Clapham*, [2005] EWHC (Ch) 3387, Rn. 103; *Re Frost*, [2013] EWHC (Ch.) 435, Rn. 6. Die besondere Rolle des väterlichen Willens betonen *Montefiore v Guedalla*, 1 De G. F. & J. 93, 100; *Re Lacon (Court of Appeal)*, [1891] 2 Ch. 459, 498 (Bowen, LJ); vgl. dazu oben ausführlich Zweiter Teil – B.II.1 (143).

[346] Nur ganz vereinzelt, in *Carter v Crawley*, Sir T. Raym. 496, 501, heißt es über das Intestaterbrecht allgemein, nicht bezogen auf die *hotchpot rule:* „In respect of the intestate, it may be thought an obligation upon every man to provide for those which descend from his loins."

[347] Es geht hier um das Recht des so genannten *resulting trust*. Eine konzise Einführung aus heutiger Sicht gibt *Swadling*, in: GS Lord Roger of Earlsferry, 656–662; vgl. auch *ders.*, in: Burrows, Rn. 4.201 f.

[348] *Bennet v Bennet*, [1879] 10 Ch. D. 474, 477.

3. *Die hotchpot rule des Statute of Distribution (1670): eine europäische Erbrechtserzählung jenseits von splendid isolation und kultureller Prägung*

Alles in allem stellt sich die frühe *hotchpot rule* des Statute of Distribution (1670) als ein Institut dar, das auf den ersten Blick und aus heutiger Sicht schwer verständlich erscheint. Bei genauerer Betrachtung fügt es sich jedoch gut in die Gegebenheiten seiner Zeit ein: Der *hotchpot rule* geht es darum, die gleichmäßige Versorgung der Abkömmlinge sicherzustellen und einer doppelten Versorgung vorzubeugen. Hierzu knüpft das Statute of Distribution (1670) in erster Linie an den tradierten Begriff *portion* an, der für zeitgenössische Juristen einen klaren Gehalt hat. Es spricht vieles dafür, dass der frühen *hotchpot rule* auch der Gedanke zugrunde liegt, die (gleichmäßige) Versorgung der eigenen Kinder entspreche einer moralischen Pflicht. Dieser Gedanke erlaubt es, von einem *advancement* zu sprechen, von einer Vorwegnahme des Erbteils. So erklärt sich, warum die Gleichbehandlungserwartungen des frühen englischen Rechts auf *settlements* und auf *advancements by portion* beschränkt sind – und warum es genau diese Zuwendungen sind, hinsichtlich derer ein gleichgerechter Vater seine Kinder gleichbehandelt wissen will.

Diese mehrschichtige Rationalisierung der *hotchpot rule* – Gleichbehandlungsidee, mutmaßlicher Elternwille, Versorgungsgedanke, sittliche Pflicht und Vorwegnahme des Erbteils fallen zusammen – mutet bekannt an. So begründen, wenn auch mit unterschiedlichen Akzentuierungen, alle bisher behandelten kontinentaleuropäischen Rechtsordnungen ihre jeweiligen erbrechtlichen Ausgleichsmechanismen. Über diese strukturelle Ähnlichkeit können auch Differenzen im Detail nicht hinwegtäuschen. So mag der mutmaßliche Erblasserwille in England eine weniger prononcierte Rolle spielen als auf Teilen des Kontinents. Gleiches lässt sich aber auch über einige Rechte in der kontinentalen, „deutschen" Tradition sagen. Hierbei handelt es sich jedoch ausschließlich um Differenzen im Detail. Strukturprägend ist demgegenüber, dass auch das englische Recht versorgende Zuwendungen heraushebt und erbrechtlichen Gleichbehandlungsvorstellungen unterwirft. Von *splendid isolation* kann keine Rede sein; ebenso wenig von einer kulturellen Prägung des Erbrechts, die es fruchtlos erscheinen lässt, das englische Common Law einzubeziehen, wenn man die europäische Erbrechtsgeschichte erzählt.[349] Im Gegenteil, das englische Recht bereichert eine solche vergleichende Erzählung enorm, nicht zuletzt aufgrund seines Quellenreichtums.

Die *hotchpot rule* illustriert besonders plastisch, wie sehr das Verständnis und das reibungslose Funktionieren erbrechtlicher Ausgleichsmechanismen von den sozialen Praktiken abhängt, in die sie eingebettet sind. Insoweit gilt nichts anderes als im Rahmen der *presumption against double portions*. Auf

[349] Vgl. zu dieser These und der Kritik an ihr wieder *Zimmermann*, JZ 2016, 321, *passim*; *Kroppenberg*, in: Basedow/Hopt/Zimmermann, Stichwort: Erbfolge; *Zimmermann*, ZEuP 2023, 290, 324 f.

theoretischer Ebene muss man die moralische Pflicht der Eltern anerkennen, ihre Kinder durch *portions* zu versorgen. In praktischer Hinsicht bedarf es eines klaren Verständnisses der beteiligten Rechtskreise, welche Zuwendungen *portions* sind. Beides scheint für lange Zeit gegeben gewesen zu sein, nicht zuletzt vor dem Hintergrund der üblichen Versorgung weichender Abkömmlinge mithilfe der standardisierten *(strict) family* und *marriage settlements*. Das jedenfalls legen die wenigen Entscheidungen zur frühen *hotchpot rule* nahe. Noch in *Taylor v Taylor*, einer für das moderne Recht prägenden Entscheidung aus dem Jahr 1875, sagt der urteilende Richter, jeder Fall auf den er verwiesen worden sei, habe entweder ein *settlement* betroffen oder der Versorgungszweck der Zuwendung sei jedermann klar gewesen.[350] Für die Zukunft gilt das nicht mehr. Damit ist die Herausforderung des modernen Rechts benannt: Entfällt die tradierte Praxis, weichende Abkömmlinge (nur) in einer bestimmten Art und Weise zu versorgen, stellt sich die Frage nach der Rechtfertigung und nach der Reichweite der *hotchpot rule* neu. Auch insoweit gilt in England nichts anderes als auf dem Kontinent.

IV. Die moderne hotchpot rule: der Administration of Estates Act (1925) und die Herausforderungen des modernen Rechts

Ihre moderne Form findet die *hotchpot rule* im Administration of Estates Act (1925), der auch die Grundlage des modernen englischen Erbrechts insgesamt bildet.

Nicht zuletzt beendet der Administration of Estates Act (1925) endgültig die Trennung zwischen *real* und *personal property* und die Primogenitur.[351] Die Abkömmlinge des Erblassers sind gleichmäßig am gesamten Nachlass beteiligt,[352] der nunmehr in Gänze zunächst auf einen Nachlassabwickler, den *personal representative*, übergeht.[353] Verkürzt lässt sich sagen: Die Grundsät-

---

[350] *Taylor v Taylor*, [1875] L.R. 20 Eq. 155, 158; vgl. dazu unten ausführlich Zweiter Teil – B.IV.b) (169).

[351] Die Unterscheidung wurde bereits Ende des 19. Jahrhunderts langsam verwischt, die Primogenitur jedoch erst mit dem Administration of Estates Act (1925) beendet, vgl. *Kerridge*, in: Reid/De Waal/Zimmermann, Intestate Succession, 326–328; *Sloan*, Borkowski's Law of Succession, 19 f.

[352] Der überlebende Ehegatte erhält nunmehr, wenn er neben Abkömmlingen erbt, ein gesetzliches Vermächtnis in Höhe von (zunächst) 1000 Pfund, *personal chattels* (eine weit verstandene Definition des Hausrats, die nur Geld und Investments ausnimmt), sowie ein *life interest* an der Hälfte des verbleibenden Nachlasses, vgl. *Kerridge*, in: Reid/De Waal/Zimmermann, Intestate Succession, 328.

[353] Diese Bezeichnung ist irreführend, schließlich verwaltet der Dritte nach der Reform ja gerade nicht mehr nur den *personal estate*, sondern den gesamten Nachlass, vgl. *Kerridge*, in: Reid/De Waal/Zimmermann, Intestate Succession, 327. Das geht bereits auf den Land Transfer Act (1897) zurück.

ze, die zuvor das Statute of Distribution (1670) und die Abwicklung des *personal estate* geprägt haben, gelten nun universell.[354]

Es ist also nur konsequent, dass auch deren Ausgleichsmechanismus, die *hotchpot rule* inhaltlich im Wesentlichen unverändert übernommen wird; nur sprachlich wird sie neu gefasst. Das Institut, dessen Grundgedanke bis in das 17. Jahrhundert zurückreichen, muss sich im modernen Recht bewähren. Warum dies eine Herausforderung ist, zeigt sich bereits Ende des 19. Jahrhunderts. Immer lauter wird die Kritik an der modernen *hotchpot rule*, bis sie letztlich mit Wirkung zum 1. Januar 1996 ersatzlos abgeschafft wird.

a) Die moderne hotchpot rule und ihre Herausforderungen

Die neu formulierte intestaterbrechtliche *hotchpot rule* findet sich in s. 47 (1) (iii.) des Administration of Estates Act (1925). Sie wird hier durch zwei weitere *hotchpot rules* ergänzt,[355] dic „teilweise intestat" versterbende Erblasser betreffen, allein auf Spezifika des englischen Rechts reagieren und nicht Gegenstand dieser Untersuchung sind. Die moderne intestaterbrechtliche *hotchpot rule* wird deswegen aber als die erste, die *first hotchpot rule* bezeichnet:

> „Where the property held on the statutory trusts for issue is divisible into shares, then any money or property which, by way of advancement or on the marriage of a child of the intestate, has been paid to such child by the intestate or settled by the intestate for the benefit of such child (including any life or less interest and including property covenanted to be paid or settled) shall, subject to any contrary intention expressed or appearing from the circumstances of the case, be taken as being so paid or settled in or towards satisfaction of the share of such child or the share which such child would have taken if living at the death of the intestate, and shall be brought into account, at a valuation (the value to be reckoned as at the death of the intestate), in accordance with the requirements of the personal representatives;"

Ein Kunststück eingängiger Gesetzessprache ist die moderne *hotchpot rule* nicht, ihr Gehalt entspricht aber im Wesentlichem dem früheren Recht. Es geht ihr um die Teilung des *statutory trusts*, der im Intestaterbfall entsteht und durch den *personal representative* abgewickelt wird. Dessen Anteile (*shares*) stehen nach Befriedigung der Gläubiger und der Rechte des überlebenden Ehegatten den Abkömmlingen (*issue*) des Erblassers zu.[356] Dabei gilt,

---

[354] *Kerridge*, in: Reid/De Waal/Zimmermann, Intestate Succession, 328.

[355] Auch sie wurden zwischenzeitlich abgeschafft, vgl. hierzu *Kerridge/Parry*, The Law of Succession, Rn. 2-61 f.; *Sloan*, Borkowski's Law of Succession, 45 f. Die den überlebenden Ehegatten treffende Regel in s. 49 (1) (aa) war nicht Teil des ursprünglichen Act, sie wurde erst durch s. 3 (2) des Intestates' Estates Act (1952) eingefügt.

[356] Vgl. heute s. 46 (1) (ii) und s. 47 (1) (i.) des Administration of Estates Act (1925); vgl. hierzu *Kerridge/Parry*, The Law of Succession, Rn. 2-37; *Sloan*, Borkowski's Law of Succession, 39.

so die moderne *hotchpot rule*, folgendes: Haben Abkömmlinge des Erblassers zu Lebzeiten eine Zuwendung *by way of advancement* erhalten, gleich auf welche Art und Weise, ist diese Zuwendung bei der Bestimmung des Nachlasses zu berücksichtigen und vom Erbteil des Empfängers abzuziehen. Etwas anderes gilt nach s. 47 (iii.) des Administration of Estates Act (1925) nur, wenn der Erblasser die Ausgleichung nicht gewollt hat. Die Details und Zweifelsfragen dieser eigentlich wesentlichen Begrenzung haben jedoch kaum Aufmerksamkeit erfahren.[357] Es ist nicht einmal klar, ob allein der Wille im Zeitpunkt der Zuwendung entscheidend ist oder ob ein entsprechender Wille auch später gebildet werden kann.[358] Überhaupt spielt der Erblasserwille im Rahmen der *hotchpot rule* eine noch geringere Rolle als hinsichtlich des Statute of Distribution (1670).[359]

Ebenso wie ihr Vorgänger ist auch die moderne *hotchpot rule* auf Zuwendungen von Eltern an ihre Kinder begrenzt, der überlebende Ehegatte ist nicht beteiligt.[360] Ebenso wenig sind Enkel verpflichtet, Zuwendungen seitens ihrer Großeltern auszugleichen.[361] Nur falls das lebzeitig bedachte Kind vorverstirbt, geht diese Ausgleichspflicht auf seine Kinder (sprich auf die Enkel des Erblasers) über.[362] Auch insoweit entsprechen sich frühe und moderne *hotchpot rule*. Im Vergleich zum früheren Recht fällt dabei auf, dass sich erstmals explizit aus dem Gesetz ergibt, wie die *hotchpot rule* praktisch und rechnerisch umzusetzen ist. Die Erbquoten der Abkömmlinge werden anhand eines fiktiven, um den Wert der Zuwendung erhöhten Nachlasses berechnet, wobei die lebzeitige

---

[357] Nach *Hardy v Shaw*, [1976] 1 Ch. 82, 89, soll hier der Standard der *presumption against double portion* aus *Re Lacon (Court of Appeal)*, [1891] 2 Ch. 459, 496 (Lindley LJ), entsprechend gelten. Viel erfährt man jedoch aus diesem Verweis nicht. *Miller*, The Machinery of Succession, 283, sieht hier eine der großen Unsicherheiten des englischen Rechts.

[358] Von letzterem scheinen *Sherrin/Bonehehill*, The Law and Practice of Intestate Succession, 275 auszugehen. In *Hardy v Shaw*, [1976] 1 Ch. 82, 90, sind es die Umstände im Zeitpunkt der Zuwendung, die den Ausschlag geben.

[359] Nur *Sloan*, Borkowski's Law of Succession, 21 f., begründet die Regeln des Intestaterbrechts insgesamt mit dem Inhalt eines vermuteten Testaments und scheint diesen Gedanken auch auf die *hotchpot rule* zu beziehen (41).

[360] Das betonen besonders *Cunningham*, Estates & Trusts J. 9 (1988), 23, 31; *Sunnucks/Ross Martyn/Garnett*, Williams, Mortimer and Sunnucks on Executors, Administrators and Probate, 1071; *Miller*, The Machinery of Succession, 279; *Kerridge/Parry*, The Law of Succession, Rn. 2-56.

[361] *Farrand*, Conv. 25 (1961), 468, 477; *Mellows*, The Law of Succession, 185; *Sunnucks/Ross Martyn/Garnett*, Williams, Mortimer and Sunnucks on Executors, Administrators and Probate, 1071 (dort Fn. 60); *Sherrin/Bonehehill*, The Law and Practice of Intestate Succession, 271; *Kerridge/Parry*, The Law of Succession, Rn. 2-56; *Sloan*, Borkowski's Law of Succession, 41.

[362] *Farrand*, Conv. 25 (1961), 468, 477; *Mellows*, The Law of Succession, 185 f. *Sunnucks/Ross Martyn/Garnett*, Williams, Mortimer and Sunnucks on Executors, Administrators and Probate, 1071 (dort Fn. 60); *Sherrin/Bonehehill*, The Law and Practice of Intestate Succession, 271 f.

Zuwendung von der fiktiven Quote des Bedachten abzuziehen ist.[363] Die Zuwendung ist dabei explizit mit ihrem Wert im Erbfall anzusetzen.[364]

In vier Aspekten unterscheidet sich die moderne *hotchpot rule* jedoch von derjenigen des Statute of Distribution (1670): Zunächst erfasst s. 47 (iii.) des Administration of Estates Act (1925) Zuwendungen beider Elternteile und nicht allein solche vonseiten des Vaters.[365] Die Möglichkeit, die Anwendung der *hotchpot rule* auszuschließen sah das alte Recht zumindest nicht explizit vor.[366] Hinzu kommt, dass *settlements* nicht mehr in jedem Fall auszugleichen sind,[367] sondern nur wenn es sich um *advancements* handelt.[368] Damit ist die zentrale Kategorie des modernen Rechts angesprochen: Ob lebzeitige Zuwendungen im Intestaterbfall auszugleichen sind, hängt im modernen Recht im Wesentlichen davon ab, ob es sich um ein *advancement* handelt. Der frühere Zusatz des Statute of Distribution (1670), es müsse sich um ein *advancement by portion* handeln, ist entfallen. Eine inhaltliche Änderung ist damit jedoch nicht verbunden, wie *Lord Justice Jenkins* in *Re Hayward* feststellt.[369] Die zum alten Recht entwickelten Grundsätze gelten fort.

Die *hotchpot rule* des Administration of Estates Act (1925) muss also Grundgedanken, die zumindest bis ins 17. Jahrhundert zurückreichen, unter den Bedingungen des 20. Jahrhunderts handhabbar machen. Dass dies Schwierigkeiten bereitet, zeigt sich immer deutlicher.[370] Die Gerichte haben über immer mehr Zuwendungen zu entscheiden, die nicht ohne Weiteres dem klassischen Verständnis eines *advancement* oder *advancement by portion* entspre-

---

[363] Für Beispiele vgl. *Mellows*, The Law of Succession, 186; *Sherrin/Bonehehill*, The Law and Practice of Intestate Succession, 265; *Kerridge/Parry*, The Law of Succession, Rn. 2-56.

[364] Darin liegt ein Unterschied zur *presumption against double portions*; vgl. *Farrand*, Conv. 25 (1961), 468, 477 f.; *Mellows*, The Law of Succession, 185; *Sherrin/Bonehehill*, The Law and Practice of Intestate Succession, 277.

[365] Das ergibt sich implizit aus *Hardy v Shaw*, [1976] 1 Ch. 82; vgl. hierzu auch *Farrand*, Conv. 25 (1961), 468, 473; *Sherrin/Bonehehill*, The Law and Practice of Intestate Succession, 263.

[366] *Sherrin/Bonehehill*, The Law and Practice of Intestate Succession, 275 (dort Fn. 32).

[367] *Re Hayward (Court of Appeal)*, [1957] 1 Ch. 528, 537 f. (Jenkins LJ).

[368] Dabei ist zu beachten, dass *settlement* hier – möglicherweise zur weiteren Verwirrung des ausländischen Beobachters – in einem dritten, nochmals weiteren Sinne zu verstehen ist. Es geht hier nicht nur um (mittlerweile unübliche, weil steuerlich unattraktive) *family* oder *marriage settlements*, nicht nur um *settlements* von Land, sondern um jedes *settlement*, das vereinfacht gesprochen einen Trust begründet. Land ist zwar nach wie vor ein wesentlicher Anwendungsfall, es gilt aber nicht mehr das eingeschränkte Begriffsverständnis der frühen *hotchpot rule.*

[369] *Re Hayward (Court of Appeal)*, [1957] 1 Ch. 528, 534 f.; vgl. auch *Megarry*, L.Q.R. 73 (1957), 21, 22; *Farrand*, Conv. 25 (1961), 468, 471 f.; *Sunnucks/Ross Martyn/Garnett*, Williams, Mortimer and Sunnucks on Executors, Administrators and Probate, 1072 *Sherrin/Bonehehill*, The Law and Practice of Intestate Succession, 265 f.; *Miller*, The Machinery of Succession, 277; *Kerridge*, Conv. 2007, 47, 59.

chen.[371] Problematisch erscheinen dabei vor allem wirtschaftlich bedeutsame Zuwendungen, möglicherweise in späteren Lebensjahren des Kindes. Dieser Prozess des Unsicherwerdens beginnt bereits Ende des 19. Jahrhunderts.

b) Taylor v Taylor: die (restriktive) Weichenstellung des modernen Rechts

Die im Nachhinein als maßgeblich betrachtete Definition eines *advancements* stammt aus der Entscheidung *Taylor v Taylor* aus dem Jahr 1875.[372] Zwar gilt zu diesem Zeitpunkt noch die alte *hotchpot rule* des Statute of Distribution (1670). *Taylor v Taylor* ist jedoch der zentrale Referenzpunkt des modernen Rechts, für dessen Herausforderungen die Entscheidung exemplarisch steht. Sir *George Jessel*, der Master of the Rolls, erklärt sein Verständnis des Begriffs *advancement* wie folgt:[373]

> „I have always understood that an advancement by way of portion is something given by the parent to establish the child in life, or to make what is called a provision for him – not a mere casual payment of this kind."

Es gehe dem Tatbestandsmerkmal *advancement by portion* um den Start ins Leben, um eine dauerhafte Versorgung. Das entspricht im Ausgangspunkt der modernen Definition einer *portion* für die Zwecke der *presumption against double portions*.[374] Die Aufnahme eines Geschäfts oder das Ergreifen eines Berufs zu ermöglichen, seien, so der Master of the Rolls weiter, Fälle derartiger *advancements*, ebenso der Kauf eines Offiziersrangs oder der Kauf von Unternehmensanteilen.[375] Die Entwicklung des englischen Rechts ähnelt also einmal mehr derjenigen auf dem Kontinent. All diese beispielhaft aufgezählten Zuwendungen sind ausstattende Zuwendungen in einem weiteren Sinne.

---

370 Vgl. *Holdsworth/Vickers*, The Law of Succession, 143 (difficult question).; *Farrand*, Conv. 25 (1961), 468, 471 (bezogen auf *portions* wird zitiert „an exhaustive definition presents difficulties").

371 *Boyd v Boyd*, [1867] L.R. 4 Eq. 305, betrifft Kosten für das Ergreifen eines Berufs, den Kauf eines Offiziersrangs und die Übernahme zahlreicher Spielschulden; *Taylor v Taylor*, [1875] L.R. 20 Eq. 155, betrifft ebenfalls die Kosten für das Ergreifen eines Berufs, zahlreiche Kosten im Zusammenhang mit dem Offiziersdienst des Sohns, die Übernahme von Schulden und Kosten für die Gründung eines Unternehmens; *Blockley v Blockley*, 29 Ch. D. 250, betrifft (letztlich) die Übernahme von Schulden durch den Erblasser.

372 Die Einschätzung Lord Justice Jenkins, dies sei der *leading case* und *the nearest approach to a definition of what is an advancement that our case law has achieved* hat sich also auch in den folgenden Jahren nicht überholt, *Re Hayward (Court of Appeal)*, [1957] 1 Ch. 528, 535, 537; so auch *Hardy v Shaw*, [1976] 1 Ch. 82, 87 (Goff J.); vgl. zur Bedeutung von *Taylor v Taylor* auch *Megarry*, L.Q.R. 73 (1957), 21, 22; *Sherrin/Bonehehill*, The Law and Practice of Intestate Succession, 266 f.; *Miller*, The Machinery of Succession, 277.

373 *Taylor v Taylor*, [1875] L.R. 20 Eq. 155, 157.

374 Vgl. *Re Cameron*, [1999] Ch. 386, 404, und oben Zweiter Teil – B.II.1 (143).

375 *Taylor v Taylor*, [1875] L.R. 20 Eq. 155, 157 f.

Der Master of the Rolls belässt es in *Taylor v Taylor* aber nicht bei dieser abstrakten Definition. Er ergänzt sie um zwei Vermutungen,[376] beziehungsweise Indizien, die möglicherweise mehr Probleme bereiten als sie lösen.[377] Erstens,

> „[I]f in the absence of evidence you find a father giving a large sum to a child in one payment, there is a presumption that that is intended to start him in life or make a provision for him; but if a small sum is so given you may require evidence to shew the purpose."

und, zweitens,

> „*Prima facie*, an advancement must be in early life; but any sum given by way of making a permanent provision for the child would come within the term establishing in life."

Ausgleichspflichtige *advancements* sind also in der Regel größere Zuwendungen in jungen Lebensjahren. Abschließend ist das jedoch nicht: Letztlich kann jede Summe, die der dauerhaften Versorgung dient, ein *advancement* im Sinne der modernen *hotchpot rule* sein.

Nur im Nebensatz wird eine weitere, letztlich entscheidungserhebliche Kategorie eingeführt, eine nur vorübergehende Unterstützung eines Sohns sei kein *advancement*.[378] Was der normative Grund für diese Einschränkung ist, wird nicht weiter erklärt.

Der Ausgangspunkt dieser Vermutungen erinnert an die tradierten Praktiken in *(strict) family* und *marriage settlements*, vor deren Hintergrund sich die frühere *hotchpot rule* entwickelt hat: Klassische *portions* waren in der Regel wirtschaftlich bedeutsam und wurden in der Regel in jungen Jahren gemacht.[379] Der weiteren Rechtsentwicklung ist damit jedoch nicht geholfen. Was passiert, wenn diese Indizien auseinanderfallen? Was, wenn sich wirtschaftlich bedeutsame und versorgende Zuwendungen nicht mehr gleichsetzen lassen? Das Recht muss nun entscheiden, welchen dieser Gedanken es in den Vordergrund rückt: die Zweckorientierung oder die möglichst weitgehende Gleichbehandlung der Kinder? Lange besteht kein Widerspruch zwischen beiden Zielen. Sie gehen widerspruchsfrei im Gedanken eines *advancements by portion* auf. Je länger die Menschen leben, je vielfältiger lebzeitige, innerfamiliäre Vermögenstransfers werden, desto eher können die in *Taylor v Taylor* genannten Indizien aber sehr wohl auseinanderfallen.

---

[376] Ob damit eine prozessuale Vermutung gemeint ist, wird nicht klar. Vor allem *Hardy v Shaw*, [1976] 1 Ch. 82, 88 f. (Goff J.), scheint später davon auszugehen, dass zumindest substantielle Zuwendungen eine Vermutung in dem Sinne begründen, dass es im Prozess nunmehr der anderen Partei obliegt, das Gegenteil zu beweisen.

[377] *Taylor v Taylor*, [1875] L.R. 20 Eq. 155, 158 f.

[378] *Taylor v Taylor*, [1875] L.R. 20 Eq. 155, 159. Der Gegenbegriff (*permanent provision*) klingt freilich schon in der o.g. Vermutung an, die Zuwendung müsse nicht zwingend in jungen Jahren erfolgen.

[379] Vgl. zu den Zuwendungen in *marriage* und *family settlements* oben Zweiter Teil – B.I.3 (134).

Das englische Recht steht letztlich vor demselben Problem, das der schweizerischen Diskussion um den richtigen Gegenstand der Ausgleichung zugrunde liegt.[380] Denkbar sind vor allem wirtschaftlich wesentliche Zuwendungen in den späteren Lebensjahren, die allein die Lebensumstände des bedachten Kindes verbessern. Natürlich versorgen auch sie das Kind, je generöser sie sind, desto dauerhafter. Aber der Wert einer Zuwendung allein, so *Taylor v Taylor*,[381] reiche nicht aus, um sie intestaterbrechtlichen Gleichbehandlungsvorstellungen zu unterwerfen. Entscheidend bleibe, ob die Zuwendung versorgenden Charakter habe oder nicht. Damit ist vorgeprägt, in welchen Grenzen in Zukunft über die *hotchpot rule* und ihre Gleichbehandlungserwartungen gesprochen wird: Im Vordergrund steht – zumindest auf konzeptioneller Ebene – der Versorgungszweck, nicht die möglichst weitgehende Gleichbehandlung der Kinder durch das Intestaterbrecht.

Zwingend ist diese Weichenstellung nicht. *Taylor v Taylor* beruft sich unter anderem auf eine frühere Entscheidung, *Boyd v Boyd*, die im modernen Recht kaum mehr rezipiert wird. Beiden Urteilen liegen frappierend ähnliche Sachverhalte zugrunde:[382] Sie betreffen Söhne, die sich zunächst auf Kosten ihres Vaters als Rechtsanwalt versuchen und dann, als dies scheitert, Offizier werden. Auch hierfür kommen die jeweiligen Väter auf, ebenso wie für die (Spiel-)Schulden, die beide Söhne während dieser Zeit anhäufen. In *Boyd v Boyd* ordnet der Vice-Chanceollor, *Sir Page Wood*, alle diese Zuwendungen als *advancements* ein, denn:[383]

> „In short, wherever a sum is paid for a particular purpose, which is thought good and right by the father, and which the son himself desires, if it be money which is drawn out in considerable amount, and not a small sum, it must be treated as an advance."

Boyd v Boyd scheint sich also durchaus für den Wert der Zuwendung zu interessieren. Wirtschaftlich bedeutsame Zuwendungen unterfallen dann der *hotchpot rule*.[384] In *Taylor v Taylor* versteht *Sir George Jessel* die soeben zitierte Passage jedoch restriktiver. Er sieht seine Definition eines *advancements* bestätigt.[385] *Viscount Wood* spreche von Zuwendungen zu einem *particular purpose*. Und hiermit könnten lediglich versorgende Zuwendungen gemeint sein. Niemand sei, so *Jessel* weiter, zuvor ernsthaft davon ausgegangen, alle Zuwendungen seien ausgleichspflichtig. Damit argumentiert er na-

---

[380] Vgl. dazu oben Zweiter Teil – A.III.2 (113).

[381] *Taylor v Taylor*, [1875] L.R. 20 Eq. 155, 158.

[382] Vgl. die Sachverhaltszusammenfassung des Law Reporters, *Boyd v Boyd*, [1867] L.R. 4 Eq. 305, 305 f.; *Taylor v Taylor*, [1875] L.R. 20 Eq. 155, 155–157.

[383] *Boyd v Boyd*, [1867] L.R. 4 Eq. 305, 308.

[384] So verstehen dieses Zitat auch *Holdsworth/Vickers*, The Law of Succession, 144 f., und, im Recht der *presumption against double portions*, *Re Scott*, [1903] 1 Ch. 1, 17 (Cozen-Hardy LJ).

[385] *Taylor v Taylor*, [1875] L.R. 20 Eq. 155, 158.

türlich gegen ein Strohmann-Argument. Auch eine großzügigere Lesart von *Boyd v Boyd* würde nicht schlechterdings jede Zuwendung der *hotchpot rule* unterwerfen. Eine alternative Lesart der Entscheidung würde nur alle wirtschaftlich bedeutsamen Zuwendungen der Ausgleichung unterwerfen. Gelegenheitsgeschenke blieben eine anerkannte Ausnahme der *hotchpot rule*.[386]

Wie dem auch sei, *Taylor v Taylor* wird zum zentralen Bezugspunkt der modernen *hotchpot rule*. Das englische Recht schreibt das restriktive Verständnis *Sir George Jessels* fort. Infolgedessen kommt es zu recht feinsinnigen Unterscheidungen, welche lebzeitigen Zuwendungen intestaterbrechtlichen Gleichbehandlungsvorstellungen unterliegen. Das illustriert nicht zuletzt der farbenfrohe Lebenslauf des jüngeren *Taylor*-Bruders. Er unternimmt bis zum Tod seines Vaters drei Anläufe, um im Leben Fuß zu fassen:[387] Zunächst versucht er, Barrister zu werden. Nachdem dieser Plan scheitert, geht er zur Armee und wird nach Indien versetzt. Schließlich versucht er sein Glück als Unternehmer und kauft eine Mine. All dies finanziert sein Vater, wobei *Taylor v Taylor* die Kosten wie folgt kategorisiert: Die unmittelbaren Aufwendungen, um als Barrister in einem der Inns of Court zugelassen zu werden, sind ausgleichspflichtig. Anderes gilt für die Anstellung eines Art Repetitors, um sich auf die Prüfungen hierzu vorzubereiten. Derartige Kosten der Berufsausbildung unterfallen schließlich seit jeher nicht der *hotchpot rule*.[388] Ausgleichspflichtig ist zwar der erstmalige Kauf eines Offiziersrangs in der Armee und die erste Uniform,[389] nicht ausgleichspflichtig sind demgegenüber die Kosten für weitere Uniformen, die Reisekosten nach Indien oder die Übernahme von Spielschulden in Übersee. Wiederum ausgleichspflichtig sind Auslagen für Maschinen, Material und Löhne, um es dem Sohn zu ermöglichen, eine Mine zu erkunden und sein Glück als Unternehmer zu versuchen.

Besonders auffallend ist die Behandlung der Spielschulden in *Taylor v Taylor*. Sie unterscheidet sich von derjenigen in *Boyd v Boyd*, obwohl sich

---

[386] Vgl. insoweit zum alten Recht *Lovelass/Barron,* Disposal of a Person's Estate, 140; *Toller*, The Law of Executors and Administrators, 380; *Burn/Phillimore*, Ecclesiastical Law, Bd. IV, 533; *Williams/Mortimer*, Williams on Executors and Administrators, Bd. II, 1245. Dass es in der Sache um diesen Fall geht, sieht vielleicht auch Jessel MR. In *Taylor v Taylor*, [1875] L.R. 20 Eq. 155, 158 f., heißt es, nichts würde Familien in ein größeres Unglück stürzen als die Pflicht, jede noch so kleine Zuwendung an Kinder ausgleichen zu müssen.

[387] Vgl. zum Folgenden *Taylor v Taylor*, [1875] L.R. 20 Eq. 155, 158 f.

[388] *Edwards v Freeman*, 2 P. Wms. 435, 449; (wohl zustimmend aufgegriffen in *Kircudbright v Kircudbright*, 8 Ves. Jun. 51, 55 f.).; *Lovelass/Barron,* Disposal of a Person's Estate, 140; *Toller*, The Law of Executors and Administrators, 380; *Burn/Phillimore*, Ecclesiastical Law, Bd. IV, 533; *Williams/Mortimer*, Williams on Executors and Administrators, Bd. II, 1245.

[389] Auf *Norton v Norton* (1692), beruft sich Jessel MR hier nicht, das wäre wohl ein einschlägiger *precedent*, vgl. *Pusey v Desbouvrie*, 3 P. Wms. 315, 317 (dort Anm. 1 des Reporters).

die Sachverhalte auch insoweit stark ähneln. In beiden Fällen bedrohen die Schulden des jeweiligen Sohns seinen Verbleib in der Armee.[390] Zurückzuführen ist dies wohl darauf, dass *Taylor v Taylor* für eine insgesamt restriktivere Handhabung der *hotchpot rule* steht.

Dieser restriktiven Lesart der *hotchpot rule* widerspricht in der Folge nur eine Entscheidung, die im zeitgenössischen Schrifttum wohlwollend aufgenommen wird:[391] Auch der Erlass eines innerfamiliären Darlehens durch den Vater zugunsten seines Sohns falle unter die *hotchpot rule* heißt es in *Blockley v Blockley*.[392] Die Valuta hatte der Sohn hier genutzt, um Schulden gegenüber Dritten zu bedienen. Weder das Darlehen noch sein Erlass dienten einem eng verstandenen Versorgungszweck. Dass sie dennoch auszugleichen seien, ergebe sich, so die Entscheidung in *Blockley v Blockley*, aus *Boyd v Boyd* und dem Zweck der *hotchpot rule*, weitgehende Gleichheit zwischen den Kindern zu schaffen.[393] Rezipiert wird dieses extensive Verständnis in der Folge jedoch nicht, die restriktive Lesart in *Taylor v Taylor* setzt sich endgültig durch.[394]

Die moderne *hotchpot rule* ist seitdem auf versorgende Zuwendungen in einem engen Sinne konzentriert. Damit geht einher, dass es Zuwendungen – sogar wirtschaftlich bedeutsame Zuwendungen – geben kann, die nicht auszugleichen sind. Es gibt nun zweierlei Arten von Zuwendung, die nicht unter die *hotchpot rule* fallen: einerseits die bekannten Ausnahmen für kleine Zuwendungen, Ausbildungskosten und Unterhalt (*maintainance*) und andererseits diejenigen Zuwendungen, die nach *Taylor v Taylor* nicht versorgend sind. *Taylor v Taylor* führt damit zu einem gewissen Spannungsverhältnis im modernen Recht: Einerseits wird die *hotchpot rule* im Hinblick auf einen konkreten Versorgungszweck rationalisiert. Andererseits nimmt das Recht Ungleichheiten in Kauf, die in der historischen Konzeption des Instituts wohl nicht angelegt sind.

c) *Ausdifferenzierung und Begründungsdefizite des modernen Rechts*

Besonders deutlich werden die Herausforderungen der restriktiven Lesart in *Taylor v Taylor* bei wirtschaftlich bedeutsamen Zuwendungen an Kinder, die bereits voll im Leben stehen. Sie betreffen nicht den Start ins Leben und sie versorgen das bedachte Kind nur insoweit, wie eben jede signifikante Zu-

---

[390] *Boyd v Boyd*, [1867] L.R. 4 Eq. 305, 309; *Taylor v Taylor*, [1875] L.R. 20 Eq. 155, 156 (hier ergibt sich dieser Umstand nur aus dem Bericht des Reporters, nicht aus dem Urteil von Jessel MR).

[391] Deutlich *Holdsworth/Vickers*, The Law of Succession, 144 f.; wohl auch *Williams/Mortimer*, Williams on Executors and Administrators, Bd. II, 1244 f.

[392] *Blockley v Blockley*, 29 Ch. D. 250, 252 f.

[393] Letzteres greifen *Holdsworth/Vickers*, The Law of Succession, 144 f. auf.

[394] Im Recht der *presumption against double portions* wird dies sogar so explizit ausgesprochen, vgl. *Re Scott*, [1903] 1 Ch. 1, 17 (Cozen-Hardy LJ). *Learmonth/Ford/Clark/John*, Williams, Mortimer and Sunnucks on Executors, Administrators and Probate, Rn. 66-24 (dort Fn. 124) gehen davon aus, die früheren Entscheidungen seien damit aufgehoben.

wendung die Lebensstellung des Bedachten verbessert. Die Verbindung zu den Anknüpfungspunkten in *Taylor v Taylor* ist hier besonders gering, gleichzeitig ist die Ungleichbehandlung der Geschwister besonders gravierend. Dies ist die zentrale Frage des modernen Rechts. Mit ihr beschäftigen sich im 20. Jahrhundert zwei Entscheidungen, *Re Hayward* und *Hardy v Shaw*.

In *Re Hayward*[395] überschreibt der Erblasser seinem Sohn, der zu diesem Zeitpunkt dreiundvierzig Jahre alt ist und einer festen Anstellung nachgeht,[396] in kurzem Abstand Sparzertifikate im Wert von etwa 315 Pfund und 190 Pfund. Als der Vater intestat verstirbt, beträgt der Wert seines Nachlasses etwa 1780 Pfund. Etwas mehr als ein Fünftel seines Vermögens wendet der Erblasser also bereits zu Lebzeiten einem Sohn zu, die Motive hierfür sind unbekannt. Vor allem über eine etwaige Versorgungsabsicht weiß man nichts. Lässt sich also allein aufgrund der (relativen) Summe der Zuwendungen darauf schließen, dass es sich um ein *advancement* handelt?

Lord Justice Jenkins, der *Re Hayward* für einen schwierigen *borderline case* hält,[397] kann sich letztlich nicht zu dieser Schlussfolgerung durchringen. Zum einen lässt ihn der geringe absolute Wert der Zuwendungen zögern. Nur im Vergleich zum restlichen Nachlass seien sie erheblich. Zum anderen handele es sich um zwei,[398] wenn auch nahe beieinander liegende Zuwendungen.[399] Dahinter steckt der Gedanke, dass es dem Richter nicht freisteht, einzelne Zuwendungen aufzusummieren, um letztlich doch von einer erheblichen Zuwendung zu sprechen.[400] Die letzten beiden Argumente illustrieren, dass auch Abgrenzungsprobleme bestehen, wenn man dem Wert der Zuwendung als eigentlich klarem Abgrenzungskriterium eine besondere Bedeutung zumisst.[401] In *Re Hayward* fällt ferner auf, wie intensiv sich die Richter beider Instanzen mit der *presumption against double portions* auseinandersetzen.[402]

---

[395] Zum Sachverhalt vgl. *Re Hayward (Court of Appeal)*, [1957] 1 Ch. 528, 533 f.

[396] *Re Hayward (Court of Appeal)*, [1957] 1 Ch. 528, 543 (Sellers LJ), deutet an, die Entscheidung habe anders ausfallen können, wäre der Sohn zwanzig Jahre jünger gewesen.

[397] *Re Hayward (Court of Appeal)*, [1957] 1 Ch. 528, 542 (Jenkins LJ und Sellers LJ). Sie greifen damit eine Formulierung von Upjohn J in der ersten Instanz auf, vgl. *Re Hayward*, [1956] 1 W.L.R. 1490, 1494.

[398] Dass die Gerichte mehrere kleinere Summen nicht aufsummieren, gilt auch im Recht der *presumption against double portions*, vgl. die Nachweise bei *Barlow/Wallington/Meadway/MacDougland*, Williams on Wills, Bd. I, Rn. 44.4 (dort Fn. 7).

[399] *Re Hayward (Court of Appeal)*, [1957] 1 Ch. 528, 542. (Jenkins LJ).

[400] Das gilt auch im Recht der *presumption against double portions*, vgl. die Nachweise bei *Barlow/Wallington/Meadway/MacDougland*, Williams on Wills, Bd. I, Rn. 44.4 (dort Fn. 7).

[401] Vgl. hierzu *Megarry*, L.Q.R. 73 (1957), 21, 22 f., dessen Vorschläge *Miller*, The Machinery of Succession, 278 f., aufgreift.

[402] Hiermit setzten sich *Re Hayward*, [1956] 1 W.L.R. 1490, 1494; *Re Hayward (Court of Appeal)*, [1957] 1 Ch. 528, 538–541 (Jenkins LJ) auseinander, letzterer auch mit *Re Lacon (Court of Appeal)*, [1891] 2 Ch. 459. Besonderes Augenmerk liegt dabei auf *Re*

Die zweite Entscheidung, *Hardy v Shaw*,[403] betrifft eine Unternehmerfamilie.[404] Die Erblasserin, die überlebende Ehefrau des Familienpatriarchen, hält die meisten Unternehmensanteile, zwei Kinder arbeiten im elterlichen Betrieb, eines nicht. Kurz vor ihrem Tod überträgt die Erblasserin ihre Anteile auf die beiden Geschwister, die bereits im Familienunternehmen mitarbeiten. Sie verstirbt daraufhin intestat. Die bedachten Kinder stehen bereits voll im Leben, sie sind aktive Minderheitsgesellschafter des Familienunternehmens. Handelt es sich bei der Anteilsübertragung dennoch um *advancements* im Sinne der *hotchpot rule*, die zugunsten der nicht-mitarbeitenden Tochter auszugleichen sind?

Justice Goff bejaht diese Frage und wendet sich gegen ein zu enges Verständnis von *Taylor v Taylor*.[405] Zwar handele es sich bei der Anteilsübertragung nicht um den Start in das Leben im engeren Sinne. Die Bedachten stehen schließlich bereits voll im Leben. Der Begriff *advancement* reiche jedoch weiter, so *Justice Goff*. Er umfasse *anything which may fairly be described as a permanent provision*.[406] Das knüpft an eine Abgrenzung an, die bereits in *Taylor v Taylor* anklingt und in *Re Hayward* aufgegriffen wird.[407] Hiernach handele es sich bei der streitgegenständlichen Zuwendung der Unternehmensanteile um eine *permanent provision*, um ein *advancement:* Sie sicherten schließlich den Geschwistern gemeinsam die Kontrolle über das Familienunternehmen und seien von ganz erheblichem Wert gewesen.[408] Letzterer Gedanke entspricht natürlich einer der Vermutungen aus *Taylor v Taylor*.

Vergleicht man die Ergebnisse in *Re Hayward* und *Hardy v Shaw*, erinnert das Ergebnis an die Bemerkung *Lord Colonsays* aus dem Jahr 1867 zur *presumption against double portions:*[409] Es ist nicht schwierig, die Regel an

---

Scott, [1903] 1 Ch. 1, 17 (Cozen-Hardy LJ), genau der Entscheidung, die sich unter Berufung auf *Taylor v Taylor* gegen das weite Verständnis von *advancement* in *Boyd v Boyd* wendet.

[403] Zum Sachverhalt vgl. *Hardy v Shaw*, [1976] 1 Ch. 82, 85 f.

[404] Streng genommen betrifft die Entscheidung einen Familienstreit über die richtige Partnerwahl: „The [daugther] became engaged in 1952 and she and her fiancé do not appear to have handled the matter of acquainting the father with their intentions with any great tact", *Hardy v Shaw*, [1976] 1 Ch. 82, 85.

[405] *Hardy v Shaw*, [1976] 1 Ch. 82, 87–89; vgl. hierzu auch *Sherrin/Bonehehill*, The Law and Practice of Intestate Succession, 270.

[406] *Hardy v Shaw*, [1976] 1 Ch. 82, 88.

[407] Vgl. *Taylor v Taylor*, [1875] L.R. 20 Eq. 155, 159; *Re Hayward (Court of Appeal)*, [1957] 1 Ch. 528, 541 f. (Jenkins LJ).

[408] *Hardy v Shaw*, [1976] 1 Ch. 82, 88 f. Trotz des Streits zwischen Vater und Tocher handelt es sich hierbei nicht um einen Fall, in dem der Anwendung der *hotchpot rule* ein abweichender Elternwille (der Mutter, auf die es hier ankommt) entgegensteht (89–91).

[409] *Lord Chichester v Coventry*, [1867] 2 L.R. H.L. 71, 98; vgl. auch *Sloan*, Borkowski's Law of Succession, 41, über die moderne *hotchpot rule:* Sie verlange feinsinnige

sich zu verstehen, die Herausforderung ist ihre Anwendung im Einzelfall.[410] Denn auf konzeptioneller Ebene und ihrer Selbstverortung nach wollen sowohl *Re Hayward* als auch *Hardy v Shaw* den Grundgedanken aus *Taylor v Taylor* fortführen.[411] Sie tun dies jedoch auf ganz unterschiedliche Art und Weise. *Re Hayward* nimmt hin, dass etwa ein Fünftel des Nachlasses zu Lebzeiten auf einen Abkömmling übertragen wird und dass diese Ungleichbehandlung nicht ausgeglichen wird. *Hardy v Shaw* will die Kinder der Erblasserin hingegen weitgehend gleichbehandelt wissen und hält die Übertragung von Unternehmensanteilen für eine – ausgleichspflichtige – *permanent provision.* Aber lässt sich nicht dasselbe mit guten Gründen über die Geldzuwendung in *Re Hayward* sagen, wenn auch im Kontext eines weniger üppigen Nachlasses?

In *Re Hayward* und *Hardy v Shaw* zeigt sich, wie unsicher die Kategorien geworden sind, die Grundlage der *hotchpot rule* sind. Unter den familiären, sozialen und wirtschaftlichen Gegebenheiten des 20. Jahrhunderts ist es zunehmend schwierig zu bestimmen, welche Zuwendungen überzeugenderweise *advancements* sind. Naheliegende Gründe wie den mutmaßliche Erblasserwillen oder die aus dieser Untersuchung bekannten rechts- und familienpolitische Erwägungen behandeln beide Urteile gar nicht oder in unklarer Weise. Insbesondere in *Re Hayward* ist sehr unklar, ob man auch im Kontext der *hotchpot rule* unterstellen kann, Gleichheit zwischen den Kindern entspreche dem mutmaßlichen Elternwillen.[412] Möglicherweise lassen sich *Re Hayward* und *Hardy v Shaw* als zwei Schritte einer Entwicklungsgeschichte lesen, als Ausdruck einer zunehmenden Bereitschaft, jede erhebliche Zuwendung *prima facie* als *advancement* zu behandeln.[413] Dies entspricht nicht

---

(kaum nachvollziehbare) Unterscheidungen zwischen verschiedenen Zuwendungen – oft aufgrund eines unterstellten Erblasserwillens, der nicht einmal zutreffen muss.

[410] *Kerridge*, Conv. 2007, 47, 61 f.; vgl. auch *O'Sullivan*, C.L.W.R. 46 (2017), 21, 30; *Sloan*, Borkowski's Law of Succession, 40 f.; wohl auch *Burns*, UNSW L.J. 36 (2013), 470, 485, die jeweils noch heute ganz grundsätzlich die Komplexität von *hotchpot rules* betonen.

[411] Es ist deswegen eher zweifelhaft, ob nunmehr zwischen zwei unterschiedlichen Konzepten des *advancements* zu unterscheiden sei: einerseits dem klassischen Gedanken des Starts in das Leben und andererseits einem Begriff, bei dem die Vorwegnahme des Erbteils deutlicher im Vordergrund steht, vgl. *Sunnucks/Ross Martyn/Garnett*, Williams, Mortimer and Sunnucks on Executors, Administrators and Probate, 1071 f.

[412] *Re Hayward (Court of Appeal)*, [1957] 1 Ch. 528, 538–540. Die Aussage stammt aus der *presumption against double portions* und es ist sehr unklar, ob Jenkins LJ sie übertragen möchte, vgl. hierzu *Re Lacon (Court of Appeal)*, [1891] 2 Ch. 459, 498. (Bowen LJ).

[413] Das beobachten *Sherrin/Bonehehill*, The Law and Practice of Intestate Succession, 270. Wahrscheinlich versteht auch *Kerridge*, Conv. 2007, 47, 58 f., den Gegenstand der modernen Regel so, argumentiert gleichzeitig aber für eine Erweiterung auf alle wesentlichen Zuwendungen (59–62).

zuletzt der Entwicklung der *presumption against double portions*.[414] Wäre das die Tendenz der Rechtsprechung in *Hardy v Shaw*, müsste die weitere Entwicklung umso mehr überraschen. Mit Wirkung zum 1. Januar 1996 wird die *hotchpot rule* ersatzlos gestrichen.[415]

d) Die Abschaffung der hotchpot rule

Die Kritik, die letztlich auch die Abschaffung der modernen *hotchpot rule* trägt, ist nicht neu. Schon in *Re Morton* bemerkt Justice *Danckwerts*:[416]

> „For some reason, which is difficult to fathom, but presumably with an idea of producing fairness, the draftsmen of the Administration of Estates Act, 1925, introduced hotchpot provisions into the sections of the Act dealing with intestacy. It seems to me that they made a great mistake in so doing, and that it would have been far better to have left the whole thing out."

„Unerfindlichen Gerechtigkeitsideen" diene die *hotchpot rule*, sie sei ein Fehler und besser nicht Gesetz geworden. Diese pauschale Kritik richtet sich gegen alle drei *hotchpot rules*, nicht nur gegen die hier interessierende intestaterbrechtliche, erste *hotchpot rule* in s. 47(1)(iii.) des Administration of Estates Act (1925), sondern auch gegen die 1925 und 1952 neu geschaffenen *hotchpot rules* für „teilweise intestat" versterbenden Erblassern. Man mag vermuten, Adressaten der Kritik seien am ehesten letztere Regeln, die auch der eigentliche Gegenstand von *Re Morton* sind. Formuliert ist die Kritik aber im Hinblick auf alle *hotchpot rules* gleichermaßen.[417] Möglicherweise bestanden gerade unter Rechtspraktikern tatsächlich gewisse Vorbehalte gegen die *hotchpot rule*.[418]

Die ersatzlose Streichung der modernen *hotchpot rule* geht zurück auf einen bereits 1989 veröffentlichten Report der Law Commission zu Reformfragen des Intestaterbrechts.[419] Anlass und Schwerpunkt dieser Untersuchung

---

414 Vgl. *Re Cameron*, [1999] Ch. 386, 418; *Race v Race*, [2002] EWHC (Ch) 1868, Rn. 24 (Land) und *Re Clapham*, [2005] EWHC (Ch) 3387, Rn. 105–112 (Schenkung von 20.000 Pfund).

415 Vgl. s. 1 (2) (a.) des Law Reform (Succession) Act 1995.

416 *Re Morton*, [1956] 1 Ch. 644, 647.

417 *Kerridge*, Conv. 1990, 358, 358; *Sherrin/Bonehehill*, The Law and Practice of Intestate Succession, 264; *Kerridge/Parry*, The Law of Succession, Rn. 13-14.

418 So jedenfalls die Beobachtung von *Kerridge/Parry*, The Law of Succession, Rn. 2-65, die er in *Kerridge*, Conv. 1990, 358, 358, noch deutlicher formuliert. Derartige Vorbehalte hegen im aktuellen Schrifttum beispielsweise *O'Sullivan*, C.L.W.R. 46 (2017), 21, 30; *Sloan*, Borkowski's Law of Succession, 40 f. Sie wird wohl geteilt von *Burns*, UNSW L.J. 36 (2013), 470, 485.

419 Die Law Commission ist das offizielle Beratungsorgan in England und Wales für Fragen der Rechtsreform. Ihre Aufgabe ist laut s. 3 (1) des Law Commission Act (1965), das Recht und seine Entwicklung permanent zu beobachten, insbesondere im Hinblick auf seine Kodifikation, die Tilgung von Anomalien, die Abschaffung überflüssiger und unnö-

war die Stellung des überlebenden Ehegatten im Erbrecht.[420] Parlament und Law Commission nutzen aber die Gelegenheit, den Jahrhunderte alten Grundgedanken der *hotchpot rule* vollständig zu tilgen. Dies begründet die Law Commission sehr knapp, teils mit praktischen Erwägungen, teils mit Sachargumenten.[421] Die *hotchpot rule* sei kompliziert und in der praktischen Umsetzung schwierig;[422] hier spiegelt sich das Argument *Justice Danckwerts* in *Re Morton*. Die Regel sei ungerecht, weil sie nur Abkömmlinge, nicht aber den überlebenden Ehegatten treffe, sie könne den wahren Willen des Erblassers frustrieren,[423] und es sei schwierig, eine zweckmäßige Lösung für alle vorstellbaren Arten lebzeitiger und letztwilliger Zuwendung zu finden. Ausführlicher als mit diesen, hier vollständig wiedergegebenen Sätzen begründet die Law Commission nicht, warum sie vorschlägt, die *hotchpot rule* abzuschaffen. Die genannten Unzulänglichkeiten seien durch „einige Beteiligte" des zuvor durchgeführten Konsultationsverfahrens geäußert worden und die Abschaffung der *hotchpot rule* entspreche dem dort geäußerten Mehrheitswillen.[424]

Angesichts der langen Geschichte des Instituts und der doch herausgehobenen Rolle innerfamiliärer Zuwendungen verwundert das. Dabei ist nicht von der Hand zu weisen, dass die *hotchpot rule* reform- oder zumindest neu begründungsbedürftig geworden sein mag. Man mag hinterfragen, ob die Gleichbehandlungsvorstellungen, die seit dem 17. Jahrhundert fortgeschrieben werden noch in die heutige Zeit passen. Im Hinblick auf die – ironischerweise vom Parlament nicht umgesetzten – Reformvorschläge hinsichtlich des überlebenden Ehegatten begründet die Law Commission ihr Tätigwerden schließlich mit sozialen Veränderungen, insbesondere mit der alternden Gesellschaft und einer veränderten Vermögensstruktur.[425] Angesichts dessen ist sicherlich zu hinterfragen, ob es nach wie vor Sinn ergibt, wirtschaftlich bedeutsame Zuwendungen in jungen Jahren als Regelfall in-

---

tiger Gesetze, die Zahl von Einzelgesetzen zu reduzieren und, ganz generell, die Vereinfachung und Modernisierung des Rechts.

[420] *Kerridge/Parry*, The Law of Succession, Rn. 2-56–2-70.

[421] *The Law Commission*, Family Law: Distribution on Intestacy (Law Com. No. 187), Rn. 47; zustimmend *Sloan*, Borkowski's Law of Succession, 40 f.: „Few will mourn the abolition of hotchpot."

[422] So noch heute *O'Sullivan*, C.L.W.R. 46 (2017), 21, 30; *Sloan*, Borkowski's Law of Succession, 40 f.; zustimmend wohl auch *Burns*, UNSW L.J. 36 (2013), 470, 485.

[423] Wahrscheinlich zu Recht liest *Miller*, The Machinery of Succession, 283, diese Kritik als Antwort auf die Beweislastverteilung nach *Hardy v Shaw*, [1976] 1 Ch. 82.

[424] *The Law Commission*, Family Law: Distribution on Intestacy (Law Com. No. 187), 22, 47. Darüber hinaus fand eine Umfrage in der Bevölkerung statt, die um ihre Einschätzung intestaterbrechtlicher Regeln gebeten wurden. Die *hotchpot rule* war nicht Gegenstand dieser Erhebung.

[425] *Dies.*, Family Law: Distribution on Intestacy (Law Com. No. 187), iv und Rn. 2.

testaterbrechtlicher Gleichbehandlungserwartung anzusehen.[426] Man mag sogar zu dem Ergebnis kommen, dass der Gedanke gänzlich überholt sei, Kinder intestaterbrechtlich gleich zu behandeln und hierbei gewisse lebzeitige Zuwendungen einzubeziehen.

Aber es überrascht doch, dass die *hotchpot rule* im Handstreich und ohne nennenswerte Begründung abgeschafft wurde. An der grundsätzlichen Gleichbehandlung von Abkömmlingen im Intestaterbrecht hat sich schließlich nichts geändert.[427] *Equality is equity* mag ja nach wie vor ein normativ überzeugender Ansatz sein; selbst wenn man annimmt, dass Kinder aufgrund der privilegierten Stellung des überlebenden Ehegatten im englischen Intestaterbrecht nur noch selten erben.[428] Zum einen bedürfen auch seltene Fälle einer überzeugenden Regelung,[429] zum anderen gilt dieses Argument nur beim Tod des erstversterbenden Ehegatten. Beim Tod des intestat zweitversterbenden Ehegatten stehen die Kinder doch wieder im Vordergrund. Auch das moderne Recht wird also nicht umhinkommen, die Frage zu beantworten wann und aus welchem Grund intestaterbrechtliche Gleichbehandlungserwartungen auch lebzeitige Zuwendungen erfassen. Hinzu kommt, dass der Gedanke, der ursprünglich der *hotchpot rule* zugrunde lag, nach wie vor die *presumption against double portion trägt*.[430] Hier wird er nicht nur kritiklos hingenommen, sondern sogar ausgedehnt und erfasst nunmehr alle bedeutenden Zuwendungen.[431]

Auch an den Praktikabilitätsargumenten des Reformgesetzgebers mag man zweifeln. Es wird beispielsweise nie ganz klar benannt, welche praktischen Probleme die hier interessierende intestaterbrechtliche, erste *hotchpot rule* aufwirft. Insoweit mag ihre Abschaffung auch ein Kollateralschaden der Probleme mit den übrigen *hotchpot rules* sein, die tatsächlich schwer anzu-

---

[426] Argumente in beide Richtungen entwickelt insoweit *Miller*, The Machinery of Succession, 282 f. Für eine Ausweitung auf alle bedeutsamen Zuwendungen argumentiert *Kerridge*, Conv. 2007, 47, 59–62.

[427] Vgl. s. 46 (1) (ii) und s. 47 (1) (i.) des Administration of Estates Act (1925); vgl. hierzu *Kerridge/Parry*, The Law of Succession, Rn. 2-37; *Sloan*, Borkowski's Law of Succession, 39.

[428] So erklären *Burns*, Singapur J.L.S. 2012, 366, 371; *dies.*, UNSW L.J. 36 (2013), 470, 485, die Abschaffung aller *hotchpot rules*.

[429] Vgl. *Kerridge*, Conv. 2007, 47, 59; *Kerridge/Parry*, The Law of Succession, Rn. 2-66, die deswegen auch für eine Wiedereinführung der intestaterbrechtlichen *hotchpot rule* (und der weiteren *hotchpot rules*) argumentieren (Rn. 2-65–2.69).

[430] Es sei denn man schließt aus der Abschaffung der *hotchpot rule*, dass auch deren Fundament brüchig geworden ist, so *Sloan*, Borkowski's Law of Succession, 272 f. Dagegen sprechen freilich *Race v Race*, [2002] EWHC (Ch) 1868, *Re Clapham*, [2005] EWHC (Ch) 3387 und *Re Frost*, [2013] EWHC (Ch.) 435 So auch *Kerridge/Parry*, The Law of Succession, Rn. 13-14.

[431] Vgl. dazu oben Zweiter Teil – B.II.3 (148).

wenden waren.[432] Weder die Empfehlungen der Law Commission noch die zitierte Kritik in *Re Morton* räumen diesen Verdacht aus, wenn sie ohne jede Differenzierung alle *hotchpot rules* für unpraktikabel erklären.[433]

Das ändert jedoch nichts am abschließenden Befund. Mit dem Law Reform (Succession) Act 1995 kommt die viele Jahrhunderte andauernde Entwicklung der *hotchpot rule* zu einem Ende. Fortan kennt das englische Intestaterbrecht keinen Ausgleichsmechanismus mehr. Lebzeitige Bevorzugungen bleiben bestehen, auch reichlich bedachte Kinder können den vollen Intestaterbteil verlangen. Sie stehen besser, als wenn der Erblasser sie zunächst testamentarisch bedacht hätte und ihnen dann eine signifikante Zuwendung gemacht hätte. In diesem Fall hätte in vielen Fallkonstellationen die *presumption against double portions* eingegriffen.[434] Um der Gleichheit der Kinder Willen hätte die lebzeitige Zuwendung die letztwillige geschmälert.

V. Rechtsvergleichendes Fazit zum englischen Recht: eine alternative Reaktion auf die Herausforderungen erbrechtlicher Ausgleichsmechanismen

Bereits die Analyse der frühen *hotchpot rule* hat gezeigt, dass sich die englische Rechtsgeschichte friktionslos als Teil einer einheitlichen europäischen Erbrechtsgeschichte erzählen lässt.[435] Auf dem Kontinent geht es um ausstattende Zuwendungen in der einen oder anderen Form, und das englische Recht greift *advancments by portion* heraus. In beiden Fällen fallen eine tradierte soziale Praxis, Gleichbehandlungsideale, der mutmaßliche Elternwille und die Idee, bestimmte versorgende Zuwendungen seien sittlich geschuldet, zusammen. In unterschiedlichen Schattierungen rechtfertigen all diese Aspekte, dass bestimmte lebzeitigen Zuwendungen erbrechtlichen Gleichbehandlungserwartungen unterfallen.

Das englische Recht steht damit vor denselben Herausforderungen wie die anderen, bisher betrachteten Rechtsordnungen des „deutschen“ Rechtskreises. Noch in *Taylor v Taylor* kann *Sir George Jessel* berichten, jeder Fall, der ihm zur Kenntnis gebracht worden sei, habe entweder ein *settlement* betroffen oder der Versorgungszweck der Zuwendung sei jedermann klar gewesen.[436] Das gilt im 20. Jahrhundert nicht mehr. Gegenstand und Ratio der *hotchpot rule* werden unsicher und brüchig. Auch das englische Recht muss nun die Frage beantworten, worum es erbrechtlichen Ausgleichsvorschriften wirklich geht: um die möglichst weitgehende Gleichbehandlung der Abkömmlinge oder um die Ausgleichung bestimmter, versorgender Zuwendungen, die dem

---

432 *Kerridge*, Conv. 2007, 47, 59.

433 Vgl. *The Law Commission*, Family Law: Distribution on Intestacy (Law Com. No. 187), 22, 47; *Re Morton*, [1956] 1 Ch. 644, 647.

434 Vgl. dazu oben Zweiter Teil – B.II.2 (145).

435 Vgl. dazu oben Zweiter Teil – B.III.3 (164).

436 *Taylor v Taylor*, [1875] L.R. 20 Eq. 155, 158.

Bedachten typischerweise in jungen Jahren gemacht werden. Diese Gesichtspunkte fallen nicht mehr zwingend zusammen. Dies- und jenseits des Ärmelkanals steht man vor der Herausforderung, die tradierten erbrechtlichen Ausgleichsmechanismen auch im modernen Kontext handhabbar zu machen. Die englische Antwort hierauf fällt jedoch deutlich anders aus als diejenige in Österreich und der Schweiz, den soeben behandelten Rechtsordnungen des „deutschen" Rechtskreises. Der englische Gesetzgeber streicht die *hotchpot rule* ersatzlos.

Das ist eine zweite bemerkenswerte, rechtsvergleichende Beobachtung. Über viele Jahrhunderte entwickeln sich das englische, österreichische und schweizerische Recht synchron. Jetzt aber gehen sie diametral entgegengesetzte Wege – und das bei gedanklich so ähnlichen Ausgangspunkten. Der Vergleich des „deutschen" Rechtskreises mit dem englischen Common Law erweitert also den Möglichkeitsraum, innerhalb dessen sich über eine Reform des geltenden Rechts nachdenken lässt. Blickt man nur auf die schweizerischen und österreichischen Schwesterrechtsordnungen, läge schließlich ein Schluss sehr nahe: Die bisherige Tradition, versorgende, ausstattende Zuwendungen der Ausgleichung zu unterwerfen, wird üblicherweise fortgeschrieben, indem mehr oder minder alle wirtschaftlich bedeutsamen Zuwendungen auszugleichen sind. In England geht der Gesetzgeber, ohne dies wirklich je zu begründen, den entgegengesetzten Weg und schafft die *hotchpot rule* ab.

Dritter Teil

Rechtsdogmatik

Die Ausgleichung in den §§ 2050 ff. BGB übersetzt eine traditionsreiche Idee in das geltende Recht: Auszugleichen sind, zurückgehend auf die deutschrechtliche Einwerfung des zur Abschichtung Empfangenen,[1] ausstattende Zuwendungen. Der Vergleich mit dem schweizerischen und englischen Recht zeigt jedoch, welchen Herausforderungen vergleichbare Rechtsinstitute spätestens mit Beginn des 20. Jahrhunderts ausgesetzt sind. Lebenswege werden länger und diverser, sittliche Pflichten verblassen und intergenerationale Vermögenstransfers werden vielfältiger. Versorgende – ausstattende – Zuwendungen in jungen Jahren sind nicht mehr die wichtigsten, wirtschaftlich bedeutsamen Zuwendungen, die Eltern ihren Kindern machen. Im englischen und schweizerischen Recht haben sich zwei ganz unterschiedliche Ansätze gezeigt, mit dieser Herausforderung umzugehen. Die zugrunde liegenden Fragen stellen sich auch dem deutschen Recht: Lassen sich die tradierten Gedanken, die den §§ 2050 ff. BGB zugrunde liegen, dogmatisch fassen und im geltenden Recht überzeugend fortschreiben? Wie weit reichen erbrechtliche Gleichbehandlungserwartungen heute, was sind also Gegenstand und Ratio der Ausgleichung?

Da der hauptsächliche Gegenstand der Ausgleichung nach § 2050 Abs. 1 BGB seit der zweiten Kommission nicht länger im Erbrecht selbst sondern im Familienrecht geregelt ist,[2] setzt sich diese Untersuchung zunächst kritisch mit einer wesentlichen familienrechtlichen Vorfrage auseinander: Wie wird die Legaldefinition der Ausstattung in § 1624 Abs. 1 BGB, die so zentral ist für die erbrechtliche Ausgleichung ist, im geltenden Recht verstanden und konzipiert?

A. Die Ausstattung als Objekt der Ausgleichung

Wenn man fragt, was es im heutigen Recht bedeutet, von einer „Ausstattung“ zu sprechen, kann das deutsche Recht eigentlich auf die Legaldefinition der zweiten Kommission zurückgreifen.[3] Das vereinfacht die Antwort jedoch nicht. § 1624 Abs. 1 BGB stellt sich spätestens bei genauerem Hinsehen als

[1] Vgl. dazu oben Erster Teil – A.II.1 (28).
[2] Vgl. dazu oben Erster Teil – C.II.2 (87).
[3] Vgl. dazu wieder Erster Teil – C.II.2 (87).

eine höchst widersprüchliche, durch die Privatrechtswissenschaft kaum erschlossene Norm dar.[4] Bevor sich also über § 2050 Abs. 1 BGB und über erbrechtliche Gleichbehandlungserwartungen sprechen lässt, bedarf es zunächst einer genaueren Untersuchung des § 1624 Abs. 1 BGB.

I. Die Ausstattung im heutigen Recht: Orthodoxie und Herausforderung

Während der Gesetzgeber die Aussteuer schon 1958 als gleichheitswidrig abgeschafft hat, findet sich mit der Ausstattung noch heute ein Begriff im BGB,[5] der aus der Wirtschafts-, Familien- und Sozialordnung vergangener Jahrhunderte stammt. Rechtswissenschaft und -praxis müssen dieses Rechtsinstitut unter veränderten Gegebenheiten handhabbar und subsumierbar machen. Und dieses Unterfangen ist allenfalls auf den ersten Blick gelungen: Es finden sich zwar eine ganze Reihe weitgehend konsentierter Aussagen über die dogmatische Rolle der Ausstattung im geltenden Recht, über ihre Ratio und über ihre Rechtsfolgen. Schwieriger zu beantworten ist jedoch die eigentlich zentrale Frage, welche Zuwendungen überhaupt unter den Tatbestand des § 1624 Abs. 1 BGB fallen. Über diese Frage herrscht erhebliche Unsicherheit. Hier liegt die eigentliche Herausforderung des heutigen Rechts.

1. Die Ausstattung als innerfamiliär motivierte Zuwendung und Ausdruck sittlicher Elternpflichten

§ 1624 Abs. 1 BGB gilt nach wie vor in seiner im Wesentlichen auf die Zweite Kommission zurückgehenden Fassung.[6] Eine Ausstattung ist demnach dasjenige, was einem Kind mit Rücksicht auf seine Verheiratung, auf seine Begründung einer Lebenspartnerschaft oder auf die Erlangung einer selbständigen Lebensstellung zur Begründung oder zur Erhaltung der Wirtschaft oder der Lebensstellung von dem Vater oder der Mutter zugewendet wird. Nur insoweit die Ausstattung übermäßig ist, gilt sie als Schenkung (§ 1624 Abs. 1 BGB a.E.). Übermäßig ist nach dem Gesetzeswortlaut eine Zuwendung, die das den Umständen, insbesondere den Vermögensverhältnissen des Vaters oder der Mutter, entsprechende Maß übersteigt. Diese Grenze soll beispielsweise erreicht sein, wenn die Eltern erhebliche Einschnitte in ihrem Lebensstandard oder ihrer Versorgung hinnehmen müssen.[7] Umgekehrt sind zumin-

---

[4] Die einzige substantielle Untersuchung der Ausstattung ist diejenige von *Jakob*, AcP 207 (2007), 198.

[5] BT-Ds. 2/244, 56: Den Gedanken einer allgemeinen Ausstattungspflicht verwarf er jedoch, weil es weiterhin den Eltern überlassen sein soll, inwieweit sie ihre Kinder ausstatten und damit einer sittlichen Pflicht genügen wollen. Zur Abschaffung der Aussteuer vgl. RGRK-*Wenz*, §§ 1621 bis 1623 BGB a.F.; HKK-*Koch*, §§ 1616–1625 BGB, Rn. 40.

[6] Vgl. dazu oben Erster Teil – C.II.2 (87).

[7] Soergel-*Zecca-Jobst*, § 1624 BGB, Rn. 6; Staudinger-*Lugani*, § 1624 BGB, Rn. 13; MüKoBGB-*Sachsen Gessaphe*, § 1624 BGB, Rn. 6; *Roth*, ZEV 2021, 352, 356; Beck-

dest in wohlhabenderen Familien auch Ausstattungen von ganz erheblichem Wert möglich.[8]

Aus der Trennung zwischen angemessenen Ausstattungen und Übermaßschenkungen folgt die erste, vielleicht die wichtigste[9] Erkenntnis über die dogmatische Einordnung einer (angemessenen) Ausstattung: Sie ist weder Schenkung noch rechtsgrundlos geleistet. Die angemessene Ausstattung ist eine familienrechtliche *causa*[10] *sui generis*,[11] die unbenannten Zuwendungen zwischen Ehegatten nicht unähnlich ist.[12] Es geht § 1624 Abs. 1 BGB um die vermögensrechtlichen Folgen einer besonderen familienrechtlichen Beziehung, es geht um Zuwendungen im familiären Nahbereich. Das zeigt nicht zuletzt die systematische Verordnung unter dem Rubrum „Rechtsverhältnis zwischen den Eltern und dem Kind im Allgemeinen".

Hier lebt ein Gedanke fort, der sich im Verlaufe dieser Untersuchung immer wieder gezeigt hat. Die Ausstattung soll, so auch die heutige Dogmatik, stets[13] oder jedenfalls im Einzelfall[14] Ausdruck sittlicher Elternpflichten sein; teils wird von einer „sittlichen Idee" gesprochen, die hinter § 1624 Abs. 1

OGK-*Kienemund*, § 1624 BGB, Rn. 12; BeckOK-*Pöcker*, § 1624 BGB, Rn. 5; vgl. für eine ausführliche Diskussion jurisPK-*Schermann*, § 1624 BGB, Rn. 43–48.

[8] Dass Eltern durchaus großzügig sein dürfen, betonen *Jakob*, AcP 207 (2007), 198, 222; MüKoBGB-*Sachsen Gessaphe*, § 1624 BGB, Rn. 6; BeckOGK-*Kienemund*, § 1624 BGB, Rn. 13.

[9] So Staudinger-*Lugani*, § 1624 BGB, Rn. 1; MüKoBGB-*Sachsen Gessaphe*, § 1624 BGB, Rn. 1; ähnlich bereits kurz nach Inkraftreten des BGB *Haymann*, JherJb 56 (1910), 86, 128.

[10] Vgl. zur Ambiguität dieses Begriffs gerade in diesem Kontext *Poelzig*, JZ 2012, 425, 428.

[11] OLG Düsseldorf, 6.4.2018 – 7 U 34/17, FamRZ 2018, 1788 (1789); LSG Baden-Württemberg, 26.7.2011, Juris-Rn. 52; OLG Karlsruhe, 27.4.2011 – 6 U 137/09, FamRZ 2012, 901 (902); LG Kaiserslautern, 19.3.2021 – 3 O 795/17, RNotZ 2021, 276 (280); *Sailer*, NotBZ 2002, 81, 81; *Knodel*, ZErb 2006, 225, 225; *Jakob*, AcP 207 (2007), 198, 200; *Langenfeld/Günther*, Grundstückszuwendungen zur lebzeitigen Vermögensnachfolge, 258; *Poelzig*, JZ 2012, 425, 430; *Müller*, ZEV 2015, 322, 323; Staudinger-*Lugani*, § 1624 BGB, Rn. 1; jurisPK-*Schermann*, § 1624 BGB, Rn. 7; *Roth*, ZEV 2021, 352, 353; Grüneberg-*Götz*, § 1624 BGB, Rn. 1; ähnlich *Gernhuber/Coester-Waltjen*, Familienrecht, 627; *Dethloff*, Familienrecht, 393.

[12] BGH, 12.4.1995 – XII ZR 58/94, BGHZ 129, 259 (263); *Morhard*, NJW 1987, 1734, 1736; *Rauscher*, Familienrecht, 824; *Poelzig*, JZ 2012, 425, 429; *Gernhuber/Coester-Waltjen*, Familienrecht, 627 (dort Fn. 23); Staudinger-*Lugani*, § 1624 BGB, Rn. 1.

[13] *Dölle*, Familienrecht, Bd. II, 130. Diese absolute Aussage findet sich heute wohl nur noch bei *Langenfeld/Günther*, Grundstückszuwendungen zur lebzeitigen Vermögensnachfolge, 261; Erman-*Döll*, § 1624 BGB, Rn. 12.

[14] Wohl auch jenseits des Steuerrechts BFH, 3.6.1987 – III R 141/86, BB 1987, 2081 (2082); vgl. darüber hinaus *Jakob*, AcP 207 (2007), 198, 205 f.; Staudinger-*Lugani*, § 1624 BGB, Rn. 4; noch restriktiver *Rauscher*, Familienrecht, 824.

BGB stehe.[15] Aus dieser sittlich-moralischen Sonderrolle folgt privatrechtsdogmatisch eine Zwischenstellung: Die Ausstattung ist nach wie vor weder eine (vollständig freigiebige) Schenkung, noch ist sie (gesetzlich geschuldeter) Unterhalt. Manchmal wird dies auf den Dreiklang heruntergebrochen, der Unterhalt *müsse*, die Schenkung *könne* und die Ausstattung *solle* gegeben werden.[16] Auch das heutige Recht erkennt mit der Ausstattung ein besonderes Behaltensinteresse aufseiten des ausgestatteten Kindes an, das wiederum aus der innerfamiliär-sittlichen Sonderrolle dieser Zuwendung folgt. Die Zwischenstellung der Ausstattung wirkt in deren Rechtsfolge fort: Weder ist der Ausstattende so schutzwürdig wie ein Schenker, noch ist das ausgestattete Kind im eigentlichen Sinne unentgeltlich bereichert.[17]

2. Der Ausschluss des Schenkungsrechts, § 2287 Abs. 1 BGB und der Regress des Sozialhilfeträgers

Dass die (angemessene) Ausstattung eine unentgeltliche Zuwendung *causa sui generis* ist, führt zur vollständigen Unanwendbarkeit des Schenkungsrechts. Die Ausstattung kann dementsprechend formfrei versprochen werden,[18] und sie kann nicht wegen Verarmung des Schenkers oder wegen groben Undanks des Beschenkten nach §§ 528, 530 BGB zurückgefordert werden.[19] Eine angemessene Ausstattung kann damit nur nach § 313 Abs. 1 BGB

---

[15] Begriff zurückgehend auf das von *Gernhuber* begründete Lehrbuch, heute *Gernhuber/Coester-Waltjen*, Familienrecht, 627; zustimmend aufgegriffen beispielsweise von BFH, 3.6.1987 – III R 141/86, BB 1987, 2081 (2082); *Jakob*, AcP 207 (2007), 198, 205 f.

[16] Zurückgehend auf *Kerscher/Tanck*, ZEV 1997, 354, 355; aufgegriffen von *Jakob*, AcP 207 (2007), 198, 218; *Poelzig*, JZ 2012, 425, 429.

[17] *Rauscher*, Familienrecht, Rn. 825; ähnlich *Dölle*, Familienrecht, Bd. II, 130, der angemessenen Ausstattung fehle aufgrund der ihr zugrunde liegenden sittlichen Pflicht der spezifische Charakter einer Schenkung.

[18] Vgl. bereits RG, 23.5.1906 – IV 569/05, RGZ 63, 323 (323); RG, 12.12.1907 – IV 221/07, RGZ 67, 204 (206 f.); RG, 13.12.1916 – V 262/16, LZ 1917, 801 (801–802); RGRK-*Wenz*, § 1624 BGB, Rn. 8; *Jakob*, AcP 207 (2007), 198, 207; *Rauscher*, Familienrecht, 825; *Langenfeld/Günther*, Grundstückszuwendungen zur lebzeitigen Vermögensnachfolge, 260; *Everts*, MittBayNot 2011, 107, 109; Soergel-*Zecca-Jobst*, § 1624 BGB, Rn. 1; *Gernhuber/Coester-Waltjen*, Familienrecht, 628; jurisPK-*Schermann*, § 1624 BGB, Rn. 67; Grüneberg-*Götz*, § 1624 BGB, Rn. 2.

[19] BayLSG, 25.2.2005 – L 8 AL 376/04, Juris-Rn. 19; LG Mannheim, 13.8.1970 – 5 S 139/69, NJW 1970, 2111 (2111 f.); SG Dortmund, 26.6.2003 – S 27 AL 108/02, Juris-Rn. 20; *Langenfeld*, JuS 1998, 321, 322; *Rauscher*, Familienrecht, 826; *Jakob*, AcP 207 (2007), 198, 207; *Langenfeld/Günther*, Grundstückszuwendungen zur lebzeitigen Vermögensnachfolge, 260; *Everts*, MittBayNot 2011, 107, 109; Soergel-*Zecca-Jobst*, § 1624 BGB, Rn. 1; *Gernhuber/Coester-Waltjen*, Familienrecht, 628; jurisPK-*Schermann*, § 1624 BGB, Rn. 67; HdB GesellschaftsR-*Krauß*, § 29, Rn. 27; Grüneberg-*Götz*, § 1624 BGB, Rn. 2; *Dethloff*, Familienrecht, 393.

zurückgefordert werden, falls der Ausstattungszweck entfallen ist.[20] Das klassische Beispiel für einen derartigen Zweckfortfall ist das Scheitern einer eigentlich avisierten Ehe noch vor der Hochzeit. Praktisch dürften diese Fälle selten sein.[21] Die Ausstattung wird ihrem Charakter als besonders behaltensfest in aller Regel gerecht.

Die Sonderrolle der Ausstattung setzt sich aber auch jenseits des genuinen Schenkungsrechts fort, wann immer das Gesetz explizit an das Vorliegen einer Schenkung anknüpft. Das gilt beispielsweise für den Schutz des Vertragserben nach § 2287 Abs. 1 BGB.[22] Weil die (angemessene) Ausstattung keine Schenkung ist, unterliegt sie nicht dem erbvertragsrechtlichen Schenkungsverbot.[23] Dieses Ergebnis folgt recht zwanglos aus dem Zusammenspiel der §§ 518, 1624 Abs. 1 und 2287 Abs. 1 BGB. Dieses eigentlich naheliegende Auslegungsergebnis lässt sich auch nicht einfach verwerfen, indem „Schenkungsausstattungen“ letztlich doch den erbvertraglichen Regeln unterstellt werden.[24]

---

[20] LSG Baden-Württemberg, 26.7.2011, Juris-Rn. 54; *Jakob*, AcP 207 (2007), 198, 204; *Rauscher*, Familienrecht, 826; Soergel-*Zecca-Jobst*, § 1624 BGB, Rn. 12; Erman-*Döll*, § 1624 BGB, Rn. 8; *Gernhuber/Coester-Waltjen*, Familienrecht, 628; Staudinger-*Lugani*, § 1624 BGB, Rn. 24; MüKoBGB-*Sachsen Gessaphe*, § 1624 BGB, Rn. 9; Grüneberg-*Götz*, § 1624 BGB, Rn. 2; BeckOGK-*Kienemund*, § 1624 BGB, Rn. 27 f.; BeckOK-*Pöcker*, § 1624 BGB, Rn. 6.2. Einen allgemeinen Vorbehalt gleichbleibender Verhältnisse erkennen an BGH, 26.5.1965 – IV ZR 139/64, BGHZ 44, 91 (95); RGRK-*Wenz*, § 1624 BGB, Rn. 9.

[21] *Jakob*, AcP 207 (2007), 198, 204, weist zu Recht darauf hin, dass der Zweck, dem Kind eine selbstständige Lebensstellung zu schaffen oder zu erhalten in aller Regel durch die Ausstattung selbst verwirklicht wird, unabhängig davon wie sich das Leben des Bedachten entwickelt.

[22] Das Problem stellt sich natürlich nur, insoweit die Ausstattung den Vertragserben auch tatsächlich benachteiligt. Wenn der Bedachte die Ausstattung nach § 2050 Abs. 1 BGB zugunsten des Vertragserben auszugleichen hat, erhält er ja letztlich auf diesem Wege was ihm nach dem Erbvertrag zusteht, vgl. BGH, 23.9.1981 – IVa ZR 185/80, BGHZ 82, 274 (277–279); BGH, 12.10.1988 – IVa ZR 166/87, FamRZ 1989, 175 (175). Es geht hier um Fälle, in denen die Ausgleichspflicht ausgeschlossen wurde oder in denen der Vertragserbe nicht von der Ausgleichung profitiert, etwa ein Ehegatte oder sonstige Dritte.

[23] *Rauscher*, Familienrecht, 825; *Schindler*, ErbR 2015, 526, 527 f.; Soergel-*Zecca-Jobst*, § 1624 BGB, Rn. 15; Staudinger-*Kanzleiter*, § 2287, Rn. 2; jurisPK-*Geiger*, § 2287 BGB, Rn. 18; Staudinger-*Lugani*, § 1624 BGB, Rn. 27; Erman-*Kappler/Kappler*, § 2287 BGB, Rn. 2; Soergel-*Zecca-Jobst*, § 2287 BGB. Unklar ist, ob OLG München, 23.11.2016 – 3 U 769/16, Juris-Rn. 74, nur bereits nach § 1624 Abs. 1 BGB übermäßige Zuwendungen meint oder darüber hinausgeht, wenn es im Nebensatz Zuwendungen, „die jedes vernünftige Maß überschreiten“ aus § 2287 Abs. 1 BGB ausklammert; vgl. für erstere Lesart Staudinger-*Lugani*, § 1624 BGB, Rn. 13.

[24] So aber *Jakob*, AcP 207 (2007), 198, 211 (dort Fn. 47); MüKoBGB-*Musielak*, § 2287, Rn. 3; BeckOK-*Litzenburger*, § 2287 BGB, Rn. 2. In einer Entscheidung zu § 2288 Abs. 2 S. 2 BGB unterstellt dies ganz ohne weitere Begründung OLG Stuttgart, 30.8.2007 – 19 U 27/07, BeckRS 2008, 8173.

Für diese Lösung gibt es keinen Anhaltspunkt im Gesetz, das Schenkung und Ausstattung in § 1624 Abs. 1 BGB kategorial trennt. Das unterscheidet die Ausstattung von den strukturell ähnlichen unbenannten Zuwendungen zwischen Ehegatten, die unter § 2287 Abs. 1 BGB fallen sollen.[25] Dies begründet der Bundesgerichtshof jedoch dediziert damit, dass der historische Gesetzgeber die unbenannte Zuwendung als richterrechtliche Ausnahme vom Schenkungsrecht nicht habe vorhersehen können.[26] Das gilt für die Ausstattung gerade nicht. Die Väter des BGB haben sie in bewusster Abgrenzung zur Schenkung konzipiert. Eine vergleichbare Frage stellt sich im Rahmen der Pflichtteilsergänzung nach § 2325 Abs. 1 BGB, die ebenfalls an das Tatbestandsmerkmal „Schenkung" anknüpft und deswegen *prima facie* keine Ausstattungen erfasst.[27] Auch hier scheidet eine Analogie in aller Regel aus. Denn gerade im Pflichtteilsrecht kann man dem Gesetzgeber kaum unterstellen, er habe den Unterschied zwischen Schenkung und Ausstattung übersehen.[28]

Der Versuch, bestimmte Ausstattungen letztlich doch unter das erbvertragliche Schenkungsverbot zu fassen, deutet jedoch zwei miteinander verwandte Problemkreise an, die sich im Folgenden immer wieder zeigen werden: Die Sonderrolle der Ausstattung ist innerfamiliär begründet. Die rechtlichen Folgen des § 1624 Abs. 1 BGB wirken aber oft genug über den rein innerfamiliären Bereich hinaus. Sie betreffen regelmäßig die Interessen Dritter, hier diejenigen des Vertragserben. Das ist das Grundproblem des § 1624 Abs. 1 BGB, das sich im Rahmen des § 2287 Abs. 1 BGB erstmals zeigt. Dieses Grundproblem ist wiederum eng verbunden mit der hier eigentlich interessierenden Frage nach dem Gegenstand und der Reichweite der Ausstattung: Fasst man zu viele Zuwendungen unter § 1624 Abs. 1 BGB, droht der Schutzzweck des § 2287 Abs. 1 BGB leer zu laufen, weil zu viele Zuwendungen keine Schenkung sind.

---

[25] BGH, 27.11.1991 – IV ZR 164/90, BGHZ 116, 167 (170–176); *Fischer*, Die Unentgeltlichkeit im Zivilrecht, 342; Staudinger-*Kanzleiter*, § 2287, Rn. 4; *Höfling*, Die Schenkung und die unentgeltliche Verfügung im Erbrecht, 194; Erman-*Kappler/Kappler*, § 2287 BGB, Rn. 2; Soergel-*Zecca-Jobst*, § 2287 BGB, Rn. 2; BeckOK-*Litzenburger*, § 2287 BGB, Rn. 2; BeckOGK-*Müller-Engels*, § 2287 BGB, Rn. 33; Grüneberg-*Weidlich*, § 2287 BGB, Rn. 4; die Kritik an dieser Einordnung referiert beispielsweise MüKoBGB-*Musielak*, § 2287, Rn. 4; für eine vermittelnde Lösung vgl. *Straub*, Die Rechtsfolgen ehebezogener Zuwendungen im Erbrecht, 129–130, 353–360.

[26] BGH, 27.11.1991 – IV ZR 164/90, BGHZ 116, 167 (174); Staudinger-*Kanzleiter*, § 2287, Rn. 4.

[27] *Everts*, MittBayNot 2011, 107, 110; Soergel-*Beck*, § 2325 BGB, Rn. 25; Staudinger-*Otte*, § 2325 BGB, 17; MüKoBGB-*Lange*, § 2325 BGB, Rn. 53; BeckOGK-*Schindler*, § 2325 BGB, Rn. 52.

[28] So auch *Jakob*, AcP 207 (2007), 198, 208; BeckOGK-*Schindler*, § 2325 BGB, Rn. 52; vgl. bei *Jakob* auch zur Frage, ob ausnahmsweise aus Gründen des Drittschutzes etwas anderes gelten sollte (209–211). Ausführlich zum Verhältnis von (pflichtteilsrechtlicher) Ausgleichung und § 2325 Abs. 1 BGB unten Dritter Teil – B.III (237).

Auch im Sozialrecht zeigen sich die Grenzen einer innerfamiliären, auf das Eltern-Kind-Verhältnis konzentrierten Konzeption des § 1624 Abs. 1 BGB. Zwar wird durch den Ausschluss der §§ 528 ff. BGB formal das Rückforderungsrecht der Eltern im Verhältnis zu ihren Kindern abgeschnitten: Faktisch wird jedoch oft das Rückforderungsrecht des Sozialhilfeträgers betroffen sein; vor allem bei hohen Heim- und Pflegekosten, die durch die Pflegeversicherung übernommen werden.[29] Hat der sozialleistungsberechtigte Elternteil sein Vermögen verschenkt, kann der Träger der sozialen Sicherung den Rückforderungsanspruch wegen Verarmung des Schenkers aus § 528 BGB gemäß § 93 f. SGB XII auf sich überleiten und anstelle des Elternteils geltend machen. Etwas anderes gilt, wenn Ausstattungen das Vermögen des Elternteils geschmälert haben: Nach § 1624 Abs. 1 BGB handelt es sich nicht um Schenkungen, § 528 BGB gilt nicht und es fehlt an einem Anspruch, der überleitbar wäre. Ausstattungen sind deswegen, so die ganz herrschende Meinung, anders als Schenkungen, „sozialhilfefest".[30] Sie sind Teil des sozialhilferechtlich verwertbaren Vermögens des ausgestatteten Kindes, nicht des ausstattenden Elternteils.[31]

3. Die eigentliche Herausforderung: Welche Zuwendungen sind überhaupt Ausstattungen?

Nach dem bisher Gesagten scheinen Ratio und Rechtsfolge des § 1624 Abs. 1 BGB klar umrissen. Ausstattungen sind innerfamiliär begründete Zuwendungen, die zumindest einer gewissen „sittlichen Idee" verpflichtet sind. Sie schließen die Anwendung des Schenkungsrechts aus, mit allen Konsequenzen, die sich möglicherweise in anderen Rechtsbereichen zeigen, nicht zuletzt im Rahmen des § 2287 Abs. 1 BGB und im Sozialhilferegress.

Letztlich entscheidend ist damit eine andere, vorgelagerte Frage, die ungleich schwerer zu beantworten ist: Welche Zuwendungen erfüllen überhaupt den Tatbestand der Ausstattung nach § 1624 Abs. 1 BGB? Eine denkbare Antwort wäre, potentiell jede Zuwendung von Eltern an ihre Kinder als Ausstattung zu behandeln. Es ist schließlich schwer denkbar, dass eine elterliche Zuwendung nicht jedenfalls „zur Erhaltung" der Wirtschaft oder Lebensstellung gegeben ist. Dieses Tatbestandsmerkmal steht schließlich gleichberech-

---

[29] Vgl. in diesem Sinne z.B. den übereinstimmenden einleitenden Befund bei *Rundel*, MittBayNot 2003, 177, 177; *Ruby*, ZEV 2005, 102, 103; *Holzer*, NJW 2017, 1271, 1271; *Roth*, NZFam 2018, 961, 961; *ders.*, ZEV 2021, 352, 352.

[30] BayLSG, 25.2.2005 – L 8 AL 376/04, Juris-Rn. 19. Ausführlich *Jakob*, AcP 207 (2007), 198, 203 (dort Fn. 17); so auch *Karpen*, MittRhNotK 1988, 131, 139; *Rundel*, MittBayNot 2003, 177, 178, 124; *Knodel*, ZErb 2006, 225, 225; *Everts*, MittBayNot 2011, 107, 109 f.; jurisPK-*Schermann*, § 1624 BGB, Rn. 96; Staudinger-*Lugani*, § 1624 BGB, Rn. 27; *Roth*, ZEV 2021, 352, 355.

[31] Vgl. die Nachweise zur Rechtsprechung bei jurisPK-*Schermann*, § 1624 BGB, Rn. 97.

tigt – und oft übersehen – neben der traditionsreichen „Begründung" der Lebensstellung. Auf diesen Umstand wies bereits 1906 das Reichsgericht hin.[32] Damit soll nicht gesagt sein, jede größere Zuwendung sei per se und in jedem Fall eine Ausstattung (zu den Einschränkungen sogleich). Im Gegenteil, die Idee einer Ausstattung wirkt aus der Zeit gefallen. Aber es geht hier um das Aufzeigen einer Unsicherheit. Das Tatbestandsmerkmal „Erhaltung der Wirtschaft oder Lebensstellung" öffnet sich einer sehr weitgehenden Auslegung. Die praktische Bedeutung der Ausstattung wäre in diesem Fall sehr groß. Möglich ist aber auch eine andere Auslegung von § 1624 Abs. 1 BGB: Der Anwendungsbereich der Ausstattung ist durchaus begrenzt, der scheinbar weite Wortlaut von § 1624 Abs. 1 BGB trügt. Tatsächlich handelt es sich nach dieser Lesart um ein arkanes Institut, das im heutigen Rechtsleben kaum mehr praktische Bedeutung hat. Letztlich ist der Gehalt der Norm nicht klar.

Diese Unsicherheit setzt sich fort, wenn man in das – vergleichsweise übersichtliche – privatrechtliche Schrifttum zu § 1624 Abs. 1 BGB blickt. Auch die Antworten auf die Frage nach der Bedeutung der Ausstattung widersprechen sich: Teils wird hier das enorme Gestaltungspotential betont, dass die Norm biete,[33] die Ausstattung sei von „erheblicher praktischer Bedeutung".[34] Gleichzeitig ist von einem „Schattendasein" der Ausstattung die Rede,[35] „unüblich" sei sie geworden.[36] Ebenso findet sich die Beobachtung, es handele sich bei § 1624 Abs. 1 BGB um eine der „unterschätztesten Bestimmungen" des Familienrechts;[37] sie müsse erst aus dem „Dornröschenschlaf" geweckt werden.[38]

Auf einen zweiten Blick bestätigt sich der eingangs festgestellte Befund, der sich im Folgenden in verschiedenen Ausprägungen wiederholen wird: Es gibt eine ganze Reihe unterschiedlicher Beschreibungen, die jeweils für sich in Anspruch nehmen, zu benennen, was eine Ausstattung „ist". Das Problem ist aber: All diese Beschreibungen nehmen nicht aufeinander Bezug, wider-

---

[32] RG, 3.5.1906 – IV 508/05, JW 1906, 426 (427).

[33] So besonders deutlich *Jakob*, AcP 207 (2007), 198, 198–200, 223 f.; vgl. aber auch *Langenfeld*, JuS 1998, 321, 322; *Sailer*, NotBZ 2002, 81, 85 f.; *Knodel*, ZErb 2006, 225, 226; *Langenfeld/Günther*, Grundstückszuwendungen zur lebzeitigen Vermögensnachfolge, 261; jurisPK-*Schermann*, § 1624 BGB, Rn. 15; HdB GesellschaftsR-*Krauß*, § 29, Rn. 26; mit besonderem Blick auf den Regress des Sozialhilfeträgers *Karpen*, MittRhNotK 1988, 131, 139; MüKoBGB-*Sachsen Gessaphe*, § 1624 BGB, Rn. 1.

[34] *Schindler*, ZEV 2006, 389, 390; *Langenfeld/Günther*, Grundstückszuwendungen zur lebzeitigen Vermögensnachfolge, 261; *Everts*, MittBayNot 2011, 107, 109.

[35] *Everts*, MittBayNot 2011, 107, 109; *Roth*, ZEV 2021, 352, 353.

[36] Grüneberg-*Götz*, § 1624 BGB, Rn. 1; aufgegriffen von Erman-*Döll*, § 1624 BGB, Rn. 1; ähnlich („ungebräuchlich") jurisPK-*Schermann*, § 1624 BGB, Rn. 15; explizit dagegen MüKoBGB-*Sachsen Gessaphe*, § 1624 BGB, Rn. 1.

[37] *Jakob*, AcP 207 (2007), 198, 199; aufgegriffen von *Everts*, MittBayNot 2011, 107, 109; *ders.*, notar 2013, 219, 221; *Roth*, ZEV 2021, 352, 353.

[38] *Jakob*, AcP 207 (2007), 198, 199.

sprechen sich und lassen sich nicht konsistent in ein Gesamtsystem fügen. Dieser Dissens ist ein verdeckter: Es geht hier nicht um explizit als sich widersprechend markierte Ansichten, wie § 1624 Abs. 1 BGB richtigerweise auszulegen ist; es geht nicht um einen „Meinungsstreit". Die verschiedenen Lesarten von § 1624 Abs. 1 BGB stehen unsystematisiert nebeneinander. Das wiederum ist ein wesentlicher Grund, warum es so schwierig ist, die Rolle der Ausstattung im heutigen Recht zu beschreiben. Es konkurrieren ganz unterschiedliche Vorstellungen dessen, was eine Ausstattung ist, je nachdem wer gefragt wird und in welchem Rechtsgebiet sich diese Frage stellt.

Diese Vielstimmigkeit, diese Widersprüchlichkeit soll im Folgenden – erstmals – systematisch geordnet werden. Das Ziel dieser Untersuchung ist, die Probleme zu rekonstruieren, an denen § 1624 Abs. 1 BGB leidet und die es kaum möglich erscheinen lassen, die Norm im Rahmen des geltenden Rechts praktisch handhabbar zu machen.

II. Versuch einer abstrakten Definition: die Ausstattung als ein potentiell grenzenloser Rechtsbegriff

§ 1624 Abs. 1 BGB erhebt den Anspruch, eine allgemeingültige Legaldefinition der Ausstattung zu liefern, die über die Grenzen der Rechtsgebiete hinweg gilt. Dementsprechend liegt es nahe, den Ansatz des Gesetzes nachzuvollziehen und zunächst den Versuch zu unternehmen, abstrakt zu definieren, was es heißt von Ausstattungen zu sprechen. Dem Wortlaut von § 1624 Abs. 1 BGB nach geht es dabei um Zuwendungen, die „mit Rücksicht" auf einen bestimmten Anlass gemacht werden: mit Rücksicht auf die Verheiratung, die Begründung einer Lebenspartnerschaft, die Erlangung einer selbständigen Lebensstellung oder zur Erhaltung der Wirtschaft oder der Lebensstellung. Drei Ansätze sind denkbar, um sich dem § 1624 Abs. 1 BGB anzunähern und die Ausstattung im Einzelfall handhabbar zu machen: ein gegenständlicher (zum Begriff sogleich), ein zeitlicher, und ein (rein) subjektiver.

1. Der Begriff der Ausstattung lässt sich nicht (allein) gegenständlich eingrenzen

Historisch mögen Ausstattung und Aussteuer mit bestimmten mehr oder minder klar abgrenzbaren Gegenständen in Verbindung gebracht worden sein. Der Aussteueranspruch der Tochter war im BGB beispielsweise allein auf die „Einrichtung eines Haushalts" gerichtet.[39] Die Ausstattung ist jedoch gerade nicht derart eng begrenzt. § 1624 Abs. 1 BGB stellt auf einen bestimmten Zweck ab, der, wie gesehen, denkbar weit sein kann. Eine Ausstattung kann, so der absolute Konsens, potenziell jede Zuwendung seitens der Eltern an ihr Kind sein. Denkbar sind damit sowohl Zuwendungen *uno actu* als auch Aus-

[39] Hierzu vgl. beispielsweise RGRK-*Wenz*, §§ 1621 bis 1623 BGB a.F.

stattungsversprechen, die in der Folge zu vollziehen sind.[40] Die Eltern können Geld geben, Wertpapiere oder sogar ganze Unternehmen übertragen, Schulden tilgen, Wohn- oder Geschäftsräume übertragen oder Grundpfandrechte zugunsten ihrer Kinder bestellen.[41] Es gibt keine Zuwendung, die nicht per se Ausstattung sein könnte, solange nur das Vermögen des Kindes gemehrt wird.[42] Hier reicht jede noch so unbedeutende Vermögensmehrung aus.[43] Nur eine Einschränkung ist in gegenständlicher Hinsicht zu machen: Der Vermögensmehrung aufseiten des bedachten Kindes muss eine korrespondierende Vermögensminderung aufseiten der Eltern gegenüberstehen.[44] Nur dann lässt sich von einer Zuwendung sprechen. Gemeint sind damit, auch wenn dies selten ausgesprochen wird, gegenständliche Vermögensminderungen. Unentgeltliche Arbeitsleistungen, die ein Elternteil erbringt, können deswegen anerkanntermaßen keine Ausstattung sein.[45] Mangels einer Vermögensminderung aufseiten der Eltern spricht wenig dafür, dass die unentgeltliche Überlassung von Wohn- oder Geschäftsräumen eine Ausstattung darstellen kann[46] – auch wenn einige Gerichte diese Frage anders entscheiden, durchaus mit einiger Zustimmung im Schrifttum und gerade in Fällen der Ausgleichung

---

[40] RGRK-*ders.*, § 1624 BGB, Rn. 8; MüKoBGB-*Sachsen Gessaphe*, § 1624 BGB, Rn. 2; *Gernhuber/Coester-Waltjen*, Familienrecht, 627; Staudinger-*Lugani*, § 1624 BGB, Rn. 14; jurisPK-*Schermann*, § 1624 BGB, Rn. 17.

[41] Vgl. für eine ausführliche Übersicht beispielsweise die Auflistungen bei *Schindler*, ZEV 2006, 389; *Jakob*, AcP 207 (2007), 198, 201; Erman-*Döll*, § 1624 BGB, Rn. 4; jurisPK-*Schermann*, § 1624 BGB, Rn. 42; BeckOGK-*Kienemund*, § 1624 BGB, Rn. 7.

[42] Vgl. zum Erfordernis einer Vermögensmehrung aufseiten des Kindes BGH, 1.7.1987 – IVb ZR 70/86, BGHZ 101, 229 (233); *Gernhuber/Coester-Waltjen*, Familienrecht, 626; Soergel-*Zecca-Jobst*, § 1624 BGB, Rn. 3; jurisPK-*Schermann*, § 1624 BGB, Rn. 40; BeckOK-*Pöcker*, § 1624 BGB, Rn. 4.

[43] RGRK-*Wenz*, § 1624 BGB, Rn. 6; *Dölle*, Familienrecht, Bd. II, 128; *Jakob*, AcP 207 (2007), 198, 201 f.; *Rauscher*, Familienrecht, 824; *Langenfeld/Günther*, Grundstückszuwendungen zur lebzeitigen Vermögensnachfolge, 258; *Gernhuber/Coester-Waltjen*, Familienrecht, 626; Soergel-*Zecca-Jobst*, § 1624 BGB, Rn. 3; Erman-*Döll*, § 1624 BGB, Rn. 4; Grüneberg-*Götz*, § 1624 BGB, Rn. 1.

[44] OLG Köln, 16.6.1992 – 22 U 11/92, OLGR 1992, 336 (336); LG Kaiserslautern, 19.3.2021 – 3 O 795/17, RNotZ 2021, 276 (279); Soergel-*Zecca-Jobst*, § 1624 BGB, Rn. 3; jurisPK-*Schermann*, § 1624 BGB, Rn. 36; so implizit auch *Jakob*, AcP 207 (2007), 198, 202 (dort Fn. 13).

[45] BGH, 1.7.1987 – IVb ZR 70/86, BGHZ 101, 229 (233); einige Autoren wollen jedoch solche Arbeitsleistungen als Ausstattung einordnen, für die auf eine Vergütung verzichtet worden ist oder die Arbeitskraft anderweitig gegen eine Vergütung hätte eingesetzt werden können, *Gernhuber/Coester-Waltjen*, Familienrecht, 627; Soergel-*Zecca-Jobst*, § 1624 BGB, Rn. 3; BeckOK-*Pöcker*, § 1624 BGB, Rn. 4.

[46] So auch OLG Köln, 16.6.1992 – 22 U 11/92, OLGR 1992, 336 (336); LG Kaiserslautern, 19.3.2021 – 3 O 795/17, RNotZ 2021, 276 (279); jurisPK-*Schermann*, § 2050 BGB, Rn. 32; MüKoBGB-*Fest*, § 2050 BGB, Rn. 11; Grüneberg-*Weidlich*, § 2050 BGB, Rn. 6.; unklar LG Kaiserslautern, 4.9.2018 – 3 O 133/18, ZErb 2020, 36 (38).

nach § 2050 Abs. 1 BGB.[47] Mit dem jedenfalls heute anerkannten Erfordernis einer Zuwendung ist dies schlicht nicht vereinbar. Bloß schuldrechtliche Überlassungsverträge können keine Ausstattung sein. Die einleuchtendste Erklärung für die vereinzelt anderslautende Rechtsprechung zur unentgeltlichen Überlassung von Wohn- und Geschäftsräumen erklärt sich sicher zu einem gewissen Teil in der unreflektierten Bezugnahme auf eine mittlerweile überholte Entscheidung des Reichsgerichts.[48]

Dass jede Art der Zuwendung potentiell eine Ausstattung sein kann, hat die Rechtsprechung aber nicht davon abgehalten, sich vereinzelt am Wert der Zuwendung zu orientieren, um zu beantworten, ob § 1624 Abs. 1 BGB einschlägig ist oder nicht. Jedenfalls nach der Rechtsprechung des Bayerischen Landessozialgerichts, des Oberlandesgerichts Karlsruhe und eines nicht kleinen Teils des Schrifttums liegt bei größeren Zuwendungen die Deutung nahe, es handele sich um eine Ausstattung.[49] Derselbe Gedanke findet sich in einem Urteil des Amtsgerichts Stuttgart:[50] Wenn bei einer bedeutsamen Barzuwen-

[47] RG, 26.3.1906 – IV 479/05, PosMSchr 1906, 84 (84); RG, 25.3.1920 – IV 459/19, WarnR 1920, 125 (126); RG, 12.11.1934 – IV 240/34, WarnR 1935, 7 (9); vgl. aus jüngerer Zeit LG Mannheim, 13.8.1970 – 5 S 139/69, NJW 1970, 2111 (2112); OLG Düsseldorf, 6.4.2018 – 7 U 34/17, FamRZ 2018, 1788 (1789); *Dölle*, Familienrecht, Bd. II, 129; *Sailer*, NotBZ 2002, 81, 81; *Lenz-Brendel*, ErbR 2018, 703, 703; Staudinger-*Lugani*, § 1624 BGB, Rn. 10; Staudinger-*Löhnig*, § 2050 BGB, Rn. 26; BeckOGK-*Rißmann*, § 2050 BGB, 30.1 ff.; so tendenziell auch *Kreienberg*, ZErb 2020, 6, 11 f.

[48] Wer die unentgeltliche Überlassung von Wohn- oder Geschäftsräumen für eine Ausstattung hält, begründet dies oft in erster Linie mit den soeben zitierten Entscheidungen des Reichsgerichts (vgl. beispielsweise OLG Düsseldorf, 6.4.2018 – 7 U 34/17, FamRZ 2018, 1788 (1789)). All diese Entscheidungen des Reichsgerichts betreffen jedoch die Einräumung langfristiger Wohnrechte. Und diese Entscheidungen sind älter als BGH, 11.12.1981 – V ZR 247/80, BGHZ 82, 354 (356–358). Bis zu dieser Grundsatzentscheidung des BGH hielt man langfristige Wohnrechte oft für Schenkungen. In diesem Fall lag es natürlich nahe, langfristige Wohnrechte in den Fällen des § 1624 Abs. 1 BGB als Ausstattung einzuordnen. Der Grundtatbestand von Ausstattung und Schenkung ist schließlich derselbe. Langfristige Wohnrechte werden nun aber als nicht länger als Schenkung (als Übertragungsvertrag) sondern als Leihe (als Überlassungsvertrag) eingeordnet. Es spricht also viel dafür, dass sich die Rechtsprechung des Reichsgerichts zur Ausstattungsqualität des unentgeltlichen Wohnenlassens mit BGH, 11.12.1981 – V ZR 247/80, BGHZ 82, 354 überholt hat. Die o.g. modernen Entscheidungen, die sich weiterhin ohne weitere Begründung auf die o.g. Entscheidungen des Reichsgerichts berufen, unterschlagen diese höchstrichterliche Klarstellung zur Rechtsnatur der langfristigen Wohnraumüberlassung.

[49] BayLSG, 25.2.2005 – L 8 AL 376/04, Juris-Rn. 20; OLG Karlsruhe, 27.4.2011 – 6 U 137/09, FamRZ 2012, 901 (902); LG Detmold, 17.9.2024 – 2 O 136/20, Juris-Rn. 63; so auch *Schindler*, ZEV 2006, 389, 393; HdB Beweislast-*Hohmann*, § 1624 BGB, Rn. 1; MüKoBGB-*Sachsen Gessaphe*, § 1624 BGB, Rn. 5; jurisPK-*Schermann*, § 1624 BGB, Rn. 107; unklar, wie sich OLG Koblenz, 24.4.2023 – 12 U 602/22, BWNotZ 2023, 100 (103), zu dieser „teilweise vertretenen Literaturmeinung" verhalten möchte.

[50] AG Stuttgart, 25.2.1998 – 23 F 1157/97, NJW-RR 1999, 1449; dagegen *Tanck,* Ausgleichung und Anrechnung, 10 f. (dort Fn. 51).

dung – im zu entscheidenden Fall: 100.000 DM – kein Zweck erkennbar sei, spreche der durch Auslegung zu ermittelnde Elternwille in der Regel für eine Ausstattung. Im Hinblick auf § 2050 Abs. 1 BGB, die erbrechtliche Ausgleichung und das eigentliche Interesse dieser Untersuchung ist die weitere Begründung des Stuttgarter Amtsgerichts besonders interessant:[51] Würde man derart substanzielle Zuwendungen nicht als Ausstattung behandeln, so das Gericht, wären derartige Zuwendungen regelmäßig nicht auszugleichen. Und das widerspreche in der Regel dem Interesse der Eltern, größere Zuwendungen der erbrechtlichen Ausgleichung zu unterwerfen.

Nach alldem könnte man annehmen, der Wert der Zuwendung biete eine gewisse Leitlinie, um größere Zuwendungen im Zweifel als Ausstattung einordnen zu können. Explizit widerspricht auch niemand dieser Aussage. Gleichzeitig spiegelt sie, jedenfalls in dieser Pauschalität, nicht die ganze Wirklichkeit in der Rechtsprechung wider. Zahlreiche Gerichte haben auch ganz erhebliche Zuwendungen nicht als Ausstattung eingeordnet, selbst solche, die einen Großteil, bzw. die Hälfte des Elternvermögens ausmachten.[52] Freilich wurde in diesen Fällen nur ganz selten thematisiert, dass der Wert der Zuwendung überhaupt ein Indiz seien könnte, ob eine Ausstattung vorliegt oder nicht.[53] Eine Ausnahme bildet insoweit ein Urteil des Landgerichts Kassel. Hier heißt es explizit, die Übertragung des halben Elternvermögens, eines Grundstücks, übersteige bei weitem die Grenzen dessen, was eine Ausstattung üblicherweise umfasse.[54] Haben Ausstattungen also „typischerweise einen erheblichen Wert"?[55] Die Antwort auf diese Frage hängt augenscheinlich davon ab, wer gefragt wird. Ein befriedigendes erstes Ergebnis ist das nicht.

2. *Der Begriff der Ausstattung lässt sich nicht (allein) zeitlich konturieren*

Eine zweite Möglichkeit, den Gegenstand der Ausstattung in § 1624 Abs. 1 BGB zu konturieren, ist zeitlich: Schließlich knüpft die Norm noch deutlich an ihre historischen Wurzeln an, wenn sie von Zuwendungen mit Rücksicht

[51] AG Stuttgart, 25.2.1998 – 23 F 1157/97, NJW-RR 1999, 1449.

[52] OLG Stuttgart, 6.5.1997 – 8 W 196/97, BWNotZ 1997, 147 (148); BayObLG, 8.10.1997 – 3 Z BR 192/97, FamRZ 1999, 47 (48); BayObLG, 6.6.2003 – 3 Z BR 88/03, Rpfleger 2003, 649 (650); OLG Frankfurt, 10.9.2007 – 20 W 69/07, FamRZ 2008, 544 (545 f.); OLG Koblenz, 24.4.2023 – 12 U 602/22, BWNotZ 2023, 100 (103–105); LG Kassel, 12.10.2012, NJW-RR 2013, 199 (200); ähnlich auch OLG Köln, 10.11.2021 – 26 UF 92/20, Juris-Rn. 43.

[53] Vgl. aber OLG Koblenz, 24.4.2023 – 12 U 602/22, BWNotZ 2023, 100 (103–105).

[54] LG Kassel, 12.10.2012, NJW-RR 2013, 199 (200). Anderswo findet sich freilich durchaus der Hinweis, die Übertragung von zwanzig Prozent des elterlichen Vermögens stelle durchaus eine Ausstattung dar, vgl. SG Dortmund, 26.6.2003 – S 27 AL 108/02, Juris-Rn. 20. Hier, bei der Übertragung eines Sparbuchs aus Anlass des Abiturs, war die zeitliche Komponente freilich besonders ausgeprägt.

[55] So *Böhmer*, MittBayNot 1996, 405, 407.

auf die Verheiratung oder die Erlangung einer selbstständigen Lebensstellung oder Wirtschaft spricht. Dieser Gedanke deckt sich mit einer häufigen Beschreibung der Ratio des § 1624 Abs. 1 BGB: Das Gesetz greife, so eine häufige Formulierung, in § 1624 Abs. 1 BGB diejenigen Zuwendungen heraus, „die mit Rücksicht auf eine bestimmte Bedürfnislage des Kindes als Ausfluss fortbestehender Elternverantwortung, gewissermaßen als materielle Starthilfe zum letzten Schritt in die Selbstständigkeit als Endziel der elterlichen Aufgabe gegenüber ihren Kindern anzusehen seien.“[56] Der Gedanke einer Starthilfe hat natürlich eine starke zeitliche Komponente mit Blick auf das Alter des Bedachten. Und auf den ersten Blick erscheint diese Lesart zumindest Teile der Rechtsprechung gut zu erklären: Schon die frühe Rechtsprechung des Reichsgerichts betrifft Fälle, in denen die Zuwendung zur Hochzeit gegeben wurde.[57] Auch heute finden sich Entscheidungen, die betonen, dass eine Zuwendung aus Anlass der Heirat einer Tochter oder des Abiturs erfolgte.[58] Damit korrespondiert es, eine Zuwendung gerade nicht als Ausstattung zu behandeln, wenn sie einem älteren Kind gemacht wird, das bereits verheiratet ist und auch sonst im Leben steht.[59]

Einem allzu schematischen, zeitlichen Verständnis stehen jedoch der Wortlaut und die Entstehungsgeschichte des § 1624 Abs. 1 BGB entgegen.[60]

---

[56] *Sailer*, NotBZ 2002, 81, 81; *Jakob*, AcP 207 (2007), 198, 200; jurisPK-*Schermann*, § 1624 BGB, Rn. 7; Staudinger-*Lugani*, § 1624 BGB, Rn. 1; *Roth*, ZEV 2021, 352, 353; ähnlich *Kerscher/Tanck*, ZEV 1997, 354, 354; *Langenfeld/Günther*, Grundstückszuwendungen zur lebzeitigen Vermögensnachfolge, 258; *Poelzig*, JZ 2012, 425, 429.

[57] RG, 23.5.1906 – IV 569/05, RGZ 63, 323 (323); RG, 26.3.1906 – IV 479/05, PosMSchr 1906, 84 (84); RG, 12.12.1907 – IV 221/07, RGZ 67, 204 (204 f.); unklar, zumindest kurz nach der Heirat, RG, 25.3.1920 – IV 459/19, WarnR 1920, 125 (125 f.); anders RG, 3.5.1906 – IV 508/05, JW 1906, 426 (426 f.).

[58] BayLSG, 25.2.2005 – L 8 AL 376/04, Juris-Rn. 18, 21; SG Dortmund, 26.6.2003 – S 27 AL 108/02, Juris-Rn. 20.

[59] OLG Stuttgart, 6.5.1997 – 8 W 196/97, BWNotZ 1997, 147 (148) (erhebliche Barzuwendung an volljährige Kinder); BayObLG, 8.10.1997 – 3 Z BR 192/97, FamRZ 1999, 47 (48) (Überlassung von Grundstücken an 66- bzw. 62-jährige Kinder); OLG Frankfurt, 10.9.2007 – 20 W 69/07, FamRZ 2008, 544 (545 f.) (Überlassung von Immobilie an erwachsenen Sohn, der seinerseits bereits Kinder hat); OLG Köln, 10.11.2021 – 26 UF 92/20, Juris-Rn. 43 (erhebliches Bargeschenk an bereits verheirateten Sohn); OLG Koblenz, 24.4.2023 – 12 U 602/22, BWNotZ 2023, 100 (104) (Überlassung einer vermieteten Immobilie an 38-jährigen Sohn mit eigener Immobilie und eigener Firma); OLG Frankfurt, 16.1.2025 – 10 U 162/23, Juris-Rn. 28 (Übertragung einer Wohnung an einen 40-jährigen Sohn, wobei dieser jedoch zum Zeitpunkt der Zuwendung noch im elterlichen Haushalt lebte); LG Detmold, 17.9.2024 – 2 O 136/20, Juris-Rn. 6 und 65–68 (Hof-, Wohn- und Betriebsgrundstück an bereits verheiratetes Kind mit seinerseits drei Kindern).

[60] Schlicht mit dem Gesetz nicht vereinbar ist deswegen OLG Köln, 10.11.2021 – 26 UF 92/20, Juris-Rn. 43, wo Zuwendungen zur Begründung einer gemeinsamen Wohnung mit der Freundin des Bedachten per se aus dem Tatbestand des § 1624 Abs. 1 BGB ausgeschlossen werden, weil allein Zuwendungen zur „Heirat“ erfasst sein sollen. Verkürzend,

Der Wortlaut ist zeitlich offen und erfasst seit dem Eingriff der zweiten Kommission gerade auch Zuwendungen „zur Erhaltung“ der Wirtschaft oder der Lebensstellung.[61] Hierauf wies, wie gesagt, bereits 1906 das Reichsgericht hin.[62] Und hier liegt wahrscheinlich die eigentliche Krux des § 1624 Abs. 1 BGB. Welche Zuwendung dient nicht zumindest auch der Erhaltung der Lebensstellung? Zumal, wenn es nach allgemeiner Auffassung nicht darauf ankommen soll, dass der Bedachte die Zuwendung in irgendeiner Art benötigt.[63] Man denke nur an eine nicht weiter bezeichnete, wirtschaftliche bedeutsame Barzuwendung, an die Übertragung eines Aktiendepots oder einer Immobilie an ein erwachsenes Kind, das bereits voll im Leben steht. Es lässt sich nicht ohne Weiteres sagen, eine derartige Zuwendung diene nicht der „Erhaltung“ der Wirtschaft oder Lebensstellung. All diese Beispiele mögen pointiert erscheinen, sie verdeutlichen aber das Auslegungsproblem, das § 1624 Abs. 1 BGB aufwirft.

Ein zeitlich offenes Verständnis des § 1624 Abs. 1 BGB findet sich dann auch in der neueren Rechtsprechung. Ausstattungen seien, so eine Formulierung des Oberlandesgerichts Karlsruhe, auch jenseits der „klassischen Fälle“ wie Verheiratung oder Geschäftsgründung denkbar. Und während der Bedachte hier mit vierundzwanzig Jahren noch vergleichsweise jung war, findet sich zumindest eine Entscheidung des Oberlandesgerichts Stuttgart, die Zuwendungen im Wege der vorweggenommenen Erbfolge an ein offensichtlich erwachsenes und berufstätiges Kind als Ausstattung behandelt.[64] Es mag also allenfalls eine gewisse Tendenz der Gerichte geben, Zuwendungen an

---

weil allein auf Verheiratung und Erlangung einer selbstständigen Lebensstellung abstellend, auch OLG Frankfurt, 25.3.2009 – 19 U 126/08, Juris-Rn. 19; AG Hameln, 8.12.2021 – 19 VI 938/18, juris-Rn. 23; *Dethloff*, Familienrecht, 393.

[61] BGH, 26.5.1965 – IV ZR 139/64, BGHZ 44, 91 (93); OLG Karlsruhe, 27.4.2011 – 6 U 137/09, FamRZ 2012, 901 (902); LG Detmold, 17.9.2024 – 2 O 136/20, Juris-Rn. 60; vgl. auch *Haymann*, JherJb 56 (1910), 86, 136; *Dölle*, Familienrecht, Bd. II, 128 f.; *Kerscher/Tanck*, ZEV 1997, 354, 355; *Schindler*, ZEV 2006, 389, 391; *Jakob*, AcP 207 (2007), 198, 201; *Rauscher*, Familienrecht, Rn. 824; *Gernhuber/Coester-Waltjen*, Familienrecht, 626; Stürner-*Budzikiewicz*, § 1624 BGB, Rn. 2.

[62] RG, 3.5.1906 – IV 508/05, JW 1906, 426 (427). Vgl. dazu oben Dritter Teil – A.I.3 (189).

[63] So bereits RG, 3.5.1906 – IV 508/05, JW 1906, 426 (427); vgl. auch LSG Baden-Württemberg, 26.7.2011, Juris-Rn. 52; OLG Karlsruhe, 27.4.2011 – 6 U 137/09, FamRZ 2012, 901 (902); BayLSG, 25.2.2005 – L 8 AL 376/04, Juris-Rn. 20; OLG Düsseldorf, 13.1.2004 – 4 U 104/03, NJW-RR 2004, 1082 (1082); BayObLG, 6.6.2003 – 3 Z BR 88/03, Rpfleger 2003, 649 (650); *Knodel*, ZErb 2006, 225, 225; so auch das Schrifttum, vgl. *Dölle*, Familienrecht, Bd. II, 129; *Gernhuber/Coester-Waltjen*, Familienrecht, 625; Erman-*Döll*, § 1624 BGB, Rn. 1.

[64] OLG Stuttgart, 4.10.2000 – 8 W 590/99, BWNotZ 2001, 64 (65); OLG Stuttgart, 30.6.2004 – 8 W 495/03, FamRZ 2005, 62 (62 f.); zustimmend *Böhmer*, MittBayNot 2005, 232, 233 f. (anders aber OLG Stuttgart, 6.5.1997 – 8 W 196/97, BWNotZ 1997, 147 (148)).

jüngere Kinder eher als Ausstattungen zu behandeln als solche, die älteren Kindern gemacht werden.[65] Zwingend ist das nicht; angesichts des offenen Wortlauts von § 1624 Abs. 1 BGB erschiene es als zu vereinfachend, die Rechtsprechung des Stuttgarter Oberlandesgerichts als eine zu vernachlässigende Ausnahme zu einer ansonsten überzeugenden Regel darzustellen.[66]

Sich widersprechende Urteile prägen auch ein letztes Argument, das versucht, § 1624 Abs. 2 BGB in zeitlicher Hinsicht handhabbar zu machen. Möglicherweise, so der Gedanke, ergibt sich aus dem Alter des Bedachten eine feste Untergrenze für das Vorliegen einer Ausstattung, wenn schon keine starre Obergrenze: Zuwendungen an sehr junge Kinder (alternativ: solche vor Erreichen der Volljährigkeit) können nach dieser Auffassung per se keine Ausstattungen sein, weil der von § 1624 Abs. 1 BGB vorausgesetzte Ausstattungsanlass zumindest in Aussicht stehen müsse.[67] Erst dann lasse sich überhaupt ermessen, was das Kind benötigen werde; erst dann lasse sich von einer Zuwendung „mit Rücksicht" auf die in § 1624 Abs. 1 BGB genannten Anlässe sprechen. Hiergegen spricht, wie gesagt, dass die Ausstattung anerkanntermaßen nicht die Bedürftigkeit des Bedachten voraussetzt oder dass der Bedachte auf die Ausstattung angewiesen ist. Mit einer ähnlichen Argumentation hat dann auch das Oberlandesgericht Düsseldorf den Abschluss einer Versicherung zugunsten einer Einjährigen als Ausstattungsversprechen eingeordnet.[68] Auch Ausstattungen an Vierjährige wurden in der Rechtsprechung für denkbar gehalten.[69] Beiden Urteilen liegt der zutreffende Gedanke zu-

---

[65] *Jakob*, AcP 207 (2007), 198, 221, plädiert beispielsweise für eine Vermutung, dass Zuwendungen zur Hochzeit oder zur Einrichtung eines Betriebs auch dem subjektiv erforderlichen Ausstattungszweck dienen.

[66] OLG Koblenz, 24.4.2023 – 12 U 602/22, BWNotZ 2023, 100 (104), fordert, dass eine Zuwendung zur Erhaltung der Wirtschaft und Lebensstellung erforderlich ist, um den „Mindeststandard" der Familie zu sichern. Es reiche nicht aus, lediglich deren Lebensniveau zu heben. Beide Gedanken ergeben sich nicht aus dem Gesetz, der erste widerspricht darüber hinaus dem anerkannten Satz, auf die Bedürftigkeit des Bedachten komme es nicht an, vgl. dazu die soeben in Fn. 63 zitierte Literatur.

[67] So KG, 30.10.1962 – 6 U 1003/62, FamRZ 1963, 449 (451). Sehr zurückhaltend insoweit Staudinger-*Lugani*, § 1624 BGB, Rn. 14 (der rechtsgeschäftliche Verpflichtungswille der Eltern könne „im Einzelfall" fraglich sein, wenn die Ausstattung nur für die ferne Zukunft versprochen werde). Stellenweise wird beispielsweise vorgeschlagen, die Minderjährigkeit des Bedachten als ein Indiz zu nutzen, eine Zuwendung sei keine Ausstattung, so z.B. BFH, 19.9.1974 – IV R 3/70, BB 1975, 166 (167); *Kerscher/Tanck*, ZEV 1997, 354, 354; *Sailer*, NotBZ 2002, 81, 81.; *Schindler*, ZEV 2006, 389, 391; *Lange*, Erbrecht, 605.

[68] OLG Düsseldorf, 13.1.2004 – 4 U 104/03, NJW-RR 2004, 1082 (1082). Es sei unerheblich, dass die Versicherung allgemein der finanziellen Unabhängigkeit der Tochter dienen solle, wobei an die Finanzierung einer Wohnung, des Führerscheins oder Ähnlichem gedacht worden sei. Eine Einigung auf eine konkrete Verwendung sei nicht erforderlich.

[69] LSG Baden-Württemberg, 26.7.2011, Juris-Rn. 2, 50–52. Hier ging es um Genossenschaftsanteile, die im Namen des Kindes angelegt wurden, um ihm nach Eintritt der Volljährigkeit zur Verfügung zu stehen.

grunde, dass gerade ein Investment im frühen Kindesalter, das sich über die Jahre hinweg rentiert, durchaus den von § 1624 Abs. 1 BGB vorausgesetzten Zwecken dienen kann. Möchte man Zuwendungen an sehr junge Kinder nicht als Ausstattung behandeln, kann dies allenfalls für kleine (Bar-)Zuwendungen zum Verbrauch gelten, nicht aber für Investitionen, um das Vermögen des Kindes langfristig zu sichern.

Auch eine zeitliche Abgrenzung hilft damit nur bedingt, um zu ermitteln, ob eine gegebene Zuwendung unter § 1624 Abs. 1 BGB fällt oder nicht. Und wieder stehen sich ganz unterschiedliche Konzeptionen dessen gegenüber, was eine Ausstattung ausmacht, ohne dass die offensichtlichen Widersprüche zwischen diesen Ansätzen benannt, geschweige denn dogmatisch aufgelöst werden.

3. *Der Begriff der Ausstattung ist im Wesentlichen subjektiv determiniert*

Damit bleibt nur eine letzte Möglichkeit, die Legaldefinition der Ausstattung handhabbar zu machen:[70] Ob eine Ausstattung vorliegt oder nicht, lässt sich ausschließlich subjektiv anhand der Zwecksetzung durch den zuwendenden Elternteil bestimmen. Er oder sie entscheidet, welche Zuwendungen „mit Rücksicht" auf die Zwecke des § 1624 Abs. 1 BGB gegeben werden.

Aber auch das subjektive Verständnis des § 1624 Abs. 1 BGB steht vor erheblichen Herausforderungen: Selten genug wird eine Ausstattung klar als solche bezeichnet sein. Nicht zuletzt, weil dies anerkanntermaßen nicht nötig ist.[71] Hinzu kommt die ganz einhellige Meinung, dass neben den im Gesetz genannten Zwecken andere Ziele mitverfolgt werden können, ohne der Zuwendung den Charakter einer Ausstattung zu nehmen.[72] Nur überwiegen dürfen diese Motive nicht.[73] Als zulässige Nebenzwecke werden häufig genannt, Steuern zu sparen oder Kinder einander gleichzustellen.[74] Mehr noch: Es soll auch nicht schaden, dass eine gewisse Gegenleistung des Bedachten

---

[70] Besonders deutlich beispielsweise *Schindler*, ZEV 2006, 389, 391; *Jakob*, AcP 207 (2007), 198, 201; *Rauscher*, Familienrecht, Rn. 824; *Muscheler*, Erbrecht, Bd. I, 712.

[71] Explizit so OLG Karlsruhe, 27.4.2011 – 6 U 137/09, FamRZ 2012, 901 (902); zustimmend *Roth*, ZEV 2021, 352, 353 (dort Fn. 30).

[72] BGH, 26.5.1965 – IV ZR 139/64, BGHZ 44, 91 (92); OLG Karlsruhe, 27.4.2011 – 6 U 137/09, FamRZ 2012, 901 (902); RGRK-*Wenz*, § 1624 BGB, Rn. 1; *Jakob*, AcP 207 (2007), 198, 218 f.; *Rauscher*, Familienrecht, 824; Erman-*Döll*, § 1624 BGB, Rn. 1; *Roth*, ZEV 2021, 352, 354; Grüneberg-*Götz*, § 1624 BGB, Rn. 1.

[73] Besonders deutlich insoweit, zum Motiv, das bedachte Kind mit seinen Geschwistern gleichzustellen, BGH, 26.5.1965 – IV ZR 139/64, BGHZ 44, 91 (94); für einen Sachverhalt, in dem das Gleichstellungsmotiv überwiegen soll, vgl. jüngst OLG Koblenz, 24.4.2023 – 12 U 602/22, BWNotZ 2023, 100 (104).

[74] OLG Karlsruhe, 27.4.2011 – 6 U 137/09, FamRZ 2012, 901 (902); *Schindler*, ZEV 2006, 389, 391; Soergel-*Zecca-Jobst*, § 1624 BGB, Rn. 5; Erman-*Döll*, § 1624 BGB, Rn. 1; MüKoBGB-*Sachsen Gessaphe*, § 1624 BGB, Rn. 5; BeckOGK-*Kienemund*, § 1624 BGB, Rn. 9.

versprochen wird;[75] zumeist Wohnrechte oder andere Regelungen im Rahmen der vorweggenommenen Erbfolge.[76] Schädlich soll indes sein, wenn ein Elternteil einem Kind „nur" aus finanzieller Not hilft.[77] Möglicherweise sprechen allein weitgehende Nutzungs- und Rückübertragungsvorbehalte gegen die Einordnung als Ausstattung.[78] Sie sind schließlich Ausdruck dessen, dass gerade nicht gewünscht war, dem bedachten Kind eine besonders behaltensfeste Zuwendung zu machen.

Anders gesagt: Selbst wenn eine Zuwendung nicht als Ausstattung bezeichnet wurde, wenn ein beliebiger Zweck genannt wurde und wenn eine ausnahmsweise zulässige Gegenleistung vereinbart ist, kann diese Zuwendung trotzdem eine Ausstattung darstellen. Das Gericht muss sich lediglich die Überzeugung bilden, dass letztlich doch einer der von § 1624 Abs. 1 BGB genannten Zwecke verfolgt wird und dass dieser Zweck überwiegt.

4. Die Konsequenzen des subjektiven Verständnisses: weitgehende Gestaltungsfreiheit sowie erwartungs- und sinnwidrige Ergebnisse

Letztlich führt die subjektive Konzeption des § 1624 Abs. 1 BGB zu zwei Konsequenzen, abhängig von den Rechtskenntnissen des zuwendenden Elternteils und seiner Berater: Gut beratenen Eltern bietet sich ein ganz erhebliches Gestaltungspotential; schlecht oder nicht informierte Eltern sind möglicherweise mit Rechtsfolgen konfrontiert, die sie nicht intendiert haben.

a) Erste Konsequenz: weitgehende Gestaltungsfreiheit beratener Eltern

Im vertragsgestaltenden Schrifttum sind es dann auch gerade diejenigen Stimmen, die sich intensiv mit der Ausstattung befassen, die betonen, wel-

---

[75] So jedenfalls *Müller*, ZEV 2015, 322, 323; BeckOGK-*Kienemund*, § 1624 BGB, Rn. 7.

[76] BGH, 26.5.1965 – IV ZR 139/64, BGHZ 44, 91 (96); OLG Stuttgart, 30.6.2004 – 8 W 495/03, FamRZ 2005, 62 (62); LG Kassel, 12.10.2012, NJW-RR 2013, 199 (200); Soergel-*Zecca-Jobst*, § 1624 BGB, Rn. 5 MüKoBGB-*Sachsen Gessaphe*, § 1624 BGB, Rn. 5; BeckOGK-*Kienemund*, § 1624 BGB, Rn. 9; unklar BayObLG, 8.10.1997 – 3 Z BR 192/97, FamRZ 1999, 47 (47 f.), das jedenfalls in einer vorweggenommenen Erbfolge, die gleichzeitig die Pflichtteilsansprüche nach dem Vorversterben des anderen Elternteils abgelten soll, keine Ausstattung sieht.

[77] HansOLG, 16.2.1917 – o. Az., HansGZ 1917, 247 (248); *Schindler*, ZEV 2006, 389, 391; *Jakob*, AcP 207 (2007), 198, 218; MüKoBGB-*Sachsen Gessaphe*, § 1624 BGB, Rn. 5; BeckOGK-*Kienemund*, § 1624 BGB, Rn. 9. Wobei *Jakob*, AcP 207 (2007), 198, 218, zu Recht darauf hinweist, dass für diesen Zweck nichts anderes gelten kann als für alle anderen Motive: als Nebenzweck ist er durchaus zulässig.

[78] Dieser Gedanke, der in gewissem Widerspruch zum soeben zur vorweggenommenen Erbfolge Gesagten steht, findet sich beispielsweise bei *Langenfeld/Günther*, Grundstückszuwendungen zur lebzeitigen Vermögensnachfolge, 259; HdB GesellschaftsR-*Krauß*, § 29, Rn. 26.

ches Gestaltungspotential der offene Wortlaut von § 1624 Abs. 1 BGB biete:[79] Da die Ausstattung letztlich keines besonderen Anlasses bedürfe (Verheiratung sei nur ein Fall), stehe es weitgehend im Belieben der Eltern, wann und in welchem Umfang sie Leistungen gewähren. Diese Beschreibung deckt sich mit dem bisherigen Ergebnis dieser Untersuchung. Weiter heißt es dann, die Ausstattung sei zwar an bestimmte Voraussetzungen geknüpft. Diese ließen sich jedoch „in der Regel ohne Mühe“ einhalten.[80] Sie sollten nur hinreichend eindeutig in die Urkunde aufgenommen werden. An anderer Stelle ist von einem „Wahlrecht“ der Beteiligten die Rede,[81] ob eine Zuwendung als Schenkung oder Ausstattung einzuordnen ist.

Allenfalls wird auf absolute Mindeststandards verwiesen, die der elterlichen Gestaltungsfreiheit Grenzen setzen sollen. So wollen einige Autoren „Verdeckungs- oder Umgehungsgeschäfte“[82] aus dem Tatbestand des § 1624 Abs. 1 BGB ausschließen. Andere sehen eine Grenze in „willkürlich“ als Ausstattung bezeichneten Schenkungen.[83] Wieder andere halten die Grundsätze von „Typenehrlichkeit und Gestaltungsmissbrauch“ für die äußere Grenze der Möglichkeiten, eine Zuwendung als Ausstattung im Rechtssinne zu behandeln.[84] Ob dies die Gestaltungsmöglichkeiten der Eltern tatsächlich begrenzt, ist fraglich. Denn natürlich setzt § 1624 Abs. 1 BGB voraus, dass etwaige Nebenzwecke untergeordnet bleiben. Weiß der beratene Erblasser um diesen Umstand, erscheint es schwer, sich eine Zuwendung vorzustellen, von der sich nicht in vertretbarer Weise sagen lässt, sie diene in erster Linie dem „Erhalt der Lebensstellung“ als Ausstattungszweck. Es soll schließlich gerade nicht darauf ankommen, ob die Lebensstellung des Bedachten die Zuwendung tatsächlich erfordert.

---

[79] Die folgenden Gestaltungshinweise finden sich bei *Böhmer*, MittBayNot 1996, 405, 407, 410.

[80] Ähnlich *Müller*, ZEV 2015, 322, 323, die Voraussetzungen einer Ausstattung seien bei einer Übertragung an Kinder „leicht zu bejahen“; anders *Schindler*, ErbR 2015, 526, 528, die Tatbestandsvoraussetzungen des § 1624 Abs. 1 BGB seien „nicht ganz einfach zu erfüllen“.

[81] *Schindler*, ZEV 2006, 389, 392; *Hönle*, in: Dombek/Kroiß, Rn. 8; *Schindler*, ErbR 2020, 11, 13. In der weiteren vertragsgestaltenden Literatur finden sich dann auch Muster eines Schenkungsvertrags, der durch den bloßen Zusatz „die Zuwendung wird als Ausstattung gewährt“ zur Ausstattung wird, vgl. *Schöner/Stöber*, Grundbuchrecht, Rn. 921; zurückhaltender *Everts*, MittBayNot 2011, 107, 110.

[82] *Karpen*, MittRhNotK 1988, 131, 139; ähnlich wahrscheinlich *Everts*, MittBayNot 2011, 107, 110, der fragt, ob der Ausstattungsanlass „vorgeschoben“ ist.

[83] *Hönle*, in: Dombek/Kroiß, Rn. 11; für eine „Missbrauchskontrolle“ plädiert *Tanck*, Ausgleichung und Anrechnung, 13–17.

[84] *Jakob*, AcP 207 (2007), 198, 224. Möglicherweise liegt dem derselbe Gedanke zugrunde wie dem Versuch jedenfalls Zuwendungen mit weitgehenden Rückübertragungsrechten aus dem Anwendungsbereich des § 1624 Abs. 1 BGB auszunehmen, so *Schöner/Stöber*, Grundbuchrecht, Rn. 925.

Darüber hinaus ist die Gestaltungsfreiheit des zuwendenden Elternteils möglicherweise auch prozessual abgesichert. Eine explizit als „Ausstattung“ bezeichnete Zuwendung soll, so jedenfalls manche Autoren, die Beweislast umkehren.[85] Wer sich in diesem Fall darauf beruft, dass eine Zuwendung keine Ausstattung sei, müsse darlegen und beweisen, dass keiner der in § 1624 Abs. 1 BGB genannten Zwecke verfolgt wird. Gerade weil die Norm zeitlich und tatbestandlich so offen ist, wird dieser negative Beweis kaum möglich sein.

Im Hinblick auf die Interessen Dritter stellt sich damit freilich eine rechtspolitische Frage: Sollten die Eltern ein „gewisses Wahlrecht“ haben, ob eine Zuwendung dem Regress des Sozialhilfeträgers unterliegt?[86] Sollte der erbvertraglich Gebundene ein „gewisses Wahlrecht“ haben, ob Zuwendungen an seine Kinder dem erbvertragsrechtlichen Schenkungsverbot unterliegen? Diese Frage so zu stellen, heißt wahrscheinlich bereits, sie zu verneinen.[87]

b) *Zweite Konsequenz: erwartungs- und sinnwidrige Ergebnisse bei fehlender Beratung*

Die Kehrseite dieses subjektiven, Gestaltungsmöglichkeiten eröffnenden Ansatzes zeigt sich, wenn sich eine Zuwendung nicht ohne Weiteres einordnen lässt. Wenn beinahe jede elterliche Gabe eine Ausstattung sein kann, sie jedoch selten eindeutig als solche bezeichnet ist, kann es letztlich vom Zufall abhängen, wie ein bestimmtes Gericht eine bestimmte Zuwendung einordnet. Das wiederum droht auch berechtigte Gestaltungserwartungen zu frustrieren. In besonderem Maße besteht dieses Risiko, wenn die streitgegenständliche Zuwendung nicht in unmittelbarem zeitlichem Zusammenhang mit einem der in § 1624 Abs. 1 BGB genannten Anlässe in jungen Jahren des Bedachten steht. Man denke nur an eine erhebliche Barzuwendung oder die Übertragung eines Wertpapierdepots an ein erwachsenes Kind. Ob sie als Ausstattung eingeordnet werden oder nicht, wird von Zufälligkeiten im Prozess abhängen: Viele Gerichte würden diese Frage verneinen, andere möglicherweise mit Verweis auf die indizielle Wirkung hoher Summen bejahen.[88] Richterlichen Mutmaßungen über den dominierenden Elternwillen sind kaum Grenzen gesetzt.

Erwartungs- und sinnwidrige Ergebnisse drohen aber auch Elternteilen, die glauben, den Zweck ihrer Zuwendung hinreichend deutlich gemacht zu haben. Die Unterscheidung zwischen Haupt- und Nebenzwecken kann schließlich recht artifiziell geraten. Ein gutes und streitträchtiges Beispiel hierfür ist die

---

[85] *Hönle*, in: Dombek/Kroiß, Rn. 11; ähnlich *Everts*, MittBayNot 2011, 107, 110.

[86] Das Gestaltungspotential der Ausstattung gerade in diesem Fall betonen *Karpen*, MittRhNotK 1988, 131, 139; MüKoBGB-*Sachsen Gessaphe*, § 1624 BGB, Rn. 1.

[87] Vgl. dazu unten Dritter Teil – A.V.2 (218).

[88] Vgl. dazu oben Dritter Teil – A.II.1 (191).

Einordnung von Überlassungsverträgen, die letztlich (auch) erbrechtlichen Zwecken dienen, meist im Wege der vorweggenommenen Erbfolge.[89] Theoretisch ist deren Behandlung klar: Dient die Übertragung überwiegend einem der Zwecke des § 1624 Abs. 1 BGB, handelt es sich um eine Ausstattung, auch wenn erbrechtliche Nebenzwecke verfolgt werden. Steht ein anderer, möglicherweise ebenfalls im weiteren Sinne erbrechtlicher Zweck im Vordergrund, handelt es sich hingegen nicht um eine Ausstattung.[90] Das soll selbst dann gelten, wenn (untergeordnete) Ausstattungszwecke deutlich feststehen.[91]

Vor dem Hintergrund des bisher Gesagten handelt es sich hierbei um eine ebenso zutreffende wie feinsinnige Abgrenzung. Praktisch steht dieser Ansatz aber doch vor zwei strukturellen Problemen: Zum einen ist zweifelhaft, inwieweit sich ein Motivbündel überhaupt sinnvoll in Haupt- und Nebenzwecke auflösen lässt. Lässt sich beispielsweise der Wunsch, den übertragenen Gegenstand in der Familie zu halten, wirklich klar abgrenzen von dem Ziel, die wirtschaftliche Stellung des bedachten Kindes zu sichern? Wertungsmäßig noch drängender ist jedoch eine zweite Frage: Selbst wenn eine derartige Abgrenzung (zumindest im Einzelfall) möglich ist, sollte das Recht unterschiedliche Konsequenzen daran knüpfen, ob der eine oder der andere Zweck im Vordergrund steht?

Besonders deutlich wird dies im Hinblick auf die hier ja eigentlich interessierende erbrechtliche Ausgleichung: In § 2050 Abs. 1 BGB geht das Gesetz davon aus, dass es sich bei Ausstattungen um Zuwendungen handelt, mit denen die Erbfolge vorweggenommen wird. Deswegen unterliegen sie erbrechtlichen Gleichbehandlungsgedanken. Denkt man diese Logik konsequent weiter, müssten umgekehrt alle Zuwendungen, mit denen explizit die Erbfol-

---

[89] In BGH, 27.1.2010 – IV ZR 91/09, BGHZ 183, 377, hätte es beispielweise gar kein Problem gegeben, wenn man die Übertragung des Unternehmens auf die nächste Generation als Ausstattung behandelt hätte; so beispielsweise die Einordnung bei *Everts*, MittBayNot 2011, 107, 110 f. Vgl. dazu unten ausführlich Dritter Teil – B.II.2 (234).

[90] Vgl. z.B. Fälle, in denen der Zweck im Vordergrund stand, das Familienvermögen zu erhalten wie BayObLG, 6.6.2003 – 3 Z BR 88/03, Rpfleger 2003, 649 (650). Ein aus diesem Grund übertragenes Grundstück ordnet auch OLG München, 31.1.1985 – 26 UF 1403/84, FamRZ 1985, 814 (814), ohne weitere Diskussion von § 1624 Abs. 1 BGB als Schenkung ein, ohne jedoch auf § 1624 Abs. 1 BGB einzugehen. Vgl. für den Fall, dass in erster Linie Erb- und Pflichtteilsansprüche abgegolten werden sollen BayObLG, 8.10.1997 – 3 Z BR 192/97, FamRZ 1999, 47 (47 f.). Dass dies als Nebenzweck wiederum nicht schadet, ergibt sich implizit aus BGH, 26.5.1965 – IV ZR 139/64, BGHZ 44, 91 (96 f.), und explizit aus OLG Stuttgart, 30.6.2004 – 8 W 495/03, FamRZ 2005, 62 (62).

[91] Hierzu heißt es in BayObLG, 6.6.2003 – 3 Z BR 88/03, Rpfleger 2003, 649 (650), beispielsweise trocken: Dass die Übertragung in einer Weise geschehen soll, die zugleich auch zu einer Verbesserung der Wohnraumsituation für die Familie der Tochter des Betroffenen führe, ändere nichts am Charakter der beabsichtigten Vermögensübertragung als Schenkung.

ge vorweggenommen wird, Ausstattungen sein.[92] Dem ist jedoch offensichtlich nicht so. Im Gegenteil, wegen der Unterscheidung zwischen Haupt- und Nebenzwecken kann es zu dem genau umgekehrten Ergebnis kommen. Eine explizit als „vorweggenommene Erbfolge" bezeichnete Zuwendung unterfällt erbrechtlichen (Gleichbehandlungs-)Vorstellungen nur, wenn letztlich ein Ausstattungszweck im Vordergrund steht. Trotz der eindeutig erbrechtlichen Zuordnung ist sie nicht in jedem Fall nach § 2050 Abs. 1 BGB auszugleichen, beispielsweise, wenn mit der vorweggenommenen Erbfolge in erster Linie Steuern gespart werden sollen oder das Familienvermögen gesichert werden soll. Das erscheint künstlich. Gerade im Rahmen der erbrechtlichen Ausgleichung spricht doch vieles dafür, alle Zuwendungen gleich zu behandeln, mit denen explizit die Erbfolge vorweggenommen werden soll.[93] Und das gilt unabhängig davon, welches Motiv im Einzelfall im Vordergrund steht.

III. Die sittlich motivierte Sonderrolle der Ausstattung – ein Gedanke mit immer weniger Überzeugungskraft

Bisher hat dieses Kapitel versucht, die Ausstattung anhand abstrakter Kriterien zu konkretisieren. Hierbei hat sich gezeigt, wie schwer sich Rechtswissenschaft und -praxis tun, das Institut zu erfassen und zu beschreiben. Die Frage lässt sich aber noch weiter fassen: Ist die grundsätzliche Idee, ausstattenden Zuwendungen eine Sonderrolle zuzumessen, überhaupt noch zeitgemäß?

1. Die Abschaffung der Sonderrolle der Ausstattung in § 1908 BGB a.F.

Hierzu lohnt zunächst ein Blick in das jüngst reformierte Betreuungsrecht. Nach § 1854 Nr. 8 BGB n.F. muss das Betreuungsgericht „Schenkungen und unentgeltliche Zuwendungen" genehmigen, die der Betreuer aus dem Vermögen des Betreuten macht. Diese neue Regelung ist liberaler als das bis zum 1. Januar 2023 geltende Recht. Bis zur letzten Betreuungsrechtsreform galt das vormundschaftsrechtliche Schenkungsverbot[94] auch für den Betreuer (§ 1908i Abs. 2 BGB a.F.). Schenkungen aus dem Vermögen des Betreuten waren ihm untersagt, auch das Betreuungsgericht konnte sie nicht genehmigen.[95] Etwas

---

[92] Damit ist natürlich nicht gesagt, dass der Zuwendende die Ausgleichung nicht nach § 2050 Abs. 1 BGB ausschließen könnte, wenn er seine Abkömmlinge ungleich behandeln möchte. Aber das ist eine nachgelagerte Frage.

[93] Es vor diesem Hintergrund schließlich schwer zu erklären, dass BayObLG, 8.10.1997 – 3 Z BR 192/97, FamRZ 1999, 47 (47 f.), und OLG Stuttgart, 30.6.2004 – 8 W 495/03, FamRZ 2005, 62 (62), zu unterschiedlichen Ergebnissen gekommen sind. Beide hatten schließlich typische Gestaltungen zu beurteilen, mit denen Erb- und Pflichtteilsansprüche abgegolten werden sollten.

[94] Heute § 1798 Abs. 3 BGB n.F., früher § 1804 S. 1 BGB a.F.

[95] Hintergrund war der Schutz des fremden Vermögens vor Aushöhlung durch den Betreuer, vgl. OLG Frankfurt, 27.10.2014 – 20 W 252/14, Juris-Rn. 11; *Böhmer*, MittBayNot

anderes galt hingegen für Ausstattungen aus dem Vermögen des Betreuten: Hier sah § 1908 BGB a.F. schon immer die Regel vor, die heute in § 1854 Nr. 8 BGB n.F. für alle unentgeltlichen Zuwendungen gilt: Ausstattungen waren dem Betreuer seit jeher mit Genehmigung des Betreuungsgerichts möglich.[96]

Die Betreuungsrechtsreform liefert ein erstes Indiz dafür, ganz grundsätzlich an der Sonderrolle der Ausstattung zu zweifeln. Hier hat der Gesetzgeber mit § 1908 BGB a.F. eine der wenigen Normen abgeschafft, die der Ausstattung ganz explizit eine solche Sonderrolle zumaßen (neben dem hier eigentlich interessierenden § 2050 Abs. 1 BGB natürlich). Nach der Reform sind nach § 1854 Nr. 8 BGB n.F. alle Schenkungen und unentgeltlichen Zuwendungen gleichermaßen genehmigungspflichtig, aber eben auch -fähig. Die Sonderrolle der Ausstattung geht in einer allgemeineren Norm auf. Ausstattungen müssen nun – wie jede andere Zuwendung auch – den Wünschen des Betreuten entsprechen und nach seinen Lebensverhältnissen angemessen oder als Gelegenheitsgeschenk üblich sein (§ 1854 Nr. 8 BGB n.F.).[97] Damit rückt die eigentlich relevante Frage in den Vordergrund, ob eine bestimmte Zuwendung betreuungsrechtlich zulässig sein soll oder nicht. Es kommt nicht mehr darauf an, ob sich die Zuwendung unter § 1624 Abs. 1 BGB subsumieren lässt. Der Gesetzgeber trägt hier sicher zunächst der deutlichen Kritik am bisherigen betreuungsrechtlichen Schenkungsverbot Rechnung. [98] Aber gleichzeitig macht er eins doch ganz deutlich: Jedenfalls im Betreuungsrecht erscheint es ihm nicht mehr überzeugend, Ausstattungen anders zu behandeln als andere Zuwendungen. Schon das ist ein erstes Indiz, ganz grundsätzlich an der Sonderrolle der Ausstattung zu zweifeln.

2. Die Ausstattung als Ausdruck sittlicher Elternpflichten: Steuerrecht, Anfechtungsrecht und Ehegüterrecht

Die heutige Dogmatik bietet aber auch jenseits der gesetzgeberischen Abschaffung von § 1908 BGB a.F. genug Anschauungsmaterial, um die Sonderrolle der Ausstattung ganz grundsätzlich infrage zu stellen. Begründet wird diese Sonderrolle mit der Erfüllung sittlicher Elternpflichten, und, wie be-

---

2005, 232, 232. Allgemein liegt dem der Gedanke zugrunde, dass die unentgeltliche Weggabe der Sorge für fremdes Vermögen strukturell widerspricht, vgl. Mot IV, 1106 [= *Mugdan,* Materialien, Bd. IV, 587]. Dies gilt natürlich vor allem in Fällen, in denen enge Verwandte als Betreuer bestellt sind.

[96] Hintergrund auch für die Regel ist der Schutz des Vermögens des Betreuten, vgl. Staudinger-*Bienwald*, § 1908 BGB, Rn. 2; Erman-*Roth*, § 1908 BGB, Rn. 2; MüKoBGB-*Schneider*, § 1908, Rn. 1.

[97] BT-Drucks. 19/22445, 289; Grüneberg-*Götz*, § 1908, Rn. 1.

[98] Vgl. die besonders prominente verfassungsrechtliche Kritik von *Canaris*, JZ 1987, 993, 998 f. (die sich jedoch nie durchsetzen konnte) und die rechtspolitische Kritik *de lege ferenda* beispielswiese bei *Böhmer*, MittBayNot 1996, 405, 410; *Holzhauer*, FamRZ 2000, 1063, 1065.

schrieben, noch heute wird zumindest von einer „sittlichen Idee" gesprochen, die § 1624 Abs. 1 BGB zugrunde liegen soll.[99] Ein Rundblick durch verschiedene Rechtsgebiete zeigt aber, dass gerade dieser Gedanke – eine Sonderbehandlung aufgrund sittlicher Elternpflichten – ganz grundlegend an Überzeugungskraft verliert.

a) Die Ausstattung und ihre schwindende Bedeutung im Steuerrecht

Der erste Kontext, im dem sich eine sittlich begründete Sonderrolle der Ausstattung erwägen ließe, ist das Einkommenssteuerrecht:[100] Nach § 33 Abs. 1 EStG können so genannte „außergewöhnliche Belastungen" die Einkommenssteuerlast mindern. Voraussetzung ist jedoch, dass es sich um Aufwendungen handelt, die dem Steuerpflichtigen „zwangsläufig" erwachsen. Das wiederum ist nach § 33 Abs. 2 S. 1 EStG der Fall, wenn er sich diesen Aufwendungen aus rechtlichen, tatsächlichen oder sittlichen Gründen nicht entziehen kann. Sind mit der letzten Tatbestandsalternative also Ausstattungen angesprochen, weil sie nach wie vor einer gewissen sittlichen Idee folgen, der sich Elternteile aus gerade diesen sittlichen Gründen nicht entziehen können? Das legt die familienrechtliche Begründung des § 1624 Abs. 1 BGB schließlich nahe. Der Bundesfinanzhof und das Schrifttum verneinen diese Frage heute jedoch ganz einhellig.[101] Eine Sonderrolle aus sittlichen Gründen komme der Ausstattung im Rahmen von § 33 Abs. 2 S. 1 EStG nicht (mehr) zu. Die Interessen des Fiskus treten nicht allein deswegen zurück, weil sich eine Zuwendung als Ausstattung und nicht als Schenkung darstellt.

b) Die Ausstattung und ihre schwindende Bedeutung im Anfechtungs- und Insolvenzrecht

Ein ähnliches Argument findet sich im Recht der Schenkungs- und Insolvenzanfechtung: Es geht hier in erster Linie um die §§ 4 Abs. 1 AnfG, 134

---

[99] Vgl. wieder, wenn auch mit unterschiedlichen Schattierungen, BFH, 3.6.1987 – III R 141/86, BB 1987, 2081 (2082); *Dölle*, Familienrecht, Bd. II, 130; *Jakob*, AcP 207 (2007), 198, 205 f.; Staudinger-*Lugani*, § 1624 BGB, Rn. 4; *Rauscher*, Familienrecht, 824; *Langenfeld/Günther*, Grundstückszuwendungen zur lebzeitigen Vermögensnachfolge, 261; *Gernhuber/Coester-Waltjen*, Familienrecht, 627; Erman-*Döll*, § 1624 BGB, Rn. 12.

[100] Dass die Ausstattung der Schenkungssteuer unterliegt, wird meist ohne Weiteres vorausgesetzt, vgl. aber m. w. N. jurisPK-*Schermann*, § 1624 BGB, Rn. 101.

[101] St. Rechtsprechung seit BFH, 3.6.1987 – III R 141/86, BB 1987, 2081 (2082). Vgl. auch Hess. FG, 25.11.1976 – 67 I 191/76, FamRZ 1978, 272 (272); *Knodel*, ZErb 2006, 225, 226; *Jakob*, AcP 207 (2007), 198, 200 (dort Fn. 7); *Rauscher*, Familienrecht, 824; Staudinger-*Lugani*, § 1624 BGB, Rn. 4; MüKoBGB-*Sachsen Gessaphe*, § 1624 BGB, Rn. 17; jurisPK-*Schermann*, § 1624 BGB, Rn. 104; BeckOGK-*Kienemund*, § 1624 BGB, Rn. 23.

Abs. 1 InsO und um die Anfechtung „unentgeltlicher Zuwendungen".[102] Früher wurde die Ausstattung hier ausgeklammert und für anfechtungsfest gehalten.[103] Sie sei, so die alte Lesart, sittlich geschuldet und damit nicht im eigentlichen Sinne unentgeltlich. Auch der historische Gesetzgeber ging davon aus, dass Ausstattungen nicht anfechtbar seien: Er hielt die Interessen der anfechtungsberechtigten Gläubiger für auch dann hinreichend gewahrt, wenn angemessene Ausstattungen vom Schenkungsrecht ausgenommen seien, aber im Übrigen (also insoweit die Ausstattung übermäßig war) eine anfechtbare Schenkung vorliege.[104] Nur vereinzelt wird auch heute noch die Auffassung vertreten, Ausstattungen seien anfechtungsfest.[105]

Mehrheitlich hat sich die Auffassung durchgesetzt, dass das Behaltensinteresse des Ausgestatteten in aller Regel hinter den Interessen der elterlichen Gläubiger zurücktreten müsse.[106] Ausstattungen sind mithin in aller Regel als unentgeltliche Leistungen anfechtbar. Das soll explizit selbst dann gelten, wenn man unterstellt, dass sie noch heute einer sittlichen Pflicht folgen.[107] Die grundsätzliche Schwäche des unentgeltlichen Erwerbs überwiege den Umstand, dass die Ausstattung gegenüber den Eltern ein besonderes Behaltensinteresse begründe und deswegen keine Schenkung sei.[108] Im Übrigen, so wird hinzugefügt, seien auch Zuwendungen im Rahmen anderer familienrechtlicher Sonderbeziehungen anfechtbar,[109] nicht zuletzt unbenannte ehebezogene Zuwendungen.

---

[102] Statten die Eltern ihre Kinder aus, um vorsätzlich ihre Gläubiger zu benachteiligen, ist die Ausstattung schließlich ohne Weiteres nach § 133 Abs. 1 InsO und § 3 Abs. 1 AnfG anfechtbar, so auch *Jakob*, AcP 207 (2007), 198, 211; Soergel-*Zecca-Jobst*, § 1624 BGB, Rn. 17.

[103] RG 26.1.1916 JW 1916, 588; *Morhard*, NJW 1987, 1734, 1737 f. Anders aber früh *Haymann*, JherJb 56 (1910), 86, 128, 136 (mit Ausnahme von Zuwendungen, die der Brautvater dem Bräutigam macht, um ihn zur Heirat zu motivieren (130–135)).

[104] Prot. IV, 5515 [= *Mugdan*, Materialien, Bd. IV, 968 f.].

[105] *Dölle*, Familienrecht, Bd. II, 131; *Everts*, MittBayNot 2011, 107, 109; Jaeger-*Henckel*, § 134 InsO, Rn. 62; FK-*Dauernheim*, § 134 InsO, Rn. 23; Erman-*Döll*, § 1624 BGB, Rn. 12; HdB GesellschaftsR-*Krauß*, § 29, Rn. 27.

[106] LG Tübingen, 24.5.2005 – 8 O 485/03, ZInsO 2005, 781 (782); *Jakob*, AcP 207 (2007), 198, 212 f.; *Langenfeld/Günther*, Grundstückszuwendungen zur lebzeitigen Vermögensnachfolge, 261; *Müller*, ZEV 2015, 322, 323; Soergel-*Zecca-Jobst*, § 1624 BGB, Rn. 17; jurisPK-BGB-*Schermann*, § 1624 BGB, Rn. 94; MüKoInsO-*Freudenberg*, § 134 InsO, Rn. 37; Uhlenbruck-*Hirte/Borries*, § 134 InsO, Rn. 147; Staudinger-*Lugani*, § 1624 BGB, Rn. 4; MüKoBGB-*Sachsen Gessaphe*, § 1624 BGB, Rn. 16; BeckOGK-*Kienemund*, § 1624 BGB, 23; HK-*Rogge/Leptien*, § 134 InsO, Rn. 43; Grüneberg-*Götz*, § 1624 BGB, Rn. 2.

[107] LG Tübingen, 24.5.2005 – 8 O 485/03, ZInsO 2005, 781 (782); *Langenfeld/Günther*, Grundstückszuwendungen zur lebzeitigen Vermögensnachfolge, 261; MüKo-BGB-*Sachsen Gessaphe*, § 1624 BGB, Rn. 16.

[108] LG Tübingen, 24.5.2005 – 8 O 485/03, ZInsO 2005, 781 (782); Uhlenbruck-*Hirte/Borries*, § 134 InsO, Rn. 147.

Diese Entwicklung der Dogmatik verdient angesichts der subjektiven Auslegung des § 1624 Abs. 1 BGB Zustimmung. Es obliegt nach der Konzeption des Gesetzes allein den Eltern, zu entscheiden, welche Zuwendungen eine Ausstattung darstellen und welche nicht.[110] Diese Rechtsmacht kann sich dann jedoch nur auf das familiäre Innenverhältnis beziehen. Die Eltern können dabei nicht mittelbar über Drittinteressen verfügen – im Anfechtungsrecht ebenso wenig wie oben im Steuerrecht. Anderes gilt allenfalls insoweit die „Ausstattung“ ausnahmsweise geschuldet ist, weil sie an die Stelle des gesetzlichen Unterhalts tritt.[111] Wie jede andere Erfüllung gesetzlicher (Unterhalts-)Pflichten ist sie in diesem Fall nicht unentgeltlich und deswegen anfechtungsfest.[112]

Das Anfechtungsrecht ist damit ein zweites Beispiel, in dem eine Sonderrolle der Ausstattung nicht mehr für überzeugend gehalten wird. Dem mag allein die Sorge zugrunde liegen, dass gestaltungswillige Eltern große Teile ihres Vermögens als Ausstattung übertragen könnten und dass das Anfechtungsrecht leerzulaufen droht. Aber auch eine grundsätzlichere Erklärung ist denkbar: Möglicherweise hat der Gedanke sittlicher Elternpflichten, die es rechtfertigen, auch die Interessen Dritter zurückstehen zu lassen, grundsätzlich an Überzeugungskraft verloren.

Nur der Vollständigkeit halber sei noch darauf hingewiesen, dass die für die Anfechtung nach § 134 Abs. 1 InsO geltenden Argumente ebenso für § 39 Nr. 4 InsO gelten: Hier geht es um die nachrangige Befriedigung unentgeltlicher Leistungen im Insolvenzverfahren. Auch insoweit kommt der Ausstattung richtigerweise keine Sonderrolle zu.[113] Ist sie durch die Eltern nur versprochen, aber noch nicht geleistet, ist das Kind im Insolvenzverfahren über das Vermögen seiner Eltern als Gläubiger einer unentgeltlichen Leistung nachrangig zu befriedigen. Auch insoweit hat der Gedanke einer sittlich begründeten Sonderrolle an Überzeugungskraft verloren.

c) Die Ausstattung und ihre schwindende Bedeutung im Ehegüterrecht

Auch im Ehegüterrecht stellt sich die Frage, ob Ausstattungen eine Sonderrolle zukommen soll. § 1375 Abs. 2 Nr. 1 BGB schützt den Zugewinnaus-

---

[109] BeckOGK-*Kienemund*, § 1624 BGB, 23; allgemein zur weitgehenden Anfechtbarkeit innerfamiliärer Leistungen vgl. MüKoInsO-*Freudenberg*, § 134 InsO, Rn. 36; Uhlenbruck-*Hirte/Borries*, § 134 InsO, Rn. 138–142; HK-*Rogge/Leptien*, § 134 InsO, Rn. 22.

[110] Vgl. dazu oben Dritter Teil – A.II.3 (198).

[111] *Rauscher*, Familienrecht, Rn. 825–826, spricht von „unterhaltsersetzenden“ Ausstattungen; ähnlich wahrscheinlich *Gernhuber/Coester-Waltjen*, Familienrecht, 628, wo nur Ausstattungen ausgenommen sein sollen, die im Einzelfall tatsächlich einer sittlichen Pflicht entsprechen.

[112] FK-*Dauernheim*, § 134 InsO, Rn. 22; MüKoInsO-*Freudenberg*, § 134 InsO, Rn. 36; Uhlenbruck-*Hirte/Borries*, § 134 InsO, Rn. 138.

[113] Soergel-*Zecca-Jobst*, § 1624 BGB, Rn. 17; jurisPK-*Schermann*, § 1624 BGB, Rn. 95; dies offenlassend *Jakob*, AcP 207 (2007), 198, 213.

gleich vor der Gefahr, dass ein Ehegatte sein Endvermögen einseitig durch lebzeitige unentgeltliche Zuwendungen mindert. Der andere Ehegatte würde diese Zuwendungen ja letztlich, über den Umweg des Zugewinnausgleichs, hälftig mitfinanzieren; unabhängig davon, ob er dies gewünscht hat oder nicht. Um dies zu verhindern, sind unentgeltliche Zuwendungen nach § 1375 Abs. 2 Nr. 1 BGB dem Endvermögen der Ehegatten für die Zwecke der Zugewinnberechnung hinzuzurechnen. Ausgenommen sind jedoch Zuwendungen, mit denen einer sittlichen Pflicht entsprochen wird. Das führt zur hier interessierenden Frage: Hat ein Elternteil sein Kind ausgestattet, ist zu entscheiden, ob diese Zuwendung seinem Vermögen als unentgeltliche Zuwendung hinzuzurechnen ist oder ob mit der Ausstattung lediglich einer sittlichen Pflicht entsprochen wurde. Die familienrechtliche Ratio des § 1624 Abs. 1 BGB als sittlich begründete Zuwendung legt eigentlich letzteres nahe.

Im ehegüterrechtlichen Schrifttum hat der alte Gedanke der Ausstattung als Ausdruck einer sittlichen Elternpflicht noch mehr Anhänger als im Anfechtungsrecht. Ohne dies weiter zu begründen, findet sich noch heute oft der Hinweis, teils mit vorsichtigen Einschränkungen, Ausstattungen seien sittlich geschuldet und deswegen nicht dem güterrechtlichen Endvermögen hinzuzurechnen.[114]

Das widerspricht dem bisher beobachteten Trend: Im Betreuungs-, Steuer- und Anfechtungsrecht musste das sittlich begründete Behaltensinteresse des bedachten Kindes hinter den Interessen Dritter zurückstehen. Und auch bei § 1375 Abs. 2 Nr. 1 BGB geht es um die Interessen eines Dritten, es geht um das Interesse des anderen Ehegatten. Allein die Einordnung einer Zuwendung als Ausstattung sollte deswegen auch bei § 1375 Abs. 2 Nr. 1 BGB nicht dazu führen, dass dessen Drittinteresse zurücksteht. Es kann nicht dem ausstattenden Elternteil anheimgestellt werden, die Berechnung des Zugewinns zu seinen Gunsten zu manipulieren, indem er erhebliche Vermögensgegenstände im Wege der Ausstattung an ein Kind überträgt, das ja nicht einmal aus der Ehe stammen muss, aus der sich der Zugewinnausgleich ergibt. Richtigerweise kann eine Ausstattung deswegen nur im Einzelfall, beispielsweise wenn sie unterhaltsersetzend ist, der Hinzurechnung nach § 1375 Abs. 2 Nr. 1

---

[114] OLG Frankfurt, 28.11.1989 – 3 UF 57/89, FamRZ 1990, 998 (bezüglich einer deutlich nach Abschaffung dieses Instituts als „Aussteuer" bezeichneten Zuwendung); OLG Frankfurt, 22.1.2021 – 4 UF 84/20, FamRZ 2021, 1870 (1873); OLG Köln, 10.11.2021 – 26 UF 92/20, Juris-Rn. 42; *Knodel*, ZErb 2006, 225, 226; *Rauscher*, Familienrecht, 825; Soergel-*Kappler/Kappler*, § 1375 BGB, 24 *Müller*, ZEV 2015, 322, 323; Staudinger-*Thiele*, § 1375 BGB, Rn. 26; MüKoBGB-*Koch*, § 1375 BGB, Rn. 50; so implizit wohl auch BeckOGK-*Preisner*, § 1375 BGB, 68; BeckOK-*Scheller/Sprink*, § 1375 BGB, Rn. 70 (nur Übermaßausstattungen seien hinzuzurechnen); zurückhaltender Erman-*Budzikiewicz*, § 1375 BGB, Rn. 8 („regelmäßig" sittliche Pflicht); MüKoBGB-*Sachsen Gessaphe*, § 1624 BGB, Rn. 13 („wohl meist" sittliche Pflicht).

BGB entgehen.[115] Es sollten die gleichen (restriktiven) Regeln gelten, wie für alle anderen Schenkungen.

Angesichts der betroffenen Drittinteressen erscheint es fast verwunderlich, dass gerade bei § 1375 Abs. 2 Nr. 1 BGB noch so viele Stimmen im Schrifttum annehmen, Ausstattungen seien aus sittlichen Gründen aus der Berechnung des Zugewinns auszuklammern. Wahrscheinlich liegt dem eine einfache Begründung zugrunde, die zu den beschriebenen Unklarheiten zurückführt, wie § 1624 Abs. 1 BGB auszulegen ist. Es findet sich eine auffallende Wechselwirkung: Diejenigen Autoren und Gerichte, die Ausstattungen zulasten des anderen Ehegatten von § 1375 Abs. 2 Nr. 1 BGB ausnehmen wollen, vertreten einen sehr restriktiven Begriff der Ausstattung. Gerade sie sind es, die große Zuwendungen per se aus dem Anwendungsbereich von § 1624 Abs. 1 BGB ausklammern wollen. Sie beschränken die Ausstattung auf geringwertige Zuwendungen,[116] und Immobilien sind nach dieser Auffassung nie Ausstattung.[117] Mit § 1624 Abs. 1 BGB, dessen Wortlaut keine entsprechende Einschränkung kennt, ist diese Auslegung nicht vereinbar.

Bezogen auf die Ausgangsfrage dieses Abschnitts ist der Unterschied zwischen den beiden Auffassungen im Rahmen des § 1375 Abs. 2 Nr. 1 BGB zu vernachlässigen. Denn im Ergebnis stimmen beide Auffassungen überein: Im Interesse des anderen Ehegatten dürfen jedenfalls wesentliche Zuwendungen nicht über den Umweg des § 1624 Abs. 1 BGB von § 1375 Abs. 2 Nr. 1 BGB ausgenommen sein. Umstritten ist nur der Weg, auf dem dieses Ergebnis erreicht wird: Die einen nehmen die Ausstattung (zu Recht) grundsätzlich vom Anwendungsbereich der Norm aus. Die anderen reduzieren den Tatbestand der Ausstattung (zu Unrecht) so weit, dass er letztlich keinen starken Wertungswiderspruch mehr auslösen kann, weil wirtschaftlich bedeutsame Zuwendungen nie eine Ausstattung sind. Damit steht auch im Ehegüterrecht als Ergebnis fest: Wenn wirtschaftlich bedeutsame Zuwendungen betroffen sind, stellt das heutige Recht den Gedanken sittlicher Elternpflichten hinter den Interessen Dritter zurück.

d) Die Ausstattung und ihre schwindende Bedeutung als allgemeines Phänomen

Die anfechtungsrechtliche Diskussion und diejenige zu § 1375 Abs. 2 Nr. 1 BGB eint eins: In beiden Fällen geht es darum, ob Ausstattungen im eigentli-

---

[115] So auch, ausführlich *Jakob*, AcP 207 (2007), 198, 205 f.; Staudinger-*Lugani*, § 1624 BGB, Rn. 4.; Grüneberg-*Siede*, § 1376 BGB, Rn. 26.

[116] So jedenfalls im Ergebnis die sehr restriktive Entscheidung OLG Köln, 10.11.2021 – 26 UF 92/20, Juris-Rn. 42 f.

[117] OLG Frankfurt, 22.1.2021 – 4 UF 84/20, FamRZ 2021, 1870 (1873); Staudinger-*Thiele*, § 1375 BGB, Rn. 26; MüKoBGB-*Koch*, § 1375 BGB, Rn. 50; Erman-*Budzikiewicz*, § 1375 BGB, Rn. 8; Grüneberg-*Siede*, § 1376 BGB, Rn. 26.

chen Sinne unentgeltlich oder vielmehr sittlich geschuldet sind. Diese Frage stellt sich aber auch in anderen Rechtsbereichen, in denen sie weniger prominent diskutiert wird: § 2113 Abs. 2 BGB versagt es dem Vorerben beispielsweise, unentgeltlich über Erbschaftsgegenstände zu verfügen. Ausgenommen sind aber wieder Sitten- und Anstandsgeschenke. Diese Ausnahme erlaubt jedoch nicht, dass sich der Vorerbe einfach der Ausstattung bedienen kann, um im Mantel sittlicher Elternpflichten letztlich doch unentgeltlich zu verfügen. Schon das Reichsgericht hat entschieden, dass Ausstattungen nicht unter die Ausnahme des § 2113 Abs. 2 BGB fallen.[118]

Ähnliche Fragen stellen sich bei den §§ 816 Abs. 1 S. 2 und 822 BGB, wenn der ausstattende Elternteil als Nichtberechtigter verfügt. Hier wird eine Sonderrolle der Ausstattung soweit ersichtlich gar nicht diskutiert.[119] Zu Recht. Denn für die Ausstattung gilt hier nichts anderes, als im Rahmen der eng verwandten unbenannten Zuwendungen zwischen Ehegatten bei §§ 816 Abs. 1 S. 2, 822 BGB: Der besondere innerfamiliäre Charakter dieser Zuwendung rechtfertigt es nicht, die Interessen Dritter hintan stehen zu lassen.[120]

Damit steht aber abschließend fest, dass die Sonderrolle der Ausstattung, von der § 1624 Abs. 1 BGB ausgeht, im heutigen Recht so weit zurückgedrängt wurde wie nur irgend möglich. Im Betreuungsrecht hat der Gesetzgeber sie abgeschafft; ansonsten haben Rechtswissenschaft und -praxis die Idee einer sittlich begründeten Sonderstellung wo immer der Gesetzeswortlaut es zuließ verworfen: im Anfechtungsrecht, bei der Berechnung des Zugewinns nach § 1375 Abs. 2 Nr. 1 BGB und bei §§ 816 Abs. 1 S. 2, 822, 2113 Abs. 2 BGB. Stets gilt: Nur wenn das Gesetz explizit an Schenkung oder Ausstattung anknüpft, kommt § 1624 Abs. 1 BGB zum Tragen. Viele wollen selbst dieses Ergebnis noch weiter einschränken.[121] All das ist Ausdruck einer ganz grundsätzlichen Skepsis; der Skepsis, bestimmten innerfamiliär begründeten Zuwendungen im heutigen Recht nach wie vor eine sittlich begründete Sonderstellung zuzuweisen. Dieser Gedanke scheint aus der Zeit gefallen.

---

[118] RG, 3.7.1942, WarnR 1942, 242 (244); BeckOGK-*Müller-Christmann*, § 2113 BGB, Rn. 132; jurisPK-BGB-*Schermann*, § 1624 BGB, Rn. 95.

[119] Anders möglicherweise implizit HdB GesellschaftsR-*Krauß*, § 29, Rn. 25 f.

[120] BGH, 23.9.1999 – X ZR 114/96, BGHZ 142, 300 (303 f.); *Poelzig*, JZ 2012, 425, 433; BeckOK-*Gehrlein*, § 516 BGB, Rn. 10; BeckOGK-*Harke*, § 516 BGB, Rn. 92; *Höfling*, Die Schenkung und die unentgeltliche Verfügung im Erbrecht, 141; BeckOK-*Wendehorst*, § 816 BGB, Rn. 9; BeckOK-*dies.*, § 822 BGB, Rn. 7; a. A. Staudinger-*Lorenz*, § 822 BGB, Rn. 9; MüKoBGB-*Schwab*, § 822 BGB, Rn. 11. Diese Kritik stützt sich letztlich darauf, dass unbenannten Zuwendungen eigen sei, dass der andere Ehegatte weiter an ihnen teilhaben soll. Dieser Gedanke gilt für Ausstattungen nicht entsprechend.

[121] Zu § 2287 Abs. 1 BGB vgl. wieder *Jakob*, AcP 207 (2007), 198, 211 (dort Fn. 47); MüKoBGB-*Musielak*, § 2287, Rn. 3; BeckOK-*Litzenburger*, § 2287 BGB, Rn. 2; zu §§ 2325 ff BGB vgl. *Jakob*, AcP 207 (2007), 198, 208–211.

IV. Die Ausstattung als kontextabhängiger Rechtsbegriff: Auslegung wider die eigentliche Funktion einer Legaldefinition

§ 1624 Abs. 1 BGB enthält eine Legaldefinition der Ausstattung. Hier, im Familienrecht, sollte einheitlich definiert sein, was unter dem Begriff zu verstehen ist, unabhängig davon, in welchem Rechtsgebiet zu entscheiden ist, ob eine Ausstattung vorliegt oder nicht. Die obige Diskussion von § 1375 Abs. 2 Nr. 1 BGB hat jedoch gezeigt, dass Teile des Schrifttums dazu neigen, den Begriff der Ausstattung für die Zwecke des Ehegüterrechts restriktiv zu verstehen, um letztlich ehegüterrechtlichen Interessen gerecht zu werden. Bei genauerem Hinsehen ist dieser Ansatz kein Einzelfall. An mehreren Stellen zeigt sich, dass die Legaldefinition in § 1624 Abs. 1 BGB gerade nicht einheitlich angewandt wird, sondern dass sich – aus möglicherweise guten Gründen – eine Reihe von unterschiedlichen Ausstattungsbegriffen gebildet hat, die sich nichtsdestotrotz allesamt auf die Legaldefinition in § 1624 Abs. 1 BGB berufen. Einmal mehr zeigt sich, dass dieser Regelungsansatz einer einheitlichen Legaldefinition der heutigen Rechtswirklichkeit nicht gerecht wird.

1. Die betreuungsrechtliche Sonderrolle der Ausstattung in § 1809 BGB a.F.

Erneut lohnt zunächst ein Blick in das alte Betreuungsrecht. Hier kam der Ausstattung bis zum 1. Januar 2023, wie beschrieben, eine explizit normierte Sonderrolle zu. § 1908 BGB a.F. sah schon immer die Regel vor, die heute in § 1854 Nr. 8 BGB n.F. für alle unentgeltlichen Zuwendungen gilt: Ausstattungen waren dem Betreuer seit jeher mit Genehmigung des Betreuungsgerichts möglich.[122]

Interessant ist in diesem Zusammenhang eine frühere Reform des Betreuungsrechts im Jahr 1989: Der Gesetzgeber entschied sich damals explizit, die Sonderrolle der Ausstattung beizubehalten und nicht abzuschaffen. Die Regel, Ausstattungen mit Genehmigung des Betreuungsgerichts zu ermöglichen, habe sich bewährt und sei bei Hof- und Betriebsübergaben bedeutsam.[123] Wahrscheinlich muss man diesen Befund erweitern: Alle Arten von Grundstückszuwendungen aus dem Vermögen des Betreuten haben die betreuungsrichterliche Praxis beschäftigt.[124] Damit zeigte der Reformgesetzgeber von

---

[122] Hintergrund auch für die Regel ist der Schutz des Vermögens des Betreuten, vgl. Staudinger-*Bienwald*, § 1908 BGB, Rn. 2; Erman-*Roth*, § 1908 BGB, Rn. 2; MüKoBGB-*Schneider*, § 1908, Rn. 1.

[123] Zunächst wurde freilich erwogen, die entsprechende Regel (§ 1902 Abs. 1 BGB a.F.) zu streichen, vgl. BT-Drucks. 11/4528, 152. Letztlich setzte sich jedoch der Vorschlag des Bundesrats durch, der den nunmehrigen § 1908 BGB nicht für entbehrlich hielt, vgl. BR-Drucks. 59/1/89, 39, und BT-Drucks. 11/4528, 211, 229.

[124] Sie machen schließlich die deutliche Mehrheit der in diesem Problemkreis ergangenen Entscheidungen aus, vgl. BayObLG, 24.5.1996 – 3 Z BR 104/96, FamRZ 1996, 1359;

1989 ein vergleichsweise weites Verständnis des § 1624 Abs. 1 BGB: Betriebs- und Hofübergaben werden oft genug einen wesentlichen Vermögensbestandteil darstellen und sie können ohne Weiteres erst spät im Leben des bedachten Kindes erfolgen.[125] Schon das ist ein interessanter Befund, wenn man versucht, den Anwendungsbereich des § 1624 Abs. 1 BGB im geltenden Recht zu konturieren.

Dem Fingerzeig des Gesetzgebers folgten dann zumindest Teile der Rechtsprechung: Das Oberlandesgericht Stuttgart berief sich beispielsweise explizit auf diese Gesetzeshistorie, als es über § 1908 BGB a.F. ermöglichte, ganze landwirtschaftliche Betriebe auf die nächste Generation zu übertragen, indem es diese Zuwendungen als Ausstattung qualifizierte.[126] Die Gerichte benannten ganz offen, warum sie so entschieden: Auch Betreuten sollte es möglich sein, ihr Vermögen bereits lebzeitig zu übertragen, wenn und soweit dies ihrem Interesse und ihrem Wunsch entsprach.[127] Aufgrund des absoluten Schenkungsverbots nach §§ 1804, 1908i Abs. 2 BGB a.F. stand hierzu kein anderer Weg offen als die Ausstattung.

Der tragende Grund, Hof- und Grundstücksübertragungen als Ausstattung einzuordnen, war die betreuungsrechtliche „Notwendigkeit", nicht die Subsumtion unter den Tatbestand des § 1624 Abs. 1 BGB. Mit diesem Umstand gingen die Gerichte auch ganz offen um: Sie machten deutlich, dass es um eine umfassende Abwägung anhand betreuungsrechtlicher Interessen ging, von der abhängen sollte, ob eine Hofübergabe im Einzelfall als Ausstattung anzusehen sei.[128] Das Tatbestandsmerkmal „Ausstattung" wurde so Mittel zum Zweck.[129]

BayObLG, 8.10.1997 – 3 Z BR 192/97, FamRZ 1999, 47; BayObLG, 6.6.2003 – 3 Z BR 88/03, Rpfleger 2003, 649; OLG Frankfurt, 10.9.2007 – 20 W 69/07, FamRZ 2008, 544; OLG Frankfurt, 27.10.2014 – 20 W 252/14; nur OLG Stuttgart, 6.5.1997 – 8 W 196/97, BWNotZ 1997, 147, und LG Kassel, 12.10.2012, NJW-RR 2013, 199, betreffen erhebliche Barzuwendungen.

[125] OLG Stuttgart, 4.10.2000 – 8 W 590/99, BWNotZ 2001, 64 (64) ist das beste Beispiel für einen derartigen Fall.

[126] OLG Stuttgart, 4.10.2000 – 8 W 590/99, BWNotZ 2001, 64 (64); OLG Stuttgart, 30.6.2004 – 8 W 495/03, FamRZ 2005, 62 (62). Auch die restriktivere Entscheidung des OLG Frankfurt, 10.9.2007 – 20 W 69/07, FamRZ 2008, 544 (545 f.), deutet an, dass sie eine Hofübergabe ggf. anders behandelt hätte als die Übertragung eines WEG-Anteils.

[127] Dieses Bedürfnis anerkennend OLG Stuttgart, 30.6.2004 – 8 W 495/03, FamRZ 2005, 62 (62); LG Traunstein, 7.4.2004 – 4 T 1365/04, MittBayNot 2005, 231 (232); *Böhmer*, MittBayNot 2005, 232, 233; *Jakob*, AcP 207 (2007), 198, 215.

[128] OLG Stuttgart, 30.6.2004 – 8 W 495/03, FamRZ 2005, 62 (62); angelegt bereits in OLG Stuttgart, 6.5.1997 – 8 W 196/97, BWNotZ 1997, 147 (148). Dogmatisch überzeugender aber OLG Stuttgart, 4.10.2000 – 8 W 590/99, BWNotZ 2001, 64 (64 f.). Hier bezeichnet der Senat Hofübertragungen zu Recht als „im Kern […] Ausstattungsvertrag", an diese Einordnung schließt sich dann eine weitere, von § 1624 Abs. 1 BGB gelöste betreuungsrechtliche Prüfung an, so auch *Böhmer*, MittBayNot 1996, 405, 407.

Aus der betreuungsrechtlichen Binnenlogik mag dieser Ansatz nachvollziehbar gewesen sein. Mit der Idee einer Legaldefinition hat er wenig zu tun. Denn welche Zuwendungen unter § 1624 Abs. 1 BGB fielen, bestimmten letztlich das alte Betreuungsrecht und dessen Eigenrationalitäten.[130] Es ging den Gerichten viel mehr um Einzelfallgerechtigkeit als um die Entwicklung eines abstrakt-kohärenten Begriffs der Ausstattung. Für den Regelungsansatz des § 1624 Abs. 1 BGB sagt dieser Befund natürlich nichts Gutes. Welche Zuwendungen eine Ausstattung darstellen, scheint in der heutigen Rechtswirklichkeit viel kontextabhängiger zu sein, als es das Postulat einer abstrakten, allgemeingültigen Legaldefinition vermuten lässt.

2. *Kontextabhängigkeit als ein allgemeines Problem des § 1624 Abs. 1 BGB*

Im alten Betreuungsrecht gingen die Gerichte am offensten mit dem Umstand um, dass sie in erster Linie eine betreuungsrechtliche Billigkeitsprüfung vornahmen. Das wirft die Frage auf, ob es sich hierbei um ein verallgemeinerungsfähiges Phänomen handelt.

Auf § 1375 Abs. 2 Nr. 1 BGB wurde bereits eingegangen:[131] Hier, im Ehegüterrecht, hat sich gezeigt, dass es letztlich zwei Auffassungen zu der Frage gibt, ob Ausstattungen generell aus dem Tatbestand der Norm herausfallen sollten: Teils wird dies bejaht (denn sonst könnte der Ehegatte zulasten des anderen Ehegatten über den Zugewinnausgleichsanspruch verfügen).[132] Die Gegenansicht verneint dies und will Ausstattungen in der Regel von § 1375 Abs. 2 Nr. 1 BGB ausnehmen.[133] Bei genauerem Hinsehen wird jedoch deut-

---

[129] Zustimmend *Böhmer*, MittBayNot 2005, 232, 233; *Jakob*, AcP 207 (2007), 198, 215. Eine Lösung für ein allzu rigide empfundenes Schenkungsverbot bietet dieser Weg freilich nur im Verhältnis zu den eigenen Kindern, vgl. *Holzhauer*, FamRZ 2000, 1063, 1066.

[130] Dies ist die beste Erklärung für die Irritationen, die *Jakob*, AcP 207 (2007), 198, 218, im Hinblick auf die Behandlung der vorweggenommenen Erbfolge ausmacht. MüKoBGB-*Sachsen Gessaphe*, § 1624 BGB, Rn. 6, 14 spricht von einem im alten Betreuungsrecht „modifizierten Maßstab".

[131] Vgl. dazu oben Dritter Teil – A.III.2.c) (207).

[132] So auch, ausführlich *Jakob*, AcP 207 (2007), 198, 205 f.; Staudinger-*Lugani*, § 1624 BGB, Rn. 4.; Grüneberg-*Siede*, § 1376 BGB, Rn. 26.

[133] OLG Frankfurt, 28.11.1989 – 3 UF 57/89, FamRZ 1990, 998 (bezüglich einer deutlich nach Abschaffung dieses Instituts als „Aussteuer" bezeichneten Zuwendung); OLG Frankfurt, 22.1.2021 – 4 UF 84/20, FamRZ 2021, 1870 (1873) OLG Köln, 10.11.2021 – 26 UF 92/20, Juris-Rn. 42; *Knodel*, ZErb 2006, 225, 226; *Rauscher*, Familienrecht, 825; Soergel-*Kappler/Kappler*, § 1375 BGB, 24 *Müller*, ZEV 2015, 322, 323; Staudinger-*Thiele*, § 1375 BGB, Rn. 26; MüKoBGB-*Koch*, § 1375 BGB, Rn. 50; so implizit wohl auch BeckOGK-*Preisner*, § 1375 BGB, 68; BeckOK-*Scheller/Sprink*, § 1375 BGB, Rn. 70 (nur Übermaßausstattungen seien hinzuzurechnen); zurückhaltender Erman-*Budzikiewicz*, § 1375 BGB, Rn. 8 („regelmäßig" sittliche Pflicht); MüKoBGB-*Sachsen Gessaphe*, § 1624 BGB, Rn. 13 („wohl meist" sittliche Pflicht).

lich, dass die Anhänger der zweiten Auffassung von einem (zu) engen Begriff der Ausstattung ausgehen, der sich mit § 1624 Abs. 1 BGB nicht begründen lässt. Um Wertungswidersprüche zu vermeiden – der andere Ehegatte ist schließlich schutzwürdig – fassen sie nur kleine Zuwendungen unter § 1624 Abs. 1 BGB, und Immobilienzuwendungen schließen sie in jedem Fall aus.[134] Was eine Ausstattung ist, entscheidet auch für diesen Teil des Schrifttums und der Rechtsprechung nicht die familienrechtliche Legaldefinition, sondern die güterrechtliche Binnenlogik.

Dieselbe Beobachtung wiederholt sich im ebenfalls bereits behandelten Anfechtungsrecht.[135] Auch hier gibt es (wenige) Stimmen, die meinen, Ausstattungen könnten aus sittlich-familiären Gründen der Gläubiger- oder Insolvenzanfechtung entgehen.[136] Zu Recht wurde diese Ansicht überwiegend aufgegeben.[137] Denn auch hier verdienen die Interessen des anfechtenden Gläubigers bzw. der Gläubigergesamtheit den Vorzug vor dem Behaltensinteresse des Bedachten. Sieht man aber genau hin, wiederholt sich das soeben für das Güterrecht beschriebene Bild: Wer Ausstattungen für per se nicht anfechtbar hält, nimmt im gleichen Atemzug wirtschaftlich bedeutsame Zuwendungen vom Anwendungsbereich des § 1624 Abs. 1 BGB aus.[138] Diese Lesart wahrt die Interessen der anfechtungsberechtigten Gläubiger, aber auch sie konzipiert die Ausstattung nicht ausgehend von der Legaldefinition in § 1624 Abs. 1 BGB, sondern im Lichte anfechtungsrechtlicher Notwendigkeiten.

Im Ehegüterrecht und im Anfechtungsrecht sind es jeweils nur Teile des Schrifttums und einzelne Gerichte, die den Anwendungsbereich des § 1624 Abs. 1 BGB aus der Binnenlogik eines anderen Regelungszusammenhangs heraus beschneiden müssen (bei § 1375 Abs. 2 Nr. 1 BGB aber wohl die

---

[134] Zu Immobilienzuwendungen: OLG Frankfurt, 22.1.2021 – 4 UF 84/20, FamRZ 2021, 1870 (1873); Staudinger-*Thiele*, § 1375 BGB, Rn. 26; MüKoBGB-*Koch*, § 1375 BGB, Rn. 50; Erman-*Budzikiewicz*, § 1375 BGB, Rn. 8; Grüneberg-*Siede*, § 1376 BGB, Rn. 26.

[135] Dazu oben Dritter Teil – A.III.2.b) (205).

[136] *Dölle*, Familienrecht, Bd. II, 131; *Everts*, MittBayNot 2011, 107, 109; Jaeger-*Henckel*, § 134 InsO, Rn. 62; FK-*Dauernheim*, § 134 InsO, Rn. 23; Erman-*Döll*, § 1624 BGB, Rn. 12; HdB GesellschaftsR-*Krauß*, § 29, Rn. 27.

[137] LG Tübingen, 24.5.2005 – 8 O 485/03, ZInsO 2005, 781 (782); *Jakob*, AcP 207 (2007), 198, 212 f.; *Langenfeld/Günther*, Grundstückszuwendungen zur lebzeitigen Vermögensnachfolge, 261; *Müller*, ZEV 2015, 322, 323; Soergel-*Zecca-Jobst*, § 1624 BGB, Rn. 17; jurisPK-BGB-*Schermann*, § 1624 BGB, Rn. 94; MüKoInsO-*Freudenberg*, § 134 InsO, Rn. 37; Uhlenbruck-*Hirte/Borries*, § 134 InsO, Rn. 147; Staudinger-*Lugani*, § 1624 BGB, Rn. 4; MüKoBGB-*Sachsen Gessaphe*, § 1624 BGB, Rn. 16; BeckOGK-*Kienemund*, § 1624 BGB, 23; HK-*Rogge/Leptien*, § 134 InsO, Rn. 43; Grüneberg-*Götz*, § 1624 BGB, Rn. 2.

[138] So z.B. Jaeger-*Henckel*, § 134 InsO, Rn. 62, der zwar die Ausstattung für nicht nach § 134 Abs. 1 InsO anfechtbar hält, aber im gleichen Atemzug sagt, dass größere Zuwendungen, v.a. solche im Wege der vorweggenommenen Erbfolge nie Ausstattungen sein können.

überwiegende Ansicht). In beiden Fällen lässt sich das Problem umgehen, indem man die Ausstattung schlicht nicht unter die jeweiligen Ausnahmen für sittlich geschuldete Zuwendungen subsumiert. Aber darum geht es dieser Untersuchung nicht. In beiden Fällen zeigt sich, wie beliebig jedenfalls Teile des Schrifttums und der Rechtsprechung mit § 1624 Abs. 1 BGB umgehen.

In anderen hier behandelten Konstellationen lässt sich dieses Problem nicht durch Auslegung umgehen: Man denke nur daran, dass die Ausstattung nicht dem Regress des Sozialhilfeträgers unterliegt und dass die Ausstattung nicht unter § 2287 Abs. 1 BGB fällt.[139] In beiden Fällen knüpft das Gesetz explizit an Schenkungen an, und die Ausstattung ist keine Schenkung. Angesichts dessen sprechen in diesen Regelungskontexten gute Gründe dafür, § 1624 Abs. 1 BGB restriktiv zu verstehen. Sonst droht der Schutz des Trägers der sozialen Sicherung oder des Vertragserben leerzulaufen. Aus der Binnenlogik dieser Rechtsgebiete sollten möglichst wenig Zuwendungen eine Ausstattung sein. Dieses gut begründbare Ergebnis widerspricht nur diametral der Eigenlogik beispielsweise des alten Betreuungsrechts.[140] Hier waren Gesetzgeber und Rechtsprechung gerade darum bemüht, besonders viele, besonders wertvolle Zuwendungen als Ausstattung zu qualifizieren. Der Regelungsansatz des § 1624 Abs. 1 BGB, eine einheitliche Legaldefinition, muss hier entweder scheitern oder er nimmt interessenwidrige Ergebnisse in einem der Rechtsgebiete in Kauf.

Es ist wahrscheinlich, dass sich viele der oben beschriebenen,[141] scheinbar widersprechenden Urteile und Aussagen zur Ausstattung genau so erklären lassen: Leitend war jeweils nicht der einheitliche, allgemeingültige Begriff der Ausstattung, wie ihn § 1624 Abs. 1 BGB voraussetzt. Leitend waren vielmehr die Eigenrationalitäten derjenigen Rechtsgebiete, in denen sich die Frage stellte, ob eine bestimmte Zuwendung Ausstattung sei oder nicht. Und ganz von der Hand zu weisen ist dieses Ergebnis nicht. Es sind wertungsmäßig ganz unterschiedliche Fragen, ob die Ausstattung und ihre innerfamiliär-sittliche Begründung es rechtfertigen, die Interessen des Trägers der sozialen Sicherung (im Sozialhilferegress), des Vertragserben (bei § 2287 BGB), des Betreuten (bei § 1908 BGB a.F.), der anfechtungsberechtigter Gläubiger (bei §§ 4 Abs. 1 AnfG, 134 Abs. 1 InsO) oder des anderen Ehegatten (bei § 1375 Abs. 2 Nr. 1 BGB) zurückzustellen.[142] Hierfür sind im Einzelfall, im jeweiligen Regelungskontext wertungsgerechte Lösungen zu finden. Der Ansatz, alle diese Fragen über eine einheitliche Legaldefinition in § 1624 Abs. 1 BGB

[139] Vgl. dazu oben Dritter Teil – A.I.2 (186).

[140] Vgl. dazu soeben Dritter Teil – A.III.1 (203) und A.IV.1 (211).

[141] Vgl. dazu oben Dritter Teil – A.II (191).

[142] Man könnte diese Aufzählung erweitern um die Interessen des Pflichtteilsberechtigten bei § 2325 BGB und um diejenigen der ausgleichungsberechtigten Abkömmlinge bei § 2050 Abs. 1 BGB, zu letzterem unten ausführlich Dritter Teil – B.II (229).

beantworten zu wollen, führt zu unauflöslichen Widersprüchen. Der Versuch, „die" Ausstattung zu definieren, ist damit zum Scheitern verurteilt.

V. Fazit: die Ausstattung nach § 1624 Abs. 1 BGB als kaum konturiertes und kaum konturierbares Rechtsinstitut

Auf den ersten Blick scheint es, als bestehe über das Wesen der Ausstattung Einigkeit. Ratio und Rechtsfolgen des § 1624 Abs. 1 BGB sind schließlich unbestritten: Die Ausstattung ist eine innerfamiliär motivierte Zuwendung, die zumindest einer sittlichen Idee folgt und als *causa sui generis* das Schenkungsrecht verdrängt.[143] Doch bei genauerem Hinsehen zeigt sich, dass die praktische Handhabung des Instituts zahlreiche Probleme aufwirft: Rechtswissenschaft und -praxis tun sich schwer damit, den Anspruch des § 1624 Abs. 1 BGB einzulösen, eine einheitliche Legaldefinition der Ausstattung zu liefern. Schritt für Schritt hat sich in diesem Kapitel gezeigt, dass dieses Unterfangen aus verschiedenen Gründen zum Scheitern verurteilt ist. Die Ausstattung nach § 1624 Abs. 1 BGB ist zu unkonturiert, zu leicht manipulierbar, zu kontextabhängig und letztlich zu wenig zeitgemäß.

1. Die Kritik der Ausstattung als zu unkonturiert: widersprüchliche Ergebnisse und der subjektive Ansatz des § 1624 Abs. 1 BGB

Der Befund, dass die Ausstattung derzeit kaum konturiert ist, ergab sich recht zwanglos aus einer Gegenüberstellung der verschiedenen Stellungnahmen in Rechtsprechung und Schrifttum zu § 1624 Abs. 1 BGB: Man kann sich nicht einigen, ob besonders große Zuwendungen eine Vermutung begründen, dass eine Ausstattung vorliegt.[144] Oder sind Ausstattungen in der Regel geringerwertig? Ebenso wenig besteht ein Konsens, ob das ausgestattete Kind in der Regel ein junger Erwachsener ist oder ob auch Zuwendungen an sehr junge oder bereits voll im Leben stehende Kinder den Tatbestand des § 1624 Abs. 1 BGB erfüllen können.[145] Allenfalls lässt sich ein „Begriffskern" ausmachen, der die Ausstattung jedoch nicht abschließend beschreibt. Zuwendungen an jüngere Kinder werden zwar möglicherweise bereitwilliger als Ausstattungen eingeordnet als Zuwendungen an ältere Kinder. Dieser Ansatz steht aber in einem offensichtlichen Spannungsverhältnis zu dem zeitlich offenen Wortlaut des § 1624 Abs. 1 BGB, der eben auch Zuwendungen „zur Erhaltung der Wirtschaft oder der Lebensstellung" erfasst. Oft genug wird sich also nicht prognostizieren lassen, ob eine bestimmte Zuwendung im Streitfall als Ausstattung behandelt wird oder nicht. Schon das ist misslich.[146]

---

[143] Vgl. dazu oben Dritter Teil – A.I.1 (184).
[144] Vgl. dazu oben Dritter Teil – A.II.1 (191).
[145] Vgl. dazu oben Dritter Teil – A.II.2 (194).
[146] So im Hinblick auf § 2050 Abs. 1 BGB auch *Schindler*, ZEV 2006, 389, 389.

Ein besonderes Problem, die Ausstattung zu beschreiben, liegt in der Art und Weise, wie die unterschiedlichen Lesarten des § 1624 Abs. 1 BGB präsentiert werden. Sie werden gerade nicht explizit als sich widersprechende, aufeinander Bezug nehmende Konzeptionen derselben Norm dargestellt. Vor allem die Rechtsprechung, aber auch große Teile des Schrifttums, präsentieren ein bestimmtes (Vor-)Verständnis der Ausgleichung, das dann nicht weiter begründet oder kontextualisiert wird. Der Rechtsanwender ist mit einer Reihe sich implizit, aber nicht explizit widersprechender Beschreibungen konfrontiert. Ein konsistentes Bild der Ausstattung lässt sich so nicht zeichnen.

All diese Schwierigkeiten, § 1624 Abs. 1 BGB handhabbar zu machen, sind ganz grundsätzlich im subjektiven Ansatz der Norm angelegt: Letztlich entscheidet schließlich allein der Elternwille darüber, ob eine Zuwendung eine Ausstattung ist oder nicht.[147] Ihm sind kaum Grenzen gesetzt. Gleichzeitig wird der Elternwille, das entscheidende Abgrenzungskriterium, selten definitiv feststehen, jedenfalls solange die Eltern nicht rechtlich beraten sind. Sich widersprechende Entscheidungen und teils arbiträre Abgrenzungen (Stichwort: Neben- und Hauptzwecke) sind dann die logische Folge. Die für diese Untersuchung besonders relevanten Zuwendungen im Wege der vorweggenommenen Erbfolge sind ein besonders beredtes Beispiel für diese Kritik.[148]

Überspitzt formuliert steht die Ausstattung vor einer doppelten Herausforderung: Das einzige Kriterium, an das sie zweifelsohne anknüpft, ist der Elternwille. Dieses Kriterium wird aber selten hinreichend sicher feststellbar sein. Es ist auf weitere, objektive Indizien zurückzugreifen. Diese Indizien gehen jedoch in der zeitlichen und tatbestandlichen Offenheit des § 1624 Abs. 1 BGB auf. Erschwert wird all dies durch den Umstand, dass möglicherweise Vorgänge aufzuklären sind, die weit zurückliegen und die von den Parteien als innerfamiliäre Angelegenheit behandelt wurden, ohne allzu sehr auf die rechtlichen Konsequenzen ihres Handelns zu achten.[149] Dies lässt sich dann auch nicht mit dem Hinweis entkräften, Entscheidungen nach § 1624 Abs. 1 BGB seien nun einmal Einzelfallentscheidungen.[150] Das trifft sicher zu. Das grundlegende Problem ist jedoch, dass abstrakte Maßstäbe und Konturen fehlen, um diese Einzelfallentscheidungen zu treffen und zu rationalisieren.

---

[147] Vgl. dazu oben Dritter Teil – A.II.3 (198A.II.3).

[148] Vgl. dazu unten ausführlich Dritter Teil – B.II.2 (234).

[149] Vgl. für entsprechende Überlegungen im Hinblick auf die Kritik an der Konstruktion unbenannter ehebedingter Zuwendungen zwischen Ehegatten *Hausheer*, in: FS Henrich, 220; MüKoBGB-*Koch*, § 516 BGB, Rn. 75; Erman-*Hähnchen*, § 516 BGB, Rn. 22 großzügiger ggf. *Liebrecht*, AcP 217 (2017), 886, 888 f.

[150] OLG Stuttgart, 6.5.1997 – 8 W 196/97, BWNotZ 1997, 147 (148).

2. *Die Kritik der Ausstattung als zu leicht manipulierbar: der Elternwille kann nicht über die Interessen Dritter entscheiden*

Die subjektive Grundkonzeption des § 1624 Abs. 1 BGB ist auch der Grund für eine zweite grundlegende Kritik: Wenn letztlich allein der Elternwille entscheidet, ob eine Zuwendung als Ausstattung einzuordnen ist oder nicht, sind die Tatbestandsvoraussetzungen des § 1624 Abs. 1 BGB zu leicht zu manipulieren,[151] jedenfalls wenn Interessen Dritter betroffen sind. Ein am Elternwillen orientierter Ansatz ist natürlich nicht per se problematisch, besonders im Bezug auf die innerfamiliäre Seite der Ausstattung. Ihr primärer Zweck ist es schließlich, dem bedachten Kind im Verhältnis zu seinen Eltern eine besonders gesicherte Rechtsposition zu verschaffen, die nicht der Schwäche des unentgeltlichen Erwerbs ausgesetzt ist.[152] Die familienrechtliche *causa sui generis* begründet ein besonderes Behaltensinteresse gegenüber den Eltern. Die Entscheidung, ob und in welchem Umfang sie ihr Kind dergestalt absichern wollen, ist ihnen überlassen. Insoweit handelt es sich bei der Entscheidung, eine Zuwendung als Ausstattung zu behandeln, um eine privatautonom begründete und begründbare Selbstbindung der Eltern.

Zum Problem wird die subjektive Prägung des § 1624 Abs. 1 BGB, wenn Interessen Dritter betroffen sind. Eine Sonderrolle der Ausstattung lässt sich dann nicht mehr mit innerfamiliären Gründen und als Ausdruck elterlicher Rechtsmacht rechtfertigen. Das soll nicht heißen, innerfamiliäre oder familienrechtliche Erwägungen könnten nie dazu führen, die Interessen Dritter zurückzustellen.[153] Im Gegenteil, im Einzelfall mag dies wünschenswert sein. Das Problem ist das Maß an elterlicher Gestaltungsfreiheit, das § 1624 Abs. 1 BGB in seiner gegenwärtigen Fassung notgedrungen eröffnet:[154] Wie vor allem die vertragsgestaltende Literatur zeigt, können Eltern schließlich beinahe jede Zuwendung als Ausstattung behandeln. Es ist aber nicht wertungsgerecht, dass jedenfalls gut beratene Eltern auch große Vermögensbestandteile an den Interessen des Vertragserben, des Sozialversicherungsträgers oder (früher) des Betreuten vorbei an die nächste Generation übertragen können. Das positive Gesetzesrecht muss selbst die Grenzen ziehen, ob und inwieweit innerfamiliär-sittliche Gründe es noch heute rechtfertigen, bestimmte Zuwendungen anders zu behandeln als eine Schenkung.

---

[151] Vgl. dazu oben Dritter Teil – A.II.4 (199).

[152] Vgl. dazu wieder Dritter Teil – A.I.1 (184).

[153] So auch *Gernhuber/Coester-Waltjen*, Familienrecht, 628, v.a. in Bezug auf die Anfechtbarkeit der Ausstattung; vgl. auch *Fischer*, Die Unentgeltlichkeit im Zivilrecht, 447.

[154] Im Recht der unbenannten ehebedingten Zuwendungen wurde dieses Problem dann auch früh gesehen, vgl. beispielsweise bereits BGH, 27.11.1991 – IV ZR 164/90, BGHZ 116, 167 (174 f.); *Schotten*, NJW 1990, 2841, 2849 f.; vgl. jüngst zusammenfassend *Höfling*, Die Schenkung und die unentgeltliche Verfügung im Erbrecht, 344 f.

3. Die Kritik der Ausstattung als zu kontextabhängig: der Gedanke einer einheitlichen, rechtsübergreifenden Legaldefinition hat versagt

Hinzu kommt als dritter Kritikpunkt, dass der Regelungsansatz des § 1624 Abs. 1 BGB unter einem strukturellen Problem leidet: Die Legaldefinition der Ausstattung wirkt weit über die Grenzen des Familienrechts hinaus. Ausführlich beschrieben wurden bereits § 2287 Abs. 1 BGB, der Sozialhilferegress und das alte Betreuungsrecht. Diskutiert, wenn auch zumeist mehrheitlich verneint, wird eine Sonderrolle der Ausstattung im Steuer-, Anfechtungs- und Ehegüterrecht oder wann immer das Gesetz an unentgeltliche Zuwendungen anknüpft.[155] Mit anderen Worten: Die familienrechtlichen Gründe, der Ausstattung eine Sonderrolle zuzuweisen, müssen mit den Eigenrationalitäten und Wertungen ganz verschiedener Rechtsgebiete in Ausgleich gebracht werden. Hierzu ist eine (scheinbar) allgemeingültige, abstrakte Legaldefinition – der Ansatz des § 1624 Abs. 1 BGB – strukturell ungeeignet.

Dieses Problem ließ sich anhand des alten Betreuungsrechts, des Anfechtungsrechts und des Ehegüterrechts veranschaulichen:[156] Im alten Betreuungsrecht gingen die Gerichte (und der Gesetzgeber) offen damit um, dass sie unter bestimmten Umständen auch große Zuwendungen wie Hof- und Betriebsübergaben als Ausstattung behandelt wissen wollten.[157] Im Anfechtungs- und Ehegüterrecht (bei § 1375 Abs. 2 Nr. 1 BGB) gilt das genaue Gegenteil: Hier wird der Begriff der Ausstattung teilweise bewusst verengt, gerade um große Immobilienzuwendungen auszuschließen. Eine einheitliche, rechtsübergreifende Legaldefinition kann also nicht sowohl den betreuungsrechtlichen als auch den ehegüterrechtlichen Anforderungen gerecht werden. Und das ist nur ein Beispiel von vielen. Oft werden die Interessen Dritter dafürsprechen, § 1624 Abs. 1 BGB restriktiv zu verstehen (man denke nur an § 2287 Abs. 1 BGB oder an den Sozialhilferegress). Die erbrechtliche Ausgleichung verlangt jedoch – wie sich zeigen wird – nach einem extensiven Verständnis der Ausstattung. Vor diesem Hintergrund verwundert es dann weniger, dass ein und dieselbe Zuwendung in ganz unterschiedlicher Weise eingeordnet werden kann. Insoweit ist die Kritik der Ausstattung als zu kontextabhängig eng verwandt mit derjenigen als unkonturiert.

4. Die Kritik der Ausstattung als nicht länger zeitgemäß: die schwindende Bedeutung des Gedankens sittlicher Elternpflichten

Schließlich hat sich ein Trend gezeigt, die Sonderrolle der Ausstattung, die § 1624 Abs. 1 BGB voraussetzt, immer weiter zurückzudrängen.[158] Im Be-

---

[155] Vgl. dazu oben Dritter Teil – A.III (203).
[156] Vgl. dazu wieder oben Dritter Teil – A.III (203).
[157] Restriktiver ggf. *Gernhuber/Coester-Waltjen*, Familienrecht, 625.
[158] Vgl. dazu oben Dritter Teil – A.III (203).

treuungsrecht war es der Gesetzgeber, der sie zum 1. Januar 2023 abgeschafft hat. Ansonsten hat die Rechtsdogmatik herausgearbeitet, dass eine Sonderrolle im heutigen Recht überhaupt nur infrage kommt, wenn der Wortlaut dies erzwingt. Gemeint sind Fälle, in denen explizit daran angeknüpft wird, dass eine Zuwendung eine Schenkung oder eine Ausstattung ist. Hier lässt § 1624 Abs. 1 BGB wenig Spielraum. Man denke nur wieder an den Sozialhilferegress, an § 2287 Abs. 1 BGB und an das alte Betreuungsrecht.

Erzwingt der Wortlaut dies nicht, verweigert das heutige Recht der Ausstattung eine Sonderbehandlung: Das gilt im Steuer-, Anfechtungs- und Ehegüterrecht ebenso wie in allen anderen Fällen, in denen lediglich nach der Unentgeltlichkeit einer Zuwendung gefragt wird. All das ist Ergebnis eines kontinuierlich fortschreitenden Prozesses: Im Steuerrecht ist bereits seit den 1950er-Jahren klar, dass sich die Steuerlast nicht durch § 1624 Abs. 1 BGB mindern lässt. Dass auch Ausstattungen mehrheitlich für anfechtbar gehalten werden, ist hingegen eine jüngere Entwicklung. Nicht nur der Gesetzgeber sah dies dezidiert anders.[159] Auch das Schrifttum maß der Ausstattung lange eine sittlich begründete Sonderrolle zu. Ähnliches zeigt sich im Ehegüterrecht, wo sich derartige Argumente am stärksten halten. Aber auch hier dürfte mittlerweile Konsens sein, dass zumindest wertmäßig große Zuwendungen nicht unter § 1375 Abs. 2 Nr. 1 BGB fallen. Die Begründung für diesen Trend ist stets dieselbe: Der Gedanke, dass der Ausstattung möglicherweise noch heute eine sittliche Pflicht zugrunde liege, reiche nicht aus, um die anderweitigen Interessen Dritter zurückstehen zu lassen. Deutlicher lässt sich nicht sagen, dass der Gedanke, der § 1624 Abs. 1 BGB lange trug, merklich an Überzeugungskraft verloren hat.

Ein letztes, wenn auch schwächeres Indiz für die These, dass eine Sonderrolle der Ausstattung nicht länger für zeitgemäß gehalten wird, findet sich dann im rechtsvereinheitlichenden Schrifttum: Der „Draft Common Frame of Reference", der DCFR, das einzige europäische Rechtsvereinheitlichungsprojekt, das auch das Schenkungsrecht erfasst,[160] kennt keine Sonderregel für innerfamiliär motivierte Zuwendungen von Eltern an ihre Kinder.[161]

---

[159] Vgl. wieder Prot. IV, 5515 [= *Mugdan,* Materialien, Bd. IV, 968 f.].

[160] Zur Kritik an diesem weitgehenden Ansatz vgl. die Nachweise bei *Jansen/ Zimmermann*, in: dies., Rn. 15–18.

[161] Nach DCFR-o.A., IV.H.–1:101, Comment "Donations in Family Relationships", S. 2805, soll bewusst keine Sonderregel für Zuwendungen zwischen Familienangehörigen aufgenommen werden. In DCFR-o.A., IV.H.–1:201, Comment "Donations for a special purpose", S. 2816, wird dann auch ein der Ausstattung sehr ähnliches Beispiel gebildet, in dem ein Onkel seinem Neffen Geld zum Erwerb einer Immobilie schenkt.

B. Struktur des § 2050 BGB und *ratio legis*

Auszugleichen sind in erster Linie Ausstattungen (§ 2050 Abs. 1 BGB). Das Erbrecht knüpft damit, wie sich soeben gezeigt hat, nicht lediglich an einen familienrechtlichen Begriff an, sondern an einen familienrechtlichen Begriff, der in vielerlei Hinsicht kritikwürdig ist. Schon das lässt vermuten, dass für das moderne deutsche Recht nichts anderes gilt als für das schweizerische oder englische Recht: Es ist schwierig, wenn nicht sogar aussichtslos, die jahrhundertealte deutschrechtliche Tradition der Einwerfung noch heute fortschreiben zu wollen.[162] Bisher stützt sich dieser Befund jedoch allein auf eine Untersuchung des § 1624 Abs. 1 BGB, des zentralen Bezugspunkts der Ausgleichung. Damit ist bereits einiges – und nichts Gutes – über deren Regelungsansatz gesagt. Aber was gilt für die erbrechtliche Dogmatik selbst? Wie werden die §§ 2050 ff. BGB vor dem Hintergrund der heutigen familiären, wirtschaftlichen und sozialen Gegebenheiten konzeptualisiert und angewandt?

I. Die Ausgleichung: Grundstruktur und dogmatische Orthodoxien

Seit Inkrafttreten des BGB hat sich im Recht der Ausgleichung wenig geändert, weder in der übergeordneten Systematik noch hinsichtlich der Detailregeln der §§ 2050 ff. BGB. Nur eine Gesetzesänderung ist hervorzuheben: Mit der Gleichstellung nichtehelicher Kinder hat der Gesetzgeber § 2057a Abs. 1 BGB eingefügt.[163] Gegenstand der Ausgleichung sind nicht mehr nur lebzeitige Zuwendungen des Erblassers. Umgekehrt können nun auch bestimmte Leistungen eines Abkömmlings zugunsten des Erblassers ausgleichspflichtig sein, wenn es zum Eintritt der gesetzlichen Erbfolge kommt.[164] Was aber lebzeitige Zuwendungen des Erblassers selbst betrifft, hat sich die Grundstruktur der Ausgleichung seit Inkrafttreten des BGB nicht verändert. Die zentrale Weichenstellung ist nach wie vor die Unterscheidung zwischen § 2050 Abs. 1 und 3 BGB: Ausstattungen sind stets – qua Gesetz – auszugleichen, andere Zuwendungen nur, wenn der Erblasser dies anordnet. Zwischen

---

[162] Vgl. zu dieser Tradition oben Erster Teil – A.II.1 (28), vgl. für deren Fortleben im BGB oben Erster Teil – C.II.3 (90).

[163] BT-Drucks. V/4179, 31 f. Der Rechtsausschuss sorgte sich im Zuge dessen um die Interessen ehelicher Kinder. Sie seien es, so die Annahme, die anders als ihre unehelichen Geschwister, weiterhin sozialen Kontakt zu ihren Eltern pflegten und deswegen ganz selbstverständlich Leistungen zu deren Gunsten erbrächten. Ohne eine entsprechende Ausgleichpflicht würden eheliche Kinder benachteiligt, vgl. Bericht zu BT-Drucks. V/4179, 6; vgl. zum Hintergrund auch RGRK-*Kregel*, § 2057a BGB, Rn. 1; *Ann*, Die Erbengemeinschaft, 289 f.

[164] Vgl. für die möglichen normativen Implikationen dieser – zunehmenden – Materialisierung und Individualisierung der gesetzlichen Erbfolge unten Dritter Teil – B.IV.2 (253).

diesen beiden Polen steht die Ausgleichung von Studienkosten und Zuschüssen, die zu dem Zwecke gegeben worden sind, als Einkünfte verwendet zu werden. Sie sind nur auszugleichen, insoweit sie das den Vermögensverhältnissen des Erblassers entsprechende Maß übersteigen (§ 2050 Abs. 2 BGB). Dieser Untersuchung geht es dabei um die systemprägende Unterscheidung zwischen § 2050 Abs. 1 und 3 BGB. § 2050 Abs. 2 BGB ist nicht derart systemprägend und bleibt deswegen außer Acht.

1. Dogmatische Orthodoxien I: Gegenstand der Ausgleichung, persönlicher Anwendungsbereich und Durchführung der Ausgleichung

Auch bei der Auslegung des unverändert geltenden Normtexts der §§ 2050 ff. BGB sind seit dessen Inkrafttreten wenig dogmatische Innovationen zu verzeichnen. Das gilt für den Gegenstand der Ausgleichung, für ihren persönlichen Anwendungsbereich ebenso wie für ihre Durchführung.

Betreffs des zentralen § 2050 Abs. 1 BGB betont das heutige Schrifttum beispielsweise die folgenden drei Aspekte, die sich jeweils mehr oder minder zwanglos aus dem Wortlaut der Norm ergeben: Zunächst ist anerkannt, dass der Begriff der Ausstattung in § 2050 Abs. 1 BGB jedenfalls im Ausgangspunkt der familienrechtlichen Legaldefinition in § 1624 Abs. 1 BGB entspricht.[165] Für die Zwecke dieser Untersuchung ist das sicherlich die wichtigste dogmatische Erkenntnis. Denn aus ihr folgt, dass all das Kritikwürdige, das sich über § 1624 Abs. 1 BGB sagen lässt, *mutatis mutandis* für die erbrechtliche Ausgleichung gilt, jedenfalls für ihre derzeitige Konzeption. Was den Begriff „Ausstattung" betrifft, geht das Erbrecht jedoch in zweierlei Hinsicht über das Familienrecht hinaus: Zunächst erfasst § 2050 Abs. 1 BGB nicht nur Ausstattungen, die unmittelbar den Kindern des Erblassers gemacht werden (so ja die tatbestandliche Begrenzung des § 1624 Abs. 1 BGB). Auszugleichen sind alle ausstattenden Zuwendungen an den jeweils nächsten, nicht von der Erbfolge ausgeschlossenen Abkömmling in gerader Linie (vgl. § 2053 Abs. 1 BGB).[166] Der zweite Unterschied zwischen Erb- und Familienrecht betrifft Ausstattungen, die das den Umständen entsprechende Maß übersteigen. Sie

[165] BGH, 27.6.2018 – IV ZR 222/16, BGHZ 219, 142 (153 f.); OLG Düsseldorf, 6.4.2018, FamRZ 2018, 1788 (1789); LG Kaiserslautern, 19.3.2021, RNotZ 2021, 276 (280); RGRK-*Kregel*, § 2050 BGB, Rn. 7; *Ann*, Die Erbengemeinschaft, 286 f.; *Siebert*, NJOZ 2009, 3099, 3101; Erman-*Bayer*, § 2050 BGB, Rn. 6; Staudinger-*Löhnig*, § 2050 BGB, Rn. 22; jurisPK-*Schermann*, § 2050 BGB, Rn. 38; Grüneberg-*Weidlich*, § 2050 BGB, Rn. 7; BeckOK-*Lohmann*, § 2050 BGB, Rn. 8; BeckOGK-*Rißmann*, § 2050 BGB, Rn. 33.

[166] BGH, 27.6.2018 – IV ZR 222/16, BGHZ 219, 142 (153 f.); RGRK-*Kregel*, § 2050 BGB, Rn. 7; *Siebert*, NJOZ 2009, 3099, 3101; Erman-*Bayer*, § 2050 BGB, Rn. 6; jurisPK-*Schermann*, § 2050 BGB, Rn. 39; MüKoBGB-*Fest*, § 2050 BGB, Rn. 14; Staudinger-*Löhnig*, § 2050 BGB, Rn. 22; Grüneberg-*Weidlich*, § 2050 BGB, Rn. 7.

sind in voller Höhe qua Gesetzes auszugleichen.[167] Der Bedachte kann sich also nicht darauf berufen, dass eine übermäßige Ausstattung nach dem Wortlaut von § 1624 Abs. 1 BGB hinsichtlich des Übermaßes als Schenkung gilt.

Auch was den persönlichen Anwendungsbereich der Ausgleichung betrifft, hat sich am Regelungsansatz des BGB seit dessen Inkrafttreten wenig geändert. Ausgleichspflichtig sind nur die jeweils nächsten, zur Erbfolge berufenen Abkömmlinge des Erblassers (§ 2053 Abs. 1 BGB), nicht der überlebende Ehegatte. Soll er zur Ausgleichung verpflichtet werden, bedarf es einer formwirksamen testamentarischen Anordnung, üblicherweise in Form eines Vorausvermächtnisses zugunsten der Ausgleichsberechtigten.[168] Gleiches gilt, wenn der Erblasser nachträglich die Ausgleichung zugunsten oder zulasten von Abkömmlingen anordnen oder ausschließen möchte.[169] Wenn das Gesetz in § 2050 Abs. 1 und 3 BGB davon spricht, eine – formfreie – Anordnung des Erblassers über die Ausgleichspflicht sei „bei der Zuwendung" möglich, ist dies streng zu verstehen.[170] Erforderlich ist eine Anordnung spätestens im Zeitpunkt der Zuwendung,[171] damit der Bedachte die Zuwendung in Kenntnis der Anordnung ablehnen oder annehmen kann.

---

[167] RGRK-*Kregel*, § 2050 BGB, Rn. 7; *Kerscher/Tanck*, ZEV 1997, 354, 355; *Ann*, Die Erbengemeinschaft, 287; *Sailer*, NotBZ 2002, 81, 83; *Tanck*, Ausgleichung und Anrechnung, 7–9; *Mayer*, ZErb 2007, 130, 137; *Kössinger/Najdecki*, in: Nieder/Kössinger, 165; Erman-*Bayer*, § 2050 BGB, Rn. 6; jurisPK-*Schermann*, § 2050 BGB, Rn. 37; MüKoBGB-*Fest*, § 2050 BGB, Rn. 16; Staudinger-*Löhnig*, § 2050 BGB, Rn. 24; *Lange*, Erbrecht, 606; Grüneberg-*Weidlich*, § 2050 BGB, Rn. 7.

[168] RGRK-*Kregel*, § 2050 BGB, Rn. 19 f.; *Mayer*, ZErb 2007, 130, 136; *Siebert*, NJOZ 2009, 3099, 3105; *Everts*, notar 2013, 219, 223; *Kössinger/Najdecki*, in: Nieder/Kössinger, 169 f.; Erman-*Bayer*, § 2050 BGB, Rn. 9; MüKoBGB-*Fest*, § 2050 BGB, Rn. 21; Staudinger-*Löhnig*, § 2050 BGB, Rn. 37 f.; *Röthel*, Erbrecht, 342; jurisPK-*Schermann*, § 2050 BGB, Rn. 81–83, 92; Grüneberg-*Weidlich*, § 2050 BGB, Rn. 1, 3; BeckOK-*Lohmann*, § 2050 BGB, Rn. 11; teilweise anders *Tanck*, in: FS Damrau, 87 f.

[169] Einen entsprechenden schuldrechtlichen Vertrag zugunsten Dritter nach § 238 BGB hält der Bundesgerichtshof für unzulässig, vgl. BGH, 28.10.2009 – IV ZR 82/08, FamRZ 2010, 27 (28); dagegen beispielsweise Erman-*Bayer*, § 2050 BGB, Rn. 12; MüKoBGB-*Fest*, § 2050 BGB, Rn. 35.

[170] Anders nur BeckOGK-*Rißmann*, § 2050 BGB, Rn. 50.2.

[171] BGH, 30.9.1981 – IVa ZR 127/80, NJW 1982, 575 (577); RGRK-*Kregel*, § 2050 BGB, Rn. 18; *Mayer*, ZErb 2007, 130, 137; *Siebert*, NJOZ 2009, 3099, 3105; *Kössinger/Najdecki*, in: Nieder/Kössinger, 168; MüKoBGB-*Fest*, § 2050 BGB, Rn. 21; Staudinger-*Löhnig*, § 2050 BGB, Rn. 44; jurisPK-*Schermann*, § 2050 BGB, Rn. 76; Grüneberg-*Weidlich*, § 2050 BGB, Rn. 3, 10; BeckOK-*Lohmann*, § 2050 BGB, Rn. 12; BeckOGK-*Rißmann*, § 2050 BGB, Rn. 50, 66. Besonders weitgehend *Kössinger/Najdecki*, in: Nieder/Kössinger, 168 f., die hier einen Verweis auf RG, 4.1.1908 – IV 251/07, RGZ 67, 306 (308), und die entsprechende (kritikwürdige) Rechtsprechung zu § 2315 Abs. 1 BGB sehen.

2. Dogmatische Orthodoxien II: Erklärung der Ausgleichung (nur) mithilfe des mutmaßlichen Erblasserwillens und erbrechtlicher Gleichbehandlungsideen

Den Gegenstand der Ausgleichung, ihren persönlichen Anwendungsbereich und ihre Durchführung beschreibt die heutige Dogmatik mithilfe einiger allgemein anerkannter Sätze. Dieses Bild wiederholt sich, wenn man nach Ratio und Geltungsgrund der §§ 2050 ff. BGB fragt. Auch unter den heutigen sozialen, wirtschaftlichen und familiären Bedingungen wird die Ausgleichung mithilfe einiger tradierter, weitgehend anerkannter Argumente konzeptualisiert und begründet. Es gehe der Ausgleichung, so heißt es dann zumeist, um den mutmaßlichen Erblasserwillen,[172] um die Gleichbehandlung der Abkömmlinge[173] (damit nicht zuletzt um den Rechtsgedanken des § 1924 Abs. 4 BGB[174]) oder um die Vorstellung, bestimmte Zuwendungen seien ein Voraus auf den Erbteil.[175] Teils wird auf alle drei Rationalisierungsansätze verwiesen, teils nur auf einzelne.

All diese Topoi sind aus der Dogmengeschichte der §§ 2050 ff. BGB bekannt, sie stehen heute jedoch nicht mehr gleichberechtigt nebeneinander. Die heutige Dogmatik rückt einen Gedanken in den Vordergrund, in dem alle

---

[172] *Meincke*, AcP 178 (1978), 45, 66; *Kerscher/Tanck*, ZEV 1997, 354, 356; *Eberl-Borges*, Die Erbauseinandersetzung, 233 f.; *Ann*, Die Erbengemeinschaft, 284; *Tanck,* Ausgleichung und Anrechnung, 8, 26; *Siebert*, NJOZ 2009, 3099, 3099; *Muscheler*, Erbrecht, Bd. I, 707 f.; *Kössinger/Najdecki*, in: Nieder/Kössinger, 162, 175; Erman-*Bayer*, § 2050 BGB, Rn. 1; MüKoBGB-*Fest*, § 2050 BGB, Rn. 1; Soergel-*Lettmaier*, § 2050 BGB, Rn. 1; Staudinger-*Löhnig*, § 2050 BGB, Rn. 1; jurisPK-*Schermann*, § 2050 BGB, Rn. 1; *Lange*, Erbrecht, 601 f.; BeckOK-*Lohmann*, § 2050 BGB, Rn. 1; BeckOGK-*Rißmann*, § 2050 BGB, Rn. 1; implizit auch RGRK-*Kregel*, § 2050 BGB, Rn. 1; diese Sichtweise macht sich dann auch der Regierungsentwurf zur Erbrechtsreform 2008 zu eigen, vgl. BT-Drucks. 16/8954, 18.

[173] *Raiser*, ZHR 111 (1948), 75, 80; RGRK-*Kregel*, § 2050 BGB, Rn. 1; *Meincke*, AcP 178 (1978), 45, 47, 66; *Kerscher/Tanck*, ZEV 1997, 354, 356 *Eberl-Borges*, Die Erbauseinandersetzung, 233 f.; *Ann*, Die Erbengemeinschaft, 284; *Mayer*, ZErb 2007, 130, 131; *Siebert*, NJOZ 2009, 3099, 3099; *Löhnig*, FamRZ 2010, 643, 643 *Muscheler*, Erbrecht, Bd. I, 707 f.; *Everts*, notar 2013, 219, 222; *Kössinger/Najdecki*, in: Nieder/Kössinger, 162, 175; Erman-*Bayer*, § 2050 BGB, Rn. 1; MüKoBGB-*Fest*, § 2050 BGB, Rn. 1; Soergel-*Lettmaier*, § 2050 BGB, Rn. 1; Staudinger-*Löhnig*, § 2050 BGB, Rn. 1; *Röthel*, Erbrecht, 339; jurisPK-*Schermann*, § 2050 BGB, Rn. 1; *Lange*, Erbrecht, 601 f.; BeckOK-*Lohmann*, § 2050 BGB, Rn. 1; BeckOGK-*Rißmann*, § 2050 BGB, Rn. 1.

[174] RGRK-*Kregel*, § 2050 BGB, Rn. 1; *Löhnig*, FamRZ 2010, 643, 643; MüKoBGB-*Fest*, § 2050 BGB, Rn. 1; Soergel-*Lettmaier*, § 2050 BGB, Rn. 1; *Röthel*, Erbrecht, 339.

[175] Besonders deutlich RGRK-*Kregel*, § 2050 BGB, Rn. 1; *Siebert*, NJOZ 2009, 3099, 3099; *Röthel*, Ist unser Erbrecht noch zeitgemäß?, A 56; jurisPK-*Schermann*, § 2050 BGB, Rn. 3, 36; MüKoBGB-*Fest*, § 2050 BGB, Rn. 1; vgl. darüber hinaus *Ann*, Die Erbengemeinschaft, 284; *Muscheler*, Erbrecht, Bd. I, 707 f.; *Kössinger/Najdecki*, in: Nieder/Kössinger, 162; *Lange*, Erbrecht, 601; implizit auch *Tanck,* Ausgleichung und Anrechnung, 13; *ders.*, in: FS Damrau, 92.

anderen Rationalisierungsansätze mehr oder minder deutlich aufgehen.[176] Die Ausgleichung soll sich in erster Linie mithilfe des mutmaßlichen Erblasserwillens erklären lassen Einem Erblasser, der einen seiner Abkömmlinge lebzeitig bedenkt, könne nicht in jedem Fall unterstellt werden, er wolle den Bedachten auch endgültig bevorzugen. Dem trage die Ausgleichung Rechnung, indem sie letztlich für die wertmäßige Gleichbehandlung aller Abkömmlinge sorge.

Dieser Ansatz mag zunächst einsichtig erscheinen, auf den zweiten Blick verliert er jedoch an Überzeugungskraft: Der Gleichbehandlungsanspruch der §§ 2050 ff. BGB wird schließlich in aller Regel unbedingt formuliert und nicht weiter qualifiziert.[177] Gleichzeitig ist der sachliche Anwendungsbereich von § 2050 Abs. 1 BGB beschränkt. Der Tatbestand der Ausgleichung erfasst allein Ausstattungen. Nur insoweit werden Abkömmlinge qua Gesetz gleichgestellt. Dieses Spannungsverhältnis zwischen scheinbar weitreichenden Gleichbehandlungsideen, dem mutmaßlichen Erblasserwillen und dem tatbestandlich begrenzten § 2050 Abs. 1 BGB versucht die heutige Dogmatik nur selten aufzulösen.[178] Hier zeigt sich zum ersten Mal, dass es auch im Rahmen der Ausgleichung lohnenswert ist, die tradierten Sätze zu hinterfragen, mithilfe derer das Institut in aller Regel beschrieben wird. Dabei soll nicht verschwiegen werden, dass das Schrifttum mit den §§ 2050 ff. BGB deutlich kritischer umgeht als mit § 1624 Abs. 1 BGB. Die Forderung, § 2050 Abs. 1 BGB tatbestandlich neu zu fassen und zu erweitern, findet sich durchaus.[179] Sie ist Ausdruck genau dieses Spannungsverhältnisses zwischen einem weitreichenden Gleichheitsanspruch einerseits und einem tatbestandlich beschränkten Institut andererseits.

All das ist nicht neu. Sowohl der mutmaßliche Erblasserwille als auch Gleichbehandlungsgedanken werden seit jeher bemüht, um die Ausgleichung des BGB und ihre dogmengeschichtlichen Vorläufer zu erklären. Neu ist die relative Bedeutung dieser beiden Topoi. Heute prägen sie allein, wie das Recht über die §§ 2050 ff. BGB denkt. Historisch war dies nicht der Fall. Hier standen der mutmaßliche Erblasserwille und Gleichbehandlungsgedanken mehr oder minder gleichberechtigt neben der auf die deutschrechtliche

---

[176] Vgl. v.a. die soeben in Fn. 172 genannten Stimmen.

[177] Eine interessante, insoweit aber nicht rezipierte Ausnahme von diesem Befund ist BGH, 4.7.1975 – IV ZR 3/74, BGHZ 65, 75 (77): Hier heißt es, die Ausgleichung erhebe einen Gleichheitsanspruch *soweit* ihr Tatbestand reiche.

[178] Die einzig ausführliche Begründung findet sich bei Soergel-*Lettmaier*, § 2050 BGB, Rn. 17. Dazu unten ausführlich Dritter Teil – B.II.1 (230).

[179] *Werbik*, Lebzeitige Zuwendungen des Erblassers, 119; *Lange*, DNotZ 2009, 732, 743; *Röthel*, Ist unser Erbrecht noch zeitgemäß?, A 57; zustimmend die Referate von *Lange* und *Frieser*, Verh. d. 68. DJT, Bd. II/1, L 41 f., L 58 f.; *Kroppenberg*, NJW 2010, 2609, 2611; Staudinger-*Löhnig*, § 2050 BGB, 2; *Lange*, Erbrecht, 607; anders *Leipold*, JZ 2010, 802, 806 f.; *Odersky*, MittBayNot 2008, 2, 5 f.

Tradition der Einwerfung zurückgehenden Idee,[180] ausgleichspflichtige Zuwendungen seien ein Erbvorempfang und deswegen Gegenstand der Ausgleichung. Die Vorstellung eines Voraus lebt zwar im heutigen Schrifttum fort.[181] Aber das allenfalls beschreibend, im Nebensatz oder als Randnotiz.[182] Dieser Gedanke ist nicht mehr, anders als zeitweise in der deutschrechtlichen Tradition, der zentrale Rechtfertigungsgrund, der das Institut der Ausgleichung in erster Linie erklären soll.

Implizit hat sich das Recht der Ausgleichung seit Inkrafttreten des BGB also doch fortentwickelt. Ohne dass die heutige Dogmatik dies explizit benennt, haben sich die Begründungsmuster verschoben, die den §§ 2050 ff. BGB zugrunde liegen sollen. Von den beiden großen Strömungen, die das Denken über die Ausgleichung historisch prägten, ist eine dominant geworden: diejenige nämlich, die zurückgehend auf römische Gedanken in der Pandektistik[183] zunächst auf den mutmaßlichen Erblasserwillen und auf erbrechtliche Gleichbehandlungsideen verweist. Zu Beginn des 20. Jahrhunderts ließ sich noch von einem „Zwiespalt in der Grundidee" der Ausgleichung sprechen.[184] Römische und deutschrechtliche Ideen standen offen nebeneinander. Das hat sich geändert. Darüber hinaus ist ein weiterer Baustein vollends aus dem geltenden Recht verschwunden, der eigentlich eng mit der Ausgleichung und der deutschrechtlichen Tradition der Einwerfung verbunden ist. Zwar lebt der Gedanke eines Erbvoraus im Nebensatz des heutigen Schrifttums fort. Damit war aber stets die Vorstellung verbunden, ausgleichspflichtige (ausstattende) Zuwendungen seien sittlich geschuldet und deswegen Gegenstand der Ausgleichung. Diese Idee ist vollends verblasst. Die erbrechtliche Dogmatik spricht sie nicht einmal mehr an.[185] Darin unterscheidet sie sich vom heutigen

---

[180] Vgl. dazu wieder oben Erster Teil – A.II.1 (28) und für das Fortleben dieser Idee im BGB Erster Teil – C.II.3 (90).

[181] Vgl. wieder RGRK-*Kregel*, § 2050 BGB, Rn. 1; *Siebert*, NJOZ 2009, 3099, 3099; *Röthel*, Ist unser Erbrecht noch zeitgemäß?, A 56; jurisPK-*Schermann*, § 2050 BGB, Rn. 3, 36; MüKoBGB-*Fest*, § 2050 BGB, Rn. 1; vgl. darüber hinaus *Ann*, Die Erbengemeinschaft, 284; *Muscheler*, Erbrecht, Bd. I, 707 f.; *Kössinger/Najdecki*, in: Nieder/Kössinger, 162; *Lange*, Erbrecht, 601; implizit auch *Tanck,* Ausgleichung und Anrechnung, 13; *ders.*, in: FS Damrau, 92.

[182] Implizit vor allem auch nur BGH, 4.7.1975 – IV ZR 3/74, BGHZ 65, 75 (77); jurisPK-*Schermann*, § 2055 BGB, Rn. 1.

[183] Vgl. dazu oben Erster Teil – B.I.3.a) (44).

[184] *Binder*, Die Rechtsstellung des Erben nach dem deutschen bürgerlichen Gesetzbuch, Bd. III/1, 139.

[185] Allenfalls heißt es – beschreibend – über § 2050 Abs. 3 BGB, er erfasse, anders als § 2050 Abs. 1 BGB freigebige Zuwendungen, vgl. *Schindler*, ZEV 2006, 389, 391; *Fröhler*, BWNotZ 2010, 94, 94 f.; *Kössinger/Najdecki*, in: Nieder/Kössinger, 164; jurisPK-*Schermann*, § 2050 BGB, Rn. 50, 53, 79; BeckOGK-*Rißmann*, § 2050 BGB, Rn. 49. Ein Versuch, diese tatbestandliche Unterscheidung auf diesem Weg zu erklären, ist damit jedoch nicht länger verbunden.

Familienrecht. Im Rahmen des § 1624 Abs. 1 BGB, auf den die Ausgleichung ja verweist, wird dieser Gedanke bis heute in der einen oder anderen Form fortgeschrieben.[186]

Der Versuch, die Ausgleichung in erster Linie durch Gleichbehandlungsgedanken und mithilfe des mutmaßlichen Erblasserwillens zu erklären, ist jedoch nicht auf die großen Linien des Instituts beschränkt. Der mutmaßliche Erblasserwille ist der verbindende Topos, mithilfe dessen die heutige Dogmatik mehr oder minder alle Einzelregelungen der §§ 2050 ff. BGB begründen will.[187] Dieser Ansatz prägt schon die Denkschrift zum BGB,[188] im geltenden Recht lebt er fort. Dass die Ausgleichung außer in den Fällen des § 2052 BGB[189] auf die gesetzliche Erbfolge beschränkt sei,[190] ergebe sich beispielsweise ebenso aus dem mutmaßlichen Erblasserwillen wie der Umstand, dass nur Putativerben im Zeitpunkt der Zuwendung zur Ausgleichung verpflichtet sind (§ 2053 Abs. 1 und 2 BGB).[191] Gleiches gelte für die Behandlung von Irrtumsfällen im

---

[186] Wenn auch mit unterschiedlichen Schattierungen, vgl. dazu oben Dritter Teil – A.I.1 (184) und BFH, 3.6.1987 – III R 141/86, BB 1987, 2081 (2082); *Dölle*, Familienrecht, Bd. II, 130; *Jakob*, AcP 207 (2007), 198, 205 f.; Staudinger-*Lugani*, § 1624 BGB, Rn. 4; *Rauscher*, Familienrecht, 824; *Langenfeld/Günther*, Grundstückszuwendungen zur lebzeitigen Vermögensnachfolge, 261; *Gernhuber/Coester-Waltjen*, Familienrecht, 627; Erman-*Döll*, § 1624 BGB, Rn. 12.

[187] *Kerscher/Tanck*, ZEV 1997, 354, 356; Staudinger-*Löhnig*, § 2051 BGB, Rn. 1; MüKoBGB-*Fest*, § 2053 BGB, Rn. 1, 3.

[188] Denkschrift, 264 f. [= *Mugdan*, Materialien, Bd. V, 861 f.].

[189] Auch diese Regel wird mithilfe des mutmaßlichen Erblasserwillens erklärt, vgl. Erman-*Bayer*, § 2052 BGB, Rn. 1; Soergel-*Lettmaier*, § 2052 BGB, Rn. 1; Staudinger-*Löhnig*, § 2052 BGB, Rn. 1; jurisPK-*Schermann*, § 2052 BGB, Rn. 1; *Lange*, Erbrecht, 602; Grüneberg-*Weidlich*, § 2050 BGB, Rn. 1; BeckOGK-*Rißmann*, § 2052 BGB, Rn. 2. Vor allem in den Fällen des § 2052 Var. 1 BGB erscheint dies konsequent. Wenn der Erblasser schon auf die gesetzliche Erbfolge als solche verweist, liegt es nahe, ihm zu unterstellen, er verweise auf all deren Regelungen, einschließlich der Ausgleichung. Je komplexer die testamentarische Nachlassgestaltung wird, also in Fällen, die durchaus unter § 2052 Var. 2 BGB fallen können, desto eher lässt sich anzweifeln, ob der mutmaßliche Erblasserwille (allein) ausreicht, um die auch hier qua Gesetz eintretende Ausgleichung zu erklären, zweifelnd deswegen auch *Ann*, Die Erbengemeinschaft, 284 f.

[190] Der testierende Erblasser könne die Zuwendungen schließlich berücksichtigen, vgl. *Muscheler*, Erbrecht, Bd. I, 707; *Everts*, notar 2013, 219, 222; Erman-*Bayer*, § 2050 BGB, Rn. 1; Soergel-*Lettmaier*, § 2050 BGB, Rn. 1; Staudinger-*Löhnig*, § 2052 BGB, Rn. 1; jurisPK-*Schermann*, § 2050 BGB, Rn. 2; BeckOK-*Lohmann*, § 2052 BGB, Rn. 1.

[191] Bedenkt der Erblasser einen Abkömmling, der nicht Putativerbe ist, lasse sich nicht unterstellen, er wolle alle Abkömmlinge gleichbehandeln, vgl. RG, 29.10.1935 – VII 84/35, RGZ 149, 129 (134), vgl. darüber hinaus RGRK-*Kregel*, § 2053 BGB, Rn. 1; *Muscheler*, Erbrecht, Bd. I, 709; *Kössinger/Najdecki*, in: Nieder/Kössinger, 163; Erman-*Bayer*, § 2053 BGB, 1; Staudinger-*Löhnig*, § 2052 BGB, Rn. 1; MüKoBGB-*Fest*, § 2053 BGB, Rn. 1; Soergel-*Lettmaier*, § 2053 BGB, Rn. 1; *Röthel*, Erbrecht, 340 (dort Fn. 356).; jurisPK-*Schermann*, § 2053 BGB, Rn. 1; Grüneberg-*Weidlich*, § 2053 BGB, Rn. 1; BeckOK-*Lohmann*, § 2053 BGB, Rn. 1.

Rahmen des § 2053 BGB[192] oder die Ausgleichspflicht nachrückender Abkömmlinge bei Vorversterben des Bedachten nach § 2051 Abs. 1 BGB.[193]

Sogar § 2056 S. 1 BGB soll sich (auch) voluntaristisch erklären lassen: Ein mutmaßlicher Erblasser wolle, so der Gedanke, dass die Sachsubstanz endgültig dem Bedachten verbleibe, selbst wenn die Zuwendung übermäßig sei. Eine Rückführung zum Nachlass werde nicht gewünscht.[194] Weiter begründet wird dies nicht. Angesichts der ansonsten pauschalen Gleichsetzung von Erblasserwillen und Gleichheitsidee ist dieser Ansatz zumindest überraschend. Denn jedenfalls diese spezifische Konzeption des mutmaßlichen Erblasserwillens in Fällen des § 2056 S. 1 BGB führt ja gerade nicht zur unbedingten Gleichbehandlung aller Abkömmlinge. Damit soll nicht gesagt sein, eine § 2056 S. 1 BGB entgegengesetzte Lösung sei vorzugswürdig. Im Gegenteil, gute Gründe, vor allem Praktikabilitätserwägungen sprechen gegen eine Rückführung übermäßiger Zuwendungen in den Nachlass.[195]

§ 2056 S. 1 BGB steht damit beispielhaft für eine allgemeinere Beobachtung: Wenn es darum geht, Gegenstand, Geltungsgrund und Grenzen der §§ 2050 ff. BGB zu rationalisieren, dominiert der mutmaßliche Erblasserwille die heutige Dogmatik. Letzt- oder alleinerklärend ist er jedoch selten.[196] Denn oft wirft

---

[192] Vgl. RGRK-*Kregel*, § 2053 BGB, Rn. 1; Erman-*Bayer*, § 2053 BGB, Rn. 1; jurisPK-*Schermann*, § 2053 BGB, Rn. 17; MüKoBGB-*Fest*, § 2053 BGB, Rn. 3; Grüneberg-*Weidlich*, § 2053 BGB, Rn. 2; BeckOK-*Lohmann*, § 2053 BGB, Rn. 1.

[193] Dem Erblasser sei zu unterstellen, dass er nicht nur seine Abkömmlinge habe gleich behandeln wollen, sondern, falls ein Abkömmling wegfällt, die Stämme seiner Abkömmlinge, vgl. Staudinger-*Löhnig*, § 2051 BGB, Rn. 1; MüKoBGB-*Fest*, § 2051 BGB, Rn. 1; Soergel-*Lettmaier*, § 2051 BGB, Rn. 1; jurisPK-*Schermann*, § 2051 BGB, Rn. 1 BeckOGK-*Rißmann*, § 2051 BGB, Rn. 2.

[194] So bereits Denkschrift 266 [= *Mugdan,* Materialien, Bd. V, 862]; vgl. heute MüKoBGB-*Ann*, § 2056 BGB, Rn. 1 Soergel-*Lettmaier*, § 2056 BGB, Rn. 1; Staudinger-*Löhnig*, § 2056 BGB, Rn. 1; MüKoBGB-*Fest*, § 2056 BGB, Rn. 1; jurisPK-*Schermann*, § 2056 BGB, Rn. 1; BeckOK-*Lohmann*, § 2056 BGB, Rn. 1; BeckOGK-*Rißmann*, § 2056 BGB, Rn. 2; im Ergebnis ähnlich *Ebenroth/Bacher/Lorz*, JZ 1991, 277, 278.

[195] Vgl. für das Argument, die „Härten", die mit einer solchen Herausgabepflicht verbunden seien, sollten vermieden werden *Scholz*, JherJb 84 (1934), 291, 293; BGH, 15.3.1965 – III ZR 108/63, NJW 1965, 1526 (1527); *Ebenroth/Bacher/Lorz*, JZ 1991, 277, 278; MüKoBGB-*Fest*, § 2056 BGB, Rn. 1; Soergel-*Lettmaier*, § 2056 BGB, Rn. 1; Staudinger-*Löhnig*, § 2056 BGB, Rn. 1; jurisPK-*Schermann*, § 2050 BGB, 1. Der Erbe solle nicht gezwungen werden, auszuschlagen, nur weil er die Zuwendung behalten wolle, vgl. *Scholz*, JherJb 84 (1934), 291, 293. Wieder andere sehen in § 2056 S. 1 BGB die konsequente Fortführung der Idealkollation, d.h. der bloß rechnerischen Ausgleichung, vgl. für dieses Argument MüKoBGB-*Fest*, § 2056 BGB, Rn. 1; BeckOGK-*Rißmann*, § 2056 BGB, Rn. 3.

[196] § 2051 Abs. 1 BGB lässt sich beispielsweise ebenso gut mit dem Gedanken erklären, die Norm solle schlicht vermeiden, dass die Ausgleichpflicht zufällig erlischt, weil der Bedachte vorverstirbt, vgl. Mot. V, 704 [= *Mugdan,* Materialien, Bd. V, 379]; BeckOGK-*Rißmann*, § 2051 BGB, Rn. 3. Oder man rückt die Interessen der anderen, ausgleichsbe-

dieser Ansatz mehr Fragen auf, als er selbst beantworten kann. Mit dieser Unsicherheit umzugehen, ist die zentrale Herausforderung, vor der das geltende Recht steht – und an der es scheitert, wie sich im folgenden zeigen wird.

II. Die Unterscheidung zwischen Ausstattungen und anderen Zuwendungen: theoretische und praktische Herausforderungen der Ausgleichung

Auch im heutigen Schrifttum finden sich dann einige Indizien, die nahelegen, dass die Handhabung der §§ 2050 ff. BGB – wie schon diejenige des § 1624 Abs. 1 BGB – mit erheblichen praktischen wie theoretischen Schwierigkeiten verbunden ist. Fragt man beispielsweise nach Bedeutung und Zweckmäßigkeit der Ausgleichung im geltenden Recht, erhält man frappierend unterschiedliche Antworten: Einerseits wird die fortdauernde praktische Wichtigkeit des Instituts betont.[197] Und auf einer eher dogmatisch-konzeptionellen Ebene sei noch einmal an *Ludwig Raisers* Göttinger Antrittsvorlesung erinnert: Die §§ 2050 ff., 2315 und 2316 BGB seien einer der zentralen Gleichheitssätze des bürgerlichen Rechts.[198] Aber andererseits finden sich Stimmen, die behaupten, die Ausgleichung in ihrer derzeitigen Ausgestaltung sei zu komplex,[199] vor allem in ihrer pflichtteilsrechtlichen Spielart kritikwürdig,[200] und sie verfehle ihre hehren, selbst gesteckten Ziele allzu oft.[201] „Anachronis-

---

rechtigten Erben in den Vordergrund. Zurückgehend auf die Motive heißt es dann, ohne § 2051 Abs. 1 BGB würden die „Zwecke der Ausgleichung“ zu einfach vereitelt, indem der Abkömmling verzichtet, ausschlägt, enterbt wird oder für erbunwürdig erklärt wird, vgl. Mot. V, 704 [= *Mugdan,* Materialien, Bd. V, 379]; BeckOGK-*Rißmann*, § 2051 BGB, Rn. 3; vgl. zum Umgehungsmotiv darüber hinaus Staudinger-*Löhnig*, § 2051 BGB, Rn. 1; MüKoBGB-*Fest*, § 2051 BGB, Rn. 1; jurisPK-*Schermann*, § 2051 BGB, Rn. 1; BeckOK-*Lohmann*, § 2051 BGB, Rn. 1. Dass dieses Argument gerade hier auftaucht, erklärt sich wahrscheinlich mit der entsprechenden Streitfrage im gemeinen Recht, vgl. dazu *Windscheid/Kipp*, Lehrbuch des Pandektenrechts, Bd. III, 523 f. (dort Fn. 20) – so jedenfalls die Herkunftsbeschreibung bei Staudinger-*Löhnig*, § 2051 BGB, Rn. 1; jurisPK-*Schermann*, § 2051 BGB, Rn. 2 f.

[197] *Meincke*, AcP 178 (1978), 45, 47; *Kerscher/Tanck*, ZEV 1997, 354, 356; *Mayer*, ZErb 2007, 130, 130.; jedenfalls für die pflichtteilsrechtliche Ausgleichung auch *Kroppenberg*, JZ 2010, 741, 741.

[198] *Raiser*, ZHR 111 (1948), 75, 80; zustimmend *Meincke*, AcP 178 (1978), 45, 47; *Ann*, Die Erbengemeinschaft, 284.

[199] *Müller*, ZEV 2015, 322, 325.

[200] Vgl. *Pilz-Hönig*, ZErb 2008, 30, 30; *Henrich*, in: Henrich/Schwab, 383; *Tanck,* Ausgleichung und Anrechnung, 98; MüKoBGB-*Lange*, § 2316 BGB, Rn. 39; jurisPK-*Birkenheier*, § 2315 BGB, Rn. 10; vgl. für die meisten dieser Fundstellen auch *Kroppenberg*, JZ 2010, 741, 742.

[201] So jedenfalls der Befund bei *Mayer*, ZErb 2007, 130, 131; *Kroppenberg*, NJW 2010, 2609, 2611; *Müller*, ZEV 2015, 322, 325; jurisPK-*Schermann*, § 2050 BGB, Rn. 15; *Kössinger/Najdecki*, in: Nieder/Kössinger, 175; Staudinger-*Löhnig*, § 2050 BGB, Rn. 2;

tisch“[202] sei sie und reformbedürftig[203]. Auch finden sich kaum veröffentlichte Urteile zu den §§ 2050 ff. BGB.[204] Jedenfalls in der spruchrichterlichen Praxis scheint das Institut also keine überbordende Rolle zu spielen.[205] Und das wiederum verwundert angesichts der zahlreichen, nicht zuletzt rechtlichen Anreize, Vermögen bereits zu Lebzeiten auf die nächste Generation zu übertragen. Kurzum, es spricht alles dafür, dass die tradierten Beschreibungen der §§ 2050 ff. BGB ein verzerrtes, weil simplifizierendes Bild der Ausgleichung zeichnen – sowohl in normativer als auch in praktischer Hinsicht.

1. Die Unterscheidung zwischen § 2050 Abs. 1 und 3 BGB: normative Unsicherheiten und Begründungsdefizit

Normative Unsicherheiten zeigen sich vor allem bei der zentralen Unterscheidung im Recht der Ausgleichung, derjenigen zwischen Ausstattungen und sonstigen Zuwendungen in § 2050 Abs. 1 und 3 BGB. Hier setzt ja auch das oben beschriebene Spannungsverhältnis an: Einerseits soll die Ausgleichung tatbestandlich beschränkt sein und zwar auf Ausstattungen (dass schon dieser Begriff kaum eingrenzbar ist, hat sich bereits gezeigt). Andererseits spiegelt sich diese Beschränkung nicht in denjenigen Argumenten wider, mithilfe derer die §§ 2050 ff. BGB üblicherweise beschrieben werden. Es heißt ganz pauschal und ohne eine tatbestandliche Eingrenzung, die Ausgleichung verwirkliche den mutmaßlichen Willen des Erblassers, seine Abkömmlinge gleich zu behandeln.[206] Unabhängig davon, ob diese Annahme in der

Lange, Erbrecht, 607; BeckOGK-*Rißmann*, § 2050 BGB, Rn. 105, 108; das meint wohl auch *Everts*, notar 2013, 219, 228.

[202] *Kroppenberg*, NJW 2010, 2609, 2611.

[203] *Werbik*, Lebzeitige Zuwendungen des Erblassers, 119; *Lange*, DNotZ 2009, 732, 743; *Röthel*, Ist unser Erbrecht noch zeitgemäß?, A 57; zustimmend die Referate von *Lange* und *Frieser*, Verh. d. 68. DJT, Bd. II/1, L 41 f., L 58 f.; *Kroppenberg*, NJW 2010, 2609, 2611; Staudinger-*Löhnig*, § 2050 BGB, 2; *Lange*, Erbrecht, 607; anders *Leipold*, JZ 2010, 802, 806 f.; *Odersky*, MittBayNot 2008, 2, 5 f.

[204] Das beobachtet auch *Werbik*, Lebzeitige Zuwendungen des Erblassers, 118.

[205] Teils wird dies gerade als Ausdruck der hier beschriebenen Probleme gelesen. Die Ausgleichung sei nicht handhabbar, Fälle seien allein durch Vergleiche zu lösen, vgl. beispielsweise *Schindler*, ZEV 2006, 389, 389; BeckOGK-*Rißmann*, § 2050 BGB, Rn. 111 f. Anders die Lesart von *Lange*, Erbrecht, 605, wonach die meisten Fälle des § 2050 Abs. 1 BGB durch § 2050 Abs. 2 BGB verdrängt würden.

[206] *Raiser*, ZHR 111 (1948), 75, 80; RGRK-*Kregel*, § 2050 BGB, Rn. 1; *Meincke*, AcP 178 (1978), 45, 47, 66; *Kerscher/Tanck*, ZEV 1997, 354, 356 *Eberl-Borges*, Die Erbauseinandersetzung, 233 f.; *Ann*, Die Erbengemeinschaft, 284; *Mayer*, ZErb 2007, 130, 131; *Siebert*, NJOZ 2009, 3099, 3099; *Löhnig*, FamRZ 2010, 643, 643 *Muscheler*, Erbrecht, Bd. I, 707 f.; *Everts*, notar 2013, 219, 222; *Kössinger/Najdecki*, in: Nieder/Kössinger, 162, 175; Erman-*Bayer*, § 2050 BGB, Rn. 1; MüKoBGB-*Fest*, § 2050 BGB, Rn. 1; Soergel-*Lettmaier*, § 2050 BGB, Rn. 1; Staudinger-*Löhnig*, § 2050 BGB, Rn. 1; *Röthel*, Erbrecht,

Sache überzeugt, ihr fehlt in jedem Fall ein wichtiger gedanklicher zweiter Schritt. Um die nach wie vor geltende Konzeption der Ausgleichung überzeugend erklären zu können, ist nicht nur zu begründen, dass der Erblasser seine Abkömmlinge gleich behandeln wolle (vgl. § 1924 Abs. 4 BGB), es ist auch zu begründen, warum der Erblasser seine Kinder gerade – und nur – hinsichtlich Ausstattungen gleichbehandelt wissen möchte. Diese Begründung bleibt die geltende Dogmatik, wie gesagt, zumeist schuldig.

Wird die zentrale Unterscheidung zwischen § 2050 Abs. 1 und 3 BGB überhaupt einmal rationalisiert, rückt ebenfalls der mutmaßliche Erblasserwille in den Vordergrund: Die Ausstattung werde herausgegriffen, so heißt es, weil sie in besonderer Weise zweckgebunden sei. Sie ändere deswegen nichts an der präsumtiven Absicht, alle Kinder vermögensmäßig gleichzustellen.[207] Historisch folgt dieser Gedanke aber aus einer ganz spezifischen Konzeption der Ausstattung: sie ist Erfüllung einer sittlichen Elternpflicht.[208] Und weil man den Eltern nicht unterstellen könne, sie würden dieselbe Pflicht zweifach erfüllen wollen, sei die Ausgleichung gerechtfertigt, wenn ausgestattete mit nicht-ausgestatteten Abkömmlingen konkurrieren. Derartige Gedanken kennt die erbrechtliche Dogmatik freilich nicht mehr. Sie muss deswegen pauschal auf die spezifische Zwecksetzung einer Ausstattung abstellen. Der gehe es nur darum, heißt es dann, den Bedachten zu unterstützen, wenn er eine Familie gründet, sich eine Existenz aufbaut oder sich diese Existenz sichern möchte. Dieser Zweck dominiere. Und aus dieser spezifischen Zwecksetzung lasse sich nicht folgern, der Erblasser habe den ausgestatteten Abkömmling seinen Geschwistern gegenüber bevorzugen wollen. Eine Ausgleichspflicht für Ausstattungen sei deswegen interessengerecht. Damit korrespondiert die Erklärung, warum andere Zuwendungen nach § 2050 Abs. 3 BGB ausgleichsfrei sind. In Fällen reiner Freigebigkeit lasse sich nicht feststellen, dass der Erblasser trotz einer lebzeitigen Zuwendung keine Ungleichbehandlung seiner Abkömmlinge gewollt habe.[209] Eine qua Gesetzes eintretende Ausgleichspflicht scheide deswegen aus.

339; jurisPK-*Schermann*, § 2050 BGB, Rn. 1; *Lange*, Erbrecht, 601 f.; BeckOK-*Lohmann*, § 2050 BGB, Rn. 1; BeckOGK-*Rißmann*, § 2050 BGB, Rn. 1.

[207] Soergel-*Lettmaier*, § 2050 BGB, Rn. 17. Allgemeiner ist der Verweis auf den mutmaßlichen Erblasserwillen bei jurisPK-*Schermann*, § 2050 BGB, Rn. 36 („Mit Rücksicht auf diesen vermuteten Erblasserwillen sollen Ausstattungen grundsätzlich ausgleichungspflichtig sein.“).

[208] Vgl. oben für die Vorarbeiten zum BGB Erster Teil – C.I.2.b) (77) und zum verwandten Gedanken der englischen *presumption against double portions* oben B.II.1 (143).

[209] Soergel-*Lettmaier*, § 2050 BGB, Rn. 17; MüKoBGB-*Fest*, § 2050 BGB, Rn. 14. An dieser Stelle wird darüber hinaus oft auf RG, 31.1.1910 – IV 277/09, Recht (Beil.) 1910 (Nr. 1112), verwiesen. Was sich jenseits des Gesetzeswortlauts aus dieser knapp mitgeteilten Entscheidung ergibt, ist jedoch fraglich.

Wenn man der anekdotischen Evidenz glauben kann, die sich hierzu im juristischen Schrifttum findet, haben all diese Aussagen einen zentralen Schönheitsfehler: Sie widersprechen den tatsächlichen Vorstellungen der allermeisten Erblasser diametral.[210] In der Laiensphäre scheint vielmehr die Vorstellung vorzuherrschen, im Regelfall seien zumindest alle wirtschaftlich bedeutsamen Zuwendungen ein Voraus auf die Erbschaft und damit auszugleichen. Eltern scheinen ihre Abkömmlinge tatsächlich in viel größerem Maße gleichbehandeln zu wollen, als § 2050 Abs. 1 und 3 BGB es ihnen derzeit unterstellen. Schon das sollte Anlass genug sein, diese Unterscheidung kritisch zu hinterfragen. Die Ermittlung des mutmaßlichen Erblasserwillens ist zwar kein streng empirisches Unterfangen. Gänzlich losgelöst von durchschnittlichen Gerechtigkeitsvorstellungen ist sie jedoch auch nicht. Es ist dementsprechend unbefriedigend, wenn die gesetzliche Erbfolge die Erwartungen weiter Verkehrskreise frustriert.

Die Unterscheidung zwischen § 2050 Abs. 1 und 3 BGB erscheint auch aus einem weiteren Grund fragwürdig. Man unterstelle für den Moment, dass es grundsätzlich interessengerecht ist, zwischen zweckgebundenen Zuwendungen – Ausstattungen – und anderen, nicht derart zweckgebundenen Zuwendungen zu differenzieren. Dann stellt sich doch eine weitere Frage: Was unterscheidet das Ausstattungsmotiv von allen anderen Motiven, die ebenfalls den Schluss nahelegen, der Erblasser habe bei der Zuwendung gar nicht an die mögliche Ungleichbehandlung seiner Abkömmlinge gedacht oder diese Ungleichbehandlung zumindest nicht gewollt?

Es gibt schließlich andere, ebenfalls zweckgebundene Zuwendungen, bei denen dieser Verdacht besonders nahe liegt. Die Hilfe für ein Kind in Not ist das vielleicht plastischste Beispiel hierfür. Sie ist, wenn sie das dominante Motiv für die Zuwendung darstellt, anerkanntermaßen gerade keine Ausstattung, weder nach § 1624 Abs. 1 BGB, noch nach § 2050 Abs. 1 BGB.[211] Derartige Hilfsleistungen sind *de lege lata* also unzweifelhaft nicht auszugleichen. Das Gesetz unterstellt dem Erblasser, er habe den Abkömmling bevorzugen wollen, dem er in der Not beistand. Aber ist es nicht gerade anders herum? Erscheint nicht gerade hier das Argument plausibel, mithilfe dessen

---

[210] *Mayer*, ZErb 2007, 130, 131; *Kroppenberg*, NJW 2010, 2609, 2611; *Kössinger/Najdecki*, in: Nieder/Kössinger, 175; Staudinger-*Löhnig*, § 2050 BGB, Rn. 2; jurisPK-*Schermann*, § 2050 BGB, Rn. 15; BeckOGK-*Rißmann*, § 2050 BGB, Rn. 105; ähnlich auch, in Bezug auf Zuwendungen sowohl von der Mutter als auch vom Vater, *Mohr*, ZEV 1999, 257, 257; ebenso für die Anrechnung auf den Pflichtteil *Keim*, ZEV 2010, 192, 193; *Everts*, MittBayNot 2011, 107, 111.

[211] Vgl. im familienrechtlichen Schrifttum HansOLG, 16.2.1917 – o. Az., HansGZ 1917, 247 (248); *Schindler*, ZEV 2006, 389, 391; *Jakob*, AcP 207 (2007), 198, 218; MüKoBGB-*Sachsen Gessaphe*, § 1624 BGB, Rn. 5; BeckOGK-*Kienemund*, § 1624 BGB, Rn. 9; vgl. im erbrechtlichen Schrifttum Staudinger-*Löhnig*, § 2050 BGB, Rn. 23, 35; jurisPK-*Schermann*, § 2050 BGB, Rn. 53; BeckOGK-*Rißmann*, § 2050 BGB, Rn. 47.

die Unterscheidung zwischen § 2050 Abs. 1 und 3 BGB begründet werden soll? Bei der Nothilfe geht es um die Hilfe in einer konkreten Notlage aus elterlicher Liebe. Aus diesem Motiv allein lässt sich nicht zwingend folgern, ein prinzipiell gleichgerechter Erblasser (vgl. § 1924 Abs. 4 BGB) habe seine Abkömmlinge insgesamt ungleich behandeln wollen. Mindestens ebenso plausibel ist die Erklärung, das Elternteil habe zwar die konkrete Not lindern wollen, den Bedachten aber nicht endgültig gegenüber seinen Geschwistern bevorzugen wollen. Ähnliches könnte man über Zuwendungen sagen, die rein steuerlich motiviert sind. Auch sie sind, wenn das Motiv Steuern zu sparen dominiert, keine Ausstattungen und deswegen nicht auszugleichen.[212] Die Frage ist dann dieselbe: Warum soll für diese spezifische Zwecksetzung (Steuerersparnis) etwas anderes gelten, als für diejenige des § 1624 Abs. 1 BGB (Ausstattung)? Auf diese Frage weiß die heutige Dogmatik keine überzeugende Antwort. Sie kann nicht erklären – und versucht es nicht einmal –, warum allein die besondere Zwecksetzung des § 1624 Abs. 1 BGB die Vermutung begründen soll, der Erblasser wolle seine Abkömmlinge letztlich gleichbehandelt wissen, jede andere Zwecksetzung aber nicht.

Ein letzter Gedanke ist in dieser Hinsicht zumindest theoretisch denkbar. Man könnte die Ausstattung für eine nach wie vor familiär, gesellschaftlich und rechtlich (§ 1624 Abs. 1 BGB) so herausgehobene Praxis halten, dass allein diese besondere Bedeutung sie von allen anderen zweckgebundenen Zuwendungen unterscheidet. Das wiederum mag die erbrechtliche Sonderrolle der Ausstattung in § 2050 Abs. 1 BGB erklären. Das Problem liegt jedoch bereits in der Prämisse. Dazu lohnt ein kurzer Blick nach oben, in die familienrechtliche Dogmatik: Hier wird die Ausstattung ja teils für faktisch vergessenes Recht gehalten;[213] in jedem Fall schwindet aber die normative Bedeutung des § 1624 Abs. 1 BGB für das geltende Recht.[214] Damit steht ein erstes Zwischenfazit fest: Der Dogmatik gelingt es nicht, den übernommenen Regelungsansatz der Ausgleichung unter den heutigen Gegebenheiten zu rechtfertigen, vor allem die Unterscheidung zwischen § 2050 Abs. 1 und 3 BGB – wenn dieser Versuch überhaupt unternommen wird.

---

[212] Hier wird zumeist spiegelbildlich darauf hingewiesen, dass steuerliche Motive als *Neben*zweck unschädlich sind; vgl. aus familienrechtlichen Schrifttum OLG Karlsruhe, 27.4.2011 – 6 U 137/09, FamRZ 2012, 901 (902); *Schindler*, ZEV 2006, 389, 391; Soergel-*Zecca-Jobst*, § 1624 BGB, Rn. 5; Erman-*Döll*, § 1624 BGB, Rn. 1; MüKoBGB-*Sachsen Gessaphe*, § 1624 BGB, Rn. 5; BeckOGK-*Kienemund*, § 1624 BGB, Rn. 9; vgl. aus erbrechtlichen Schrifttum *Schindler*, ZEV 2006, 389, 391; *Everts*, notar 2013, 219, 221; jurisPK-*Schermann*, § 2050 BGB, Rn. 52.

[213] Vgl wieder mit unterschiedlichen Schattierungen *Jakob*, AcP 207 (2007), 198, 199; *Everts*, MittBayNot 2011, 107, 109 Erman-*Döll*, § 1624 BGB, Rn. 1; jurisPK-*Schermann*, § 1624 BGB, Rn. 15; *Roth*, ZEV 2021, 352, 353; Grüneberg-*Götz*, § 1624 BGB, Rn. 1.

[214] Vgl. dazu oben Dritter Teil – A.III (203).

2. Die Unterscheidung zwischen § 2050 Abs. 1 und 3 BGB: rechtspraktische Unsicherheiten

Ein erhebliches Begründungsdefizit ist jedoch nicht der einzige Grund, der ganz grundsätzlich am Regelungsansatz des § 2050 Abs. 1 BGB zweifeln lässt.[215] Hinzu kommen praktische Unsicherheiten, die durch den Verweis in das Familienrecht vorgezeichnet sind. Weil der Begriff der Ausstattung in § 2050 Abs. 1 BGB demjenigen in § 1624 Abs. 1 BGB entspricht, übernimmt das Erbrecht all die oben dargestellten Probleme der familienrechtlichen Legaldefinition.

Das gilt vor allem für den (untauglichen) Versuch, die Definition des § 1624 Abs. 1 BGB mithilfe sachlich-gegenständlicher Hilfserwägungen handhabbar zu machen. Gerade auch im erbrechtlichen Schrifttum wird der Ausstattung – oder zumindest der Ausgleichung ganz allgemein[216] – zugeschrieben, in erster Linie wirtschaftlich bedeutsame, große Zuwendungen zu erfassen.[217] Teils heißt es sogar, der Ausgleichung als solcher liege die Vorstellung zugrunde, der Erblasser wolle seine Abkömmlinge gleichmäßig an seiner „gesamten wirtschaftlichen Lebensleistung" teilhaben lassen.[218] Und in der Tat, aus Sicht des Erbrechts erscheint es besonders konsequent, Ausstattungen im Sinne des § 1624 Abs. 1 BGB und wirtschaftlich bedeutsame Zuwendungen derart gleichzusetzen. So wird dem Gleichheitsversprechen des § 1924 Abs. 4 BGB in besonders weitgehender Weise Rechnung getragen. Mehr noch, diese Lesart der §§ 2050 Abs. 1, 1624 Abs. 1 BGB fügt sich passgenau in die hier entfaltete (vergleichende) Dogmengeschichte ein: Es steht schließlich zu vermuten, dass die historische Ausgleichung lange Zeit jedenfalls faktisch alle wirtschaftlich bedeutsamen Zuwendungen erfasst

---

[215] Ähnlich *Schindler*, ZEV 2006, 389, 389; *Lange*, Erbrecht, 603, 605: Das Gesetz arbeite an nahezu allen bedeutsamen Punkten mit unbestimmten Begriffen. An die Gestaltung des Erblassers würden keine Formvorgaben gestellt. Zudem seien mangels irgendwelcher Fristen Sachverhalte aus lang vergangener Zeit aufzuarbeiten (603). Es falle zunehmend schwer, Ausstattungen überhaupt von sonstigen Zuwendungen abzugrenzen (605); ähnlich *Odersky*, MittBayNot 2008, 2, 5 f.

[216] *Weimar*, JR 1967, 97, 97 f.; *Ann*, Die Erbengemeinschaft, 284; *Lange/Kuchinke*, Erbrecht, 317, 916. In ganz anderem Zusammenhang findet sich ein ähnlicher Gedanke auch in der Rechtsprechung des Bundesgerichtshofs. In BGH, 5.7.1972 – IV ZR 125/70, BGHZ 59, 343 (347), heißt es: „Sehr häufig stehen lebzeitige Verfügungen über größere Vermögensobjekte in Zusammenhang mit erbrechtlichen Planungen […]", in seiner Rechtsprechung zur Ausgleichung findet sich nichts Derartiges.

[217] OLG Karlsruhe, 27.4.2011 – 6 U 137/09, FamRZ 2012, 901 (902); vgl. auch *Everts*, MittBayNot 2011, 107, 110; *Ruby/Schindler*, ZEV 2011, 524, 527; MüKoBGB-*Fest*, § 2050 BGB, Rn. 15; Staudinger-*Löhnig*, § 2050 BGB, Rn. 23; anders OLG Koblenz, 24.4.2023 – 12 U 602/22, BWNotZ 2023, 100 (103–105).

[218] So *Lange*, Erbrecht, 601; ob sich dies allerdings mit BGH, 4.7.1975 – IV ZR 3/74, BGHZ 65, 75 (77), begründen lässt, erscheint fraglich. Hier ist schließlich die Rede von einer Gleichstellung der Abkömmlinge *soweit* eine Ausgleichung stattfindet.

hat.[219] Die Gleichbehandlung der Abkömmlinge auch im Lichte lebzeitiger Zuwendungen war lange die Regel. Jedenfalls lässt sich das Gegenteil nicht feststellen. Und genau dieser Gedanke wird nun von einigen Stimmen im heutigen Erbrecht fortgeschrieben.

So nachvollziehbar dieser Ansatz ist, auch er leidet unter einem zentralen Schönheitsfehler. Die obige Untersuchung des § 1624 Abs. 1 BGB hat schließlich gezeigt, dass es gerade nicht so einfach möglich ist, vom Wert einer Zuwendung darauf zu schließen, ob es sich um eine Ausstattung handelt oder nicht.[220] Im Gegenteil, oft genug werden große Zuwendungen nicht für Ausstattungen gehalten.[221] Eine Ausgleichspflicht qua Gesetzes müsste in all diesen Fällen entgegen den Behauptungen in der erbrechtlichen Dogmatik ausscheiden. Hier, im Rahmen des § 2050 Abs. 1 BGB, bestätigt sich also vielmehr eine andere Beobachtung. Es zeigt sich einmal mehr, wie kontextabhängig der Begriff der Ausstattung ist.[222] Die erbrechtliche Ausgleichung fügt sich ein in die lange Liste von Rechtsgebieten, in der die Auslegung des § 1624 Abs. 1 BGB von den Eigenrationalitäten desjenigen Rechtsgebiets geprägt wird, in dem sich die Frage stellt, ob eine bestimmte Zuwendung eine Ausstattung ist oder nicht. Hier, im Rahmen der Ausgleichung steht dabei der Gleichheitskontext des § 1924 Abs. 4 BGB im Vordergrund. Teils ist die Auslegung von § 2050 Abs. 1 BGB getrieben von dem Versuch, möglichst viele Zuwendungen zur Ausgleichung zu bringen, um die verbleibenden Ungleichheiten möglichst gering zu halten. Das Amtsgericht Stuttgart macht diesen Gedanken sogar explizit.[223] Aber er kann nicht darüber hinwegtäuschen, dass die Gleichsetzung von wirtschaftlich bedeutsamen Zuwendungen und Ausstattungen keineswegs zwingend ist. Im Gegenteil, in anderen Rechtsgebieten wird diese Gleichsetzungen wegen der dortigen Eigenrationalitäten nicht geteilt. Man denke nur an die Behandlung der Ausstattung im Rahmen des Sozialhilferegresses, bei § 2287 Abs. 1 BGB, im Steuerrecht, im Anfechtungsrecht oder im Rahmen des Zugewinnausgleichs.[224]

---

[219] Vgl. für entsprechende Befunde oben Erster Teil – B.III (71) und C.II.3 (90).

[220] Vgl. dazu oben Dritter Teil – A.II.1 (191).

[221] Vgl. wieder die zahlreichen Gerichte, die teils bedeutsame Zuwendungen explizit oder implizit nicht als Ausstattung behandeln, wie z.B. OLG Stuttgart, 6.5.1997 – 8 W 196/97, BWNotZ 1997, 147 (148); BayObLG, 8.10.1997 – 3 Z BR 192/97, FamRZ 1999, 47 (48); BayObLG, 6.6.2003 – 3 Z BR 88/03, Rpfleger 2003, 649 (650); OLG Frankfurt, 10.9.2007 – 20 W 69/07, FamRZ 2008, 544 (545 f.); LG Kassel, 12.10.2012, NJW-RR 2013, 199 (200); ähnlich auch OLG Köln, 10.11.2021 – 26 UF 92/20, Juris-Rn. 43.

[222] Vgl. dazu oben Dritter Teil – A.IV (211).

[223] Vgl. v.a. AG Stuttgart, 25.2.1998 – 23 F 1157/97, NJW-RR 1999, 1449, für das Argument, dass eine restriktivere Auslegung dem Interesse der Eltern widersprechen würde, Abkömmlinge im Hinblick auf größere Zuwendungen gleichzubehandeln; dagegen OLG Koblenz, 24.4.2023 – 12 U 602/22, BWNotZ 2023, 100 (103–105); *Tanck,* Ausgleichung und Anrechnung, 10 f. (dort Fn. 51).

[224] Vgl. dazu oben Dritter Teil – A.IV.2 (213).

Und auch im Erbrecht ist es keineswegs zwingend, von dem großen Wert einer Zuwendung auf deren Ausstattungscharakter zu schließen. Ein besonderes beredtes Beispiel hierfür ist BGHZ 183, 376, die einzige jüngere Entscheidung des Bundesgerichtshofes zur (pflichtteilsrechtlichen)[225] Ausgleichung: Die Mutter des Klägers hatte diesem bereits zu Lebzeiten den elterlichen Betrieb im Wert von etwa einer halben Million Euro übertragen.[226] Angesichts dieses nicht unerheblichen Wertes und angesichts der entsprechenden Äußerungen in der Rechtsprechung, hätte es nahegelegen zumindest zu überlegen, ob diese Betriebsübertragung als Zuwendung „zum Erhalt der Wirtschaft oder Lebensstellung“ unter § 1624 Abs. 1 BGB fallen könnte, zumal die Übertragung des elterlichen Geschäfts deutlich an die historisch tradierten Kategorien der Ausstattung erinnert. Der Bundesgerichtshof stellt diese Überlegung nicht einmal an.[227]

In BGZ 183, 376 wird allein gefragt, ob in der Zuwendung „im Wege der vorweggenommenen Erbfolge“ eine rechtsgeschäftliche Ausgleichsanordnung liege (gemeint ist damit wohl die Anordnung nach § 2050 Abs. 3 BGB, ganz klar wird dies aufgrund der pflichtteilsrechtlichen Einbettung des Falles nicht): Begriff und Motivation legten nahe, so der Bundesgerichtshof, dass damit die Eigentumsübertragung mit Rücksicht auf das künftige Erbrecht erfolgt sei.[228] In diesem Fall, so dann der amtliche Leitsatz,[229] liege der Zweck der Bezeichnung als vorweggenommene Erbfolge darin, klarzustellen, dass der Empfänger lediglich zeitlich vorgezogen bedacht werde, es im Übrigen aber bei den rechtlichen Wirkungen einer Zuwendung im Erbfall verbleiben solle.[230] Damit ist letztlich das Ergebnis einer Ausgleichung beschrieben.

---

[225] Für einen Überblick über die pflichtteilsrechtliche Ausgleichung siehe unten Dritter Teil – B.III (237).

[226] Zum Sachverhalt vgl. BGH, 27.1.2010 – IV ZR 91/09, BGHZ 183, 377 (377 f.).

[227] Das kritisiert auch *Everts*, MittBayNot 2011, 107, 109; ihm zustimmend *Ruby/ Schindler*, ZEV 2011, 524, 526. Das Oberlandesgericht Frankfurt als Vorinstanz hatte sich diese Frage noch gestellt, reiht sich aber in die Reihe von Gerichten ein, die übersehen, dass auch Zuwendungen zum Erhalt der Wirtschaft oder Lebensstellung unter § 1624 Abs. 1 BGB fallen können, vgl. OLG Frankfurt, 25.3.2009 – 19 U 126/08, Juris-Rn. 19.

[228] BGH, 27.1.2010 – IV ZR 91/09, BGHZ 183, 377 (381 f.); zustimmend *Löhnig*, FamRZ 2010, 643, 644; so auch RGRK-*Johannsen*, § 2315 BGB, Rn. 7: *Thubauville*, MittRhNotK 1992, 289, 297; *Tanck*, in: FS Damrau, 92–94; BeckOGK-*Reisnecker*, § 2315 BGB, Rn. 43; zurückhaltender *Keim*, ZEV 2010, 192, 193; *Kroppenberg*, JZ 2010, 741, 744. Der BGH beruft sich auch auf OLG Schleswig-Holstein, 13.11.2007 – 3 U 54/07, ErbR 2008, 329 (330 f.), in diesem Fall schied eine Ausgleichspflicht jedoch von vornherein aus, weil nur ein Abkömmling vorhanden war.

[229] BGH, 27.1.2010 – IV ZR 91/09, BGHZ 183, 377 (377); zustimmend *Kroppenberg*, JZ 2010, 741, 743 f.

[230] Formulierung angelehnt an *Thubauville*, MittRhNotK 1992, 289, 297, der wiederum übernimmt sie aus den pflichtteilsrechtlichen Ausführungen von *Sostmann*, MittRhNotK 1976, 479, 484.

Aus dem historischen Blickwinkel dieser Untersuchung ist verwunderlich, eine vorweggenommene Erbfolge als (möglichen) Fall der rechtgeschäftlich angeordneten Ausgleichung zu behandeln: Der Gedanke eines Vorempfangs war in der deutschrechtlichen Tradition doch gerade die Rechtfertigung, eine Ausgleichspflicht qua Gesetz anzunehmen, nicht qua erblasserischer Anordnung. Und kann der Erblasser deutlicher machen, dass es um einen Vorempfang geht, als durch die explizite Zuwendung „im Wege der vorweggenommenen Erbfolge"? Dass der Bundesgerichtshof über den Umweg einer Regelvermutung kommt, zeigt dann zum einen wie sehr die historischen Wurzeln und Begründungsstränge der Ausgleichung in Vergessenheit geraten sind. Zum anderen zeigt die Regelvermutung, die der Bundesgerichtshof dann aufstellt, dass der Ansatz dieser Tradition (die regelhafte Ausgleichung von Zuwendungen „im Wege der vorweggenommenen Erbfolge) *im Ergebnis* nach wie vor überzeugt. Zuwendungen „im Wege der vorweggenommenen Erbfolge" werden in der Regel ausgleichspflichtig sein, nur eben über den Umweg des § 2050 Abs. 3 BGB und die Vermutung in BGHZ 183, 376, nicht der deutschrechtlichen Tradition entsprechend qua Gesetz.

Damit steht als zweites Zwischenfazit fest, dass die Ausgleichung in ihrer gegenwärtigen Form doppelt kritikwürdig ist: Nicht nur leidet sie unter einem erheblichen Begründungsdefizit, sie ist auch praktisch kaum rechtssicher anzuwenden,[231] jedenfalls dann nicht, wenn man das BGB ernst nimmt und von einem einheitlichen Begriff der Ausstattung ausgeht, der in § 2050 Abs. 1 BGB ebenso gilt wie anderswo.

III. Ein Seitenblick auf die pflichtteilsrechtliche Dimension der Ausgleichung: ein kaum handhabbares und schwer begründbares Rechtsinstitut

Bisher war zumeist von der gesetzlichen Erbfolge die Rede, von den §§ 2050 ff. BGB. Das ist jedoch nicht der einzige Anwendungsfall der Ausgleichung. Mittelbar entscheidet sie auch über die Größe des Pflichtteils. Dessen Berechnung liegt nach § 2316 Abs. 1 BGB nämlich nicht starr die gesetzliche Erbquote im Zeitpunkt des Erbfalls zugrunde (§ 2311 Abs. 1 S. 1 BGB), sondern die Quote unter Berücksichtigung etwaiger Ausgleichspflichten oder -ansprüche. Das Gesetz macht insoweit eine Ausnahme Stichtagsprinzip des § 2311 Abs. 1 S. 1 BGB. Oft wird deswegen von einer (wohl häufig unbeabsichtigten[232]) „Fernwirkung" der Ausgleichung gesprochen.[233]

---

[231] So auch *Everts*, notar 2013, 219, 221; *Kössinger/Najdecki*, in: Nieder/Kössinger, 175; BeckOGK-*Rißmann*, § 2050 BGB, Rn. 112: Zu oft sei nicht klar, ob eine bestimmte Zuwendung auszugleichen sei, die gesetzgeberisch gewollte Gleichheit scheitere an kaum überwindbaren Beweisproblemen.

[232] So jedenfalls *Mayer*, ZErb 2007, 130, 131 f.; *Odersky*, MittBayNot 2008, 2, 5; *Everts*, notar 2013, 219, 223, 228; *Kössinger/Najdecki*, in: Nieder/Kössinger, 175; BeckOGK-*Rißmann*, § 2050 BGB, Rn. 110 f.

Der Gegenstand dieser Untersuchung ist zwar die Ausgleichung in der gesetzlichen Erbfolge, aber ein Blick auf die pflichtteilsrechtliche Ausgleichung erscheint dennoch lohnenswert. Zum einen würde eine wichtige Facette der Rechtswirklichkeit ausgelassen, würde nicht zumindest kurz auf das Pflichtteilsrecht eingegangen. Die pflichtteilsrechtliche Ausgleichung ist schließlich der womöglich wichtigste Anwendungsfall des Instituts.[234] Darüber hinaus ist zu zeigen, dass die hier entwickelte Kritik an der Ausgleichung nicht auf das Intestaterbrecht zu beschränken ist.

1. Anrechnung und Ausgleichung im Pflichtteilsrecht

Die Behandlung lebzeitiger Zuwendungen des Erblassers ist im Pflichtteilsrecht komplexer geregelt als im Recht der gesetzlichen Erbfolge. Das Pflichtteilsrecht kennt drei Möglichkeiten, um auf lebzeitige Zuwendungen zu reagieren: die Pflichtteilsergänzung nach § 2325 BGB, die Anrechnung auf den Pflichtteil nach § 2315 BGB und eben die pflichtteilsrechtliche Ausgleichung nach § 2316 BGB. Die Pflichtteilsergänzung nach § 2325 BGB soll für die Zwecke dieses Exkurses außer Betracht bleiben. Aber die pflichtteilsrechtliche Ausgleichung nach § 2316 Abs. 1 und 3 BGB lässt sich nur im Vergleich mit der systematisch unmittelbar verwandten Anrechnung nach § 2315 Abs. 1 BGB erklären und kritisieren.

Auf den ersten Blick dienen sowohl Anrechnung als auch Ausgleichung ähnlichen Zwecken: Sie knüpfen beide an lebzeitige Zuwendungen an, sie durchbrechen beide das Stichtagsprinzip des § 2311 Abs. 1 S. 1 BGB und beiden wird zugeschrieben, die lebzeitige Bevorzugung einzelner Pflichtteilsberechtigter kompensieren zu wollen.[235] Und trotzdem betont der Bundesgerichtshof,[236] dass es sich bei aller Ähnlichkeit zwischen Anrechnung und Ausgleichung um zwei unterschiedliche Institute handelt, mit unterschiedli-

---

[233] Vgl. für diese Terminologie beispielsweise *Schindler*, ZEV 2006, 389, 389; *Mayer*, ZErb 2007, 130, 130–132, 135 f.; *Muscheler*, Erbrecht, Bd. II, 2176; *Everts*, notar 2013, 219, 223 f.; *Kössinger/Najdecki*, in: Nieder/Kössinger, 160, 180; *Keller*, MittBayNot 2023, 110, 115; BeckOGK-*Rißmann*, § 2050 BGB, Rn. 110.

[234] Beispielsweise *Meincke*, AcP 178 (1978), 45, 65, hält die Auswirkungen der Ausgleichung auf das Pflichtteilsrecht für die wohl wichtigste Konsequenz der §§ 2050 ff. BGB.

[235] *Sostmann*, MittRhNotK 1976, 479, 493; *Kroppenberg*, JZ 2010, 741, 742; *Muscheler*, Erbrecht, Bd. II, 2175; *Everts*, notar 2013, 219, 224; Soergel-*Beck*, § 2315 BGB, Rn. 1; *Nieder/Kössinger* (Hrsg.), Handbuch der Testamentsgestaltung, 160 Staudinger-*Otte*, § 2315 BGB, Rn. 1; BeckOK-*Müller-Engels*, § 2315 BGB, Rn. 1; ähnlich BeckOGK-*Reisnecker*, § 2315 BGB, Rn. 3; zurückhaltender MüKoBGB-*Lange*, § 2315 BGB, Rn. 3.

[236] BGH, 27.1.2010 – IV ZR 91/09, BGHZ 183, 377 (379 f.).

chen Tatbestandsvoraussetzungen, unterschiedlichen Zielrichtungen und oft genug ganz unterschiedlichen Ergebnissen.[237]

a) Die Anrechnung nach § 2315 Abs. 1 BGB

Die Anrechnung nach § 2315 Abs. 1 BGB erlaubt es dem Erblasser, eine lebzeitige Zuwendung (allein) auf den etwaigen Pflichtteilsanspruch des Bedachten anrechnen zu lassen. Diese Möglichkeit ist weder auf Abkömmlinge noch auf Ausstattungen beschränkt, sie lässt sich zulasten jedes Pflichtteilsberechtigten anordnen. § 2315 Abs. 1 BGB erfordert jedoch in jedem Fall eine Anrechnungsbestimmung seitens des Erblassers;[238] eine Anrechnung qua Gesetzes findet nicht statt. Hat der Erblasser eine Zuwendung aber für anrechenbar erklärt, wird diese Zuwendung ausschließlich berücksichtigt, wenn es um den Anspruch des bedachten Pflichtteilsberechtigten geht.[239] Denn nach § 2315 Abs. 2 S. 1 BGB wird die Zuwendung nur für die Bestimmung dieses Anspruchs dem Nachlass hinzugerechnet.[240] Dementsprechend mindert sich nur der Pflichtteilsanspruch des Bedachten um die Hälfte des Wertes der Zuwendung. Andere Pflichtteilsansprüche lässt die Anrechnung nach § 2315 Abs. 1 BGB unberührt. Was den Bedachten angeht, führt die Anrechnung aufgrund dieses Rechenwegs in aller Regel zur weitmöglichsten Reduzierung der Pflichtteilslast.[241]

---

[237] *Mayer*, ZErb 2007, 130, 130; *Everts*, MittBayNot 2011, 107, 107; *ders.*, notar 2013, 219, 220; *Muscheler*, Erbrecht, Bd. II, 2175; *Röthel*, Erbrecht, 456; Erman-*dies.*, § 2315 BGB, Rn. 2.

[238] Über den bloßen Zugang dieser Erklärung hinaus verlangt die Rechtsprechung (wohl), dass die Anordnung dem Pflichtteilsberechtigten „zum Bewusstsein gekommen ist", vgl. nur OLG Schleswig-Holstein, 13.11.2007 – 3 U 54/07, ErbR 2008, 329 (330); RGRK-*Johannsen*, § 2315 BGB, Rn. 6; Erman-*Röthel*, § 2315 BGB, Rn. 5; dagegen, mit dem beachtenswerten Hinweis, ein derartiges Erfordernis habe keine Stütze im Wortlaut und widerspreche der Risikoverteilung beim Zugnag von Willenserklärungen, vgl. *Kroppenberg*, JZ 2010, 741, 743; MüKoBGB-*Lange*, § 2315 BGB, Rn. 15; BeckOK-*Müller-Engels*, § 2315 BGB, Rn. 7; BeckOGK-*Reisnecker*, § 2315 BGB, Rn. 33 f.; dass die Zuwendung „erkennbar" war, fordern jurisPK-*Birkenheier*, § 2315 BGB, Rn. 25.

[239] Nach § 2315 Abs. 3 BGB finden § 2051 Abs. 1 BGB entsprechende Anwendung, d.h. wenn ein anrechnungspflichtiger pflichtteilsberechtigter Abkömmling sein Erb- oder Pflichtteilsrecht verliert und ein Abkömmling an seine Stelle tritt, trifft die Anrechnungspflicht den Eintretenden, vgl. für diese Fälle ausführlich beispielsweise Staudinger-*Otte*, § 2315 BGB, 54–58; MüKoBGB-*Lange*, § 2315 BGB, Rn. 32–36; BeckOGK-*Reisnecker*, § 2315 BGB, Rn. 99–107.

[240] Für Rechenbeispiele vgl. beispielsweise *Tanck*, ZErb 2003, 41, *passim*; *Mayer*, ZErb 2007, 130, 130 f.; *Everts*, notar 2013, 219, 226 f.; *Kössinger/Najdecki*, in: Nieder/Kössinger, 186–188; *Lange*, Erbrecht, 898 f.

[241] *Sostmann*, MittRhNotK 1976, 479, 493; *Lange/Kuchinke*, Erbrecht, 915 f.; *Mayer*, ZErb 2007, 130, 132, 136; *Langenfeld*, NJW 2009, 3121, 3124 f.; *Everts*, notar 2013, 219, 228; BeckOK-*Müller-Engels*, § 2315 BGB, Rn. 8.

b) Die Ausgleichung nach § 2316 Abs. 1 und 3 BGB

In all den soeben Aspekten unterscheidet sich die Anrechnung nach § 2315 Abs. 1 BGB von der pflichtteilsrechtlichen Ausgleichung nach § 2316 Abs. 1 BGB. Hier geht es um die soeben angesprochene „Fernwirkung" der gesetzlichen Erbfolge: Grundlage der Pflichtteilsberechnung ist im Fall ausgleichspflichtiger lebzeitiger Zuwendungen nicht die Hälfte der gesetzlichen Erbquote im Zeitpunkt des Erbfalls (§§ 2303 Abs. 1 S. 2, 2311 Abs. 1 S. 1 BGB). Ausgangspunkt sind vielmehr die durch die Ausgleichung nach § 2050 Abs. 1 und 3 BGB verschobenen Erbquoten.

Bereits aus diesem Verweis auf die §§ 2050 ff. BGB ergeben sich eine Reihe von Beschränkungen der pflichtteilsrechtlichen Ausgleichung: Anders als die Anrechnung, die jeden Pflichtteilsberechtigten treffen kann, erfasst § 2316 Abs. 1 BGB nur Abkömmlinge. Schließlich sind nur sie nach § 2050 Abs. 1 oder 3 BGB zur Ausgleichung verpflichtet. Der überlebende Ehegatte bleibt auch pflichtteilsrechtlich außer Acht. Konsequenterweise setzt auch die Ausgleichung nach § 2316 Abs. 1 BGB voraus, dass bei hypothetischem Eintritt der gesetzlichen Erbfolge überhaupt eine Ausgleichung stattgefunden hätte. Es müssen also mehrere Abkömmlinge vorhanden sein,[242] unabhängig davon ob diese Abkömmlinge im Einzelfall erben oder pflichtteilsberechtigt sind.[243]

§ 2316 Abs. 1 BGB verweist aber nicht zuletzt auf § 2050 Abs. 1 BGB und auf die herausgehobene Stellung der Ausstattung. Hier liegt ein weiterer bedeutsamer Unterschied zur Anrechnung nach § 2315 Abs. 1 BGB, die in jedem Fall eine Bestimmung des Erblassers voraussetzt: Die Ausgleichung nach § 2316 Abs. 1 BGB kann qua Gesetzes eintreten,[244] ohne dass es einer entsprechenden Willensentscheidung bedarf. Es gilt nichts anderes als im Falle der gesetzlichen Erbfolge: Ausstattungen sind auch nach §§ 2316 Abs. 1, 2050 Abs. 1 BGB ohne Weiteres pflichtteilsrechtlich auszugleichen, andere Zuwendungen nach §§ 2316 Abs. 1, 2050 Abs. 3 BGB nur, wenn der Erblasser dies anordnet. Die (kritikwürdige) Sonderrolle der Ausstattung setzt sich also im Pflichtteilsrecht fort. Mehr noch, hier ist sie nach § 2316 Abs. 3 BGB zwingend. Der Erblasser kann die Ausgleichung von Ausstattungen nicht zulasten eines pflichtteilsberechtigten Abkömmlings ausschließen.[245]

[242] Das betonen auch *Sostmann*, MittRhNotK 1976, 479, 493;; *Muscheler*, Erbrecht, Bd. II, 2176, 2184; *Everts*, notar 2013, 219, 220 *Röthel*, Erbrecht, 457; *de Barros Fritz*, ZEV 2022, 629, 630; *Lange*, Erbrecht, 896, 900.

[243] Es kommt schließlich allein auf die Erbteile in einem hypothetischen Intestaterbfall an, vgl. BGH, 9.12.1992 – IV ZR 82/92, NJW 1993, 1197 (1197); *Cieslar*, DNotZ 1989, 185, 185 f.; *Muscheler*, Erbrecht, Bd. II, 2176; *de Barros Fritz*, ZEV 2022, 629, 630; OLG Stuttgart, 14.9.1989 – 4 U 45/88185, DNotZ 1989, 184, hat sich damit überholt.

[244] Das betonen auch *Kerscher/Tanck*, ZEV 1997, 354, 356; *Mayer*, ZErb 2007, 130, 132; *Muscheler*, Erbrecht, Bd. II, 2176 f.

[245] Das betonen beispielsweise auch *Muscheler*, Erbrecht, Bd. II, 2184; *Röthel*, Erbrecht, 458; *Lange*, Erbrecht, 901.

Hat der Erblasser jedoch die Ausgleichung einer an sich ausgleichsfreien Zuwendung nach § 2050 Abs. 3 BGB angeordnet, wirkt diese Entscheidung im Pflichtteilsrecht fort.[246]

Die Ausgleichung nach § 2050 Abs. 1 und 3 BGB verschiebt die gesetzlichen Erbquoten. Ausgleichsberechtigte Abkömmlinge erhalten eine höhere Quote, ausgleichspflichtige eine entsprechend geringere. Dasselbe gilt nach § 2316 Abs. 1 BGB nun auch für die Berechnung des Pflichtteils. Ausgleichsberechtigte Abkömmlinge können, wenn sie pflichtteilsberechtigt sind, einen entsprechend höheren Anspruch geltend machen, ausgleichspflichtige einen entsprechend geringeren.[247] Anders als bei der Anrechnung nach § 2315 Abs. 1 BGB wird die lebzeitige Zuwendung also nicht nur zulasten des Bedachten berücksichtigt, sondern auch zugunsten der übrigen Pflichtteilsansprüche. Im Ausgangspunkt[248] bleibt die insgesamt auf dem Nachlass ruhende Pflichtteilslast damit unverändert.[249] § 2316 Abs. 1 BGB verschiebt lediglich, wie sich diese Summe auf die Abkömmlinge verteilt.[250]

---

[246] Streng genommen ist die Ausgleichsanordnung nach § 2316 Abs. 1 BGB – anders als die Anrechnungserklärung nach § 2315 Abs. 1 BGB – also nicht einmal ein pflichtteilsrechtliches Rechtsgeschäft. Es geht hier um die intestaterbrechtliche Anordnung nach § 2050 Abs. 3 BGB, die über § 2316 Abs. 1 BGB eine pflichtteilsrechtliche „Fernwirkung" zeitigt, so auch *Muscheler*, Erbrecht, Bd. II, 2175 Inwieweit dieser Umstand das Denken in BGH, 27.1.2010 – IV ZR 91/09, BGHZ 183, 377 prägt, ist unklar. Teils drängt sich hier der Eindruck auf, der BGH gehe davon aus, er habe zwei pflichtteilsrechtliche Erklärungen voneinander abzugrenzen.

[247] Für Rechenbeispiele vgl. beispielsweise *Lange/Kuchinke*, Erbrecht, 917 f.; *Mayer*, ZErb 2007, 130, 136; *Kössinger/Najdecki*, in: Nieder/Kössinger, 182–184; *de Barros Fritz*, ZEV 2022, 629, 630–636.

[248] Vgl. für eine kritische Beschreibung dieser Orthodoxie v.a. *de Barros Fritz*, ZEV 2022, 629, 629; vgl. darüber hinaus; MüKoBGB-*Lange*, § 2315 BGB, Rn. 3; BeckOK-*Müller-Engels*, § 2316 BGB, Rn. 2.

[249] *Sostmann*, MittRhNotK 1976, 479, 493; *Cieslar*, DNotZ 1989, 185, 186 f.; *Sailer*, NotBZ 2002, 81, 84; *Mayer*, ZErb 2007, 130, 136; *Muscheler*, Erbrecht, Bd. II, 2176; *Everts*, notar 2013, 219, 224; Soergel-*Beck*, § 2315 BGB, Rn. 2; MüKoBGB-*Lange*, § 2316 BGB, Rn. 1; Erman-*Röthel*, § 2316 BGB, Rn. 1; *de Barros Fritz*, ZEV 2022, 629, 631; *Lange*, Erbrecht, 896, 899; Grüneberg-*Weidlich*, § 2316 BGB, Rn. 1; BeckOK-*Müller-Engels*, § 2315 BGB, Rn. 2; BeckOGK-*Reisnecker*, § 2316 BGB, Rn. 3.

[250] Das jedenfalls gilt, wenn alle Abkömmlinge zugunsten eines Dritten enterbt werden. Erben hingegen einige Abkömmlinge während andere pflichtteilsberechtigt sind, beeinflusst § 2316 Abs. 1 BGB natürlich, wie stark die Erben letztlich belastet werden, vgl. hierzu *de Barros Fritz*, ZEV 2022, 629, 631 f.; BeckOK-*Müller-Engels*, § 2316 BGB, Rn. 2. Weitere Fälle, in denen der Erbe entlastet wird, weil § 2316 Abs. 1 BGB den Pflichtteil eines Abkömmlings erhöht, der jedoch im letztlich keinen Pflichtteilsanspruch hat, sind Pflichtteilsverzicht, Pflichtteilsentziehung und Erbunwürdigkeit. Anderes gilt nach § 2316 Abs. 1 S. 2 BGB nur für den Erbverzicht., vgl. auch dazu *de Barros Fritz*, ZEV 2022, 629, 630.

2. Kritik an der pflichtteilsrechtlichen Ausgleichung: rechtspraktische Unsicherheiten und Begründungsdefizit

Bei der Untersuchung der gesetzlichen Erbfolge hat sich soeben gezeigt, dass die Ausgleichung nach § 2050 Abs. 1 BGB in ihrer gegenwärtigen, an das Tatbestandsmerkmal „Ausstattung" anknüpfenden Form aus zwei zentralen Gründen kritikwürdig ist. Zum einen lässt sich die Legaldefinition aus § 1624 Abs. 1 BGB, die auch in zahlreichen anderen Rechtsgebieten geformt wurde, kaum rechtssicher auf die erbrechtliche Ausgleichung anwenden. Zum anderen lässt sich die Unterscheidung zwischen Ausstattungen und anderen (zweckgebundenen) Zuwendungen nicht widerspruchsfrei begründen. Da das Pflichtteilsrecht insoweit unmittelbar auf das Intestaterbrecht verweist, gilt hier nichts anderes: Auch § 2316 Abs. 1 BGB knüpft letztlich an die Definition der Ausstattung in § 1624 Abs. 1 BGB und damit an einen kaum konturierbaren Rechtsbegriff an. Wenn überhaupt wiegt die Kritik an der Unterscheidung zwischen § 2050 Abs. 1 und 3 BGB im pflichtteilsrechtlichen Kontext noch schwerer. Denn während ein rechtskundiger oder beratener Erblasser die Ausgleichung im Recht der gesetzlichen Erbfolge durch lenkende oder klarstellende Anordnungen nach § 2050 Abs. 3 BGB steuern kann, ist ihm dieser Weg im Pflichtteilsrecht wegen § 2316 Abs. 3 BGB verwehrt. Wenn schon das Recht der gesetzlichen Erbfolge reformbedürftig erscheint, gilt dies für das Pflichtteilsrecht umso mehr.

Der eigentliche Grund für die Untersuchung der pflichtteilsrechtlichen Ausgleichung war jedoch ein anderer. Es geht dieser Untersuchung um die Frage, ob sich die im Rahmen der gesetzlichen Erbfolge getroffene Grundentscheidung – die Unterscheidung zwischen Ausstattungen und anderen Zuwendungen – nicht aus pflichtteilsrechtlichen Gründen als zwingend erweist. Das Gegenteil ist jedoch der Fall: Bei genauerem Hinsehen stellt sich die pflichtteilsrechtliche Ausgleichung als Teil eines ohnehin komplexen Gesamtsystems dar, das durch § 2316 Abs. 1 BGB noch weiter verkompliziert wird. Und das geschieht ohne guten Grund. Denn eine tragfähige Begründung für die Unterscheidung zwischen Ausstattungen und anderen Zuwendungen findet sich auch im Pflichtteilsrecht nicht.

a) Die Ausgleichung als Teil eines ohnehin komplexen Gesamtsystems

Eines sollte schon der einführende Überblick gezeigt haben: Es wäre verkürzend, die pflichtteilsrechtliche Ausgleichung isoliert zu betrachten. Es geht vielmehr um ein Gesamtsystem, mittels dessen das Pflichtteilsrecht auf lebzeitige Zuwendungen reagiert. § 2316 Abs. 1 BGB ist insofern lediglich ein Baustein, der sich nur im Zusammenspiel mit Anrechnung (§ 2315 Abs. 1 BGB) und Pflichtteilsergänzung (§ 2325 Abs. 1 BGB) beschreiben und vor allem kritisieren lässt. Denn viel Gutes lässt sich über diesen Regelungsansatz nicht sagen. Das zeigt bereits ein kursorischer Blick auf das Schrifttum: Die §§ 2315 und 2316 BGB gelten allgemein als zu kompliziert[251] und die Koordination mit anderen Vorschriften des BGB als notorisch komplex.[252] Dass § 2315 Abs. 1 BGB im Regelfall eine Anrechnungserklärung erfordere, sei weder interessengerecht[253] noch hinlänglich bekannt.[254] Alles in allem scheint weitgehend konsentiert zu sein, dass dringender Reformbedarf besteht.[255]

Die pflichtteilsrechtliche Ausgleichung trägt nun ihrerseits einiges zu dieser Komplexität bei. Besonders deutlich wird dies in BGHZ 183, 376. Ein und dieselbe Zuwendung kann, wie sich aus dem amtlichen Leitsatz ergibt, ganz unterschiedliche pflichtteilsrechtliche Konsequenzen zeitigen: Sie kann anzurechnen (§ 2315 Abs. 1 BGB) sein, sie kann auszugleichen sein (§ 2316 Abs. 1 BGB), beides (§ 2316 Abs. 4 BGB) oder keins von alldem. Das Nebeneinander von § 2315 Abs. 1 BGB und § 2316 Abs. 1 BGB führt also zu einer Vielzahl von Auslegungsmöglichkeiten. Und die wiederum führen zu einer kaum übersehbaren Menge an Rechtssätzen, die mehr oder minder freihändig gebildet werden:[256] In BGHZ 183, 376 selbst erfährt man, dass in der

---

[251] Vgl. wieder *Pilz-Hönig*, ZErb 2008, 30, 30 („sehr formalistisch und wenig praxisnah"); *Henrich*, in: Henrich/Schwab, 383 („Schwachstelle des deutschen Rechts"); *Tanck,* Ausgleichung und Anrechnung, 98; MüKoBGB-*Lange*, § 2316 BGB, Rn. 39 (in Bezug auf § 2316 Abs. 4 BGB: „systemwidrig"); jurisPK-*Birkenheier*, § 2315 BGB, Rn. 10 („kompliziert"); vgl. für die meisten dieser Fundstellen auch *Kroppenberg*, JZ 2010, 741, 742.

[252] Zumindest theoretisch können schließlich die Anrechnung (2315 Abs. 1 BGB), die Ausgleichung (§ 2316 Abs. 1 BGB), die Pflichtteilsergänzung (§ 2325 Abs. 1 BGB) und die güterrechtliche Anrechnung (§ 1380 Abs. 1 BGB) aufeinandertreffen; vgl. für eine derartige Problembeschreibung Soergel-*Beck*, § 2315 BGB, Rn. 3. Selbst hier, in einem Großkommentar zum BGB, heißt es, all diese Koordinationsfragen ließen sich nicht annähernd vollständig lösen.

[253] Die Argumente hierfür unterscheiden sich. Teils heißt es, die Kinder und der Familienfrieden sollen nicht bei jedem Geschenk mit der zu diesem Zeitpunkt vielleicht völlig hypothetischen Anrechnung konfrontiert sein, vgl. *Muscheler*, ZEV 2008, 105, 108; *Odersky*, MittBayNot 2008, 2, 4 f. MüKoBGB-*Lange*, § 2315 BGB, Rn. 2; *ders.*, Erbrecht, 896; BeckOGK-*Reisnecker*, § 2315 BGB, Rn. 5; auf das normative Leitbild eines gleichgerechten Erblassers verweist Erman-*Röthel*, § 2315 BGB, Rn. 1; anders *Everts*, MittBayNot 2011, 107, 108 f.

[254] *Fembacher*, MittBayNot 2004, 24, 24; *Lange*, DNotZ 2007, 84, 87; *Muscheler*, ZEV 2008, 105, 108; *Odersky*, MittBayNot 2008, 2, 4 f.; *Pilz-Hönig*, ZErb 2008, 30, 30; *Langenfeld*, NJW 2009, 3121, 3124; *Muscheler*, Erbrecht, Bd. II, 2178; *Röthel*, Erbrecht, 455; Erman-*dies.*, § 2315 BGB, Rn. 1; MüKoBGB-*Lange*, § 2315 BGB, Rn. 2; BeckOGK-*Reisnecker*, § 2315 BGB, Rn. 5, vgl. zu entsprechenden Äußerungen in den Ausschussberatungen BeckOGK-*ders.*, § 2315 BGB, Rn. 5.5.

[255] Anders möglicherweise nur *Lange*, DNotZ 2007, 84, 84, der § 2315 BGB als ein „geschicktes Instrument" bezeichnet.

[256] Oft scheint ein gewisser gedanklicher Bezug zum Pflicht- bzw. zum Erbteil der leitende Gedanke sein. Teils wird deswegen für § 2315 Abs. 1 BGB gefordert, dem Erblasser müsse eine Kürzung der (Pflichtteils-)Rechte erkennbar im Bewusstsein gestanden haben, ein positiver Enterbungswille sei jedoch nicht erforderlich, vgl. nur *Sostmann*, MittRhNotK 1976, 479, 484; *Thubauville*, MittRhNotK 1992, 289, 297; *Kroppenberg*, JZ 2010, 741, 743 f.

Zuwendung „im Wege der vorweggenommenen Erbfolge" in der Regel eine Ausgleichsanordnung liege, anderes sei aber denkbar. Vor allem eine Anrechnung nach § 2315 Abs. 1 BGB sei in diesen Fällen selten gewünscht.[257]

Erweitert man den Blick und bezieht neben BGHZ 183, 376 das Schrifttum ein, zeigt sich nochmals deutlicher, wie viel Komplexität die §§ 2315 und 2326 BGB in das Pflichtteilsrecht tragen. Auch in der „Anrechnung auf den Erbteil", die das BGB ja eigentlich gar nicht kennt, soll in der Regel eine Ausgleichsanordnung liegen,[258] nur im Einzelfall eine Anrechnungsbestimmung.[259] Einen derartigen Automatismus habe der historische Gesetzgeber schließlich verworfen.[260] Ausreichend soll hingegen der Hinweis sein, eine Zuwendung erfolge „in Anrechnung auf erbrechtliche Ansprüche", sie sei „später als Vorempfang anzurechnen"[261] oder der Bedachte werde „abgefunden".[262] Ob in der „Anrechnung auf den Pflichtteil" die Anrechnung auf den Erbteil (also eine Ausgleichsanordnung) liege, sei im Einzelfall zu entscheiden.[263] Einfach ist all dies nicht.[264] Und dabei sind die Fälle des § 2316 Abs. 4 BGB hier der Einfachheit halber ebenso außer Acht geblieben wie eine mögliche Konkurrenz zur ehegüterrechtlichen Anrechnung nach § 1380 BGB.

---

[257] BGH, 27.1.2010 – IV ZR 91/09, BGHZ 183, 377 (382 f.); *Sostmann*, MittRhNotK 1976, 479, 483; Staudinger-*Otte*, § 2315 BGB, Rn. 17; MüKoBGB-*Lange*, § 2315 BGB, Rn. 12; BeckOK-*Müller-Engels*, § 2315 BGB, Rn. 8; BeckOGK-*Rißmann*, § 2050 BGB, Rn. 77; großzügiger *Muscheler*, Erbrecht, Bd. II, 2179 f.

[258] *Sostmann*, MittRhNotK 1976, 479, 490; *Tanck*, ZErb 2003, 41, 41; *Mayer*, ZErb 2007, 130, 133; Staudinger-*Otte*, § 2315 BGB, Rn. 17; jurisPK-*Schermann*, § 2050 BGB, 74; jurisPK-*Birkenheier*, § 2315 BGB, Rn. 27; BeckOK-*Müller-Engels*, § 2315 BGB, Rn. 8.

[259] Recht großzügig insoweit BGH, 27.1.2010 – IV ZR 91/09, BGHZ 183, 377 (382); *Horn*, ErbR 2017, 255, 257; vgl. darüber hinaus OLG Düsseldorf, 26.11.1993 – 7 U 287/92, FamRZ 1994, 1491 (1492); *Sostmann*, MittRhNotK 1976, 479, 483; *Mayer*, ZErb 2007, 130, 132; *Everts*, MittBayNot 2011, 107, 107; Erman-*Röthel*, § 2315 BGB, Rn. 6; MüKoBGB-*Lange*, § 2315 BGB, Rn. 17; jurisPK-*Birkenheier*, § 2315 BGB, Rn. 27; BeckOK-*Müller-Engels*, § 2315 BGB, Rn. 8; zurückhaltender Staudinger-*Otte*, § 2315 BGB, Rn. 17.

[260] Prot. V, 7505 [= *Mugdan*, Materialien, Bd. V, 781]; darauf weist auch BGH, 27.1.2010 – IV ZR 91/09, BGHZ 183, 377 (382), hin; vgl. darüber hinaus *Kroppenberg*, JZ 2010, 741, 743; *Everts*, MittBayNot 2011, 107, 107; *ders.*, notar 2013, 219, 220 (dort Fn. 7); *Horn*, ErbR 2017, 255, 257; BeckOGK-*Reisnecker*, § 2315 BGB, Rn. 44.

[261] Vgl. die Nachweise bei BeckOGK-*Reisnecker*, § 2315 BGB, Rn. 45.

[262] *Sostmann*, MittRhNotK 1976, 479, 484; *Thubauville*, MittRhNotK 1992, 289, 297; *Kroppenberg*, JZ 2010, 741, 743; *Horn*, ErbR 2017, 255, 257; Staudinger-*Otte*, § 2315 BGB, Rn. 19; MüKoBGB-*Lange*, § 2315 BGB, Rn. 17; BeckOK-*Müller-Engels*, § 2315 BGB, Rn. 8; BeckOGK-*Reisnecker*, § 2315 BGB, Rn. 43.

[263] *Sostmann*, MittRhNotK 1976, 479, 490 f.; Staudinger-*Otte*, § 2315 BGB, Rn. 17; jurisPK-*Schermann*, § 2050 BGB, 74; zurückhaltender *Everts*, notar 2013, 219, 221.

[264] Das zeigt jüngst OLG Brandenburg, 31.8.2023 – 3 W 55/22, DNotZ 2022, 303 (305). Hier heißt es plötzlich, in jeder Anrechnung liege zugleich eine Enterbung. Das ist nicht haltbar, so auch *Litzenburger*, ZEV 2023, 32, 32; *Lotte*, DNotZ 2023, 305, 306–308; BeckOK-*Müller-Engels*, § 2315 BGB, Rn. 8.

Dementsprechend dringlich sind die Appelle der rechtsgestaltenden Literatur, bei lebzeitigen Zuwendungen die jeweils intendierte Konsequenz genau zu benennen.[265] Wer nicht beraten ist, kann dies nicht leisten.

b) Begründungsdefizit der pflichtteilsrechtlichen Ausgleichung

Konkret liegt damit die Frage nahe, ob das Pflichtteilsrecht mit §§ 2315 und 2316 BGB wirklich zwei Institute benötigt, um lebzeitige Zuwendungen interessengerecht zu erfassen. Mit der Pflichtteilsergänzung nach § 2325 BGB sind es streng genommen sogar drei. Diese Komplexität erscheint nur gerechtfertigt, wenn sowohl die Anrechnung nach § 2315 BGB als auch die Ausgleichung nach § 2326 BGB von so gewichtigen Gründen getragen sind, dass die Nachteile dieser Komplexität aufgewogen werden.

§ 2315 Abs. 1 BGB ist dabei vergleichsweise einfach zu rechtfertigen: Die Möglichkeit, lebzeitige Zuwendungen auf den Pflichtteil anrechnen zu lassen erweitert die Testierfreiheit des Erblassers und entlastet die Erben.[266] Sie ermöglicht es auf diesem Wege nicht zuletzt, wirtschaftliche Einheiten zu erhalten und gleichzeitig die von Gesetzes wegen vorgesehene Mindestteilhabe zu gewähren.[267]

Eine vergleichbar einleuchtende Erklärung für die pflichtteilsrechtliche Ausgleichung findet sich nicht.[268] Zumeist heißt es schlicht, § 2316 Abs. 1 BGB übertrage die §§ 2050 ff. BGB in das Pflichtteilsrecht.[269] So werde der Grundgedanke des § 2303 Abs. 1 S. 2 BGB konsequent fortgeführt: Der Pflichtteil der Abkömmlinge entspricht der Hälfte ihres gesetzlichen Erbteils – unter Berücksichtigung etwaiger Ausgleichspflichten.[270] Dies ist sicher eine zutreffende Beschreibung des Normtexts und der faktischen Wirkung des

---

265 Vgl. beispielsweise *Tanck*, ZErb 2003, 41, 43; *Mayer*, ZErb 2007, 130, 130; *Everts*, MittBayNot 2011, 107, 111; *ders.*, notar 2013, 219, 224.

266 *Lange*, DNotZ 2007, 84, 84 f.; *Everts*, notar 2013, 219, 224; Soergel-*Beck*, § 2315 BGB, Rn. 1; jurisPK-*Birkenheier*, § 2315 BGB, Rn. 3, 5; Erman-*Röthel*, § 2315 BGB, Rn. 1; *Lange*, Erbrecht, 896; BeckOGK-*Reisnecker*, § 2315 BGB, Rn. 2.

267 *Lange*, DNotZ 2007, 84, 87; Soergel-*Beck*, § 2315 BGB, Rn. 1; MüKoBGB-*Lange*, § 2315 BGB, Rn. 2; die Erweiterung der Testierfreiheit durch § 2315 BGB besonders betonend BeckOGK-*Reisnecker*, § 2315 BGB, Rn. 2.

268 Die einzig umfassende Begründung legt *Schäfer*, ZEV 2018, 496, 499 f., vor; zustimmend wohl Erman-*Röthel*, § 2316 BGB, 1; BeckOGK-*Reisnecker*, § 2316 BGB, Rn. 6.

269 BGH, 9.12.1992 – IV ZR 82/92, NJW 1993, 1197 (1197); *Muscheler*, Erbrecht, Bd. II, 2183 f.; Soergel-*Beck*, § 2316 BGB, Rn. 1; Erman-*Röthel*, § 2316 BGB, Rn. 2; *de Barros Fritz*, ZEV 2022, 629, 630; MüKoBGB-*Lange*, § 2315 BGB, Rn. 3; BeckOK-*Müller-Engels*, § 2316 BGB, Rn. 1.

270 So besonders deutlich RGRK-*Johannsen*, § 2316 BGB, Rn. 1; im Ergebnis dann auch *Schäfer*, ZEV 2018, 496, 500; vgl. auch BGH, 9.12.1992 – IV ZR 82/92, NJW 1993, 1197 (1197): An der Übertragung der Modifikationen des gesetzlichen Erbteils, die sich infolge der Ausgleichung ergeben, auf den Pflichtteilsanspruch zeige sich, dass das Pflichtteilsrecht insofern Teil des gesetzlichen Erbrechts sei.

§ 2316 Abs. 1 BGB, die sich überdies auf die Reichstagskommission berufen kann.[271] Jedenfalls auf den ersten Blick ist diese Erklärung aber auch überraschend. Vor allem, wenn man sich in Erinnerung ruft, wie die Ausgleichung im Recht der gesetzlichen Erbfolge begründet wird: Die §§ 2050 ff. BGB beruhten auf der Annahme, heißt es dort, dass der Erblasser seine Abkömmlinge gleichbehandeln wolle.[272] Es kann § 2316 Abs. 1 BGB aber sichtlich nicht darum gehen, diese Begründung eins zu eins übernehmen zu wollen. Eine pflichtteilsrechtliche Regel lässt sich schließlich nur schwerlich mithilfe des mutmaßlichen Erblasserwillens erklären. Es geht hier ja gerade um eine Mindestteilhabe am Nachlass auch gegen den erklärten Willen des Erblassers. Die pflichtteilsrechtliche Ausgleichung in § 2316 Abs. 1 BGB bedarf also einer selbstständigen, genuin pflichtteilsrechtlichen normativen Begründung.

Teils heißt es dann, es gehe § 2316 Abs. 1 BGB um die Gleichheit der Abkömmlinge.[273] Das erscheint auf den ersten Blick plausibel, wirft aber seinerseits weitere Fragen auf, die sich kaum zufriedenstellend beantworten lassen: Zunächst ist festzustellen, dass § 2316 Abs. 1 BGB allzu oft nicht zur Gleichstellung der Abkömmlinge führt.[274] Auch dieser Gleichheitsanspruch würde schließlich nur Ausstattungen erfassen, auch er würde durch Wertveränderungen verzerrt[275] und § 2056 S. 1 BGB privilegiert auch im Pflichtteilsrecht besonders üppig bedachte Abkömmlinge.[276] Damit wiederholt sich hier das

[271] So verweist dann auch BGH, 9.12.1992 – IV ZR 82/92, NJW 1993, 1197 (1197), auf KomBericht, 21 [= *Mugdan,* Materialien, Bd. V, 889]: Der heutige § 2316 Abs. 1 BGB [...] erläutere den im heutigen § 2303 Abs. 1 S. 2 BGB enthaltenen Satz näher dahin, dass unter Abkömmlingen der Berechnung des Pflichtteils der gesetzliche Erbteil in der Gestaltung zugrunde gelegt werde, die er im Falle der gesetzlichen Erbfolge unter Berücksichtigung der Einwerfungsposten nach den für die Ausgleichungspflicht geltenden Grundsätzen (heute §§ 2050 ff. BGB) erhält. Die Vorschrift bezwecke, das, was der Erbe zu der Deckung der Pflichtteilsansprüche herauszugeben hat, unter die pflichtteilsberechtigten Abkömmlinge gerecht zu verteilen.

[272] Vgl. dazu oben Dritter Teil – B.I.2 (224).

[273] BeckOK-*Müller-Engels*, § 2315 BGB, Rn. 2; unklar Staudinger-*Otte*, § 2315 BGB, Rn. 1 (§ 2316 BGB schreibe den Grundsatz des gesetzlichen Erbrechts fort, dass die Stämme der Abkömmlinge gleich zu behandeln sind); kritisch *Schäfer*, ZEV 2018, 496, 498–500; zustimmend wohl Erman-*Röthel*, § 2316 BGB, 1; BeckOGK-*Reisnecker*, § 2316 BGB, Rn. 6: In erster Linie gehe es § 2316 Abs. 1 BGB darum, dass der pflichtteilsberechtigte Erbe, falls er enterbt wird, nicht mehr erhält, als ihm nach der gesetzlichen Erbfolge zugestanden hätte.

[274] Darauf weisen auch hin BGH, 27.1.2010 – IV ZR 91/09, BGHZ 183, 377 (383); *Kroppenberg*, JZ 2010, 741, 744.

[275] Vgl. zur entsprechenden Kritik an der Ausgleichung im Rahmen der gesetzlichen Erbfolge *Ebenroth/Bacher/Lorz*, JZ 1991, 277, 283 f.; *Mayer*, ZErb 2007, 130, 131; *Kössinger/Najdecki*, in: Nieder/Kössinger, 175; BeckOGK-*Rißmann*, § 2050 BGB, Rn. 106 f.

[276] Dass auch § 2056 S. 1 BGB über § 2316 Abs. 1 BGB im Pflichtteilsrecht gilt, ist heute anerkannt, vgl. beispielsweise *Sailer*, NotBZ 2002, 81, 84; *Kroppenberg*, JZ 2010, 741, 742; *Muscheler*, Erbrecht, Bd. II, 2185 f.; Erman-*Röthel*, § 2316 BGB, Rn. 4; MüKoBGB-*Lange*, § 2316 BGB, Rn. 25. Vgl. für ein Rechenbeispiel *Schäfer*, ZEV 2013, 63, 65 f.

zentrale Grundproblem der Unterscheidung zwischen § 2050 Abs. 1 und 3 BGB: Wie lässt es sich rechtfertigen, die Ausstattung anders zu behandeln als jede andere Zuwendung? Denn genau das passiert über § 2316 Abs. 1 BGB, nur eben nach § 2316 Abs. 3 BGB zwingend.

Besonders auffällig und begründungsbedürftig wird die pflichtteilsrechtliche Ausgleichung auch im Lichte des § 2325 Abs. 1 BGB. Denn letztlich führen § 2316 Abs. 1 BGB und Pflichtteilsergänzung zu demselben Ergebnis:[277] Eine ausgleichs- beziehungsweise ergänzungspflichtige Zuwendung wird dem Nachlass fiktiv hinzugeschlagen, die Pflichtteils- beziehungsweise Ergänzungsansprüche werden dann aufgrund dieses erhöhten Nachlasses berechnet. Die Normen sind dabei komplementär. § 2316 Abs. 1 BGB gilt qua Gesetzes für Ausstattungen, § 2325 Abs. 1 BGB für Schenkungen.[278] Der einzige Unterschied zwischen den Regeln ist die zeitliche Schranke des § 2325 Abs. 3 BGB. Schenkungen werden hiernach binnen zehn Jahren ergänzungsfrei. Selbst während dieser Zeit reduziert sich deren ergänzungspflichtiger Wert mit jedem weiteren Jahr. Schenkungen verlieren nach spätestens zehn Jahren ihre pflichtteilsrechtliche Relevanz. § 2316 Abs. 1 BGB kennt keine vergleichbare zeitliche Schranke:[279] Ausstattungen sind auszugleichen, egal wie lange sie zurückliegen.[280] Ihnen kommt einmal mehr eine Sonderrolle zu. Und das obwohl es im Ergebnis keinen wirtschaftlichen Unterschied macht, ob nun § 2316 Abs. 1 BGB eingreift oder § 2325 Abs. 1 BGB.[281] Dieses Ergebnis ist natürlich besonders wenig intuitiv, wenn man Ausstattungen in erster Linie früh im Leben des Bedachten verortet (was nicht zwingend ist).[282] Denn dann weisen § 2316 Abs. 1 BGB und § 2325 Abs. 1 BGB ja in ganz unterschiedliche Richtungen: Die Ausgleichung greift Zuwendungen heraus, die zeitlich besonders weit zurückliegen, die Pflichtteilsergänzung solche, die zeitlich besonders nah liegen.

---

[277] *Mayer*, ZErb 2007, 130, 132.

[278] Hier stellt sich freilich einmal mehr die Frage, ob die Vorschriften über die Schenkung (hier § 2325 Abs. 1 BGB) nicht ggf. analog auf die Ausstattung anzuwenden sind. Grundsätzlich gilt hierbei das oben Gesagte: Man kann dem Gesetzgeber nicht unterstellen, er habe den Unterschied zwischen Ausstattung und Schenkung grundsätzlich verkannt, vgl. dazu oben Dritter Teil – A.I.2 (186) und in diesem spezifischen Kontext *Jakob*, AcP 207 (2007), 198, 208, vgl. dort auch zur Frage, ob ausnahmsweise aus Gründen des Drittschutzes etwas anderes gelten sollte (209–211).

[279] Das zeigt nicht zuletzt der Sachverhalt in OLG Koblenz, 24.4.2023 – 12 U 602/22, BWNotZ 2023, 100 (102 f.).

[280] Auf diesen Widerspruch zu § 2325 Abs. 1 BGB weisen auch hin *Mayer*, ZErb 2007, 130, 132, 137 f.; *Everts*, MittBayNot 2011, 107, 110; *ders.*, notar 2013, 219, 223 f.; BeckOGK-*Schindler*, § 2325 BGB, 53; für Möglichkeiten, diesen Widerspruch gestalterisch zu nutzen, um den Pflichtteil zu reduzieren, vgl. *Sailer*, NotBZ 2002, 81, 85.

[281] *Mayer*, ZErb 2007, 130, 132.

[282] Vgl. dazu oben Dritter Teil – A.II.2 (194).

Begründen ließe sich all dies einmal mehr mithilfe der Vorstellung, Ausstattungen seien sittlich geschuldete Zuwendungen.[283] Denn noch soll dem Pflichtteilsrecht – nicht zuletzt nach der Rechtsprechung des Bundesverfassungsgerichts[284] – der Gedanke familiär gebundenen Vermögens zugrunde liegen. Wenn sich die Ausstattung also jedenfalls sittlich nicht vom Familienvermögen trennen lässt, erscheinen all die obigen Beobachtungen konsequent und folgerichtig: Auf diesem Wege ließe sich erklären, warum nur die Ausstattung bei der Berechnung des Pflichtteils qua Gesetzes berücksichtigt wird (§ 2316 Abs. 1 BGB); warum die gleichmäßige Behandlung der Abkömmlinge nur insoweit durch das Pflichtteilsrecht abgesichert wird (§ 2316 Abs. 3 BGB); und warum die Ausstattung pflichtteilsrechtlich relevant bleibt, auch wenn sie lange vor der Zehnjahresfrist des § 2325 Abs. 3 BGB erfolgt ist. Aber all diese Mutmaßungen leiden unter dem bekannten Schönheitsfehler: Genau dieser Gedanke hat in allen anderen Rechtsbereichen an Überzeugungskraft verloren.[285] Und das wiederum verwundert nicht aufgrund all der praktischen und normativen Probleme, vor denen § 1624 Abs. 1 BGB unter den heutigen wirtschaftlichen, sozialen und familiären Gegebenheiten steht.

Als Rationalisierung für § 2316 Abs. 1 BGB bleibt dann nur ein vergleichsweise schlichter Gedanke übrig:[286] Ein enterbter Abkömmling soll nicht mehr erhalten, als er bei Eintritt der gesetzlichen Erbfolge erhalten hätte. Das ist sicher zutreffend. Die Frage ist aber, ob sich dieses Ziel nicht auf einfacherem Weg erreichen lässt.[287] Überhaupt kann man fragen, ob sich die pflichtteilsrechtliche Berücksichtigung lebzeitiger Zuwendungen nicht schlanker lösen lässt. Denn derzeit verkompliziert § 2316 Abs. 1 BGB ein System, das bereits sehr komplex ist, nochmals weiter. Einen wirklich zwingenden Grund hierfür gibt es nicht.

Damit endet der Seitenblick, den diese Untersuchung auf das Pflichtteilsrecht geworfen hat: Die pflichtteilsrechtliche Dimension der Ausgleichung

---

[283] Vgl. dazu einmal mehr, mit unterschiedlichen Schattierungen, BFH, 3.6.1987 – III R 141/86, BB 1987, 2081 (2082); *Dölle*, Familienrecht, Bd. II, 130; *Jakob*, AcP 207 (2007), 198, 205 f.; Staudinger-*Lugani*, § 1624 BGB, Rn. 4; *Rauscher*, Familienrecht, 824; *Langenfeld/Günther*, Grundstückszuwendungen zur lebzeitigen Vermögensnachfolge, 261; *Gernhuber/Coester-Waltjen*, Familienrecht, 627; Erman-*Döll*, § 1624 BGB, Rn. 12.

[284] Vgl. BVerfG, 19.4.2005 – 1 BvR 1644/00 und 1 BvR 188/03, BVerfGE 112, 332, 348–353, das Pflichtteilsrecht habe die Funktion, die Fortsetzung des ideellen und wirtschaftlichen Zusammenhangs von Vermögen und Familie – unabhängig von einem konkreten Bedarf des Kindes – über den Tod des Vermögensinhabers hinaus zu ermöglichen (353); für eine kritische Würdigung dieser Orthodoxie vgl. *Zimmermann/Bauer/Bialluch/Humm/Klapdor/Köhler/Schmidt/Scholz/Wiedemann*, Zwingender Angehörigenschutz im Erbrecht, 19–24.

[285] Vgl. dazu oben Dritter Teil – A.III (203).

[286] *Schäfer*, ZEV 2018, 496, 499 f.; zustimmend wohl Erman-*Röthel*, § 2316 BGB, 1; BeckOGK-*Reisnecker*, § 2316 BGB, Rn. 6.

[287] Vgl. dazu unten Vierter Teil – C. (277).

vermag nicht, das Institut als solches zu rechtfertigen. Im Gegenteil, all die praktischen und normativen Herausforderungen der §§ 2050 ff. BGB potenzieren sich im Pflichtteilsrecht und sprechen einmal mehr dafür, die zentrale Unterscheidung zwischen § 2050 Abs. 1 und 3 BGB grundlegend zu überdenken.

IV. Zusammenfassung und zwei abschließende Beobachtungen im Lichte von Rechtsgeschichte und Rechtsvergleichung

Rekonstruiert man die Dogmatik der Ausgleichung, zeigt sich also ein ganz ähnliches Bild wie bereits betreffs § 1624 Abs. 1 BGB.[288] Es finden sich eine ganze Reihe weitgehend konsentierter Aussagen über ihre Rolle im geltenden Recht, über den Tatbestand der Ausgleichung, über ihre Ratio und über ihre Rechtsfolgen.[289] Hinterfragt werden diese Orthodoxien jedoch kaum. Dabei handelt es sich hierbei um nur scheinbare Sicherheiten; bei genauem Hinsehen werfen auch diese vielfach wiederholten Beschreibungen der Ausgleichung mehr Fragen auf, als sie letztlich beantworten. Teils spiegeln sich in der Unterscheidung zwischen § 2050 Abs. 1 und 3 BGB die unausgesprochenen Probleme des § 1624 Abs. 1 BGB, teils zeigen sich genuin erbrechtliche Begründungsunsicherheiten,[290] und schließlich potenzieren sich all diese Herausforderungen im Pflichtteilsrecht, das durch die Ausgleichung nochmals verkompliziert wird.[291] Alles in allem stellt sich dann auch die Ausgleichung als ein kritikwürdiges Institut dar, jedenfalls in ihrer geltenden Ausgestaltung.

So klar dieser Befund nach dem bisher Gesagten zutage tritt, so überraschend ist er doch eigentlich: Teils werden die Probleme der Ausgleichung zwar offen benannt, teils Reformen gefordert,[292] aber alles in allem werden die hergebrachten Orthodoxien recht unbesehen fortgeschrieben. Damit liegt es in doppelter Hinsicht nahe, nach möglichen Gründen für das bisher Beobachtete zu fragen: Wie kommt es zu den hier beschriebenen Unsicherheiten? Und warum zeigen sich diese Unsicherheiten auf die beschriebene Art und Weise – meist implizit und oft unbeobachtet von Rechtswissenschaft und -praxis?

1. Der „Zwiespalt in der Grundidee" und das geltende Recht

Eine zentrale Erklärung für all die Unsicherheiten des geltenden Rechts ist sicherlich der Umstand, dass die Ausstattung an Bedeutung verloren hat,

---

[288] Vgl. dazu oben Dritter Teil – A.I (184).

[289] Vgl. dazu oben Dritter Teil – B.I (221).

[290] Vgl. dazu oben Dritter Teil – B.II (229).

[291] Vgl. dazu soeben Dritter Teil – B.III.2 (242).

[292] *Werbik*, Lebzeitige Zuwendungen des Erblassers, 119; *Lange*, DNotZ 2009, 732, 743; *Röthel*, Ist unser Erbrecht noch zeitgemäß?, A 57; zustimmend die Referate von *Lange* und *Frieser*, Verh. d. 68. DJT, Bd. II/1, L 41 f., L 58 f.; *Kroppenberg*, NJW 2010, 2609, 2611; Staudinger-*Löhnig*, § 2050 BGB, 2; *Lange*, Erbrecht, 607; anders *Leipold*, JZ 2010, 802, 806 f.; *Odersky*, MittBayNot 2008, 2, 5 f.

sowohl in sozialer als auch rechtlicher Hinsicht. Das spiegelt die Rede vom „anachronistischen“[293] § 2050 Abs. 1 BGB genauso wider wie der oben beschriebene subtile Bedeutungsverlust der Ausstattung in eigentlich allen Teilrechtsgebieten.[294] Dass ein letztlich aus der Zeit gefallenes Institut kaum als Abgrenzungskriterium taugt, liegt auf der Hand. Für diese Erkenntnis allein hätte es einer historisch-vergleichenden Untersuchung nicht bedurft. Doch dieser Ansatz zeigt etwas anderes: All die Herausforderungen und Unsicherheiten, vor denen das geltende Recht steht, sind der letzte, konsequente Schritt einer Entwicklung, die spätestens im 19. Jahrhundert begonnen hat und die heute in Vergessenheit geraten ist. Das führt noch einmal zurück zu dem „Zwiespalt in der Grundidee“ der Ausgleichung, der um die Jahrhundertwende beschrieben wurde.[295]

Bei Inkrafttreten des BGB steht jedenfalls Teilen des Schrifttums deutlich vor Augen, dass auch die §§ 2050 ff. BGB letztlich auf zwei unterschiedlichen Ideen fußen:[296] Tatbestandlich greift § 2050 Abs. 1 BGB die deutschrechtliche Tradition der Einwerfung des aus Anlass der Abschichtung Empfangenen auf. Die ist zwar seit jeher auf ausstattende Zuwendungen beschränkt, wird seit den frühesten Zeiten der Rezeption jedoch (auch) mithilfe römischer Gleichheitsvorstellungen und mithilfe des mutmaßlichen Erblasserwillens rationalisiert.[297] Diese Inkongruenz ist gemeint, wenn im zeitgenössischen Schrifttum von einem „Zwiespalt in der Grundidee“ die Rede ist.[298] Aber das Wissen um die historischen Wurzeln der Ausgleichung verblasst zusehends. Wer zum Beispiel die Denkschrift zum BGB liest,[299] kann die deutschrechtliche Tradition der Einwerfung nur noch erahnen. Gleichzeitig wird der mutmaßliche Erblasserwille zum zentralen Topos, um die §§ 2050 ff. BGB zu begründen.[300] Heute, im geltenden Recht ist dieser Prozess des Verschwindens gänzlich abgeschlossen.

---

[293] *Kroppenberg*, NJW 2010, 2609, 2611.

[294] Vgl. dazu oben Dritter Teil – A.III (203).

[295] *Binder*, Die Rechtsstellung des Erben nach dem deutschen bürgerlichen Gesetzbuch, Bd. III/1, 139.; vgl. dazu oben ausführlich Erster Teil – C.II.3 (90).

[296] Vgl. wieder *Rüger*, SächsArch 9 (1899), 401, 488; *Crome*, System des Deutschen Bürgerlichen Rechts, Bd. V, 319; *Kohler*, Lehrbuch des Bürgerlichen Rechts, Bd. III/1, 394.

[297] Vgl. hierzu oben Erster Teil – B.III (71).

[298] *Binder*, Die Rechtsstellung des Erben nach dem deutschen bürgerlichen Gesetzbuch, Bd. III/1, 139.

[299] Denkschrift, 264 f. [= *Mugdan,* Materialien, Bd. V, 861 f.].

[300] Vgl. beispielsweise zur Annahme der Erblasser wolle seine Kinder gleichbehandelt wissen wieder RG, 30.6.1902 – IV 131/02, JW 1902 (1201); *Schiffner*, Abhandlungen 1 (1897), 285, 374 f.; *Kreß*, Abhandlungen 10 (1903), 1, 207; *Herzfelder*, J. von Staudingers Kommentar zum Bürgerlichen Gesetzbuche und dem Einführungsgesetze, Bd. V, 406; *Endemann*, Erbrecht des Bürgerlichen Gesetzbuches, 119; vgl. beispielsweise zu dem Argument, die Beschränkung der Ausgleichung auf Abkömmlinge folge aus dem mutmaßlichen Erblasserwillen *Binder*, Die Rechtsstellung des Erben nach dem deutschen bürgerli-

Noch die Vorentwürfe zum BGB benennen explizit, worum es dem historischen Recht – und damit auch den §§ 2050 ff. BGB – geht: Konzeptioneller Ausgangspunkt ist die sittliche Pflicht der Eltern, ihre Kinder auszustatten. Diese Pflicht besteht gleichermaßen gegenüber allen Nachkommen. Wie sie aber konkret erfüllt wird, lebzeitig oder aus dem Nachlass, bleibt den Eltern beziehungsweise den zeitlichen Zufälligkeiten des Lebens vorbehalten. Es bedarf dieses ganz spezifischen Vorverständnisses ausstattender Zuwendungen, um die Unterscheidung zwischen § 2050 Abs. 1 und 3 BGB widerspruchsfrei zu rechtfertigen. Die Vorstellung, die Ausstattung werde jedenfalls sittlich geschuldet, ist Dreh- und Angelpunkt dieser Denktradition. Auf diese Weise lässt sich zunächst erklären, warum dem Erblasser unterstellt wird, er wolle seine Kinder nur hinsichtlich Ausstattungen gleichbehandelt wissen. Denn nur so weit reicht seine sittliche Pflicht. Und nur dieses spezifische Verständnis erklärt, warum gerade ausstattende Zuwendungen den Erbteil vorwegnehmen sollen. Die zweifache Erfüllung derselben Pflicht wird verhindert. In der tradierten Vorstellung, (nur) ausstattende Zuwendungen seien sittlich geschuldet, fließen also all die Topoi ineinander, mithilfe derer auch die heutige Dogmatik die §§ 2050 ff. BGB rationalisieren möchte: der mutmaßliche Erblasserwille, erbrechtliche Gleichbehandlungsvorstellungen und die Idee eines Vorempfangs.

Damit ist aber auch der Grund für all die Unsicherheiten benannt, die das heutige Recht prägen. Der zentrale Gedanke, auf den sich alle Versuche, die Ausgleichung zu rationalisieren zurückführen lassen, ist in Vergessenheit geraten. Im Familienrecht lebt zwar die Idee fort, Ausstattungen seien sittlich geschuldet.[301] Aber für das Erbrecht spielt dieser Gedanke keine entscheidende Rolle mehr. Im Nebensatz heißt es zwar nach wie vor, ausgleichspflichtige Zuwendungen seien solche, die den Erbteil vorwegnehmen.[302] Damit wird aber nur der Ist-Zustand des Rechts beschrieben. Seine normerklärende Funk-

---

chen Gesetzbuch, Bd. III/1, 139 f.; vgl für eine Rationalisierung des § 2053 BGB mithilfe des mutmaßlichen Erblasserwillen *Kreß*, Abhandlungen 10 (1903), 1, 213; *Strohal*, Das deutsche Erbrecht, Bd. I, 67 f.; *Kipp*, Lehrbuch des Bürgerlichen Rechts, Bd. II/3, 284; *Flad*, in: Planck's Kommentar, Bd. V, 333 (Rn. 1 zu § 2053 BGB).

[301] Wenn auch mit unterschiedlichen Schattierungen, vgl. dazu oben Dritter Teil – A.I.1 (184) und BFH, 3.6.1987 – III R 141/86, BB 1987, 2081 (2082); *Dölle*, Familienrecht, Bd. II, 130; *Jakob*, AcP 207 (2007), 198, 205 f.; Staudinger-*Lugani*, § 1624 BGB, Rn. 4; *Rauscher*, Familienrecht, 824; *Langenfeld/Günther*, Grundstückszuwendungen zur lebzeitigen Vermögensnachfolge, 261; *Gernhuber/Coester-Waltjen*, Familienrecht, 627; Erman-*Döll*, § 1624 BGB, Rn. 12.

[302] Besonders deutlich wieder RGRK-*Kregel*, § 2050 BGB, Rn. 1; *Siebert*, NJOZ 2009, 3099, 3099; *Röthel*, Ist unser Erbrecht noch zeitgemäß?, A 56; jurisPK-*Schermann*, § 2050 BGB, Rn. 3, 36; MüKoBGB-*Fest*, § 2050 BGB, Rn. 1; vgl. darüber hinaus *Ann*, Die Erbengemeinschaft, 284; *Muscheler*, Erbrecht, Bd. I, 707 f.; *Kössinger/Najdecki*, in: Nieder/Kössinger, 162; *Lange*, Erbrecht, 601; implizit auch *Tanck,* Ausgleichung und Anrechnung, 13; *ders.*, in: FS Damrau, 92.

tion hat dieser Satz verloren. Gleiches gilt für den Hinweis, die Ausstattung (§ 2050 Abs. 1 BGB) beruhe nur eingeschränkt auf Freigebigkeit und unterscheide sich so von allen anderen Zuwendungen (§ 2050 Abs. 3 BGB).[303] Auch er dient nicht mehr dazu, die zentrale Unterscheidung zwischen § 2050 Abs. 1 und 3 BGB zu rationalisieren.

Auf die Zweite Kommission geht dabei eine folgenschwere Entscheidung zurück.[304] Geregelt wird der Gegenstand der Ausgleichung nicht mehr im Erbrecht selbst, sondern in § 1624 Abs. 1 BGB, im Familienrecht. Dies führt zu einer Entkoppelung von familien- und erbrechtlicher Dogmatik. Während der Gedanke sittlicher Elternpflichten im Familienrecht immer wieder durchscheint, ist er im Erbrecht weitestgehend in Vergessenheit geraten. Gleiches gilt für das genuin erbrechtliche Argument, bei der Ausstattung handele es sich in der Tradition des deutschrechtlichen Denkens um einen Voraus auf den Erbteil. Im Familienrecht spielt dieses Argument keine besondere Rolle. Und dementsprechend fehlt auch der erbrechtlichen Dogmatik heute ein zentraler Topos, der das Denken über die dogmengeschichtlichen Vorläufer der Ausgleichung jahrhundertelang strukturiert hat. Geblieben sind allein die zwei auf das römische Recht zurückgehenden Begründungskategorien:[305] der mutmaßliche Erblasserwille und erbrechtliche Gleichbehandlungsideen. Diese beiden Topoi allein haben jedoch nie ausgereicht, um gerade die Unterscheidung zwischen ausstattenden und anderen Zuwendungen zu rechtfertigen, die sich heute in § 2050 Abs. 1 und 3 BGB findet.

Blickt man mit diesem historischen Vorverständnis auf die Ausgleichung, verwundert es kaum mehr, dass das Institut notorisch schwer zu handhaben und kaum widerspruchsfrei zu begründen ist. Die §§ 2050 ff. BGB stehen schließlich vor einer doppelten Herausforderung: Zum einen ist jedenfalls im Erbrecht in Vergessenheit geraten, warum § 2050 BGB überhaupt zwischen Ausstattungen und anderen Zuwendungen unterscheidet. Zum anderen ist diese Abgrenzung, das lehrt ja die genauere Betrachtung des § 1624 Abs. 1 BGB, heute in vielerlei Hinsicht aus der Zeit gefallen.[306] Ein schwacher Trost mag sein, dass diese Erkenntnis kein deutsches Spezifikum ist. In England und der Schweiz, aber auch in Österreich zeigt sich derselbe Befund[307]: Überall sind vergleichbare Ideen in Vergessenheit geraten, haben ihre Überzeugungskraft verloren oder sind vom Gesetzgeber ins Abseits gestellt worden.

---

[303] *Schindler*, ZEV 2006, 389, 391; *Fröhler*, BWNotZ 2010, 94, 94 f.; *Kössinger/Najdecki*, in: Nieder/Kössinger, 164; jurisPK-*Schermann*, § 2050 BGB, Rn. 50, 53, 79; BeckOGK-*Rißmann*, § 2050 BGB, Rn. 49.

[304] Vgl. dazu oben Erster Teil – C.II.2 (87).

[305] Vgl. dazu zusammenfassend oben Erster Teil – C.II.3 (90).

[306] Vgl. dazu oben Dritter Teil – A.III (203).

[307] Vgl. zusammenfassend oben Zweiter Teil – A.IV (125) und A.V (126) zur Entwicklung im deutschsprachigen Raum, und Zweiter Teil – B.V (180) zur Entwicklung in England.

Damit stellt sich natürlich auch im BGB die Frage, wie eine interessengerechte Regelung perspektivisch aussehen könnte.[308]

2. *Gleichheit, Materialisierung und Individualisierung der Erbfolge*

Bisher wurde allerlei Negatives über die Ausgleichung gesagt. Das ist jedoch nur eine Seite der Medaille. Vor allem die Haltung des Schrifttums zu den §§ 2050 ff. BGB ist letztlich ambivalent. Es stehen sich eigentlich zwei Narrative gegenüber, ein kritisches und ein affirmatives.

Grundsätzlich geht die erbrechtliche Dogmatik mit den §§ 2050 ff. deutlich härter ins Gericht als das Familienrecht mit § 1624 Abs. 1 BGB. Die eigentlich angestrebte Gleichbehandlung der Abkömmlinge werde allzu oft nicht erreicht, heißt es völlig zu Recht. Begründet wird dies mit der Beschränkung des § 2050 Abs. 1 BGB auf Ausstattungen,[309] mit der Privilegierung besonders großer Zuwendungen nach § 2056 S. 1 BGB[310] oder mit den Auswirkungen etwaiger Wertschwankungen zwischen Zuwendung und Erbfall, die trotz oder gerade wegen der höchstrichterlich eingeführten Kaufkraftbereinigung[311] im Rahmen des § 2055 Abs. 2 BGB auftreten können.[312] Dies wiederum frustriere allzu oft berechtigte Erwartungen des Erblassers: Weil das Gesetz sein eigentliches Gleichheitsideal so unvollkommen umsetze, sei in der Regel eine Ausgleichsanordnung nach § 2050 Abs. 3 BGB erforderlich, um die eigentlich gewollte Gleichbehandlung aller Abkömmlinge zu erreichen. Das Erfordernis einer Ausgleichsanordnung sei wiederum weitgehend unbekannt.[313] *De lege lata* würden die tatsächlichen Vorstellungen des Erblassers also allzu oft frustriert. Daraus folgt dann oft die rechtspolitische Forderung,

---

[308] Vgl. hierzu unten Vierter Teil – B.II (271).

[309] Vgl. *Mayer*, ZErb 2007, 130, 131; *Kroppenberg*, NJW 2010, 2609, 2611; *Müller*, ZEV 2015, 322, 325; jurisPK-*Schermann*, § 2050 BGB, Rn. 15; *Kössinger/Najdecki*, in: Nieder/Kössinger, 175; Staudinger-*Löhnig*, § 2050 BGB, Rn. 2; *Lange*, Erbrecht, 607; BeckOGK-*Rißmann*, § 2050 BGB, Rn. 105, 108; das meint wohl auch *Everts*, notar 2013, 219, 228.

[310] *Mayer*, ZErb 2007, 130, 131; *Müller*, ZEV 2015, 322, 325; *Kössinger/Najdecki*, in: Nieder/Kössinger, 175; BeckOGK-*Rißmann*, § 2050 BGB, Rn. 104.

[311] Vgl. hierzu wieder BGH, 4.7.1975 – IV ZR 3/74, BGHZ 65, 75 (77 f.); vgl. ausführlich *Eberl-Borges*, Die Erbauseinandersetzung, 233 f.

[312] *Ebenroth/Bacher/Lorz*, JZ 1991, 277, 283 f.; *Mayer*, ZErb 2007, 130, 131; *Kössinger/Najdecki*, in: Nieder/Kössinger, 175; BeckOGK-*Rißmann*, § 2050 BGB, Rn. 106 f.; oft wird für diese Problembeschreibung auch auf die rechtsgestaltenden Ratschläge von *Sostmann*, MittRhNotK 1976, 479, 515, verwiesen; vgl. für ein verwandtes Problem *Meincke*, AcP 178 (1978), 45, 66–68.

[313] Vgl. wieder *Mayer*, ZErb 2007, 130, 131; *Kroppenberg*, NJW 2010, 2609, 2611; *Müller*, ZEV 2015, 322, 325; jurisPK-*Schermann*, § 2050 BGB, Rn. 15; *Kössinger/Najdecki*, in: Nieder/Kössinger, 175; Staudinger-*Löhnig*, § 2050 BGB, Rn. 2; *Lange*, Erbrecht, 607; BeckOGK-*Rißmann*, § 2050 BGB, Rn. 105, 108; das meint wohl auch *Everts*, notar 2013, 219, 228.

die gesetzliche Ausgleichung *de lege ferenda* auf alle Zuwendungen, jedenfalls aber alle größeren Zuwendungen auszudehnen.[314]

Gerade auch dieser letzte Aspekt ist Ausdruck eines eigentlich affirmativen Verhältnisses zur Grundidee der Ausgleichung. Bei aller Kritik im Detail, der grundsätzliche Gleichheitsanspruch der §§ 2050 ff. BGB hat seit *Ludwig Raisers* Göttinger Antrittsvorlesung nicht an Überzeugungskraft verloren.[315] Jedenfalls für Teile des Schrifttums ist sie integraler Bestandteil eines zeitgemäßen Intestaterbrechts. Die Ausgleichung stelle sich dabei, so heißt es dann, als Teil eines allgemeineren Trends dar: Den formalen Prinzipen der gesetzlichen Erbfolge werden, so diese Lesart, zusehends aufgeweicht zugunsten einer individuelleren und materialisierten Teilhabe am Nachlass.[316] Anstatt zu Generalisieren versucht das Gesetz, sich auf die tatsächlichen Besonderheiten und Gegebenheiten jedes Erbfalls einzulassen, nicht zuletzt auf die besondere familiäre Leistung einzelner Familienmitglieder und Erben. Dass § 2057a BGB überhaupt eingeführt und dann tatbestandlich erweitert wurde,[317] ist ein beredtes Beispiel für diese Entwicklung. Gleiches gilt für das Bestreben, möglichst viele Zuwendungen unter die §§ 2050 ff. BGB zu subsumieren,[318] sei dies *de lege lata* oder *de lege ferenda*.

Auf den ersten Blick erscheint der so formulierte Wunsch nach einer weitergehenden Gleichstellung der Abkömmlinge ein recht junges Phänomen zu sein. Die tatbestandlichen Grenzen der §§ 2050 Abs. 1, 1624 Abs. 1 BGB werden als überkommen wahrgenommen, sie sollen überwunden werden. Aber auch dieser Reformgedanke erscheint in verändertem Licht, wenn man ihn historisch kontextualisiert. Er führt zurück zum dogmengeschichtlichen Teil dieser Untersuchung: War die erbrechtliche Ausgleichung in der Vergangenheit die – faktische – Regel oder die Ausnahme? Eine eindeutige Antwort hierauf hat sich zwar nicht feststellen lassen, wohl aber eine Tendenz. Denn einerseits waren auch die dogmengeschichtlichen Vorläufer der §§ 2050 ff. BGB in aller Regel sachlich beschränkt, zumeist auf ausstattende

[314] *Werbik*, Lebzeitige Zuwendungen des Erblassers, 119; *Lange*, DNotZ 2009, 732, 743; *Röthel*, Ist unser Erbrecht noch zeitgemäß?, A 57; zustimmend die Referate von *Lange* und *Frieser*, Verh. d. 68. DJT, Bd. II/1, L 41 f., L 58 f.; *Kroppenberg*, NJW 2010, 2609, 2611; Staudinger-*Löhnig*, § 2050 BGB, 2; *Lange*, Erbrecht, 607; anders *Leipold*, JZ 2010, 802, 806 f.; *Odersky*, MittBayNot 2008, 2, 5 f.

[315] Vgl. wieder *Raiser*, ZHR 111 (1948), 75, 80; zustimmend wieder *Meincke*, AcP 178 (1978), 45, 47; *Ann*, Die Erbengemeinschaft, 284.

[316] So *Muscheler*, Erbrecht, Bd. I, 708; *Kroppenberg*, NJW 2010, 2609, 2611; *Röthel*, Erbrecht, 339, vgl. zu § 2057a BGB ergänzend *Däubler*, ZRP 1975, 136, 143 f.; *Röthel*, Ist unser Erbrecht noch zeitgemäß?, A 56.

[317] Mit der Erbrechtsrefom 2008 vereinfacht der Gesetzgeber die Ausgleichung von Pflegeleistungen nochmals. Sie müssen nach § 2057a Abs. 1 S. 3 BGB nicht länger unter Verzicht auf eigenes Einkommen erbracht werden, um ausgleichsfähig zu sein.

[318] Vgl. dazu oben Dritter Teil – B.II.2 (234).

Zuwendungen in der einen oder anderen Art. Andererseits lag oft genug der Verdacht nahe, dass die Ausgleichung faktisch die Regel war, auch wenn die zeitgenössische Norm sie als Ausnahme formulierte.[319] Bis ins 19. Jahrhundert gibt es keinen Anhaltspunkt, dass große wirtschaftlich bedeutsame Zuwendungen der Ausgleichung entgingen.

Das wiederum lässt das Nachdenken über mögliche Entwicklungsperspektiven der §§ 2050 ff. BGB in einem anderen Licht erscheinen. Wer fordert, die Ausgleichung *de lege ferenda* auszuweiten, fordert also wahrscheinlich gar nicht so sehr, das Institut in der Sache gegenüber seinen dogmengeschichtlichen Vorläufern zu erweitern. Es geht nur darum, diejenigen Ergebnisse, die das Institut faktisch über viele Jahrhunderte erzielt hat, in das heutige Recht zu übertragen. Die Geschichte von Individualisierung und Materialisierung lässt sich also auch mit umgekehrten Vorzeichen erzählen – und die Ausgleichung ist ein plastisches Beispiel hierfür: Die Materialisierung und Individualisierung der gesetzlichen Erbfolge sind eine Antwort auf eine Welt, die ihrerseits vielfältiger und individueller geworden ist.[320] Das Erbrecht passt sich dem an, nicht um Neues zu schaffen, sondern um alte Ergebnisse und Wertvorstellungen fortzuschreiben. Solange Ausstattungen die einzigen wertmäßig herausgehobenen Zuwendungen waren, reichte die Ausgleichung von Ausstattungen aus, um die Abkömmlinge im Wesentlichen gleichzustellen. Nun sind lebzeitige Zuwendungen vielgestaltiger und individueller geworden. Um die Abkömmlinge weiterhin im Wesentlichen gleichzustellen, bedarf es also einer Antwort auf die komplexere Zuwendungspraxis der heutigen Lebenswelt.

Es geht dem Reformimpetus, der auf eine tatbestandliche Erweiterung der §§ 2050 ff. BGB zielt, also nicht um eine neue Vorstellung dessen, was die Wünsche eines gleichgerechten Erblassers sind. Der seit jeher vorherrschenden Konzeption soll wieder Geltung verschafft werden. Es geht dem Reformimpetus um eine behutsame Entwicklung des der Ausgleichung, ganz im Sinne des römischen Kaisers Justinian, „um jede Ungleichheit zu heben".[321]

---

[319] Vgl. dazu oben Erster Teil – B.III (71) und C.II.3 (90).

[320] So korrespondierend *Ann*, Die Erbengemeinschaft, 290, zu § 2057a BGB. Er begründet die Norm mit der steigenden örtlichen Zerstreuung der Familie. Mit ihr gehe einher, dass die einzelnen Kinder in der Regel sehr unterschiedliche Leistungen zugunsten der Eltern erbringen.

[321] C. 6, 20, 20, 3.

Vierter Teil

Perspektiven

Bisher wurde das geltende Recht ausschließlich beschrieben, analysiert und kritisiert. Hier möchte diese Untersuchung jedoch nicht stehenbleiben. Sie möchte die Kritik auch ins Konstruktive wenden und Wege aufzeigen, wie sich das Recht *de lege ferenda* entwickeln könnte und sollte. Der eigentliche Gegenstand dieser Untersuchung ist zwar die Ausgleichung nach § 2050 Abs. 1 BGB im Recht der gesetzlichen Erbfolge. Aber um sich diesem Gegenstand zu nähern, wurden im bisherigen Gang der Untersuchung auch § 1624 Abs. 1 BGB und die pflichtteilsrechtliche Ausgleichung beschrieben und kritisiert. Um auch diese Kritik zu einem konstruktiven Abschluss zu bringen, schließt diese Untersuchung nicht nur mit Überlegungen zur Ausgleichung *de lege ferenda*, sondern auch mit zwei Exkursen *de lege ferenda* zur Entwicklungsperspektiven der Ausstattung im Familienrecht und der pflichtteilsrechtlichen Ausgleichung. Die Reihenfolge, in der diese Themen behandelt werden, entspricht der Reihenfolge, in der sie oben behandelt wurden.

A. Exkurs I: Entwicklungsperspektiven des Familienrechts

Was aber folgt aus der Kritik an § 1624 Abs. 1 BGB als zu unkonturiert, zu einfach manipulierbar, zu kontextabhängig und letztlich zu wenig zeitgemäß? Die naheliegende Folgerung wäre es, *de lege ferenda*, die Ausstattung als gesetzlich vertypte, dem Schenkungsrecht zwingend entzogene Zuwendung abzuschaffen. Das wäre der konsequente nächste Schritt auf einem Weg, den Gesetzgeber, Rechtswissenschaft und -praxis im Betreuungs-, Steuer-, Anfechtungs- und Ehegüterrecht bereits eingeschlagen haben.[1] Die Frage ist jedoch, wie sich dann die innerfamiliären Erwägungen dogmatisch erfassen ließen, die heute hinter § 1624 Abs. 1 BGB stehen.

[1] Vgl. dazu oben Dritter Teil – A.III (203).

I. Ausstattende Zuwendungen als unbenannte, unentgeltliche familienbezogene Zuwendungen?

Eine Antwort auf die hier entfaltete Kritik wäre es, ausstattende Zuwendungen in Zukunft unter die größere Kategorie[2] unbenannter, unentgeltlicher familienbezogener Zuwendungen zu fassen,[3] wie sie sich heute im Gesellschafts-, Stiftungs- und vor allem ehelichen Güterrecht finden.[4] Die strukturelle Ähnlichkeit von ausstattenden und unbenannten Zuwendungen wird schließlich bereits im Rahmen des § 1624 Abs. 1 BGB betont.[5] Und in der Tat, ausstattende und unbenannte Zuwendungen sind in vielerlei Hinsicht vergleichbar: Beide werden als *causa sui generis* konstruiert,[6] die das Schenkungsrecht zumindest konzeptionell[7] ausschließt.[8] Die Begründung hierfür unterscheidet sich zwar im Detail.[9] Aber beiden Fällen ist gemein, dass vor

---

[2] Die These einer über das Familienrecht hinausgehenden Kategorie der unbenannten unentgeltlichen Zuwendungen entfaltet *Poelzig*, JZ 2012, 425; *Liebrecht*, AcP 217 (2017), 886, 905 f.; zustimmend wohl MüKoBGB-*Koch*, § 516 BGB, Rn. 24.

[3] Zum Begriff vgl. v.a. *Lieb*, Die Ehegattenmitarbeit im Spannungsfeld zwischen Rechtsgeschäft, Bereicherungsausgleich und gesetzlichem Güterstand, 124; vgl. darüber hinaus *Kollhosser*, NJW 1994, 2313, 2314; *Seif*, FamRZ 2000, 1193, 1193; *Jeep*, NZFam 2014, 293, 293.

[4] „Unbenannte Zuwendungen“ sind nach der Rechtsprechung Zuwendungen zwischen Ehegatten um der Ehe willen und als Beitrag zur Verwirklichung, Ausgestaltung, Erhaltung oder Sicherung der ehelichen Lebensgemeinschaft, vgl. für diese Formulierung BGH, 27.11.1991 – IV ZR 164/90, BGHZ 116, 167 (169 f.), und für den Grundgedanken die ständige Rechtsprechung seit BGH, 7.1.1972 – IV ZR 231/69, NJW 1972, 580; *Rauscher*, Familienrecht, 377 f.; *Muscheler*, Familienrecht, 196–199; *Gernhuber/Coester-Waltjen*, Familienrecht, 172 f.

[5] BGH, 12.4.1995 – XII ZR 58/94, BGHZ 129, 259 (263); *Morhard*, NJW 1987, 1734, 1736; *Rauscher*, Familienrecht, 824; *Poelzig*, JZ 2012, 425, 429; *Gernhuber/Coester-Waltjen*, Familienrecht, 627 (dort Fn. 23); Staudinger-*Lugani*, § 1624 BGB, Rn. 1.

[6] *Seif*, FamRZ 2000, 1193, 1199; *Hausheer*, in: FS Henrich, 221; *Poelzig*, JZ 2012, 425, 426; *Jeep*, NZFam 2014, 293, 294; *Liebrecht*, AcP 217 (2017), 886, 890; *Dethloff*, Familienrecht, 169.

[7] Im Ergebnis wird das Schenkungsrecht dann doch zumeist analog wieder angewandt; nicht zuletzt die Formvorschrift des § 518 BGB, vgl. BGH, 18.3.2020 – XII ZB 380/19, FamRZ 2020, 1073 (1077); vgl. darüber hinaus die Rechtsprechungsnachweise bei MüKoBGB-*Koch*, § 516 BGB, Rn. 74 (dort Fn. 318); Staudinger-*Chiusi*, § 516 BGB, Rn. 105; BeckOK-*Gehrlein*, § 516 BGB, Rn. 10.

[8] Die Begründung hierfür variiert. Zunächst wurde die objektive Unentgeltlichkeit der Zuwendung verneint, dann die subjektive und nun (teilweise) die Entreicherung des zuwendenden Ehegatten. Für einen Überblick über diese Ansätze vgl. *Seiler*, in: FS Henrich, 559; *Poelzig*, JZ 2012, 425, 426; Soergel-*Eckert*, § 516 BGB, 58; *Liebrecht*, AcP 217 (2017), 886, 902 f.; Erman-*Hähnchen*, § 516 BGB, Rn. 8.

[9] Unbenannte ehebedinge Zuwendungen sind in erster Linie ein Vehikel, um eine flexible Rückabwicklung über den Wegfall der Geschäftsgrundlage zu ermöglichen, wenn die Ehe scheitert.

allem die schenkungsrechtlichen Rückforderungsmöglichkeiten nicht zu der besonderen innerfamiliären Motivation von Ausstattung und unbenannter Zuwendung zu passen scheinen. [10]

Zumindest auf den ersten Blick bietet es zahlreiche Vorteile, ausstattende und unbenannte Zuwendungen *de lege ferenda* gleichzubehandeln:[11] Mit der unbenannten unentgeltlichen familienbezogenen Zuwendung steht ein Instrument zu Verfügung, das in der Rechtsprechung anerkannt ist. Die besondere familienrechtliche Motivation ausstattender Zuwendungen ließe sich weiterhin abbilden. Damit wäre auf den ersten Blick drei Kritikpunkten am geltenden Recht Rechnung getragen:

Erstens wäre der Kritik Rechnung getragen, dass die aktuelle Gesetzessystematik zwingt, Ungleiches gleich zu behandeln, indem sie die Ausgleichung an die Legaldefinition in § 1624 Abs. 1 BGB anknüpft, die sich in allen Rechtsbereichen gleichermaßen bewähren muss. An die Stelle dieses Ansatzes träte ein flexibles, dezidiert familienrechtliches Institut, das nicht an den schwer handhabbaren Tatbestand des § 1624 Abs. 1 BGB gebunden ist Zweitens wäre der Kritik Rechnung getragen, die Dichotomie zwischen Schenkung und Ausstattung führe im Hinblick auf die Interessen Dritter zu unbefriedigenden Ergebnissen. Unbenannte Zuwendungen zeichnet schließlich gerade aus, dass ihre Sonderrolle auf das Innenverhältnis zwischen Ehegatten und anderen Familienangehörigen beschränkt ist.[12] Im Außenverhältnis gilt im Wesentlichen das drittschützende Schenkungsrecht. Unbenannte Zuwendungen unter-

---

[10] So bereits die erste Entscheidung, die eine Sonderrolle unbenannter Zuwendungen anerkennt, BGH, 7.1.1972 – IV ZR 231/69, NJW 1972, 580; vgl. seitdem nur *Schotten*, NJW 1990, 2841, 2844 f.; *Seif*, FamRZ 2000, 1193, 1195 f.; *Seiler*, in: FS Henrich, 563; *Röthel*, JURA 2006, 641, 643; *Rauscher*, Familienrecht, 377; *Poelzig*, JZ 2012, 425, 426; *Liebrecht*, AcP 217 (2017), 886, 904; Staudinger-*Chiusi*, § 516 BGB, Rn. 88, 96; BeckOGK-*Harke*, § 534 BGB, Rn. 83. Darüber hinaus sollte möglicherweise rechtlich abgebildet werden, dass die beteiligten Parteien die Zuwendung nicht als „Schenkung" verstehen, vgl. *Kollhosser*, NJW 1994, 2313, 2315; MüKoBGB-*Koch*, § 516 BGB, Rn. 61, 74.

[11] Neben die sogleich behandelten sachlichen Argumente tritt dann auch ein praktisches: § 1624 Abs. 1 BGB ist Gesetzesrecht, die unbenannte Zuwendung Richterrecht. Würde der Gesetzgeber *de lege ferenda* auf die Ausstattung verzichten, wäre damit noch lange nicht gesagt, dass die Rechtsprechung bereit wäre, die richterrechtliche Figur der unbenannten Zuwendung zu übertragen. Schließlich hätte sich der Gesetzgeber in diesem Fall ja gerade mit der Regelungsmaterie beschäftigt. Denn möchte man nicht unterstellen, dass der Gesetzgeber bei dieser Gelegenheit die unbenannte Zuwendung ganz grundsätzlich als Gesetzesrecht anerkennt, müsste die Rechtsprechung bereit sein, Richterrecht auf eine Materie zu übertragen, die der Gesetzgeber gerade ungeregelt gelassen hat.

[12] Die Begründungen hierfür variieren freilich; für einen Überblick über die unterschiedlichen Begründungen vgl. BeckOGK-*Harke*, § 516 BGB, Rn. 92–93; vgl. darüber MüKoBGB-*Koch*, § 516 BGB, Rn. 74 (dort Fn. 318); Staudinger-*Chiusi*, § 516 BGB, Rn. 105; BeckOK-*Gehrlein*, § 516 BGB, Rn. 10.; kritisch hierzu, die Einordnung einer Zuwendung müsse im Innen- und Außenverhältnis gleich sein, BeckOGK-*Harke*, § 516 BGB, 94.

liegen also nicht nur (wie die Ausstattung ja auch) der Gläubigeranfechtung, lassen die Steuerlast unberührt und fallen unter § 2113 Abs. 2 BGB.[13] Sie erfüllen auch den Tatbestand des § 2287 Abs. 1 BGB[14] und erlauben (möglicherweise)[15] den Zugriff des Sozialhilfeträgers. Damit wiegt, drittens, die Kritik an der Ausstattung als zu subjektiv geprägt und zu leicht manipulierbar weniger schwer.[16] Sind keine Drittinteressen betroffen, spricht schließlich nichts dagegen, es den Eltern zu überlassen, ob sie eine Zuwendung als Schenkung einordnen wollen oder als unbenannte familienbezogene Zuwendung.

Gegen die Gleichsetzung von ausstattenden und unbenannten Zuwendungen spricht nur eins: Zu groß ist die Gefahr, ein kritikwürdiges Institut durch ein anderes zu ersetzen. Denn so gefestigt die Rechtsprechung zu unbenannten ehebezogenen Zuwendungen ist, so deutlich ist die dogmatische Kritik an ihr, die sich in leicht unterschiedlichen Spielarten zeigt.[17] Aber sie alle eint ein Gedanke: Eines neuen, schillernden, ungeschriebenen Rechtsinstituts wie der unbenannten Zuwendung bedürfe es nicht.[18] Alle Probleme, denen die Rechtsprechung begegnen wolle, ließen sich auch durch eine möglicherweise modifizierte Anwendung des geschriebenen Rechts lösen;[19] dies gelte nicht

---

[13] BGH, 13.3.1978 – VIII ZR 241/76, BGHZ 71, 61 (66 f.); *Kollhosser*, NJW 1994, 2313, 2316; *Liebrecht*, AcP 217 (2017), 886, 907; *Gernhuber/Coester-Waltjen*, Familienrecht, 172; MüKoBGB-*Koch*, § 516 BGB, Rn. 65; Staudinger-*Chiusi*, § 516 BGB, Rn. 105; BeckOGK-*Harke*, § 516 BGB, 92. Vgl. für einen Überblick über die Rechtsprechung des BFH zur Schenkungssteuer MüKoBGB-*Koch*, § 516 BGB, Rn. 67; vgl. zu § 2113 BGB *Kollhosser*, NJW 1994, 2313, 2316; MüKoBGB-*Koch*, § 516 BGB, Rn. 66; vgl. zur Rechtsprechung des BGH *Straub*, Die Rechtsfolgen ehebezogener Zuwendungen im Erbrecht, 49.

[14] BGH, 27.11.1991 – IV ZR 164/90, BGHZ 116, 167 (170–176); *Rauscher*, Familienrecht, 377; *Schindler*, ErbR 2015, 526, 527; MüKoBGB-*Koch*, § 516 BGB, Rn. 66; Staudinger-*Chiusi*, § 516 BGB, Rn. 105; BeckOGK-*Harke*, § 516 BGB, 92.

[15] So jedenfalls *Gernhuber/Coester-Waltjen*, Familienrecht, 173.

[16] Wobei ihre subjektive Prägung auch einer der Kritikpunkte an der unbenannten Zuwendung ist, vgl. MüKoBGB-*Koch*, § 516 BGB, Rn. 75; zustimmend wohl BeckOGK-*Harke*, § 516 BGB, 83.

[17] Vgl. nur *Liebrecht*, AcP 217 (2017), 886, 906–920.

[18] *Schotten*, NJW 1990, 2841, 2847 f.; *Seif*, FamRZ 2000, 1193, 1195 f.; *Seiler*, in: FS Henrich, 564; *Jeep*, NZFam 2014, 293, 294–296; *Liebrecht*, AcP 217 (2017), 886, 914–920; *Muscheler*, Familienrecht, 195; *Gernhuber/Coester-Waltjen*, Familienrecht, 174; BeckOGK-*Harke*, § 534 BGB, Rn. 94; hiergegen, die unbenannte Zuwendung verteidigend, *Poelzig*, JZ 2012, 425, 428–431; Soergel-*Eckert*, § 516 BGB, 61 Staudinger-*Chiusi*, § 516 BGB, Rn. 106–113.

[19] Vgl. zum Güterrecht: *Seif*, FamRZ 2000, 1193, 1196 f.; *Jeep*, NZFam 2014, 293, 295 f. Vgl. zur Anwendung des § 313 BGB (um dessen Anwendbarkeit es der Rechtsprechung ja hauptsächlich geht) wahrscheinlich bereits *Schotten*, NJW 1990, 2841, 2848 f.; *Seif*, FamRZ 2000, 1193, 1198; *Jeep*, NZFam 2014, 293, 296; *Liebrecht*, AcP 217 (2017), 886, 919; MüKoBGB-*Koch*, § 516 BGB, Rn. 76; BeckOGK-*Harke*, § 516 BGB, 95. Für Zuwendungen seitens der Schwiegereltern erkennt dies nun auch BGH, 3.2.2010 – XII ZR 189/06, BGHZ 184, 190 (196 f.) an.

zuletzt für eine modifizierte Anwendung des schenkungsrechtlichen Rückforderungsregimes, um das es ausstattenden wie unbenannten Zuwendungen ja in erster Linie geht.[20] Diese Kritik ist berechtigt. Nimmt man sie ernst, weist der Vergleich ausstattender und unbenannter Zuwendungen *de lege ferenda* einen anderen Weg: Die Lösung für eine interessengerechte Handhabung von Zuwendungen im innerfamiliären Nahbereich lässt sich in den zahlreichen Instituten finden, die das BGB bereits bereitstellt. Angesichts dieser Regelungsdichte lassen sich neue Rechtsschöpfungen nur als letztes Mittel begründen.[21]

II. Die Berücksichtigung innerfamiliär motivierter Zuwendungen jenseits des § 1624 Abs. 1 BGB: Unterhalt, Sitten- und Anstandsschenkungen

Für unentgeltliche Zuwendungen von Eltern an ihre Kinder gilt richtigerweise dasselbe wie für unentgeltliche Zuwendungen zwischen Ehegatten: Jedenfalls unter den heutigen wirtschaftlichen, sozialen und familiären Gegebenheiten sind sie in aller Regel Schenkungen. Sie mögen bedingt sein, es mag sich um gemischte Schenkungen handeln, um Zweckschenkungen oder um komplexere Zuwendungen im Rahmen der vorweggenommenen Erbfolge. Aber wenn die Voraussetzungen einer Schenkung vorliegen,[22] vor allem wenn die Zuwendung unbestreitbar unentgeltlich ist, besteht kein Grund, eine familienbezogene *causa sui generis* zu konstruieren, um das Schenkungsrecht letztlich doch auszuschließen. Auch nicht, weil Schenkungen im innerfamiliären Nahbereich möglicherweise, so Teile des Schrifttums,[23] nicht im eigentlichen Sinne altruistisch sind. Ein solches Erfordernis ergibt sich weder aus dem Gesetz, noch ist es sinnvoll.[24] Das BGB hat sich bewusst allein für die Unentgeltlichkeit als Leitmerkmal der Schenkung entschieden.[25] Damit ist nur zu zeigen, dass der Instrumentenkasten des BGB auch ohne § 1624 Abs. 1 BGB ausreicht, um innerfamiliären Zuwendungen gerecht zu werden, die Eltern ihren Kindern aus familiärer Verbundenheit machen.

---

[20] *Seiler*, in: FS Henrich, 564; *Liebrecht*, AcP 217 (2017), 886, 916, 919; *Gernhuber/Coester-Waltjen*, Familienrecht, 172; MüKoBGB-*Koch*, § 516 BGB, Rn. 74; BeckOGK-*Harke*, § 516 BGB, 94–98.

[21] *Seiler*, in: FS Henrich, 555; MüKoBGB-*Koch*, § 516 BGB, Rn. 73.

[22] Vgl. statt aller Grüneberg-*Weidenkaff*, § 516 BGB, Rn. 1.

[23] *Poelzig*, JZ 2012, 425, 429 f.; ähnlich *Fischer*, Die Unentgeltlichkeit im Zivilrecht, 83; dagegen *Liebrecht*, AcP 217 (2017), 886, 909–911; BeckOGK-*Harke*, § 516 BGB, Rn. 94.

[24] Das offensichtliche Problem, die Motive hinter jeder Zuwendung hinterfragen zu müssen, sehen dann auch eigentlich *Fischer*, Die Unentgeltlichkeit im Zivilrecht, 82; *Poelzig*, JZ 2012, 425, 429.

[25] So auch *Liebrecht*, AcP 217 (2017), 886, 909–911; vgl. darüber hinaus *Zimmermann*, The Law of Obligations, 503 f.; HKK-*Pfeifer*, §§ 516–534, Rn. 9; BeckOGK-*Harke*, § 516 BGB, Rn. 94.

1. Interessengerechte Lösungen im Verhältnis zu Dritten durch das Unterhaltsrecht

Der gesetzliche Unterhalt ist der Prototyp einer Leistung, die Eltern aus innerfamiliären Gründen erbringen müssen. Natürlich unterscheiden sich Unterhalt und Ausstattung im geltenden Recht kategorial: Ersterer ist gesetzlich geschuldet, letztere ist nicht verpflichtend. Aber letztlich sind beide rechtlicher Ausdruck innerfamiliärer, generationenübergreifender Solidarität. Gerade im Bereich des Ausbildungsunterhalts nach § 1610 Abs. 2 BGB verwischen die Grenzen zwischen Ausstattung und Unterhalt schon heute.[26] Damit ist ein wichtiger Aspekt der Ausstattung ganz unabhängig von § 1624 Abs. 1 BGB privilegiert. Denn der Unterhalt wird in Erfüllung eines gesetzlichen Schuldverhältnisses gezahlt und ist dementsprechend behaltensfest. § 1624 Abs. 1 BGB bedarf es insoweit nicht. Und diese Privilegierung kann unter Umständen erhebliche Zuwendungen erfassen. Solange die Eltern hinreichend leistungsfähig sind, können den Kindern auch wirtschaftlich bedeutende Summen als Ausbildungsunterhalt zufließen, beispielsweise für das Studium an einer ausländischen oder privaten Universität.[27]

Aus Sicht der bisher entfalteten Kritik hat der Unterhalt drei Vorteile gegenüber § 1624 Abs. 1 BGB: Er ist gesetzlich geschuldet, sein Maß ist gesetzlich klar definiert und er ist unwiderruflich dem berechtigten Kind zugeordnet. Damit entfallen nicht nur zahlreiche Zweifelsfragen eines zeitlich und tatbestandlich offenen Begriffs. Ist eine Zuwendung Unterhalt, entfällt auch zweifelsfrei der Zugriff Dritter. Das gilt im Sozialhilferegress ebenso wie bei § 2287 Abs. 1 BGB,[28] wie im Anfechtungsrecht[29] und wie im Betreuungsrecht. Einschränkungen ergeben sich wegen § 33a EStG allein im Steuerrecht.[30]

---

[26] Man denke nur an diejenigen Autoren, die davon ausgehen, der Ausbildungsunterhalt habe die Ausstattung im heutigen Recht weitgehend verdrängt, Grüneberg-*Götz*, § 1624 BGB, Rn. 1.

[27] Vgl. z.B. aus der Rechtsprechung OLG Hamm, 19.7.2013 – 6 UF 46/13, FamRZ 2014, 563 (563); OLG Brandenburg, 10.12.2013 – 10 UF 125/13, FamRZ 2014, 847 (847 f.) (jedenfalls soweit dies mit Billigung des unterhaltsverpflichteten Elternteils geschieht); *Pfeil*, NZFam 2016, 222, 222 f.; BeckOK-*Reinken*, § 1610 BGB, Rn. 39 Grüneberg-*v. Pückler*, § 1610 BGB, Rn. 13; restriktiver MüKoBGB-*Langenheine*, § 1610 BGB, Rn. 192.

[28] Vgl. jeweils zum Ehegattenunterhalt BGH, 27.11.1991 – IV ZR 164/90, BGHZ 116, 167 (176 f.); Staudinger-*Kanzleiter*, § 2287, Rn. 4; Erman-*Kappler/Kappler*, § 2287 BGB, Rn. 2a; Soergel-*Zecca-Jobst*, § 2287 BGB, Rn. 3; MüKoBGB-*Musielak*, § 2287, Rn. 4; BeckOK-*Litzenburger*, § 2287 BGB, Rn. 2; BeckOGK-*Müller-Engels*, § 2287 BGB, Rn. 33.

[29] FK-*Dauernheim*, § 134 InsO, Rn. 22; MüKoInsO-*Freudenberg*, § 134 InsO, Rn. 36; Uhlenbruck-*Hirte/Borries*, § 134 InsO, Rn. 138.

[30] Vgl. hierzu *Geserich*, DStR 2011, 294, 294 f.; Brandis/Heuermann-*Baldauf*, § 33a EStG, Rn. 99–107.

Jenseits des Unterhalts werden unentgeltliche Zuwendungen hingegen selten dem Zugriff Dritter entgehen. Das BGB konzipiert den unentgeltlichen Erwerb aus guten Gründen als schwach. Dies ist unabhängig davon, ob ausstattende Motive verfolgt wurden oder nicht. Genau dieser Gedanke hat schließlich schon heute dazu geführt, eine Sonderrolle der Ausstattung im Verhältnis zu Dritten in all den genannten Fällen – Sozialhilferegress, Anfechtungsrecht, Ehegüterrecht – zu versagen.[31] § 1624 Abs. 1 BGB abzuschaffen, würde diesen Weg nur konsequent fortsetzen. Unterschiede ergäben sich allein in den Fällen, in denen die Dichotomie zwischen Schenkung und Ausstattung eine eigentlich nicht mehr zeitgemäße Unterscheidung im geltenden Recht erzwingt, vor allem bei § 2287 Abs. 1 BGB, im Sozialhilferegress und im Rahmen der Pflichtteilsergänzung nach §§ 2325 Abs. 1 BGB.

2. Interessengerechte Lösungen im Verhältnis zu Dritten durch die zahlreichen Ausnahmen für sittlich begründete Schenkungen

Der Zugriff Dritter auf unentgeltliche Zuwendungen ist freilich nicht unbegrenzt. Oft erkennt das Gesetz an, dass bestimmte Zuwendungen sittliche Pflichten erfüllen oder ein bloßes Anstandsgeschenk sind. Sie sollen dem Bedachten verbleiben; und hier ist der systematisch richtige Ort, innerfamiliären Interessen und Motiven Rechnung zu tragen. Im Vordergrund stehen dabei Zuwendungen in Erfüllung sittlicher Pflichten. Denn wann immer Anstandsgeschenke explizit[32] vom Zugriff Dritter ausgenommen werden,[33] geht es um kleinere Beträge.[34] Typische Fälle sind das Taschengeld[35] ebenso wie kleine Zuwendungen zu Geburtstagen, zu Weihnachten, zu Hochzeiten oder anderen Anlässen.[36] Jenseits dieser Fallgruppen ist im Einzelfall zu prüfen, ob

---

[31] Vgl. dazu oben Dritter Teil – A.III (203).

[32] Nur in § 2287 Abs. 1 BGB ergibt sich dies nicht ohne weiteres aus dem Wortlaut, hier gilt jedoch nichts anderes, vgl. statt aller MüKoBGB-*Musielak*, § 2287, Rn. 15.

[33] Vgl. im Schenkungsrecht (und damit fortwirkend im beim Sozialhilferegress) § 534 BGB, im Güterrecht § 1375 Abs. 2 Nr. 1 BGB a.E. oder im Anfechtungsrecht § 4 Abs. 2 AnfG und § 134 Abs. 2 InsO; für eine begriffliche Trennung in diesem letzten Fall plädiert Staudinger-*Thiele*, § 1375 BGB, 27.

[34] Anders OLG Düsseldorf, 27.1.2017 – 7 U 40/16, ZEV 2017, 328 (329 f.), wonach eine Yacht mit einem Anschaffungswert von 575.000 Euro in entsprechenden Kreisen eine Anstandsschenkung sein kann; zu Recht kritisch dazu *Hölscher*, ZEV 2017, 330, 330 f.; Burandt/Rojan-*Burandt*, § 2287 BGB, Rn. 12; BeckOGK-*Müller-Engels*, § 2287 BGB, Rn. 21.

[35] Vgl. LG Aachen, 14.2.2017 – 3 S 127/16, BeckRS 2017, 105856 (50 Euro monatlich als Taschengeld); kritisch hierzu OLG Celle, 13.2.2020 – 6 U 76/19, FamRZ 2020, 803 (803), wonach jedenfalls monatliche Sparraten in Höhe von 50 Euro mehr sind als bloß eine Anstandsschenkung.

[36] Vgl. statt aller OLG Frankfurt, 22.1.2021 – 4 UF 84/20, FamRZ 2021, 1870 (1873); MüKoBGB-*Koch*, § 534 BGB, Rn. 4; MüKoBGB-*Koch*, § 1375 BGB, Rn. 56; MüKoInsO-*Freudenberg*, § 134 InsO, Rn. 46.

eine Anstandspflicht besteht. Eine solche wird aber in der Regel verneint, vor allem im Hinblick auf bedeutsame Immobilienzuwendungen.[37]

Entscheidender ist damit, dass auch unentgeltliche Zuwendungen in Erfüllung einer sittlichen Pflicht oft vom Zugriff Dritter ausgenommen sind. Ein gutes Beispiel hierfür liefern – auch jenseits der Diskussion um eine etwaige Sonderrolle der Ausstattung[38] – wieder § 1375 Abs. 2 Nr. 1 BGB und die zugewinnrechtliche Hinzurechnung.[39] Auch an § 2113 Abs. 2 S. 2 BGB lässt sich denken. Ob eine Zuwendung in diesem Sinne sittlich geschuldet ist, entscheidet der Einzelfall. Aber grundsätzlich kommen alle Zuwendungen in Betracht, die über bloße Nächstenliebe hinausgehen, bei deren Unterlassen man von einem sittlichen Versagen sprechen könnte:[40] Die Zahlung von Unterhalt an bedürftige, aber nicht unterhaltsberechtigte Angehörige gehört hierhin,[41] ebenso die Leistung eines nicht klagbaren Aussteuer-Versprechens[42] oder Hilfe in Katastrophen und Notlagen.[43] Je eher eine Zuwendung dazu dient, Nachfolgeplanung zu betreiben, desto schwieriger wird es, eine sittliche Pflicht zu bejahen.[44]

---

[37] So auch Grüneberg-*Weidenkaff*, § 534 BGB, Rn. 3; vgl. aus der Rechtsprechung z.B. BGH, 19.9.1980 – V ZR 78/79, NJW 1981, 111 (111 f.) (hälftige Zuwendung eines Bauplatzes an den Schwiegersohn); BGH, 18.4.1986 – V ZR 280/84, NJW-RR 1986, 1202 (1202) (hälftige Zuwendung eines Hausgrundstücks); BGH, 11.12.1992 – V ZR 241/91, FamRZ 1993, 1191 (1192) (hälftige Übertragung eines Bauernhofes); OLG Köln, 22.11.1996 – 11 U 107/96, FamRZ 1996, 1113 (1113) (Übertragung eines Grundstücks); OLG Celle, 13.2.2020 – 6 U 76/19, FamRZ 2020, 803 (803) (monatliche Sparraten in Höhe von 50 Euro seitens der Großeltern).

[38] Vgl. dazu oben Dritter Teil – A.III.2.c) (207).

[39] Der Begriff der sittlichen Pflicht ist in § 534 BGB und § 1375 Abs. 2 Nr. 1 BGB synonym zu verstehen, MüKoBGB-*Koch*, § 1375 BGB, Rn. 54; Erman-*Budzikiewicz*, § 1375 BGB, 8; BeckOGK-*Preisner*, § 1375 BGB, 80; BeckOK-*Scheller/Sprink*, § 1375 BGB, Rn. 73; Grüneberg-*Siede*, § 1376 BGB, Rn. 26. Dementsprechend wird im Folgenden auf Rechtsprechung und Schrifttum zu beiden Normen zurückgegriffen.

[40] So die plastische Formulierung von BeckOGK-*Harke*, § 534 BGB, Rn. 6; angelehnt an BGH, 7.3.1984 – IVa ZR 152/82, FamRZ 1984, 580 (581); ähnlich Soergel-*Eckert*, § 534 BGB, Rn. 2; vgl. darüber hinaus die bei Staudinger-*Chiusi*, § 534 BGB, Rn. 6, zitierte Rechtsprechung.

[41] BGH, 7.3.1984 – IVa ZR 152/82, FamRZ 1984, 580 (581); BGH, 9.4.1986 – IVa ZR 125/84, FamRZ 1986, 1079 (1080); RGRK-*Mezger*, § 534 BGB, Rn. 2; Soergel-*Kappler/Kappler*, § 1375 BGB, 24; Soergel-*Eckert*, § 534 BGB, Rn. 2; Staudinger-*Thiele*, § 1375 BGB, 26; MüKoBGB-*Koch*, § 534 BGB, Rn. 3; MüKoBGB-*Koch*, § 1375 BGB, Rn. 55; Erman-*Hähnchen*, § 534 BGB, Rn. 2; Staudinger-*Chiusi*, § 534 BGB, Rn. 7; BeckOGK-*Harke*, § 534 BGB, Rn. 7; BeckOK-*Scheller/Sprink*, § 1375 BGB, Rn. 73.

[42] OLG Frankfurt, 28.11.1989 – 3 UF 57/89, FamRZ 1990, 998 (998); Staudinger-*Thiele*, § 1375 BGB, 26; BeckOK-*Scheller/Sprink*, § 1375 BGB, Rn. 73.

[43] Soergel-*Eckert*, § 534 BGB, Rn. 2; Staudinger-*Thiele*, § 1375 BGB, 26; BeckOK-*Scheller/Sprink*, § 1375 BGB, Rn. 73.

[44] Dies lässt wohl nur zu OLG München, 31.1.1985 – 26 UF 1403/84, FamRZ 1985, 814 (814); dagegen OLG Frankfurt, 22.1.2021 – 4 UF 84/20, FamRZ 2021, 1870 (1873); Staudinger-*Thiele*, § 1375 BGB, 27; MüKoBGB-*Koch*, § 1375 BGB, Rn. 55; BeckOGK-

Vor allem innerfamiliäre Grundstückszuwendungen lassen sich damit nur selten als Erfüllung sittlicher Pflichten rechtfertigen. Dieser restriktive Ansatz gilt auch, wenn die Zuwendung als Dank für pflegende Angehörige gedacht ist. Eine sittliche Pflicht zu derartigem Dank bestehe, so die Rechtsprechung, nur im Ausnahmefall, beispielsweise weil der Pflegende ganz erhebliche eigene Opfer bringt oder durch die Pflege selbst in finanzielle Not gerät,[45] etwa weil er die eigene Berufstätigkeit aufgibt. Es ist also nicht vollends ausgeschlossen, im Ausnahme- und Einzelfall auch größere Zuwendungen als Erfüllung einer sittlichen Pflicht zu rechtfertigen.[46]

Strenger als § 1375 Abs. 2 Nr. 1 BGB ist jedoch das Anfechtungsrecht. § 4 Abs. 2 AnfG und § 134 Abs. 2 InsO nehmen nur geringwertige Zuwendungen vom Zugriff der Gläubiger aus.[47] Eine weitergehende Privilegierung aufgrund sittlicher Pflichten lässt das Gesetz nicht zu.[48] Großzügiger als § 1375 Abs. 2 Nr. 1 BGB ist hingegen das erbvertragliche Schenkungsverbot. Obwohl § 2287 Abs. 1 BGB dies nicht explizit sagt, kann der Vorerbe sittliche Pflichten erfüllen, ohne die erbvertragliche Bindung zu unterlaufen.[49] Im Fokus stehen wieder unentgeltliche Zuwendungen als Dank für erbrachte, aber nicht anderweitig abgegoltene Pflegeleistungen. § 2287 Abs. 1 BGB hat jedoch einen anderen Ausgangspunkt als das allgemeine Schenkungs- und Ehegüterrecht: Böslich sind nicht Schenkungen per se, sondern Schenkungen in der Absicht, den Vertragserben zu beeinträchtigen. An dieser Absicht fehlt es bereits, wenn die Zuwendung den lebzeitigen Interessen des Schenkers dient.[50] Ihm ist es deswegen nicht verwehrt, ihm nahestehende Personen im Interesse einer angemessenen Versorgung und Pflege des Schenkers an sich

---

Preisner, § 1375 BGB, 81; BeckOK-*Scheller/Sprink*, § 1375 BGB, Rn. 73.; Grüneberg-*Siede*, § 1376 BGB, Rn. 26.

[45] Vgl. die bei Staudinger-*Chiusi*, § 534 BGB, Rn. 8 zitierte Rechtsprechung; ebenso MüKoBGB-*Koch*, § 534 BGB, Rn. 3.

[46] Das betonen im Kontext des §§ 2113 Abs. 2 BGB auch BGH, 7.3.1984 – IVa ZR 152/82, FamRZ 1984, 580 (581); Staudinger-*Chiusi*, § 534 BGB, Rn. 7.

[47] Der Bundesgerichtshof versteht hierunter Zuwendungen, deren Wert 200 Euro nicht übersteigt und deren gesamter Wert über das Kalenderjahr 500 Euro nicht überschreitet., vgl. BGH, 4.2.2016 – IX ZR 77/15, BGHZ 209, 8 (18); kritisch hierzu MüKoInsO-*Freudenberg*, § 134 InsO, Rn. 48.

[48] So jetzt BGH, 4.2.2016 – IX ZR 77/15, BGHZ 209, 8 (16); dem nun folgend Uhlenbruck-*Hirte/Borries*, § 134 InsO, Rn. 161; HK-*Rogge/Leptien*, § 134 InsO, Rn. 50; unklarer FK-*Dauernheim*, § 134 InsO, Rn. 33 f.; MüKoInsO-*Freudenberg*, § 134 InsO, Rn. 46.

[49] Staudinger-*Kanzleiter*, § 2287, Rn. 13; Soergel-*Zecca-Jobst*, § 2287 BGB, Rn. 16; Grüneberg-*Weidlich*, § 2287 BGB, Rn. 7; BeckOK-*Litzenburger*, § 2287 BGB, Rn. 15; BeckOGK-*Müller-Engels*, § 2287 BGB, Rn. 72 f.

[50] Vgl. beispielsweise für eine Immobilienzuwendung an ein Kind, das dringend auf psychische und soziale Hilfe angewiesen ist OLG München, 20.2.2014 – 23 U 3244/13, FamRZ 2015, 608 (Leitsatz).

zu binden und ihnen hierzu auch erhebliche Vermögenswerte überlassen,[51] nicht zuletzt Immobilien.

Das geltende Recht begrenzt den Zugriff Dritter auf Zuwendungen von Eltern an ihre Kinder auch jenseits des § 1624 Abs. 1 BGB. Und dennoch tritt die Ausstattung neben all diese Normen, ergänzt sie und überlagert sie. Es kommt zu seiner Doppelung, die in beiden Fällen durch sittliche Elternpflichten gerechtfertigt wird. Jedenfalls was die Interessen eines Dritten angeht, ist diese Doppelung widersprüchlich, nicht konsequent und letztlich systemwidrig. Die Interessen Dritter müssen schließlich hinter § 1624 Abs. 1 BGB in weiterem Umfang zurückstehen, als hinter allen anderen sittlich begründeten Ausnahmetatbeständen.[52] Diese Doppelung wird vermieden, wenn man, wie hier vorgeschlagen, auf § 1624 Abs. 1 BGB verzichtet. Das erlaubt eine interessen- und systemgerechte Lösung dieser Fragen im Rahmen der §§ 1375 Abs. 2 Nr. 1, 2113 Abs. 2 und 2287 Abs. 1 BGB. Hier lässt sich eine Interessenabwägung im Einzelfall vornehmen. Sie kann je nach Regelungskontext unterschiedlich ausfallen. Immobiliarzuwendungen an pflegende Angehörige sind hierfür ein gutes Beispiel. Sie werden in § 1375 Abs. 2 Nr. 1 BGB anders behandelt werden als in § 2287 Abs. 1 BGB. Diese Unterschiede ergeben sich aus den Eigenrationalitäten der unterschiedlichen Rechtsbereiche. Entfällt die einheitliche Legaldefinition in § 1624 Abs. 1 BGB, entfällt auch der Grund, diese Kontextabhängigkeit für kritikwürdig zu halten. Im Gegenteil, sie ist Ausdruck systematisch stimmiger Lösungen im Einzelfall.

3. *Interessengerechte Lösungen im Innenverhältnis durch die Anwendung des Schenkungsrechts*

Der hauptsächliche Zweck der Ausstattung ist es jedoch, das Schenkungsrecht auszuschließen. Vor allem geht es um die als nicht interessengerecht empfundenen §§ 528, 530 BGB.[53] Aber auch dieser Gedanke ist kein Grund, länger an § 1624 Abs. 1 BGB festzuhalten. Natürlich wären dann auch ausstattende Zuwendungen in aller Regel formbedürftig. Einen praktischen Unterschied wird dies freilich nur selten machen, da oft genug eine Handschen-

---

[51] Vgl. für diese ständige Rechtsprechung nur BGH, 26.11.1975 – IV ZR 138/74, BGHZ 66, 9 (16); BGH, 17.6.1992 – IV ZR 88/91, FamRZ 1992, 1067 (1067); BGH, 29.6.2005 – IV ZR 56/04, FamRZ 2005, 1550 (1550); BGH, 28.9.2016 – IV ZR 513/15, FamRZ 2016, 2004 (2005); vgl. hierzu auch Staudinger-*Kanzleiter*, § 2287, 13; Soergel-*Zecca-Jobst*, § 2287 BGB, Rn. 14; BeckOGK-*Müller-Engels*, § 2287 BGB, Rn. 72.

[52] Vgl. für die These alle unentgeltlichen Zuwendungen im Verhältnis zu Dritten gleich zu behandeln wieder *Fischer*, Die Unentgeltlichkeit im Zivilrecht, 477; zusammenfassend für diese Tendenz im Recht der unbenannten Zuwendungen jüngst *Höfling*, Die Schenkung und die unentgeltliche Verfügung im Erbrecht, 344 f.

[53] Vgl. dazu oben Dritter Teil – A.I.1 (184).

kung vorliegen wird, § 518 Abs. 2 BGB eingreift und auch § 1624 Abs. 1 BGB andere Formvorschriften unberührt lässt.[54]

Aber auch in der Sache lässt es sich gut rechtfertigen, alle unentgeltlichen Zuwendungen von Eltern an ihre Kinder unter § 518 Abs. 1 BGB zu fassen. Schon heute wird kaum begründet, warum Ausstattungen formfrei möglich sein sollen.[55] Gleichzeitig wendet der Bundesgerichtshof § 518 Abs. 1 BGB seit jüngstem auch auf unbenannte Zuwendungen an.[56] Es gibt keinen prinzipiellen Widerspruch zwischen einerseits dem Formerfordernis und andererseits einer besonderen familienrechtlichen Motivation. Gerade was den Übereilungsschutz angeht, gilt nichts anderes als im Rahmen einer Schenkung.[57] Der ausstattende Elternteil gibt ebenso unentgeltlich wie das schenkende. Etwas anderes ließe sich nur sagen, wenn man noch heute eine nach wie vor weithin akzeptierte, gefestigte sittliche Pflicht der Eltern anerkennt, ihre Kinder auszustatten. Sie könnte rechtfertigen, die Ausstattung trotz ihrer Unentgeltlichkeit anders zu behandeln als die einfache Schenkung. Eine derartige Pflicht wird jedoch nicht mehr anerkannt. Das heutige Recht drängt die sittlich begründete Sonderrolle der Ausstattung zurück, wo immer dies nur möglich ist.[58]

Der Gedanke schwindender sittlicher Pflichten erklärt dann auch, warum auch die §§ 528, 530 BGB es nicht mehr rechtfertigen können, ausstattende Zuwendungen anders zu behandeln als jede andere unentgeltliche Zuwendung. Das geltende Recht geht von einem Dreiklang aus:[59] Das ausgestattete Kind hat ein besonderes Behaltensinteresse. Dessen Hintergrund sind sittliche Elternpflichten, und deswegen ist das Schenkungsrecht ausgeschlossen. Im Hinblick auf die §§ 528, 530 BGB ließe sich dieser Gedanke noch stärker zuspitzen: Hinter § 1624 Abs. 1 BGB steht die Annahme, es gäbe eine sittlich-familiäre Pflicht, die es rechtfertige, ausgestatteten Kindern die Ausstattung auch in Fällen groben Undanks zu belassen oder wenn ihre Eltern verarmen. Eine derartige sittliche Pflicht lässt sich heute nicht mehr feststellen, und schon gar nicht in dieser Stärke und in dem weiten Umfang, in dem § 1624 Abs. 1 BGB Ausstattungen erlaubt. Richtigerweise liegt auch hier die Lösung in der Anwendung des geschriebenen Rechts, das den Bedachten in

---

[54] RGRK-*Wenz*, § 1624 BGB, Rn. 8; *Jakob*, AcP 207 (2007), 198, 203; Soergel-*Zecca-Jobst*, § 1624 BGB, Rn. 8; MüKoBGB-*Sachsen Gessaphe*, § 1624 BGB, Rn. 7; BeckOGK-*Kienemund*, § 1624 BGB, Rn. 20; BeckOK-*Pöcker*, § 1624 BGB, Rn. 6.1; jurisPK-*Schermann*, § 1624 BGB, Rn. 53.

[55] Kurz nur *Jakob*, AcP 207 (2007), 198, 203.

[56] BGH, 18.3.2020 – XII ZB 380/19, FamRZ 2020, 1073 (1077).

[57] So auch BGH, 18.3.2020 – XII ZB 380/19, FamRZ 2020, 1073 (1077), zum Übereilungsschutz bei unbenannten Zuwendungen: Der zuwendende Ehegatte gehe davon aus, weiter an der Zuwendung zu partizipieren. Ihm sei also besonders vor Augen zu führen, dass er sich eines Vermögensgegenstands begibt.

[58] Vgl. dazu oben Dritter Teil – A.III (203).

[59] Vgl. dazu oben Dritter Teil – A.I.1 (184).

vielerlei Hinsicht schützt.[60] Auch der innerfamiliären Motivation bestimmter Zuwendungen lässt sich in den engen Grenzen des § 534 BGB Rechnung tragen, für die ja nichts anderes gilt als für § 1375 Abs. 2 Nr. 1 BGB.[61]

Damit bleibt nur ein letztes Argument, das Schenkungsrecht nicht auch auf ausstattende Zuwendungen anzuwenden: Entfällt der Ausstattungszweck, können Ausstattungen nach § 1624 Abs. 1 BGB nach § 313 Abs. 1 BGB rückabgewickelt werden.[62] Diese Möglichkeit mag man sich bewahren wollen. Einen Ausschluss des Schenkungsrechts rechtfertigt aber auch das nicht. Auch bei der prinzipiellen Geltung des Schenkungsrechts kommt eine Rückabwicklung wegen des Wegfalls der Geschäftsgrundlage infrage. In der Diskussion um unbenannte Zuwendungen zwischen Ehegatten ist dieser Punkt mittlerweile auch weithin konsentiert.[63] Hinzu kommt, dass die Trennung zwischen Schenkung und Ausstattung bei genauerem Hinsehen gar nicht so streng ist, wie zumeist behauptet wird. Wenn es einmal darauf ankommt, eine Ausstattung rückabzuwickeln, wird schon heute auf schenkungsrechtliche Argumente zurückgegriffen, vor allem auf den Rechtsgedanken des § 529 BGB.[64]

Natürlich stellen unentgeltliche Zuwendungen von Eltern an ihre Kinder das Privatrecht vor besondere Herausforderungen. Nichts anderes gilt aber für andere Zuwendungen im familiären Nahbereich.[65] Das heißt aber nicht, dass diesen Herausforderungen nicht mit dem Schenkungsrecht beizukommen sei. Im Gegenteil, sie lassen sich so im Rahmen des allgemeinen privatrechtlichen

---

[60] Nach §§ 528 S. 1, 531 Abs. 2 BGB haftet er ohnehin nur nach Bereicherungsrecht; er kann die Haftung nach § 528 S. 2 BGB abwenden; nach § 529 Abs. 1 Var. 1 BGB ist die Haftung ausgeschlossen, wenn die Eltern ihre Armut vorsätzlich oder grob fahrlässig herbeigeführt haben, nach § 529 Abs. 2 BGB, wenn ansonsten der Unterhalt des Schenkers ihm obliegende Unterhaltspflichten gefährdet würden; ihn schützen die Fristen der §§ 529 Abs. 1 Var. 2, 532 S. 1 Var. 2 BGB und die Möglichkeit der Verzeihung nach § 532 S. 1 Var. 1 BGB.

[61] Der Begriff ist in § 534 BGB und § 1375 Abs. 2 Nr. 1 BGB synonym zu verstehen, vgl. MüKoBGB-*Koch*, § 1375 BGB, Rn. 54; Erman-*Budzikiewicz*, § 1375 BGB, 8; BeckOGK-*Preisner*, § 1375 BGB, 80; BeckOK-*Scheller/Sprink*, § 1375 BGB, Rn. 73; Grüneberg-*Siede*, § 1376 BGB, Rn. 26.

[62] Vgl. dazu oben Dritter Teil – A.I.2 (186).

[63] Vgl. zur Anwendung des § 313 BGB auf unbenannte Zuwendungen wieder wahrscheinlich bereits *Schotten*, NJW 1990, 2841, 2848 f.; *Seif*, FamRZ 2000, 1193, 1198; *Jeep*, NZFam 2014, 293, 296; *Liebrecht*, AcP 217 (2017), 886, 919; MüKoBGB-*Koch*, § 516 BGB, Rn. 76; BeckOGK-*Harke*, § 516 BGB, 95. Für Zuwendungen seitens der Schwiegereltern erkennt dies ja nun auch BGH, 3.2.2010 – XII ZR 189/06, BGHZ 184, 190 (196 f.) an.

[64] LSG Baden-Württemberg, 26.7.2011, Juris-Rn. 54, greift beispielsweise auf den Rechtsgedanken des § 529 Abs. 2 BGB zurück, um die Rückabwicklung einer Ausstattung zu versagen, wenn andernfalls das ausgestatte Kind verarmen würde.

[65] Vgl. für einen ähnlichen Ansatz im Recht der Ehegattenzuwendungen *Liebrecht*, AcP 217 (2017), 886, 920–924, der mit diesem Gedanken die unbenannte Zuwendung auf die Handschenkung nach § 516 BGB als Ausgangspunkt zurückführen möchte.

Instrumentariums verhandeln. Eines querliegenden, unkonturierten, manipulierbaren, kontextabhängigen und nicht mehr zeitgemäßen Instituts wie § 1624 Abs. 1 BGB bedarf es hierzu nicht.

B. Entwicklungsperspektiven der gesetzlichen Erbfolge

Auch der Regelungsansatz von § 2050 Abs. 1 und 3 BGB ist, wie sich gezeigt hat, kaum mehr begründbar. Diese Erfahrung hat nicht nur das deutsche Recht gemacht, sie eint auch alle anderen hier untersuchten Rechtsordnungen: Die erbrechtliche Ausgleichspflicht soll nicht länger davon abhängig sein, ob eine Zuwendung ausstattend ist oder nicht.[66] Was aber kann an die Stelle dieser Unterscheidung treten?

I. Historisch-vergleichende Anmerkungen zur Ausgangsfrage: Abschaffung der Ausgleichung oder tatbestandliche Erweiterung?

Konstruktiv sind zwei Lösungsansätze denkbar. Das zeigt nicht zuletzt ein Blick in einerseits das schweizerische und österreichische Recht und andererseits in das englische Recht.

Eine Möglichkeit wäre es, die Sonderbehandlung ausstattender Zuwendungen schlicht zu streichen. Für das deutsche Recht bliebe es dann bei der Regel des § 2050 Abs. 3 BGB. Zuwendungen sind nur auszugleichen, wenn der Erblasser dies anordnet. Diesen Weg ist englische Recht gegangen.[67] Das Unbehagen über eine fortdauernde Sonderstellung ausstattender Zuwendungen wird damit zulasten der erbrechtlichen Ausgleichung als solcher aufgelöst. Alternativ ließe sich das Institut beibehalten und tatbestandlich anpassen. Es bedürfte dann eines neuen, interessengerechten Unterscheidungsmerkmals, welche Zuwendungen ausgleichspflichtig sein sollen und welche nicht. Diesen Weg haben die schweizerische Rechtsprechung (wenn auch nach wie vor unter dem Tatbestandsmerkmal „Ausstattung") und der österreichische Gesetzgeber eingeschlagen.[68] In beiden Fällen ging damit eine deutliche Erweiterung des Tatbestands der Ausgleichung einher, auf mehr oder minder alle größeren Zuwendungen, in der Schweiz mit Ausnahme von Luxuszuwendungen.[69]

Doch nicht nur die vergleichende Perspektive legt *prima facie* nahe, dass sich die kritikwürdige Unterscheidung zwischen § 2050 Abs. 1 und 3 BGB in

---

[66] Für die Schweiz gilt dieser Befund natürlich mit den oben beschriebenen Einschränkungen: Hier hält man schließlich am Begriff der Ausstattung fest, hat ihn aber so stark erweitert, dass er faktisch alle Großzuwendungen mit Ausnahme bestimmter Luxus-Zuwendungen erfasst; vgl. dazu oben Zweiter Teil – A.III.2.c) (121).

[67] Vgl oben Zweiter Teil – B.IV.d) (177).

[68] Vgl oben Zweiter Teil – A.IV (125) und A.V (126).

[69] Vgl. dazu oben Zweiter Teil – A.III.2.c) (121).

zwei ganz gegensätzliche Richtungen auflösen lässt. Für die Rechtsgeschichte gilt nichts anderes. Sowohl die ersatzlose Streichung der Ausgleichung als auch ihre tatbestandliche Erweiterung können für sich in Anspruch nehmen, jeweils einen Gedanken fortzuschreiben, der das Institut historisch geprägt hat. Besonders deutlich wird dies hinsichtlich der englischen Lösung, der Abschaffung der Ausgleichung bzw. ihres Pendants im Common Law, der *hotchpot rule*. Dieser Ansatz kann sich auf ein tradiertes Verhältnis von Regel und Ausnahme berufen: Unbegrenzte Ausgleichspflichten kennt die Geschichte kaum. Es bedurfte stets eines besonderen Grundes, um zu unterstellen, der Erblasser habe seine Abkömmlinge auch unter Einbeziehung lebzeitiger Zuwendungen gleichbehandeln wollen.[70] Allein die sittlich begründete Sonderrolle der Ausstattung rechtfertigte eine solche Ausnahme von der allgemeinen Regel.[71] Diese Sonderrolle überzeugt nicht mehr. Entfällt die explizit so bezeichnete Ausnahme, liegt in der Tat der Gedanke nahe, zur Regel zurückzukehren. Und die wiederum findet sich in § 2050 Abs. 3 BGB: Zuwendungen sind nur auszugleichen, wenn der Erblasser dies anordnet.

Aus der Dogmengeschichte der Ausgleichung lässt sich aber auch der genau gegenteilige Schluss ziehen: Der zentrale normative Anspruch der Ausgleichung ist seit jeher, zurückgehend auf Justinian und seitdem fortgeschrieben, ihr Gleichheitsideal. Daraus folgen zwei Gedanken: Zum einen erscheint es ein arg abrupter Bruch mit dem historischen Ideal zu sein, gänzlich auf eine qua Gesetz eingreifende Ausgleichspflicht zu verzichten. Zum anderen legt diese Untersuchung nahe, dass die historischen Vorläufer der §§ 2050 ff. BGB faktisch einem weitergehenden Gleichheitsanspruch verpflichtet waren, als ihre scheinbar begrenzten Tatbestände es vermuten ließen.[72] Das führt zurück zu der obigen Beobachtung betreffs Individualisierung und Materialisierung:[73] Möchte man die faktischen Ergebnisse des historischen Rechts in die Zukunft fortschreiben, bedarf es in einer ausdifferenzierteren Gegenwart einer tatbestandlichen Erweiterung des § 2050 Abs. 1 BGB. Auch in diesem Fall wären die Interessen des Erblassers gewahrt. Er könnte die qua Gesetz eintretende Ausgleichung natürlich jederzeit und in den Grenzen des Pflichtteilsrechts ausschließen.

Auf den ersten Blick scheint es zwei Entwicklungsperspektiven der Ausgleichung zu geben, die sich beide mehr oder minder gut aus Rechtsgeschichte und Rechtsvergleichung begründen ließen. Auf den zweiten Blick spricht dann doch einiges für eine tatbestandliche Erweiterung des § 2050 Abs. 1

[70] Vgl. hierzu beispielsweise aus den Vorarbeiten zum BGB Erster Teil – C.I.2 (75).

[71] Vgl. hierzu zusammenfassend oben Dritter Teil – A.I.1 (184).

[72] Vgl. dazu oben Erster Teil – B.III (71) und C.II.3 (90).

[73] Vgl. zu § 2050 BGB *Muscheler*, Erbrecht, Bd. I, 708; *Kroppenberg*, NJW 2010, 2609, 2611; *Röthel*, Erbrecht, 339, vgl. zu § 2057a BGB ergänzend *Däubler*, ZRP 1975, 136, 143 f.; *Röthel*, Ist unser Erbrecht noch zeitgemäß?, A 56.

BGB. Nur auf diesem Weg lässt sich der materielle Gleichheitsanspruch der historischen Ausgleichung fortschreiben. Und bei genauerem Hinsehen weist auch die Rechtsvergleichung in diese Richtung: Die vollständige Abschaffung der so genannten ersten *hotchpot rule* wird in England keinesfalls kritiklos hingenommen.[74] Mehr noch, es ist bis heute nicht völlig klar, ob sie nicht eher „durch Zufall" gestrichen wurde.[75] Und im Recht der testamentarischen Erbfolge geht die *presumption against double portions* den genau umgekehrten Weg: Hier ist ein Trend zu beobachten, jedenfalls wirtschaftlich bedeutsame Zuwendungen auf den (testamentarischen) Erbteil anzurechnen.[76] Es gibt also eine ganze Reihe von Gründen, die den englischen Weg nicht zur Nachahmung empfehlen. Gleichzeitig wurde die Erweiterung der Anrechnung in Österreich positiv aufgenommen;[77] in der Schweiz streitet man sich nur, ob die Ausgleichung nicht noch mehr Zuwendungen erfassen solle, als nach der extensiven Rechtsprechung des Bundesgerichts ohnehin schon.[78] In beiden Fällen wird dieselbe Lösung – ein zeitgemäßes Ausgleichungsregime in deutschrechtlicher Tradition[79] – für interessengerecht gehalten. Die Ausgleichung wird auf jedenfalls alle bedeutsamen Zuwendungen erweitert.

II. Ein zeitgemäßes Ausgleichungsrecht in deutschrechtlicher Tradition de lege ferenda: die Ausgleichspflicht als Regel, Ausnahmen für bestimmte Kleinzuwendungen

Historische und vergleichende Argumente helfen jedoch nur begrenzt, wenn es darum geht, die beiden letztlich entscheidenden Fragen zu beantworten.[80] Ist die Erweiterung des § 2050 Abs. 1 BGB auf jedenfalls alle bedeutsamen Zuwendungen eine interessengerechte, normativ überzeugende Lösung gerade im Kontext der übrigen Regeln zur gesetzlichen Erbfolge? Und wenn ja, wie könnte eine derartige, tatbestandlich erweiterte Ausgleichung *de lege ferenda* konkret aussehen?

---

[74] Vgl. dazu oben Zweiter Teil – B.IV.d) (177).

[75] So ja die Vermutung von *Kerridge*, Conv. 2007, 47, 59.

[76] Vgl. Vgl. *Race v Race*, [2002] EWHC (Ch) 1868, Rn. 24 (Land); *Re Clapham*, [2005] EWHC (Ch) 3387, Rn. 105–112 (Schenkung von 20.000 Pfund); *Sheron v Sheron*, [2021] EWHC (Ch) 2526, Rn. 85–89 (Schenkung von 350.000 Pfund) und dazu oben Zweiter Teil – B.II.2 (145).

[77] Vgl. dazu oben Zweiter Teil – A.V (126).

[78] Vgl. dazu oben Zeiter Teil – A.III.2.c) (121).

[79] Vgl. zum Begriff wieder oben Zweiter Teil A.IV (125).

[80] Vgl zum begrenzten normativen Anspruch der kritischen Rechtsvergleichung wieder *Michaels*, in: Reimann/Zimmermann, 387.

1. Erblasserwille, Gleichheitsideal und Vorwegnahme der Erbfolge

Es bedarf damit zunächst eines Schritts zurück. In jedenfalls groben Strichen ist zu skizzieren, worum es der gesetzlichen Erbfolge auf einer ganz grundsätzlichen Ebene geht. Mit diesem Vorverständnis lässt sich dann wiederum begründen, eine bestimmte Regel – hier die tatbestandliche Erweiterung des § 2050 Abs. 1 BGB – sei systematisch konsequent und jedenfalls insoweit normativ überzeugend.

Die Antwort auf die Frage nach dem Geltungsgrund der gesetzlichen Erbfolge hat der BGB-Gesetzgeber offengelassen. Der Erbrechtsentwurf *Gottfried von Schmitts* stellte die testamentarische Erbfolge noch der gesetzlichen voran und verband damit durchaus einen normativen Anspruch. Der Erblasserwille war Ausgangspunkt all seiner Überlegungen zur Gesamtkonzeption des Erbrechts. Alles Privatrecht, so der programmatische Satz *von Schmitts*, beruhe auf der Herrschaft des Individuums.[81] Es ist aber auch eine andere Rationalisierung denkbar. Sie erhebt normative Erwägungen zum tragenden, inneren Grund der gesetzlichen Erbfolge, historisch vor allem die Vorstellung von Blutsbanden:[82] „Das Gut rinnt mit dem Blut."

Die Erste Kommission änderte die Reihenfolge, in der das Gesetz testamentarische und gesetzliche Erbfolge behandelt. Bis heute folgt die gewillkürte Erbfolge auf die Berufung qua Gesetzes. Eine normative Aussage wollte die Erste Kommission damit aber explizit nicht treffen.[83] Auch die weiteren Beratungen des BGB ließen offen, wie sich der Erblasserwille und der Grundsatz des Verwandtenerbrechts zueinander verhalten, wenn es darum geht, die Erbrechtskonzeption des BGB als Ganze zu begründen.[84] Jedenfalls auf einer theoretischen Ebene lebt diese Diskussion im heutigen Recht fort. Hier muss sich eine etwaige tatbestandliche Erweiterung des § 2050 Abs. 1 BGB einfügen.

Noch heute stehen rein voluntaristische Konzeptionen[85] solchen gegenüber, die den normativen Anspruch der gesetzlichen Erbfolge betonen.[86] Deren

---

[81] *Schmitt,* Teilentwurf Erbrecht, 52–54 [= *Schubert* (Hrsg.), Vorlagen der Redaktoren, Bd. V/1, 168–170]; vgl. hierzu *Mertens*, Die Entstehung der Vorschriften des BGB über die gesetzliche Erbfolge und das Pflichtteilsrecht, 34–36; *Leipold*, AcP 180 (1980), 160, 191.

[82] Noch heute verweist beispielsweise Staudinger-*Otte*, § 1924 BGB, Rn. 22, auf *Lange*, Die Ordnung der gesetzlichen Erbfolge, 13, wo es ganz im Einklang mit der nationalsozialistischen Ideologie heißt, das gesetzliche Erbrecht beruhe nicht auf dem vermuteten Willen des Erblassers, sondern auf Blut und Ehe, auf der (familiären) Bindung, nicht auf der Freiheit des Erblassers.

[83] Mot. V, 2 [= *Mugdan,* Materialien, Bd. V, 1].

[84] *Mertens*, Die Entstehung der Vorschriften des BGB über die gesetzliche Erbfolge und das Pflichtteilsrecht, 40; *Zimmermann*, in: Reid/De Waal/Zimmermann, 183 f.

[85] Vgl. beispielsweise *Lange/Kuchinke*, Erbrecht, 231; *Muscheler*, Erbrecht, Bd. I, 673; BeckOGK-*Preuß*, § 1922 BGB, Rn. 34; so jedenfalls perspektivisch für ein „zeitgemäßes Erbrecht" *Leipold*, JZ 2010, 802, 804; so wohl auch Grüneberg-*Weidlich*, § 1924 BGB, Rn. 1.

Regeln sind nach dieser Lesart nicht allein Ausdruck des mutmaßlichen Erblasserwillens, sondern wurzeln (auch) in der besonderen Rolle von Familie, Ehe und Verwandtschaft auch in heutigen Gesellschaften. Dieser Gedanke folgt im geltenden Recht aus der Verfassung, nicht aus der vormodernen Vorstellung von Blutsbanden. Das BGB gestaltet nach heutigen Vorstellungen die objektive Wertentscheidung des Art. 6 Abs. 1 GG aus.[87] Die Gleichbehandlung der Abkömmlinge nach § 1924 Abs. 4 BGB ist nach diesem Verständnis einfachrechtliche Ausformung der Wertentscheidung des Art. 3 Abs. 1 GG. Für dieses Verständnis spricht vieles.[88] Doch oft genug wird die Frage nach dem Geltungsgrund der gesetzlichen Erbfolge theoretischer Natur bleiben. In aller Regel wird sich eine bestimmte normative Vorstellung auch als Ausdruck des mutmaßlichen Erblasserwillens beschreiben und rechtfertigen lassen.[89] Für technische Regelungsdetails gilt das allemal. So auch hier.

Auch wenn es um die Weiterentwicklung der Ausgleichung und eine mögliche Erweiterung des § 2050 Abs. 1 BGB geht,[90] kann die konzeptionelle Frage nach dem Geltungsgrund der gesetzlichen Erbfolge letztlich dahinstehen. Denn auch hier weisen mutmaßlicher Erblasserwille und normativer Gleichbehandlungsanspruch in dieselbe Richtung. Das vertragsgestaltende Schrifttum berichtet einhellig, dass die meisten Erblasser davon ausgehen, alle, jedenfalls alle bedeutsamen Zuwendungen seien bei der Erbauseinandersetzung zulasten des Bedachten zu berücksichtigen.[91] Sie gehen ohne Weite-

---

[86] Vgl. beispielsweise *Röthel*, Erbrecht, 39; *Lange*, Erbrecht, 162.; MüKoBGB-*Leipold*, vor § 1922 BGB, Rn. 14.

[87] So auch *Röthel*, Erbrecht, 39; ähnlich wohl MüKoBGB-*Leipold*, vor § 1922 BGB, Rn. 37.

[88] Die Verfassung erhebt schließlich ganz grundsätzlich den Anspruch, eine objektive Werteordnung zu statuieren, die in das einfache Recht ausstrahlt und die durch das einfache Recht ausgeformt wird. Besonders deutlich wird die letztlich normative Prägung der gesetzlichen Erbfolge im Pflichtteilsrecht. § 2301 BGB knüpft die Größe des Pflichtteils schließlich an das Verwandtenerbrecht an. Und insoweit, betreffs des Pflichtteilsrechts kann kein Zweifel bestehen, dass es um die Durchsetzung normativer Ansprüche geht; vgl. hierzu *Röthel*, Erbrecht, 39 f.

[89] Die Gleichstellung nichtehelicher Kinder ist sicher ein Beispiel hierfür, vgl. *dies.*, Erbrecht, 39. Im Kontext der Ausgleichung mag man eine noch weitergehende Berücksichtigung von Pflegeleistungen denken, so auch *dies.*, Erbrecht, 339, 345; *Kroppenberg*, NJW 2010, 2609, 2611. Aber schon hier liegt die Frage nahe, ob dies nicht auch der mutmaßliche Wille des Erblassers ist; ob also die Frage nicht vielmehr ist, mutmaßlichen Willen, normatives Anliegen und Gesetzestext in Übereinstimmung zu bringen.

[90] Anders *Röthel*, Erbrecht, 339, die in der Frage nach dem Gegenstand der Ausgleichung durchaus einen Ausfluss der allgemeineren Frage nach dem grundsätzlichen Anliegen der gesetzlichen Erbfolge sieht; vor allem in Fällen des § 2057a BGB; wie hier *Werbik*, Lebzeitige Zuwendungen des Erblassers, 112 f.

[91] *Mayer*, ZErb 2007, 130, 131; *Kroppenberg*, NJW 2010, 2609, 2611; *Kössinger/ Najdecki*, in: Nieder/Kössinger, 175; Staudinger-*Löhnig*, § 2050 BGB, Rn. 2; jurisPK-*Schermann*, § 2050 BGB, Rn. 15; BeckOGK-*Rißmann*, § 2050 BGB, Rn. 105; ähnlich

res davon aus, derartige Zuwendungen nähmen den Erbteil vorweg. Dieser Wunsch nach weitgehender Gleichbehandlung entspricht wiederum dem normativen Ideal des § 1924 Abs. 1 BGB. Beide Möglichkeiten die gesetzliche Erbfolge zu rationalisieren legen also nahe, § 2050 Abs. 1 BGB tatbestandlich zu erweitern.[92] Leitbild der gesetzlichen Erbfolge wäre dann ein gleichgerechter Erblasser, der insgesamt eine gleichmäßige Vermögensausstattung seiner Kinder wünscht – unter Berücksichtigung aller lebzeitigen Zuwendungen,[93] jedenfalls unter Berücksichtigung aller wirtschaftlich bedeutsamen Zuwendungen.

Auf diesem Weg lassen sich die drei Topoi – wieder – in Einklang bringen, mithilfe derer die Ausgleichung seit jeher rationalisiert wird:[94] Weitgehende Ausgleichspflichten entsprechen den mutmaßlichen Erblasservorstellungen, sie erfüllen die materielle Gleichheitserwartung des heutigen Erbrechts, wie sie nicht zuletzt in § 2057a BGB gesetzgeberischen Ausdruck gefunden hat,[95] und sie erlauben es, widerspruchsfrei von einer Vorwegnahme der Erbfolge zu sprechen.

In diesem letzten Punkt liegt der zentrale Gedanke der hier vorgeschlagenen Fortschreibung: Historisch entsprang die Vorstellung, ausgleichspflichtige Zuwendungen seien ein Voraus auf den Erbteil, der Tradition der Einwerfung des aus Anlass der Abschichtung Empfangenen.[96] Diese Tradition ist in Vergessenheit geraten,[97] sie lässt sich jedoch aktualisieren. An ihre Stelle könnte der folgende Gedanke treten: Immer wenn einem Abkömmling signifikante Vermögensbestandteile bereits zu Lebzeiten übertragen werden, erhält er etwas, das ihm sonst von Todes wegen zugeflossen wäre (funktionale Äquivalenz).

---

auch, in Bezug auf Zuwendungen sowohl von der Mutter als auch vom Vater, *Mohr*, ZEV 1999, 257, 257; ebenso für die Anrechnung auf den Pflichtteil *Keim*, ZEV 2010, 192, 193; *Everts*, MittBayNot 2011, 107, 111.

[92] So auch *Werbik*, Lebzeitige Zuwendungen des Erblassers, 119; *Lange*, DNotZ 2009, 732, 743; *Röthel*, Ist unser Erbrecht noch zeitgemäß?, A 57; zustimmend die Referate von *Lange* und *Frieser*, Verh. d. 68. DJT, Bd. II/1, L 41 f., L 58 f.; *Kroppenberg*, NJW 2010, 2609, 2611; Staudinger-*Löhnig*, § 2050 BGB, 2; *Lange*, Erbrecht, 607; anders *Leipold*, JZ 2010, 802, 806 f.; *Odersky*, MittBayNot 2008, 2, 5 f. (der hierbei vor allem an die Fernwirkung der Ausgleichung nach § 2316 Abs. 3 BGB zu denken scheint, die *de lege ferenda* nicht zwingend ist).

[93] Formulierung nach *Röthel*, Ist unser Erbrecht noch zeitgemäß?, A 57; *Lange*, Erbrecht, 607.

[94] Vgl. zusammenfassend zur Inkongruenz dieser drei Topoi im geltenden Recht oben Dritter Teil – B.IV.1 (249).

[95] Vgl. zu Materialisierung und Individualisierung der gesetzlichen Erbfolge im Rahmen des § 2050 BGB wieder *Muscheler*, Erbrecht, Bd. I, 708; *Kroppenberg*, NJW 2010, 2609, 2611; *Röthel*, Erbrecht, 339, vgl. zu § 2057a BGB ergänzend *Däubler*, ZRP 1975, 136, 143 f.; *Röthel*, Ist unser Erbrecht noch zeitgemäß?, A 56.

[96] Vgl. dazu oben Erster Teil – A.II.1 (28).

[97] Vgl. dazu zusammenfassend oben Dritter Teil – B.IV.1 (249).

Denn ohne die Zuwendung wäre der übertragene Gegenstand Teil des Nachlasses gewesen. Natürlich sind dies nicht notwendigerweise genau die Gegenstände, die den Nachlass ausgemacht hätten. Möglicherweise wären im Erbfall Surrogate vorhanden gewesen, vielleicht sogar sehr mittelbare Surrogate. Aber eins bleibt doch: Die Zuwendung großer Vermögensbestandteile zu Lebzeiten und das Erbe ähneln sich in gleich zweierlei Hinsicht, sowohl in der äußeren Form als auch hinsichtlich des Maßes. In beiden Fällen erhält der Bedachte eine unentgeltliche Einmalzahlung (äußere Form) von ganz erheblichem Wert (besonderes Maß). Jedenfalls auf dieser ganz elementaren Ebene ist es gerechtfertigt, von einer Vorwegnahme des Erbteils zu sprechen. Diesem Gedanken wiederum tragen weitreichende Ausgleichspflichten Rechnung.

Damit wirft die gesetzliche Erbfolge einen langen Schatten. Sie unterwirft Sachverhalte, die zeitlich weit vor dem eigentlichen Erbfall liegen können, letztlich doch erbrechtlichen Gleichheitsideen. Eine zeitliche Grenze ist nicht vorgesehen. Aber zum einen ist dieser Gedanke nicht neu. Schon im geltenden Recht ist eine der Paradoxien der (pflichtteilsrechtlichen)[98] Ausgleichung, dass sie tendenziell Zuwendungen erfasst, die zeitlich besonders weit vor dem Erbfall liegen.[99] Das gilt jedenfalls für diejenigen Stimmen, die § 1624 Abs. 1 BGB – teils entgegen dem expliziten Wortlaut der Norm – auf Zuwendungen früh im Leben des Bedachten reduzieren wollen.[100] Schließt man ohnehin vom besonderen Wert einer Zuwendung bereitwillig auf deren Ausstattungscharakter,[101] ist das hier Vorgeschlagene gar nicht so neu, sondern nur unmissverständlicher ausgedrückt. Zum anderen liegt diese erweiterte Konzeption des § 2050 Abs. 1 BGB ganz auf der Linie zeitgenössischer, individualisierter und materialisierter Gleichheitskonzeptionen: Jeder Abkömmling erhält den gleichen Anteil, der ihm gebührt, abzüglich bereits erhaltener Zuwendungen und zuzüglich erbrachter Leistungen.[102]

2. *Die Ausgleichung als Regel und eine De-minimis-Ausnahme*

Wie aber kann eine solche, erweiterte Ausgleichung konkret aussehen? Auch was *de lege ferenda* die Formulierung einer neuen Regel betrifft, liegt zu-

---

[98] Vgl. zum entsprechenden Spannungsverhältnis zu § 2325 Abs. 1 BGB wieder *Mayer*, ZErb 2007, 130, 132, 137 f.; *Everts*, MittBayNot 2011, 107, 110; *ders.*, notar 2013, 219, 223 f.; BeckOGK-*Schindler*, § 2325 BGB, 53.

[99] *Odersky*, MittBayNot 2008, 2, 5; *Röthel*, Ist unser Erbrecht noch zeitgemäß?, A 57; *dies.*, Erbrecht, 343; *Lange*, Erbrecht, 603.

[100] Vgl. zu dieser Lesart und ihren Problemen oben Dritter Teil – A.II.2 (194).

[101] Vgl. wieder Vgl. nur für das Erbrecht wieder OLG Karlsruhe, 27.4.2011 – 6 U 137/09, FamRZ 2012, 901 (902); *Weimar*, JR 1967, 97, 97 f.; *Ann*, Die Erbengemeinschaft, 284; *Lange/Kuchinke*, Erbrecht, 317; *Ruby/Schindler*, ZEV 2011, 524, 527; MüKoBGB-*Fest*, § 2050 BGB, Rn. 15; Staudinger-*Löhnig*, § 2050 BGB, Rn. 23; anders wieder OLG Koblenz, 24.4.2023 – 12 U 602/22, BWNotZ 2023, 100 (103–105).

[102] Formulierung nach *Röthel*, Erbrecht, 339.

nächst ein Blick nach Österreich und in die Schweiz nahe. Schließlich sind beide Rechtsordnungen mehr oder minder den Weg gegangen, der hier für die weitere Entwicklung des deutschen Rechts vorgeschlagen wird. Die Schweiz erreicht dieses Ziel jedoch nur durch Auslegung des Tatbestandsmerkmals „Ausstattung". Ähnliches wäre im deutschen Recht bereits *de lege lata* möglich, würde man § 1624 Abs. 1 BGB konsequent auf größere Zuwendungen anwenden. Zu welchen Problemen dies führen kann, hat sich ebenfalls in der Schweiz gezeigt. Man erinnere sich nur an die Rede vom „Eldorado für Kontroversen im Erbrecht".[103] Interessanter ist also der Blick in das reformierte österreichische Recht. Anzurechnen sind hier nach § 753 S. 1 ABGB n.F. alle „Schenkungen unter Lebenden",[104] die nicht aus Einkünften des Elternteils gemacht werden, ohne das Stammvermögen zu schmälern. Die Anwendung dieser Regel setzt zwar voraus, zu wissen, was Teil des Stammvermögens ist.[105] Aber sie entbindet von der Pflicht, im Erbfall jede noch so kleine lebzeitige Zuwendung nachhalten zu müssen. Ein wichtiges Regelungsziel ist damit sicher erreicht.[106]

Vielleicht muss man aber gar nicht nach Österreich schauen, um eine interessengerechte Lösung zu finden. Bei der Anrechnung auf den Zugewinnausgleichsanspruch gibt es schließlich in § 1380 Abs. 1 S. 2 BGB seit jeher eine weitreichende Regel, um Zuwendungen zwischen den Ehegatten zu berücksichtigen. Im Zweifel ist hiernach anzunehmen, dass Zuwendungen angerechnet werden sollen, „wenn ihr Wert den Wert von Gelegenheitsgeschenken übersteigt, die nach den Lebensverhältnissen der Ehegatten üblich sind".

Dieser Gedanke lässt sich ohne Weiteres auf Zuwendungen an Abkömmlinge übertragen. Das hat einige Vorteile. § 1380 Abs. 1 S. 2 BGB ist dem deutschen Recht bekannt, die Regel bereitet im Familienrecht keine prakti-

---

[103] *Schnyder*, ZBJV 135 (1999), 348, 374. *Thorens*, Journée Juridique XIIIeme (1974), 29, ist dann derjenige der vom „am wenigsten geglückten Teil des ZGB" spricht.

[104] Erfasst sind die Ausstattung eines Kindes, ein Vorschuss auf den Pflichtteil, die Abfindung für einen Erb- oder Pflichtteilsverzicht, die Vermögenswidmung an eine Privatstiftung, die Einräumung der Stellung als Begünstiger einer Privatstiftung […], sowie jede andere Leistung, die nach ihrem wirtschaftlichen Gehalt einem unentgeltlichen Rechtsgeschäft unter Lebenden gleichkommt; vgl. hierzu *Umlauft*, Die Hinzu- und Anrechnung von Schenkungen im Erb- und Pflichtteilsrecht, 255 ff.; *Welser*, Erbrecht, 204–206.

[105] Es kommt darauf an, ob die Zuwendung aus den Einkünften des letzten Jahres bestritten werden konnte, nach diesem Zeitpunkt werden Einkünfte Teil des Stammvermögens, vgl. OGH, 28.5.2024 – 2 Ob 74/24g, NZ 2024, 429 (429); OGH, 30.3.2011 – 9 Ob 48/10i, JBl 2011, 589 (591); ABGB-ON-*Bittner/Hawel*, § 784 ABGB, Rn. 1. Der OGH räumt in der Entscheidung von 2011 selbst ein, dass die Unterscheidung zwischen Stamm und Einkünften ihre historische Überzeugungskraft eingebüßt hat und dass seine Rechtsprechung zu Schwierigkeiten führen kann, behält diese in OGH, 28.5.2024 – 2 Ob 74/24g, NZ 2024, 429 (429), dann aber doch ohne weitere Erläuterung bei.

[106] Weitergehend ggf. *Kroppenberg*, NJW 2010, 2609, 2611, die alle überobligatorischen Zuwendungen ausgeglichen wissen will.

schen Probleme und sie kennt eine De-minimis-Ausnahme, ohne auf die schwer fassbare Kategorie „Stammvermögen" angewiesen zu sein.

„Abkömmlinge, die als gesetzliche Erben zur Erbfolge gelangen, sind verpflichtet, dasjenige, was sie von dem Erblasser bei dessen Lebzeiten erhalten haben, bei der Auseinandersetzung untereinander zur Ausgleichung zu bringen. Dies gilt nicht, wenn

(a) der Erblasser bei der Zuwendung ein anderes angeordnet hat oder
(b) der Wert der Zuwendung den Wert von Gelegenheitsgeschenken nicht übersteigt, die nach den Lebensverhältnissen des Erblassers üblich sind."[107]

Dieser an § 1380 Abs. 1 S. 2 BGB angelehnte Vorschlag geht natürlich deutlich über das österreichische Recht hinaus. § 753 S. 1 ABGB n.F. nimmt nicht nur übliche Gelegenheitsgeschenke von der Ausgleichung aus, sondern alle Zuwendungen, die aus laufenden Einkünften gemacht werden, ohne das Stammvermögen des Erblassers zu schmälern.

C. Exkurs II: Entwicklungsperspektiven des Pflichtteilsrechts

Der Vorschlag, § 2050 Abs. 1 BGB tatbestandlich zu erweitern, wirft eine letzte Frage auf: Welche Rolle sollte diese erweiterte Ausgleichung im Pflichtteilsrecht spielen? Im geltenden Recht verschiebt § 2050 Abs. 1 BGB schließlich über §§ 2316 Abs. 1 und 3 BGB zwingend die Pflichtteile der Abkömmlinge.[108] Auch die gesetzliche Mindestteilhabe am Nachlass hängt also letztlich von der kritikwürdigen Unterscheidung zwischen Ausstattungen und anderen Zuwendungen ab.

Das hat eine Reihe von Konsequenzen, wie sich gezeigt hat:[109] Erstens werden auf diesem Weg all die praktischen und normativen Probleme der Ausgleichung in das Pflichtteilsrecht übertragen. Zweitens tritt die pflichtteilsrechtliche Ausgleichung nach § 2316 Abs. 1 BGB neben die Anrechnung nach § 2315 Abs. 1 BGB und die Pflichtteilsergänzung nach § 2325 Abs. 1 BGB. Ein ohne-

[107] Diese Formulierung lehnt sich deutlich an § 1380 Abs. 1 S. 2 BGB an. Möchte man die Ausnahmen des § 2050 Abs. 2 BGB beibehalten (dazu sogleich) und ist man an innerer Kohärenz interessiert, ließen sich in Anlehnung an § 2050 Abs. 2 BGB Gelegenheitsgeschenke von der Ausgleichspflicht ausnehmen, deren Wert das den Vermögensverhältnissen des Erblassers entsprechende Maß nicht überstiegen hat. Eine weitere Formulierungsmöglichkeit wäre analog §§ 534, 1375 Abs. 2 Nr. 1, 2113 Abs. 2 S. 2 BGB „Pflicht- und Anstandsschenkungen" von der Ausgleichung auszunehmen. Das wäre die Formulierung, über die letztlich der 68. Deutsche Juristentag abgestimmt hat, vgl. Verh. d. 68. DJT, Bd. II/1, L 152.

[108] *Kroppenberg*, NJW 2010, 2609, 2611, scheint diese Konsequenz hinnehmen zu wollen, würde man *de lege ferenda* alle überobligatorischen Zuwendungen für ausgleichspflichtig erklären.

[109] Vgl. dazu oben Dritter Teil – B.III.2 (242).

hin komplexer Regelungsbereich des bürgerlichen Rechts wird so weiter verkompliziert. Und das geschieht, wie sich gezeigt hat, letztlich ohne wirklich guten Grund. Die einzige Möglichkeit, die Ausgleichung im Pflichtteilsrecht überhaupt zu rationalisieren, ist der Gedanke, dass der Enterbte nicht über den Pflichtteil mehr erhalten soll, als wäre er Erbe geworden und hätte ihn die Ausgleichspflicht getroffen.[110] Dafür nimmt man jedoch, drittens,[111] in Kauf, dass eine gewisse Inkohärenz zwischen § 2316 Abs. 1 BGB und der Pflichtteilsergänzung nach § 2325 Abs. 3 BGB entsteht. Schließlich führen beide Institute zu vergleichbaren Ergebnissen.[112] Der zentrale und eigentlich nicht zu rechtfertigende Unterschied ist ein zeitlicher: Schenkungen werden nach § 2325 Abs. 3 S. 1 BGB abschmelzend und maximal zehn Jahre lang berücksichtigt, während Ausstattungen nach § 2316 Abs. 1 und 3 BGB den Pflichtteil des Bedachten ohne jede zeitliche Grenze schmälern.

Die einfache Lösung wäre, ganz auf die pflichtteilsrechtliche Ausgleichung zu verzichten. Lebzeitige Zuwendungen würden dann mittels der Anrechnung nach § 2315 Abs. 1 BGB erfasst oder durch die Pflichtteilsergänzung nach § 2325 Abs. 1 BGB. Wenn keine der beiden Normen einschlägig ist, blieben sie bei der Berechnung des Pflichtteils außer Acht. Nun kann es aber tatsächlich dazu kommen, dass der Pflichtteil des Enterbten größer ist, als sein gesetzlicher Erbteil gewesen wäre. Dieses Ergebnis ist nicht intuitiv und frustriert wahrscheinlich den Willen des enterbenden Erblassers. In irgendeiner Form müssen die Wertungen der intestaterbrechtlichen Ausgleichspflicht also weiterhin in das Pflichtteilsrecht überführt werden.

Eine Möglichkeit, um sicherzustellen, dass der Pflichtteil nie den gesetzlichen Erbteil übersteigt, wäre die Beibehaltung von § 2316 BGB. Es käme weiterhin zu einer Fernwirkung der Ausgleichung, nun eben zu einer Fernwirkung der tatbestandlich erweiterten Ausgleichung. Das wiederum verschärft jedoch den Widerspruch zwischen § 2316 Abs. 1 BGB und der Pflichtteilsergänzung nach § 2325 Abs. 1 BGB. Nunmehr würden ja alle Zuwendungen mit Ausnahme von Gelegenheitsschenkungen der pflichtteilsrechtlichen Ausgleichung unterliegen. Eine zeitliche Grenze gäbe es nicht. Oft wird es sich hierbei um Schenkungen handeln, deren pflichtteilsrechtliche Relevanz jedoch nach § 2325 Abs. 3 BGB nach zehn Jahren enden soll. Das ist widersprüchlich.

Eine systematisch stimmige Lösung muss also zwei Kriterien erfüllen: Sie darf nicht dazu führen, dass der Pflichtteil größer ist als der gesetzliche Erbteil nach durchgeführter Ausgleichung. Und sie muss sicherstellen, dass der Beschenkte nur binnen der Zehnjahresfrist des § 2325 Abs. 3 BGB belastet

---

[110] Vgl. wieder *Schäfer*, ZEV 2018, 496, 499 f.; zustimmend wohl Erman-*Röthel*, § 2316 BGB, 1; BeckOGK-*Reisnecker*, § 2316 BGB, Rn. 6.

[111] Vgl. dazu oben Dritter Teil – B.III.2.a) (242).

[112] Vgl. wieder *Mayer*, ZErb 2007, 130, 132.

wird. Dies lässt sich erreichen, indem man ausgleichspflichtige Zuwendungen in § 2315 BGB integriert:[113] Im Zweifel sollte jede ausgleichspflichtige Zuwendung nicht nur auf den Erb-, sondern auch den Pflichtteil anzurechnen sein. Wenn man einmal mehr dem vertragsgestaltenden Schrifttum glauben mag,[114] entspricht dies ohnehin in den allermeisten Fällen dem mutmaßlichen Willen des Erblassers. Nur steht diese Idee vor zwei argumentativen Problemen: Verweise auf den mutmaßlichen Erblasserwillen sind im Pflichtteilsrecht voraussetzungsreicher als im Rahmen der gesetzlichen Erbfolge. Und bereits der BGB-Gesetzgeber hat eine Regel verworfen, die der hier vorgeschlagenen ähnelte.[115] Später hat sich der Rechtsausschuss des Bundestags explizit gegen nachträgliche Anrechnungsanordnungen und damit gegen eine Ausweitung des § 2315 Abs. 1 BGB gewandt.[116] Das Vertrauen des Bedachten auf einen nicht geschmälerten Pflichtteil sei schutzwürdig.[117]

Jedenfalls aus Sicht der hier beschriebenen Koordinationsprobleme zwischen § 2315 Abs. 1 BGB, § 2316 Abs. 1 BGB und § 2325 Abs. 1 BGB lohnt es jedoch,[118] diese Entscheidungen zu überdenken.[119] Schutzwürdiges Vertrauen kann im Falle einer automatischen Anrechnung aller wirtschaftlich bedeutsamen Zuwendungen nicht entstehen. Dafür vereinfacht dieser Ansatz die notorisch komplexe Berücksichtigung lebzeitiger Zuwendungen im Pflichtteilsrecht. Dem mutmaßlichen Erblasserwillen wird Rechnung getragen, dem es stets darum geht, eine doppelte Beteiligung des Enterbten an seinem Vermögen zu verhindern.[120] Und dieses Interesse ist auch im Pflicht-

---

[113] So auch der Ansatz von *Odersky*, MittBayNot 2008, 2, 5 f.

[114] Vgl. wieder die die anekdotische Evidenz bei *Fembacher*, MittBayNot 2004, 24, 24; *Lange*, DNotZ 2007, 84, 87; *Muscheler*, ZEV 2008, 105, 108; *Odersky*, MittBayNot 2008, 2, 4 f.; *Pilz-Hönig*, ZErb 2008, 30, 30; *Langenfeld*, NJW 2009, 3121, 3124; *Muscheler*, Erbrecht, Bd. II, 2178; *Röthel*, Erbrecht, 455; Erman-*dies.*, § 2315 BGB, Rn. 1; MüKoBGB-*Lange*, § 2315 BGB, Rn. 2; BeckOGK-*Reisnecker*, § 2315 BGB, Rn. 5.

[115] Prot. V, 7505 [= *Mugdan*, Materialien, Bd. V, 781]: Die Ausgleichspflicht beruhe auf dem Gleichheitsgedanken. Und dieser Gedanke versage, wenn sich der Pflichtteilsanspruch gegen einen Dritten wende. Ferner sei es nicht interessengerecht, wenn sich die Kinder eine Zuwendung zugunsten der Eltern- oder Großelterngeneration anrechnen lassen müsse.

[116] BT-Drucks 16/13543, 12. In Reaktion hierauf wurde jedoch oft– wie auch hier – vorgeschlagen, einen Schritt weiter zu gehen und die Anrechnung zur Regel zu erheben, vgl. nur *Muscheler*, ZEV 2008, 105, 108; *Odersky*, MittBayNot 2008, 2, 4 f.; *Lange*, DNotZ 2009, 732, 734.

[117] Kritisch hierzu *Langenfeld*, NJW 2009, 3121, 3124; anders bereits *Otte*, AcP 202 (2002), 317, 361 f.

[118] Vgl. zu diesen Koordinationsproblemen oben Dritter Teil – B.III.2.a) (242).

[119] Dies entspräche im Wesentlichen dem Beschluss des 68. Deutschen Juristentages (2010), dass grundsätzlich alle erheblichen lebzeitigen Zuwendungen, welche Pflicht- und Anstandsschenkungen überschreiten, auf den Pflichtteil angerechnet werden, vgl. Verh. d. 68. DJT, Bd. II/1, L 152; kritisch dazu Staudinger-*Otte*, § 2315 BGB, Rn. 33 f.

[120] Vgl. insoweit auch *Mayer*, ZErb 2007, 130, 138, der genau dieses Ergebnis als das zumeist gewünschte beschreibt, das *de lege lata* aber komplexe Anordnungen voraussetzt

teilsrecht anerkennenswert. Denn bei der Anrechnung nach § 2315 Abs. 1 BGB geht es ja gerade darum, die Testierfreiheit des Erblassers weitgehend zu wahren – und gleichzeitig dem Interesse der Pflichtteilsberechtigten an einer erbrechtlichen Mindestbeteiligung Rechnung zu tragen. Eine doppelte Beteiligung lebzeitig Bedachter ist aber nicht geboten, um diese Mindestbeteiligung sicherzustellen. Der Bedachte hat schließlich bereits zu Lebzeiten erhalten, was ihm sonst von Todes wegen zugeflossen wäre. Das gilt zumindest, wenn man auch den Pflichtteil als individuelle und materielle Teilhabe an der gesamten Lebensleistung des Erblassers konzipiert.[121] In diesem ganz elementaren Sinn sind wirtschaftlich bedeutsame Zuwendungen hier genauso sehr vorweggenommener Pflichtteil wie sie im Rahmen der gesetzlichen Erbfolge vorweggenommener Erbteil sind.[122] Aus diesem Grund sollten auch keine verfassungsrechtlichen Bedenken bestehen. Der Bedachte erhält schließlich seine Mindestbeteiligung am elterlichen Vermögen, nur eben lebzeitig und vorab.[123]

Zwei Konsequenzen hat die Integration ausgleichspflichtiger Zuwendungen in die Anrechnung nach § 2315 Abs. 1 BGB natürlich: Zum einen verringert sie nach § 2315 Abs. 3 S. 2 BGB nur den Pflichtteil des Bedachten, sie erhöht nicht die Ansprüche anderer pflichtteilsberechtigter Abkömmlinge. Dies ist aber eine notwenige Konsequenz der Abstimmung mit § 2325 Abs. 1 BGB: Erfolgt die Zuwendung binnen zehn Jahren vor dem Erbfall, wird sie auf diesem Wege berücksichtigt. Sonst geht das Gesetz davon aus, dass es sich nicht um eine wirkungsgleiche Zurücksetzung handelt, welche die Pflichtteilsergänzung rechtfertigt.[124] Die andere Konsequenz betrifft § 2057a

---

(nämlich eine unbedingte Anrechnungsanordnung nach § 2315 Abs. 1 BGB und die Anordnung der Ausgleichung nach § 2050 Abs. 3 BGB für den Fall der gesetzlichen Erbfolge).

[121] Vgl. zu diesem Gedanken im geltenden Recht der gesetzlichen Erbfolge oben Dritter Teil – B.IV.2 (253).

[122] Insoweit weist Staudinger-*Otte*, § 2315 BGB, Rn. 34a, zu Recht darauf hin, dass das Ergebnis der Abstimmung auf dem 68. Deutschen Juristentag wenig intuitiv ist, insofern es für eine Ausweitung der Anrechnung, aber gegen eine Ausweitung der Ausgleichung plädiert, vgl. Verh. d. 68. DJT, Bd. II/1, L 152.

[123] So auch *Odersky*, MittBayNot 2008, 2, 5; ebenso, wenn auch ohne Bezug zum verfassungsrechtlichen Schutz des Pflichtteilsrechts, *Muscheler*, ZEV 2008, 105, 108.

[124] Überwiegend wird § 2325 Abs. 1 BGB als Schutz vor Missbrauch oder Umgehung beschrieben, vgl. BVerfG, 6.4.1990 – 1 BvR 171/90, NJW 1991, 217; BGH, 10.12.2003 – IV ZR 249/02, BGHZ 157, 178 (187); RGRK-*Johannsen*, § 2325 BGB, Rn. 1; Erman-*Röthel*, vor § 2325 BGB, Rn. 1; Staudinger-*Otte*, § 2325 BGB, Rn. 1; jurisPK-*Birkenheier*, § 2325 BGB, Rn. 2; MüKoBGB-*Lange*, § 2325 BGB, Rn. 1; BeckOK-*Müller-Engels*, § 2325 BGB, Rn. 1; BeckOGK-*Schindler*, § 2325 BGB, Rn. 1 Die Rationalisierung kann aber nicht erklären, warum die Norm nur gegen ganz bestimmte, nämlich zeitlich kurz vor dem Erbfall liegende Schenkungen schützt, nicht aber gegen frühere Schenkungen oder gegen andere, möglicherweise vorsätzliche Versuche, den Pflichtteil zu schmälern. Es geht

BGB: Wenn das Gesetz nur noch die Anrechnung nach § 2315 Abs. 1 BGB kennt, lassen sich Leistungen des Pflichtteilsberechtigten nicht mehr nach §§ 2316 Abs. 1, 2057a Abs. 1 BGB abbilden. Der Pflichtteilsanspruch erhöht sich nicht. Dieses Ergebnis kann man hinnehmen. Oder man geht einen anderen, freilich umstrittenen Weg, um Leistungen – vor allem Pflegeleistungen – adäquat zu erfassen und gewährt dem Pflegenden ein gesetzliches (Voraus-) vermächtnis.[125] Diese Lösung hat schließlich zwei Vorteile: Sie vermeidet die hier beschriebenen Probleme des § 2316 Abs. 1 BGB und sie wirkt nicht nur zugunsten von Abkömmlingen, sondern zugunsten aller Pflegenden.

---

ihr also nur um bestimmte, der erbrechtlichen Zurücksetzung wirkungsähnliche Verfügungen, vgl. *Röthel*, AcP 2012 (2012), 157, 170 f.

[125] Vgl. jeweils m.w.N. v.a. zum österreichischen Recht *Röthel*, Ist unser Erbrecht noch zeitgemäß?, A 60 f.; *dies.*, Erbrecht, 345; auch dies entspricht der Empfehlung des 68. Deutschen Juristentages (2010), vgl. Verh. d. 68. DJT, Bd. II/1, L 153; so v.a auch *Otte*, ZEV 2008, 260, 262; zustimmend *Odersky*, MittBayNot 2008, 2, 6.

Literaturverzeichnis

Aebi-Müller, Regina E.: Die optimale Begünstigung des überlebenden Ehegatten: Güter-, erb-, obligationen- und versicherungsrechtliche Vorkehren unter Berücksichtigung des Steuerrechts, 2. Aufl., Bern 2007.

Allgemeines bürgerliches Gesetzbuch: Online-Kommentar, hrsg. von Kletečka, Andreas/Schauer, Martin, Wien, Stand: 1.2.2023; zitiert als: ABGB-ON-*Bearbeiter*.

Ankum, Hans: Aus der Kasuistik zur „collatio dotis", in: Status Familiae: Festschrift für Andreas Wacke, hrsg. von Knothe, Hans-Georg/Kohler, Jürgen, München 2001, S. 1–13.

Ann, Christoph: Die Erbengemeinschaft, Köln 2001.

Apathy, Peter: Zur Hinzurechnung und Anrechnung im neuen Erbrecht, ÖJZ 2016, 805–811.

Arndts, Karl L.: Lehrbuch der Pandekten, München 1852.

–: Einwerfung, in: Weiske, Julius (Hrsg.), Rechtslexikon für Juristen aller teutschen Staaten enthaltend die gesammte Rechtswissenschaft: Confrontation – Erbschaftstheilung, Leipzig 1841.

Babusiaux, Ulrike: Nachlassbesitz (§ 57), in: Ernst, Wolfgang/Rüfner, Thomas/Baldus, Christian/Babusiaux, Ulrike/Meissel, Franz-Stefan/Platschek, Johannes (Hrsg.), Handbuch des Römischen Privatrechts, Tübingen 2023, zitiert als *Babusiaux*, in: HdB RPR.

–: Wege zur Rechtsgeschichte: Römisches Erbrecht, Stuttgart 2015.

Bähr, Otto: Zum Erbrecht des bürgerlichen Gesetzbuchs, ArchBürgR 3 (1890), 143–227.

Baker, John H.: Introduction to English Legal History, 5. Aufl., Oxford 2019.

–: Manual of Law French, 2. Aufl., Aldershot 1989.

Barlow, Francis/Wallington, Richard/Meadway, Susannah/MacDougland, James: Williams on Wills, 10. Aufl., London 2014.

Basler Kommentar, Zivilgesetzbuch, hrsg. von Wolf, Stephan/Geiser, Thomas/Fountoulakis, Christiana, Basler Kommentar, Basel 2019; zitiert als: BSK ZGB II-*Bearbeiter*.

Bauer-Gerland, Friederike: Das Erbrecht der Lex Romana Burgundionum, Berlin 1995.

Beck, Johann A.: Tractatus novus de collatione bonorum oder von der Einwerfung der Güter in die gemeine Erbschaft, Nürnberg 1742.

beck-online.GROSSKOMMENTAR (BGB), hrsg. von Gsell, Beate/Krüger, Wolfgang/Lorenz, Stephan/Reymann, Christoph, München, Stand: 1.6.2023; zitiert als: BeckOGK-*Bearbeiter*.

Beck'scher Online-Kommentar BGB, hrsg. von Hau, Wolfgang/Poseck, Roman, München, 66. Edition (Stand: 1.5.2023); zitiert als: BeckOK-*Bearbeiter*.

Behrends, Okko/Knütel, Rolf/Kupisch, Berthold/Seiler, Hans H.: Corpus iuris civilis, Bd. I, Text und Übersetzung auf der Grundlage der von Theodor Mommsen und Paul Krüger besorgten Textausgaben, 2. Aufl., Heidelberg 1997.

Benn, Jurij: Rechtsgeschäftliche Gestaltung der erbrechtlichen Ausgleichung, Zürich 2000.

Berner Kommentar → Kommentar zum Schweizerischen Gesetzbuch.

Beseler, Gerhard: Miscellanea, ZRG 44 (1924), 359–395.

Binder, Julius: Die Rechtsstellung des Erben nach dem deutschen bürgerlichen Gesetzbuch, Leipzig 1905.

Blackstone, William: Commentaries on the Laws of England: A Facsimile of the First Edition of 1765–1769, With an Introduction by A.W. Brian Simpson, Chicago 1979.

Blumer, Johann J.: Staats- und Rechtsgeschichte der schweizerischen Demokratien oder der Kantone Uri, Schwyz, Unterwalden, Glarus, Zug und Appenzell: Erster Theil – Das Mittelalter, St. Gallen 1850.

Bluntschli, Johann C.: Privatrechtliches Gesetzbuch für den Kanton Zürich: Das zürcherische Erbrecht mit Erläuterungen, Zürich 1856.

Boente, Walter: Die Ausgleichung – neu gelesen, in: Der Mensch als Mass: Festschrift für Peter Breitschmid, hrsg. von Arnet, Ruth/Eitel, Paul/Jungo, Alexandra, Zürich 2019, S. 237–253.

Böhmer, Martin: Anmerkung zu: LG Traunstein, Beschluss vom 7.4.2004, Az.: 4 T 1365/04 MittBayNot 2005, 232–234.

–: Verfügungen des Betreuers im Rahmen der vorweggenommenen Erbfolge, MittBayNot 1996, 405–412.

Bonfield, Lloyd: Marriage Settlements: The Adoption of the Strict Settlement, Cambridge 1983.

Bornemann, Wilhelm: Systematische Darstellung des Preußischen Civilrechts mit Benutzung der Materialien des Allgemeinen Landrechts, 2. Aufl., Berlin 1845.

Bowyer, George: Commentaries on the Modern Civil Law, London 1848.

Brandis, Peter/Heuermann, Bernd: Ertragsteuerrecht: Kommentar zum Einkommensteuergesetz, Körperschaftsteuergesetz, Gewerbesteuergesetz, Außensteuergesetz, Investmentsteuergesetz, Umwandlungssteuergesetz und Nebengesetze, Beck-Online Bücher, Stand: August 2022 (163. Ergänzungslieferung), München 2022.

Breitschmid, Peter: Bericht zu den Konturen eines „zeitgemässen Erbrechts“ zu Händen des Bundesamtes für Justiz zwecks Umsetzung der „Motion Gutzwiller“ (10.3524 vom 17.6.2010).

–: Vorweggenommene Erbfolge und Teilung: Probleme um Herabsetzung und Ausgleichung, in: Druey, Jean N./Breitschmid, Peter (Hrsg.), Praktische Probleme der Erbteilung, Bern 1997.

Bridgeman, Orlando: Conveyances: Being Select Precedents of Deeds and Instruments Concerning the Most Considerable Estates in England, 2. Aufl., London 1690.

Brinz, Alois v.: Lehrbuch der Pandekten, 2. Aufl., Erlangen 1886.

Brückner, Christian: Zur Herabsetzung lebzeitiger Zuwendungen, successio 2008, 194–204.

Brunnemann, Johannes: Commentarius in duodecim libros codicis Justinianei, Leipzig 1679.

Brunner, Heinrich: Grundzüge der deutschen Rechtsgeschichte, Leipzig 1901.

Buckland, William W.: A Text-Book of Roman Law from Augustus to Justinian, 2. Aufl., Cambridge 1932.

Burandt, Wolfgang/Rojan, Dieter (Hrsg.), Erbrecht, 4. Aufl., München 2022; zitiert als: Burandt/Rojan-*Bearbeiter*.

Burn, Richard/Phillimore, Robert: Ecclesiastical Law, London 1842.

Burns, Fiona: The Changing Pattern of Total Intestacy: Distribution Between Spouses and Children in Australia and England, UNSW L.J. 36 (2013), 470–513.

–: Intestacy Law in Australia, England and Singapore: Another Aid to Social Sustainability in an Ageing Population, Singapur J.L.S. 2012, 366–390.

Canaris, Claus-Wilhelm: Verstöße gegen das verfassungsrechtliche Übermaßverbot im Recht der Geschäftsfähigkeit und im Schadensersatzrecht, JZ 1987, 993–1040.

Carbonnier, Jean: Les liquidations successorales, in: ders. (Hrsg.), Essais sur les lois, o.O. 1979, S. 81–93.

Carpzov, Benedict: Iurisprudentia forensis Romano Saxonica, Leipzig/Frankfurt Neuaufl. 1694 [Digitalisat im Bestand der Bayerischen Staatsbibilothek, Signatur 2 Decis. 96].

Champlin, Edward: Final Judgments: Duty and Emotion in Roman Wills, 200 B.C.–A.D. 250, Berkeley 1991.

Cieslar, Michael: Anmerkung zu OLG Stuttgart, Urteil vom 14.9.1988 – 4 U 45/88185, DNotZ 1989, 185–186.

Coing, Helmut: Europäisches Privatrecht, Bd. II, 19. Jahrhundert, München 1989.

Coke, Edward: The First Part of the Institutes of the Lawes of England: Commentary Upon Littleton, Not the Name of a Lawyer Only, But of the Law it Selfe, 3. Aufl., London 1633.

Conrad, Hermann: Deutsche Rechtsgeschichte: Frühzeit und Mittelalter, 2. Aufl., Karlsruhe 1962.

Cretney, Stephen M.: Family Law in the Twentieth Century: A History, Oxford 2003.

Crome, Carl: System des Deutschen Bürgerlichen Rechts: Erbrecht, Tübingen 1912.

Crook, John A.: Intestacy in Roman Society, Proceedings of the Cambridge Philological Society 199 (1973), 38–44.

Cunningham, John: The Position of the Widow in an Advancement of Portion, Estates & Trusts J. 9 (1988), 23–38.

Daniels, Alexander: Lehrbuch des gemeinen preußischen Privatrechtes: Reproduktion der Ausgabe Berlin, Grobe 1851–52, Frankfurt am Main 1985.

Das Bürgerliche Gesetzbuch mit besonderer Berücksichtigung der Rechtsprechung des Reichsgerichts und des Bundesgerichtshofs, Bd. II/2, §§ 414–610, Abzahlungsgesetz, hrsg. von Mitgliedern des Bundesgerichtshofs, 12. Aufl., Berlin 1978; zitiert als: RGRK-*Bearbeiter*.

Das Bürgerliche Gesetzbuch mit besonderer Berücksichtigung der Rechtsprechung des Reichsgerichts und des Bundesgerichtshofs, Bd. IV/3, hrsg. von den Mitgliedern des Bundesgerichtshofs, 12. Aufl., Berlin 1999; zitiert als: RGRK-*Bearbeiter*.

Das Bürgerliche Gesetzbuch mit besonderer Berücksichtigung der Rechtsprechung des Reichsgerichts und des Bundesgerichtshofs, Bd. V/1, § 1922–2146, hrsg. von den Mitgliedern des Bundesgerichtshofs, 12. Aufl., Berlin 1974; zitiert als: RGRK-*Bearbeiter*.

Das Bürgerliche Gesetzbuch mit besonderer Berücksichtigung der Rechtsprechung des Reichsgerichts und des Bundesgerichtshofs, Bd. V/2, §§ 2147 bis 2385, hrsg. von den Mitgliedern des Bundesgerichtshofs, 12. Aufl., Berlin 1975; zitiert als: RGRK-*Bearbeiter*.

Daube, David: The Preponderance of Intestacy at Rome, Tulane L.R. 39 (1965), 253–262.

Däubler, Wolfgang: Entwicklungstendenzen im Erbrecht, ZRP 1975, 136–146.

de Barros Fritz, Raphael: Die Erhöhung der Pflichtteilslast des Erben infolge einer Ausgleichung nach § 2316 BGB, ZEV 2022, 629–636.

Dernburg, Heinrich: Pandekten, Berlin 1887.

–: Lehrbuch des Preußischen Privatrechts und der Privatrechtsnormen des Reichs, 2. Aufl., Halle an der Saale 1881.

Dethloff, Nina: Familienrecht: ein Studienbuch, 33. Aufl., München 2022.

Dicey, Albert V.: Lectures on the Relation Between Law and Public Opinion in England During the Nineteenth Century, 2. Aufl., London 1914.

Dölle, Hans: Familienrecht: Darstellung des deutschen Familienrechts mit rechtsvergleichenden Hinweisen, Karlsruhe 1965.

Doralt, Walter: Allgemeines Bürgerliches Gesetzbuch, in: Basedow, Jürgen/Hopt, Klaus/Zimmermann, Reinhard (Hrsg.), Handwörterbuch des Europäischen Privatrechts, Bd. I, Tübingen 2009.

Druey, Jean N.: Grundriss des Erbrechts, 3. Aufl., Bern 1992.

–: Ausgleichung oder rapport? Einige Fragen zu Art. 626 ZGB, in: Mélanges Paul Piotet: Recueil de travaux offerts à M. Paul Piotet, Professeur à l'Université de Lausanne, hrsg. von Sturm, Fritz, Bern 1990, S. 25–44.

Dufour, Alfred: Les fondements historiques de le réglementation des rapports selon le législateur suisse, in: Gedächtnisschrift Peter Jäggi, hrsg. von Schnyder, Bernhard/Gauch, Peter, Freiburg (CH) 1977, S. 65–93.

Ebenroth, Carsten T./Bacher, Urban/Lorz, Rainer: Dispositive Wertbestimmungen und Gestaltungswirkungen bei Vorempfängen, JZ 1991, 277–285.

Eberl-Borges, Christina: Die Erbauseinandersetzung, Tübingen 2020.

Eckert, Jörn: Allgemeines Landrecht (Preußen), in: Cordes, Albrecht/Lück, Heiner/Werkmüller, Dieter (Hrsg.), Handwörterbuch zur deutschen Rechtsgeschichte (HRG), Bd. I, 2. Aufl., Berlin 2008.

Eitel, Paul: Zwei Grundfragen der gesetzlichen Ausgleichung: eine Replik, ZSR 118 I (1999), 69–91.

–: Die Berücksichtigung lebzeitiger Zuwendungen im Erbrecht: Objekte und Subjekte von Ausgleichung und Herabsetzung, Bern 1998.

Eitel, Paul/Bieri, Marjolein: Der Durchgriff und sein Durchbruch ins Erbrecht, in: Equus und aequus – et cetera: Liber amicorum für Benno Studer, hrsg. von Eitel, Paul/Zeiter, Alexandra, Genf 2019, S. 5–20.

Elbert, Harold I.: Advancements, Michigan L.R. 51 (1953), 665–704.

Endemann, Friedrich: Erbrecht des Bürgerlichen Gesetzbuches, Berlin/Leipzig 1932.

English, Barbara/Saville, John: Family Settlement and the "Rise of Great Estates", Econ. Hist. Rev. 33 (1980), 556–558.

Erman, Walter A. (Begr.): Bürgerliches Gesetzbuch: Handkommentar, hrsg. von Grunewald, Barbara/Maier-Reimer, Georg/Westermann, Harm Peter, 16. Aufl., Köln 2020; zitiert als: Erman-*Bearbeiter*.

Evans Grubbs, Judith: Marriage Contracts in the Roman Empire, in: Strömberg, Agneta/Larsson Lovén, Lena (Hrsg.), Ancient Marriage in Myth and Reality, Newcastle upon Tyne 2010, S. 78–101.

Everts, Arne: Die spätere Ausgleichung und Anrechnung von Zuwendungen zu Lebzeiten des Erblassers, notar 2013, 219–229.

–: Vorweggenommene Erbfolge, Ausgleichung, Anrechnung und der BGH – zugleich ein Plädoyer für die Ausstattung – und zugleich Anmerkung zu BGH, Urteil vom 27.1.2010, BGH 27.1.2010 – IV ZR 91/09, MittBayNot 2011, 107–112.

Farrand, Julian T.: Hotchpot on Intestacy, Conv. 25 (1961), 468–489.
Fein, Eduard: Das Recht der Collation dargestellt nach den Grundsätzen des römischen Rechts, Heidelberg 1842.
Fembacher, Tobias: Grundstücksüberlassung an Minderjährige und Pflichtteilsanrechnung, MittBayNot 2004, 24–26.
Finkenauer, Thomas: Karl Jacubezky und das BGB, ZRG GA 131 (2014), 325–362.
Fischer, Michael: Die Unentgeltlichkeit im Zivilrecht, Köln 2002.
Fleckner, Andreas M.: The Peculium: A Legal Device for Donations to Personae Alieno Iuri Subiectae?, in: Carlà, Filippo/Gori, Maja (Hrsg.), Gift Giving and the 'Embedded' Economy in the Ancient World, S. 213–239.
Förster, Franz/Eccius, M. E.: Preußisches Privatrecht, Bd. IV, 6. Aufl., Berlin 1893.
Francke, Bernhard: Das Bürgerliche Gesetzbuch für das Königreich Sachsen nebst der Gerichtsordnung und anderen hiermit in Verbindung stehenden Reichs- und Landesgesetzen, 3. Aufl., Leipzig 1892.
Francke, Wilhelm: Civilistische Abhandlungen, Göttingen 1826.
Frankfurter Kommentar zur Insolvenzordnung, hrsg. von Wimmer, Klaus, Wolters Kluwer. Kommentare, 9. Aufl., Köln 2018; zitiert als: FK-*Bearbeiter*.
Frier, Bruce W. (Hrsg.): The Codex of Justinian: a New Annotated Translation with Parallel Latin and Greek Text, Cambridge 2016.
Fröhler, Oliver: Erbausgleichung und Pflichtteilsanrechnung aufgrund Schenkung bzw. Ausstattung, BWNotZ 2010, 94–107.

Gardner, Jane F.: Family and Familia in Roman Law and Life, New York/Oxford 1998.
–: Women in Roman Law and Society, London 1987.
–: The Recovery of Dowry in Roman Law, C.Q. 35 (1985), 449–453.
Gernhuber, Joachim/Coester-Waltjen, Dagmar: Familienrecht, 7. Aufl., München 2020.
Geserich, Stephan: Unterhaltsaufwendungen als außergewöhnliche Belastung nach § 33a Abs. 1 EStG, DStR 2011, 294–300.
Gierke, Otto: Der Entwurf eines bürgerlichen Gesetzbuchs und das deutsche Recht, Leipzig 1889.
Glück, Christian F./Leist, Burkard W.: Ausführliche Erläuterung der Pandecten nach Hellfeld: ein Commentar, Serie 37/38 III, Erlangen 1875.
Gottschalk, Karin: Gerade, in: Cordes, Albrecht/Lück, Heiner/Werkmüller, Dieter (Hrsg.), Handwörterbuch zur deutschen Rechtsgeschichte (HRG). Geistliche Gerichtsbarkeit – Konfiskation, 2. Aufl., Berlin 2012.
Grimaldi, Michel: Droit des successions, 8. Aufl., Paris 2020.
Grotius, Hugo: De iure belli ac pacis: the Translation, Buffalo, NY 1995.
Gruchot, Julius A.: Preußisches Erbrecht in Glossen zum Allgemeinen Landrecht auf römischer und germanischer Grundlage unter Berücksichtigung der neueren Gesetzgebungen, Berlin 1867.
Grüneberg, Christian (Bearbeiter), Bürgerliches Gesetzbuch: mit Nebengesetzen, 82. Aufl., München 2023; zitiert als: Grüneberg-*Bearbeiter*
Guarino, A.: Über den Begriff der Kollation, ZRG 59 (1939), 509–543.
Guisan, François: La notion d'avancement d'hoirie aux articles 527 et 626 du Code civil, ZSR 71 (1952), 489–512.

Gundling, Nicolaus H.: Ausführliche und gründliche Discourse über die sämtlichen Pandecten. Liber XX – L, Frankfurt, Leipzig 1739.

Habakkuk, John: Marriage, Debt and the Estates System: English Landownership: 1650–1950, Oxford 1994.

Haferkamp, Hans-Peter: Bürgerliches Gesetzbuch, in: Basedow, Jürgen/Hopt, Klaus/Zimmermann, Reinhard (Hrsg.), Handwörterbuch des Europäischen Privatrechts, Bd. I, Tübingen 2009.

Hamburger Kommentar zum Insolvenzrecht, hrsg. von Schmidt, Andreas, 9. Aufl., Köln, Hürth 2022; zitiert als: HK-*Bearbeiter*.

Handbuch der Beweislast, hrsg. von Baumgärtel, Gottfried/Laumen, Hans-Willi/Prütting, Hanns, 4. Aufl., Köln 2019; zitiert als: HdB Beweislast-*Bearbeiter*.

Handbuch des römischen Privatrechts → *Babusiaux, Ulrike*, Nachlassbesitz (§ 57).

Handkommentar zum Schweizer Privatrecht: Erbrecht, hrsg. von Breitschmid, Peter/Jungo, Alexandra, Handkommentar zum Schweizer Privatrecht, 3. Aufl., Zürich/Basel/Genf 2016; zitiert als: CHK-*Bearbeiter*.

Hattenhauer, Hans: Einleitung, in: ders. (Hrsg.), Allgemeines Landrecht für die Preußischen Staaten: Textausgabe, Frankfurt am Main, Berlin 1970.

Hausheer, Heinz: Schuldrechtliche Rechtsgeschäfte und familienrechtliche Leistungen unter Ehegatten, insbesondere unbenannte Zuwendungen und ehebezogene Arbeitsleistungen in rechtsvergleichender Sicht, in: Festschrift für Dieter Henrich, hrsg. von Gottwald, Peter/Jayme, Erik, Bielefeld 2000, S. 219–239.

Haymann, Franz: Zur Grenzziehung zwischen Schenkung und entgeltlichem Geschäft: ein Beitrag zur Causalehre, JherJb 56 (1910), 86–146.

Hellfeld, Johann A.: Iurisprudentia Forensis Secundum Pandectarum Ordinem In Usum Auditorii Proposita, 2. Aufl., Jena 1766.

Henrich, Dieter: Familienerbrecht und Testierfreiheit im europäischen Vergleich, in: Henrich, Dieter/Schwab, Dieter (Hrsg.), Familienerbrecht und Testierfreiheit im europäischen Vergleich, Bielefeld 2001, S. 371–386.

Heusler, Andreas: Institutionen des Deutschen Privatrechts, Leipzig 1886.

Historisch-kritischer Kommentar zum BGB: Familienrecht – §§ 1297–1921, hrsg. von Schmoeckel, Mathias/Rückert, Joachim/Zimmermann, Reinhard, IV, Tübingen 2018; zitiert als: HKK-*Bearbeiter*.

Historisch-kritischer Kommentar zum BGB: Schuldrecht – Besonderer Teil, §§ 433–853, 1. Teilband: vor § 433–§ 656, hrsg. von Schmoeckel, Mathias/Rückert, Joachim/Zimmermann, Reinhard, IV, Tübingen 2013; zitiert als: HKK-*Bearbeiter*.

Hoffmann, Stephan: Das Bürgerliche Gesetzbuch für das Königreich Sachsen mit Erläuterungen aus der Rechtsprechung und unter Berücksichtigung der neueren Gesetzgebung, Leipzig 1889.

Höfling, Lisa-Marie, Die Schenkung und die unentgeltliche Verfügung im Erbrecht, Baden-Baden 2019.

Holcombe, Lee: Wives and Property: Reform of the Married Women's Property Law in Nineteenth-Century England, Toronto 1983.

Holdsworth, William S.: A History of English Law, 5. Aufl., London 1991.

Holdsworth, William S./Vickers, Charles W.: The Law of Succession: Testamentary and Intestate, Oxford, London 1899.

Hölscher, Nikolas: Anmerkung zu: OLG Düsseldorf, Urteil vom 27.1.2017 – I-7 U 40/16, ZEV 2017, 330–331.

Holzer, Ulrich: Die Überleitung höchstpersönlicher Ansprüche auf den Sozialleistungsträger, NJW 2017, 1271–1273.

Holzhauer, Heinz: Schenkungen aus dem Vermögen Betreuter, FamRZ 2000, 1063–1068.

Hönle, Ulrich: Grundstücksrecht: Grundstücksüberlassung (§ 6), in: Dombek, Bernhard/Kroiß, Ludwig (Hrsg.), Formular-Bibliothek Vertragsgestaltung: Muster | Erläuterungen | Praxishinweise, 3. Aufl., Baden-Baden 2018.

Honsell, Heinrich/Mayer-Maly, Theo/Selb, Walter: Römisches Recht, 4. Aufl., Berlin, Heidelberg 1987.

Höpfner, Ludwig J. F.: Theoretisch-praktischer Commentar über die Heineccischen Institutionen, 6. Aufl., Frankfurt a. Main 1798.

Horn, Claus-Hendrik: Vorempfänge im Pflichtteilsrecht in der anwaltlichen Praxis, ErbR 2017, 255–259.

Horseman, Gilbert: Precedents in Conveyancing, 2. Aufl., London.

Huber, Eugen: Schweizerisches Civilgesetzbuch: Erläuterungen zum Vorentwurf des Eidgenössischen Justiz- und Polizeidepartements, 2. Aufl., Bern 1914.

–: Schweizerisches Civilgesetzbuch: Erläuterungen zum Vorentwurf des Eidgenössischen Justiz- und Polizeidepartements, Bern 1902.

–: Erläuterungen zu dem Teilentwurf des schweizerischen Civilgesetzbuches über das Erbrecht, in: Schweizerisches Civilgesetzbuch, Zweiter Teilentwurf, Das Erbrecht, Mit Erläuterungen für die Mitglieder der Expertenkommission als Manuskript gedruckt 1895.

–: System und Geschichte des schweizerischen Privatrechts, Basel 1893.

–: Die schweizerischen Erbrechte in ihrer Entwicklung seit der Ablösung des alten Bundes vom deutschen Reich, Zürich 1872.

Jacubezky, Karl: Bemerkungen zu dem Entwurfe eines Bürgerlichen Gesetzbuches für das Deutsche Reich, München 1892.

Jaeger, Insolvenzordnung: Großkommentar, hrsg. von Jaeger, Ernst/Henckel, Wolfram, Bd. IV, 1. Aufl., Berlin 2008; zitiert als: Jaeger-*Bearbeiter*.

Jakob, Dominique: Die Ausstattung (§ 1624 BGB) – ein familienrechtliches Instrument moderner Vermögensgestaltung?, AcP 207 (2007), 198.

Jansen, Nils/Zimmermann, Reinhard: General Introduction, in: dies. (Hrsg.), Commentaries on European contract laws, Oxford 2018.

Jeep, Jens: Schenkung oder nicht Schenkung, das ist oft die Frage: die rechtliche Einordnung familienbezogener Zuwendungen, NZFam 2014, 293–298.

Johnston, David: Succession, in: ders. (Hrsg.), The Cambridge Companion to Roman Law, New York 2015, S. 199–212.

Jones, Neil: Strict Settlements, in: Katz, Stanley N. (Hrsg.), The Oxford International Encyclopedia of Legal History, Oxford 2009.

Jud, Brigitta: Zur Entwicklung der Schenkungsanrechnung, NZ 1998, 16–23.

juris PraxisKommentar BGB: Erbrecht, hrsg. von Herberger, Maximilian/Martinek, Michael/Rüßmann, Helmut/Weth, Stephan/Würdinger, Markus, 9. Aufl., Saarbrücken 2020; zitiert als: jurisPK-*Bearbeiter*.

Karpen, Stefan: Die Bedeutung der Vorschriften des Sozialhilferechts für die notarielle Vertragsgestaltung, MittRhNotK 1988, 131–151.

Kaser, Max: Die Stipulationsklausel „quanti ea res ertit“, ZRG 90 (1973), 184–219.

–*:* Römisches Privatrecht: Erster Abschnitt – Das Altrömische, das vorklassische und klassische Recht, 2. Aufl., München 1971.

Kaser, Max/Knütel, Rolf/Lohsse, Sebastian: Römisches Privatrecht: ein Studienbuch, 21. Aufl., München 2017.

Keim, Christopher: Anmerkung zu: BGH, Urteil vom 27.1.2010 – IV ZR 91/09, ZEV 2010, 192–193.

Keller, Hilmar: Die Voraussetzungen und Rechtsfolgen der Ausstattung aus der Sicht der Vertragsgestaltung, MittBayNot 2023, 110–119.

Kerridge, Roger: Intestate Succession in England and Wales, in: Reid, Kenneth/De Waal, Marius/Zimmermann, Reinhard (Hrsg.), Intestate Succession, Oxford 2015, S. 323–348.

–*:* Testamentary Formalities in England and Wales, in: Reid, Kenneth/De Waal, Marius/Zimmermann, Reinhard (Hrsg.), Testamentary Formalities, Oxford 2011, S. 305–328.

–*:* Reform of the Law of Succession: The Need for Change, not Piecemeal Tinkering Conv. 2007, 47–69.

–*:* Distribution on Intestacy: the Law Commission's Report (1989), Conv. 1990, 358–369.

Kerridge, Roger/Parry, David H.: The Law of Succession, 13. Aufl., London 2016.

Kerscher, Karl-Ludwig/Tanck, Manuel: Zuwendungen an Kinder zur Existenzgründung: die „Ausstattung" als ausgleichspflichtiger Vorempfang, ZEV 1997, 354–358.

Kipp, Theodor: Lehrbuch des Bürgerlichen Rechts: das Erbrecht, 6. Aufl., Marburg 1926.

Kleine, [Vorname n. b.]: Muß der erbende Descendent eine ihm von seinem Erblasser und Ascendenten erlassene Forderung nach dem Allgemeinen Landrecht konferieren?, Zeitschrift für Gesetzgebung und Rechtspflege in Preußen 2 (1868), 144–152.

Kletečka, Andreas: Anrechnung auf den Pflichtteil nach dem ErbRÄG 2015, in: Rabl, Christian/Zöchling-Jud, Brigitta (Hrsg.), Das neue Erbrecht: Erbrechts-Änderungsgesetz 2015, Wien 2015, S. 89–110.

Klippel, Diethelm: Familie versus Eigentum: Die naturrechtlich-rechtsphilosophischen Begründungen von Testierfreiheit und Familienerbrecht im 18. und 19. Jahrhundert, ZRG GA 101 (1984), 117–168.

Knodel, Hermann: Die Ausstattung, eine zeitgemäße Gestaltungsmöglichkeit?, ZErb 2006, 225–226.

Koch, Christian F.: Das Preußische Erbrecht aus dem gemeinen deutschen Rechte entwickelt, Berlin 1866.

Kodek, Georg/Schwimann, Michael (Hrsg.): ABGB Praxiskommentar, 5. Aufl., Wien 2019.

Kohler, Josef: Lehrbuch des Bürgerlichen Rechts: Familienrecht, Berlin 1915.

Kollhosser, Helmut: Ehebezogene Zuwendungen und Schenkungen unter Ehegatten, NJW 1994, 2313–2319.

Kommentar zum Schweizerischen Zivilgesetzbuch: Die Ausgleichung, Art. 626–632 ZGB, hrsg. von Hausheer, Heinz, Berner Kommentar, Bern 2004; zitiert als: BK-*Bearbeiter*.

Kommentar zum Schweizerischen Gesetzbuch: Erbrecht: Art. 457–640, hrsg. von Gmür, Max, Bern 1929; zitiert als: BK (1. Aufl)-*Bearbeiter*.

Kössinger, Winfried/Najdecki, Damian W.: Das Pflichtteilsrecht als Schranke der erbrechtlichen Gestaltungsfreiheit (§ 2), in: Nieder, Heinrich/Kössinger, Reinhard (Hrsg.), Handbuch der Testamentsgestaltung, 6. Aufl., München 2020.

Krausler, Nikolaus: Die Schenkungsanrechnung: Analyse des österreichischen, deutschen und französischen Pflichtteilsrechts, Wien 2019.

Kreienberg, Eva: Relevanz des mietfreien Wohnens im Pflichtteilsergänzungs- und Ausgleichungsrecht, ZErb 2020, 6–12.

Kreittmayr, Wiguläus X. A. Freiherr von: Anmerkungen über den Codicem Maximilianeum Bavaricum Civilem: Worin derselbe sowohl mit dem gemein als ehemalig Chur-Bayrischen Land-Recht genau collationiert, sohin der Unterschied zwischen dem alt- und neueren Recht, samt denen Urquellen, woraus das letztere geschöpft worden ist, überall angezeigt, und vieles dadurch in ein helleres Licht gesetzt wird, München 1764.

Kreß, Hugo: Die Erbengemeinschaft nach dem Bürgerlichen Gesetzbuche für das Deutsche Reich, Abhandlungen 10 (1903), 1–296.

Kroppenberg, Inge: Anmerkung zu: BGH Urt. v. 27.1.2010 – IV ZR 91/09, JZ 2010, 741–744.

–: Ist unser Erbrecht noch zeitgemäß? Überlegungen zum zivilrechtlichen Gutachten des 68. Deutschen Juristentags in Berlin, NJW 2010, 2609–2613.

–: Erbfolge, in: Basedow, Jürgen/Hopt, Klaus/Zimmermann, Reinhard (Hrsg.), Handwörterbuch des Europäischen Privatrechts. Abschlussprüfer – Kartellverfahrensrecht, Tübingen 2009.

Lange, Heinrich: Die Ordnung der gesetzlichen Erbfolge: Zweite Denkschrift des Erbrechtsausschusses der Akademie für Deutsches Recht, Tübingen 1938.

Lange, Heinrich/Kuchinke, Kurt: Erbrecht: ein Lehrbuch, 5. Aufl., München 2001.

Lange, Knut W.: Erbrecht, 3. Aufl., München 2022.

–: Das Gesetz zur Reform des Erb- und Verjährungsrechts, DNotZ 2009, 732–743.

–: Reform des Pflichtteilsrechts: Änderungsvorschläge zu Anrechnung und Stundung DNotZ 2007, 84–96.

Langenfeld, Gerrit: Das Gesetz zur Änderung des Erb- und Verjährungsrechts: Inhalt und Praxisfolgen, NJW 2009, 3121–3125.

–: Einführung in die Vertragsgestaltung: Grundstückszuwendungen, JuS 1998, 321–325.

Langenfeld, Gerrit/Günther, Karl-Heinz: Grundstückszuwendungen zur lebzeitigen Vermögensnachfolge: die zivil- und steuerrechtliche Gestaltung von vorweggenommener Erbfolge, 6. Aufl., Köln 2010.

Lauterbach, Wolfgang A.: A libro vigesimo pandectarum usque ad digestum novum, 3. Aufl., Tübingen 1723.

Learmonth, Alexander/Ford, Charlotte/Clark, Julia/John, Ross M.: Williams, Mortimer and Sunnucks on Executors, Administrators and Probate, 21. Aufl., London 2018.

Leipold, Dieter: Ist unser Erbrecht noch zeitgemäß? Gedankensplitter zu einem großen Thema, JZ 2010, 802–811.

–: Wandlungen in den Grundlagen des Erbrechts?, AcP 180 (1980), 160–237.

Lenel, Otto: Das Edictum Perpetuum: ein Versuch zu seiner Wiederherstellung, 3. Aufl., Leipzig 1927.

Lenz-Brendel, Nina: Anmerkung zu: OLG Düsseldorf, Urteil vom 6. April 2018, Az.: 7 U 34/17, ErbR 2018, 703.

Lieb, Manfred: Die Ehegattenmitarbeit im Spannungsfeld zwischen Rechtsgeschäft, Bereicherungsausgleich und gesetzlichem Güterstand: zugleich ein Beitrag zur Rechtsfortbildung im Familienrecht, Tübingen 1970.

Liebrecht, Johannes: Abschied von der unbenannten Zuwendung, AcP 217 (2017), 886–925.

Litzenburger, Wolfgang: Anmerkung zu: OLG Brandenburg, Beschluss vom 31.8.2022 – 3 W 55/22, ZEV 2023, 32–33.

Loengard, Janet: Women: English Common Law, in: Katz, Stanley N. (Hrsg.), The Oxford International Encyclopedia of Legal History, Oxford 2009.

Löhnig, Martin: Anmerkung zu: BGH Urt. v. 27.1.2010 – IV ZR 91/09, FamRZ 2010, 643–644.

Lotte, Ricarda: Anmerkung zu: OLG Brandenburg, Beschluss vom 31.8.2022 – 3 W 55/22, DNotZ 2023, 305–309.

Lovelass, Peter/Barron, Arthur: The Law's Disposal of a Person's Estate Who Dies Without Will or Testament, 12. Aufl., London 1838.

Maine, Henry S.: Ancient Law: Its Connection With the Early History of Society and its Relation to Modern Ideas, 10. Aufl., London 1930.

Malaurie, Philippe/Brenner, Claude: Droit des successions et des libéralités, 10. Aufl., Paris 2022.

Masson, Judith M./Bailey-Harris, Rebecca/Probert, Rebecca: Principles of Family Law, 8. Aufl., London 2008.

Mayer, Jörg: Anrechnung und Ausgleichung im Erb- und Pflichtteilsrecht: eine Einführung anhand von Beispielsfällen, ZErb 2007, 130–138.

Megarry, Robert E.: o.T. [Anmerkung zu Re Hayward [1956] 1 W.L.R. 1490], L.Q.R. 73 (1957), 21–23.

Megarry, Robert/Baker, Paul V.: Snell's Principles of Equity, 27. Aufl., London 1973.

Meincke, Jens P.: Zum Verfahren der Miterbenausgleichung, AcP 178 (1978), 45–68.

Mellows, Anthony R.: The Law of Succession, 2. Aufl., London 1973.

Mertens, Hans-Georg: Die Entstehung der Vorschriften des BGB über die gesetzliche Erbfolge und das Pflichtteilsrecht, Berlin 1970.

Meuten, Ludger: Die Erbfolgeordnung des Sachsenspiegels und des Magdeburger Rechts: ein Beitrag zur Geschichte des sächsisch-magdeburgischen Rechts, Frankfurt am Main 2000.

Michaels, Ralf: The Functional Method of Comparative Law, in: Reimann, Mathias/Zimmermann, Reinhard (Hrsg.), The Oxford Handbook of Comparative Law, 2. Aufl., Oxford 2019, S. 345–389.

Mill, John S.: Three Essays: On Liberty, Representative Government, The Subjection of Women, Oxford 1960.

Miller, Gareth: The Machinery of Succession, 2. Aufl., Aldershot 1996.

Mohr, Günter: Ausgleichung und Anrechnung bei Schenkungen, ZEV 1999, 257–262.

Mommsen, Friedrich: Entwurf eines Deutschen Reichsgesetzes über das Erbrecht nebst Motiven, Braunschweig 1876.

Montesquieu: De l'Esprit des Lois: Nouvelle edition avec des notes de Voltaire, de Crevier, de Mably, de la Harpe, etc., Paris o.J.

Morhard, Thilo: „Unbenannte Zuwendungen" zwischen Ehegatten: Rechtsfolgen und Grenzen der Vertragsgestaltung, NJW 1987, 1734–1740.

Mugdan, Benno: Die gesammelten Materialien zum Bürgerlichen Gesetzbuch für das Deutsche Reich: Erbrecht, Berlin 1899.

Müller, Michael A.: Familien- und erbrechtliche Erklärungen im Grundstücksübertragungsvertrag, ZEV 2015, 322–327.

Münchener Handbuch des Gesellschaftsrechts, hrsg. von Bochmann, Christian/Scheller, Johannes/Prütting, Jens, Beck-Online Bücher, 6. Aufl., München 2021; zitiert als: HdB-GesellschaftsR-*Bearbeiter*.

Münchener Kommentar zum Bürgerlichen Gesetzbuch: Erbrecht, §§ 1922–2385, §§ 27–35 BeurkG, hrsg. von Säcker, Franz-Jürgen/Rixecker, Roland/Oetker, Hartmut/Limperg, Bettina, 9. Aufl., München 2022; zitiert als: MüKoBGB-*Bearbeiter*.

Münchener Kommentar zum Bürgerlichen Gesetzbuch: Familienrecht I, §§ 1297–1588, Versorgungsausgleichsgesetz, Gewaltschutzgesetz, Lebenspartnerschaftsgesetz, hrsg. von Säcker, Franz-Jürgen/Rixecker, Roland/Oetker, Hartmut/Limperg, Bettina, 8. Aufl., München 2019; zitiert als: MüKoBGB-*Bearbeiter*.

Münchener Kommentar zum Bürgerlichen Gesetzbuch: Familienrecht II, §§ 1589–1921, SGB VIII, hrsg. von Säcker, Franz-Jürgen/Rixecker, Roland/Oetker, Hartmut/Limperg, Bettina, 8. Aufl., München 2020; zitiert als: MüKoBGB-*Bearbeiter*.

Münchener Kommentar zum Bürgerlichen Gesetzbuch: Schuldrecht – Besonderer Teil I, §§ 433–534, Finanzierungsleasing, CISG, hrsg. von Säcker, Franz-Jürgen/Rixecker, Roland/Oetker, Hartmut/Limperg, Bettina, 8. Aufl., München 2019; zitiert als: MüKoBGB-*Bearbeiter*.

Münchener Kommentar zum Bürgerlichen Gesetzbuch: Schuldrecht – Besonderer Teil IV, §§ 705–853, Partnerschaftsgesellschaftsgesetz, Produkthaftungsgesetz, hrsg. von Säcker, Franz-Jürgen/Rixecker, Roland/Oetker, Hartmut/Limperg, Bettina, 8. Aufl., München 2019; zitiert als: MüKoBGB-*Bearbeiter*.

Münchener Kommentar zur Insolvenzordnung, hrsg. von Stürner, Rolf/Eidenmüller, Horst/Schoppmeyer, Heinrich Bd. II, 4. Aufl., München 2019; zitiert als: MüKo-InsO-*Bearbeiter*.

Muscheler, Karlheinz: Familienrecht, 4. Aufl., München 2017.

–: Erbrecht, Tübingen 2010.

–: Die geplanten Änderungen im Erbrecht, Verjährungsrecht und Nachlassverfahrensrecht, ZEV 2008, 105–112.

Nippel, Franz X.: Erläuterung des allgemeinen bürgerlichen Gesetzbuches für die gesammten Länder österreichischen Monarchie, mit besonderer Berücksichtigung der praktischen Bedürfnisse, Grätz 1830.

Odersky, Felix: Reformüberlegungen im Erbrecht, MittBayNot 2008, 2–7.

Ogris, Werner: Das Erlöschen der väterlichen Gewalt nach deutschen Rechten des Mittelalters und der Neuzeit, Recueils de la Société Jean Bodin XXXVI (1976), 417–452.

–: Einwerfung, in: Erler, Adalbert/Stammler, Wolfgang/Cordes, Albrecht (Hrsg.), Handwörterbuch zur deutschen Rechtsgeschichte (HRG), Bd. I, Berlin 1971, Sp. 912–914.

Olechowski, Thomas: Abschichtung, in: Cordes, Albrecht/Lück, Heiner/Werkmüller, Dieter (Hrsg.), Handwörterbuch zur deutschen Rechtsgeschichte (HRG), Bd. I, 2. Aufl., Berlin 2008, Sp. 23–28.

O'Sullivan, Kathryn: Distribution of Intestate Estates in Non-Traditional Families: A Way Forward, C.L.W.R. 46 (2017), 21–41.

Otte, Gerhard: Bessere Honorierung von Pflegeleistungen: Plädoyer für eine Vermächtnislösung, ZEV 2008, 260–262.

–: Das Pflichtteilsrecht: Verfassungsrechtsprechung und Rechtspolitik, AcP 202 (2002), 317–362.

Otto, Carl E./Schilling, Bruno/Sintenis, Carl F. F.: Das Corpus Juris Civilis, Leipzig 1832.

Pahud de Mortanges, René: Schweizerische Rechtsgeschichte: ein Grundriss, 2. Aufl., Zürich/St. Gallen 2017.

Papakonstantinou, Kalliope K.: Die Collatio Dotis: Mitgift und Miterben-Auseinandersetzung im römischen Recht, Köln 1998.

Pérès, Cécile: Compulsory Portion in France, in: Reid, Kenneth G. C./De Waal, Marius/Zimmermann, Reinhard (Hrsg.), Mandatory Family Protection, Oxford 2020, S. 78–107, zitiert als: *Pérès*, in: Reid/De Waal/Zimmermann (2020).

–: Intestate Succession in France, in: Reid, Kenneth/De Waal, Marius/Zimmermann, Reinhard (Hrsg.), Intestate Succession, Oxford 2015, S. 33–51, zitiert als: *Pérès*, in: Reid/De Waal/Zimmermann (2015).

Perkin, Joan: Women and Marriage in Nineteenth-Century England, London 1989.

Pfeil, Sigrun: Grenzen der elterlichen Finanzierungspflicht für ein Studium des Kindes, NZFam 2016, 222–225.

Pilz-Hönig: Anmerkung zu: Schleswig-Holsteinisches Oberlandesgericht, Urteil vom 13. November 2007 – 3 U 54/07, ZErb 2008, 30.

Piotet, Paul: L'objet et les créanciers du rapport légal, ZSR 119 I (2000), 491–505.

–: L'objet et les bénéficiaires du rapport légal selon les art. 626 al. 2 et 527 ch. 1, ZSR 118 I (1999), 51–86.

–: La libéralité accomplissant un devoir moral est-elle réductible?, ZBGR 70 (1989), 201–218.

–: Schweizerisches Privatrecht, Basel 1978.

–: L'avancement d'hoirie en particulier selon les art. 626 et 527 ch. 1 CC, ZBJV 108 (1972), 265–317.

–: Note sur trois points relatifs aux rapports successoraux, JdT 107 (1959), 139–145.

Pistor, Katharina: The Code of Capital: How the Law Creates Wealth and Inequality, Princeton 2019.

Planck, Gottlieb K. G.: Entwurf eines Familienrechts für das deutsche Reich, Berlin 1880.

Planck's Kommentar zum Bürgerlichen Gesetzbuch nebst Einführungsgesetz, Bd. V, 4. Aufl., Berlin, Leipzig 1930, zitiert als: *Bearbeiter*, in: Planck's Kommentar.

Plucknett, Theodore F. T.: A Concise History of the Common Law, 5. Aufl., Boston 1956.

Poelzig, Dörte: Die Dogmatik der unbenannten unentgeltlichen Zuwendungen im Zivilrecht, JZ 2012, 425–434.

Pollock, Frederick/Maitland, Frederic W.: The History of English Law: Before the Time of Edward I, 2. Aufl., Cambridge 1899.

Portalis, Jean-Étienne-Marie: Discours préliminaire du premier projet de Code civil, 1801 [zitiert nach: Motifs et discours prononcés lors de la publication du code civil, Bd. I, Paris 1850].

Praxiskommentar Erbrecht: Nachlassplanung, Nachlassabwicklung, Willensvollstreckung, Prozessführung, hrsg. von Abt, Daniel/Weibel, Thomas, Basel 2019; zitiert als: PraxKomm Erbrecht-*Bearbeiter*.

Prockner, F. K.: Bemerkungen über die Anrechnung der zu dem im § 788 des allgemeinen bürgerlichen Gesetzbuches erwähnten Zwecken erhaltenen Gaben bey der testamentarischen oder gesetzlichen Erbfolge der Kinder in das Vermögen ihrer Aeltern, Zeitschrift für österreichische Rechtsgelehrsamkeit und politische Gesetzeskunde, Bd. II 1825, 257–332.

Puchta, Georg F.: Pandecten, 9. Aufl., Leipzig 1863.

–: Vorlesungen über das heutige römische Recht: aus dessen Nachlass herausgegeben von Dr. Adolf August Friedreich Rudorff, Leipzig 1855.

Pufendorf, Samuel: Acht Bücher vom Natur- und Völkerrecht: mit des weitberühmten JCti. Johann Nicolai Hertii, Johann Barbeyrac und anderen Hoch-Gelehrten Männer außerlesenen Anmerckungen erläutert und in die Teutsche Sprach übersetzt, Hildesheim/Zürich/New York 1711 (Nachdruck 2001).

Rabl, Christian: Erbrechtsreform 2015: Pflichtteilsrecht neu, NZ 2019, 321–343.

–: Die historische Entwicklung der Anrechnung von Vorempfängen und Vorschüssen auf den Pflichtteil seit den Vorentwürfen zum ABGB, NZ 1998, 7–15.

Raiser, Ludwig: Der Gleichheitsgrundsatz im Privatrecht, ZHR 111 (1948), 75–101.

Rauscher, Thomas: Familienrecht, 2. Aufl., Heidelberg 2008.

Rehm, Gebhard: Code civil, in: Basedow, Jürgen/Hopt, Klaus/Zimmermann, Reinhard (Hrsg.), Handwörterbuch des Europäischen Privatrechts, Bd. I, Tübingen 2009.

Reichsgerichtsrätekommentar (RGRK) → Das Bürgerliche Gesetzbuch mit besonderer Berücksichtigung der Rechtsprechung des Reichsgerichts und des Bundesgerichtshofs.

Reichs-Justizamt: Zusammenfassung der Äußerungen der Bundesregierungen zu dem Entwurf eines bürgerlichen Gesetzbuchs, Osnabrück 1891 (Nachdruck 1967).

Roguin, Ernest: Traité de droit civil compare: les successions – questions communes, considerations générales et finales, Lausanne 1912.

Rösli, Arnold: Herabsetzungsklage und Ausgleichung im schweizerischen Zivilgesetzbuch: Art. 522–533 und 626–633, Andelfingen 1936.

Ross, John/Evans-Gordon, Jane/Learmonth, Alexander/Ford, Charlotte/Fletcher, Thomas: Theobald on Wills, 18. Aufl., London 2016.

Rossel, Virgile: Manuel du droit civil de la Suisse romande: cantons de Genève, Fribourg, Neuchâtel, Tessin, Vaud, Valais et Berne (Jura bernois), Basel/Genf/Lyon 1886.

Rossel, Virgile/Mentha, Frédéric-Henri: Manuel de droit civil Suisse: des successions – des droits reels – 1re partie (de la propriété), 2. Aufl., Lausanne 1921.

Roth, Maximilian: Die Ausstattung (§ 1624 BGB): ein vergessenes Rechtsinstitut zwischen familienrechtlicher Vermögensübertragung und regressrechtlichem Spagat, ZEV 2021, 352–357.

–: Verjährung des Schenkungsrückforderungsanspruchs aus § 528 I 1 BGB nach Überleitung auf den Sozialhilfeträger, NZFam 2018, 961–965.

Röthel, Anne: Erbrecht: ein Studienbuch, 18. Aufl., München 2020.

–: Umgehung des Pflichtteilsrechts, AcP 2012 (2012), 157–201.

–: Ist unser Erbrecht noch zeitgemäß? Gutachten A zum 68. Deutschen Juristentag, München 2010.

–: Rückgewähr von Zuwendungen durch Verlobte, Ehegatten, Lebenspartner, JURA 2006, 641–651.

Ruby, Gerhard: „Sozialhilferegress": der Anspruch auf Herausgabe der Schenkung bei Verarmung des Schenkers als sozialrechtlicher Überleitungsgegenstand, ZEV 2005, 102–106.

Ruby, Gerhard/Schindler, Andreas: ZEV-Report Zivilrecht, ZEV 2011, 524–528.

Rüfner, Thomas: Intestate Succession in Roman Law, in: Reid, Kenneth/De Waal, Marius/Zimmermann, Reinhard (Hrsg.), Intestate Succession, Oxford 2015.

–: Testamentary Formalities in Roman Law, in: Reid, Kenneth/De Waal, Marius/Zimmermann, Reinhard (Hrsg.), Testamentary Formalities, Oxford 2011, S. 1–26.

Rüger, [Vorname n.b.]: Aus dem Erbrecht des Deutschen Bürgerlichen Gesetzbuchs, SächsArch 9 (1899), 401–502.

Rundel, Sylvia: Rückforderung wegen Verarmung des Schenkers bei mehreren Beschenkten, MittBayNot 2003, 177–186.

Sailer, Andreas: Die Ausstattung als Rechtsgrund von Überlassungsverträgen, NotBZ 2002, 81–86.

Saller, Richard P.: Patriarchy, Property and Death in the Roman Family, Cambridge 1994.

–: Roman Dowry and the Devolution of Property in the Principate, C.Q. 34 (1984), 195–205.

Savigny, Friedrich C. v.: Vom Beruf unserer Zeit für Gesetzgebung und Rechtswissenschaft, Heidelberg 1814.

Schäfer, Christian: Was bezweckt § 2316 Abs. 1 BGB?, ZEV 2018, 496–501.

–: Pflichtteilsreduzierung und Pflichtteilserhöhung durch kombinierte Anrechnung und Ausgleichung?, ZEV 2013, 63–66.

Schiffner, Ludwig: Pflichtteil, Erbenausgleichung und die sonstigen gesetzlichen Vermächtnisse nach dem Bürgerlichen Gesetzbuch für das Deutsche Reich, Abhandlungen 1 (1897), 285–476.

Schindler, Andreas: Aufhebung von Ausgleichsanordnungen und § 2316 BGB, ErbR 2020, 11–14.

–: Beeinträchtigende Schenkungen gem. § 2287 BGB aus forensischer Sicht, ErbR 2015, 526–544.

–: Zuwendungsarten bei der Ausgleichung unter Miterben nach § 2050 BGB, ZEV 2006, 389–394.

Schmidt, Bernhard G.: Vorlesungen über das in dem Königreiche Sachsen geltende Privatrecht: nach dessen Tode herausgegeben, Leipzig 1869.

Schmitt, Gottfried v.: Begründung des Entwurfs eines Rechts der Erbfolge für das Deutsche Reich und des Entwurfs eines Einführungsgesetzes, Berlin 1879.

Schnyder, Bernhard: Die privatrechtliche Rechtsprechung des Bundesgerichts im Jahre 1998 ZBJV, 135 (1999), 348–375.

–: Die privatrechtliche Rechtsprechung des Bundesgerichts in den Jahren 1990 und 1991: Erbrecht, ZBJV 129 (1993), 167–193.

Scholz, [Vorname n. b.].: Erörterungen einiger Streitfragen, die Lehre von der Kollation der Schenkung unter Deszendenten im Allgemeinen, und insbesondere mit Beziehung auf das Märkische Provinzialrecht betreffend [Teil I], Preuß. JW 1843, 717–730.

–: Erörterungen einiger Streitfragen, die Lehre von der Kollation der Schenkung unter Deszendenten im Allgemeinen, und insbesondere mit Beziehung auf das Märkische Provinzialrecht betreffend [Teil II] Preuß., JW 1843, 737–750.

–: Erörterungen einiger Streitfragen, die Lehre von der Kollation der Schenkung unter Deszendenten im Allgemeinen, und insbesondere mit Beziehung auf das Märkische Provinzialrecht betreffend [Teil III], Preuß. JW 1843, 763–768.

Scholz, Paul: Die Wirkung des § 2056 BGB im Pflichtteilsrecht, JherJb 84 (1934), 291–311.

Schöner, Hartmut/Stöber, Kurt: Grundbuchrecht, 16. Aufl., München 2020.
Schotten, Günther: Die ehebedingte Zuwendung – ein überflüssiges Rechtsinstitut?, NJW 1990, 2841–2851.
Schulz, Fritz: Classical Roman Law, Oxford 1951.
Schwab, Dieter: Das BGB und seine Kritiker, ZNR 2000, 325–357.
Schwarz, Jörg A.: Die Herabsetzung gemäss Art. 527 Ziff. 1 ZGB unter besonderer Berücksichtigung von Zuwendungen an den Ehegatten, Zürich 1985.
Schwendener, Ulrich: Die Ausgleichungspflicht der Nachkommen unter sich und in Konkurrenz mit dem überlebenden Ehegatten, St. Gallen 1959.
Scrutton, Thomas E.: The Influence of the Roman Law on the Law of England: being the York Prize Essay of the University of Cambridge for the Year 1884, Cambridge 1885.
Seeberger, Lionel H.: Die richterliche Erbteilung, 2. Aufl., Freiburg (CH) 1993.
Seif, Ulrike: Ehebezogene Zuwendungen als Schenkungen unter Ehegatten, FamRZ 2000, 1193–1201.
Seiler, Hans H.: Über die sog. unbenannten Zuwendungen unter Ehegatten – ein skeptischer Zwischenbericht, in: Festschrift für Dieter Henrich zum 70. Geburtstag. 1. Dezember 2000, hrsg. von Gottwald, Peter/Jayme, Erik, Bielefeld 2000, S. 551–565.
Sherrin, Christopher/Bonehehill, Roger: The Law and Practice of Intestate Succession, 2. Aufl., London 1994.
Siebenhaar, Eduard: Commentar zu dem bürgerlichen Gesetzbuche für das Königreich Sachsen. und zu der damit in Verbindung stehenden Publicationsverordnung vom 2. Januar 1863, 2. Aufl., Leipzig 1869.
Siebert, Holger: Die Struktur des Geschwisterausgleichs für erhaltene Zuwendungen im Erbfall, NJOZ 2009, 3099–3109.
Simpson, Alfred W. B.: A History of the Land Law, 2. Aufl., Oxford 1986.
Sintenis, Carl F. F.: Das practische gemeine Civilrecht: das Erbrecht und das Familienrecht, Leipzig 1869.
Sloan, Brian: Borkowski's Law of Succession, 4. Aufl., Oxford 2020.
Soergel, Hans T. (Begr.): Bürgerliches Gesetzbuch: Erbrecht I, §§ 1922–2146, hrsg. von Siebert, Wolfgang, 14. Aufl., Stuttgart 2020; zitiert als: Soergel-*Bearbeiter*.
–: Bürgerliches Gesetzbuch: Erbrecht II, §§ 2147–2385, hrsg. von Siebert, Wolfgang, 14. Aufl., Stuttgart 2020; zitiert als: Soergel-*Bearbeiter*.
–: Bürgerliches Gesetzbuch: Familienrecht I/1, §§ 1297–1588, hrsg. von Siebert, Wolfgang, 13. Aufl., Stuttgart 2012; zitiert als: Soergel-*Bearbeiter*.
–: Bürgerliches Gesetzbuch: Familienrecht III/2, §§ 1616–1717, hrsg. von Siebert, Wolfgang, 13. Aufl., Stuttgart 2016; zitiert als: Soergel-*Bearbeiter*.
–: Bürgerliches Gesetzbuch: Schuldrecht V, §§ 481–534, hrsg. von Siebert, Wolfgang, 13. Aufl., Stuttgart 2014; zitiert als: Soergel-*Bearbeiter*.
Söllner, Alfred: Zur Vorgeschichte und Funktion der actio rei uxoriae, Köln/Wien 1969.
Sostmann, Ulrich: Grundstücksübertragungen an Abkömmlinge und ihre Auswirkungen auf das Pflichtteilsrecht, MittRhNotK 1976, 479–518.
Spring, Eileen: Law, Land & Family: Aristocratic Inheritance in England, 1300 to 1800, Chapel Hill, NC 1996.
–: The Settlement of Land in Nineteenth-Century England, Am. J. Legal Hist. 8 (1964), 209–223.
Stagl, Jakob F.: Favor Dotis: die Privilegierung der Mitgift im System des römischen Rechts, Wien 2009.

Staudinger, Julius v. (Begr.): Kommentar zum Bürgerlichen Gesetzbuch mit Einführungsgesetz und Nebengesetzen – Einführungsgesetz zum Bürgerlichen Gesetzbuche/IPR, Art. 19–24 EGBGB, Internationales Kindschaftsrecht, Buch 2: §§ 516–534 (Schenkungsrecht), Neubearbeitung 2021, Berlin 2021, zitiert als: Staudinger-*Bearbeiter.*

–: Kommentar zum Bürgerlichen Gesetzbuch mit Einführungsgesetz und Nebengesetzen – Einführungsgesetz zum Bürgerlichen Gesetzbuche/IPR, Art. 19–24 EGBGB, Internationales Kindschaftsrecht, Buch 2: §§ 812–822 (Ungerechtfertigte Bereicherung), Neubearbeitung 2007, Berlin 2007, zitiert als: Staudinger-*Bearbeiter.*

–: Kommentar zum Bürgerlichen Gesetzbuch mit Einführungsgesetz und Nebengesetzen – Einführungsgesetz zum Bürgerlichen Gesetzbuche/IPR, Art. 19–24 EGBGB, Internationales Kindschaftsrecht, Buch 5: Einleitung zum Erbrecht, §§ 1922–1966 (Erbfolge), Neubearbeitung 2018, Berlin 2018, zitiert als: Staudinger-*Bearbeiter.*

–: Kommentar zum Bürgerlichen Gesetzbuch mit Einführungsgesetz und Nebengesetzen – Einführungsgesetz zum Bürgerlichen Gesetzbuche/IPR, Art. 19–24 EGBGB, Internationales Kindschaftsrecht, Buch 5: §§ 1967–2063, Neubearbeitung 2020, Berlin 2020, zitiert als: Staudinger-*Bearbeiter.*

–: Kommentar zum Bürgerlichen Gesetzbuch mit Einführungsgesetz und Nebengesetzen – Einführungsgesetz zum Bürgerlichen Gesetzbuche/IPR, Art. 19–24 EGBGB, Internationales Kindschaftsrecht, Buch 5: §§ 2265–2302 (Gemeinschaftliches Testament, Erbvertrag), Neubearbeitung 2019, Berlin 2018, zitiert als: Staudinger-*Bearbeiter.*

–: Kommentar zum Bürgerlichen Gesetzbuch mit Einführungsgesetz und Nebengesetzen – Einführungsgesetz zum Bürgerlichen Gesetzbuche/IPR, Art. 19–24 EGBGB, Internationales Kindschaftsrecht, Buch 5: §§ 2303–2345 (Pflichtteil, Erbunwürdigkeit), Neubearbeitung 2021, Berlin 2021, zitiert als: Staudinger-*Bearbeiter.*

Staves, Susan: Married Women's Separate Property in England, Cambridge, MA 1990.

Steinauer, Paul-Henri: Le droit des successions, 2. Aufl., Bern 2015.

–: Le conjoint survivant comme créancier du rapport, in: L'arbre de la méthode et ses fruits civils: recueil de travaux en l'honneur du Professeur Suzette Sandoz, hrsg. von Piotet, Denis/Tappy, Denis, Genf 2006, S. 423–433.

Stobbe, Otto: Handbuch des Deutschen Privatrechts 1885.

–: Beiträge zur Geschichte des deutschen Rechts, Braunschweig 1865.

Stoudmann, Eric: L'avancement d'hoirie et sa réduction, Lausanne 1962.

Straub, Sascha: Die Rechtsfolgen ehebezogener Zuwendungen im Erbrecht: eine Untersuchung der Grenzen anerkennenswerter Vermögensteilhabe des Ehegatten im Lichte familien- und erbrechtlicher Wertungen, Köln 2009.

Strohal, Emil: Das deutsche Erbrecht: auf Grundlage des Bürgerlichen Gesetzbuchs, 3. Aufl., Berlin 1903.

Strützki, Eduard: Welche Grundsätze sind im zukünftigen deutschen Gesetzbuch über das Verhältnisder Miterben und ihre Auseinandersetzung aufzustellen?, in: Ständige Deputation des Deutschen Juristentages (Hrsg.), Verhandlungen des zwanzigsten Deutschen Juristentages, Berlin 1889, S. 134–198.

Struve, Georg A.: Syntagma jurisprudentiae secundum ordinem pandectarum concinnatum. Syntagmatis juris civilis pars altera cum additionibus Petri Mülleri, 3. Aufl., Frankfurt 1738.

Stryk, Samuel: Tractatus de successione ab intestato, 4. Aufl., Frankfurt 1706.

Stuart Bridge/Elizabeth Cooke/Martin Dixon: Megarry & Wade: The Law of Real Property, 8. Aufl., London 2019.

Stubenrauch, Moritz v.: Commentar zum österreichischen allgemeinen bürgerlichen Gesetzbuche, 6. Aufl., Wien 1892.

Sunnucks, James H./Ross Martyn, John G./Garnett, Kevin M.: Williams, Mortimer and Sunnucks on Executors, Administrators and Probate, London 1993.

Sutter-Somm, Thomas/Ammann, Dario: Die Revision des Erbrechts: Methodik einer adäquaten Gesetzgebung und umstrittene Aspekte de lege lata, Zürich 2016.

Svarez, Carl G.: Amtliche Vorträge bei der Schluß-Revision des Allgemeinen Landrechts, Berlin 1833.

Swadling, William: Legislating in Vain, in: Judge and Jurist: Essays in Memory of Lord Rodger of Earlsferry, hrsg. von Burrows, Andrew S., Oxford 2013, S. 655–667.

–: Property: General Principles, in: Burrows, Andrew (Hrsg.), English Private Law, 3. Aufl., Oxford 2013.

Szlechter, Emile: La «Collatio Dotis», RH 31 (1954), 167–197.

Tanck, Manuel: Die Auslegung des Begriffs „Im Wege der vorweggenommenen Erbfolge“: Anrechnungsbestimmung im Sinne von § 2050 Abs. 3 BGB?, in: Festschrift für Professor Dr. Jürgen Damrau, hrsg. von Reimann, Wolfgang/Tanck, Manuel/Uricher, Elmar, Angelbachtal 2007.

–: Die Ausgleichung und Anrechnung im Erb- und Pflichtteilsrecht und die Einflussmöglichkeiten des Erblassers, Angelbachtal 2005.

–: Keine Pflichtteilsreduzierung bei Kombination von Anrechnung (§ 2315 BGB) und Ausgleichung (§ 2316 BGB)?, ZErb 2003, 41–43.

Terré, François/Lequette, Yves/Gaudemet, Sophie: Les successions, les libéralités, 5. Aufl., Paris 2024.

The Law Commission: Family Law: Distribution on Intestacy (Law Com. No. 187).

Thieme, Hans: Die preußische Kodifikation: Privatrechtsgeschichtliche Studien II, ZRG GA 57 (1937), 355–428.

Thorens, Justin: L'interpretation des articles 626 al. 2 et 527, chiffres 1er et 3, CC, in: Erhaltung und Entfaltung des Rechts in der Rechtsprechung des Schweizerischen Bundesgerichts, hrsg. von Hofstetter, Josef/Billeter, André/Kägi, Werner/Knapp, Blaise/Müller, Jörg/Saladin, Peter/Schnyder, Bernhard, Basel 1975, S. 355–364.

–: Quelques considérations concernant les rapports en droit successoral Journée Juridique XIIIeme (1974).

Thorne, Samuel E.: English Feudalism and Estates in Land, Cambridge L.J. 17 (1959), 193–209.

Thubauville, Wilhelm: Die Anrechnung lebzeitiger Leistungen auf Erb- und Pflichtteilsrechte, MittRhNotK 1992, 289–308.

Toller, Samuel: The Law of Executors and Administrators, London 1838.

Torp, Silke A.: Das Rechtsverhältnis zwischen den Eltern und ihren Kindern: Dienstleistungspflicht, Aussteuer und Ausstattung – eine Analyse der Rechtsprechung des Reichsgerichts und des Reichsarbeitsgerichts zu den Vorschriften der §§ 1616 bis 1625 des Bürgerlichen Gesetzbuches in der Zeit von 1900 bis 1945, Frankfurt am Main 2000.

Tuor, Peter: Herabsetzung und Ausgleichung. Teil 2, ZBJV 61 (1925), 51–65.

Tuor, Peter/Schnyder, Bernhard: Das Schweizerische Zivilgesetzbuch, 10. Aufl., Zürich 1986.

Tuor, Peter/Schnyder, Bernhard/Schmid, Jörg/Jungo, Alexandra: Das Schweizerische Zivilgesetzbuch, 14. Aufl., Zürich 2015.

Uhlenbruck, Insolvenzordnung: Kommentar, hrsg. von Hirte, Heribert/Vallender, Heinz, Bd. I, 15. Aufl., München 2019; zitiert als: Uhlenbruck-*Bearbeiter*.
Umlauft, Manfred: Die Hinzu- und Anrechnung von Schenkungen im Erb- und Pflichtteilsrecht, 2. Aufl., Wien 2018.
Unger, Joseph: Das österreichische Erbrecht, Leipzig 1879.

Voet, Johannes: Commentarius ad pandectas: editio nova multis mendis expurgata, Paris 1829.
Vollery, Luc: Les relations entre rapports et réunions en droit successoral: l'article 527 chiffre 1 du Code civil et le principe de la comptabilisation des rapports dans la masse de calcul des réserves, Freiburg (CH) 1994.

Wacke, Andreas: Zur Funktion und Gefahrtragung bei der römischen Mitgift, TR 43 (1975), 241–256.
Ward, Ian: English Legal Histories, London 2019.
Warneyer, Otto/Buchwald, Martin: Kommentar zum Bürgerlichen Gesetzbuch für das Deutsche Reich, 2. Aufl., Tübingen 1930.
Wasserschleben, Hermann: Das Prinzip der Successionsordnung nach deutschem insbesondere sächsischem Rechte: ein Beitrag zur deutschen Rechtsgeschichte, Gotha 1860.
–: Sammlung deutscher Rechtsquellen, Gießen 1860.
Watkin, Thomas G.: Succession: English Common Law, in: Katz, Stanley N. (Hrsg.), The Oxford International Encyclopedia of Legal History, Oxford 2009.
Watson, Alan: The Law of Succession in the Later Roman Republic, Oxford 1971.
Weimar, Peter: Zehn Thesen zur erbrechtlichen Ausgleichung, in: Familie und Recht. Festgabe der Rechtswissenschaftlichen Fakultät der Universität Freiburg für Bernhard Schnyder, hrsg. von Gauch, Peter, Freiburg (CH) 1995, S. 833–857.
Weimar, Wilhelm: Rechtsfragen zur Ausgleichungspflicht unter Miterben, JR 1967, 97–98.
Welser, Rudolf: Erbrecht, Wien 2019.
–: Die Reform des österreichischen Erbrechts: Gutachten zum 17. österreichischen Juristentag, Wien 2009.
Werbik, Kirsten: Lebzeitige Zuwendungen des Erblassers: die Berücksichtigung lebzeitiger Zuwendungen bei der Erbauseinandersetzung und im Pflichtteilsrecht nach deutschem, französischem und schweizerischem Recht, Baden-Baden 2004.
Whitaker, Marni: Hotchpot Clauses, Estates & Trusts J. 12 (1992), 7–24.
Widmer, Pierre: Grundfragen der erbrechtlichen Ausgleichung: eine kritisch-vergleichende Studie zur Theorie des Vorempfangs, Bern 1971.
Wieacker, Franz: Privatrechtsgeschichte der Neuzeit unter besonderer Berücksichtigung der deutschen Entwicklung, 2. Aufl., Göttingen 1967.
–: Hausgenossenschaft und Erbeinsetzung: über die Anfänge des römischen Testaments, in: Festschrift der Leipziger Juristenfakultät für Dr. Heinrich Siber, hrsg. von Leipziger Juristenfakultät, Leipzig 1941.
Williams, Sydney E./Mortimer, Herbert C.: Williams on Executors and Administrators, Bd. II, 11. Aufl., London 1921.
Windscheid, Bernhard/Kipp, Theodor: Lehrbuch des Pandektenrechts, Frankfurt am Main 1906.
Winistörfer, Michèle: Die unentgeltliche Zuwendung im Privatrecht, insbesondere im Erbrecht, Zürich 2000.

Winiwarter, Joseph: Das österreichische bürgerliche Recht, 2. Aufl., Wien 1841.
Witte, Karl: Das Preußische Intestaterbrecht aus dem gemeinen deutschen Rechte entwickelt, Leipzig 1838.
Wolf, Stephan/Genna, Gian S.: Schweizerisches Privatrecht, 2. Aufl., Basel 2015.
Wolf, Stephan/Hrubesch-Millauer, Stephanie: Schweizerisches Erbrecht, 2. Aufl., Bern 2020.
Wolfer, Hans: Die Ausgleichung der Erben nach dem schweizerischen Zivilgesetzbuch, Maennedorf 1910.
Wüst, Hans: Warten auf das Bundesgericht ... Bleibt der überlebende Ehegatte gegenüber Nachkommen weiterhin ausgleichungsberechtigt?, successio 2009, 231–233.
Wyss, Daniel A.: Wie viel Bluntschli steckt in Huber? Ein Vergleich der allgemeinen Grundsätze des Erbrechts bei Johann Caspar Bluntschli und Eugen Huber, Baden-Baden 2018.

Zeiller, Franz Edler von: Commentar über das allgemeine bürgerliche Gesetzbuch für die gesamten deutschen Erbländer der Österreichischen Monarchie, Wien 1812.
Zeiter, Alexandra: Die Ausgleichungspflicht von Nachkommen: de lege lata – de lege ferenda, in: Jungo, Alexandra/Breitschmid, Peter/Schmid, Jörg (Hrsg.), Erste Silser Erbrechtsgespräche: Gedanken zur Erbrechtsrevision anlässlich des 60. Geburtstags von Paul Eitel, Zürich 2018, S. 57–76.
Zimmermann, Reinhard: Das englische Erbrecht als Ausprägung europäischer Rechtskultur: eine Entwicklungsgeschichte ZEuP 2023, 290–325.
–: Kulturelle Prägung des Erbrechts? JZ 2016, 321–332.
–: Intestate Succession in Germany, in: Reid, Kenneth/De Waal, Marius/Zimmermann, Reinhard (Hrsg.), Intestate Succession, Oxford 2015, S. 181–223.
–: Die Erbfolge gegen das Testament: formelles und materielles Noterbrecht im Spannungsfeld von Testierfreiheit und familiärer Solidarität, in: Röthel, Anne (Hrsg.), Reformfragen des Pflichtteilsrechts: Symposium vom 30.11.–2.12.2006 in Salzau, Köln, Berlin, München 2007, S. 97–117.
–: The Law of Obligations: Roman foundations of the civilian tradition, Oxford 1996.
Zimmermann, Reinhard/Bauer, Franz/Bialluch, Martin/Humm, Andreas/Klapdor, Lisa-Kristin/Köhler, Ben/Schmidt, Jan Peter/Scholz, Philipp/Wiedemann, Denise, Zwingender Angehörigenschutz im Erbrecht: ein Reformvorschlag, Tübingen 2022.
Zürcher Kommentar, Das Erbrecht: Die Erben (Art. 457–536), hrsg. von Escher, Arnold, 3. Aufl., Zürich 1959; zitiert als: ZK-*Bearbeiter.*
–: Das Erbrecht: Der Erbgang (Art. 537–640), hrsg. von Escher, Arnold, 3. Aufl., Zürich 1960; zitiert als: ZK-*Bearbeiter.*
–: Das Erbrecht: Erster Halbband (Art. 457–579), hrsg. von Escher, Alfred, 2. Aufl., Zürich 1937; zitiert als: ZK (2. Aufl.)-*Bearbeiter.*
Zweigert, Konrad/Kötz, Hein: Einführung in die Rechtsvergleichung auf dem Gebiete des Privatrechts, 3. Aufl., Tübingen 1996.

Rechtsprechungsverzeichnis

I. Deutsche Rechtsgeschichte

1. Preußisches Obertribunal

2. Oberapellationsgerichte

3. Reichsgericht

II. Deutsche Gerichte

1. Bundesverfassungsgericht

2. Bundesgerichtshof

3. Oberlandesgerichte

4. *Landessozial- und Finanzgerichte*

5. *Landgerichte*

III. Ausländische Gerichte

1. England und Wales

2. Österreich

3. Schweiz

Sachverzeichnis